Nicolas Bickmann · Spannung des Bewusstseins

D1618034

Herausgegeben von

Gerald Hartung und Alexander Schnell

in Zusammenarbeit mit

Andrea Esser (Jena)
Anne Eusterschulte (Berlin)
Rahel Jaeggi (Berlin)
Rainer Schäfer (Bonn)
Philipp Schwab (Freiburg)

KlostermannWeißeReihe

Nicolas Bickmann

Spannung des Bewusstseins

Die Einheit des Ich
in Fichtes Frühphilosophie

KlostermannWeißeReihe

Bibliografische Information der Deutschen Nationalbibliothek
Die Deutsche Nationalbibliothek verzeichnet diese Publikation in der
Deutschen Nationalbibliografie; detaillierte bibliografische Daten sind
im Internet über *http://dnb.dnb.de* abrufbar.

Originalausgabe

© 2023 · Vittorio Klostermann GmbH · Frankfurt am Main

Gedruckt auf EOS Werkdruck von Salzer,
alterungsbeständig ISO 9706 und PEFC-zertifiziert.
Druck und Bindung: docupoint GmbH, Barleben
Printed in Germany
ISSN 2625-8218
ISBN 978-3-465-04606-6

Für Binnaz und Dila

Inhalt

Vorwort

Bei der vorliegenden Arbeit handelt es sich um eine leicht gekürzte und marginal angepasste Fassung meiner Dissertation mit dem Titel „Wollen und Denken. Die Einheit des Bewusstseins in der Frühphilosophie Johann Gottlieb Fichtes", die im Sommersemester 2022 von der Philosophischen Fakultät der Rheinischen Friedrich-Wilhelms-Universität anerkannt wurde. Die Arbeit wurde von Herrn Prof. Dr. Rainer Schäfer (Bonn) und Herrn Prof. Dr. Philipp Schwab (Freiburg) betreut.

Ein besonderer Dank gilt meinem Lehrer Rainer Schäfer, der die Arbeit mit großer Anteilnahme begleitet hat. Unseren Gesprächen, aber auch der Teilnahme an seinen Kolloquien, Vorlesungen und Seminaren verdankt diese Arbeit entscheidende Anregungen und Impulse. Zugleich gewährte er mir den nötigen Freiraum, in dem allein der philosophische Gedanke sich entwickeln kann. Philipp Schwab danke ich für die Übernahme des Zweitgutachtens und für viele wichtige Anregungen. Von der Einladung in sein Forschungskolloquium und dem Austausch mit ihm und seinem Freiburger Schülerkreis hat diese Arbeit nachhaltig profitiert. Ein großer Dank gilt außerdem Herrn Prof. Dr. Wouter Goris und Herrn Prof. Dr. Michael Forster, die als Mitglieder der Prüfungskommission am Abschluss des Promotionsverfahren beteiligt waren. Herrn Prof. Wouter Goris danke ich, dass ich zentrale Thesen dieser Arbeit in seinem Forschungskolloquium vorstellen und anschließend diskutieren durfte. Herrn Prof. Michael Forster danke ich für seine Unterstützung für einen Forschungsaufenthalts an der University of Chicago im akademischen Jahr 2018/19. Ein besonderer Dank gebührt außerdem meiner Tante, der Philosophin Prof. Dr. Claudia Bickmann (†), die leider nur die ersten Schritte dieser Arbeit begleiten konnte. Durch ihre lebhafte Anteilnahme an meiner philosophischen Entwicklung und die nie versiegende Bereitschaft zum Gespräch hat auch sie einen großen Anteil am Zustandekommen dieser Arbeit.

Zudem wäre ohne meine Familie die Abfassung der vorliegenden Schrift nicht möglich gewesen. Ich danke meinen Eltern, Dr. Rosvita Bickmann und Dr. Dietmar Goll-Bickmann, meinen Brüdern, Dr. Marius Bickmann und Dr. Julian Bickmann und meinem Großvater Werner Goll (†) für den großen Halt und die Unterstützung, die sie mir entgegengebracht haben. Abschließend und in besonderer Weise möchte ich meiner Frau Binnaz Binici-Bickmann für ihren unbedingten und liebevollen Rückhalt danken. Ihr und unserer Tochter Dila sei diese Arbeit gewidmet.

Köln im September 2022   Nicolas Bickmann

Einleitung

Die vorliegende Arbeit beschäftigt sich mit Johann Gottlieb Fichtes Konzeption der Einheit des Bewusstseins, unter besonderer Berücksichtigung des Verhältnisses von theoretischen und praktischen Vermögen, die er in der Frühphase seines Wirkens, also zwischen den Jahren 1793 und 1800, entwickelt. Dabei geht es insbesondere um die Frage, wie Fichte die Einheit und den Zusammenhang dieser beiden Vermögenstypen konzipiert. Im Zuge der Untersuchung wird sich zeigen, dass Fichte in seiner Frühphilosophie verschiedene Konzeptionen der Einheit des endlichen Bewusstseins entwickelt. Der Spannung, die zwischen den verschiedenen Entwürfen besteht, korrespondiert eine Spannung, die im theoretisch erkennenden und praktisch tätigen Ich selbst herrscht. Theoretische Vermögen sind dadurch ausgezeichnet, dass sie einen vorstellenden Bezug entweder auf das vorstellende Subjekt selbst oder ein mögliches Objekt leisten. Die beiden wesentlichen Modi der Vorstellung sind Anschauung und Denken. Praktisch sind diejenigen Vermögen, die eine Selbstbestimmung des Subjekts zu einer Vielzahl von möglichen Tätigkeiten leisten sollen. Eine Selbstbestimmung des Subjekts zu besonderen Tätigkeiten liegt jeder praktischen Modifikation der äußeren Objektwelt voraus. Das Vermögen des Subjekts, mit dem es sich zu besonderen Akten bestimmt, ist der Wille. Vorläufig sei hier die These vertreten, dass sich ein sinnvoller Begriff des Willens nur dann konzipieren lässt, wenn er das Vermögen zu einer *freien* Selbstbestimmung beschreibt, mithin das Vermögen, seine Tätigkeit nach spontanen, selbst entworfenen Grundsätzen zu bestimmen, die in Handlungen resultieren sollen, welche sich inmitten einer empirisch erfahrbaren Außenwelt vollziehen. Die höchste Form einer Selbstbestimmung durch Freiheit ist die moralische Selbstbestimmung, die spontan entworfen, allgemein und unbedingt gültigen Imperativen folgt. Mit Fichte soll davon ausgegangen werden, dass das endliche Bewusstsein grundlegend durch die Unterscheidung *und* die Beziehung von theoretischen und praktischen Vermögen bestimmt ist. Das endliche

Bewusstsein ist theoretisch und praktisch, vorstellend und wollend. In dieser grundlegenden Differenz zeigt sich die Endlichkeit des Bewusstseins. Es liegt ein endliches Bewusstsein vor, da es nicht absolut und differenzfrei ist, sondern in zwei Funktionen zerfällt, die eine spezifische Einheit fragiler Art bilden. Für ein absolutes Bewusstsein gäbe es keine Differenz von Vorstellung und Wollen, da alles, was es vorstellt, *zugleich* von ihm gesetzt und erstrebt wäre. Eine solche absolute Einheit von Vorstellen und Wollen ist aus der Perspektive des endlichen Bewusstseins nur als ein Grenzbegriff zu konzipieren, da es selbst durchgehend in der genannten Differenz verhaftet bleibt.

Die vorliegende Untersuchung geht einem Problem nach, das auch unter den Bedingungen des heutigen Philosophierens von ungebrochener Relevanz ist. Eine Theorie des menschlichen und damit des endlichen Bewusstseins hat nämlich nur dann Aussicht auf Erfolg, wenn sie einen einheitlichen Begriff des Bewusstseins entwickelt, der den Zusammenhang des vorstellenden sowie des praktischen Selbst- und Objektsbezugs verstehbar macht. Unser alltägliches, vorphilosophisches Bewusstsein ist unbestreitbar durch dieses Verhältnis bestimmt. Den folgenden Untersuchungen liegt außerdem die Frage zugrunde, ob eine philosophische Theorie entwickelt werden kann, welche zugleich die Rechtmäßigkeit des Anspruches des alltäglichen Bewusstseins auf theoretische Selbst- und Objekterkenntnis sowie auf eine freie, vernünftige Selbstbestimmung inmitten einer empirischen Außenwelt beweisen kann. Wie im Folgenden gezeigt werden soll, liefert Fichtes Frühwerk äußerst subtil und differenziert argumentierte Ansätze für eine integrative Konzeption des Bewusstseins, in der beide Momente in einer nichtreduktionistischen Weise sinnvoll aufeinander bezogen werden. Fichte will dabei zeigen, dass die Ansprüche auf Erkenntnis und praktische Selbstbestimmung, die alle menschlichen Lebensvollzüge begleiten, rechtmäßig und einlösbar sind. Dies soll auf eine zweifache Weise bewiesen werden: So ist erstens zu zeigen, dass zu den Bedingungen der Möglichkeit einer theoretischen Erkenntnis von Objekten apriorische Handlungen des Ich zählen. Zweitens ist zu zeigen, dass reine Vernunft praktisch ist, und zwar dadurch, dass die praktische Vernunft selbst als Bedingung der Möglichkeit ihres theoretischen Gebrauchs aufgewiesen wird. So wird ausgeschlossen, dass mit den Mitteln der theoretischen Vernunft die Möglichkeit einer freien, praktischen Selbstbestimmung bestritten werden kann, da theoretische Erkenntnis unabhängig von einem praktischen Vermögen nicht zu denken ist.

Fichtes Konzeption zielt auf die Erklärung der Einheit des endlichen Bewusstseins, weist aber über den engeren Rahmen einer Bewusstseinstheorie oder der Philosophie des Geistes hinaus. Fichtes integrative Konzeption endlicher Subjektivität ist immer zugleich als eine Antwort auf zwei fundamentale philosophische Herausforderungen zu verstehen: Sie zielt erstens auf eine antiskeptische Begründung von Erkenntnis und zweitens auf den Beweis der praktischen Freiheit des endlichen Subjekts. Fichtes originärer Beitrag für die Philosophie im Ganzen besteht in seiner minutiös ausgearbeiteten These, dass sich die Frage nach den Bedingungen einer gelingenden theoretischen Erkenntnis einerseits und nach einer vernünftigen Willensbestimmung andererseits nicht unabhängig voneinander behandeln lassen. Im Bewusstsein müssen Prinzipien aufgewiesen werden, aus denen sich die Möglichkeit einer theoretischen Erkenntnis und einer praktischen, vernünftigen Willensbestimmung erklären lassen. Durch das Aufweisen dieser Prinzipien sollen die Spannungen, die zwischen theoretischem Erkenntnisanspruch und moralisch-praktischer Forderung bestehen, gelöst werden.

Ehe im Folgenden die wesentlichen Thesen und das Vorgehen dieser Arbeit entwickelt werden, ist es sinnvoll, den philosophiegeschichtlichen Hintergrund von Fichtes Neukonzeption einer integrativen Bewusstseinstheorie mit antiskeptischem Anspruch zu beleuchten. Aus dieser Betrachtung lassen sich die wesentlichen Argumente für einen solchen Theorieansatz freilegen. Dabei sei zunächst auf die Frage eingegangen, warum Fichte die Notwendigkeit sah, seine Theorie des endlichen Bewusstseins gegen die skeptische Kritik auf einem nicht bezweifelbaren Fundament zu begründen, um dann zu klären, warum dies zugleich eine neue Einheitskonzeption des Bewusstseins notwendig macht.

Wie können die scheinbar disparaten Herausforderungen der Erklärung des endlichen Bewusstseins, einer Auseinandersetzung mit dem philosophischen Skeptizismus sowie der Begründung, dass Vernunft praktisch ist und der Mensch seinen Willen frei und autonom bestimmen kann, überhaupt in *einem* Entwurf bearbeitet werden? In seiner Schrift *Ueber den Begriff der Wissenschaftslehre* aus dem Jahr 1794 hält Fichte fest:

> Der Verfasser dieser Abhandlung wurde durch das Lesen neuer Skeptiker, besonders des Aenesidemus und der vortrefflichen Maimonischen Schriften völlig von dem überzeugt, was ihm schon vorher höchst wahrscheinlich gewesen war: dass die Philosophie, selbst durch die neuesten Bemühungen der scharfsinnigsten Männer, noch nicht zum Range einer evidenten Wissenschaft erhoben sey. Er glaubt den Grund davon gefunden, und einen leichten Weg entdeckt zu haben, alle jene gar sehr gegründeten Anforderungen der Skeptiker an die kritische Philosophie vollkommen zu befriedigen. (GA I, 2, 109 / SW I, 29)

Für unsere Fragestellung ist dieses Zitat in dreifacher Hinsicht aufschlussreich: Erstens zeigt es, dass Fichte zu dieser Zeit an einer Theorie arbeitet, die als Antwort auf spezifische Formen des philosophischen Skeptizismus zu verstehen ist, nämlich so wie er von Gottlob Ernst Schulze (Aenesidemus-Schulze) und Salomon Maimon entwickelt wurde. Zweitens zeigt sich, dass er in Reaktion auf die genannten Skeptiker die Auffassung entwickelt, die Philosophie müsse als eine evidente Wissenschaft begründet werden, was trotz der „neuesten Bemühungen der scharfsinnigsten Männer" nicht gelungen sei. Die Antwort auf den philosophischen Skeptizismus besteht in der Begründung der Philosophie als Wissenschaft, die noch ausstehe. Drittens zeigt sich ein Bekenntnis zur *kritischen* Philosophie, an die auch die genannten skeptischen Einwürfe adressiert waren. Zu den Vertretern der kritischen Philosophie zählt er vor allem Immanuel Kant und Carl Leonard Reinold. Fichtes Anspruch besteht also darin, die kritische Philosophie in der Form, wie sie durch jene beiden Philosophen maßgeblich geprägt wurde, in den Stand einer evidenten Wissenschaft zu erheben, um den Herausforderungen des philosophischen Skeptizismus zu begegnen. Wie diese Begründung zustande kommt und was Fichte unter einer kritischen Philosophie als evidente Wissenschaft versteht, braucht an dieser Stelle noch nicht näher entwickelt zu werden. Zunächst stellt sich die Frage, wie das Problem des philosophischen Skeptizismus überhaupt mit der Frage nach der Realität praktischer Vernunft verbunden ist, welche ihrerseits ein konstitutives Element in Fichtes integrativer Bewusstseinstheorie darstellt. Dadurch wird nämlich vorab verständlich, warum Fichte seine Theorie mit der dreifachen Funktion versieht, erstens einem philosophischen Skeptizismus zu begegnen und damit die Möglichkeit theoretischer Erkenntnis sowie zweitens die Realität der praktischen Vernunft zu begründen.

Bereits Kant zeigt die Relevanz einer antiskeptischen, transzendental-kritischen Begründung der Möglichkeit von theoretischer Erkenntnis für die Annahme, dass Vernunft zugleich praktisch sein kann. Dieser von Kant herausgearbeitete Zusammenhang steht Fichte klar vor Augen. In der *Kritik der praktischen Vernunft* erklärt Kant, dass die wesentliche Einsicht der *Kritik der reinen Vernunft*, nach der die Gegenstände der Erfahrung bloß Erscheinungen für das erkennende Subjekt seien, den Gedanken zumindest möglich macht, dass die Vernunft praktisch und der menschliche Wille frei ist. Gegenstände der Erfahrung sind Erscheinungen für ein erkennendes Subjekt, insofern sie gemäß den reinen Formen der Anschauungen (Raum und Zeit) und gemäß den Kategorien bzw. den Grundsätzen des Verstandes in eine Ordnung gebracht werden, die damit grundlegend durch apriorische Leistungen des erkennenden Subjekts bestimmt wird. Erscheinungen werden so gedacht, dass ihnen nichtsinnliche Dinge an sich zugrunde liegen. Diese Dinge an sich werden also unabhängig von den reinen Formen der Anschauung, also von Raum und Zeit, gedacht. Dinge an sich sind für den menschlichen Verstand, der in der theoretischen Erkenntnis auf das sinnlich Mannigfaltige der Anschauung restringiert ist, allerdings nicht weiter bestimmbar. Sie sind also unbestimmte, leere Vorstellungen. Der Ertrag dieser Theorie für eine Theorie der menschlichen Freiheit umfasst zwei Aspekte. Die Idee einer praktischen Vernunft stellt einen *freien* Willen vor, dem eine übersinnliche, nicht nach empirischen Naturgesetzen bestimmbare Form der Kausalität zukommt. Die Idee eines freien Willens impliziert die Vorstellung einer Kausalität aus Freiheit. Dies setzt aber erstens voraus, dass dem Begriff bzw. der Kategorie der Kausalität überhaupt eine objektive Realität zugesprochen werden kann, mithin, dass Kausalität keine bloße Täuschung ist, die aus der subjektiven Gewohnheit an eine Assoziation von bestimmten Vorstellungen entsteht. Letzteres behauptet Hume in seinem skeptischen Einwand gegen die Annahme von Kausalität.[1] Die antiskeptische Begründung der objektiven Realität des Begriffs der Kausalität wird in der Deduktion der reinen Verstandesbegriffe entwickelt. Dort wird gezeigt, dass Erfahrung überhaupt dadurch möglich ist, dass ein Gegebenes der Anschauung nach den reinen Begriffen des Verstandes bestimmt und synthetisiert wird – zu diesen reinen Begriffen des Verstandes zählt unter anderem die Kausalität. Der Begriff der Kausalität hat eine objektive Realität für ein erkennendes Subjekt, da ohne denselben Erfahrung überhaupt nicht möglich wäre. Von der Erfahrung müssen aber auch die empiristischen Skeptiker ausgehen, wenn sie den Gebrauch des Begriffs der Kausalität kritisieren. Der zweite Ertrag von Kants Theorie des sinnlichen Gegenstands als Erscheinung besteht darin, dass diese Theorie es erlaubt, überhaupt nichtsinnliche Dinge an sich als Zugrundeliegendes der Erscheinung zu denken. Zu den Dingen an sich zählen nichtsinnliche und noumenale Entitäten wie der reine Wille bzw. die praktische Vernunft. Die Annahme einer praktischen Vernunft setzt grundlegend die Unterscheidung von Erscheinungen und Dingen an sich bzw. Noumena voraus. Um reine Vernunft als praktisch bzw. den Willen als frei zu denken, muss es ferner möglich sein, dass noumenale Entitäten überhaupt widerspruchsfrei als bestimmbar durch Kategorien, insbesondere durch Kausalität gedacht werden können. Dies sei nach Kant dadurch gerechtfertigt, dass der „Begriff einer Ursache [ohnehin] als gänzlich vom reinen Verstande entsprungen"[2] und damit unabhängig von jeder Erfahrung aufgewiesen wurde. Es ist zu betonen, dass Kant nicht beansprucht, die Freiheit des Willens ausgehend von der Unterscheidung zwischen Erscheinungen und Noumena in irgendeiner Form abzuleiten. Die Idee eines reinen Willens als „causa noumenon"[3] ist in keiner Weise theoretisch erkennbar. Der Ertrag dieser Theorie besteht vielmehr darin, dass die Idee des freien Willens als möglich, nämlich als

[1]   Vgl. KpV, AA V, 51.
[2]   Vgl. KpV, AA V, 55.
[3]   Vgl. KpV, AA V, 55.

widerspruchsfrei denkbar aufgewiesen wurde, was für ihren bloß praktischen Gebrauch hinreichend ist. Dieser praktische Gebrauch der Idee der Freiheit besteht darin, dass sie als *ratio essendi* des Bewusstseins des obersten Moralgesetzes und damit des Faktums der praktischen Vernunft angenommen wird.

Wie aus der Schrift *Recension des Aenesidemus* (1793) hervorgeht, setzt sich Fichte intensiv mit skeptischen Einwürfen auseinander, in denen bestritten wird, dass äußere Gegenstände der Erfahrung tatsächlich nur als Erscheinungen zu betrachten seien. Der in diesem Kontext relevante Einwurf des Aenesidemus, der sich vor allem gegen die kritische Philosophie Kants richtet, besagt, dass Kant bloß gezeigt habe, dass sich das Subjekt als Grund von synthetischen Urteilen *a priori* zwar *denken* lasse, damit aber nicht bewiesen sei, dass der Grund synthetischer Urteile *a priori wirklich* im Subjekt liege (GA I, 2, 52f. / SW I, 12f.).[4] Für den Skeptiker sei es ebenso denkbar,

dass all unsere Erkenntniß aus der Wirksamkeit *realiter* vorhandner Gegenstände auf unser Gemüth herrühre, und dass auch die *Nothwendigkeit*, welche in gewissen Theilen dieser Erkenntnis angetroffen werde, durch eine besondre Art, wie die Dinge uns afficiren, erzeugt sey. (GA I, 2, 54/ SW I, 14)[5]

Zugleich sei es so, dass

daraus, dass wir gegenwärtig uns irgend etwas [= also die Bedingungen theoretischer Objekterkenntnis; N.B.] nicht anders, als auf eine gewisse Weise erklären und denken könnten, […] gar nicht [folge], dass wir es uns nie würden anders denken können. (GA I, 2, 53/ SW I, 13)[6]

---

[4]   Zu dieser Kritik hält Fichte fest: „Diese Behauptung, wenn ihre Wahrheit sich darthun ließe, wäre allerdings entscheidend gegen die kritische Philosophie" (GA I, 2, 53/ SW I, 13).

[5]   Zitiert nach: Schulze: Aenesidemus oder über die Fundamente der von dem Herrn Professor Reinhold in Jena gelieferten Elementar-Philosophie. Nebst einer Vertheidigung des Skepticismus gegen die Anmaassungen der Vernunftkritik. 1792, 142f.

[6]   Zitiert nach: Schulze: *Aenesidemus*, 141.

Kant habe, der skeptischen Kritik zufolge, niemals restlos bewiesen, dass nicht auch eine andere Erklärung der Objekterkenntnis möglich sei, die nicht auf der Annahme von nichtsinnlichen, transzendentalen Vermögen oder der Unterscheidung
von Erscheinung und Ding an sich beruhe. Die Vorstellung einer allgemeingültigen und *notwendigen* Erkenntnis, die etwa in der
Mathematik oder auch in der Philosophie anzutreffen ist, könne
durch eine uns unbekannte, äußere Affektion realer Gegenstände hervorgerufen werden. Der Skeptiker sieht seine Aufgabe
nicht darin, entweder den Vorzug einer transzendental-kritischen oder einer empiristisch-realistischen Erklärung der Objekterkenntnis zu beweisen, sondern vielmehr darin, die Unmöglichkeit einer letztgültigen Fundierung beider Ansätze aufzuzeigen. Sollte der Skeptiker mit seiner Kritik an der nicht mehr al-
ternativlosen, transzendental-kritischen Erklärung der Objekterkenntnis Recht behalten, hat dies zugleich vernichtende
Auswirkung für die Gültigkeit der These, dass reine Vernunft
willensbestimmend oder praktisch sein kann: Denn die Wirklichkeit praktischer Vernunft setzt voraus, dass die vorgestellten
Gegenstände und sogar das sich empirisch erkennende Ich bloß
Erscheinungen sind, die für die theoretische Erkenntnis nach notwendigen Gesetzen und Regeln *a priori* konstituiert sind. Eine
skeptische Position gegenüber der transzendental-kritischen Erklärung der Objekterkenntnis geht notwendig mit einer skeptischen Position bezüglich der Möglichkeit einer Willensbestimmung aus Freiheit einher. Sind die Bedingungen einer möglichen
Erkenntnis äußerer Objekte nicht letztgültig ermittelbar, muss
auch die Frage offenbleiben, ob das Subjekt seine Handlungen
frei und autonom, d.h. nach den praktischen Grundsätzen reiner
Vernunft, bestimmen kann. Dies zeigt sich insbesondere an der
Funktion des Begriffs der Kausalität, der nur dann sinnvoll als
Bestimmung eines freien Willens verwendet werden kann, wenn
Kausalität überhaupt ein notwendiger Gedanke mit objektiver Realität ist und nicht etwa auf die bloße Gewohnheit in der Assoziation von bestimmten Vorstellungen zurückgeführt werden kann.
Eine Konzeption des endlichen Bewusstseins, welche die notwen-
dige Vereinigung eines theoretischen Erkenntnisvermögens mit

einem praktischen Vermögen des Willens behauptet, ist hinfällig, solange die Realität des praktischen Vermögens überhaupt fraglich ist. Im philosophischen Skeptizismus kann das vermeintliche Faktum der spontanen Selbstbestimmung des Willens durch reine Vernunft ebensobezweifelt werden wie der Wahrheitsgehalt der Vorstellung, dass das Subjekt handelnd in die Welt eingreifen kann.

Fichte entwickelt eine neuartige Konzeption des endlichen Bewusstseins als Einheit aus theoretischen und praktischen Vermögen, ausgehend von den skeptischen Einwürfen gegen die kritische Philosophie Reinholds und Kants. Er sieht sich vor die Herausforderung gestellt, die philosophische Theorie des Bewusstseins auf ein Fundament zu stellen, das selbst nicht mehr bezweifelt werden kann. Ausgehend von diesem nicht bezweifelbaren Fundament sollen dann auch die beiden grundlegenden Funktionen des Bewusstseins, welche sich das alltägliche Bewusstsein gemeinhin zuschreibt, vor einem prinzipiellen Zweifel an ihrer Tauglichkeit bewahrt werden. Hierbei handelt es sich erstens um die Funktion, theoretische Erkenntnisse über sich und die Objektwelt prinzipiell erlangen zu können und zweitens, zunächst den eigenen Willen, dann aber auch die Objektwelt in begrenzter Weise autonom und frei bestimmen zu können. Die Suche nach einem antiskeptischen Fundament seiner Theorie führt ihn auf die Suche nach einem nicht bezweifelbaren Prinzip, aus dem sich das endliche Bewusstsein heraus entwickeln lässt.

Die Begründung der Bewusstseinstheorie aus einem nicht bezweifelbaren Fundament ist außerdem eng mit dem Versuch verknüpft, eine kohärente Theorie der *Einheit* des Bewusstseins zu entwickeln, durch welche Ursprung und Zusammenhang der Vermögen systematisch erklärt werden soll. Eine solche Theorie kann auch als eine genetische Ableitung der Vermögen des endlichen Bewusstseins verstanden werden. Mit dem Anspruch einer genetischen Ableitung der Bewusstseinsvermögen geht Fichte deutlich über Kant hinaus, woraus ersichtlich wird, dass er seine Bewusstseinstheorie als eigentliche Fundierung der kantischen Transzendentalphilosophie versteht. Kant erklärt in der *Kritik der Urteilskraft*, dass

alle Seelenvermögen oder Fähigkeiten [...] auf die drei zurück geführt wer-
den [können], welche sich nicht ferner aus einem gemeinschaftlichen
Grunde ableiten lassen: das Erkenntnisvermögen, das Gefühl der Lust und
Unlust, und das Begehrungsvermögen.[7]

Wie im Laufe dieser Arbeit detailliert untersucht werden soll, ist
Fichtes Frühphilosophie durch die Suche nach der präzisen Bestimmung jenes Ableitungsgrundes der Ich-Vermögen bestimmt, der
sich nach Kant jeder theoretischen Einsicht entzieht. Eine gelin-
gende Ableitung der Vermögen aus jenem Grund soll zugleich als
Widerlegung von Kants Behauptung dienen, dass eine solche Ableitung nicht möglich sei. In der *Kritik der Urteilskraft* thematisiert
Kant zwar ebenfalls das Verhältnis von theoretischen und praktischen Vermögen. Diesen Untersuchungen ist aber bereits vorausgesetzt, dass a) der Verstand und seine reinen Begriffe „a priori gesetzgebend für die Natur, als Object der Sinne, zu einem theoretischen Erkenntniß derselben in einer möglichen Erfahrung [sind]"
und b) „[d]ie Vernunft [...] a priori gesetzgebend für die Freiheit
und ihre eigene Causalität, als das Übersinnliche in dem Subjecte
[ist]"[8]. Kant beansprucht also im Unterschied zu Fichte nicht, dass
eine Theorie, welche die systematische Verbindung von theoretischen und praktischen Vermögen entwickelt, *zugleich* die jeweiligen
Ansprüche auf die Möglichkeit einer theoretischen Erkenntnis oder
eine praktische Willensbestimmung überhaupt beweisen muss. Die
Rechtmäßigkeit jener Ansprüche zeigt Kant in der *Kritik der reinen
Vernunft* bzw. in der *Kritik der praktischen Vernunft* auf. Das Problem
der Vermittlung von theoretisch erkennendem Verstand einerseits
und praktischer Vernunft andererseits stellt sich mit Blick auf die
Frage, ob die *a priori* notwendigen Prinzipien der theoretischen Naturbetrachtung mit den *a priori* notwendigen Prinzipien der moralischen Willensbestimmung so miteinander zu vermitteln sind, dass
die Natur widerspruchsfrei als ein Ort gedacht werden kann, in dem
sich moralische Zwecke realisieren lassen. Es geht Kant also bloß
um den „Übergang von der reinen theoretischen zur reinen

---

[7]   KdU, AA V, 177.
[8]   KdU, AA V, 195.

praktischen [Vernunft]"[9], also um eine nachträgliche Vermittlung beider Vermögen, nicht aber um eine Ableitung derselben aus einem gemeinsamen Prinzip. In der Einleitung in die *Kritik der Urteilskraft* gewinnt Kant mit dem Begriff der formalen Zweckmäßigkeit der Natur für unsere subjektiven Erkenntnisvermögen ein Prinzip, welches nach seiner Auffassung die Funktion der Vermittlung von theoretischen Verstandesgesetzen mit praktischen Vernunftgesetzen erfüllen kann. Der Kerngedanke besagt, dass wir aufgrund des Begriffs einer für unsere Erkenntnisvermögen zweckmäßigen Natur und aufgrund der damit einhergehenden Idee einer verständigen und zwecksetzenden Ursache derselben einen gut begründeten Anlass haben, eine Kompossibilität von empirischen Naturgesetzen mit unseren moralischen Zwecken anzunehmen, auch wenn diese theoretisch nicht bewiesen werden kann. Fichte geht mit seinem Theorieanspruch deutlich weiter: Denn er geht darauf aus, die Realisierbarkeit moralischer Zwecke und damit die Wirklichkeit der Freiheit dadurch zu beweisen, dass der praktische als Bedingung des theoretischen Vernunftgebrauchs in der Erkenntnis von Objekten bewiesen wird.

Die vorliegende Arbeit ist mit der Frage befasst, wie Fichte die Einheit des endlichen Bewusstseins unter der Voraussetzung eines nicht bezweifelbaren Prinzips begründet. Sie konzentriert sich dabei auf zwei Systementwürfe, die in Fichtes sogenannter Frühphilosophie zwischen 1793 und 1800 entstanden sind. Hierbei handelt es sich erstens um die *Grundlage der gesamten Wissenschaftslehre* (im Folgenden: *Grundlage*) von 1794 sowie die *Wissenschaftslehre nova methodo*, die in Form von Nachschriften zu einer Vorlesung überliefert sind, die zwischen den Jahren 1796–1799 gehalten wurden.[10] Das

---

[9]   KdU, AA V, 196.

[10]   Die *Grundlage* wird im Folgenden zunächst nach Band I, 2 der *Gesamtausgabe der Bayerischen Akademie der Wissenschaften* zitiert, gefolgt von der entsprechenden Seite in der von Immanuel Hermann Fichte herausgegebenen Ausgabe. Die *Wissenschaftslehre nova methodo* wird im Folgenden vor allem nach der Krause-Nachschrift zitiert, zunächst nach Band IV, 3 der *Gesamtausgabe der Bayerischen Akademie der Wissenschaften*, gefolgt von der entsprechenden Seite in der von E. Fuchs besorgten Veröffentlichung der Nachschrift, vgl. Fichte, Johann Gottlieb: *Wissenschaftslehre nova methodo.*

argumentative Niveau sowie das philosophische Potenzial von Fichtes Bewusstseinstheorie erschließen sich nur durch eine genaue, quellenkritische Analyse seiner Schriften. Dieser Aufgabe soll daher mit besonderer Aufmerksamkeit nachgegangen werden, weil noch immer nicht alle Einsichten des frühen Fichte angemessen in der Forschung reflektiert und ihre Wirkkraft für gegenwärtige philosophische Reflexion noch lange nicht ausgeschöpft sind. Ein wesentliches Ergebnis dieser Untersuchungen besteht in dem Aufweis, dass Fichte in der überaus produktiven Frühphase seines Schaffens verschiedene Einheitsmodelle des endlichen Bewusstseins entwickelt, ohne die Verschiedenheit dieser Modelle selbst kenntlich zu machen. Im Fall der *Grundlage* kann gezeigt werden, dass Fichte sogar in einem und demselben Werk mindestens zwei verschiedene Einheitskonzeptionen vorlegt. Die Entwicklung von Fichtes frühem Denken soll dabei als eine Entwurfsgeschichte rekonstruiert werden. Es wird die These vertreten, dass diese Entwurfsgeschichte hinsichtlich von Kohärenz und Ausführlichkeit im Systementwurf der *Wissenschaftslehre nova methodo* kulminiert. Die *Wissenschaftslehre nova methodo* liefert dabei methodisch und inhaltlich die kohärenteste und systematischste Darstellung der Einheit des endlichen Bewusstseins, in der nicht nur die zugrundeliegenden Prinzipien, sondern auch die prinzipiierten Gehalte des Bewusstseins in einer Wechselbestimmung von theoretischen und praktischen Tätigkeiten abgeleitet werden.[11]

Kollegnachschrift K. Chr. Fr. Krause 1798/99. Hg. von E.Fuchs. Hamburg 1994.

[11] Das methodische Programm, in der sich die Geltung der Prinzipien durch ihre Tauglichkeit zur progressiven Ableitung des Prinzipiierten bestätigt, wird in der Schrift *Ueber den Begriff der Wissenschaftslehre* skizziert: „Das menschliche Wissen soll erschöpft werden, heißt, es soll unbedingt und schlechthin bestimmt werden, was der Mensch nicht bloß auf der jetzigen Stufe seiner Existenz, sondern auf allen möglichen und denkbaren Stufen derselben wissen könne. Dies ist nur unter folgenden Bedingungen möglich: zuvörderst, daß sich zeigen lasse, der aufgestellte Grundsatz sey erschöpft; und dann, es sey kein anderer Grundsatz möglich, als der aufgestellte. Ein Grundsatz ist erschöpft, wenn ein vollständiges System auf demselben aufgebaut ist, d.i. wenn der Grundsatz nothwendig auf *alle*

Aus einer prinzipiellen Wechselbestimmung von theoretischen und praktischen Vermögen leitet Fichte ab, dass bestimmte theoretische Vorstellungsgehalte notwendig folgen und damit unbezweifelbar die Erscheinungswelt des endlichen Subjekts konstituieren. In dieser Ableitung ist eine erweiterte Antwort auf den philosophischen Skeptizismus zu sehen. Fichte ist zu Recht der Auffassung, dass sich die Begründungsfunktion der ermittelten Prinzipien des Systems in bestimmten Vorstellungen erweisen muss, die konstitutiv für das endliche Bewusstseinsleben sind. Hierzu zählen unter anderem die Selbstanschauung des Ich als Leib, die Vorstellung der äußeren Natur als organisch belebt und die Vorstellung der Existenz anderer, leiblicher Vernunftwesen außer mir.

1 Modelle der Einheit des endlichen Bewusstseins

Zum Zweck einer fasslicheren Darstellung der Untersuchungsergebnisse dieser Arbeit seien die genannten Einheitsmodelle zunächst schematisch und – soweit möglich – in ihrer entwurfsgeschichtlichen Entwicklung dargestellt. Dabei soll insbesondere auf die Frage eingegangen werden, welche Funktion die These eines Primats der praktischen gegenüber den theoretischen Vermögen innerhalb des jeweiligen Einheitsmodells einnimmt. Eine solche These wird Fichte in der Forschung stets zugewiesen, aber häufig undifferenziert interpretiert. Im Verlauf der vorliegenden Arbeit sollen sich diese Einheitsmodelle aus einer genauen Analyse von Fichtes frühen Systementwürfen ergeben.

Den Entwürfen von Fichtes Frühphilosophie ist es gemeinsam, dass die Einheit des endlichen Bewusstseins und damit die Möglichkeit einer theoretischen Erkenntnis sowie einer freien, praktischen Selbstbestimmung im Prinzip eines absoluten oder reinen Ich fundiert werden sollen. Das absolute Ich, so kann

aufgestellten Sätze führt, und *alle* aufgestellten Sätze nothwendig wieder auf ihn zurückführen" (GA I, 2, 129f. / SW I, 57f.).

zunächst vereinfachend festgehalten werden, ist nichts anderes als eine spontane, sich selbst hervorbringende Tätigkeit. Diese sich selbst hervorbringende Tätigkeit ist der Ursprung von Tätigkeit im Bewusstsein überhaupt und liegt als Prinzip den spezifischen Tätigkeiten der theoretischen Erkenntnis sowie der praktischen Willensbestimmung zugrunde. Zentral für die Konzeption einer sich selbst hervorbringenden Tätigkeit ist ihre formallogische Bestimmung als reine Identität. Das Ich-Prinzip ist eine mit sich identische Tätigkeit, die sich selbst setzt. Diese Identität impliziert ein rudimentäres Fürsichsein, das Fichte allerdings nicht immer einheitlich konzipiert. Er oszilliert zwischen einer Deutung der reinen selbstsetzenden Tätigkeit als eine unmittelbare oder intellektuelle Anschauung einerseits und als ein reflexives, sich Wissen *als* Tätigkeit andererseits. Aufgrund der Selbsttätigkeit und des Fürsichseins wählt Fichte für dieses höchste Prinzip den Ausdruck *Ich*. Allen Systementwürfen ist es gemein, die spontane, sich selbst hervorbringende Tätigkeit als ein unbezweifelbares und höchstes Prinzip herauszustellen. Aus diesem Prinzip sollen dann eine antiskeptische, transzendental-kritische Theorie der Erkenntnis sowie der freien Handlung unter reinen, praktischen Vernunftgesetzen entwickelt werden. Das höchste Prinzip der philosophischen Theorie soll in einem ersten und unbedingten Grundsatz ausgedrückt werden, der allen weiteren Überlegungen zugrunde liegt. Wie zu zeigen ist, markiert die Grundsatzlehre in der *Grundlage* einen vorläufigen Endpunkt in Fichtes Suche nach einem unbedingt gewissen Fundament der Philosophie, welches sich in den Schriften und unveröffentlichten Entwürfen vor 1794 deutlich zeigt. Fichte nimmt den von Reinhold entwickelten Gedanken auf, dass die Philosophie nur durch die Aufstellung eines unbedingt gewissen Grundsatzes den Status der höchsten unter allen Wissenschaften erlangen könnte. Andererseits ist Fichtes Entwurf einer Grundsatzphilosophie zugleich als Kritik an Reinhold zu verstehen, zumal er dessen Satz des Bewusstseins nicht als Fundament der philosophischen Wissenschaft, sondern vielmehr als eine begründungswürdige Tatsache des empirischen Bewusstseins begreift. Reinholds Satz des Bewusstseins besagt: „Im Bewußtsein wird die Vorstellung vom

Vorstellenden und Vorgestellten unterschieden und auf beides bezogen."[12]

1) Fichte entwickelt den Anspruch, die Philosophie auf unbedingte Gewissheiten zu gründen, vor allem in Folge seiner Auseinandersetzung mit den skeptischen Kritiken des Aenesidemus-Schulze und Salomon Maimon, die sowohl der kritischen Philosophie Kants, aber auch der von Fichte stark rezipierten Elementarphilosophie Reinholds einen nicht eingestandenen Mangel an philosophischer Letztbegründung attestieren. Von Aenesidemus-Schulze übernimmt Fichte die Kritik, dass Reinholds Satz des Bewusstseins eine empirische Tatsache des Bewusstseins benennt und sich damit nicht als apriorischer Grundsatz für die Philosophie im Ganzen qualifiziere (vgl. GA I, 2, 48f. / SW I, 10): Fichtes eigene Aufstellung von Grundsätzen ist Ausdruck des Versuchs, Reinholds Satz des Bewusstseins durch höhere Grundsätze „*a priori*, und unabhängig von aller Erfahrung [...] streng [zu erweisen]" (GA I, 2, 46 / SW I, 8). Ein höchster Grundsatz, so formuliert es Fichtes *Aenesidemus-Rezension*, dürfe anders als bei Reinhold keine bloße „That*sache*", sondern müsse vielmehr eine „That*handlung*" ausdrücken (GA I, 2, 46 / SW I, 8). Wie Fichte in der Grundsatzlehre der *Grundlage* zeigt, setzt Reinholds Satz des Bewusstseins die Handlung des Entgegensetzens (Unterscheidens), des Beziehens sowie Tätigkeit überhaupt voraus, deren Ursprung im ersten Grundsatz der *Grundlage* angegeben werden soll wird. Der Satz des Bewusstseins ist damit selbst nicht fundamental, sondern erweist sich als ein abgeleiteter Satz.

Die Eindringlichkeit, mit der Fichte an einer eigenen Entwicklung einer Grundsatzphilosophie vor der Abfassung der *Grundlage* arbeitet, zeigt sich in dem experimentellen Manuskript der *Eignen Meditationen über ElementarPhilosophie,* die im Jahr 1793 entstanden.[13]

---

12 Reinhold: *Neue Darstellung der Hauptmomente der Elementarphilosophie*, in: *Beyträge zur Berichtigung bisheriger Mißverständnisse der Philosophen.* Bd. I. Jena 1790, 167.
13 Eine detaillierte Rekonstruktion der Grundsatzproblematik in den *Eignen Meditationen* liefert Stolzenberg 1986, 11–173, vgl. ferner Henrich 2008, 174–201, zu Fichtes Auseinandersetzung mit Reinholds Grundsatz-

Die Übernahme des Begriffs der Elementarphilosophie drückt hier noch die Nähe zu Reinhold aus, mit der späteren Bezeichnung seines Systems als „Wissenschaftslehre" ist dagegen schon rein äußerlich die Abwendung von Reinholds Philosophie markiert. In der *Grundlage* wird ein höchster, sowohl der Form als auch dem Inhalt nach unbedingt gültiger Grundsatz formuliert, der die einfache Handlung der Selbstsetzung des Ich ausdrückt. Er steht dann zu zwei Folge-Grundsätzen in einem Bedingungsverhältnis. In den *Eignen Meditationen* lotet Fichte dagegen noch die Möglichkeit aus, den höchsten Grundsatz als einen „Doppelsatz" zu konzipieren. Dieser Doppelsatz drückt keine einfache, sondern eine doppelte Setzung aus, nämlich einmal die Setzung des Ich und ein anderes Mal die Setzung eines Nicht-Ich: „Wir werden uns eines Ich, u. eines davon unterschiednen – dieses entgegengesezten Nicht-Ich bewußt. – u. das wäre ein nicht zu läugnender Grundsaz" (GA II,3, 30). Ein solcher Satz behauptet nicht ein einfaches, mit sich identisches Prinzip, wie Fichte es in der *Grundlage* konzipiert, sondern eine ursprünglich differenzierte Handlung, in der das Ich durch Setzen seiner selbst sich zugleich ein anderes, ein Objekt oder ein Nicht-Ich entgegensetzt.[14] In den teils experimentellen, teils in Andeutungen verbleibenden Schriften vor der Abfassung der *Grundlage* lassen sich zumindest Umrisse für eine Theorie des endlichen Bewusstseins erkennen, das durch ein unbedingtes Prinzip zu erklären ist. In der *Aenesidemus-Rezension* kündigt Fichte an, dass der

---

philosophie in den *Eignen Meditationen* siehe Schwab 2020, insb. 64–67 sowie Schwab 2021, 99–101.

[14] In den *Eignen Meditationen* ringt Fichte mit der Frage, ob die Folgesätze des Systems der Wissenschaftslehre aus einem einfachen Grundsatz deduktiv abzuleiten sind oder aber, ob aus dem ersten Grundsatz als Doppelsatz, der eine ursprüngliche Differenz von Ich und Nicht-Ich ausdrückt, Folgesätze als synthetische Vermittlungen dieser Differenz zu gewinnen sind, vgl. Schwab 2021, 100. Auch in der Aenesidemus-Rezension spricht Fichte von dem „Grundsatz der Identität *und* des Widerspruchs als Fundament aller Philosophie" [Hervorhebung N.B.] (GA I, 2, 53 / SW I, 13f.). In der *Grundlage* nimmt Fichte den Gedanken der synthetischen Vermittlung der aus dem Widerspruch von Ich und Nicht-Ich entstehenden Gegensätze auf, lässt diese Vermittlung aber aus dem Zusammenspiel der *drei* Grundsätze folgen.

bereits benannte „Grundsatz der Identität und des Widerspruchs", der die tätige Identität des Ich sowie das darin enthaltene Entgegensetzen eines vom Ich Ausgeschlossenen (Nicht-Ich) ausdrückt, „als Fundament *aller* Philosophie aufgestellt seyn wird" (SW I, 13f.). Das bedeutet, dass die reine Setzung von Identität und die Entgegensetzung eines Nicht-Ich als ein übergeordneter Doppelakt konzipiert wird, der allen erkennenden sowie allen praktischen Vollzügen vorausliegt und letztere aus ihm abgeleitet werden sollen. Für die Begründung der Möglichkeit einer theoretischen Objekterkenntnis, die allen skeptischen Einwürfen standhalten soll, bedeutet das, dass die von Kant herausgearbeiteten „reinen Formen der Anschauungen, Raum und Zeit [...] ebenso wie die Kategorien" (SW I, 19) aus dem obersten Grundsatz zu gewinnen sind. Die Konstitution eines reinen Anschauungsbewusstseins sowie die Produktion und die Anwendung von reinen Verstandesbegriffen sollen als spezifische Tätigkeiten aus der im obersten Grundsatz benannten allgemeinsten Tätigkeit abgeleitet werden. Ein solches Ableitungsverhältnis visiert Fichte ebenfalls mit Blick auf die praktischen Vermögen des Ich an, wodurch Fichte insbesondere zeigen will, dass Vernunft unbezweifelbar praktisch gesetzgebend ist. Die unbedingte praktische Gesetzgebung zeige sich im sittlichen Bewusstsein des einzelnen endlichen Vernunftwesens. In einer frühen Andeutung dieser Ableitung kündigt sich jedoch ein Problem bzw. eine Unklarheit an, welches auch die späteren Systementwürfe durchzieht. Fichte vertritt durchgehend den Anspruch, die im sittlichen Bewusstsein faktisch auftretende, unbedingt gebietende Forderung des kategorischen Imperativs aus der schlechthin unbedingten Tätigkeit des absoluten Ich ableiten zu können. Diesbezüglich erklärt Fichte in der Rezension zu Friedrich Heinrich Gebhards „Ueber die sittliche Güte aus uninteresirtem Wohlwollen" (1792), dass die unbedingte, sich setzende Tätigkeit dabei nichts anderes sei als die praktische Vernunft in einem ursprünglichen Sinne.[15] Hier zeigt

---

15 Dieses letztere nun [„die absolute Einheit und mithin Gleichförmigkeit" der „praktischen Vernunft"; N.B.] lässt sich weder für eine Thatsache ausgeben, noch irgend einer Thatsache zufolge postuliren, sondern es muss bewiesen werden. Es muss bewiesen werden, *dass* die Vernunft praktisch sey. Ein solcher Beweis, der zugleich gar leicht Fundament *alles*

sich Fichtes Tendenz, das absolute Ich selbst als ein praktisches Prinzip zu deuten, wobei der Begriff des Praktischen hier in einem denkbar weiten Sinne zu verstehen ist. Das Ich ist demnach nichts anderes als *praktische* Vernunft, da es ursprünglich sich selbst *hervorbringt*. Das absolute Ich als praktische Vernunft ist Prinzip und Einheitsgrund des endlichen Bewusstseins, aus dem eine theoretisch erkennende und eine spezifischere, willensbestimmende Tätigkeit hervorgehen. Hiermit ist ein erstes Einheitsmodell benannt, das in angereicherter Form im zweiten Teil der *Grundlage* wiederkehrt. Die terminologische Unklarheit, die entsteht, wenn sowohl das reine, höchste Prinzip als auch das endliche Vermögen zur Willensbestimmung in empirischen Handlungskontexten als praktisch bezeichnet wird, lässt sich noch beheben: So wäre bloß zwischen einem ursprünglichen Akt der Selbstsetzung einerseits und einem abgeleiteten Akt der Selbstbestimmung unter endlichen Bedingungen andererseits zu differenzieren. Die Behauptung eines Primats der praktischen Vernunft würde demnach nicht so weit gehen, dass dem Vermögen der praktischen, gar moralischen Willensbestimmung in einem engeren Sinne die Funktion eines Ableitungs- oder Bestimmungsgrundes für sämtliche theoretische Funktionen des Ich zugeschrieben wäre. Ein Primat des Praktischen liegt in dem Sinne vor, dass alle Tätigkeit des Bewusstseins aus einer ursprünglichen, wirklich vollzogenen Tätigkeit der Selbstsetzung zu begründen seien. Das prinzipientheoretische Problem dieser Darstellung lässt sich allerdings weniger leicht lösen. Denn die Darstellung des höchsten Prinzips als eine praktische Tätigkeit erweist sich als eine problematische Vereinseitigung. Wird das höchste Prinzip als ursprünglich praktisch gefasst, da es eine Selbstsetzung ausdrückt, stellt sich die

philosophischen Wissens (der Materie nach) seyn könnte, müsste ungefähr so geführt werden: der Mensch wird dem Bewusstseyn als Einheit (als Ich) gegeben; diese Thatsache ist nur unter Voraussetzung eines schlechthin Unbedingten in ihm zu erklären; mithin muss ein schlechthin Unbedingtes im Menschen angenommen werden. Ein solches schlechthin Unbedingtes aber ist eine praktische Vernunft: – und nun erst dürfte mit Sicherheit jenes, allerdings in einer Thatsache gegebene sittliche Gefühl als Wirkung dieser erwiesenen praktischen Vernunft angenommen werden" (GA I, 2, 28 / SW VII, 425).

Frage, warum das höchste Prinzip nicht zugleich ursprünglich als theoretisch beschrieben wird: Schließlich impliziert das höchste Prinzip ein wie auch immer geartetes, bewusstes Fürsichsein, das mehr ist als die bloße Produktion von Tätigkeit. Demnach wäre das absolute Ich nicht bloß praktische, sondern theoretisch-praktische Vernunft, da es sich um eine Tätigkeit handelt, die sich in einem weiten Sinne vorstellend auf sich selbst bezieht. Dieser theoretisch-praktische Doppelcharakter kommt durch eine einseitige Bezeichnung als praktische Vernunft systematisch zu kurz und verstellt den Blick auf den eigentlichen Gehalt des höchsten Prinzips. Der Sache nach liegt ein Einheitsmodell des endlichen Bewusstseins vor, in dem ein ursprünglich einfaches und identisches Ich, rudimentäre theoretische und praktische Vollzüge in sich enthält, die sich unter noch nicht weiter entwickelten Bedingungen zu einer theoretisch-erkennenden und praktisch willensbestimmenden Funktion eines endlichen Bewusstseins fortbestimmen lassen.

2) Ausgehend von der Grundsatzlehre entwickelt Fichte in der *Grundlage* ein Einheitsmodell des endlichen Bewusstseins, das in zwei entscheidenden Hinsichten von den ersten, weitgehend unausgearbeiteten Ansätzen der frühen 1790er Jahre abweicht. Diese Abweichungen gründen vor allem in der neuen Konzeption des höchsten Prinzips. Als höchstes Prinzip setzt er eine reine, unbestimmte, sich spontan hervorbringende Tätigkeit an, die insbesondere dadurch ausgezeichnet ist, dass sie vollkommen differenzfrei ist. Dieses Prinzip findet seinen Ausdruck in einem ersten Grundsatz, der folgendermaßen lautet: „Das Ich setzt ursprünglich schlechthin sein eignes Seyn" (GA I, 2, 261 / SW I, 98). Ich, das ursprünglich sein eigenes Sein setzt, ist das absolute Ich. Für die Tätigkeit des absoluten Ich wählt Fichte auch den Begriff der Tathandlung. Die Tathandlung ist eine sich selbst setzende, reine Identität. Die Tathandlung fungiert als Prinzip der Wissenschaftslehre, welches in einem ersten, schlechthin gültigen Grundsatz ausgedrückt wird. Die Tathandlung ist zugleich ein Fürsichsein, das jedoch nicht als ein reflexives Verhältnis zu verstehen ist, in dem ein reflektierendes Subjekt-Ich von einem reflektierten Objekt-Ich zu unterscheiden wäre. Das Fürsichsein der Tathandlung ist ein unmittelbares und am ehesten mit dem Begriff einer unmittelbaren

oder intellektuellen Anschauung zu begreifen. Fichte betont, dass das endliche Bewusstsein die Tathandlung niemals in ihrer ursprünglichen Reinheit vollziehen kann, da sämtliche Vollzüge desselben auf irgendeine Weise bestimmt sind – das endliche Bewusstsein kann z.B. anschauen, urteilen oder schließen, was jedoch besondere und spezifische Vollzüge bezeichnet, die von der reinen Setzung der Identität verschieden sind. Hierin ist ein erster wesentlicher Unterschied zu den zuvor genannten Ansätzen zu erkennen: Denn die reine und differenzfreie Identität der Tathandlung beinhaltet noch nicht die Entgegensetzung eines Anderen, eines Nicht-Ich oder eines Objekts. Die Selbstsetzung des Ich geht nicht mit der Entgegensetzung eines Nicht-Ich einher.

Die Entgegensetzung des Nicht-Ich, die der zweite Grundsatz ausdrückt, ist seiner Form nach ein unbedingter Akt, da das *Entgegen*-setzen, nicht aus dem reinen Setzen des Ich abgeleitet werden kann. Materialiter setzt er jedoch die Beziehung zu einem bereits Gesetzten, nämlich dem absoluten Ich, voraus. Die Aufstellung eines ersten Grundsatzes, in der Selbstsetzung *und* Entgegensetzung als einheitliche Tätigkeit des absoluten Ich behauptet werden, hatte Fichte, wie wir gesehen haben, zunächst anvisiert. Die Beziehung und Unterscheidung von Ich und Nicht-Ich wird in der *Grundlage* in einem dritten Grundsatz ausgedrückt.[16] Ein zweiter wesentlicher

---

[16] In der Grundsatzlehre expliziert Fichte den Begriff des absoluten sich selbst setzenden Ich als Bedingung der Möglichkeit des logischen Satzes der Identität A=A sowie der Identität des denkenden und urteilenden Ich und das Nicht-Ich als Bedingung der Möglichkeit der Negation (¬A). Das absolute Ich der Tathandlung und das Nicht-Ich werden als fundierende Begriffe des Systems nicht eigens abgeleitet, sondern durch eine abstrahierende Reflexion über die vorausgesetzten logischen Sätze erschlossen. Der dritte Grundsatz, der Unterscheidung *und* Beziehung von Ich und Nicht-Ich durch Teilbarsetzung und Begrenzung beider Momente ausdrückt, ergibt sich als Lösung für den Widerspruch von Ich und Nicht-Ich im Bewusstsein. Für eine eingehende Untersuchung der Grundsatzlehre und der Methode der abstrahierenden Reflexion vgl. Schäfer 2006a, 19–95, für eine Untersuchung des entscheidenden ersten Grundsatzes Baumanns 1974, 139–214. Zur Grundsatzlehre mit besonderer Berücksichtigung der Ableitungsmethode sei auch ein Hinweis auf die Untersuchungen des Verf. erlaubt, vgl. N. Bickmann 2020.

Unterschied zu früheren Entwürfen besteht darin, dass das absolute Ich nicht mehr als ein ursprünglich praktisches Prinzip gedeutet wird. Diese Verschiebung ist dabei mehr als nur terminologisch,
auch wenn der Gedanke bestehen bleibt, dass das Ich nichts anderes als eine sich hervorbringende Tätigkeit ist. Die Verschiebung
lässt sich vielmehr systematisch begründen, nämlich durch den
deutlichen Unterschied, den Fichte zwischen der reinen Tathandlung des absoluten Ich einerseits und allen *bestimmten* Tätigkeiten
des endlichen Bewusstseins andererseits markiert. Die Tathandlung
bleibt als reines Prinzip vollkommen unbestimmt, sie ist die Tätigkeit des Bewusstseins *überhaupt*, die sich gleichwohl in abgeleiteten,
spontanen Akten manifestieren kann.[17] Die Möglichkeit einer

---

[17] Bzgl. der Unterscheidung zwischen dem absoluten Ich der Tathandlung einerseits und dem theoretisch sowie praktisch tätigen endlichen Ich
andererseits spricht Schäfer treffenderweise von einer „egologischen Differenz": „Das Ich als [Tathandlung] ist also dasjenige, was in allen spezifischeren Handlungen immer mitvorhanden und mitvollzogen ist, aber nicht
vollständig in diesen aufgeht, weil es selbst die Undifferenziertheit dessen
ist, was nur die Möglichkeit hat, sich zu differenzieren. Gleichwohl kann
man von diesem undifferenzierten, reinen Handlungs-Ich nur durch seine
Differenzierungen in einzelnen, spezifischen Handlungen wissen, die seine
Konkretionen sind. Die reine, bloße Handlung ist nicht ohne ihre Konkretion wissbar; sie bliebe sonst völlig ‚namenlos' und unbewusst; zwischen
absolutem und spezifischem Ich liegt eine ‚egologische Differenz'", Schäfer 2006a, 32 sowie Schäfer 2012, 71. Schäfer erkennt in der Aufstellung
des absoluten Ich als erstes Prinzip eine Lösung für das Problem eines
möglichen Prinzipiendualismus, der sich in der Dualität einer analytischen
und einer synthetischen Einheit der Apperzeption bei Kant zeige: „Das
Problem der reinen Apperzeption bei Kant besteht darin, dass wir dort
einerseits sofern wir das Selbstbewusstsein thematisch erfassen wollen,
notwendigerweise auf zwei verschiedene Einheitsformen und Ichpole
[nämlich der analytischen und der synthetischen Einheit der Apperzeption;
N.B.] stoßen, dass wir andererseits damit aber auch nicht die Einheit des
Selbstbewusstseins in eine aggregatartige Kollage von mehreren Einheitsformen aufheben dürfen. Damit stellt sich immer wieder die Frage, welche
Einheit diesen Einheiten wiederum zugrunde liegt", Schäfer 2012, 71f.,
zum Problem des Prinzipiendualismus von analytischer und synthetischer
Einheit der Apperzeption vgl. Schäfer 2012, 64ff. Das absolute Ich sei der
bei Kant nicht explizit gemachte Einheitsgrund, der die beiden „thematisch

theoretischen Vorstellung setzt die Unterscheidung zwischen einem vorstellenden Subjekt und einem vorgestellten Objekt voraus, welche im differenzfreien, absoluten Ich der Tathandlung nicht enthalten ist. Innerhalb dieses Modells ist der Begriff des Praktischen auf einen engeren Bedeutungssinn restringiert. Eine praktische Tätigkeit geht stets mit einer Bezugnahme auf eine empirische Objektwelt einher, in der sich Handlungen des Ich vollziehen können. Außerdem lässt sich eine praktische Selbstbestimmung nur dann sinnvoll konzipieren, wenn ein Anlass für eine solche Tätigkeit gegeben ist, etwa in Form einer wie auch immer gearteten Beschränkung, welche durch selbstbestimmte Tätigkeit zu verändern oder aufzuheben ist. Auch eine solche Beschränkung ist im absoluten Ich der Tathandlung nicht erhalten. Hier werden die Konturen eines neuen Einheitsmodells erkennbar, an dem Fichtes Ausführungen in der

erfassbaren Formen endlichen Selbstbewusstseins [...] aus sich hervorgehen lässt", Schäfer 2012, 71. Das absolute Ich sei eine „unbestimmte Einheitsform", welche alle bestimmten Einheitsformen wie etwa die analytische und synthetische Einheit der Apperzeption, die Urteilsfunktion oder die Kategorien ermöglicht. Unabhängig von dieser zutreffenden Charakterisierung der Funktion des absoluten Ich bei Fichte kann dennoch gefragt werden, ob bei Kant der Sache nach tatsächlich ein Prinzipiendualismus von analytischer und synthetischer Einheit der Apperzeption vorliegt, oder ob nicht auch bei Kant das Prinzip eines Einfachen Ich erkennbar wird, demgegenüber analytische und synthetische Einheit der Apperzeption als Prinzipiiertes erscheinen. Eine solche Deutung vertritt C. Bickmann: „Das Selbstbewußtsein als Bewußtsein seiner selbst *in* allen Verknüpfungsfunktionen ist gegenüber dem einfachen Ursprungsort des Ich [...] selbst ein ebenso Abgeleitetes wie Gedoppeltes, weil ihm vollzogene Einheitsfunktionen vorausgesetzt sind und gedoppelt, weil es als Wissen um den Grund dieser Einheitsfunktionen nur in der Gestalt einer Einheit in der Differenz zum Bewußtsein gebracht werden kann. [...] Der Grund aller Synthesisfunktionen, der all unsere Verknüpfungsleistungen und vermittels derselben auch unser Selbstbtewußtsein in seiner reflexiven Form als analytische Einheit des Selbstbewußtseins möglich macht, ist demgegenüber jedoch nicht mehr als das ,Substrat' aller Einheitsfunktionen überhaupt: mithin also ist er derjenige Einheitsgrund, der alle Synthesisleistungen begreiflich machen kann, ohne selbst mehr durch solche Funktionen bestimmbar zu sein. So ist er Grund aller Bestimmung, ohne selbst ein Bestimmbares zu sein", C. Bickmann 1996, 186.

Grundsatzlehre, im theoretischen Teil und stellenweise im praktischen Teil der *Grundlage* orientiert sind. Das endliche Bewusstsein
wird als eine Einheit zweier Grundvermögen gedacht, die es dem
Ich erstens erlauben, sich vorstellend auf sich selbst und auf Objekte zu beziehen und zweitens, sich selbst nach spontan hervorgebrachten Grundsätzen zu besonderen Akten praktisch zu bestimmen. Beide Vermögen gehen auf besondere und damit auf bestimmte Tätigkeiten aus, was jedoch das Vorliegen einer bestimmbaren Tätigkeit überhaupt voraussetzt. Bei jener Tätigkeit handelt
es sich um die noch unbestimmte Tathandlung, die als unbedingter
Ermöglichungsgrund für besondere theoretische und praktische
Tätigkeiten vorauszusetzen ist. Die Tathandlung ist zugleich Grund
der Einheit von theoretischer und praktischer Tätigkeit, da beide in
gleicher Weise an ihr partizipieren. Die Tathandlung stiftet Einheit
und Zusammenhang im endlichen Bewusstsein. Theoretische und
praktische Vermögen bilden eine grundlegende Differenz, wobei
ihre Funktionen nicht auseinander ableitbar sind. In diesem Einheitsmodell ist es entscheidend, dass der Einheitsgrund als ein reines, unbestimmtes Drittes der Differenz von theoretischen und
praktischen Vermögen vorausliegt. Er kann also weder mit dem
theoretischen noch mit dem praktischen Vermögen identifiziert
werden. Das bedeutet aber auch, dass auf einer prinzipientheoretischen Ebene nicht von einem Primat der praktischen Vermögen
gesprochen werden kann, zumal das höchste Prinzip nicht primär
als ein praktisches Vermögen gefasst wird. Das höchste Prinzip
liegt jeder Differenz des endlichen Bewusstseins voraus. Wenn gilt,
dass das endliche Bewusstsein durch die Urdisjunktion von theoretischen und praktischen Tätigkeiten konstituiert ist und beide Tätigkeiten nicht auseinander, sondern bloß aus einem differenzfreien
Dritten ableitbar sind, stellt sich die Frage, warum Fichte auch in
der *Grundlage* von einem Primat der praktischen Vermögen spricht
(vgl. GA I, 2, 424 / SW I, 294). Wie im folgenden Abschnitt gezeigt
werden soll, beruht die These eines Primats des Praktischen, die
Fichte in der *Grundlage* vertritt, im Wesentlichen auf einer nachträglichen Modifikation des ersten Prinzips. Diese Modifikation ist an
späterer Stelle eingehender zu thematisieren. Zunächst bleibt festzuhalten, dass unter der Voraussetzung des hier behandelten

Einheitsmodells der Sache nach eine hierarchiefreie Wechselbestimmung von theoretischen und praktischen Tätigkeiten anzunehmen ist. Sämtliche Vollzüge des endlichen Bewusstseins – etwa Anschauen und Denken, Streben und Handeln – involvieren jeweils
beide Momente.

Eine wesentliche Einsicht der *Grundlage* besagt, dass eine theoretische Objektbeziehung nicht möglich ist, wenn nicht zugleich
eine praktische vorliegt. Zu Beginn des § 5 der *Grundlage* argumentiert Fichte, dass die Vorstellung eines äußeren Objekts auf einer
philosophisch nicht ableitbaren Beschränkung bzw. auf einem Anstoß auf das absolute Ich beruht. Das Objekt erscheint in einer vom
Ich produzierten Vorstellung als eine Repräsentation des Anstoßenden, das dabei als außerhalb des Ich existierend gedacht wird.
Das entscheidende Argument für die Funktion der praktischen
Vermögen im theoretischen Erkenntnisprozess besagt, dass die
Möglichkeit der Vorstellung des Anstoßenden überhaupt nur dann
besteht, wenn das Ich durch den Anstoß nicht vernichtet wird. Das
Ich muss sich gegen den Anstoß behaupten. Die Selbstbehauptung
gegen den äußeren Anstoß wird als die Wesensbestimmung der praktischen Tätigkeit gefasst. Die praktische Tätigkeit ist aber nicht eine
einfache blinde Kraft der Selbstbehauptung, sondern auch zweckgerichtet. Unter den Bedingungen des Anstoßes spezifiziert sich
eine zunächst reine, unbestimmte Tathandlung zu einer Tätigkeit,
die sich widerständig gegen den Anstoß verhält. Dabei ist sie auf
den Zweck der Aufhebung des Anstoßes gerichtet, also auf das
Ideal der Aufhebung aller endlichen Begrenzung des Ich. Dieses
Ideal ist nicht durch den Anstoß induziert, sondern frei und spontan durch das Ich entworfen. Fichtes originärer Beitrag zu einer
Theorie des endlichen Bewusstseins besteht darin, dass er diese
praktische Tätigkeit des Ich als Bedingung einer theoretischen Objektbeziehung aufgewiesen hat. Für die so bestimmte praktische Tätigkeit wählt Fichte den Ausdruck des Strebens. Der Ertrag dieses
Arguments lässt sich auch so ausdrücken: Wird die praktische Freiheit als Bedingung der Möglichkeit einer theoretischen Gegenstandserkenntnis aufgewiesen, ist jeder Versuch, mit den Mitteln
der theoretischen Vernunft praktische Freiheit zu widerlegen, zum
Scheitern verurteilt. Aus dem Aufweis dieses Zusammenhangs lässt

sich jedoch nicht ohne weiteres ein Primat der praktischen gegenüber der erkennenden Tätigkeit ableiten: Denn erstens kann die
Funktion der Erkenntnis weiterhin nicht von der praktischen Tätigkeit übernommen werden. Die theoretischen Vermögen der Anschauung, des Verstandes oder theoretischen Vernunft sind genetisch nicht unmittelbar aus dem praktischen Streben zu entwickeln.
Vielmehr sind sie auf das Streben nachträglich zu beziehen. Zweitens zeigt sich, dass die praktische Tätigkeit selbst nicht denkbar ist,
wenn sie nicht auch eine theoretische Funktion enthält. Denn eine
praktische Tätigkeit ist immer zweckgerichtet, ein Zweck ist aber
nur denkbar als eine entworfene Vorstellung. So zeigt sich, dass
Fichte in der *Grundlage* zumindest Ansätze für ein Einheitsmodell
des endlichen Bewusstseins entwickelt, in dem theoretische und
praktische Vermögen in einer unauflösbaren Wechselbestimmung
stehen. Diese Wechselbestimmung impliziert aber, dass keinem der
beiden Momente ein eindeutiges Primat zugeschrieben werden
kann. Wie wir sehen werden, wird Fichte ein solches Modell vor
allem in der *Wissenschaftslehre nova methodo* ausarbeiten.

3) Wie bereits erwähnt, beinhaltet die *Grundlage* neben dem zuvor entwickelten Modell des endlichen Bewusstseins ein weiteres,
das jedoch erheblich vom erstgenannten abweicht. Die aus dieser
Abweichung resultierenden Spannungen dürften ein Grund dafür
gewesen sein, dass Fichte sein System kaum zwei Jahre nach Erscheinen der *Grundlage* in Gestalt der *Wissenschaftslehre nova methodo*
mit erheblichen Veränderungen vorträgt. Die Verschiebungen gegenüber dem zuvor behandelten Modell ergeben sich vor allem
aus einer folgenreichen Modifikation des Begriffs des absoluten
Ich, welche er zu Beginn des praktischen Teils der *Grundlage* (§ 5)
vornimmt. Wie ausführlich im betreffenden Abschnitt dieser Arbeit gezeigt werden soll, geht diese Modifikation des Begriffs des
absoluten Ich mit einer veränderten Bestimmung des Verhältnisses von praktischen und theoretischen Vermögen einher.
Denn nunmehr gilt – wie auch in den unter 1) thematisierten
Frühentwürfen – ein Primat des Praktischen, weil das absolute Ich
selbst als eine praktische, strebende Instanz dargestellt wird. Gemäß dem ersten Grundsatz wird das absolute Ich zunächst als ein
differenzfreies Prinzip der reinen Tathandlung behauptet. Die

Grundsatzlehre wird so konzipiert, dass das absolute Ich zwar Er-
möglichungs- und Einheitsgrund von theoretischen und praktischen Vermögen sein kann. Ein theoretisches oder praktisches
Verhältnis zu sich und zu äußeren Objekten kann jedoch aus dem
absoluten Ich allein nicht begründet werden. Die Differenz, welche allen theoretischen und praktischen Bezügen zugrunde liegt,
ist nicht aus dem absoluten Ich ableitbar und muss in Gestalt eines zweiten, formal unbedingten Grundsatzes äußerlich zum ersten Grundsatz, der das absolute Ich behauptet, hinzutreten. Anders als Fichte dies in seinen frühesten Entwürfen noch vorsieht,
können die besonderen Bestimmungen des endlichen Bewusstseins nicht linear aus dem absoluten Ich abgeleitet werden. Jede
Bestimmung impliziert Negation und Differenz, die im absoluten
Ich nicht enthalten ist. Wie an der betreffenden Stelle dieser Arbeit zu zeigen ist, werden die Bestimmungen der endlichen Subjektivität zunächst aus einem Zusammenspiel von *drei* Grundsätzen entwickelt. Diese drücken Handlungen des endlichen Ich aus,
die jeweils nicht restlos auseinander ableitbar sind. Der Gegensatz
der Identität des absoluten Ich einerseits und des Prinzips der
Differenz bzw. Negation andererseits verhindert jedoch nicht die
Ableitung weiterer Bestimmungen endlicher Subjektivität. Er
wird vielmehr produktiv genutzt: Denn jeder neu hinzutretende
Begriff des Systems soll als eine vorläufige Vermittlung für den
grundlegenden, im endlichen Bewusstsein nicht aufzuhebenden
Gegensatz dienen – dieser kann wahlweise als Gegensatz von
Identität und Differenz, Unendlichkeit und Endlichkeit oder Tätigkeit und Beschränkung ausgedrückt werden. Das so scheinbar
gelöste Problem, dass aus dem absoluten Ich zwar keinerlei Differenz abzuleiten ist, greift Fichte in § 5 wieder auf. Dort erscheint
es wieder als ungelöst. Diese Einsicht verleitet Fichte zu einer allerdings nicht kenntlich gemachten Modifikation des Begriffs des
absoluten Ich. In § 5 erscheint das Problem in Gestalt der Frage,
wie es möglich ist, dass auf das ursprünglich differenzfreie, absolute Prinzip ein äußerer Anstoß geschehen kann, welcher es nötigt, eine theoretische Vorstellung eines äußeren Objekts als Urheber des Anstoßes zu entwerfen. Es geht also um die Frage, wie
es überhaupt möglich ist, dass reine Identität mit Negation und

Differenz affiziert wird. Fichtes Lösung besteht in der Behauptung, dass das absolute Ich eine *interne* Differenz enthalten muss, wenn für dasselbe eine externe Differenz zu einem äußeren Objekt bzw. einem Anstoß möglich sein soll. Diese interne Differenz erkennt Fichte in einer ursprünglichen Selbstreflexion, die das absolute Ich in dem Versuch vornimmt, sich *als* unendliche, reine Tätigkeit zu erkennen. Dieser Überlegung zufolge erscheint das absolute Ich jedoch nicht mehr als einfache Tathandlung, die ein unmittelbares Fürsichsein ausdrückt, sondern als eine reflexive Instanz. Die Umdeutung des absoluten Ich als eine reflexive Instanz stellt die benannte Modifikation des höchsten Prinzips dar. Erst in Folge eines ursprünglichen Aktes der Reflexion, sei für das Ich überhaupt feststellbar, ob seine Tätigkeit durch einen Anstoß beschränkt ist oder nicht – in diesem Sinne wird eine ursprüngliche Selbstreflexion als Bedingung der *Möglichkeit* des Anstoßes konzipiert, wenngleich das wirkliche Geschehen eines Anstoßes nicht aus dem Ich ableitbar ist. In dieser Arbeit soll gezeigt werden, dass die Modifikation des Begriffs des absoluten Ich zu einer reflexiven und damit intern differenzierten Instanz mit einer Neujustierung des Verhältnisses von praktischen und theoretischen Vermögen des Ich einhergeht. Unter der Voraussetzung des in 2) entwickelten Einheitsmodells *wird* das Ich überhaupt nur dann praktisch oder strebend, wenn eine äußere Beschränkung vorliegt, gegen die es sich zu behaupten trachtet. Das strebende Ich wäre demnach vom absoluten Ich, insofern es als reine Tathandlung konzipiert wird, unterschieden. Nach der Modifikation des ersten Prinzips erscheint dasselbe nicht mehr bloß als reflexiv, sondern auch als praktisch. Das absolute Ich ist in dem Sinne als ursprünglich praktisch zu verstehen, da es von sich aus danach *strebt*, eine unendliche Tätigkeit hervorzubringen *und* sich als diese Tätigkeit selbst zu erkennen. Es ist nunmehr *dieses* Streben, welches dem Anstoß widerstreitet, da der Anstoß die Tätigkeit des Ich begrenzt. Gleichwohl muss dem Ich das Streben auch unabhängig von seiner Begrenztheit zugesprochen werden, es liegt ursprünglich in seiner reinen Gestalt vor. Auch hier ist die Ausweitung des Begriffs des Praktischen, der nach 2) nur auf eine widerstrebende Tätigkeit des endlichen Ich bezogen wurde, von mehr als nur terminologischem Interesse. Dadurch, dass das absolute Ich danach strebt, sich als unendliche Tätigkeit zu erkennen, begründet Fichte, dass die theoretischen Erkenntnisfunktionen diesem Streben allgemein unterzuordnen seien. Wie im entsprechenden Abschnitt zu zeigen ist, entwickelt Fichte im praktischen Teil der Wissenschaftslehre ein Einheitsmodell des endlichen Bewusstseins, in dem die Produktion von Vorstellungen äußerer Objekte als Wirkung eines praktischen Triebes erscheint. Anders als ihr Titel suggeriert, handelt die ,Grundlage der Wissenschaft des Praktischen' nicht von Handlungen, mit denen das Ich die Außenwelt modifiziert, sondern weitgehend davon, wie ein ursprünglich praktischer Trieb auf eine vorstellende bzw. theoretische Tätigkeit wirkt. Wenn das absolute Ich ursprünglich danach strebt, dass alle Realität, die es vorstellt, bloß die selbstgesetzte, unendliche Tätigkeit sein soll, folgt, dass alle theoretische Vorstellungtätigkeit allgemein unter diesen Imperativ zu subsumieren ist. Unter den Bedingungen des Anstoßes, der sich nicht aus dem Ich ableiten lässt, lässt sich diese höchste Forderung jedoch nicht realisieren. Unter dieser Bedingung kann das Ich nicht eine schlechthin unendliche, sondern nur eine beschränkte Tätigkeit vorstellen. Fichte behauptet, dass der praktische Trieb unter den Bedingungen des Anstoßes die theoretischen Erkenntnisvermögen dazu bewegt, ideale Objekte der Vorstellung zu setzen. Diese stellen zwar den Ursprung einer Begrenzung des absoluten Ich vor, sind dabei aber dennoch Bestimmungen, die das Ich in partieller Erfüllung der ursprünglichen Forderung selbst hervorbringt. In diesem Bewusstseinsmodell stellt Fichte die Produktion von Vorstellung zugleich als die einzig mögliche Wirkung des praktischen Triebes dar. Denn ein Trieb des Ich lasse sich nur im Ich realisieren, niemals aber in einer Sphäre, die vollkommen außerhalb des Ich liegt. Die Bestimmung der Vorstellungtätigkeit durch den praktischen Trieb und damit eine harmonierende Einheit zwischen Trieb und Vorstellung bleibt jedoch zunächst eine Forderung, deren Einlösung sich nur im Faktum der gelingenden Objekterkenntnis beweist.

In diesem Einheitsmodell, das von einem Streben und einer Reflexivität des absoluten Ich ausgeht, sind eine Vielzahl von Problemen enthalten, was Fichte zu einer Neukonzeption der Wissenschaftslehre bewogen haben dürfte. Zum einen besteht ein offensichtlicher Gegensatz zwischen der ursprünglichen Konzeption des absoluten Ich als irreflexive Tathandlung einerseits und der Behauptung andererseits, dass das Ich auf sich reflektieren muss, da es ursprünglich danach strebt, sich als unendliche Tätigkeit zu erkennen. Hierdurch entsteht eine Spannung, die die Kohärenz des Systems bedroht. Zum anderen kommt Fichte in diesem Model zu dem Ergebnis, dass die scheinbar einzige Wirkung eines praktischen Triebes darin besteht, ideale Objekte der Vorstellung zu bestimmen – und zwar so, dass sie als Ursachen einer vom Ich bloß passiv ertragenen Beschränkung erscheinen. Die einzig denkbare ‚praktische' Forderung, die sich im endlichen Bewusstsein erfüllen lässt, ist damit die Einheit des theoretisch erkennenden Bewusstseins selbst. Diese Einheit zeigt sich im Gelingen der vom Trieb geforderten idealen Objektbestimmung. Damit erklärt Fichte jedoch gerade nicht, was er eigentlich zu erklären bestrebt war, nämlich, dass reine Vernunft praktisch auf die Bildung von *Handlungs*maximen wirken kann. Eine notwendige Ableitung des sittlichen Bewusstseins, das immer auf die allgemeingesetzliche Bestimmung dieser Maximen für eine empirische Handlung ausgeht, lässt sich auf diesem Wege gerade nicht beweisen. Die Funktion eines vermeintlich praktischen Triebes bleibt auf die Konstitution des Vorstellungsbewusstseins beschränkt.

4) In dieser Arbeit soll die These vertreten werden, dass sich die Frühphase der Philosophie Fichtes als eine Geschichte von divergierenden Entwürfen verstehen lässt, in denen die Einheit des endlichen Bewusstseins, das sowohl theoretisch als auch praktisch tätig ist, erklärt werden soll. Wie bereits erwähnt, soll die *Wissenschaftslehre nova methodo* (1796–99) als vorläufiger Kulminationspunkt dieser Entwurfsgeschichte gedeutet werden. Denn dort liefert Fichte die kohärenteste und detaillierteste Theorie des endlichen Bewusstseins. Es soll die These vertreten werden, dass Fichte die gerade im zweiten Teil der *Grundlage* offensichtlich werdenden Probleme beheben kann. Dies gelingt im Wesentlichen dadurch, dass er sich zunächst an der Konzeption des endlichen Bewusstseins orientiert, die er bereits in der Grundsatzlehre der *Grundlage* entwickelt (siehe

2). Nach dieser Konzeption erfolgt eine deutliche Unterscheidung zwischen dem reinen, absoluten Ich der Tathandlung einerseits und dem endlichen Ich, in dem eine Differenz von theoretischen und praktischen Vermögen vorliegt. Das absolute Ich fungiert als differenzfreier Einheits- und Beziehungsgrund von zwei Vermögen, denen jeweils kein eindeutiges Primat zugesprochen werden kann. Dieses Modell verfolgt Fichte in der *Wissenschaftslehre nova methodo* durchgehend. Dort herrscht – ebenso wie in der 1798 erschienen Schrift *System der Sittenlehre* – die Auffassung vor, dass als Prinzip der Wissenschaftslehre ein absolutes Ich anzunehmen ist, das in einer unmittelbaren Anschauung, also durch ein irreflexives Fürsichsein, auf sich bezogen ist. Die Reflexionsform, in der ein reflektierendes Ich-Subjekt von einem reflektierten Ich-Objekt unterschieden wird, ist ein Wesensmerkmal des endlichen, mit Differenz behaftet Ich. [18] Die Unterscheidung von theoretischen und praktischen Vermögen bricht der neuen Konzeption zufolge *in* der Reflexionsform selbst auf. Denn die endliche Reflexion ist durch den Unterschied zwischen einer theoretischen bzw. idealen Tätigkeit des *Bewusst*seins einerseits und durch den realen Vollzug dieser Tätigkeit andererseits gekennzeichnet. Diese wird im endlichen Bewusstsein durchgehend auf irgendeine Art reflektiert. Der erste ‚Gegenstand‘ des Bewusstseins ist damit der Vollzug des Bewusstseins selbst. Dieser Vollzug ist eine Tätigkeit des Ich und muss durch dasselbe hervorgebracht sein. Die reale Tätigkeit, *insofern sie reflektiert wird*, ist die ursprüngliche praktische Tätigkeit des

---

[18] Vgl. hierzu die deutliche Erläuterung im *System der Sittenlehre*, das im Jahr 1798 veröffentlicht wurde und zum thematischen Umkreis der *Wissenschaftslehre nova methodo* zählt: „Die Ichheit besteht in der absoluten Identität des subjektiven und des objektiven (absoluter Vereinigung des Seyns mit dem Bewusstseyn, und des Bewusstseyns mit dem Seyn) wird gesagt. Nicht das subjektive noch das objektive, sondern – eine Identität ist das Wesen des Ich; und das erstere wird nur gesagt, um die leere Stelle dieser Identität zu bezeichnen. […] Dieser Begriff, der nur als die Aufgabe eines Denkens zu beschreiben, nimmer aber zu denken ist, deutet eine leere Stelle in unserer Untersuchung an, die wir mit X bezeichnen wollen. Das Ich kann sich selbst an und für sich, aus dem aufgezeigten Grunde, nicht begreifen. Es ist schlechthin = X" (SL GA I, 5, 56 / SW IV, 42).

endlichen Bewusstseins, aus der alle besonderen praktischen Vermögen wie der Trieb oder der Wille abgeleitet werden sollen. Die neue Konzeption des endlichen Bewusstseins in der *Wissenschaftslehre nova methodo* ist dadurch ausgezeichnet, dass das Verhältnis von idealer und realer bzw. theoretischer und praktischer Tätigkeit durchgehend als eine Wechselbestimmung gedacht wird. Das bedeutet, dass eine ideale Tätigkeit nicht ohne die reale Tätigkeit als ihr Bezugsobjekt möglich ist. Ebenso ist die reale Tätigkeit durch die ideale Tätigkeit bestimmt, wenn sie als eine Tätigkeit *für* das reflektierende Ich aufgefasst wird. Eine solche Reflexion ist nur möglich, wenn das ideale Ich einen Begriff oder ein Ideal dieser Tätigkeit entwirft, mit der es sich dann im realen Vollzug instantan identifiziert. Der Gedanke einer solchen Wechselbestimmung, in der keinem der beiden Momente ein Primat zugeschrieben werden kann, ist zwar im Ansatz bereits in der *Grundlage* enthalten, wird aber im zweiten Teil der *Grundlage* zu einer eindeutigen Subordination der theoretischen unter die praktischen Vermögen ausgearbeitet. In der konsequenten Durchführung dieser Wechselbestimmung ist ein wesentlicher Vorzug der *Wissenschaftslehre nova methodo* gegenüber den vorangegangenen Entwürfen zu sehen. Durch die Annahme einer solchen Wechselbestimmung werden unsachgemäße Vereinseitigungen vermieden. Setzt man erstens voraus, dass das oberste Prinzip der Wissenschaftslehre eine differenzfreie Anschauung darstellt, welche der Unterscheidung von theoretischer und praktischer Tätigkeit im endlichen Bewusstsein vorausliegt und zweitens, dass das endliche Bewusstsein durch eine gleichberechtigte Wechselbestimmung von theoretischen und praktischen Tätigkeiten charakterisiert ist, kann zunächst nicht von einer Subordination der theoretischen unter die praktischen Vermögen gesprochen werden. Gleichwohl muss beachtet werden, dass Fichte dem Vermögen zur freien, praktischen Selbstbestimmung eine zentrale Funktion in der Konstitution eines Selbst- und eines Objektbewusstseins zuweist. Denn auch wenn das endliche Bewusstsein durch eine Wechselbestimmung von idealer und realer Tätigkeit charakterisiert ist, behauptet er dennoch, dass sich das Ich primär als ein praktisches, selbstbestimmendes Wesen bewusst wird, ehe es z.B. auf äußere Objekte reflektiert. Fichtes zentrale Überlegung, die er vor allem in § 11 der *Wissenschaftslehre nova methodo* entwickelt, besagt, dass das primäre Objekt des endlichen Bewusstseins sein ‚reiner Wille' ist. In diesem abgeleiteten Sinn kann *innerhalb* des endlichen Bewusstseins von einem Primat oder von einer Priorität der praktischen Vermögen gesprochen werden. Wie wir sehen werden, konzipiert Fichte den reinen Willen als rudimentäre und ursprüngliche Erscheinungsform eines Bewusstseins zur freien, moralischen Selbstbestimmung. Das moralische Bewusstsein ist in *diesem* Sinne, also in seiner rudimentären Form, konstitutiv für endliches Bewusstsein überhaupt. Der reine Wille stellt dabei das Vermögen zu einer spontanen und unbedingten Selbstbestimmung vor. Im Bewusstsein des reinen Willens erkennt das Ich dieses Vermögen als sein Wesen. Der reine Wille ist dabei nicht unmittelbar mit dem absoluten Ich, das eine reine Tathandlung ausdrückt, zu identifizieren. Der reine Wille ist vielmehr Erscheinung des absoluten Ich für ein *endliches* Bewusstsein. Dabei ist der Gedanke von entscheidender Bedeutung, dass der reine Wille dem endlichen, reflektierenden Ich als eine Aufforderung zur Selbstbestimmung erscheint. Das Ich erkennt demnach sich selbst, wenn es darauf reflektiert, dass seine höchste Bestimmung darin besteht, in allen Verrichtungen seiner alltäglichen Existenz selbsttätig zu sein. Die Begründung dieser Überlegung stellt eine weitere Variante des Beweises dar, dass reine Vernunft praktisch ist. Denn reiner Wille bzw. praktische Vernunft werden als Bedingung der Möglichkeit des endlichen Bewusstseinsvollzugs aufgewiesen. Der Versuch, die Möglichkeit des freien Willens mit theoretischen Mitteln zu widerlegen, ist unter dieser Voraussetzung zum Scheitern verurteilt. Es kann unter dieser Voraussetzung keine theoretischen Argumente gegen die Möglichkeit praktischer Vernunft geben, da die praktische Vernunft als Bedingung der Theorie ermittelt wird.

Wie aus den vorangegangenen Ausführungen deutlich wurde, versteht Fichte die Wissenschaftslehre als ein System transzendentaler bzw. kritischer Philosophie, dem es anders als Kant und Reinhold gelingt, zweifelsfrei die Bedingungen der Möglichkeit theoretischer Erkenntnis und praktischer Selbstbestimmung zu beweisen. Terminologisch bleibt Fichte dabei eng an der Philosophie Kants orientiert. Hinter der Verwendung gleichlautender Ausdrücke verbergen sich häufig jedoch gravierende sachliche Differenzen, was sich insbesondere bei Fichtes These zeigt, ein reiner Wille, den er auch als kategorischen Imperativ bezeichnet, sei als Bedingung der Möglichkeit des endlichen Selbstbewusstseins aufgewiesen. Nach Kant besteht das moralisch-praktische Bewusstsein darin, dass sich das Subjekt der unbedingten Geltung des kategorischen Imperativs in der von Kant ermittelten Formulierung bewusst wird. Fichte spricht dagegen allgemeiner von einem Bewusstsein der Aufforderung zur Selbstbestimmung überhaupt. Das Bewusstsein des reinen Willens ist das Bewusstsein einer Aufforderung zur Selbstbestimmung, die sich *unter anderem* in der Orientierung an spontan gesetzten, unbedingt gültigen kategorischen Imperativen zeigen kann. Diese Aufforderung und der Vollzug der Selbstbestimmung liegen dem sittlichen Bewusstsein in einem engeren Sinne, wie es von Kant konzipiert wird, voraus. Letzteres, so Fichtes These, sei erst eigentlich aus dieser ursprünglichen Aufforderung abzuleiten. Daher soll in dieser Studie die folgende, nicht nur für die historische Fichte-Forschung, sondern auch systematisch bedeutsame These vertreten werden: Theoretische und praktische Vermögen, Denken und Wollen bilden einen unentrinnbar notwendigen egologischen Zirkel, der allerdings nicht fehlerhaft, sondern in der Konstitution endlichen Selbstbewusstseins notwendig ist. Weder kann Wollen ohne ein Denken noch Denken ohne ein Wollen widerspruchsfrei konzipiert werden. Systematisch lässt sich aus diesem Zirkel lernen, dass endliches Bewusstsein gerade aufgrund seiner Zirkularität a) produktiv sein und einen sinnvollen theoretisch-praktischen Weltbezug realisieren kann und b) dass die Unterscheidung zwischen theoretischen und praktischen Hinsichten in einem notwendigen Zirkel Widersprüche vermeidet.

2 Forschungsstand

Die vorliegende Arbeit kann sich dank der Intensivierung und der Professionalisierung der Erforschung der Schriften Johann Gottlieb Fichtes seit den 1960er Jahren auf eine Vielzahl von exzellenten Studien stützen.[19] Eine Gesamtübersicht über die Fichte-Forschung der vergangenen 60 Jahre würde jedoch den Rahmen dieser Einleitung sprengen, selbst wenn sie sich auf den deutschsprachigen Raum begrenzen würde. Die folgenden Ausführungen sollen sich darauf beschränken, den thematischen Schwerpunkt sowie die wesentlichen Untersuchungsergebnisse dieser Arbeit in Bezug auf einige exemplarisch ausgewählte Studien zu verorten. Dabei wird bei weitem nicht die Fülle der Arbeiten erfasst, die in dieser Arbeit gerade bei den verschiedenen Detailanalysen zu Rate gezogen werden. Eine wesentliche Orientierung für die Detailanalysen zur *Grundlage* bietet der umfassende und hermeneutisch umsichtige, fortlaufende Kommentar von Rainer Schäfer, der sich vor allem dadurch auszeichnet, dass wesentliche Argumente Fichtes systematisch weitergedacht werden.[20] Mit Blick auf die Untersuchungen zur *Wissenschaftslehre nova methodo* wird vielfach auf den detaillierten Kommentar von Ulrich Schwabe zurückgegriffen.[21]

Wie bereits dargelegt wurde, sollen im Folgenden Fichtes Entwürfe einer integrativen Konzeption des endlichen Bewusstseins untersucht werden, die er in den Jahren zwischen 1794 und 1800 entwickelt. Diese Untersuchung steht vor der anspruchsvollen Aufgabe, Aspekte der theoretischen und der praktischen Philosophie Fichtes in gleichem Maße zu berücksichtigen. Damit ist der Rahmen dieser Arbeit weiter gefasst als in der vor allem durch Dieter Henrich angestoßenen Forschung zu Fichte als Theoretiker der bewussten Selbstbeziehung.[22] Henrich rezipiert Fichtes Philosophie mit einem Schwerpunkt auf die Theorie der

---

[19] Eine frühere, gleichwohl exzellente Studie zur Genese und Struktur der Wissenschaftslehre liefert Gueroult 1930.

[20] Vgl. Schäfer 2006a.

[21] Vgl. Schwabe 2007, 333–700.

[22] Vgl. hierzu vor allem den epochemachenden Aufsatz Henrich 1966.

unmittelbaren Selbstbeziehung des Ich. Diese Theorie, in der Henrich ‚Fichtes ursprüngliche Einsicht' erkennt, vermeidet erstmals den Zirkel, der für die sogenannte Reflexionstheorie des Selbstbewusstseins entsteht. Die Reflexionstheorie kann als zirkulär und damit als ungeeignet für die Erklärung des Selbstbewusstseins betrachtet werden: Denn die Erklärung des Selbstbewusstseins als eine wissende Selbstbeziehung eines Subjekts zu sich als Objekt einer Reflexion setzt das Vorliegen eines selbstbewussten Ich bereits voraus. Die Forschung mit dem Schwerpunkt auf Fichtes Theorie der bewussten Selbstbeziehung hat bedeutende Beiträge auf höchstem methodischem und inhaltlichem Niveau hervorgebracht. Gleichwohl lässt sich festhalten, dass in einer an Fragen der bewussten Selbstbeziehung orientierten Untersuchung die für Fichte selbst so zentrale Fragestellung nach der *Einheit* des selbstbewussten Subjekts und damit vor allem nach der Funktion der praktischen Vermögen für die Konstitution des letzteren häufig aus dem Blickfeld gerät.

Ein solches Desiderat zeigt sich auch in zwei exzellenten Studien, die für diese Arbeit eine zentrale Rolle spielen, besonders aber Fichtes theoretische Philosophie und ihre Beziehung zu Kant thematisieren. Hierbei handelt es sich erstens um Wilhelm Metz' Studie *Kategoriendeduktion und produktive Einbildungskraft in der theoretischen Philosophie Kants und Fichtes* und zweitens Christian Hanewalds Arbeit *Apperzeption und Einbildungskraft. Die Auseinandersetzung mit der theoretischen Philosophie Kants in Fichtes früher Wissenschaftslehre*. Metz' Arbeit stützt sich vor allem auf die *Grundlage*, während Hanewald auch die *Wissenschaftslehre nova methodo* heranzieht. Insbesondere geht es in beiden Arbeiten um Fichtes Konzeption der Kategoriendeduktion und seiner Funktionsbestimmung der Einbildungskraft als zentrales theoretisches Vermögen des Ich. Die hier vorliegende Arbeit versteht sich als eine produktive Fortführung, indem sie versucht, Fichtes Fundierung des theoretischen Objektbewusstseins durch dessen Beziehung auf das praktische Vermögen deutlicher zu untersuchen. Zwar erkennt Metz in einem kürzeren Kapitel zur Deduktion des Strebens in § 5 der *Grundlage*, dass „Fichtes GWL [...] die vollständige Vereinigung der theoretischen und praktischen Vernunft erbringt"[23], lässt dabei aber weitgehend unausgeführt, in welcher Form diese Vereinigung zu denken ist. Hanewald erkennt zum Beispiel in der *Wissenschaftslehre nova methodo* eine auch für die Kategoriendeduktion zentrale „immanente Fortentwicklungen [...], [d]ie vor allem aus einer konsequenten methodischen Umsetzung des Primats der praktischen Vernunft resultiere[n]"[24], ohne dass jedoch eine genaue und systematische Untersuchung der Funktion praktischer Vermögen für den theoretischen Objektbezug erfolgt. Damit bleibt der Ausdruck eines ‚Primats des Praktischen' jedoch weitgehend ungeklärt. Wie in der vorliegenden Arbeit gezeigt werden soll, entwickelt Fichte für die Einheit des endlichen Bewusstseins verschiedene Modelle, in denen auch die Funktion der praktischen in Beziehung auf die theoretischen Vermögen auf verschiedene Weise gedacht wird. Um diese Entwurfsgeschichte angemessen nachvollziehen zu können, wird es notwendig sein, den jeweils engeren Rahmen einer theoretischen oder einer praktischen Vermögensanalyse zugunsten einer holistischen Ansicht des endlichen Bewusstseins zu übersteigen.

Dass Fichte in der *Grundlage* verschiedene, sich zum Teil widersprechende Konzeptionen des Prinzips seines Systems, nämlich des absoluten Ich, vorlegt, wird vor allem von Violetta Waibel[25] und von Philipp Schwab[26] herausgearbeitet. Beide Autoren zeigen, dass Fichte die Tathandlung in § 1 der *Grundlage* ursprünglich als ein irreflexives Fürsichsein konzipiert, dann aber in § 5 dazu übergeht, dem absoluten Ich eine Selbstreflexion zuzuschreiben. Aus dieser

---

[23] Metz 1991, 373. Metz scheint die Vereinigung von theoretischen und praktischen Vermögen als eine Wechselbestimmung zu konzipieren, die zwar den Ansätzen der Grundsatzlehre entspricht, aber nicht mehr mit der Modifikation des Ich-Prinzips ab § 5 in Einklang zu bringen ist. So hält er bezugnehmend auf GA I, 2, 410 /SW I, 278 fest: „Wie das Streben die Bedingung der Möglichkeit des Vorstellens ist, so gilt ebenso, ‚dass das praktische Vermögen um zu Bewusstsein zu gelangen, erst durch die Intelligenz hindurch gehen, die Form der Vorstellung erst annehmen muss.'"
[24] Hanewald 2001, 9.
[25] Vgl. Waibel 2000.
[26] Schwab entwickelt diese Einsicht in verschiedenen Aufsätzen, vgl. Schwab 2020, 2020, 2021.

wird dann die Möglichkeit eines äußeren Anstoßes und damit die Beziehung auf ein anderes, das nicht das Ich selbst ist, erklärt. Mit Blick auf Fichtes Verhältnisbestimmung vom absoluten und endlichen Ich, damit von reiner Identität einerseits und Differenz andererseits, spricht Schwab auch von einer „prinzipientheoretischen Aporie"[27], zumal es Fichte nicht gelinge, die für das endliche Bewusstsein konstitutive Differenz aus dem höchsten Prinzip bzw. aus reiner Identität abzuleiten. Ausgehend von der Einsicht in die folgenreiche Modifikation des höchsten Prinzips in der *Grundlage* soll im Folgenden die Frühphilosophie Fichtes als eine produktive und facettenreiche, aber nicht spannungsfreie Entwurfsgeschichte interpretiert werden. Auf die Studien von Waibel und Schwab aufbauend soll in dieser Arbeit zudem eingehend untersucht werden, welche Konsequenzen sich aus der Modifikation des ersten Prinzips von der irreflexiven Tathandlung zu einer reflexiven Instanz für die Verhältnisbestimmung von theoretischen und praktischen Vermögen in der *Grundlage* ergeben. Auch hier sollen also bereits bestehende Ansätze produktiv fortgeführt werden. Wie bereits erwähnt, ergeben sich ausgehend von der jeweiligen Bestimmung des höchsten Prinzips weitreichende Folgen für die Bestimmung der Einheit von theoretischen und praktischen Vermögen im endlichen Bewusstsein. Ausgehend von der Deutung des absoluten Ich als einer irreflexiven Tathandlung kann das Verhältnis von theoretischen und praktischen Vermögen als eine symmetrische Wechselbestimmung interpretiert werden, in der beide Vermögen als irreduzible Aspekte des *endlichen* Bewusstseins gelten. Das höchste Prinzip selbst liegt dieser Unterscheidung als ein differenzfreies Drittes voraus. Dieser Versuch, das Verhältnis des absoluten und des endlichen Ich zu bestimmen, führt weniger auf eine prinzipientheoretische Aporie, sondern vielmehr auf die Grenze der philosophischen Einsicht, welche die kritische Philosophie zwar nicht weiter ableiten, aber zumindest adäquat darstellen kann.[28] Ausgehend von der Deutung des ersten Prinzips als eine

---

27 Schwab 2018, 204ff.
28 Eine Deutung des absoluten Ich als regressiv zu erhellender transzendentaler Grund des endlichen Selbstbewusstseins, der eine unbestimmte

reflexive Instanz (§ 5 der *Grundlage*) geht Fichte dagegen dazu über, das höchste Prinzip selbst als praktisches Streben nach einer reflexiven Einsicht in eine selbst gesetzte, unendliche Realität zu deuten, woraus er eine allgemeine Subordination der theoretischen Funktionen des Ich unter das praktische Streben ableitet.[29]

Mit ihrer Orientierung an der Frage nach der Einheit von theoretischen und praktischen Vermögen im endlichen Bewusstsein greift diese Arbeit ein Problem auf, das in der Fichte-Forschung durchgehend kontrovers diskutiert wird. Besonders eingehend wird in diesem Zusammenhang die Frage erörtert, inwiefern

und damit differenzfreie Tätigkeit überhaupt ausdrückt, wird von Schäfer vertreten, vgl. Schäfer 2006a, 29–43.

[29] In seiner bahnbrechenden Studie entwickelt Janke dagegen eine affirmative Deutung der Modifikation des höchsten Prinzips, die sich im Vergleich der Ausführungen in § 5 mit dem Postulat des absoluten Ich als Tathandlung in § 1 zeigt. Nach Janke lasse sich das in der Wissenschaftslehre anvisierte absolute Sein des Ich erst dann erfassen, wenn Reflexion und Tathandlung zusammengedacht werden, vgl. Janke 1970, 201. Janke spricht auch von einer „absoluten Reflexion", die dem absoluten Ich eigen sein muss, die aber in der einfachen Tathandlung noch nicht gegeben ist (Janke 1970, 19f., ferner zur absoluten Reflexion 191–204). Janke rechtfertigt die nachträgliche Anreicherung des Begriffs des absoluten Ich damit, dass die absolute Reflexion nicht bereits den Ausgang der Untersuchung markieren könne: „Zu ihr führt [vielmehr; N.B.] ein langer Weg, der vom Befund der Tathandlung und der unbeschränkten Selbsttätigkeit ausgeht, um im Durchgang durch die Gesetzesreihen der theoretischen Vernunft und die notwendigen Handlungen der praktischen Vernunft bereichert in den Anfang, die Idee unendlicher Selbsttätigkeit, zurückzulaufen", Janke 1970, 20. Dieser Deutung, die eine durchgehende Kohärenz der *Grundlage* erkennt, wird in dieser Arbeit jedoch nicht gefolgt. Negation und Differenz, die auch in einem absoluten Reflexionsverhältnis enthalten sein müssen, werden nämlich in der Grundsatzlehre (§§ 1–3) ausdrücklich als dem absoluten Ich wesensfremd erklärt. Die Konzeption eines absoluten Ich, die diesem eine „ursprüngliche Verschiedenheit" (Janke 1970, 195) zuschreibt, muss also als erhebliche Abweichungen und nicht als immanente Fortentwicklung von Fichtes ursprünglicher Prinzipienkonzeption verstanden werden – wenngleich mit dieser Feststellung allein noch nicht entschieden ist, welche der beiden Konzeptionen des absoluten Ich philosophisch tragfähiger ist.

Fichtes Philosophie einen ,ethischen Idealismus' darstellt, in dem methodologisch und inhaltlich ein ,Primat des Praktischen' vorherrscht. Das Primat des Praktischen für die Philosophie im Ganzen kann dabei so verstanden werden, dass zentrale theoretische oder erkenntnistheoretische Probleme ausgehend von einem alltäglichen Sittlichkeits- und Freiheitsbewusstsein beantwortet werden, welches sich allerdings einer philosophischen Ableitung entzieht.[30] Ein wesentliches Ziel der vorliegenden Untersuchungen besteht darin, eine möglichst differenzierte Funktionsbestimmung der praktischen in Beziehung auf die theoretischen Ich-Vermögen zu entwickeln. Hinsichtlich dieses zentralen Problems in Fichtes Frühphilosophie werden, wie bereits mehrfach benannt, Verschiebungen und auch Spannungen erkennbar, welche in der Forschung jedoch häufig übersehen werden. Für eine differenzierte Antwort auf die Frage nach dem Primat des Praktischen oder dem Status der Wissenschaftslehre als praktischen Idealismus sind jene Verschiebungen aber unbedingt in Betracht zu ziehen.

[30] Der Begriff eines „Primats der praktischen Vernunft" wird von Kant vor allem im Dialektik-Teil der *Kritik der praktischen Vernunft* verwendet. Hier bezieht sich der „Primat der praktischen Vernunft" auf den eingegrenzten Kontext der Lehre von den Postulaten der praktischen Vernunft, welche die Idee der Unsterblichkeit der Seele und der Existenz Gottes betreffen. Hierbei handelt es sich nach Kant um Begriffe, deren objektive Realität durch theoretische Vernunft nicht eingesehen oder bewiesen werden kann, die aber im praktischen Vernunftgebrauch als Bedingung der Möglichkeit eines höchsten Guts für ein endliches, moralisches Wesen anzunehmen sind. Nur insofern die theoretischen Ideen der Unsterblichkeit der Seele und der Existenz Gottes als Bedingungen für das höchste Gut der praktischen Vernunft erwiesen sind, hat die praktische Vernunft ein Primat gegenüber der theoretischen Vernunft, nämlich in dem Sinne, dass die Forderungen der praktischen der theoretischen Vernunft bestimmte Annahmen aufnötigen, vgl. KpV, AA V, 119ff. Wichtig ist, dass Kant im Unterschied zu Fichte in der praktischen Vernunft ansonsten keine Bedingung für die Möglichkeit theoretischer Gegenstandserkenntnis sieht. Der „Primat der praktischen Vernunft" bleibt philosophisch auf die Postulatenlehre eingeschränkt.

Kritische Deutungen zu Fichtes Funktionsbestimmung der praktischen in Beziehung auf die theoretischen Vermögen finden sich zum Beispiel bei Karl Ameriks und Frederick Beiser. Ameriks erkennt in Fichtes Frühphilosophie ein inhaltliches und methodisches Primat des Praktischen. Dies bestehe erstens darin, dass die praktische Vernunft bzw. das alltägliche Sittlichkeits- und Freiheitsbewusstsein „the first substantive truths of philosophy in general"[31] bereitstellt. Als moralisches Wesen muss sich das Ich als frei begreifen, diese Wahrheit sei auch für den Philosophen nicht anzuzweifeln. Dieses Primat zeigt sich zweitens darin, dass die Menge möglicher Antworten auf Fragen, die klassischerweise der theoretischen Philosophie zugerechnet werden, von vornherein begrenzt wird, und zwar auf der Grundlage der unbedingten Anerkennung jenes Freiheitsbewusstseins. Dazu zählt z.B. die Frage, wie es überhaupt dazu kommt, dass sich das Ich auf ein Erkenntnisobjekt beziehen kann, das ein anderes seiner selbst darstellt. Fichtes einzige Antwort auf diese eigentlich theoretische oder epistemologische Frage bestehe darin, dass das Ich die Vorstellung einer empirischen Objektwelt setzen müsse, nämlich als Raum für die Entfaltung seiner praktischen Freiheit. Ameriks kritisiert Fichte dafür, dass er anders als Kant keinerlei theoretische Vorarbeit für notwendig erachte, um die Frage nach der Möglichkeit eines freien, moralisch bestimmten Willens zu klären. Dass ein freier Wille, der in der *Kritik der praktischen Vernunft* postuliert wird, überhaupt als möglich denkbar ist, setze Kants transzendentalen Idealismus voraus, vor allem seine Unterscheidung von Erscheinung und Ding an sich. Diese werde aber allein in der theoretischen Philosophie erarbeitet. Fichtes Philosophie beruhe dagegen auf einer theoretisch uneinholbaren Voraussetzung. In der Wissenschaftslehre zeige sich eine Herabstufung der theoretischen gegenüber der praktischen Philosophie, was aber aufgrund ihres unbeweisbaren Fundaments weder überzeugen könne noch mit Kants Ansatz vereinbar sei, was Fichte jedoch immer wieder beanspruche.[32] In eine ähnliche Richtung weist die Kritik von

---

[31] Ameriks 2000, 193.

[32] „[...] Fichte does not follow Kant in relegating practical reason to a secondary rather than primary status. Kant's view is reflected in the fact that practical reason as such is treated only in his second Critique, since he

Frederick Beiser, der davon ausgeht, dass für Fichte im Ausgang von einem vorphilosophischen bzw. alltäglichen Freiheitsbewusstsein keinerlei theoretische Grundlegung der kritischen Philosophie mehr notwendig sei:

Fichte's 1794 Wissenschaftslehre does not attempt to provide a new theoretical foundation for transcendental philosophy. Rather, its aim is to abolish transcendental philosophy by showing that all its problems can be resolved only through practical activity. For Fichte, no less than for Marx, all the mysteries of theory are to be dissolved in practice.[33]

Diesen kritischen Deutungen zu Fichtes Funktionsbestimmung der praktischen Vernunft im Gefüge des endlichen Bewusstseins stehen auch affirmative Deutungen gegenüber, die jedoch auf derselben Annahme eines allgemeinen und umfassenden Primats des alltäglichen Freiheitsbewusstseins für jede philosophische Untersuchung beruhen. So deutet Peter Baumanns die Wissenschaftslehre als eine gelungene „Explikation seiner ethisch-anthropologischen Grundidee"[34], nämlich der Idee praktischer Freiheit, die im alltäglichen Sittlichkeitsbewusstsein aufscheine. Demnach stehe auch die Grundsatzlehre, die als oberstes Prinzip die Tathandlung des Ich aufstellt, nicht neutral einem theoretischen und einem praktischen Teil der Wissenschaftslehre gegenüber, sondern sei selbst nur als Ausdruck des „gewöhnlichen Glauben[s] an moralisches Freiseinkönnen"[35] zu plausibilisieren. Auf den Arbeiten von Baumanns

holds that the crucial assurance that we can have the absolute freedom needed to be able to heed the call of morality presupposes the first Critiques theoretical doctrines and, in particular, its metaphysics of transcendental idealism [...]. For Kant, this metaphysics is crucial because he believes only it can prove that the spatiotemporal laws covering all the ordinary appearances of our life need not constrain our inner or noumenal reality, and so, rather than having to give up morality in the face of a law-governed nature, we can and should accept morality as the guide to a non-spatiotemporal realm that exists and is more fundamental than nature", Ameriks 2000, 191.

[33] Beiser 1992, 74.

[34] Baumanns 1972, 52.

[35] Baumanns 1972, 51.

aufbauend entwickelt Reinhard Friedrich Koch eine detaillierte und tiefgehende Deutung der Wissenschaftslehre als Darstellung bzw. Bearbeitung von sämtlichen Bewusstseinsinhalten, die mit dem Glauben an die praktische Freiheit einhergehen.[36]

Als Antwort auf die kritische Rezeption, die sich unter anderem bei Beiser und Ameriks findet, gibt Daniel Breazeale eine differenzierte Betrachtung der Funktion praktischer oder moralischer Evidenzen für das System der Philosophie einerseits sowie der praktischen Vermögen im endlichen Bewusstsein andererseits. Anstatt einer einfachen Definition des vieldeutigen Ausdrucks des Primats des Praktischen unterscheidet Breazeale hellsichtig zwischen einer methodologischen, einer konstitutiven und einer architektonischen Funktion praktischer bzw. moralischer Evidenzen für das philosophische System einerseits oder aber der praktischen Vermögen innerhalb des endlichen Bewusstseins andererseits. Die methodologische Funktion des praktischen Bewusstseins bestehe darin, dass der jeweilige Startpunkt der philosophischen Untersuchung, der entweder im Ich oder im Objekt liege, von der Ausprägung des Freiheitsbewusstseins der oder des Philosophierenden abhänge. Wie Fichte in der *Ersten Einleitung in die Wissenschaftslehre* schreibt, seien Personen mit einem ausgeprägten Freiheitsbewusstsein eher einem kritisch-idealistischem System zugeneigt, das die spontanen und autonomen Akte des Ich entwickelt als zu einem dogmatisch-realistischen System, welches das menschliche Bewusstsein durch die Einwirkung äußerer Objekte erkläre.[37] Auch wenn sich hierdurch die

---

[36] Vgl. Koch 1989, 36.

[37] In der *Ersten Einleitung in die Wissenschaftslehre* findet sich der berühmte Ausspruch: „Was für eine Philosophie man wähle, hängt sonach davon ab, was man für ein Mensch ist: denn ein philosophisches System ist nicht ein todter Hausrath, den man ablegen oder annehmen könnte, wie es uns beliebte, sondern es ist beseelt durch die Seele des Menschen, der es hat. Ein von Natur aus schlaffer oder durch Geistesknechtschaft, gelehrten Luxus und Eitelkeit erschlaffter und gekrümmter Charakter wird sich nie zum Idealismus erheben" (GA I, 4, 195 / SW I, 434). In derselben Schrift schreibt Fichte ferner: „Es gehört schon ein Grad der Selbstständigkeit und Freiheit des Geistes dazu, um das geschilderte Wesen der Intelligenz, worauf unsere ganze Widerlegung des Dogmatismus sich gründete, zu begreifen" (GA I, 4, 198 / SW I, 439).

Kritik Ameriks' und Beisers zu bestätigen scheint, betont Breazeale zu Recht, dass für Fichte zwar der Startpunkt einer philosophischen Untersuchung von extraphilosophischen Kriterien abhänge, innerhalb des philosophischen Systems aber ausschließlich die strengen Regeln der theoretischen Beweisführung gelten.[38] Diese können eine Gültigkeit völlig unabhängig von etwaigen moralischen oder praktischen Vorannahmen beanspruchen, wie Breazeale betont. Zudem kann hinzugefügt werden, dass es weder der Philosophie Fichtes eigen noch in irgendeiner Form ungewöhnlich ist, eine philosophische Untersuchung an einem Punkt anzusetzen, der als solcher nicht bereits abgeleitet ist. Eine Philosophie, die Freiheit zum Thema macht, muss notwendig eine vorphilosophische Bekanntschaft mit diesem Phänomen voraussetzen. Ein deutlicher Begriff der Freiheit ergibt sich allerdings erst in der Philosophie und kann vom alltäglichen Bewusstsein nicht erwartet werden. Außerdem sei darauf verwiesen, dass Fichtes Begriff des praktischen oder gar des moralischen Bewusstseins deutlich von demjenigen Kants abweicht, auch wenn er bei gleichzeitiger Übernahme der kantischen Terminologie diese Abweichung nicht kenntlich macht. Denn das praktische Bewusstsein ist für Fichte nicht ausschließlich das Bewusstsein des kategorischen Imperativs in kantischer Formulierung, sondern das Bewusstsein eines Vermögens zur spontanen Selbstbestimmung überhaupt. Der Ausgangspunkt der idealistischen Reflexion ist damit nicht ein Moralbewusstsein in einem engen Sinne, sondern das Bewusstsein einer freien Selbstbestimmung,

---

[38] „Just because the Wissenschaftslehre begins with something that is theoretically indemonstrable, however, it by no means follows that theoretical demonstration has no place within Fichte's system or that the validity of the Wissenschaftslehre, qua philosophy, is supposed to be guaranteed in advance by its practically certain starting-point. On the contrary, one of the primary tasks of the Wissenschaftslehre is, as we have seen, to demonstrate that reason is practical, and to do so by showing that if it were not practical then it could not be theoretical, and hence no cognition or objective experience would be possible. Only if it succeeds in its theoretical deduction of the necessary features of ordinary experience from its abstract, practically grounded starting-point can the Wissenschaftslehre claim validity for itself, and this is not something that can be determined by a heartfelt appeal to ,the practical'", Breazeale 2013, 421f.

die nach Fichte immer zugleich Aufgabe bzw. Aufforderung ist.[39] Fichtes Philosophie ist dadurch ausgezeichnet, dass weder das Bewusstsein der freien Selbstbestimmung noch das Bewusstsein einer äußeren Objektwelt als Täuschungen behandelt werden, sondern dass ihr notwendiger Zusammenhang bzw. ihre wechselseitige Voraussetzung für ein selbstbewusstes Ich aufgewiesen wird.

Breazeale erkennt ferner eine konstitutive Funktion des ‚Praktischen', die sich genauer auf die konstitutive Funktion der praktischen Vermögen für das endliche Bewusstsein bezieht. Auf diese Funktion ist unten noch näher einzugehen. Für Breazeale besagt die konstitutive Funktion der praktischen Ich-Vermögen, dass diese *neben* den theoretischen Funktionen ein notwendiges Moment des endlichen Bewusstseins darstellen. Diese Notwendigkeit erweise sich vor allem durch den in § 5 der *Grundlage* erbrachten Beweis, dass das Ich nicht theoretisch erkennend sein könnte, wenn es nicht in einer praktischen Beziehung zu äußeren Objekten steht.[40] Dass die praktischen Vermögen für das endliche Bewusstsein konstitutiv sind, bedeute jedoch nicht, dass die ursprüngliche Tätigkeit des reinen Ich zugleich als eine primär praktische Tätigkeit zu verstehen sei, wie Ameriks und Beiser in ihrer kritischen sowie Baumanns und Koch in ihrer weitgehend affirmativen Deutung sagen. Ausgehend von der notwendigen Unterscheidung zwischen theoretischen und praktischen Vermögen im endlichen Bewusstsein lässt sich ferner der Aufbau der Philosophie im Ganzen verstehen, weshalb dem Begriff des ‚Praktischen' nach Breazeale eine architektonische Bedeutung zugesprochen werden kann. Zu den praktischen Disziplinen der Philosophie in einem weiteren Sinn zählen dann diejenigen, die praktische Freiheit voraussetzen, nämlich Ethik, Rechtsphilosophie oder Religionsphilosophie. Zu den theoretischen Disziplinen zählen solche, welche die apriorischen Bedingungen der empirischen Naturerkenntnis ermitteln.[41] Für die Architektonik der Philosophie im Ganzen sei jedoch entscheidend, dass „there [is no;

---

[39]   Vgl. hierzu Anm. 126.
[40]   Vgl. Breazeale 2013, 424.
[41]   Vgl. Breazeale 2013, 427.

N.B.] systematic ‚primacy of the practical' [disciplines; N.B.] with respect to the overall structure of the entire Wissenschaftslehre."[42]

Ein wesentlicher Beitrag von Breazeales Untersuchungen zur Funktion der praktischen Vermögen innerhalb des endlichen Bewusstseins besteht darin, dass er insbesondere mit Blick auf die *Wissenschaftslehre nova methodo* zeigen kann, dass Fichte von einer symmetrischen Wechselbestimmung von theoretischer und praktischer bzw. idealer und realer Tätigkeit ausgeht. Das endliche Bewusstsein ist notwendig durch beide Momente konstituiert. Diese setzen sich gegenseitig voraus, weshalb keinem der beiden ein eindeutiges Primat zugesprochen werden kann. Mit Blick auf die theoretischen und praktischen Vermögen im endlichen Ich prägt Breazeale den Begriff der „equiprimordiality"[43], d.h. der Gleichursprünglichkeit. Ebenso spricht er von einer „original duplicity"[44] bzw. einer ursprünglichen Duplizität von beiden Vermögenstypen, welche das endliche Bewusstsein konstituieren.[45] Dieser Begriff der ursprünglichen Duplizität findet sich prominent bei Günter Zöller, der ebenfalls überzeugend darlegen kann, dass in der *Wissenschaftslehre nova methodo* das endliche Ich als eine Einheit von idealer und realer Tätigkeit verstanden werden muss, welche so zu denken ist, dass der idealen Tätigkeit reale bzw. praktische Momente innewohnen, während umgekehrt die reale Tätigkeit auch über ein ideales Moment,

---

[42] Breazeale 2013, 427.

[43] Siehe das vollständige Zitat: „All reflection is based upon striving, in the absence of which reflection is impossible. Conversely, if there is no reflection then striving is not present for the I — and thus there is no striving of the I, and indeed no I whatsoever. Each is a necessary consequence of the other, and their relationship to each other is a reciprocal one. This conclusion can be characterized as Fichte's equiprimordiality thesis, inasmuch as it asserts that the practical and the theoretical powers and actions of the I (or the applications of theoretical and of practical reason) are *equally primordial or essential for the very possibility of I-hood*", Breazeale 2013, 410.

[44] Breazeale 2013, 410.

[45] Mit Heidegger könnte hier auch von einem „Strukturganzen" bzw. einer Strukturganzheit als theoretischen und praktischen Vermögen gesprochen werden. Zum Begriff des Strukturganzen in *Sein und Zeit* vgl. Heidegger: *Sein und Zeit*. Tübingen 2006 [1927], 180ff.

nämlich der Beziehung auf Zweckbegriffe zukommen muss.[46] Ebenso wie die Studien von Breazeale spielen die Arbeiten von Zöller eine wichtige Rolle für die vorliegende Untersuchung. Für beide Deutungen ist die Annahme entscheidend, dass unter der Voraussetzung einer Gleichursprünglichkeit und einer ursprünglichen Duplizität von theoretischen und praktischen Vermögen im endlichen Ich, das absolute Ich als Einheitsgrund beider Momente weder als theoretisch noch als praktisch charakterisiert werden kann.[47]

Insbesondere für die *Wissenschaftslehre nova methodo* gilt, dass ein Bewusstsein freier Ich-Tätigkeit Bedingung für den Einstieg in die systematischen Untersuchungen darstellt, innerhalb dieser Untersuchungen jedoch eine wechselseitige Voraussetzung von idealen bzw. theoretischen Vermögen einerseits und realen bzw. praktischen Vermögen aufgewiesen wird.

---

[46] „During this time period [= period of the *Wissenschaftslehre nova methodo*; N.B] Fichte resorts with increasing frequency and subtle modifications to the distinction between the real and the ideal in order to capture the relation between intelligence and will. Over the course of those years, the ideal assumes the double function of the (retentive) cognition of what is and the (protentive) cognition of what ought to be. Analogously, the real comes to stand both for the objects of the already existing empirical world and for the yet to be brought about objects of willing. The mutual implication of will and intellect - that willing involves thinking and that thinking involves willing - is mirrored in the double roles of the ideal and the real. That which is ideal in the practical sense - the goal of rational willing - is also that which is truly real, whereas that which is real by the standards of theoretical cognition - the objects of experience - is also that which is merely ideal", Zöller 1998, 3.

[47] So Breazeale: „When considered entirely on its own (that is, apart from its relationship to the other activities required for the possibility of I-hood), the original and undifferentiated pure activity or tendency of the I might well be said to possess a certain ‚primacy' over the reciprocally determined concepts of the I's theoretical and practical activities. But even this would not entail any ‚primacy of the practical', unless the latter term were employed in a far broader sense than Fichte himself employs it in either the *Foundations of the Entire Wissenschaftslehre* or the lectures on *Wissenschaftslehre nova methodo*. Admittedly, Fichte does on occasion identify ‚the practical' with activity in general, but this is certainly not the way he customarily employs the term", Breazeale 2013, 415f.

Trotz vielfacher Übereinstimmungen mit Breazeale und Zöller soll Fichtes Theorie des endlichen Bewusstseins im Folgenden deutlicher als eine komplexe und nicht immer widerspruchsfreie Entwurfsgeschichte entwickelt werden. Dabei kann gezeigt werden, dass sich die These von der ursprünglichen Duplizität oder Gleichursprünglichkeit von theoretischen und praktischen Vermögen konsequent aus der Grundsatzlehre der *Grundlage* entwickeln lässt und auch die Ausführungen in der *Wissenschaftslehre nova methodo* wesentlich bestimmt. Sie lässt sich jedoch nicht auf sämtliche Entwürfe in Fichtes Frühphilosophie anwenden, wie in einer detaillierten Auseinandersetzung mit dem § 5 der *Grundlage* gezeigt werden kann. Denn dort wird, wie bereits mehrfach erwähnt, eine deutliche Subordination der theoretischen Vermögen unter die Leistung eines zwecksetzenden und praktisch strebenden, absoluten Ich postuliert.[48]

---

[48] Damit weicht diese Interpretation auch von Stolzenberg ab, der der Auffassung ist, dass bereits in einigen Reflexionen der *Eignen Meditationen,* dann aber durchgehend in der *Aenesidemus-Rezension* und in der *Grundlage* der „Begriff des praktischen Ich [...] ausschließlich mit dem sodann eingeführten und für die *Grundlage* verbindlich gebliebenen Begriff des Strebens [...] identifiziert [wird]", nachdem zuvor das absolute, sich selbst setzende Ich noch als ein praktisches Prinzip aufgefasst wird. Nach Stolzenberg „konnte [Fichte] sich zu dieser Bedeutungsverschiebung im Begriff des praktischen Ich berechtigt sehen, weil die Tätigkeit des absoluten Selbstbestimmens, die er zuvor bereits auch unter dem Begriff des absoluten Ich gefaßt hatte, hinsichtlich ihrer eigenen Bedeutung und ihrer systematischen Funktion der Grund der Differenz der Begriffe der praktischen Vernunft als des Bestimmungsgrundes des Willens und der theoretischen Vernunft als der Erkenntnis von Gegenständen, wie sie Fichte aus der Kantischen Philosophie bekannt waren, ist", Stolzenberg 1986, 163. Wie in dieser Arbeit gezeigt werden soll, fasst Fichte das absolute Ich in der *Grundlage* nach einer folgenreichen Umdeutung als eine reflexive und praktisch-strebende Instanz, auch wenn aus dem anfänglichen Postulat des absoluten Ich als reine Tathandlung (§ 1) tatsächlich folgt, dass nur ein endliches, nicht aber ein absolutes Ich praktisch-strebend sein kann.

3 Gliederung

Die vorliegende Arbeit gliedert sich in zwei Teile. In einem ersten Teil erfolgt eine Auseinandersetzung mit der *Grundlage*, in einem zweiten Teil mit der *Wissenschaftslehre nova methodo*. Dort, wo es das Verständnis zentraler Thesen oder wichtiger Hintergründe erfordert, werden auch weitere Schriften aus Fichtes Frühphilosophie herangezogen. Die Entwicklung von Fichtes frühem Denken wird als eine Entwurfsgeschichte dargelegt, die hinsichtlich der Kohärenz und Erklärungskraft einen vorläufigen Höhepunkt in der *Wissenschaftslehre nova methodo* erreicht. Die folgenden Untersuchungen sind wesentlich von zwei Annahmen geleitet, nämlich erstens, dass sich ein Verständnis der äußerst komplexen Philosophie Fichtes nur aus einer detaillierten Untersuchung der Textbestände ergeben kann, in der weitgehend die von Fichte vorgegebene Gedankenfolge zu beachten ist. Erst durch eine solche Vorgehensweise erschließen sich der gedankliche Aufbau sowie die Subtilität von Fichtes Überlegungen, ebenso wie die stellenweise auftretenden Verschiebungen oder auch Widersprüche. Zweitens wird mit Fichte davon ausgegangen, dass es nicht genügt, die Prinzipien oder gar das Prinzip des Bewusstseins und damit auch des philosophischen Wissens bloß in einer regressiven Reflexionsrichtung zu erschließen. Vielmehr ist es notwendig, in einem progressiven Untersuchungsgang zu verfolgen, wie sich wiederum aus der Voraussetzung dieser Prinzipien die Reichhaltigkeit des phänomenalen Bewusstseinslebens erklären lässt – und damit auch die Rechtmäßigkeit der Ansprüche auf theoretische Erkenntnis von gegebenen Objekten sowie auf freies und selbstbestimmtes Handeln in der Außenwelt. Die Wahrheit der Prinzipien muss sich im Prinzipiierten beweisen. Zum Prinzipiierten zählen allgemein die Zusammenstimmung von theoretischen und praktischen Vermögen, aber auch wesentliche Elemente des empirischen Bewusstseins wie die zeitliche und räumliche Ausdehnung der Anschauungsgegenstände, die Beziehung von Anschauung und Empfindung oder auch das Bewusstsein, als leibliches Vernunftwesen in einer empirischen Objektwelt selbstbestimmt handeln zu können. Das endliche Bewusstsein ist nicht bloß allgemein und formal als eine Einheit von theoretischen und praktischen Vermögen, die aus einer absoluten Tätigkeit des Ich erklärt werden soll, zu charakterisieren. Vielmehr muss auch gezeigt werden, wie sich das Bewusstseinsleben in phänomenaler bzw. inhaltlicher Hinsicht aus dieser Einheit erklären lässt. Wie wir sehen werden, erlaubt es erst der methodische Ansatz der *Wissenschaftslehre nova methodo* die zuvor genannten Elemente in einem einheitlichen Argumentationsgang zu entwickeln, während die *Grundlage* bloß bis zur Einheit des erkennenden Bewusstseins, also bis zur Möglichkeit der Beziehung von Anschauung und Empfindung gelangt. Zentrale Probleme des praktischen Handlungsbewusstseins bleiben dabei unbeantwortet.

Die Untersuchungen zur *Grundlage* konzentrieren sich auf den dritten Teil dieser Schrift, nämlich auf die *Grundlegung einer Wissenschaft des Praktischen*. Denn nur in diesem Teil wird der Zusammenhang zwischen dem absoluten Ich, den theoretischen sowie den praktischen Vermögen eigens thematisiert. Im praktischen Teil der Wissenschaftslehre formuliert Fichte die Annahme, dass ein theoretisches Bewusstsein der Objektwelt nur dann möglich ist, wenn das Ich über eine praktische Tätigkeit verfügt, mit der es sich gegen affizierende Objekte behauptet. In diesem Zusammenhang wird insbesondere auf die folgenreiche Modifikation des Begriffs des absoluten Ich einzugehen sein (vgl. insbesondere Abschnitt 1.3 und 1.4). Die Einheit des endlichen Bewusstseins wird ausgehend von dieser Modifikation aus dem Prinzip eines reflexiven und strebenden praktischen Ich begründet, dem die theoretischen Vermögen des Ich subordiniert seien. Das zuvor entwickelte Vermögen der Einbildungskraft, welches grundlegend die theoretische Vorstellung von äußeren Objekten ermöglicht, wird einem Streben des Ich untergeordnet. Fichte behandelt die Genese des Zentralvermögens des theoretischen Ich, nämlich der Einbildungskraft, getrennt vom Zentralvermögen des praktischen Ich, des Strebens. Im zweiten Kapitel soll daher untersucht werden, wie Fichte unter der Voraussetzung der Modifikation des Ich-Begriffs den genetischen Zusammenhang des endlichen Bewusstseins denkt. Es muss also der von Fichte eher umrisshaft beantworteten Frage nachgegangen werden, wie sich das praktische Streben, das sich für das reflektierende Ich im Gefühl erschließt, auf die Funktionen der theoretischen

Einbildungskraft beziehen lassen. Diesbezüglich soll die These entwickelt werden, dass die theoretische Einbildungskraft die Vorstellung eines schwebenden Gegensatzes von unendlicher Tätigkeit
und Begrenzung entwirft, die ursprünglich als Gegensatz zwischen
Streben des Ich und Gegenstreben des Nicht-Ich gefühlt wird. Das
Streben wird dabei als Tätigkeit des absoluten Ich gedeutet, das ursprünglich darauf ausgeht, sich selbst *als* eine unendliche Realität zu
setzen und sich dabei als unendliche Realität zu erkennen. Unter
den Bedingungen der Endlichkeit ist das absolute Ich jedoch darin
gehindert, seine Realität als unendliche zu manifestieren. Das strebende Ich bleibt also darauf beschränkt, die ideale Tätigkeit der
Einbildungskraft bzw. der anhängigen theoretischen Vermögen zur
Bestimmung von einer äußeren Objektwelt zu bewegen, die nach
Fichte allerdings nicht kausal und praktisch, sondern bloß ideal
bleibt. Die dem Streben einzig verbleibende Wirkung ist also die
ideale Produktion der Vorstellung von empirischen Objekten. Dabei bleibt jedoch ungeklärt, wie zugleich das Bewusstsein einer
praktischen Modifikation derselben möglich sein soll.

In einem zweiten Teil dieser Arbeit soll eine ebenso eingehende
Untersuchung der *Wissenschaftslehre nova methodo* erfolgen, mit einem
besonderen Fokus auf der dort entwickelten Theorie der Einheit
des endlichen Bewusstseins sowie der inhaltlichen Bestimmungen
des Bewusstseinsvollzugs, die aus dieser Einheit folgen. Ferner sollen neben gewichtigen inhaltlichen Neukonzeptionen vor allem
auch die methodischen Verschiebungen in den Blick genommen
werden, die in der *Wissenschaftslehre nova methodo* gegenüber der
Grundlage deutlich werden. So kann gezeigt werden, dass Fichte das
höchste Prinzip nicht mehr durch eine abstrahierende Reflexion
über den formallogischen Satz der Identität gewinnt, sondern
versucht, eine absolute Tätigkeit des Ich aus dem faktischen Vollzug des Bewusstseins aufzuweisen, nämlich durch eine intellektuelle Anschauung, die in der *Grundlage* keine explizite Funktion einnimmt. Mittels intellektueller Anschauung des endlichen Bewusstseins soll das Prinzip desselben, nämlich eine unmittelbare Anschauung des absoluten Ich, erschlossen werden (vgl. Kapitel 3).
Durch den phänomenologischen Ansatz der *Wissenschaftslehre nova
methodo*, der zugleich praktisch ist, da er die Mitphilosophierenden

zu einem aktiven Nachvollzug der intellektuellen Anschauung auffordert, soll die grundlegende Struktur des endlichen Bewusstseins
aufgewiesen werden. Diese besteht aus zwei Momenten: nämlich
aus der idealen, anschauenden bzw. denkenden Tätigkeit einerseits
sowie einem realen Vollzug von Bewusstseinstätigkeit überhaupt,
welche der unmittelbare Gegenstand der idealen Tätigkeit ist, solange Selbstbewusstsein vorliegt. Die Idee der Wechselbestimmung
von theoretischen und praktischen Vermögen hat in dieser Unterscheidung ihren Ursprung. Beiden hier untersuchten Systementwürfen ist es gemein, dass sie die Möglichkeit des endlichen Selbstbewusstseins erklären sollen. Beide Systementwürfe orientieren
sich jedoch an zwei unterschiedlichen, methodischen Leitfäden. So
stellt sich Fichte in der *Grundlage* die Aufgabe, Handlungen des Ich
zu finden, welche die auftretenden Gegensätze im endlichen Bewusstsein vermitteln und dadurch das Faktum des endlichen Selbstbewusstseins möglich machen. Die *Wissenschaftslehre nova methodo*
orientiert sich dagegen an der Frage, welche Bedingungen vorauszusetzen sind, wenn die faktisch vollzogene intellektuelle Anschauung im endlichen Bewusstsein möglich sein soll. Im Kontext dieser
Bedingungsanalyse führt Fichte ein gegenüber der *Grundlage* neues
Theorem ein. Hierbei handelt es sich um den Gedanken, dass das
Ich sich nur dann idealiter auf seine reale Tätigkeit beziehen kann,
wenn es von dieser Tätigkeit einen Begriff entwirft. Der Zweckbegriff der spontanen, sich selbst bestimmenden Tätigkeit dient dann
im Vollzug dieser Tätigkeit zugleich als *Vor*-Bild und *Ab*-Bild derselben (vgl. Kapitel 4). Wie Fichtes weitere Analyse zeigt, wird im
Zweckbegriff, der als Bedingung der Möglichkeit des endlichen Bewusstseins aufgewiesen wird, ein reiner Wille gedacht – nämlich das
Vermögen zu einer spontanen Selbstbestimmung (vgl. Kapitel 5).
Das Bewusstsein des reinen Willens muss primär und ursprünglich
vorliegen, ehe das Ich mögliche empirische Handlungszwecke, die
sich auf die empirische Außenwelt beziehen, entwerfen kann. Der
reine Wille stellt dabei das Vermögen zur spontanen Selbstbestimmung vor, wobei diese Vorstellung nicht bloß eine geschehene
Selbstbestimmung abbildet. Vielmehr ist in dieser Vorstellung die
Aufforderung für das reflektierende Subjekt enthalten, in sämtlichen
kognitiven oder praktischen Akten, sich selbst spontan und

autonom bzw. nach unbedingten Grundsätzen zu bestimmen. Der reine Wille ist die Erscheinung der absoluten Tathandlung im endlichen Bewusstsein. Ausgehend von dem Gedanken einer strukturellen Wechselbestimmung von idealer und realer Tätigkeit im endlichen Bewusstsein wird als primäres Objekt dieses Bewusstseins die Aufforderung zur Selbstbestimmung aufgewiesen. In diesem abgeleiteten Sinn lässt sich also für das endliche Bewusstsein von einem Primat des Praktischen gegenüber dem Theoretischen sprechen. Hier gilt jedoch die Einschränkung, dass der reine Wille nicht das Bewusstsein des kategorischen Imperativs in der von Kant gegebenen Formulierung vorstellt, sondern die Aufforderung zur spontanen Selbstbestimmung überhaupt, die sich sowohl in apperzeptiven Akten der theoretischen Erkenntnis als auch in der praktischen Willensbestimmung für mögliche Handlungen manifestieren kann.

Mit der Wechselbestimmung von idealer und realer Tätigkeit und dem Begriff des reinen Willens als primäres Objekt desselben sind die grundlegenden Strukturelemente des endlichen Bewusstseins aufgewiesen. Wie bereits erwähnt, soll es in dieser Arbeit nicht nur um die Ermittlung der grundlegenden Prinzipien und Elemente des Bewusstseins gehen, sondern auch um Fichtes Versuch, die phänomenalen bzw. inhaltlichen Bestimmungen des endlichen Bewusstseins aus den genannten Prinzipien abzuleiten. Diese Aufgabe nimmt sich Fichte in der sogenannten fünffachen Synthesis vor, die in im Kapitel 0 eingehend untersucht wird, was bislang nur in wenigen Forschungsarbeiten geleistet wurde. Die Elemente der fünffachen Synthesis ergeben sich durch eine Analyse des zunächst einfach betrachteten Bewusstseins des reinen Willens. In diesem Zusammenhang entwickelt Fichte den endlichen Bewusstseinsvollzug als eine fünffache Synthesis, in der das Bewusstsein des reinen Willens (1) sich aufspaltet in das Bewusstsein eines Zweckbegriffs (2), das Bewusstsein eines dem Zweck gemäßen Objekts (3), das Bewusstsein einer überindividuellen, moralisch bzw. normativ gebietenden Vernunft (4) sowie das Bewusstsein einer empirischen, natürlich bestimmten Außenwelt (5). Der fünffachen Synthesis soll im Folgenden eine besondere Aufmerksamkeit beigemessen werden, da hier nicht nur die formale Zusammenstimmung der theoretischen und praktischen Vermögen im endlichen Bewusstsein aufgewiesen wird. Vielmehr werden als Bedingungen einer Reflexion auf den reinen Willen – das ursprüngliche Objekt des endlichen Bewusstseins – die Bezugnahme auf eine empirische, theoretisch erkennbare Objektwelt einerseits und das Bewusstsein des Ich als ein leiblicher, zur praktischen Modifikation der Objektwelt befähigter Akteur abgeleitet. Das Bewusstsein der handlungsbezogenen, praktischen Freiheit steht damit in einer notwendigen Wechselbestimmung mit dem theoretischen Objektbewusstsein. Damit argumentiert Fichte, dass sich praktische Freiheit und theoretische Erkenntnis nicht ausschließen, sondern gegenseitig bedingen.

Teil I: Die Einheit des Bewusstseins in der
Grundlage der gesamten Wissenschaftslehre

1 Absolutes Ich und praktisches Streben

Gemäß dem entwurfgeschichtlichen Zugriff dieser Arbeit soll zunächst die Verhältnisbestimmung von theoretischen und praktischen Vermögen, wie Fichte sie in der *Grundlage* konzipiert, eingehend untersucht werden. Hierdurch soll Fichtes These bzgl. des Verhältnisses von theoretischen und praktischen Vermögen herausgearbeitet werden, ebenso wie die sachlichen Schwierigkeiten, deren Lösung in der *Wissenschaftslehre nova methodo* zumindest in Teilen anvisiert wird.

Die *Grundlage* hat eine dreigliedrige Struktur. Zu Beginn steht die Grundsatzlehre, die die allgemeinsten und fundierenden Ich-Handlungen darstellt, die allen spezifischeren theoretischen und praktischen Handlungen des Ich vorausliegen. Hierbei handelt sich um die Thesis des absoluten Ich (§ 1), die Antithesis des Nicht-Ich (§ 2) und Synthesis von Ich und Nicht-Ich (§ 3). Auf die Grundsatzlehre folgt eine Grundlegung der theoretischen Ich-Vermögen (§ 4) sowie eine Grundlegung der praktischen Ich-Vermögen (§§ 5–11). Fichte entwickelt die theoretische Erkenntnislehre ausgehend von der Frage, wie es für das Ich möglich ist, sich zu setzen als bestimmt durch ein Nicht-Ich. In diesem Gedanken drückt sich das grundlegende Verhältnis des vorstellenden Ich aus, das in der Vorstellung sowohl aktiv als auch passiv auf das Vorgestellte bezogen ist. In der Auslegung dieses Verhältnisses durch den Substanzbegriff formuliert Fichte den Gegensatz zwischen Ich und Nicht-Ich zugleich als Gegensatz zwischen dem unendlich, bloß selbsttätigen Ich einerseits und einem endlichem, durch ein Objekt bestimmtes Ich andererseits. Die Aufgabe, die Fichte in der Synthesis E (§ 4) zu lösen versucht, besteht in der Klärung, wie dieser Gegensatz zwischen unendlicher und endlicher Tätigkeit innerhalb der Ich-Substanz gelöst werden kann.

Nach einer komplexen Untersuchung kommt er zu dem Schluss, dass die Ich-Substanz nur dann widerspruchsfrei gedacht werden kann, wenn dem Ich das Vermögen zur spontanen, schwebenden Vermittlung von seiner unendlichen, reinen Selbstbestimmung mit seiner endlichen, durch ein Nicht-Ich begrenzten Tätigkeit zukommt. Der zunächst starre Gegensatz von Ich und Nicht-Ich im theoretischen Bewusstsein wird demnach durch eine dynamische Vermittlung gelöst, in der sich Ich und Nicht-Ich einerseits voneinander abheben und begrenzen, in dieser Begrenzung andererseits aufeinander bezogen sind und sich gegenseitig voraussetzen.[49] In seiner Untersuchung im theoretischen Teil bedient sich Fichte einer sowohl analytisch-antithetischen als auch synthetischen Methode: Nach dieser Methode gilt es, jeden gewonnenen Begriff auf mögliche, implizit enthaltene Widersprüche zu untersuchen, die dann durch das Aufstellen von weiteren Vermittlungsbegriffen zu lösen sind.[50] Der Widerspruch, bei dem Fichte

[49] Die Ich-Substanz *als* Einbildungskraft ist ferner als die Totalität eines Verhältnisses von zwei Totalitätstypen zu begreifen, die sich aus zwei verschiedenen Akten des Ich ergeben: Einerseits schließt das Ich das Nicht-Ich aus der Sphäre des Selbstsetzens und damit aus einer Totalität (T_1) der Realität aus, die es durch das Selbstsetzen konstituiert. Andererseits wird durch den Ausschluss des Nicht-Ich zugleich das Ich aus der Sphäre der absoluten Totalität ausgeschlossen, insofern durch den Ausschluss selbst eine höhere Sphäre von absoluter Totalität (T_2) konstituiert wird, die das setzende Ich allein nicht ausfüllt (vgl. GWL GA I, 2, 342f. / SW I, 195). Dazu hebt Schäfer hervor, „dass die Einbildungskraft als Grundvermögen des Ich auf die Relationskategorie Substanz-Akzidenz angewiesen ist. Mit der Bestimmung der Substanz als dynamische Summe der Akzidenzen geht Fichte über die traditionelle Substanzontologie (Aristoteles, Descartes, Spinoza, Leibniz) hinaus, denn die Substanz ist kein ontologisch vorliegender Träger von Eigenschaften und auch nicht – wie in modernen Ansätzen, z.B. bei Strawson, ein vorhandenes Einzelding/Individuum".

[50] Das antithetisch-synthetische Verfahren nennt Janke auch eine „limitative Dialektik", vgl. Janke 1993, 187–212. Janke weist darauf hin, dass der Begriff der Dialektik von Fichte selbst erst in seiner Vorlesung zur *Transzendentalen Logik* (1812) als Bezeichnung seiner Methode dokumentiert ist, vgl. SW X, 188. Gerade mit Blick auf seine Deutung von Fichtes dialektischem Verfahren zeigt sich Jankes Bemühen, die Philosophie Fichtes als

zunächst ansetzt, besteht zwischen dem absoluten Sichsetzen des Ich und dem gleichzeitigen Entgegengesetztseins eines Nicht-Ich im endlichen Bewusstsein. Der theoretische Teil der Wissenschaftslehre endet mit der Deduktion der Einbildungskraft und der auf dieser Grundlage ausgeführten, systematischen Entwicklung der konkreten Erkenntnisvermögen des vorstellenden Ich in der sogenannten ‚Deduktion der Vorstellung‘.[51]

eine systematische Vollendung der kantischen Transzendentalphilosophie in den Grenzen der Erkenntniskritik vor allem gegenüber Schelling und Hegel stark zu machen, vgl. hierzu Janke 1993, 193f. Zum antithetisch-synthetischen Verfahren als dialektische Methode vgl. ferner Hammacher 1988.

[51] Fichtes These von der Einbildungskraft als dem Zentralvermögen des theoretischen erkennenden Ich, aus dem sich zugleich die Zeitlichkeit des Bewusstseins erklären lässt, enthält auf den ersten Blick Parallelen zu Heideggers Deutung der transzendentalen Einbildungskraft, die er in seiner eindringlichen Interpretation der *Kritik der reinen Vernunft* entwickelt. In der Kant-Deutung des frühen Heidegger ist die Einbildungskraft das zentrale Vermögen des endlichen Ich. Er folgt der A-Auflage der *Kritik der reinen Vernunft* und erkennt in der Einbildungskraft ein eigenständiges Grundvermögen. Die Vermittlung, welche die Einbildungskraft zwischen Sinnlichkeit und Verstand leistet, ist dabei keine rein äußerliche: „[...] [D]ie Einbildungskraft ist nicht nur ein äußeres Band, das zwei Enden zusammenknüpft. Sie ist ursprünglich einigend, d.h. sie als eigenes Vermögen bildet die Einheit der beiden anderen, die selbst zu ihr ihren wesenhaften, strukturalen Bezug haben“, Heidegger: *Kant und das Problem der Metaphysik*, GA III, 1, 132. Als das zentrale, einigende Vermögen ist sie zugleich „Grund, auf den die innere Möglichkeit der ontologischen Erkenntnis [...] gebaut wird“, Heidegger: *Kant und das Problem der Metaphysik*, GA III, 1, 122. Denn „[d]ie Einbildungskraft bildet im Vorhinein den Anblick des Horizontes von Gegenständlichkeit als solcher vor der Erfahrung des Seienden. Dieses Anblickbilden im reinen Bilde der Zeit ist aber nicht nur von dieser oder jener Erfahrung von Seiendem, sondern im vorhinein jederzeit vor jeder möglichen. In diesem Anblickbilden ist demnach die Einbildungskraft von vornherein und schlechthin nie angewiesen auf die Anwesenheit von Seienden“, Heidegger: *Kant und das Problem der Metaphysik*, GA III, 1, 126. Die Einbildungskraft hat nach Heidegger eine Funktion für eine ontologische Erkenntnis, da sie die Gegenständlichkeit und damit die Seinsweise des Seienden, nämlich ihre Zeitlichkeit, erschließt. Diese Zeitlichkeit gilt nicht

Die theoretische Erkenntnislehre soll in methodischer Hinsicht
fundamental für den praktischen Teil sein, da hier die Bedingungen
entwickelt werden, unter denen das Nicht-Ich überhaupt als eine
vorhandene Realität gedacht werden kann (vgl. GWL GA I, 2,

nur für innerweltlich Seiendes, sondern fundamental auch für das erkennende Selbst. Heidegger entwickelt in einer über Kant hinausgehenden
Deutung, „daß die Zeit selbst [...] nicht ‚neben‘ der reinen Apperzeption
‚im Gemüt‘ vorkommt, sondern daß sie als Grund der Möglichkeit der
Selbstheit in der reinen Apperzeption schon liegt und so das Gemüt erst
zum Gemüt macht", Heidegger: *Kant und das Problem der Metaphysik*, GA III,
1, 185. An diesem Punkt kündigen sich die gewichtigen Unterschiede zwischen Heideggers und Fichtes Begriff der Einbildungskraft an, die trotz der
einhelligen Beurteilung der Einbildungskraft als Grundvermögen des erkennenden Ich bestehen. Diese Unterschiede hebt Heidegger auch in einer
expliziten Kritik an Fichte hervor. Denn im Unterschied zu Fichte begreift
Heidegger die Einbildungskraft nicht als ein Vermögen, aus dem die Zeit
abgeleitet werden kann. Umgekehrt wird durch die Einbildungskraft erst
die Zeit möglich: „Die ursprüngliche Zeit ermöglicht die transzendentale
Einbildungskraft, die in sich wesenhaft spontane Rezeptivität und rezeptive Spontaneität ist. Nur in dieser Einheit können reine Sinnlichkeit als
spontane Rezeptivität und reine Apperzeption als rezeptive Spontaneität
zusammengehören und das einheitliche Wesen einer endlichen reinen sinnlichen Vernunft bilden", Heidegger: *Kant und das Problem der Metaphysik*, GA
III, 1, 190. Entsprechend attestiert Heidegger in seiner Vorlesung *Der Deutsche Idealismus* aus dem Sommersemester 1929 gegenüber Fichte, der ein
umgekehrtes Begründungsverhältnis von Einbildungskraft und Zeit konzipiert, eine Verkennung dieses Grundvermögens. Denn der „Wechsel und
Schwebecharakter, den Fichte an der produktiven Einbildungskraft sieht,
wird erst aus der Zeit begreiflich", Heidegger: *Der Deutsche Idealismus (Fichte,
Schelling, Hegel) und die philosophische Problemlage der Gegenwart (Sommersemester
1929)*, GA II, 28, 169. Anders als Kant gelange Fichte in der Synthesis E
ferner nur zu einer „logisch entleerte[n] und dialektisch formalisierte[n]
Kennzeichnung der Struktur des Vermögens der Einbildungskraft, das
Kant weit schärfer und reicher gesehen hat als Einheit von Spontaneität
und Rezeptivität, Tätigkeit und Leiden", ebd. 169. Diesbezüglich sei darauf
verwiesen, dass Fichte bei der abstrakten und formalen Gestalt der Einbildungskraft gerade nicht stehen bleibt, sondern in der ‚Deduktion der Vorstellung‘ konkrete, inhaltlich angereiche Vermögen aus der Einbildungskraft entwickelt, worauf Heidegger in seiner Vorlesung allerdings nicht eingeht, vgl. hierzu Abschnitt 2.5.1.

225 / SW I, 246). Erst da dies geleistet sei, könne im praktischen
Teil die Frage bearbeitet werden, wie es möglich ist, dass das Ich
praktisch auf das Nicht-Ich einwirken kann. Das praktische Verhältnis von Ich und Nicht-Ich, das sich im Satz ‚Das Ich setzt das
Nicht-Ich als beschränkt durch das Ich' ausdrückt, ist als Implikation des dritten Grundsatzes zu verstehen. Dieser besagt, dass im
Ich ein limitiertes Ich und ein limitiertes Nicht-Ich entgegengesetzt
sind. Wie die folgenden Ausführungen zeigen, ist die textchronolo-
gische Reihenfolge, nach der der praktische auf den theoretischen
Teil folgt, allerdings nicht ein inhaltliches Fundierungsverhältnis zu
deuten. Auch zeigt sich, dass erst im praktischen Teil die Bedingungen, unter denen eine theoretische Vorstellung möglich ist, vollständig entwickelt werden. Die Ergebnisse des theoretischen Teils
können damit keine von den Einsichten der praktischen Wissenschaftslehre unabhängige Geltung beanspruchen, wie Fichte zunächst suggeriert.

Der Fokus der folgenden Untersuchungen liegt auf dem praktischen Teil der *Grundlage*. Denn die zentrale Frage dieser Arbeit nach
Einheit und Zusammenhang von theoretischen und praktischen
Ich-Vermögen wird erst dort eigentlich thematisiert, nachdem
Fichte sie im theoretischen Teil der Wissenschaftslehre nicht erörtert. Der praktische Teil der Wissenschaftslehre ist weniger an der
abstrakten und formalen Darstellung der Vermittelbarkeit von Ich
und Nicht-Ich orientiert, vielmehr nehmen vermögenstheoretische
Überlegungen eine größere Rolle ein. Der praktische Teil der Wissenschaftslehre liefert damit keine praktische Philosophie im traditionellen Wortsinn, d.h. keine ausgearbeitete Ethik oder Hand-
lungstheorie. Der praktische Teil der Wissenschaftslehre enthält
vielmehr eine Untersuchung zur Funktion praktischer Ich-Tätigkeiten für die Erklärung eines endlichen Selbst- und Objektbewusstseins. Aufgrund der scharfen Trennung zwischen einem theoretischen und einem praktischen Teil der Wissenschaftslehre wird der
Zusammenhang der praktischen mit den zuvor entwickelten theoretischen Tätigkeiten des Ich nur sehr allgemein umrissen. Der Sache nach muss die Genese der theoretischen und der praktischen
Vermögen jedoch als *eine* Geschichte des Selbstbewusstseins betrachtet werden, wobei das Zustandekommen einer bewussten

Selbstbeziehung den teleologischen Endpunkt dieser Geschichte darstellt.[52] Anders als die getrennte Behandlung beider Vermögenstypen suggeriert, konzipiert Fichte eine Wechselbestimmung zwischen theoretischen und praktischen Vermögen, die sich nur dann begreifen lässt, wenn sie in ihrem jeweiligen Zusammenhang betrachtet werden. Bezüglich der komplexen Verhältnisbestimmung von theoretischen und praktischen Vermögen sollen die folgenden Interpretationshypothesen entwickelt werden:

Im praktischen Teil der Wissenschaftslehre wird erstens deutlich, dass Fichte die prinzipielle Differenz zwischen einer vorstellenden bzw. theoretischen Tätigkeit sowie einer praktisch-strebenden Tätigkeit des Ich anerkennt. Viele Momente des konkreten endlichen Selbstbewusstseins lassen sich dabei nur aus einer Wechselbestimmung zwischen theoretischen und praktischen Tätigkeiten erklären, etwa das Gefühl als synthetische Vereinigung von (theoretischer) Reflexion und praktischem Trieb oder auch das Streben selbst, das nicht eine bloß blind wirkende Kraft ist, sondern stets auf einen ideal entworfenen Zweck bezogen sein muss.

Auch wenn Fichte eine scheinbar symmetrische Wechselbestimmung von theoretischen und praktischen Tätigkeiten im endlichen Bewusstsein erkennt, argumentiert er für eine „Subordination" der theoretischen unter die praktischen Vermögen und damit für einen Primat des Praktischen (GWL GA I, 2, 424 / SW I, 294). Im Folgenden soll zweitens gezeigt werden, dass das Argument für das Primat des Praktischen auf einer folgenreichen Modifikation des Begriffs des absoluten Ich beruht, die Fichte in § 5 vornimmt. Fichte entwickelt im Kontext der Deduktion der theoretischen Einbildungskraft das Theorem des Anstoßes auf das Ich, der zunächst als eine nicht weiter erklärbare, aber notwendige Voraussetzung für

---

[52] Die von Schelling und Hegel produktiv fortgeführte Konzeption einer Geschichte des Selbstbewusstseins wird zum Abschluss des theoretisches Teils der *Grundlage* erstmals als eine „pragmatische Geschichte des menschlichen Geistes" (GWL GA IV, 2, 141 / SW I, 222) benannt, wenngleich dieser Begriff problemlos auch auf die Genese der praktischen Vermögen angewendet werden kann. Zur Geschichte des Selbstbewusstseins als Transzendentalphilosophie, welche „die Erklärung des natürlichen Bewusstseins [...] in Angriff nimmt", vgl. Claesges 1974, 12ff.

den Akt der endlichen Selbstbestimmung des Ich in der theoretischen Erkenntnis angesetzt wird. Die Bearbeitung der Frage nach den Bedingungen der Möglichkeit eines Anstoßes auf das absolute Ich wird im theoretischen Teil als eine Leistung der praktischen Wissenschaftslehre angekündigt (vgl. GWL GA I, 2, 354f. / SW I, 210). Die genannte Modifikation vollzieht sich im Kontext der Analyse der Bedingungen des Anstoßes. Fichte formuliert den Gedanken, dass im absoluten Ich selbst der Grund der Möglichkeit des Anstoßes enthalten sein muss. Demnach enthält die Tathandlung, also das ursprünglich reine Setzen des Ich, in sich die Möglichkeit durch den Anstoß affizierbar zu sein. Den Grund der Möglichkeit des Anstoßes erkennt Fichte in einem im absoluten Ich ursprünglich waltenden Trieb, über sich selbst als eine unendliche Tätigkeit bzw. unbeschränkte Realität zu reflektieren. Ein äußerer Anstoß könne nur dann erfolgen, wenn das Ich durch eine ursprüngliche Reflexion überhaupt die Möglichkeit in sich setzt, dass seine unendliche Tätigkeit auch beschränkt sein könne. Das absolute Ich ist damit ursprünglich durch einen praktischen Trieb nach unendlicher Realität und nach einer reflexiven Erkenntnis derselben bestimmt und erst dadurch durch einen Anstoß affizierbar. Der Gedanke eines Primats des Praktischen ist darin angelegt, dass das absolute Ich selbst als ursprünglich praktisch bzw. triebhaft und als reflexiv gefasst wird, was allerdings eine erhebliche Abweichung vom Begriff des absoluten Ich darstellt, welches in § 1 als eine irreflexive Tathandlung konzipiert wird. Aus diesem Gedanken folgt allgemein, dass alle weiteren Tätigkeiten des Ich und damit auch die theoretisch erkennenden Tätigkeiten diesem ursprünglichen Trieb unterstehen.

Es lässt sich drittens zeigen, dass Fichte den Primat der praktischen Tätigkeit im endlichen Bewusstsein als eine Bestimmung der theoretischen durch die praktische Tätigkeit konzipiert, nicht aber als eine Ableitung der theoretischen aus den praktischen Funktionen des Ich. Die Differenz beider Funktionen bleibt also gewahrt. Ausgehend von diesem Gedanken entwickelt Fichte eine praktisch fundierte Geschichte des erkennenden Selbstbewusstseins, in der die theoretische Produktion von Vorstellungsobjekten als eine Wirkung eines praktischen Triebes entwickelt wird, durch welchen das

Ich über eine faktische Begrenzung hinausstrebt. Die Leistung der theoretischen Einbildungskraft, welche für ein *vorstellendes* Ich die Setzung der unendlichen mit der endlichen Tätigkeit im Schweben vermittelt, erweist sich dabei als bedingt durch ein zugrundeliegendes praktisches Streben, das durch einen äußeren Anstoß begrenzt ist.

Das vorliegende Kapitel gliedert sich in folgende Abschnitte: Auf einen ersten einleitenden Abschnitt zum zur Grundlegung der praktischen Wissenschaftslehre (1.1) folgt ein Abschnitt zur Deduktion des Strebens (1.2). Daraufhin soll in einem dritten Abschnitt (1.3) das Problem der Selbstdifferenzierung des absoluten Ich, das Fichte als Erklärung für den Anstoß konzipiert, untersucht und mögliche Lösungen von Fichtes eigenen Voraussetzungen her entwickelt werden. In einem vierten Abschnitt sollen Fichtes Ansätze zur Grundlegung eines kritischen, praktischen Idealismus entwickelt werden, in dem weniger eine einseitige Begründung des theoretischen durch das praktische Ich als vielmehr der Gedanke einer wechselseitigen Voraussetzung beider Aspekte des Bewusstseins leitend ist (1.4).

1.1 Das theoretische Ich als Problem: Die Grundlegung der praktischen Wissenschaftslehre

Der im praktischen Teil zu erörternde Hauptsatz besagt, dass das Ich sich setzen soll als ein Nicht-Ich Bestimmendes. Die Aufgabe der Untersuchung besteht darin, die Bedingungen anzugeben, unter denen dieser Satz, der ein praktisches Verhältnis von Ich und Nicht-Ich aussagt, wahr sein kann. Im theoretischen Teil lautet die methodische Maxime, dass dem zugrundeliegenden Hauptsatz so lange eine bloß problematische Geltung zugesprochen werden kann, bis die in ihm enthaltenen Gegensätze analytisch aufgesucht und abschließend synthetisch vermittelt werden.[53] Für die Be-

---

[53] Der theoretische Teil der Wissenschaftslehre widmet sich überwiegend der abstrakten Erörterung von Widerspruchsvermittlungen, die zwischen dem sich selbst setzenden Ich und dem entgegengesetzten Nicht-Ich im vorstellenden Bewusstsein bestehen. Die Kategorien der

arbeitung des praktischen Teils wählt Fichte dagegen eine methodische Abkürzung: So soll seine Analyse nicht unmittelbar dem
Hauptsatz der praktischen Wissenschaftslehre, sondern einem Widerspruch gelten, der sich aus seinen vorangegangenen Überlegungen des theoretischen Teils der Wissenschaftslehre ergibt. Hierdurch zeigt sich deutlich, dass die Behandlung des theoretischen
vor dem praktischen Teil keine sachliche Abhängigkeit ausdrückt.
Dass Fichte zunächst die Möglichkeit der theoretischen Vorstellung
untersucht, hat eher eine darstellerische Funktion: Denn der theoretische Teil endet mit dem ungelösten Problem, das erst unter Bezugnahme auf die praktischen Vermögen des Ich gelöst werden
kann, was die Notwendigkeit einer praktischen Fundierung des theoretischen Bewusstseins unterstreicht.

Der aufgewiesene Widerspruch, von dem Fichte zu Beginn des
praktischen Teils ausgeht, kommt auf den ersten Blick überraschend. Denn Fichtes Analyse nimmt nicht unmittelbar Ausgang
bei dem Satz ‚Das Ich soll sich als bestimmend setzend das Nicht-
Ich‘, den er als Implikat des dritten Grundsatzes gewinnt, sondern
bei dem Widerspruch, der zwischen dem absoluten Ich der Tathandlung einerseits und der Konzeption des Ich als endlich vorstellende Intelligenz ergibt.[54] Der Ausgang von diesem Widerspruch

Wechselbestimmung, der Kausalität und der Substanz werden als Setzungsweisen des Ich und als Vermittlungsbegriffe zwischen Ich und Nicht-
Ich bzw. zwischen Unendlichkeit und Endlichkeit innerhalb des Ich gewonnen. Erst mit der Deduktion der theoretischen Einbildungskraft wird
der immanente Übergang in eine transzendentale Vermögenslehre vollzogen, welche in der ‚Deduktion der Vorstellung‘ ihren Abschluss findet. Die
Einbildungskraft wird als finaler Vermittlungsgrund im theoretischen Verhältnis von Ich und Nicht-Ich konzipiert, wobei der Widerspruch nicht
durch eine einseitige Vereinnahmung des einen durch das andere Moment
aufgelöst wird, sondern durch das Postulat einer schwebenden und wechselnden Vermittlung beider Momente in einem endlichen, vorstellenden
Bewusstsein.

[54]   Zum Abschluss der Grundsatzlehre stellt sich die Aufgabenstellung für
die weiteren Untersuchungen folgendermaßen dar: Der dritte Grundsatz
besagt, dass im Ich eine Entgegensetzung zwischen einem teilbaren Ich
und einem teilbaren Nicht-Ich stattfindet. Das bedeutet, dass sich Ich und
Nicht-Ich im Ich *gegenseitig* beschränken. Diese gegenseitige Beschränkung

soll zugleich den Vorzug haben, dass dem praktischen Hauptsatz von Beginn an eine „höhere Gültigkeit" zugesprochen werden kann „als eine blos problematische" (GWL GA I, 2, 386 / SW I, 248). Der Hauptsatz der praktischen Wissenschaftslehre muss demnach als wahr anerkannt werden, wenn überhaupt das im Vorfeld behandelte theoretische Verhältnis von Ich und Nicht-Ich möglich sein soll. Dieser Ausgang von diesem Widerspruch kommt überraschend, da die komplexe Deduktion der Einbildungskraft eigentlich erklären sollte, wie im Ich unendliche und endliche Tätigkeit vermittelt werden können, wie das Ich also einerseits absolut, andererseits aber endlich bestimmt sein kann.

ist dabei das Produkt eines synthetischen Akts des Ich. Es ist das Ich, das ein teilbares Ich und ein teilbares Nicht-Ich beschränkend aufeinander bezieht. Dieser eine synthetische Akt lässt sich nun in zwei unterschiedene Akte auflösen: 1) „Das Ich sezt das Nicht-Ich als beschränkt durch das Ich" (GWL GA I, 2, 285 / SW I, 125) sowie 2) „Das Ich sezt sich selbst, als beschränkt durch das Nicht-Ich" (GWL GA I, 2, 285 / SW I, 126). Eine einfache Analyse ergibt damit, dass der dritte Grundsatz, der zuvor als Antwort auf den Widerspruch vom ersten und zweiten Grundsatz formuliert wurde, zwei verschiedene, gar einander entgegengesetzte Tätigkeiten enthält, die sich auch als eine theoretische bzw. als eine praktische Tätigkeit charakterisieren lassen. Die analytisch aus dem dritten Grundsatz gewonnenen Sätze 1) und 2) bilden damit die Hauptsätze des praktischen und des theoretischen Teils der Wissenschaftslehre. Zum Abschluss der Grundsatzlehre erklärt Fichte die Angabe von Bedingungen, unter denen sich beide Sätze widerspruchsfrei denken lassen, als Hauptaufgaben der theoretischen sowie der praktischen Wissenschaftslehre, die sich ausgehend von ihren jeweils behandelten Hauptsätzen getrennt behandeln lassen. Die Notwendigkeit der Widerspruchsvermittlung ergibt sich aufgrund des ersten Grundsatzes, der die unbedingte Einheit und Identität des absoluten Ich postuliert. Aufgrund der Geltung des ersten Grundsatzes ergeht die Forderung an das philosophierende Ich, sämtliche Begriffe, die im Widerspruch mit dem Begriff des absoluten Ich zu stehen scheinen, mit letzterem zu vermitteln. Neben der konstitutiven Funktion des absoluten Ich für das endliche Bewusstsein ist also ferner eine regulative Funktion des Begriffs des absoluten Ich für das philosophische System der Wissenschaftslehre anzunehmen, zur Methode der *Grundlage* und zur regulativen Funktion des absoluten Ich vgl. Metz 1991, 248ff.

Die Berechtigung einer erneuten Behandlung der Frage, wie das theoretische Verhältnis überhaupt möglich ist, zeigt sich jedoch dadurch, dass in der Deduktion der Einbildungskraft ein wesentliches Problem ausgeklammert und dessen Lösung für den praktischen Teil angekündigt wurde (vgl. GWL GA I, 2, 354f. / SW I, 210). Hierbei handelt es sich um das Problem, wie ein Anstoß auf das absolute Ich möglich ist. Dieser wurde im theoretischen Teil vorausgesetzt, um zu erklären, dass das Ich sich selbst als ein Bestimmtes, nämlich als eine absolute Totalität von Realität setzt. Das Ich, das sich als Totalität der Realität bestimmt, ist zugleich negativ durch alles bestimmt, was aus dieser Realität ausgeschlossen ist. Das Ich ist durch diesen Akt also zugleich bestimmt durch ein Nicht-Ich und damit endlich. Unter der Voraussetzung des Anstoßes wird in der Synthesis E (§ 4) gezeigt, wie eine Vermittlung zwischen diesen entgegengesetzten Momenten im Schweben der Einbildungskraft konzipiert werden kann. Die Voraussetzung des Anstoßes wird dort jedoch nicht abgeleitet. In der Deduktion der Einbildungskraft und der sich daran anschließenden Deduktion der Vorstellung zeigt Fichte, dass zwar die „*Art* und *Weise* des Vorstellens überhaupt" durch das Ich und seine entsprechenden Vermögen bestimmt sei (GWL GA I, 2, 386 / SW I, 248), jedoch nicht erklärt werden kann, warum das Ich überhaupt in ein vorstellendes Verhältnis zu sich und zu äußeren Objekten treten muss. Insofern der Eintritt in dieses Verhältnis nur in *irgendeinem* äußeren Anstoß unbekannten Ursprungs gefunden werden kann, hebt er nun hervor, dass „das Ich, *als Intelligenz überhaupt, abhängig* von einem unbestimmten und bis jetzt völlig unbestimmbaren Nicht-Ich" ist, also überhaupt „nur durch und vermittelst eines solchen Nicht-Ich" zur Intelligenz wird (GWL GA I, 2, 387 / SW I, 248).

Zu Beginn des praktischen Teils der Wissenschaftslehre kehrt also das Problem einer realistischen Erklärung des Selbstbewusstseins wieder, nach der irgendeine äußere Ursache angesetzt wird, um das theoretische Selbstbewusstsein zu begründen. Die Möglichkeiten einer realistischen Erklärung des Selbstbewusstseins werden bereits intensiv im Kontext der Deduktion der Einbildungskraft diskutiert.[55]

---

[55] Fichte unterscheidet zwischen einem qualitativen, einem quantitativen und einem abstrakten Realismus zur Erklärung des Selbstbewusstseins, die

Die Annahme einer solchen Ursache steht jedoch in einem direkten Widerspruch zu der in der Grundsatzlehre entwickelten Einsicht, dass das Ich in „allen seinen Bestimmungen" bloß durch sich selbst gesetzt sein kann (GWL GA I, 2, 387 / SW I, 249). Da also weder die Gültigkeit der Grundsatzlehre noch das Faktum des theoretischen Erkennens geleugnet werden kann, muss gemäß dem antithetisch-synthetischen Verfahren eine Lösung für den aufgewiesenen Widerspruch gefunden werden. Eine Lösung für den Widerspruch

jedoch allesamt verworfen werden. Der qualitative Realismus besagt: „Das Ich ist in dieser Folgerungsart ein vorstellendes Wesen, das sich nach der Beschaffenheit der Dinge an sich richten muss" (GWL GA I, 2, 342 / SW I, 194). Die Dinge an sich bzw. das Nicht-Ich sind unabhängig von jeder Tätigkeit des Ich vorhanden. Der quantitative Realismus erklärt das Selbstbewusstsein nicht aus einer Beschränkung durch ein äußeres Ding an sich, setzt jedoch die Beschränkung des Ich im Sinne einer quantitativen Limitation für jede Erklärung des Bewusstseins als faktisch gegeben voraus, ohne den Ursprung dieser Beschränkung benennen zu können. Im abstrakten Realismus wird im Unterschied zum realistischen nicht eine faktische Bestimmung des Ich angenommen, sondern vielmehr eine bloße Bestimmbarkeit des Ich sowie eine an das Ich herangetragene Aufgabe, dass das Ich sich selbst und spontan eine Bestimmung zufügen solle. Der Urheber dieser Aufgabe ist dabei unbekannt. Zum Unterschied zwischen dem quantitativen und dem abstrakten Realismus vgl. GWL GA I, 2, 355f. / SW I, 211. Fichte vertritt in der *Grundlage,* die von einem Begriff des absoluten Ich ihren Ausgang nimmt, keine realistische, sondern eine idealistische Theorie, die er jedoch subtil spezifiziert. Schüssler bezeichnet den theoretischen Teil der Wissenschaftslehre zurecht als einen „kritischen, *transzendentalen* quantitativen Idealismus", der auf dem Prinzip der produktiv-reproduktiven Einbildungskraft gründet: „Durch die produktiv-reproduktive Einbildungskraft wird erst die vollständige synthetische Vereinigung von Zusammentreffen und Zusammenfassen geleistet, d.h. der vollständige *kritische transzendentale quantitative Idealismus* aufgestellt. Da er von der unendlichen Tätigkeit des Ich in Gestalt der produktiven unendlichen Tätigkeit der Einbildungskraft ausgeht, unterscheidet er sich von dem bloßen quantitativen Idealismus, der von einem schlechthin, durch seinen bloßen Begriff endlichen Ich ausging", Schüssler 1972, 46. Ferner: „Der aufgestellte Idealismus ist *transzendental,* weil nach ihm das Nicht-Ich (das objektive Sein) durch das unter bestimmten Bedingungen handelnde Ich, die er vollständig erfaßt, gesetzt ist", Schüssler 1972, 47.

kann nach Fichte nun in einem Gedanken gefunden werden, der zugleich im Hauptsatz der praktischen Wissenschaftslehre ausgedrückt ist: Es müsste möglich sein, dass *„das Ich jenes bis jetzt unbekannte Nicht-Ich*, dem der Anstoss beigemessen ist [...] *durch sich selbst bestimme"* (GWL GA I, 2, 387 / SW I, 249). Das Ich muss das Nicht-Ich beschränkt setzen können. Hiermit dreht sich das Kausalverhältnis, das im Bereich der theoretischen Erkenntnis vorliegt, um. Denn in der theoretischen Erkenntnis wird das Nicht-Ich als Ursache der Affektion gesetzt, im praktischen Verhältnis soll das Nicht-Ich das Bewirkte sein. Das absolut tätige Ich wird in dieser Lösung gedacht als Bestimmungs- oder Setzungsgrund für ein Nicht-Ich, das so auf das Ich einwirkt, dass es sich dann wiederum als eine Intelligenz bestimmt. Der erste Ansatz zur Lösung des Widerspruchs ist also eine Umkehrung des Kausalverhältnisses aus dem Bereich der theoretischen Erkenntnis. Das Kausalverhältnis, welches der theoretischen Erkenntnis zugrunde liegt, besteht darin, dass das Ich aufgrund einer faktisch vorhandenen Beschränkung ein äußeres Nicht-Ich als affizierende Ursache und seine Beschränkung damit als eine Wirkung setzt (vgl. GWL GA I, 2, 56f. / SW I,135).[56] Nun soll das Primat einer praktischen Kausalität gegenüber der theoretischen Kausalität aufgewiesen werden. In einem solchen Bestimmungsverhältnis allein kann der Gedanke gewahrt bleiben, dass das Ich „lediglich von sich selbst abhängig" ist (GWL GA I, 2, 387 / SW I, 249). Diese Auflösung des Widerspruchs zwischen absolutem Ich und anstoßendem Nicht-Ich soll also zugleich den Grund für die endliche Bestimmtheit des Ich enthalten. In einer allgemeinen Exposition der Lösung dieses Widerspruchs formuliert Fichte den Gedanken, dass das absolute Ich Ursache des „Nicht-Ich an und für sich" (GWL GA I, 2, 389 / SW I, 251) sein soll. Dieses „Nicht-Ich an und für sich" ist dasjenige, „was übrig bleibt, wenn man von allen erweisbaren Formen der Vorstellung" bzw. von allem Objektiven in der Vorstellung „abstrahirt" (GWL GA I, 2, 389 / SW I, 251). Das Nicht-Ich des Anstoßes liegt daher jenseits des Vorstellbaren und ist streng von dem gegebenen

---

[56] Zur Deduktion der Kausalität in der Synthesis B (§ 4) vgl. Schäfer 2006a, 112–116.

Objekt zu unterscheiden, auf welches das Ich sich in der Vorstellung bezieht.

1.2 Die Deduktion des Strebens

Die folgenden Ausführungen gelten der Frage, wie das oben allgemein benannte Verhältnis zu denken ist, demgemäß das Ich bestimmend tätig sein soll in Bezug auf das Nicht-Ich. Durch die Entwicklung dieses Bestimmungsverhältnisses will Fichte erklären, wie es überhaupt möglich ist, dass das Ich einerseits in einer reinen Selbstbezüglichkeit unendlich tätig ist, zugleich aber auch endlich tätig in Beziehung auf gegebene Objekte. Die weitere Analyse dieses Gedankens wird jedoch ergeben, dass es letztlich unmöglich ist, dass das Ich das Nicht-Ich unmittelbar setzen kann und damit dessen Status als *Nicht*-Ich aufhebt. Vielmehr kann das Ich bloß als etwas konzipiert werden, das danach *strebt,* das anstoßende Nicht-Ich durch seine Tätigkeit aufzuheben. In der Deduktion des Begriffs des Strebens wird zugleich der Gedanke weiterentwickelt, dass die theoretischen Erkenntnisvermögen des Ich nur unter der Voraussetzung eines praktischen Vermögens denkbar sind. Denn im theoretischen Verhältnis setzt das Ich sich als bestimmt durch ein Nicht-Ich, es setzt sich bestimmt durch ein vorgestelltes Objekt, durch welches es affiziert wird und von welchem es unterschieden ist.

Die Probleme in der von Fichte zunächst in Spiel gebrachten Lösung, nämlich dass das Ich das Nicht-Ich des Anstoßes unmittelbar bestimmt, werden schnell offenkundig: Zum einen hebt sich der Gedanke eines Nicht-Ich, das dem Ich schlechthin entgegengesetzt ist, vollständig auf, wenn dieses ursprünglich ein Produkt des Ich sein soll. Eine solche Aufhebung ist jedoch nicht möglich, solange das Gesetztsein eines Nicht-Ich den Status eines Grundsatzes der Wissenschaftslehre hat.

Außerdem ist zu beachten, dass, auch wenn das Ich in seiner unendlich setzenden Tätigkeit zugleich der Grund des Nicht-Ich sein soll, nur das Problem der möglichen Fremdbestimmung des Ich durch das Nicht-Ich gelöst ist. Weiterhin bleibt der Gegensatz zwischen einer unendlichen und einer endlichen Tätigkeit des Ich bestehen: Denn das Setzen eines Nicht-Ich ist wiederum eine bestimmte und damit endliche Tätigkeit, die von der reinen, unbestimmten Tätigkeit der Selbstsetzung unterschieden werden muss (vgl. GWL GA I, 2, 390 / SW I, 252f.).

Im Folgenden geht es um Fichtes Deduktion des Strebens nach einer unendlichen Kausalität des Ich. Es handelt sich hier um das Streben nach unendlicher Kausalität, da das Streben auf das Aufheben jeder Begrenzung des Ich gerichtet ist.[57] In der Deduktion des Strebens soll dasselbe als die Bedingung der Möglichkeit des Vorstellungsvermögens erwiesen werden. Die Deduktion des Strebens wird von Fichte auf zwei verschiedenen Wegen geleistet, die sich gegenseitig ergänzen: Die Deduktion erfolgt erstens durch einen apagogischen und zweitens durch einen sogenannten genetischen Beweis. Mit dem apagogischen Beweis will Fichte zeigen, dass der Gedanke der Identität des Ich aufgehoben werden müsse, wenn man nicht zugleich ein unendliches Streben im Ich annimmt. Damit zeigt der apagogische Beweis, *dass* ein unendliches Streben im Ich vorkommen muss, solange der Gedanke eines mit sich identischen Ich als wahr anerkannt wird. In einem genetischen Beweis soll darüber hinaus gezeigt, *wie* es im Ich zur Entgegensetzung eines Nicht-Ich kommt (vgl. GWL GA I, 2, 404 / SW I, 271).[58] Die bereits oben angedeutete Kritik an der Unvereinbarkeit der Resultate des § 5 mit der Konzeption eines absoluten, sich selbst setzenden Ich stützen sich auf diese beiden Beweisgänge. Die entscheidende Frage, inwiefern der apagogische und der genetische Beweis des Strebens mit dem ersten Grundsatz bzw. auch der Grundsatzlehre im Ganzen vereinbar sind, soll daher nach der Rekonstruktion beider Beweise behandelt werden (vgl. Abschnitt 1.3).

---

[57] Der Begriff einer unendlichen Kausalität drückt selbst den Widerspruch aus, den Fichte zu lösen sucht: Denn Kausalität ist eine bestimmte Tätigkeitsweise, die der unendlichen, d.h. vollkommen unbestimmten Tathandlung entgegensteht.

[58] Eine Rekonstruktion des apagogischen und des genetischen Beweises in § 5 der *Grundlage* findet sich auch bei Metz 1991, 361ff. und bei Waibel 2000, 53–61.

1.2.1 Der apagogische Beweis für das unendliche Streben im Ich

In einem apagogischen Beweis soll die Wahrheit einer Aussage dadurch bewiesen werden, dass aufgezeigt wird, dass die Negation dieser Aussage entweder in einen unmittelbaren Widerspruch führt oder zumindest einer anderen allgemein anerkannten Aussage widerspricht. Fichte skizziert das allgemeine Vorgehen des apagogischen Beweises rückblickend folgendermaßen:

[Der] Beweiß [ist] apagogisch geführt; es ist gezeigt worden, dass man die Identität des Ich aufgeben müsse, wenn man die Forderung einer absoluten Kausalität nicht annehmen wolle. (GWL GA I, 2, 404 / SW I, 271)

Dem apagogischen Beweis ist also als wahre, für die Wissenschaftslehre grundlegende Aussage erstens vorausgesetzt, dass das Ich mit sich identisch ist. Dies entspricht dem Inhalt des ersten Grundsatzes, dass das Ich seine eigene Identität setzt. Zweitens setzt Fichte für diesen Beweis voraus, dass dem Ich zwei unterschiedliche Tätigkeiten zukommen: nämlich erstens die unendliche, selbstsetzende Tätigkeit und zweitens eine endliche, vorstellende Tätigkeit. Die Argumentation muss also zeigen, dass das Ich nur dann eine mit sich identische Einheit von unendlicher und endlicher Tätigkeit sein kann, wenn es über ein unendliches Streben verfügt.

Die apagogische Beweisführung lässt sich wiederum in zwei Abschnitte unterteilen: In einem ersten Abschnitt versucht Fichte zu zeigen, dass nur dann, wenn dem Ich ein unendliches Streben zukommt, es zugleich möglich ist, dass es über ein Vorstellungsvermögen verfügt. Das Streben wird dabei erwiesen als Vermittlungsgrund zwischen der Tätigkeit einer reinen Selbstsetzung einerseits und der Tätigkeit des Vorstellens andererseits. Ist das Streben ein solcher Vermittlungsgrund, bedeutet das zugleich, dass nur unter der Annahme eines unendlichen Strebens im Ich die Identität von bloß selbsttätigem Ich und dem vorstellenden Ich gewahrt werden kann. In einem zweiten Abschnitt geht es um die Differenzierung und Vermittlung von einer praktischen, objektiven Tätigkeit (Streben) und einer theoretisch objektiven Tätigkeit (Erkennen) im endlichen Bewusstsein.

1) Aus der Voraussetzung einer endlichen, objektbezogenen Tätigkeit im Ich folgt zugleich, dass dem Ich ein Objekt gegeben sein
muss, das es nicht unmittelbar aus der eigenen Tätigkeit ableiten
kann. Dass dies der Fall ist, stellt einen Grundsatz für seine gesamte
Untersuchung dar (§ 2). Ein wichtiger Zwischenschritt des apagogischen Beweises besteht in der Unterscheidung zweier Tätigkeiten,
die einerseits dem Ich und andererseits dem Gegenstand zukommen müssen. Denn wenn im Ich ein Gegenstand gesetzt ist, muss
das Ich diesem zugleich eine Tätigkeit zuschreiben, die aus der bloß
setzenden Tätigkeit des Ich nicht abzuleiten, derselben mithin vollständig entgegengesetzt ist. Umgekehrt bedeutet das, dass dem Ich
eine Tätigkeit zukommen muss, die von dieser Tätigkeit des Gegenstands vollkommen unabhängig ist (vgl. GWL GA I, 2, 394f. /
SW I, 258). Eine Tätigkeit, die von der Tätigkeit des Gegenstandes,
aber auch von der objekt-setzenden Tätigkeit des Ich unabhängig
ist, kann nur die Tätigkeit der reinen Selbstsetzung sein, die Fichte
in der Deduktion der Vorstellung bereits mit der Vernunft gleich-
gesetzt hat. Die Tätigkeit, die der objektiven Tätigkeit entgegengesetzt ist, ist also jene „absolute Handlung des Ich, durch welche es
sich selbst sezt" (vgl. GWL GA I, 2, 395 / SW I, 259). Fichte argumentiert, dass diese absolute Handlung des Ich angenommen werden muss, wenn es zu einer Setzung eines Gegenstandes kommt.
Die selbstsetzende Tätigkeit soll also eine notwendige Bedingung
für die Möglichkeit des Objekts sein.

An dieser Stelle zeigt sich deutlich eine neue Funktionsbestimmung für die absolute Tätigkeit der Selbstsetzung, die mit dem ersten Grundsatz eingeführt wurde: Die absolute Tätigkeit der Selbstsetzung wird hier verstanden als eine Tätigkeit, die der Tätigkeit des
Gegenstandes nicht bloß entgegengesetzt ist, sondern ihr auch widersteht, d.h. trotz ihrer Unabhängigkeit auf die Tätigkeit des Gegenstandes bezogen ist. Es handelt sich nämlich um eine Setzung
des Ich, welche trotz der Setzung eines Gegenstandes bestehen
bleibt und nicht aufgehoben wird. Diese Tätigkeit der reinen Selbstsetzung wird hier also nicht wie im § 1 abstrahierend und isoliert
betrachtet, sondern „in Beziehung auf ein mögliches Object"
(GWL GA I, 2, 397 / SW I, 261). Diese reine Selbstsetzung in Beziehung auf Gegenständlichkeit überhaupt begreift Fichte als das

Streben. Dieses ist aufgrund seines Ursprungs im absoluten Ich ein „unendliches Streben" (GWL GA I, 2, 397 / SW I, 261). Als eine Tätigkeit, die der Tätigkeit des Gegenstandes widerstrebt, ist es zugleich ein Streben danach, das Gesetztsein des Gegenstandes, also das Nicht-Ich überhaupt aufzuheben. Das Streben zielt auf die Realisierung der vollständigen Selbsttätigkeit und Unabhängigkeit des Ich. Insofern das Streben auf die Modifikation des Nicht-Ich abzielt, begreift Fichte es als eine praktische Tätigkeit. Diese praktische Tätigkeit fungiert zugleich als Bedingung der Möglichkeit für das Gegebensein von Objekten. Dies ist der zentrale Gedanke der Deduktion des Strebens. Denn dem Ich kann nur dann ein Gegenstand gegeben sein, wenn es zugleich in der Lage ist, dieser Tätigkeit des Gegenstandes zu widerstehen (GWL GA I, 2, 395 / SW I, 259).[59] Das Ich kann sich nur dann auf Gegenstände beziehen, wenn es durch das Gegebensein derselben nicht aufgehoben wird. In einem ersten Schritt zur Deduktion des Strebens nach unendlicher Kausalität legt Fichte also dar, dass das Ich nicht theoretisch vorstellend sein kann, wenn es nicht zugleich praktisch tätig ist. Die Beweisführung ist hier apagogisch: Denn Fichte behauptet damit zugleich, dass die Differenzierung des Ich in eine endlich vorstellende und eine selbstsetzende Tätigkeit nur dann aufrecht zu erhalten ist, wenn die selbsttätige Tätigkeit in Form des Strebens in einer vermittelnden Beziehung zur endlich vorstellenden Tätigkeit des Ich steht.

2) Wie nun gezeigt wurde, geht die allgemeine Deduktion des unendlichen Strebens des Ich apagogisch vor. Die apagogische Beweisführung zeigt sich in weiteren Überlegungen, die Fichte im

---

[59]   Der Gedanke des Strebens finde sich bereits in der Deduktion der Einbildungskraft, ohne dass Fichte dies an dieser Stelle eigens hervorhebt oder erläutert. Das Streben ist die Selbstbehauptung des Ich gegen den äußeren Anstoß, der in der Deduktion der Einbildungskraft als nicht erklärbare Bedingung der Selbstbeschränkung des Ich eingeführt wird: „Die Thätigkeit des Ich besteht im unbeschränkten Sichsetzen; es geschieht gegen dieselbe ein Widerstand. Wiche sie diesem Widerstande, so würde diejenige Thätigkeit, welche über die Grenze des Widerstandes hinausliegt, völlig vernichtet und aufgehoben; das Ich würde insofern überhaupt nicht setzen" (GWL GA I, 2, 358 / SW I, 213).

Zuge einer notwendigen Differenzierung des Begriffs des Strebens vornimmt. Diese Differenzierung wird notwendig, da Fichte durch die Einführung des Begriffs des Strebens einen neuen Widerspruch aufdeckt. Die Aufdeckung sowie die Auflösung des Widerspruchs sind der zweite Teil des apagogischen Beweises. Dieser kann selbst wiederum in drei Schritte unterteilt werden: Erstens erinnert Fichte daran, dass die unendliche Tätigkeit des Ich zunächst als reine Selbstbezüglichkeit konzipiert wurde. In Gestalt des Strebens erscheint die unendliche Tätigkeit jedoch als eine objektive Tätigkeit, da sie auf die Realisierung eines bestimmten Objekts bzw. einer Zweckidee geht (GWL GA I, 2, 401f. / SW I, 266f.).

Fichte deckt diesbezüglich mehrere Widersprüche auf: Zum einen sollte die unendliche Tätigkeit ohne jedes Objekt sein, als ein Strebendes muss ihr jedoch ein Objekt im Sinne einer Zweckidee zugeschrieben werden. Auch ist das Streben auf ein widerstrebendes Objekt bezogen, weshalb das ursprünglich als unendlich gedachte Streben in dieser Hinsicht auch endlich und bedingt ist. Zugleich bedroht es nach Fichtes Auffassung die Identität des Ich, wenn das Ich in einem zweifachen Sinn objektiv tätig ist, nämlich in einem endlich vorstellenden Sinn einerseits und einem praktisch strebenden Sinn andererseits.

Fichtes Lösungsansatz bezieht sich zunächst vor allem auf den Widerspruch zwischen den beiden objektiven Tätigkeiten im Ich (vgl. GWL GA I, 2, 402/ SW I, 268). Er versucht daher zweitens diesen Widerspruch zwischen der endlich objektiven Tätigkeit und der unendlichen Tätigkeit des Ich durch eine Hinsichtenunterscheidung zu lösen: So gilt es zu zeigen, dass zwar die beiden genannten Tätigkeiten objektiv sind, jedoch auf jeweils verschiedene Weise. Bei der endlich objektiven Tätigkeit handelt es sich um eine grundsätzlich abhängige und beschränkte Tätigkeit – sie ist schließlich gesetzt infolge eines Anstoßes auf das Ich und auf ein vorgestelltes Objekt bezogen (vgl. GWL GA I, 2, 402 / SW I, 268). Das Objekt der unendlichen Tätigkeit ist dagegen nicht ein Gegebenes, das als Teil einer vom Ich unabhängigen Welt vorgestellt wird. Das Objekt der unendlichen Tätigkeit, das Objekt des Strebens ist vielmehr die Idee eines Zustandes des Ich ohne einschränkende Objektivität, mithin die Idee einer „Welt, wie sie seyn würde, wenn durch das

Ich schlechthin alle Realität gesetzt wäre" (GWL GA I, 2, 403 / SW I, 269). Damit geht die unendliche objektive Tätigkeit nicht auf Gegenstände der Erfahrung, sondern vielmehr auf die „Idee einer solchen zu vollendenden Unendlichkeit" (GWL GA I, 2, 403 / SW I, 270). Hier wird erkennbar, dass der ursprünglich im ersten Grundsatz ausgedrückte Gedanke eines absoluten Ich nun in Gestalt eines praktischen Ideals für das strebende Ich auftritt. Das Streben erweist sich dabei als eine Tätigkeit des Ich, dem die Reflexion auf dieses Ideal wesentlich ist.[60] Das Ideal der Aufhebung der Gegenständlichkeit überhaupt kann auch als eine Zweckidee für das Ich begriffen werden, auch wenn Fichte hier den Begriff des Zwecks nicht verwendet.[61] Es handelt sich hier um einen Zweck, der allerdings niemals zu realisieren ist (vgl. GWL GA I, 2, 396 / SW I, 260). Wie Fichte darlegt, kann eine vollständige Bestimmung des Nicht-Ich durch das Ich nicht gedacht werden, ohne den zweiten Grundsatz aufzuheben – ohne die Voraussetzung des zweiten Grundsatzes würde allerdings gar kein endliches, wirkliches Selbstbewusstsein vorliegen. Das bedeutet, dass so lange das Ich sich überhaupt vorstellend auf Gegenstände bezieht, es nur danach streben kann, Gegenständlichkeit überhaupt aufzuheben, ohne jedoch

---

[60]   Das Ideal ist dabei Gegenstand einer Reflexion für das endliche Bewusstsein, wobei Fichte in der Reflexion auf dieses Ideal eine ähnliche dynamische Wechselbestimmung zwischen Unendlichkeit und Endlichkeit entwickelt, die sich in der Lehre von der Einbildungskraft findet. Dies wird offensichtlich, ohne dass Fichte diese Parallele zur theoretisch fundierten Lehre der Einbildungskraft herausstellt oder auch die Unterschiede zwischen beiden Ansätzen nennt. Durch die Reflexion wird die Idee einer unendlichen Tätigkeit des Ich zum Bewusstsein gehoben, dabei aber zugleich bestimmt. Das Ich wird sich in dieser Reflexion auf das Ziel einer herzustellenden Unendlichkeit zugleich seiner Begrenzung bewusst, weshalb es wiederum beginnt, nach der Aufhebung seiner Begrenztheit sowie nach der vollständigen Manifestation der eigenen unendlichen Tätigkeit zu streben. Wie im Schweben der Einbildungskraft erfolgt auch diese Wechselbestimmung zwischen faktischer Einschränkung und erstrebter Unendlichkeit „ins unendliche" (GWL GA I, 2, 403 / SW I, 269). Zur begrenzenden Funktion des Ideals unendlicher Tätigkeit vgl. auch Metz 1991, 366f.
[61]   Zur Bedeutung des Zweckbegriffs in der *Wissenschaftslehre nova methodo*, vgl. Abschnitt 4.2.

diesen Zweck jemals realisieren zu können. Das Streben ist die grundlegende Tätigkeit des praktischen Ich. Sowohl im apagogischen als auch im genetischen Beweis bleibt ihre vermögenstheoretische Einordnung weitgehend unausgeführt. Ähnlich wie in den Synthesen A-E des theoretischen Teils argumentiert Fichte hier zunächst abstrakt und formal. Unklar ist also bislang, aus welchen Elementen sich ein alltägliches Bewusstsein praktischer Tätigkeit bildet, das Fichte hier mit seinen abstrakten Überlegungen fundieren möchte. Diese Elemente entwickelt er in den anschließenden Paragraphen (§§ 6–11), die komplexe Ableitungen verschiedener praktischer Vermögen enthalten. Hierzu zählen das Gefühl als ein rudimentäres, nicht deutlich reflektiertes Bewusstsein des Strebens, der Trieb sowie das Sehnen, welches auf die theoretischen Vermögen des Ich einwirkt, damit diese eine Vorstellung des beschränkenden Nicht-Ich entwerfen.

3) Die Ausführungen zum Widerspruch zwischen einer endlich-objektiven und einer unendlich-objektiven Tätigkeit schließt Fichte mit einer weiteren apagogischen Beweisführung ab. Fichte argumentiert, dass nur dann, wenn das Ich nach der Verwirklichung dieses Ideals *strebt*, zugleich ein endliches Bewusstsein seiner selbst und der Welt der Objekte möglich ist. Wie Fichte bereits in der Deduktion der theoretischen Einbildungskraft zeigt, ist ein Bewusstsein des Selbst nur in Abgrenzung zum Bewusstsein eines begrenzenden Objekts möglich.[62] Im praktischen Teil wird die Synthesis der Einbildungskraft und die darauf aufbauende Lehre der theoretischen

---

[62] So heißt es in GWL GA I, 2, 332f. / SW I, 183: „Die *Mittelbarkeit* des Setzens (wie sich inskünftige zeigen wird, das Gesez des Bewustseyns: *kein Subject, kein Object, kein Object, kein Subject*), und sie allein, begründet das wesentliche Entgegenseyn des Ich und des Nicht-Ich, und dadurch alle Realität des Nicht-Ich sowohl, als des Ich – inwiefern die letztere eine bloß *als* gesezt gesezte, ideale seyn soll; denn die absolute bleibt dabei unverlohren; sie ist im *Setzenden*. Sie soll, so weit wir in unserer Synthesis vorgerükt sind, nicht wiederum durch dasjenige, was durch sie begründet wird, begründet werden; noch kann sie es nach dem gesezlichen Verfahren mit dem Satze des Grundes. In den aufgestellten Stüken demnach, in der Realität des Nicht-Ich, und der idealen des Ich, liegt der Grund jener Mittelbarkeit nicht."

Erkenntnis jedoch erst eigentlich fundiert, indem gezeigt wird, dass ein praktischer Widerstand gegen den Anstoß und das Streben nach Aufhebung desselben vorauszusetzen ist, wenn das Ich eine theoretische Vorstellung des Grundes der Begrenzung entwerfen soll.

Die unmittelbare Verwirklichung reiner Selbstsetzung, also der Aufhebung alles Entgegengesetzten würde jeden Gehalt tilgen, auf den das endlich bestimmte Ich sich beziehen kann. Dies würde jedoch der zweiten Voraussetzung des apagogischen Beweises widersprechen, die besagt, dass das Ich faktisch ein endlich bestimmtes ist. Als Manifestation einer unendlichen Kausalität wäre es dagegen ein unbegrenzt setzendes und kein wirkliches Bewusstsein. Hierin zeigt sich erneut, dass das absolute Ich zwar das Prinzip des endlichen Selbstbewusstseins sein soll, nicht aber nach dem Modell dieses Selbstbewusstseins zu begreifen ist. Wie bereits dargelegt wurde, tritt eine Unterscheidung zwischen Subjekt und Objekt im absoluten Ich noch nicht auf – das absolute Ich des ersten Grundsatzes ist reines, unmittelbares Fürsichsein, das weder Subjekt noch Objekt ist.[63]

1.2.2 Der genetische Beweis für das unendliche Streben im Ich

Um die Notwendigkeit eines Strebens nach Unendlichkeit im Ich beweisen zu können, wählt Fichte neben apagogischen noch eine sogenannte genetische Beweisführung. Es ist vor allem der genetische Beweis, der Anlass zur Kritik gibt, dass Fichte die ursprüngliche Konzeption des absoluten Ich (erster Grundsatz) entscheidend modifiziert und derselben dadurch sogar widerspricht. Ehe die Frage nach der Vereinbarkeit der Resultate des genetischen Beweises insbesondere mit dem ersten Grundsatz geklärt werden kann, gilt es zunächst, Fichtes Konzeption des genetischen Beweises sowie die einzelnen Beweisschritte nachzuvollziehen. Im Zuge der Rekonstruktion wird sich zeigen, dass Fichte tatsächlich Anlass für die oben genannte Kritik bietet.

---

[63]   Vgl. Einleitung 1.

Was versteht Fichte unter einem genetischen Beweis in Abgrenzung zu einem apagogischen? Fichtes methodische Ausführungen
bleiben hier zunächst allgemein. Er weist darauf hin, dass im apagogischen Beweis zunächst bestimmte „höhere Principien" vorausgesetzt werden, um dann zu zeigen, dass ohne die Annahme eines
Strebens nach unendlicher Kausalität diesen Prinzipien widersprochen werden würde (GWL GA I, 2, 404 / SW I, 271). Wie wir gesehen haben, gehört zu diesen höheren Prinzipien vor allem die
Identität des sich selbst setzenden Ich. Die Annahme des Strebens
wurde dadurch auf indirekte Weise gerechtfertigt. In einem genetischen Beweis soll das Streben nicht auf indirekte, sondern auf eine
„direkte" Weise bewiesen und damit „eigentlich [deduziert]" werden (GWL GA I, 2, 404 / SW I, 271). Was bedeutet es aber, das
Streben direkt zu beweisen und eigentlich zu deduzieren? Fichte
erklärt, dass in einem genetischen Beweis nicht bloß gezeigt wird,
dass das Streben notwendigerweise vorkommen muss, sondern *wie*
es unter den vorausgesetzten höheren Prinzipien im Ich entsteht.
Ein genetischer Beweis, so die Interpretationshypothese, soll angeben, welche Handlungen das Ich vornehmen muss, um die Bedingungen dafür zu schaffen, dass es nach der Aufhebung seiner Endlichkeit und des entgegengesetzten Nicht-Ich streben kann.[64] Bei
dieser Handlung, aus der genetisch das Streben deduziert werden
soll, handelt es sich um einen ursprünglichen Akt der Reflexion.
Die Kritik entzündet sich vor allem an dem im genetischen Beweis
enthaltenen Argument, dass sich das absolute Ich durch diese ursprüngliche Reflexion für einen äußeren Anstoß empfänglich setzt
– nämlich dadurch, dass es auf sich reflektiert, um zu prüfen, ob es
unbegrenzt alle Realität in sich fasse oder aber begrenzt ist.[65]
    Der genetische Beweis nimmt seinen Ausgangspunkt bei der fol-
genden Problemdiagnose: Einerseits soll im Bewusstsein des Ich in
Gestalt vorgestellter Objekte „etwas heterogenes, fremdartiges"
vorkommen, andererseits muss dieses Fremdartige dem Ich in einer

---

[64] Da Fichte aber nur die Möglichkeit des Anstoßes im absoluten Ich,
nicht aber die Wirklichkeit des Anstoßes abzuleiten beansprucht, beschreibt Metz den Deduktionsgang als „nur tendenziell-genetisch", nicht
aber als „rein genetisch", Metz 1991, 368f.
[65] Vgl. Anm. 25 und 26.

gewissen Hinsicht auch gleichartig sein, da es ansonsten nicht im Bewusstsein anzutreffen wäre (GWL GA I, 2, 405/ SW I, 272). Dieses Fremdartige kann, solange es im Ich vorkommt, nur eine Tätigkeit sein. Es handelt sich also um eine als fremdartig wahrgenommene Tätigkeit. Der genetische Beweis setzt also wie der apagogische Beweis bei der Frage an, wie das Ich überhaupt in Bezug zu Objekten treten kann, die es begrenzen. Es geht also erneut, wenn auch in veränderter Formulierung, um die Bedingung der Möglichkeit eines theoretischen Bezugs auf Objekte bzw. um die Bedingung der Möglichkeit des Ich als vorstellende Intelligenz. Es geht um die Frage, wie das Ich ein Objekt erkennen kann, dem eine Realität bzw. eine Tätigkeit zugeschrieben wird, die unabhängig vom Ich besteht. Erneut soll das praktische Vermögen als notwendige Bedingung dieses theoretischen Bezugs erwiesen werden. Der wiederholte Ausgang von diesem grundlegenden Problem legt nahe, dass der genetische Beweis eine unabhängige, alternative Form ist, das Streben zu beweisen. So könnte argumentiert werden, dass der genetische Beweis den apagogischen Beweis nicht voraussetzt, sondern ergänzend neben dem apagogischen Beweis des Strebens steht. Wie die folgende Rekonstruktion zeigt, lassen sich die argumentativen Schritte meist nur dann begreifen, wenn man bereits über Fichtes Begriff des Strebens verfügt. Auch wenn der genetische Beweis der Sache nach neue, vom apagogischen Beweis unabhängig gültige Argumente enthalten soll, sind sie methodisch jedoch verflochten und bilden damit einen einheitlichen Beweisgang zur Deduktion des Strebens.

1) Ein erster Schritt für die Lösung des Problems des Fremdartigen im Ich besteht darin, dass die entgegengesetzte Tätigkeit nicht als *absolut* entgegengesetzt und fremdartig zu denken ist. Vielmehr ist sie als eine Tätigkeit zu verstehen, die zwar im Ich vorkommt, dabei jedoch der ursprünglichen Selbstsetzung widerstreitet. Fichte drückt dies metaphorisch so aus, dass sie eine der ursprünglichen Tätigkeit des Ich widerstreitende Bewegungsrichtung hat. Denn sie steht jener Tätigkeit entgegen, die danach strebt, die Unendlichkeit auszufüllen. Die enge Verknüpfung des theoretischen sowie des praktischen Aspekts der Objekterkenntnis wird hier zumindest angedeutet, wenngleich vermögenstheoretisch noch nicht

ausgearbeitet. Aus dem hier Entwickelten folgt, dass etwa ein Objekt der Anschauung nicht bloß als ein unabhängig existierendes Ding gesetzt wird, sondern immer als etwas, das dem praktischen Vermögen der Selbstbestimmung entgegenwirkt. Im Gedanken der widerstreitenden Tätigkeit des vorgestellten Objekts ist eine Fortbestimmung des Gedankens aus der theoretischen Wissenschaftslehre zu sehen, dass alle theoretische Tätigkeit eine *verminderte* Tätigkeit des Ich darstellt, die der absoluten Tätigkeit quantitativ entgegengesetzt ist.[66] Dabei handelt es sich nicht bloß um einen logischen Widerstreit, der sich aus der bloßen Unterscheidung im Begriff ergibt. Der Widerstreit ist vielmehr ihr konstitutiver, praktischer Charakter. Der Gedanke einer widerstreitenden Tätigkeit drückt nicht nur eine verminderte Tätigkeit und damit eine quantitative Entgegensetzung aus, sondern auch eine qualitative: Die widerstreitende Tätigkeit ist eine bestimmte, verminderte Tätigkeit des Ich, welche allerdings nur dann gesetzt werden kann, wenn das Ich sich zugleich gegen die Verminderung seiner Tätigkeit praktisch, nämlich strebend, behauptet.

Die weitere Schrittfolge des genetischen Beweises lässt sich anhand von drei weiteren Fragen nachvollziehen: Unter welcher Bedingung kann sich das Ich ein Streben nach Unendlichkeit zuschreiben? Die Beantwortung dieser Frage ist entscheidend, da die Setzung der fremdartigen, widerstreitenden Tätigkeit nur dann möglich ist, wenn sie auf eine Tätigkeit des Ich bezogen ist, dem sie überhaupt widerstreiten kann. 3) Wie kann das Ich in sich das Streben nach Unendlichkeit von einer widerstreitenden, endlichen Tätigkeit unterscheiden? 4) Aus welchem Grund erscheint die widerstreitende Tätigkeit im Ich als fremdartig?[67]

---

[66] Der dritte Grundsatz lautet: Das Ich setzt im Ich dem teilbaren Ich ein teilbares Nicht-Ich entgegen (vgl. GWL GA I, 2, 272 / SW I, 110). Oder auch: „Das Ich ist im Ich nicht gesetzt, insofern, d.i. nach denjenigen Theilen der Realität, mit welchen das Nicht-Ich gesetzt ist" (GWL GA I, 2, 271 / SW I, 109). Der dritte Grundsatz drückt eine Beziehung aus, die das Ich spontan verknüpfend herstellt, nämlich durch Verminderung der absoluten Tätigkeit des Ich in Beziehung auf ein Nicht-Ich.
[67] Vgl. GWL GA I, 2, 406 / SW I, 472f.

2) Im zweiten Schritt gilt es demnach zu klären, wie das Ich überhaupt eine Tätigkeit in sich setzen kann, welche die vollständige
Manifestation von reiner, unendlicher Ich-Tätigkeit zum Ziel hat.
Es handelt sich hier in Fichtes Darstellung um eine Tätigkeit, die
„nach außen" in die Unendlichkeit gerichtet ist und jener Tätigkeit,
durch welche das Ich eingeschränkt und endlich wird, widerstreitet
(GWL GA I, 2, 406 / SW I, 272f.). Diese Frage gilt es zu beantworten, nachdem bisher bloß festgehalten wurde, *dass* es zu einem solchen Streben kommen müsse, wenn dem Ich faktisch ein Objekt
entgegengesetzt ist. Mit der Bearbeitung dieser Frage scheint Fichte
von der Ausgangsfrage abzuweichen, die sich nicht auf die Möglichkeit des Strebens, sondern auf die Möglichkeit der Wahrnehmung einer fremdartigen Tätigkeit bezog. Die Frage der Möglichkeit einer Setzung des Strebens muss jedoch beantwortet werden,
da die widerstreitende Tätigkeit überhaupt nur dadurch zu verstehen ist, dass sie dem Streben entgegengesetzt ist. Bei der Bearbeitung Frage nach der Möglichkeit des Strebens stößt Fichte jedoch
auf einen Grund, der nicht nur der spezifischen Tätigkeit des Strebens, sondern letztlich jeder bestimmten Tätigkeit des Ich vorausliegt. Für jede bestimmte Tätigkeit des Ich gilt, dass sie als eine Tätigkeit des Ich zugleich für dasselbe sein soll. Schließlich ist das Ich
primär durch Selbstbeziehung charakterisiert, woraus folgt, dass
seine Bestimmungen nicht durch dasselbe, sondern auch für dasselbe gesetzt sein müssen. Ist allerdings eine Bestimmung für das Ich
gesetzt, ist das Ich nicht mehr das reine Ich der Tathandlung, die unbestimmt und damit differenzlos Tätigkeit bezeichnet. Das in der genetischen Deduktion des Strebens gefundene Prinzip, das nicht nur
für das Streben, sondern für alle bestimmte Tätigkeit relevant ist, soll
erklären, wie das Ich aus der differenzfreien Tathandlung „[h]eraus-
gehen" und für sich eine bestimmte Tätigkeit setzen kann (GWL GA
I, 2, 405 / SW I, 272). Als den Grund des Herausgehens aus der reinen Tathandlung hebt Fichte das unbedingte und nicht weiter ableitbare Vermögen hervor, „über sich selbst zu reflectiren" (GWL GA
I, 2, 407 / SW I, 274). Das Ich kann demnach nur dann ein unendliches Streben oder irgendeine bestimmte Tätigkeit in sich setzen,
wenn es zu sich in ein reflexives Verhältnis tritt. Der Grund der Möglichkeit des Strebens ist also das ursprüngliche Vermögen der

Selbstreflexion, das dem absoluten Ich selbst zugesprochen wird. Wie schon mehrfach erwähnt, handelt es sich bei dieser ursprünglichen Selbstreflexion jedoch um eine Tätigkeit, die selbst bestimmt ist und damit dem absoluten Ich als dem vollkommen Unbestimmten dem ersten Grundsatz zufolge gerade nicht zukommen kann. Wie der folgende Abschnitt näher ausführt, lässt sich hieraus eine Kritik an dem Systementwurf der *Grundlage* entwickeln. Eine deutliche Akzentverschiebung zeigt sich mit Blick auf den ersten Grundsatz ferner darin, dass Fichte erklärt, dass der Begriff des Ich überhaupt eine reflexive Selbstbeziehung bezeichnet – der Begriff des absoluten Ich, der zufolge des ersten Grundsatzes eine nichtreflexive Selbstbeziehung benennt, erscheint dagegen als defizitär, zumal das absolute Ich kein reflexives, sondern ein unmittelbares Bewusstsein von sich haben soll.[68]

Bisher wurde die ursprüngliche Reflexion des absoluten Ich als Grund der Möglichkeit des Setzens einer bestimmten Tätigkeit überhaupt herausgearbeitet. Im genetischen Beweis des Strebens geht es im Besonderen darum, den Zusammenhang zwischen der ursprünglichen Selbstreflexion und dem Streben aufzuweisen. Diesen Zusammenhang schildert Fichte folgendermaßen: Dadurch, dass das Ich ursprünglich auf sich reflektiert, kann es in sich eine Tätigkeit setzen, die darauf ausgeht, die Realität unbegrenzt auszufüllen. Zur Veranschaulichung des Strebens nach dem unendlichen Setzen von Realität vergleicht Fichte diese Tätigkeit des Ich mit der aus der klassischen Mechanik bekannten Zentrifugalkraft (GWL

---

[68] „Wir schreiben dem Körper auch zu eine *innere*, durch sein blosses Seyn gesetzte Kraft (nach dem Satze A = A); aber, wenn wir nur transcendental philosophiren, und nicht etwa transcendent, nehmen wir an, daß *durch uns* gesetzt werde, *daß* sie durch das blosse Seyn des Körpers (für uns) gesetzt sey; nicht aber, daß *durch und für den Körper selbst* gesetzt werde, *daß* sie gesetzt sey: und darum ist der Körper für uns leblos und seelenlos, und kein Ich. Das Ich soll sich nicht nur selbst setzen für irgend eine Intelligenz ausser ihm, sondern es soll sich *für sich selbst* setzen; es soll sich setzen, *als* durch sich selbst gesetzt. Es soll demnach, so gewiss es ein Ich ist, das Princip des Lebens und des Bewusstseyns lediglich in sich selbst haben. Demnach muss das Ich, so gewiss es ein Ich ist, unbedingt und ohne allen Grund das Princip in sich haben, über sich selbst zu reflektiren [...]" (GWL GA I, 2, 406f. / SW I, 273f.).

GA I, 2, 406 / SW I, 273), welche Energie ausgehend von einer Rotationsachse entfaltet. Diese objektiv reflektierte, ‚nach außen‘ sich drängende Tätigkeit ist von einer inneren Tätigkeit unterschieden, die im Bild bleibend als „centripetale" Tätigkeit definiert wird (GWL GA I, 2, 406 / SW I, 273). Die zentripetale Tätigkeit ist die subjektive Tätigkeit der Reflexion, die sich auf die zentrifugale Tätigkeit als Objekt richtet. Als reflektierte Tätigkeit handelt es sich nicht um die unendliche Tätigkeit der Tathandlung selbst, sondern um ein bestimmtes und damit endliches Objekt: Als Gegenstand der Reflexion wird sie bestimmt als ein die „Unendlichkeit ausfüllendes Quantum" (GWL GA I, 2, 407 / SW I, 2, 274).

3) Mit dem Prinzip der absoluten Selbstreflexion gibt Fichte den Grund dafür an, dass es überhaupt zum Setzen von bestimmter Tätigkeit kommen kann. Das Streben als gesetzte, bestimmte Tätigkeit erscheint demnach als ein ‚zentrifugaler‘ Antrieb, der darauf ausgeht, die Begrenztheit des Ich aufzuheben und die Realität des Ich als eine absolute zu setzen. Die zentripetal gerichtete Reflexion ist dieser Tätigkeit jedoch entgegengesetzt, da sie dieses Streben begrenzt und als ein bestimmtes Objekt setzt. Der Sache nach muss Fichte nun klären, wie 3) in der Reflexion zwischen dem Streben nach unendlicher Kausalität und einem ‚fremdartigen‘, begrenzten Tätigkeit unterschieden werden kann und genauer angeben, warum 4) diese begrenzte Tätigkeit als fremdartig erscheint. Fichtes Ausführungen erweisen sich jedoch als revisionsbedürftig, da er die zentripetale Tätigkeit der Reflexion auf das Streben mit der gesuchten fremdartigen Tätigkeit gleichsetzt und dann nach einem Unterscheidungsgrund zwischen beiden Tätigkeiten fragt. Damit behauptet Fichte merkwürdigerweise, dass die Tätigkeit der Selbstreflexion als eine fremdartige Tätigkeit wahrgenommen wird, was allerdings auszuschließen ist, da der intentionale Bezug auf einen Vorstellungsgegenstand sinnvollerweise nur als die eigene Tat des Ich, nicht aber als etwas fremd Erscheinendes konzipiert werden kann. Es soll hier die These vertreten werden, dass Fichte eigentlich zwischen zwei Formen der zentripetalen Tätigkeit unterscheiden muss, wenn seine Ausführungen kohärent bleiben sollen: nämlich zwischen der bereits genannten, nach ‚innen‘ gewendeten Reflexion auf das Streben (zT_1) und einer zentripetalen Tätigkeit, die nicht die

Reflexion selbst ist, sondern in Folge auf das Begrenzen des Strebens entsteht (zT_2). Diese zweite zentripetale Tätigkeit ist nicht die erst genannte zentripetale Tätigkeit (zT_1), sondern setzt die zentripetale Tätigkeit der Reflexion (zT_1) voraus: Denn nur durch die reflexive Tätigkeit kann die widerstreitende Tätigkeit zum Bewusstsein gehoben werden. Die Unterscheidung zwischen dem Streben einerseits und der begrenzten, fremdartigen Tätigkeit andererseits fällt der ersten zentripetalen Reflexion (zT_1) zu.

Unter der Voraussetzung dieser Unterscheidung lassen sich Fichtes Argumente zumindest vorläufig in einen kohärenten Argumentationsgang integrieren: Eine zentrale Überlegung besagt hier, dass eine Unterscheidung zwischen dem ‚zentrifugalen' Streben und der gesuchten fremdartigen Tätigkeit nur dann möglich ist, wenn ein Anstoß auf die unendliche Tätigkeit des Ich angenommen wird. Der Anstoß kann dabei selbst in keiner Form bewiesen oder deduziert werden:

Daß [der Anstoß] geschehe, als Faktum, läßt aus dem Ich sich schlechterdings nicht ableiten [...]; aber es läßt allerdings sich darthun, dass es geschehen müsse, *wenn* ein wirkliches Bewußtseyn möglich sein soll. (GWL GA I, 2 408 / SW I, 275)

Das bedeutet, dass das Ich in der Reflexion nur dann auf ein (zentrifugales) Streben bezogen werden kann, wenn es das Streben von einer begrenzten Tätigkeit unterscheidet, die dem Streben entgegengesetzt ist. Den Ursprung der Begrenzung erkennt Fichte hier erneut in dem philosophisch nicht ableitbaren Anstoß auf das Ich. Neben dem Akt der ursprünglichen Selbstreflexion erscheint damit der Anstoß als zweite Bedingung für das Setzen des Strebens sowie für das Setzen einer widerstreitenden Tätigkeit: Denn erst infolge des Anstoßes muss das reflektierende Ich (zT_1) seine zentrifugale, strebende Tätigkeit von einer begrenzten und gegen das Streben laufende Tätigkeit (zT_2) unterscheiden. Nur wenn die Tätigkeit des Ich begrenzt und ‚zurückgetrieben' wird, muss überhaupt eine strebende Tätigkeit gesetzt werden, die der Begrenzung widersteht und umgekehrt kann eine begrenzte Tätigkeit nur dann gesetzt werden, wenn das strebende Ich durch die Begrenzung nicht aufgehoben wird. Die begrenzende Tätigkeit wird dem Ich zwar zugeschrieben und ist damit reflektierbar, der Grund ihrer Begrenzung liegt dagegen nicht im Ich. Die angestrebte Unendlichkeit ist dabei selbst nicht unmittelbar realisiert, sondern bloß als Zweckidee in dem Widerstreit zwischen zentrifugaler und zentripetaler Tätigkeit (zT_2) enthalten.

Der genetische Beweis erfüllt damit nach Fichtes Anspruch das Ziel, das Setzen des Strebens als Bedingung der Möglichkeit der Wahrnehmung einer dem Streben widerstreitenden Tätigkeit abgeleitet zu haben. Wie auch der apagogische Beweis, zeigt der genetische Beweis, dass das Ich praktisch strebend sein muss, um Objekte theoretisch zu erkennen. Theoretischen Objekten wird eine der Tätigkeit des Ich widerstreitende Tätigkeit zugeschrieben. Gleichzeitig bringt der genetische Beweis den Ertrag, zwei Bedingungen für das Setzen des Strebens ermittelt zu haben: nämlich erstens eine ursprüngliche Selbstreflexion des absoluten Ich, wodurch die Unterscheidung zwischen einer strebenden und einer beschränkten Tätigkeit *möglich* wird und zweitens einen Anstoß auf die Tätigkeit des Ich, wodurch erst ein Streben nach der Aufhebung der Begrenzung notwendig wird. Die Ausführungen zum Anstoß unterscheiden sich nun dadurch von den vorangegangenen, dass zwar nicht das Geschehen des Anstoßes, sondern die Affizierbarkeit durch einen Anstoß von außen aus dem absoluten Ich erklärt: Dadurch, dass das Ich aus der Tathandlung herausgeht und auf sich reflektiert, setze es erst die Möglichkeit, die Begrenzung seiner Tätigkeit registrieren zu können. Die Setzung einer durch den Anstoß begrenzten Tätigkeit, setzt diese reflexive Tätigkeit voraus. Damit wird also nicht das Faktum des Anstoßes, aber die Möglichkeit, durch den Anstoß affiziert zu werden und diese Affektion als eine widerstreitende Tätigkeit zu reflektieren, aus dem Ich geklärt. Das absolute Ich, das als Deduktionsgrund für die Möglichkeit des Anstoßes fungiert, ist dabei nicht mehr die ungetrübte Tathandlung des ersten Grundsatzes, sondern ein reflexives Ich, das als Reflexives „ursprünglich in Wechselwirkung mit sich selbst" steht (GWL GA I, 2, 409 / SW I, 276).

1.3 Die Modifikation des Begriffs des absoluten Ich in § 5

In der Forschung finden sich verschiedene Deutungen des § 5 und dabei insbesondere des apagogischen und genetischen Beweises, in denen die Deduktion des Strebens nach unendlicher Kausalität als ein Bruch mit der Grundsatzlehre, insbesondere mit Lehre vom absoluten Ich des ersten Grundsatzes verstanden wird. Im Folgenden möchte ich die Frage erörtern, inwiefern es zutrifft, dass im apagogischen und im genetischen Beweis des Strebens nach unendlicher Kausalität der Begriff des absoluten Ich modifiziert wird. Eine solche nachträgliche Modifikation wurde besonders von Violetta Waibel und Philipp Schwab herausgearbeitet, welche beide die These vertreten, dass Fichte in § 5 der *Grundlage* seine Lehre vom absoluten, bloß sich selbst setzenden Ich modifiziert und damit in eine unaufhebbare Spannung zum ersten Grundsatz seines Systems gerät.[69]

Zunächst sei hier an den Inhalt und die Funktion des ersten Grundsatzes erinnert: Der erste Grundsatz soll das unbedingte Fundament theoretischer und praktischer Ich-Tätigkeiten ausdrücken, das selbst

---

[69]   Vgl. Waibel 2000 und Schwab 2021. Dürr erkennt in § 5 der *Grundlage* eine „Neukonzeption des Fürsichseins", (vgl. Dürr 2018, 111ff.). Auch Dürr stellt bereits mit Blick auf den apagogischen Beweis fest, dass Fichte „die Kennzeichnung [des absoluten Ich; N.B.] als Fürsich-Sein im ersten Grundsatz revidiert. Das absolute Ich als Grund des Bewusstseins erscheint nun als bloße Idee im kantischen Sinne und damit als unerreichbares Ziel des Strebens. [...] So sagt Fichte nun, dass das absolute Ich aufgrund seiner vollkommenen Ununterschiedenheit für sich nichts sei, mithin gar kein Selbstbewusstsein darstellen könne", Dürr 2018, 104. Zum absoluten Ich als Ideal vgl. auch Schäfer 2006a, 200f. Schmidt dagegen deutet die begrifflichen Modifikationen als eine unproblematische Fortbestimmung des absoluten Ich des ersten Grundsatzes: „Das absolute Ich des ersten Grundsatzes wird durch Abstraktion aus dem Konkretum des existierenden Ichs herauspräpariert und ist insofern ‚für den Philosophen', während das Ich als Idee die Weise ist, in der sich das absolute Ich im weiterbestimmten existierenden Ich manifestiert. Das heißt aber nicht, daß das absolute Ich des ersten Grundsatzes keine selbständige Größe wäre, sondern nur, daß es sich de facto in weiterbestimmter Form äußert", Schmidt 2004, 39.

aus keinem höheren Prinzip abgeleitet werden kann. Fichte gewinnt den ersten Grundsatz durch eine abstrahierende Reflexion über den allgemein für gewiss gehaltenen logischen Satz der Identität A=A sowie über die ebenfalls reflexiv erschlossene oberste Tatsache des Bewusstseins, nämlich die Identität des denkenden und urteilenden Ich. Das Prinzip der Tathandlung bzw. des absoluten Ich soll dabei die Bedingung der Möglichkeit dieser Identität selbst darstellen. Mit der Frage nach der Bedingung der Möglichkeit der Identität des sich selbst denkenden Ich vollzieht sich in der Untersuchung der Übergang von der Betrachtung dessen, was faktisch im reflektierenden Bewusstsein aufweisbar ist, zu einem Grund, der jenseits dieses faktischen Bewusstseins liegt.[70] Die Identität des Ich=Ich, so Fichtes Erklärung, kann das Ich nur seiner eigenen Setzung verdanken. Schließlich ist der Satz Ich=Ich die oberste Tatsache des empirischen Bewusstseins und damit unbedingt für das Ich gegeben. Ein Unbedingtes für das Ich kann nur durch das Ich selbst gesetzt sein,

---

[70]   Dieser Übergang wird vor allem durch Metz betont, vgl. Metz 1991, 221–226. Von Metz' ansonsten trefflicher Rekonstruktion des ersten Grundsatzes wird hier dahingehend abgewichen, dass das absolute Ich nicht schon als Vernunft begriffen wird. Metz deutet die drei Grundsätze der gesamten Wissenschaftslehre als Explikation des „Wesen[s] der Vernunft", die so „gründlich" erfolgt, „daß sie gleichsam hinter den Unterschied von theoretischer und praktischer Vernunft zurückgehen, um die Vernunft in ihren ursprünglichen Bestimmungen, die Fichte Handlungen nennt, rein zu erfassen" Metz 1991, 204. Zwar ist es zutreffend, dass die drei Grundsätze die fundamentalen Handlungen des Ich jenseits der Differenz von einem theoretischen und praktischen Vermögen explizieren und daher weder erkenntnistheoretische noch handlungstheoretische Grundsätze darstellen. Die hier entwickelte Interpretation orientiert sich jedoch näher an Fichtes eigenem Sprachgebrauch: Fichte spricht vom absoluten Ich, um eine reine, gänzlich unbestimmte Tätigkeit zu bezeichnen. Eine Gleichsetzung der ‚Einen' Vernunft mit dem absoluten Ich findet sich dagegen nicht, sondern er spricht jeweils von der *theoretischen* (vgl. GWL GA I, 2, 382 / SW I, 244) oder der *praktischen* Vernunft (vgl. GWL GA I, 2, 399 / SW I, 263f.). Es ist davon auszugehen, dass Fichte den Begriff der Vernunft für spezifische Leistungen des Ich reservieren will, die allesamt voraussetzungsreich und damit ableitungsbedürftig sind, was allerdings bei der reinen, sich selbst setzenden Tätigkeit nicht der Fall ist, so auch Schäfer 2006a, 32, Anm. 35.

da es ansonsten für das Ich nicht unbedingt, sondern bedingt durch ein anderes wäre. Das Selbstsetzen des Ich beschreibt hierbei eine „reine Tätigkeit des Geistes", in der das Ich sowohl das Tätige als auch das Produkt der Tat bzw. der Handlung ist, weshalb Fichte hierfür die Formel der „Thathandlung" wählt (GWL GA I, 2, 259 / SW I, 96). Der erste Grundsatz, welcher die Tathandlung ausdrückt, lautet dementsprechend: „Das Ich setzt ursprünglich schlechthin sein eignes Seyn" (GA I, 2, 261 / SW I, 98). Dabei beinhaltet der Begriff des Setzens jedoch nicht nur den Aspekt der Produktion, sondern auch den Aspekt eines nicht näher spezifizierten, wissenden Fürsichseins des Ich.[71] Hierbei ist es bedeutend, dass sich dieses Fürsichsein des absoluten Ich von dem Fürsichsein des endlich reflektierenden Ich unterscheidet. Denn das absolute Ich ist unmittelbar für sich, während das endliche Ich sich nur in einer vermittelten Reflexion, in der es sich zu einem Objekt macht, erfassen kann. Daher kommt die Tathandlung auch nicht isoliert im

---

[71] Eine treffende Bestimmung des Begriffs des Setzens gibt Henrich, auch wenn zu betonen ist, dass der Begriff des Wissens hier nicht mehr als ein unmittelbares Fürsichsein, aber keine bewusste, objektbezogene Reflexion bezeichnet: „Fichtes Rede vom ‚Setzen', die er niemals definiert, eignet sich dazu, beides in einem zu formulieren: Daß etwas schlechthin ohne vorgängigen Bestand hervortritt und daß es im Hervortreten in Beziehung zum Wissen kommt. Was schlechthin *sich* setzt, das kommt ohne weiteren Grund zum Fürsichsein", Henrich 1966, 200. Anzumerken sei hier, dass von Fichte zumindest eine Erklärung des Begriffs des Setzens überliefert ist, allerdings nicht in einer veröffentlichten Schrift, sondern in einem Brief an Reinhold vom 2. Juli 1795: Demnach ist Setzen „die gesammte Thätigkeit des menschlichen Geistes, die keinen Namen hat, die im Bewußtseyn nie vorkommt, die unbegreiflich ist; weil sie das durch alle besondre (u. lediglich insofern ein Bewußtseyn bildende) Akte des Gemüths bestimmbare, keinesweges aber ein bestimmtes ist", GA III, 2, 344. Für diesen Hinweis vgl. Dürr 2018, 71, Anm. 68. Eine technische Definition des Setzens liegt hier allerdings nicht vor, da sie die Funktion des Setzens nicht so vollständig umfasst, wie sie sich aus Fichtes Ausführungen rekonstruieren lässt. Schließlich geht aus dieser Erläuterung nicht hervor, es sich um *die* Tätigkeit des Geistes handelt, durch welche er sich überhaupt konstituiert und dass die Tätigkeit *als* Tätigkeit des Geistes zugleich irgendeine Form des Fürsichseins implizieren muss. Dieser Aspekt wird dagegen in Henrichs Bestimmung deutlich.

faktischen Bewusstsein vor. Die Tathandlung, mit der das Ich sich selbst und *für sich* selbst setzt, konnte nur abstrahierend, analytisch-regressiv erschlossen werden als Bedingung der Möglichkeit der Identität des Ich selbst, ohne aber selbst zu einer Tatsache des Bewusstseins zu werden.[72] Das Ich der Tathandlung ist zugleich das „absolute Subjekt" und damit „dasjenige, dessen Seyn (Wesen) bloss darin besteht, dass es sich selbst als seyend setzt" (GWL GA I, 2, 259 / SW I, 97).

Fichtes Revision des ersten Grundsatzes erkennt Waibel vor allem mit Blick auf den genetischen Beweis, doch auch im apagogischen Beweis erkennt sie Verschiebungen, die Fichte zu einer expliziten Revision seiner Grundsatzlehre hätten zwingen müssen.[73] Waibel beschließt ihre Rekonstruktion des apagogischen Beweises mit der Deutung, dass unter Voraussetzung des Strebens das Ich im Ganzen konzipiert wird als „seinem Wesen nach absolut und endlich in einem", was aber zugleich bedeutet, dass das Ich bloß in einer Hinsicht und nicht schlechthin absolut wäre, nämlich „aufgrund seiner Spontaneität [bzw.] seinem Charakter, unendlich zu sein"[74]. Da dieser Gedanke eine Relativierung der Absolutheit des Ich enthält, sei er jedoch nicht mehr mit dem „Ausgang" vom absoluten Ich in Einklang zu bringen, weshalb er einen Bruch mit der Lehre vom absoluten Ich markiere. Dieser Deutung kann allerdings entgegnet werden, dass Fichte bis zum genetischen Beweis nicht beansprucht

---

[72] In der *Zweiten Einleitung in der Wissenschaftslehre* erläutert Fichte das Verhältnis von Tathandlung – hier konzipiert als intellektuelle Anschauung – und dem faktischen, endlichen Bewusstsein folgendermaßen: „Das Ich wird durch den beschriebenen Act bloss in die Möglichkeit des SelbstBewusstseyns, und mit ihm alles übrigen Bewusstseyns versetzt; aber es entsteht noch kein wirkliches Bewusstseyn. Der angegebene Act ist bloss ein Theil, und ein nur den Philosophen abzusondernder, nicht aber etwas ursprünglich abgesonderter Theil der ganzen Handlung der Intelligenz, wodurch sie ihr Bewusstseyn zu Stande bringt" (GA I, 4, 214 / SW I, 459).
[73] Waibel führt diese Modifikation des Ich-Begriffs in § 5 auf Fichtes Unterredungen mit dem jungen Hölderlin zurück, die während der laufenden Publikation der jeweiligen Teilabschnitte der *Grundlage* stattgefunden haben sollen, vgl. Waibel 2000, 19–26, 49–55.
[74] Waibel 2000, 59.

hat, dass die unendlich-endliche Doppelstruktur des bestimmten Selbstbewusstseins aus dem absoluten Ich abzuleiten sei, zumal sowohl der Akt der Entgegensetzung als auch der Akt der Synthesis in einerseits formaler bzw. andererseits in materialer Hinsicht den Status eines Unbedingten haben. Fichte entwickelt gerade das antithetisch-synthetische Verfahren dafür, diesen offen zugestandenen Widerspruch zwischen absolutem und endlichem Ich durch Vermittlung zu lösen.

Wie in der Rekonstruktion gezeigt werden konnte, finden sich im genetischen Beweis Argumente, die Waibels Kritik an der Unvereinbarkeit der Deduktion des Strebens mit dem absoluten Ich stützen. Waibels Deutung, dass Fichte sich im genetischen Beweis vom ersten Grundsatz verabschiede, fußt im Wesentlichen auf zwei Gedanken: So geht sie davon aus, dass Fichte entgegen der Lehre vom absoluten, bloß sich selbst setzenden Ich im genetischen Beweis nun fordern müsse, dass das absolute Ich sich selbst differenziert, nämlich in dem Akt einer wiederholenden, reflexiven Selbstsetzung. Gleichzeitig hebt sie hervor, dass Fichtes Umdeutung des absoluten Ich als Ideal des praktischen Strebens unverträglich mit der Idee eines absoluten Ich sei, das alle Realität tatsächlich umfasse.[75]

Im Zuge ihrer Kritik an dem Gedanken einer Selbstdifferenzierung des Ich, hebt sie vor allem hervor, dass Fichte das „Reflexionspostulat"[76] erstmals in das absolute Ich hineintrage, wodurch der ursprüngliche Gedanke von einer differenzlosen Selbstsetzung des Ich hinfällig werde. Gemäß diesem Reflexionspostulat kann Selbstbewusstsein nur dadurch erklärt werden, dass das Ich sich nicht bloß setzt, sondern sich setzt als sich setzend – mithin in ein reflexives Verhältnis zu seiner eigenen, ursprünglichen Tätigkeit der Selbstkonstitution tritt. Wie wir gesehen haben, betrachtet Fichte diesen Akt der ursprünglichen Reflexion als Bedingung dafür, dass das Ich empfänglich wird für einen äußeren Anstoß, der selbst eine Bedingung für die Setzung äußerer Vorstellungsobjekte ist. Zutreffend nennt Waibel einen wichtigen Unterschied zwischen den

---

[75] Vgl. Waibel 2000, 60.
[76] Waibel 2000, 60.

Konzeptionen des Fürsichseins, die im ersten Grundsatz und in § 5 entwickelt werden. Zwar spricht Fichte auch in § 1 von einem Fürsichsein des Ich, doch ist hier die Rede von einer präepistemischen, „unmittelbaren Selbstbeziehung" des Ich, in der das Ich noch kein Wissen von sich hat. In der „Struktur des setzen als gesetzt"[77] ist dagegen von einem epistemischen Akt die Rede, in dem sich Selbstbewusstsein konstituiert.[78] Sie gesteht zwar ein, dass die bewusste Selbstbeziehung, die durch Reflexion eintritt, im Ich angelegt sein muss, dennoch hält sie es für unvereinbar mit dem ersten Grundsatz, das Ich „als ein solches zu beschreiben, das sich setzt als durch sich gesetzt"[79]. Auch Schwab weist mit Recht darauf hin, dass Fichte in § 5 die Idee des präreflexiven, absoluten Ich als defizitär gegenüber einem reflexiven Ich aufweist, das auf sich als ein sich setzendes bezogen ist. Vor dem Hintergrund dieses neu eingeführten Kriteriums des reflexiven Fürsichseins, „[Fichte] now appears to ask for the absolute I *itself* to become a differentiated I, that is *not* solely identity."[80] Während in der Grundsatzlehre die endliche

---

[77] Waibel 2000, 65.

[78] Das Fürsichsein der Tathandlung drückt Fichte folgendermaßen aus: „Ist das Ich nur insofern es sich sezt, so ist es auch nur *für* das setzende, und sezt nur für das seyende – *Das Ich ist für das Ich* – sezt es aber sich selbst, schlechthin, so wie es ist, so sezt es sich nothwendig, und ist notwhendig für das Ich" (GWL GA I, 2, 260 / SW I, 97).

[79] Waibel 2000, 65.

[80] Schwab 2021, 110. In seiner Rekonstruktion arbeitet Schwab überzeugend Fichtes stets oszillierenden „struggle" um das Prinzip der absoluten Identität in § 5 heraus: „In an aggravated fashion, the passage displays the typical back and forth double-movement of Fichte's struggle with the absolute I in § 5. First, Fichte again and most strongly emphasizes the identity character of the I, pointing to a *strict* identity of being and positing in § 1. Should it appear necessary to prove the claim that Fichte indeed thinks of the I as pure identity excluding difference in the first place, this proof is to be found here in § 5, right before Fichte will dissolve the I's identity. According to this first concept of the I, then, any element of difference, as it cannot be derived from the identical I itself, must be posited by the not-I from without. But what follows, second, is the countermove: Fichte sees clearly that this alien element can at the same time *not* be inserted into the

Bestimmtheit des Ich nicht aus dem absoluten Ich selbst abgeleitet wurde, sondern aus dem Zusammenspiel aller drei Grundsätze, erkennt Schwab hier einen Rückfall zum Ansatz der *Eignen Meditationen*, in denen Fichte noch beansprucht, dass „everything in the system of knowledge has to be deduced solely from the one and only first principle."[81] Wie wir gesehen haben, wird die ursprüngliche Reflexion des Ich als eine Wechselbestimmung expliziert. Diese ursprüngliche und vollständige Selbstbestimmung des absoluten Ich muss so verstanden werden, dass das reflektierende Ich-Subjekt durchgehend das reflektierte Ich-Objekt bestimmt und umgekehrt das Objekt-Ich als bestimmend zurückweist auf das Subjekt-Ich (vgl. GWL GA I, 409 / SW I, 277).

Die folgenden Abschnitte werden die Konsequenzen dieser folgenreichen Modifikation des Begriffs des absoluten Ich insbesondere für die Verhältnisbestimmung von theoretischen und praktischen näher herausarbeiten. Aus Waibels und Schwabs Deutung geht vor allem hervor, dass in der *Grundlage* durch eine nachträgliche Umdeutung des absoluten Ich als eine ursprünglich und potenziell reflexive Instanz die Frage nach dem höchsten Prinzip der Wissenschaftslehre nicht mehr eindeutig beantwortbar ist. Fichte operiert hier mit zwei verschiedenen Begriffen des höchsten Prinzips, nämlich mit dem Prinzip einer reinen, irreflexiven Tathandlung einerseits und dem Prinzip eines ursprünglich reflexiven Ich, was er dadurch begründet, dass überhaupt nur dann von einem *Ich* gesprochen werde, wenn ihm das Vermögen einer bewussten Selbstbeziehung zukommt.[82] Aus dieser Modifikation folgt allerdings ein prinzipientheoretisches Dilemma – im nächsten Abschnitt soll die Frage diskutiert werden, ob unter der Voraussetzung der Grundsatzlehre die genannte Modifikation des Begriffs des absoluten Ich und damit ein solches Dilemma überhaupt notwendig

I externally without the I in itself at least being *open* for or allowing for such an influence", Schwab 2021, 112.

[81]   Schwab 2021, 111.

[82]   „Das Ich muß – und das liegt gleichfalls in seinem Begriffe – über sich reflektiren, ob es wirklich alle Realität in sich fasse" (GWL GA I, 2, 409 / SW I, 277).

gewesen wäre. [83] Das Dilemma ergibt sich aus folgenden Gründen: Einerseits könnte die Grundsatzlehre revidiert und das absolute Ich nicht mehr als absolute Tathandlung konzipiert werden, womit Fichte allerdings zugestehen müsste, dass ein in sich differenziertes und damit endlich bestimmtes Ich Prinzip der Wissenschaftslehre wäre. Ein in sich differenziertes Ich, in dem ein Subjekt der Reflexion von einem Objekt der Reflexion unterschieden wird, eignet sich jedoch schwerlich als höchstes Prinzip des Systems, da die in der Reflexion geschiedenen Momente auf einen höheren Einheitsgrund verweisen, der jenseits des vermeintlich ersten Prinzips liegt. Die Explikation dieses Verhältnisses als eine Wechselbestimmung unterläuft zudem die im Vorfeld entwickelte Einsicht, dass auch eine vollständige Wechselbestimmung eine endliche Bestimmung darstellt, die nicht absolut und voraussetzungslos gelten kann. Schließlich setzt sie Negation und Bestimmung überhaupt voraus. Der Gedanke einer Wechselbestimmung dient in den vorangegangenen Paragraphen dazu, eine ursprüngliche Identität zweier Momente *annäherungsweise* zu explizieren, insofern sie im endlichen Denken notwendigerweise auseinandertreten. Der Gedanke einer vollendeten Wechselbestimmung weist damit auf einen Identitäts- und Einheitsgrund hin, dem gegenüber einem reflexiv-differenzierten Ich der eigentliche Prinzipienstatus zukommt. Dies wäre ein überzeugender Grund, an dem Prinzip der Tathandlung als Prinzip der reinen, undifferenzierten Tätigkeit festzuhalten. Für Fichte erwächst daraus jedoch das Problem, dass sich aus der Tathandlung, die eine unbestimmte Tätigkeit ist, die Möglichkeit der Reflexion auf diese Tätigkeit ebenso wenig ableiten lässt wie die Möglichkeit eines äußeren Einflusses auf das Ich. Eine genetische Ableitung einer bewussten Selbstbeziehung aus dem absoluten Ich, in der das Ich sich als strebend und als beschränkt erkennt, wäre demnach nicht möglich. [84]

---

[83]   So auch Schwab bereits mit Blick auf den apagogischen Beweis: „Overall, this first key passage already displays Fichte's dilemma: On the one hand, the I is and must be identity – yet on the other hand there also must be a difference", Schwab 2021, 111.

[84]   Dagegen vertritt Janke die Auffassung, dass zwischen dem Begriff des absoluten Ich als irreflexive Tathandlung (§ 1) einerseits und als eine

Ausgehend von der hier entwickelten Kritik an der Modifikation des Begriffs des absoluten Ich als Prinzip der Wissenschaftslehre lässt sich darüber hinaus noch eine Modifikation des Begriffs des praktischen Ideals zeigen. In § 5 ist zu beobachten, dass Fichte zwischen zwei Bestimmungen des Ideals oszilliert. Unter der Voraussetzung der irreflexiven Tathandlung als Prinzip, erscheint die Aufhebung aller endlichen Bestimmtheit und damit auch die Aufhebung der Reflexivität als höchster praktischer Zweck des Ich. Demnach ginge das strebende Ich darauf aus, „schlechthin identisch" zu sein (GWL GA I, 2, 400 / SW I, 265). Das praktische Ideal des endlichen Ich wäre demnach die ‚Rückkehr' in seinen Grund, nämlich in die unendliche Realität der bestimmungs- und relationsfreien Tathandlung. Die schlechthinnige Identität der Tathandlung könnte für ein endliches Ich jedoch niemals vollzogen, sondern nur in unendlicher Annäherung erstrebt werden. Orientiert man sich

reflexive Instanz (§ 5) andererseits kein Widerspruch bestehe. Auf den letzten Begriff bzw. auf die Idee des Ich als „absolute Reflexion" führt vielmehr eine notwendige Fortentwicklung des Gedankengangs in der *Grundlage*: „Der Weg zur absoluten Reflexion als dem Innersten des Ich führt über das Streben und über die praktische Vernunft hinweg. Streben (appetitus) heißt das Grundvermögen der praktischen Vernunft und des Willens. Die Wissenschaftslehre unternimmt es, das Streben und die praktische Vernunft aus dem allgemeinen Grunde des Ich herzuleiten. Die Herleitung dient ihr zum Leitfaden, um das Ich in seiner konstituierenden Urleistung aufzudecken, nämlich als absolute Reflexion. Sie wird in einer reich gegliederten, umsichtigen Deduktion freigelegt und gerechtfertigt. Deren erster großer Schritt ist die Deduktion des Strebens. Darin wird das Streben als diejenige synthetische Handlung a priori festgestellt, die notwendig ist, um den äußersten Gegensatz zwischen der unendlichen Tätigkeit des absoluten Ich (dem unbeschränkten Sich Setzen) und der beschränkten, objektiven Tätigkeit des theoretischen Ich zu verknüpfen und aufeinander zu beziehen. Aber das unendliche, objektive Streben ist selbst nicht ohne Bedingung. Der zweite, steil in den Ursprung der Ichheit führende Schritt ist die Herleitung einer Bedingung, die notwendig ist, damit das Streben und der Wille möglich seien. Das ist die absolute Reflexion. Und es wird sich zeigen: Sie ist der Ursprung, der absolutes, theoretisches und praktisches Ich mit einem Schlage eint und sondert. Das Innerste des Ichwesens ist die Tathandlung und Freiheit, aber nicht an sich, sondern im unbedingten Selbstverhältnis einer absoluten Reflexion", Janke 1970, 20.

dagegen an einem ursprünglich reflexiven Ich als Prinzip der Wissenschaftslehre, dann erscheint nicht mehr die Herstellung einer unendlichen Realität im Sinne einer irreflexiven Identität als höchster Zweck, sondern vielmehr das Sichwissen *als* eine solche absolute Identität und Realität. Das Ich strebt demnach nicht bloß danach, absolut identisch mit sich und frei von jeder Bestimmung zu sein, sondern es strebt nach der Herstellung einer reflexiven Selbstbeziehung, der es sich selbst als eine unendliche Realität erkennt. Das reflektierte Selbst soll unendliche Realität sein. Die folgenden Ausführungen sollen zeigen, dass sich Fichte im praktischen Teil der Wissenschaftslehre vornehmlich am zweiten Idealbegriff orientiert, was gewichtige Konsequenzen für die dort entwickelte Theorie bzgl. des Verhältnisses von theoretischen und praktischen Vermögen im Ich hat. Denn Fichtes These von einer Subordination der theoretischen unter die praktischen Vermögen lässt sich nur unter dieser Voraussetzung angemessen begreifen. Wie wir sehen werden, deutet Fichte das absolute Ich nämlich im Fortgang nicht bloß als eine reflexive, sondern als eine praktisch-triebhafte Instanz. In diesem Zusammenhang spricht Fichte auch von einem ursprünglich im Ich angelegten „Reflexionstrieb" (GWL GA I, 2, 421 / SW I, 291). Das absolute Ich ist demnach nicht mehr bloß reine Tathandlung, sondern es geht darauf aus, (praktisch) eine unendliche Realität zu setzen, in der es sich (theoretisch) selbst erkennt. Der Primat der praktischen Vermögen gründet darin, dass das absolute Ich ursprünglich praktisch bzw. triebhaft dazu bestimmt ist, diese unendlich-reflexive Selbstbeziehung zu realisieren. Die Möglichkeit der theoretischen Objekterkenntnis kann aus dem absolut-reflexiv und strebenden Ich erklärt werden. Nur dann, wenn das Ich bereits reflexiv auf sich bezogen ist, kann es eine mögliche Einschränkung seiner unendlichen Tätigkeit durch einen äußeren Anstoß vernehmen. Außerdem bewirkt der Trieb eine ideale Setzung eines äußeren Objekts, sobald das Ich faktisch beschränkt ist. Die These vom Primat der Praktischen gegenüber den theoretischen Vermögen geht also mit Modifikation des Ich-Begriffs sowie mit der Ausweitung des Begriffs des Praktischen einher. Es kann damit zwischen einem Begriff des Praktischen in einem engen und einem weiten Sinne unterschieden werden. Der Begriff des Praktischen in einem engeren Sinne wurde im apagogischen Beweis eingeführt. Demnach gilt eine Tätigkeit des Ich dann als praktisch, wenn sie als eine wirkliche und widerständige Tätigkeit gegen einen Anstoß von außen gerichtet ist und zugleich auf die Aufhebung des Anstoßes zielt. Eine praktische Tätigkeit ist dabei keine blind wirkende Kraft, sondern zweckgerichtet. Ihr ist die ideale Setzung des höchsten praktischen Zwecks eingeschrieben, die in der Manifestation einer unendlichen Realität des Ich besteht. Die Feststellung, dass im Ich ein solches Streben als Bedingung der Möglichkeit des Objektbezugs vorauszusetzen sei, rechtfertigt noch nicht die Behauptung einer Subordination der theoretischen unter die praktischen Vermögen. Denn eine praktische Tätigkeit im engeren Sinne kann nur in Wechselbestimmung mit einer theoretischen bzw. idealen Tätigkeit konzipiert werden. Wie wir gesehen haben, muss ihr erstens der ideale Entwurf eines zu realisierenden Zwecks eingelagert sein und zweitens kann sie nur dann als Tätigkeit des Ich begriffen werden, wenn sich das Ich reflexiv, d.h. theoretisch erkennend auf sie bezieht. Die bewusste Beziehung auf das subjektive Streben setzt ferner das Bewusstsein einer entgegengesetzten, begrenzenden Außenwelt voraus. Das Primat der praktischen Vermögen erklärt sich vielmehr aus einem weiten Begriff des Praktischen, der eine zweckgerichtete Tätigkeit des Ich überhaupt beschreibt, die auch unabhängig von einer faktischen Einschränkung gedacht werden kann. Eine solche zweckgerichtete Tätigkeit wird dem Ich in § 5 zugeschrieben, wenn es sie ursprünglich als reflexiv begreift: Denn der Gedanke einer ursprünglichen Reflexivität des Ich beinhaltet, dass das Ich darauf ausgeht bzw. danach *strebt*, sich selbst eine unbeschränkte Realität zu setzen und sich darin zu erkennen. Wie erwähnt, spricht Fichte in diesem Zusammenhang auch von einem Reflexionstrieb, der im absoluten Ich noch vor aller Beschränkung waltet. Streben und Trieb bezeichnen hier praktische Tätigkeiten, da sie überhaupt an einem Ideal bzw. an einem Zweck orientiert sind, unabhängig davon, ob sie sich auch widerständig gegen einen faktischen Anstoß richten. Wie im zweiten Teil dieser Arbeit gezeigt wird, wird Fichte diese Konzeption eines Primats des Praktischen zugunsten einer gleichberechtigten Wechselbestimmung von theoretischen und praktischen Vermögen im endlichen Ich aufheben, wobei auch das absolute Ich nicht mehr als ein praktisch-triebhaftes Wesen, sondern in Übereinstimmung mit der *Grundsatzlehre* als eine irreflexive, absolute Identität konzipiert wird.

1.4 Die Deduktion des Strebens ohne Modifikation des Ich-Begriffs

Der Gedanke einer ursprünglichen Selbstreflexion, die dem absoluten Ich *als* Prinzip der Wissenschaftslehre zukommt, führt ein Dilemma innerhalb der *Grundlage* vor Augen, das die Gültigkeit des Systems im Ganzen berührt: Eine Erklärung der Differenz, die in der Form der Reflexion enthalten ist, aus dem Grundprinzip kann nur dann geleistet werden, wenn dem Grundprinzip zugleich widersprochen wird. Die Behauptung der schlechthinnigen Unerklärbarkeit der Differenz aus der Identität scheint dagegen dem Anspruch der Wissenschaftslehre zuwiderzulaufen, das Phänomen des Selbstbewusstseins mit seinen mannigfaltigen Bestimmungen aus einem Prinzip erklären zu können.

Ehe in den folgenden Abschnitten die Verhältnisbestimmung von theoretischen und praktischen Ich-Vermögen untersucht wird, die Fichte ausgehend von der Modifikation des Ich-Begriffs in § 5 entwickelt, soll zunächst die Frage diskutiert werden, ob diese Modifikation im Rahmen der *Grundlage* überhaupt notwendig war. Es kann gezeigt werden, dass sich ausgehend von der Grundsatzlehre und Fichtes eigenen Ausführungen zu einem praktisch fundierten, kritischen Idealismus Ansätze für eine Vermeidung des aufgezeigten Dilemmas finden lassen.[85] Wie im zweiten Teil dieser Arbeit zu zeigen ist, entwickelt Fichte in der *Wissenschaftslehre nova methodo* ein kohärentes Verhältnis von absolutem und endlichem, theoretischem sowie praktischem Ich, welche ohne eine Modifikation des Prinzips des absoluten Ich auskommt.

Zum Abschluss des § 5 liefert Fichte entscheidende Erläuterungen zur Wissenschaftslehre als System des praktisch fundierten,

---

[85] Eine Deutung, welche die Kohärenz des § 5 der *Grundlage* in Beziehung auf die Grundsatzlehre aufzeigt, entwickelt ebenfalls Schäfer 2006a, insb. 191–194.

kritischen Idealismus, den er auch als Ideal-Realismus oder als Real-Idealismus begreift. Es geht im Folgenden darum, den Systemkern des kritischen Idealismus mit Blick auf die in § 5 neu gewonnenen Einsichten darzustellen. Diese Einsichten sollen hier zunächst mit Blick auf eine mögliche Lösung des genannten Dilemmas untersucht werden.

Fichte betont, dass die Deduktion eines unendlichen Strebens einen wesentlichen, vollendenden Schritt in der Entwicklung der Wissenschaftslehre markiert. Denn durch den Beweis, dass im Ich in dessen Beziehung auf ein Nicht-Ich ein Streben nach absoluter Kausalität vorkommen muss, ist es erst möglich „die Wissenschaftslehre in ihren wahren Gesichtspunkt zu stellen, und die eigentliche Lehre derselben völlig klar zu machen" (GWL GA I, 2, 410 / SW I, 278f.). Dabei erklärt die Wissenschaftslehre zweierlei: nämlich erstens, wie das Ich seiner endlichen Bestimmtheit zugleich seine Absolutheit und Identität wahren kann, nämlich durch ein praktisches Streben nach Absolutheit. Die Wissenschaftslehre erklärt nach ihrem ‚wahren Gesichtspunkt' zweitens, wie ein wirkliches Bewusstsein zustande kommt, nämlich durch eine Wechselbestimmung von unendlich strebender Tätigkeit einerseits und einer endlichen Begrenztheit andererseits. Diese endliche Begrenztheit muss dabei in einem äußeren Anstoß gründen.

Wie bereits dargelegt, formuliert Fichte die Idee einer solchen Wechselbestimmung im genetischen Beweis, denn dort wird gezeigt, dass ein Streben nur unter der Voraussetzung der Begrenzung und eine Begrenzung nur unter der Voraussetzung des Strebens gesetzt werden kann. Wie ich nun abschließend zeigen möchte, lassen sich durch die Idee dieser Wechselbestimmung von Tätigkeit und Begrenzung die problematischen Aspekte vor allem aus dem genetischen Beweis beheben, die Fichte durch die oben erläuterte Kritik einer verdeckten Revision der Lehre vom absoluten Ich legitimiert hat. Dies erfordert, gerade nicht den Akt der ursprünglichen Selbstreflexion als Bedingung des Anstoßes auf das Ich zu bestimmen, sondern im Anstoß umgekehrt eine Bedingung für diese Reflexion zu sehen. Der Akt der Selbstreflexion muss dann nicht mehr einseitig aus dem absoluten Ich abgeleitet werden. Die Begrenzung der reinen Tätigkeit des Ich durch einen Anstoß, der nicht aus dem Ich abgeleitet werden kann und damit die Grenze des philosophischen Wissens markiert, macht den Übergang in ein reflexives Selbstverhältnis zuallererst nötig.

Ausgehend von der These, dass sich Bewusstsein nur unter der Voraussetzung einer selbstsetzenden Tätigkeit einerseits als auch einer realen, faktischen Begrenztheit durch den Anstoß andererseits erklären lässt, betrachtet Fichte die Wissenschaftslehre im Ganzen als einen Ideal-Realismus bzw. Real-Idealismus. Ein real-idealistisches System vermeidet sowohl einseitig idealistische als auch einseitig realistische Erklärungsmodelle des Bewusstseins. Dieses real-idealistische System ist praktisch fundiert, da die Tätigkeit des Ich infolge des Anstoßes als eine praktische, dem Anstoß widerstehende Tätigkeit konzipiert wird.

Der genetische Beweis soll zur Einsicht führen, dass der „Grund der Möglichkeit eines Einflusses des Nicht-Ich auf das Ich" in einem spontanen Akt der Reflexion auf sich, mithin in einem „Herausgehen [des absoluten Ich] aus sich selbst" zu finden ist (GWL GA I, 2, 408 / SW I, 276). Diese Reflexion erscheint damit als „Bedingung einer Einwirkung des Nicht-Ich" (GWL GA I, 2, 409 / SW I, 276).

Wie bereits mehrfach festgehalten, handelt es sich bei der ursprünglichen Reflexion um eine bestimmte Handlung, die von der bloßen Tathandlung unterschieden ist. Die Reflexion impliziert Differenz. Wie die Grundsatzlehre zeigt, impliziert Differenz ferner Negation, die jedoch als eine formal unbedingte Handlung nicht aus dem absoluten Ich ableitbar ist. Unter der Voraussetzung der Grundsatzlehre wäre daher zu argumentieren, dass Negation vorausgesetzt ist, um die spontane Reflexion des Ich auf sich zu erklären. Damit wäre aber das spontan reflektierende Ich nicht mehr das absolute Ich selbst, sondern bereits das beschränkte Ich, das mit Negation behaftet ist. Dies kann auch so formuliert werden, dass das reflektierende Ich eine Beschränkung durch Negation seiner absoluten Tätigkeit, also einen Anstoß von außen, voraussetzt. So hätte Fichte auch im genetischen Beweis argumentieren können, dass faktisch ein äußerer Anstoß auf das absolut, sich selbst setzende Ich vorausgesetzt werden muss, um den Akt der Selbstreflexion selbst zu erklären. Eine Erklärung von Differenz und Beschränktheit aus dem absoluten Ich wäre nach Fichtes eigenen Maßstäben als einseitig idealistisch zu beurteilen. Aus der nicht ableitbaren Beschränkung kann dann auch die Notwendigkeit des Strebens und damit das praktische Fundament des kritischen Idealismus einsichtig gemacht werden: Denn nur dann, wenn ein Anstoß auf das sich setzende Ich erfolgt, ist es zu einem wiederholenden Sichsetzen gezwungen, um sich gegen den äußeren Widerstand als ein mit sich selbst Identisches zu behaupten. In diesem wiederholenden Sichsetzen wird das Ich ferner seiner selbst, damit aber gleichzeitig seiner Begrenztheit bewusst, die aufgrund des Anstoßes entsteht. Die unendliche Tätigkeit der Tathandlung erscheint dann unter der Voraussetzung des Anstoßes für ein reflektierendes Ich als ein Streben nach Aufhebung des Anstoßes. Das Streben richtet sich gegen eine begrenzte Tätigkeit im Ich, deren Begrenzung jedoch nicht aus dem Ich erklärt werden kann. Dieser Umstand kann auch so ausgedrückt werden, dass die zugrundeliegende Wechselbestimmung zwischen reiner Tätigkeit des Ich (Tathandlung) und einem beschränkenden Anstoß, der seinen Ursprung außerhalb des Ich hat, *übersetzt* wird in eine Wechselbestimmung, die allein im Ich selbst stattfindet. Dass das Ich zu dieser Selbstbehauptung gegen den Anstoß in der Lage ist, beweist seinen praktischen Charakter. Als strebendes Ich hat es zwar seine absolute Identität verloren, doch in der relativen Identität des endlichen Ich bleibt das absolute Ich als regulative, praktische Idee erhalten.[86] In dieser Hinsicht ist die absolute Identität des Ich nicht vollständig aufgehoben. Dies ist die praktische Vermittlung des Widerspruchs von absolutem und endlichem Ich. Eine solche Lösung arbeitet dabei mit einem Begriff

---

[86]   Der kritische praktische Idealismus entwickelt nach Schäfer einen „Prozess der Selbstidentitätsfindung des Ich", der drei Aspekte bzw. drei „Phasen" vereinigt: „eine erste Phase der ungetrübten, aber auch unbestimmten und un- oder vorbewussten Identität (Ich bin Ich), eine zweite, die im Nicht-Ich eine heteronome Hemmung der Selbstidentifikation erfährt, und eine dritte Phase, in der das Ich die Hemmung zu überwinden strebt, indem sie die Selbstidentität wiederherstellt und sich zur autonomen Selbstverwirklichung drängt. Hemmung und Wiederherstellung des Strebens nach Selbstidentität muss sich das Ich gleichermaßen bewusst zuschreiben", Schäfer 2006a, 197.

praktischer Tätigkeit in einem engen Sinne, da nicht die Tätigkeit des absoluten Ich als praktisch begriffen wird, sondern bloß die Tätigkeit des endlichen Ich, die gegen den Anstoß gesetzt wird.

So zeigt sich einerseits, dass dem Ich das Vermögen zur spontanen Selbstreflexion zukommen muss, wenn es ein Bewusstsein von sich und von äußeren Objekten ausbilden soll. Andererseits zeigt sich aber auch, dass die Zuschreibung dieses Vermögens ohne eine Voraussetzung des Anstoßes gar nicht denkbar ist. Das absolute Ich reflektiert nicht von sich aus auf sich selbst, sondern nur, weil ein äußerer Anstoß bzw. eine faktische Begrenztheit stattfindet. Wenn dies jedoch gilt, ist es nicht mehr möglich, die Selbstreflexion bzw. das „Herausgehen aus sich selbst [...] lediglich in dem absoluten Seyn des Ich" zu begründen (GWL GA I, 2, 408 / SW I, 276). Somit ist Fichtes These, dass das „Princip des Lebens" *allein* im absoluten Ich enthalten sein soll, zu revidieren. Die Notwendigkeit einer solchen Revision zeigt sich auch an Fichtes eigenem Zugeständnis, dass unter der Voraussetzung dieses Prinzips „noch kein wirkliches Leben, kein empirisches Leben in der Zeit" denkbar ist (GWL GA I, 2, 411 / SW I, 279). Nach dem bisher Gesagten enthalten weder die Tathandlung noch das Vermögen zur Selbstreflexion, die Fichte fälschlicherweise dem absoluten Ich zuschreibt, *das* Prinzip des Lebens und des Bewusstseins oder *den* Grund der Möglichkeit beider. Unendliche Tätigkeit und spontane Selbstreflexion sind bloß notwendige, nicht aber hinreichende Bedingungen des Selbstbewusstseins. Wirkliches Selbst- und Objektbewusstsein setzt zusätzlich einen Anstoß auf das absolute Ich voraus, da der reflexive Akt aus dem absoluten Ich allein nicht erklärt werden kann.

Die hier vorgeschlagene Interpretation, so scheint es, läuft Fichtes mehrfach wiederholtem Anspruch zuwider, dass der Anstoß in der praktischen Wissenschaftslehre anders als in der theoretischen abgeleitet und begründet und nicht bloß postuliert werden solle. Bereits die hinführenden Überlegungen in die Deduktion des Strebens haben jedoch gezeigt, dass die Setzung des Anstoßes durch das absolute Ich nicht möglich ist, da auch dies eine bestimmte Handlung wäre, die dem absoluten Ich widerspricht. Die praktische Wissenschaftslehre muss damit nicht zeigen, dass im absoluten Ich die Bedingungen des Anstoßes liegen, sondern vielmehr, wie ein

Ich zu denken ist, das trotz des Anstoßes nicht aufgehoben und vernichtet wird. Das ursprünglich angestoßene Ich behauptet sich gegen den Anstoß und wird dadurch ein Strebendes.

Es konnte gezeigt werden, dass sich das endliche Selbstbewusstsein aus einer Wechselbestimmung verschiedener Elemente erklären lässt, wie dies bereits durch die Deduktion der Einbildungskraft geleistet wurde. Die Deduktion der Einbildungskraft führte zu einem kritischen Idealismus, der einseitig theoretisch blieb, da er zwar den Anstoß, nicht aber die Bedingungen der Selbstbehauptung des praktischen Ich gegen den Anstoß integrierte. Entscheidend ist in beiden Formen des kritischen Idealismus, dass der Eintritt in die genannte Wechselbestimmung philosophisch nicht ableitbar ist, sondern faktisch vorauszusetzen ist. Die Endlichkeit des Ich zeigt sich in einem kritischen praktischen Idealismus auf dreifache Weise: Erstens dadurch, dass das Ich über die Möglichkeit der Endlichkeit nicht verfügt, da es nicht entscheiden kann, ob es zu einem Anstoß kommt oder nicht. Der Anstoß liegt der Reflexion voraus. Zweitens zeigt sich die Endlichkeit darin, dass die ursprünglich ungetrübte, absolute Tätigkeit unter der Bedingung des Anstoßes nur noch als ein Streben nach unendlicher Kausalität gesetzt und reflektiert wird. Es ist der Widerstand gegen den Anstoß und gegen die Endlichkeit, der eine praktische Tätigkeit in Gang setzt, die es gleichwohl nicht vermag, das Ich aus der Endlichkeit gänzlich zu befreien. Daher manifestiert sich die Endlichkeit des Ich drittens in einer permanenten Wechselbestimmung zwischen Begrenzung, die theoretisch als vorgestelltes Objekt gesetzt wird und einem Widerstehen gegen die Begrenzung, die als Streben erscheint. Der praktische kritische Idealismus behauptet damit nicht einfach eine Wechselbestimmung von Tätigkeit und Begrenzung und damit eine einfache Zirkularität von Ich und Nicht-Ich im endlichen Bewusstsein, sondern zeigt vielmehr, dass dieser Zirkel durch praktische Tätigkeit, nämlich durch Selbstbehauptung und Streben aufrechterhalten werden muss. Eine Wechselbestimmung lässt sich auch an dem Verhältnis der theoretischen und der praktischen Vermögen im Ich erkennen: Wie bereits dargelegt wurde, ist Fichte der Auffassung, dass sich das Ich nur dann vorstellend auf Objekte beziehen kann, wenn es zugleich über das praktische Vermögen verfügt, den affizierenden Objekten zu widerstreben. Gleichzeitig kann das Ich sich nur dann praktisch auf diese Objekte beziehen, wenn diese zunächst theoretisch in der Vorstellung gegeben sind. Eine nähere Untersuchung des Verhältnisses von theoretischen und praktischen Vermögen erfolgt im nächsten Abschnitt.

Im Zuge der Darstellung der Wissenschaftslehre als Real-Idealismus bzw. als Ideal-Realismus legt Fichte noch weitere Argumente dafür vor, dass die Endlichkeit des Bewusstseins und damit aber auch das philosophische System, welches sie analysiert und darstellt, auf einem zirkulären Verhältnis von Ich und Nicht-Ich beruht. Er gesteht ein, dass es im Rahmen einer transzendentalphilosophischen Untersuchung möglich ist, das anzunehmende Nicht-Ich bloß als ideales Produkt der subjektiven „Denkkraft" zu begreifen, was dazu verleiten könnte, den realistischen Aspekt der Wissenschaftslehre wiederum aufzuheben (GWL GA I, 2, 412 / SW I, 280). Gleichwohl weist er darauf hin, dass auch die transzendentalphilosophische Reflexion implizit auf „jenes Etwas, von welchem des [endliche] Ich abhängt" bezogen ist und dieses Etwas damit voraussetzen muss. Denn eine philosophische *Erklärung* des Bewusstseins ist selbst eine Tätigkeit des endlichen Bewusstseins und nur unter der Voraussetzung eines Grundes für diese Endlichkeit denkbar, der nicht in der reinen Selbstsetzung des Ich liegen kann: „[D]enn alles *Erklären*, d.i. kein Umfassen auf einmal, sondern ein Fortsteigen von einem zum anderen, ist etwas endliches, und das Begrenzen oder Bestimmen ist eben die Brücke, auf welcher übergegangen wird, und die das Ich in sich selbst hat" (GWL GA I, 2, 413 / SW I, 282). Die Einsicht in diese Wechselbestimmung beruht auf einen „Schweben" zwischen „entgegengesetzten Bestimmungen" (GWL GA I, 2, 414 / SW I, 284), die das endliche Bewusstsein konstituieren, und setzt damit produktive Einbildungskraft voraus. Die produktive Einbildungskraft ist damit ein zentrales Vermögen für den Transzendentalphilosophen, der nicht in einseitigen Erklärungen verharren, sondern die Vermittlung der entgegengesetzten Momente in den Blick nehmen soll. Wie dieser Abschnitt gezeigt hat, hat Fichte im genetischen Beweis selbst nicht durchgehend Gebrauch von diesem schwebenden Vermögen gemacht, als er den Akt der Selbstreflexion einseitig aus dem absoluten Ich erklärt hat.

2 Praktisches Vermögen und theoretische Erkenntnis

Die *Grundlegung* der Wissenschaftslehre des Praktischen war das Thema der vorangegangenen Ausführungen. Das Streben ist der grundlegendste und allgemeinste Ausdruck praktischer Ich-Tätigkeit. Das Streben wurde in einem apagogischen und in einem genetischen Beweis als Bedingung der Möglichkeit für die Einheit und Identität des Bewusstseins deduziert. Die Einheit und Identität des Bewusstseins sind durch das Vorhandensein einer endlichen, vorstellenden Tätigkeit, die auf einen Anstoß auf das Ich zurückgeht, bedroht. Fichtes Versuch, die Bedingungen des Anstoßes in einem reflexiven Akt der wiederholten Selbstsetzung zu suchen, durch welchen das Ich sich erst für einen Anstoß von außen öffnet, wurde dabei als eine Abweichung vom ersten Grundsatz kritisiert. Nach dem ersten Grundsatz ist das Ich nämlich eine präreflexive, reine Tätigkeit der Selbstsetzung. Fichtes Ansätze zur Konzeption eines kritischen, praktischen Idealismus wurden für eine alternative Antwort auf das Problem der Vermittlung von Absolutheit und Endlichkeit des Ich herangezogen: Demnach kann der Ursprung der Begrenzung einer absoluten und spontanen Tätigkeit des Ich philosophisch nicht erklärt werden, da dies die Grenzen endlicher Erkenntnis übersteigt. Ein praktisch fundierter Idealismus hat damit nicht mehr die Aufgabe, den Ursprung des Anstoßes theoretisch zu begründen, sondern die Bedingungen anzugeben, unter denen ein mit sich identisches Ich überhaupt in eine vorstellende Beziehung zu sich und zu äußeren Objekten treten kann. In einer Grundlegung der praktischen Wissenschaftslehre kann dann gezeigt werden, dass dieser Bezug auf einer Selbstbehauptung des Ich gegen einen äußeren Widerstand beruht. Diese Selbstbehauptung wird als eine praktische Tätigkeit des Ich gefasst, die damit eine Bedingung für den theoretischen Bezug auf Objekte ist.

Die folgenden Abschnitte widmen sich der für die vorliegende Arbeit zentralen Frage, wie Fichte in seinem ersten veröffentlichten Systementwurf das Verhältnis von theoretischen und praktischen Vermögen im Ich konkret ausarbeitet – nachdem zunächst betrachtet wurde, wie Fichte das praktische Vermögen in seinem Verhältnis zum absoluten Ich konzipiert. Diese Ausführungen stehen dabei zum einen unter der allgemeinen Leitfrage, ob bzw. inwiefern Fichte hier ein Primat der praktischen Ich-Vermögen gegenüber den theoretischen entwickelt. Fichte behauptet selbst eine „Subordination der Theorie unter das Praktische" (GWL GA I, 2, 424 / SW I, 294). Auch wenn Fichte sowohl im apagogischen als auch im genetischen Beweis das praktische Streben als Bedingung der theoretischen Vorstellung deduziert, geht aus diesen Überlegungen ein Primat der praktischen Vermögen noch nicht ohne weiteres hervor. Schließlich setzt ein Bewusstsein sowohl des Strebens als auch eines äußeren Objekts den Akt einer (theoretischen) Reflexion voraus, weshalb umgekehrt das theoretische bzw. ideale Ich auch als eine Bedingung des Strebens behauptet werden kann. Ohne diesen reflexiven Akt wäre das Streben nicht für ein Ich. Hier besteht also zunächst kein hierarchisches Ableitungsverhältnis, sondern ein Verhältnis der Wechselbestimmung zwischen theoretischen und praktischen Vermögen. Dennoch argumentiert Fichte für einen Primat der praktischen Vermögen. Es soll gezeigt werden, dass der Gedanke eines Primats der praktischen Vermögen eng mit der Modifikation des Begriffs des absoluten Ich zusammenhängt, die Fichte in § 5 in Abweichung vom ersten Grundsatz (§ 1) entwickelt. Die in § 5 behauptete, ursprüngliche Reflektiertheit des absoluten Ich wird nämlich mit einem praktischen Trieb zur Reflexion begründet. Zudem wird die Einheit des Ich aus einem praktischen Trieb zur Wechselbestimmung von theoretischen und praktischen Vermögen entwickelt. Die Einheit des Ich ist damit selbst eine praktische Aufgabe, die durch einen Trieb bestimmt ist. Wie im zweiten Teil dieser Arbeit gezeigt werden soll, geht die *Wissenschaftslehre nova methodo* deutlicher von einer enthierarchisierten, wechselseitigen Voraussetzung von ideal-theoretischer und real-praktischer Tätigkeit des Ich aus. Neben der Bearbeitung der allgemeinen Frage nach der Bedeutung des Primats des Praktischen soll es zum anderen darum gehen, den vermögenstheoretischen Zusammenhang zwischen theoretischen und praktischen Vermögen konkret herauszuarbeiten. Hierfür müssen allerdings Überlegungen verknüpft werden, die in der *Grundlage* separat bearbeitet werden: Denn die Deduktion der Vorstellung als Theorie der theoretischen Vermögen

(Anschauung, Verstand, Urteilskraft, Vernunft) wird ohne jeden Bezug auf das praktische Vermögen des Strebens oder des Gefühls behandelt und auch der praktische Teil stellt diese Verknüpfung nur im Ansatz her. Dabei zeigt sich erst nach der Deduktion des Strebens und insbesondere nach der Deduktion des Gefühls, dass der Realitätsgehalt, auf den sich das theoretische anschauende Ich bezieht, nichts anderes als beschränktes, gefühltes Streben ist. Dort, wo im theoretischen Teil von einer anschaubaren Realität gesprochen wird, ist diese Realität noch gar nicht deduziert. Ein besonderer Fokus muss daher im Folgenden auf Fichtes Begriff des Gefühls als Bewusstsein des praktischen Strebens und dessen Zusammenhang mit dem theoretischen Vermögen der Anschauung liegen. Es soll die These entwickelt werden, dass das bereits benannte Schweben der Einbildungskraft zwischen Unendlichkeit und Endlichkeit nichts anderes ist als eine anschauliche Nachbildung des Gefühls, indem das Ich zunächst sowohl eine Beschränktheit als auch ein Streben über die Beschränktheit hinaus vernimmt.

Dass Fichte in der *Grundlage* in den Ansätzen einer Vermittlung bleibt und seine ‚Geschichte des Selbstbewusstseins‘ nicht schrittweise aus einer Wechselbestimmung von theoretischen und praktischen Vermögen entwickelt, ist einer der wesentlichen Gründe für die Neukonzeption der Wissenschaftslehre in den Vorlesungen der *Wissenschaftslehre nova methodo*. Ein weiteres Problem der getrennten Bearbeitung beider Teile besteht darin, dass Fichte zwei Grundvermögen des theoretischen und des praktischen Ich, nämlich Einbildungskraft und Streben, unabhängig voneinander entwickelt, ohne beide jedoch in einem übergeordneten Vermögensbegriff zu integrieren.

Die folgenden Untersuchungen gliedern sich in folgende Abschnitte: In einem ersten Schritt soll Fichtes Deduktion des Gefühls (2.1) untersucht werden. Mit der Deduktion des Gefühls zeigt Fichte, wie das zuvor deduzierte praktische Vermögen des Strebens als Faktum im konkreten Bewusstsein vorkommt. Das Streben erscheint im Gefühl als ein blinder Trieb. Ausgehend von der abstrakten Grundlegung der praktischen Wissenschaftslehre (§ 5) entwickelt Fichte eine Lehre der praktischen Ich-Vermögen, welche auch als eine Geschichte des praktischen Selbstbewusstseins bezeichnet werden kann. Die Theorie der Vorstellung liefert bereits eine Geschichte des theoretischen Selbstbewusstseins, nämlich eine Theorie der Erkenntnisvermögen. Die Geschichte des praktischen Selbstbewusstseins ist als eine sukzessive Fortbestimmung des allgemeinen und undifferenzierten Bewusstseins des beschränkten Strebens im Gefühl zu verstehen. Das Gefühl des Triebs impliziert einerseits ein Selbstgefühl sowie das Gefühl eines noch nicht deutlich reflektierten Sehnens nach Aufhebung der Unendlichkeit. Selbstgefühl und Sehnen sollen in einem zweiten Schritt untersucht werden (2.2). In der Geschichte des Selbstbewusstseins, wie sie sich ausgehend von der Untersuchung der praktischen Vermögen darstellt, ist der Gedanke entscheidend, dass jede Entwicklung zu einem deutlicheren und differenzierteren Bewusstsein des Gefühls auf einem spontanen und nicht ableitbaren Akt der Reflexion beruht, durch welchen das bloß rudimentär im Bewusstsein Enthaltene zu einem deutlicheren Bewusstsein erhoben wird. Innerhalb dieser Geschichte des Selbstbewusstseins soll sich ferner die Notwendigkeit zeigen, dass das Ich eine dem Gefühl des beschränkten Strebens korrespondierende Objektwelt setzen muss, welche Ursache der Beschränkung des Ich ist. In diesem Zusammenhang entwickelt Fichte eine Theorie der Wechselbestimmung vom praktischen Vermögen des Gefühls und theoretischem Vermögen der Anschauung. Die praktischen und theoretischen Bedingungen des Außenweltbewusstseins sollen in einem dritten Schritt (2.3) untersucht werden. Der vierte Abschnitt (2.4) setzt sich abschließend mit der Frage nach der Einheit der theoretischen und praktischen Vermögen des Ich auseinander, die durch einen Trieb der Wechselbestimmung zusammengehalten werden. Auf dieser Grundlage kann in einem fünften Abschnitt (2.5) die Frage nach dem Primat des Praktischen in der *Grundlage* abschließend erörtert werden.

2.1 Deduktion des Gefühls

Fichte deduziert das Gefühl ausgehend von der Frage, wie für die
zuvor dargelegte Wechselbestimmung von Streben und Beschränkung in das deutliche Bewusstsein treten kann. In der Grundlegung
der praktischen Wissenschaftslehre wurde gezeigt, dass das Bewusstsein einer Beschränkung der Tätigkeit des Ich das Streben
nach unendlicher Kausalität voraussetzt, während das Ich sich nur
dann als ein Strebendes reflektieren kann, wenn es zugleich beschränkt ist. Es ist dabei noch nicht dargelegt worden, wie diese
Wechselbestimmung im Bewusstsein erscheint. Ein solches Bewusstsein muss jedoch jederzeit möglich sein, solange es sich um
ein Ich handelt, das alles, was ihm zukommt, zugleich für sich setzt.
Das Gefühl ist dabei der Begriff des „subjektiven Zustandes"
(GWL GA I, 2, 401 / SW I, 266), in dem die beiden Aspekte des
Strebens und der Beschränkung vereint sind. Mit der Deduktion
dieses subjektiven Zustandes setzt die praktisch fundierte Geschichte des Selbstbewusstseins ein.

Wenn im Ich ein Streben nach unendlicher Kausalität vorhanden sein soll, dann muss es zugleich als ein solches gesetzt werden
können. Reflektiert das Ich auf sich als ein Strebendes, dann reflektiert es nicht bloß auf eine Tätigkeit überhaupt, sondern auf etwas
„fixirtes, festgesetztes" (GWL GA I, 2, 418 / SW I, 287). Die Tätigkeit ist dabei ein bestimmtes Quantum. Dieses bestimmte, für die
Reflexion gesetzte Streben bezeichnet Fichte auch als Trieb. Insofern der Trieb seinem Ursprung nach ein bloßes Streben bleibt, ist
es ihm versagt, unmittelbar aufhebend auf ein Nicht-Ich einzuwir-
ken. Der Trieb bleibt ein bloßes Streben nach Ausdehnung und
Manifestation der unendlichen Selbsttätigkeit, der nur dann tätig
wird, wenn ein Nicht-Ich gegeben ist. Eine vollständige Aufhebung
des Nicht-Ich würde seiner eigenen Tätigkeit den Boden entziehen.
Der Trieb, der sich der spontanen Setzung des Ich verdankt, ist daher das Vermögen, „nur sich selbst zu produciren" (GWL GA I, 2,
418 / SW I, 287), nicht aber ein Vermögen, dass unmittelbar mo-
difizierend auf das Nicht-Ich einwirkt.

Das Gefühl ist für Fichte allgemein der subjektive Zustand der
Einheit eines reflektierenden Bewusstseins mit dem Trieb. Die im

Trieb waltende Tätigkeit muss durch irgendeinen äußeren Anstoß begrenzt sein, wenn es überhaupt zu einer Reflexion kommen soll. Gleichzeitig betont Fichte, dass diese Reflexion auf den Trieb, mithin das Zustandekommen des Gefühls, nur unter der Voraussetzung eines äußeren Anstoßes bzw. eines Beschränkenden erklärt werden könne. Im Kontext einer Geschichte des Selbstbewusstseins muss darüber hinaus genetisch entwickelt werden, wie ein Bewusstsein des Triebs entsteht. In diesem Fall muss das Gefühl aus den bereits deduzierten Tätigkeitsweisen des Ich abgeleitet werden.[87] Das Gefühl geht dabei aus einer Wechselbestimmung von Tätigkeit und Beschränktheit hervor, wobei die Beschränkung im Ich nicht durch einen äußeren Anstoß, sondern durch die Reflexion selbst erfolgt. Eine zugrundeliegende Wechselbestimmung zwischen reiner Tätigkeit des Ich und einem beschränkenden Anstoß, der seinen Ursprung außerhalb des Ich hat, geht also in eine Wechselbestimmung über, die allein im Ich selbst stattfindet. Es ist nun die Reflexion, durch welche der Trieb bestimmt und beschränkt wird, wobei die Reflexion selbst einen Anstoß voraussetzt.

Im Gefühl ist damit einerseits die Äußerung eines Zwangs enthalten, nämlich in dem Sinne, dass das Ich in der Setzung des Triebes einer beschränkten Tätigkeit bewusst wird, die aus unbekanntem Grund daran gehindert wird, die Unendlichkeit auszufüllen. Im Gefühl ist aber nicht nur die Hemmung der Tätigkeit des Ich, sondern andererseits auch die Wiederherstellung der

---

[87] So deutet auch Lohmann die ich-immanente Ableitung des Gefühls: „[Es] ist gemäß der von Fichte entwickelten Systemelemente seines kritischen Idealismus anzunehmen, daß jener Anstoß, der die Wechselwirkung von zentrifugaler und zentripetaler Tätigkeit, aus der das Gefühl hervorgeht, nicht ohne Zutun [...] des Subjekts geschieht. Das Gefühl ist kein Produkt des Anstoßes. Der Anstoß trägt keine fertige, fremde Bestimmung in das Ich hinein, sondern löst in ihm durch Hemmung seiner Tätigkeit erst die möglichen theoretischen und praktischen Handlungen aus, durch die das Ich die besonderen Bestimmtheiten von Ich und Nicht-Ich mittels der Reflexion auf sein Gefühl setzt. Der Anstoß liegt aller idealen Tätigkeit zu Grunde. Gemäß dem Standpunkt des kritischen Idealismus ist der Anstoß nur dann ein hinreichender Erklärungsgrund [...] der Genese des Bewußtseins des Subjekts, wenn ihm die unendliche Tätigkeit des absoluten Ich vorausgeht, die er anstoßen kann", Lohmann 2004, 71.

Tätigkeit enthalten. Denn der Trieb, auf welches das Ich reflektiert, wird nicht gänzlich vernichtet, sondern er bleibt tätig und geht darauf aus, eine momentane Begrenzung wieder aufzuheben und in die Unendlichkeit hinauszugehen (vgl. GWL GA I, 2, 419 / SW I, 289). Das Gefühl der Beschränkung geht also stets mit dem Gefühl der Agilität des Ich einher. Die Fortbestimmung und die Ausdifferenzierung des praktischen Bewusstseins ergeben sich aus dem Versuch, diesen im Gefühl enthaltenen Gegensatz zwischen Tätigkeit und Beschränktheit mithilfe der antithetisch-synthetischen Methode zu vermitteln. Mithilfe dieses Verfahrens sollen dann neue, abgeleitete Vermögen gefunden werden, in denen der genannte Gegensatz vermittelt ist.[88]

Im Gefühl zeigt sich bereits ein komplexes Verhältnis von theoretischer und praktischer Tätigkeit, wobei Fichte für einen Primat der praktischen Tätigkeit argumentiert. Die Frage, inwiefern hier eine Subordination der theoretischen unter die praktischen Vermögen vorliegt, kann nur differenziert beantwortet werden und Fichtes Überlegungen sind zugleich kritisch zu prüfen. Fichtes Lehre vom Primat der praktischen Vermögen beruht nämlich in Teilen auf seiner Neubestimmung des absoluten Ich in § 5 der *Grundlage*. Dies zeigt sich deutlich bei der grundlegenden Frage nach dem Verhältnis von Reflexion und Streben im Gefühl. Wie bereits mehrfach erwähnt, konzipiert Fichte zum einen eine Wechselbestimmung zwischen dem theoretischen Vermögen, auf sich zu reflektieren einerseits und dem praktischen Vermögen des Strebens, durch den das Ich sich gegen den begrenzenden Gegenstand behauptet,

---

[88] Fichte arbeitet in der *Grundlage* zwar keine Theorie des moralisch-praktischen Selbstbewusstseins aus, da er sich vornehmlich mit den Begriffen des Strebens und des Triebes beschäftigt. Gleichwohl wird in seinem Ansatz erkennbar, dass er Kants strikte Unterscheidung vom niederen und höheren Begehrungsvermögen unterläuft. Wie Schäfer zu Recht betont, versucht Fichte, „auch die rudimentären Formen egologischer Praxis aus dem Ich abzuleiten", wodurch Fichte einen kontinuierlichen Aufstieg aus den niederen zu den höheren moralischen Vermögen konzipiert, vgl. Schäfer 2006a, 215. Diesen kontinuierlichen Aufstieg, der in der *Grundlage* nur angedeutet bleibt, entwickelt Fichte später insbesondere im *System der Sittenlehre* von 1798.

andererseits. So heißt es deutlich: „Alle Reflexion gründet sich auf das Streben, und es ist keine möglich, wenn kein Streben ist. – Hinwiederum ist kein Streben *für das Ich*; also auch kein Streben *des* Ich, und überhaupt kein Ich, wenn keine Reflexion ist. Eins erfolgt nothwendig aus dem anderen, und beide stehen in Wechselwirkung" (GWL GA I, 2, 423 / SW I, 294). Ausgehend von einer Wechselwirkung zwischen Reflexion und Streben, zeigt sich noch kein Primat der praktischen Vermögen. Eine solches Primat deutet sich dort an, wo Fichte das Vermögen der Reflexion als eine „Tendenz zur Reflexion" (GWL GA I, 2, 419 / SW I, 289) oder als einen Reflexionstrieb beschreibt (GWL GA I, 2, 428/ SW I, 300). Diese Formulierung legt nahe, dass zwischen Reflexion und Streben bzw. Trieb kein Verhältnis der gleichrangigen Wechselbestimmung vorliegt. Vielmehr scheint Fichte eine Ableitung der Reflexion aus dem Trieb nahezulegen. Da der Trieb von Fichte als ein genuin praktisches Vermögen betrachtet wird, folgt dadurch die bereits erwähnte Subordination des theoretischen unter das praktische Vermögen. Der Gedanke einer bereits im absoluten Ich waltenden Tendenz bzw. eines Triebs zur Reflexion, der allerdings erst infolge des Anstoßes Befriedigung findet, lässt sich nur vor dem Hintergrund des modifizierten Begriffs des absoluten Ich in § 5 verstehen. In § 5 konzipiert Fichte das absolute Ich als ursprünglich selbstreflexiv, während das Ich gemäß dem ersten Grundsatz eine reine, präreflexive, selbstsetzende Tätigkeit ist, dem als solchem noch keine Tendenz zur Selbstreflexion zugesprochen werden kann. Die in § 5 behauptete Tendenz zur Selbstreflexion wird nunmehr als praktisch gedeutet, da sie als ein Trieb aufgefasst wird. Der hier behauptete Primat des Praktischen, der sich im Begriff des Gefühls zeigt, hängt also aufs Engste mit der Neubestimmung des absoluten Ich in § 5 zusammen. Die Deutung des absoluten Ich als ein praktisch-triebhaftes Wesen verschärft dabei den Gegensatz zwischen der Konzeption der praktischen Wissenschaftslehre und der Grundsatzlehre, zumal hier mit dem Trieb zusätzlich zur ursprünglichen Selbstreflexivität des absoluten Ich eine weitere Bestimmung hinzutritt, die dem absoluten Ich nach den Bestimmungen des ersten Grundsatzes nicht zukommen soll. Diese nachträgliche Modifikation der Grundsatzlehre bedroht die Kohärenz des Systems, da dasjenige, was als Prinzip vorausgesetzt ist, seinen Prinzipienstatus verliert, sobald es modifiziert wird. Im vorangegangenen Abschnitt wurde dagegen eine Deutung vorgeschlagen, nach der die Selbstreflexion nicht aus dem absoluten Ich, sondern aus einer nicht hintergehbaren Wechselbestimmung von absoluter Tätigkeit und Begrenzung des Ich erklärt werden sollte. Nach dieser Deutung müsste dem absoluten Ich keine ursprüngliche Tendenz zur Selbstreflexion, sondern eine bloße, einfache Selbstbeziehung zugeschrieben werden. Unter dieser Voraussetzung entfällt dann aber auch die Hierarchie zwischen theoretischen und praktischen Vermögen. Denn die grundlegende Selbstbeziehung des absoluten Ich wäre weder theoretisch-erkennend noch praktisch, da sich die Differenzierung von theoretischen und praktischen Vermögen erst aus der nichtableitbaren Beschränkung des absoluten Ich ergibt. Demnach wäre das Vermögen der Selbstreflexion nicht aus einem praktischen Trieb abzuleiten, wenngleich seine Manifestation die Beschränkung des Triebs voraussetzt.

2.2 Selbstgefühl und Sehnen

Nachdem bisher das Gefühl allgemein als eine synthetische Einheit von Reflexion und (beschränktem) Trieb aufgestellt wurde, sollen zunächst weitere Aspekte dieser Einheit näher erläutert werden. Wie bereits deutlich wurde, enthält diese Einheit nicht bloß ein rudimentäres Bewusstsein des Zwanges und der Beschränkung, sondern ebenso ein Gefühl des Tätigkeitseins.

Fichte erkennt im Gefühl bereits Aspekte reflexiver und das bedeutet potenziell selbstbewusster Tätigkeit, gleichzeitig betont er aber auch, dass im Gefühl selbst noch kein deutliches Selbstbewusstsein ausgebildet ist. In Fichtes Beschreibung erscheint das Gefühl so, dass das reflektierende Ich im Trieb versunken ist, ohne dass ihm zu Bewusstsein gelangt, dass es seine eigene Tätigkeit ist, die im Trieb wirkt.[89] Dieser Gedanke ist nicht so zu verstehen, dass

---

[89] „[...] Für [das Ich] ist nothwendig da eine innere treibende Kraft, welche aber, da gar kein Bewusstseyn des Ich, mithin auch keine Beziehung

im Gefühl überhaupt keine Form von Bewusstsein vorliegt. Vielmehr ist es bloß so, dass das Ich sich der freien, selbstsetzenden
Tätigkeit nicht bewusst wird. Das Ich erfährt sich im Gefühl als
durch den Trieb bestimmt, nicht aber als seinen Trieb bestimmend.
Wie bereits deutlich wurde, konzipiert Fichte den Trieb als eine
Form des ursprünglichen Strebens nach Unendlichkeit. Das Triebhafte gründet dabei in der absolut, freien Tätigkeit der Selbstsetzung des Ich. Auch wenn das bloß fühlende Ich kein Bewusstsein
dieser ursprünglich freien Tätigkeit ausbildet, ist der Trieb seinem
Wesen nach auf das bereits angesprochene praktische Ideal einer
Manifestation bloßer Selbsttätigkeit bezogen. Dasjenige, worauf der
gefühlte Trieb ausgeht, erscheint jedoch nicht als ein praktisches
Ideal, sondern in Ermangelung eines deutlichen Tätigkeitsbewusstseins als ein Unbestimmtes und Unbekanntes. Das Streben, das
noch nicht zu einem deutlichen und begreifenden Bewusstsein erhoben wurde, bezeichnet Fichte als das Sehnen (vgl. GWL GA I,
2, 431 / SW I, 302).

Wie ist es nun jedoch möglich, dass das reflektierende Ich das
Bewusstsein seiner selbst in Beziehung auf den reflektierten und
beschränkten Trieb ausbildet? Fichte ist der Auffassung, dass die
Ausbildung des Selbstbewusstseins ausgehend vom Gefühl bloß
durch eine absolute, spontane Setzung erklärt werden kann. Durch
diese spontane Setzung konstituiert sich zuallererst ein *Selbst*gefühl.
Fühlt das Ich sich als getrieben, erfährt es seine selbstsetzende Tätigkeit als beschränkt und aufgehoben. Insofern es aber ein spontan
handelndes Ich ist, muss es diese selbstsetzende und endliche Tätigkeit für sich wiederherstellen und sich erneut „frei, und unbegrenzt" setzen (GWL GA I, 2, 426 / SW I, 298). Fichte betont, dass
es zwischen der Versunkenheit in das Gefühlte und dem Losreißen
von derselben durch Wiederherstellung einer freien und unbe-
grenzten Tätigkeit keinen graduellen „Übergang" geben kann. Das
natürliche und wirkliche Bewusstsein, das in dieser Tätigkeit seinen
Ursprung hat, lässt sich vielmehr nur durch eine unbedingte und
nicht ableitbare Handlung des Ich erklären, die Fichte im

darauf möglich ist, bloss *gefühlt* wird [...] Diese Kraft wird gefühlt, als etwas
treibendes: das Ich fühlt sich getrieben [...]" (GWL GA I, 2, 424f. / SW I,
295f.).

Unterschied zur Vorstellung eines graduellen Übergangs auch als
„Sprung" bezeichnet (GWL GA I, 427 / SW I, 298). Nur durch
diesen Sprung kann erklärt werden, dass das Bewusstsein mehr ist
als eine rudimentäre, blinde Wahrnehmung einer beschränkten Tätigkeit.

Doch auch für eine unbedingte und nicht ableitbare Handlung
können allgemeine Charakteristika benannt werden: Wie erwähnt
muss die Handlung erstens mit absoluter Spontaneität entstehen.
Mit absoluter Spontaneität rekonstituiert sich das Ich als ein freies
und unbedingt Tätiges, und zwar durch spontane Reflexion. Die
Rekonstitution der freien und unbedingten Tätigkeit bedeutet jedoch nicht, dass die Beschränktheit des Ich vollständig aufgehoben werden kann. Vielmehr versucht das Ich, in der Beschränktheit seine freie Tätigkeit wiederzuerlangen, indem es sich *als* ein
freies und unbedingt Tätiges setzt. Es wird sich dabei als ein Tätiges bewusst, das nicht bloß in einem Getriebenwerden versunken ist, sondern seine Tätigkeit weiterhin aufrecht hält. Wenn
Fichte diese Tätigkeit als eine *Wieder*herstellung begreift, muss sie
auf etwas ausgehen, das im Rahmen des Gefühls in einem ursprünglichen Sinne bereits als freie Tätigkeit begriffen werden
kann. Die im Gefühl vorhandene, freie und unbegrenzte Tätigkeit, so argumentiert Fichte, ist selbst die Tätigkeit der Reflexion,
mit welcher das Ich sich als unendlich strebend bzw. sehnend
setzt. Es handelt sich hierbei um eine Reflexion, welche das oben
benannte Selbstgefühl erst möglich macht. Die spontane, das natürliche Selbstbewusstsein ursprünglich begründende Tätigkeit
geht also auf dasjenige aus, das in der ursprünglichen Reflexion
das Reflektierende bzw. das Setzende ist (GWL GA I, 428 / SW
I, 299). Durch eine absolute und spontane Handlung identifiziert
sich das Ich mit dem Fühlenden im Gefühl. Das Selbstbewusstsein gründet also in einer wiederholten Reflexion auf eine ursprüngliche Reflexion des Ich, die noch nicht zu Bewusstsein gelangt. Da diese ursprüngliche Reflexion selbst nicht zu einem
deutlichen Bewusstsein gehört, erscheint es dem nunmehr bewusst fühlenden Ich weiterhin so, dass es durch eine äußere Bestimmung getrieben wird und im Gefühl nicht selbstbestimmt ist.
Die im Selbstgefühl hergestellte Selbstbestimmung ist damit bloß

ideal bzw. durch die Reflexion, sie ermöglicht damit keine Aufhebung der faktischen Beschränkung im Gefühl.[90]

Vor diesem Hintergrund kann der bereits erwähnte Begriff des
Sehnens abschließend verständlich gemacht werden: Indem das Ich
sich aus dem unmittelbaren Versunkensein im Gefühl durch spontane Tätigkeit befreit und sich als ein Fühlendes setzt, wird ihm zugleich eine ihn treibende Tätigkeit bewusst. Für das Gefühl des Sehnens ist es dabei charakteristisch, dass dem Ich der Ursprung der
treibenden Tätigkeit jedoch ebenso unbekannt bleibt ist wie ihr Telos. Das Sehnen ist damit der „Trieb nach etwas völlig unbekannten, das sich bloß durch ein *Bedürfniß,* durch ein *Misbehagen,* durch
eine *Leere* offenbart, die Ausfüllung sucht [...]" (GWL GA I, 2,
431 / SW I, 302f.).

2.3 Sehnen und Außenweltbewusstsein

Wie nun deutlich wurde, enthält das Gefühl zwei verschiedene Aspekte, die selbst als zwei verschiedene Gefühle erscheinen und die
sich wiederum entgegengesetzt sind. Im Zustand des Gefühls findet sich ein Gefühl der Beschränkung, des Zwangs bzw. des Ge-
triebenseins einerseits, aber auch ein Gefühl des eigenen Tätigseins

---

[90] Lohmann betont dagegen deutlicher, dass aufgrund des Gegensatzes
von Reflexion und Gefühl im Selbstgefühl noch keinerlei Wissen des Ich
von sich vorliegt: „Das, was Ich bedeutet, bekundet sich für das Subjekt
ursprünglich im Gefühl und nicht im Verstand, weil die Selbstbezüglichkeit, mit der es sein Selbstbewußtsein konstituiert, ursprünglich im Gefühl
ist und weil die Reflexion, die dieses Gefühl in das Bewußtsein erhebt, vor-
bewußt geschieht. Im unmittelbaren Erleben reflektiert das Subjekt seine
Handlung aus absoluter Spontaneität nicht. Für das Subjekt ist sein Selbstbewußtsein ein Gefühl. Das Selbstgefühl stellt zwar die reine Beziehung
des Ich auf sich selbst dar, aber das Ich weiß sich noch nicht als diese reine
Selbstbeziehung, denn das Selbstgefühl ist nur ein emotionaler Zustand
und noch kein Wissen. Die im Selbstgefühl ausgedrückte Beziehung des
Ich auf sich selbst soll erst das Bewußtsein des Subjekts von sich selbst und
der Sinnenwelt möglich machen. In diesem Sinne definiert Fichte das
Selbstgefühl als Prinzip des Bewußtseins. Hier zeigt sich deutlich, daß für
das Subjekt immer das Gefühl das Erste ist", Lohmann 2004, 77.

andererseits. Letzteres kommt dadurch zustande, dass das Ich sich
als ein Fühlendes bzw. Sehnendes setzt. Im Folgenden soll rekonstruiert werden, wie Fichte ausgehend von dieser Dualität innerhalb
des Gefühls eine genetische Erklärung des theoretischen Bewusstseins der Außenwelt entwickelt. Die genetische Erklärung der Außenwelt beinhaltet dabei vor allem eine eher skizzenhaft vorgetragene Theorie, dass das theoretische Vermögen der Anschauung nur
unter der Voraussetzung des Gefühls des Sehnens möglich ist. Die
Theorie ist näher zu betrachten, da Fichte hier konkret einen genetischen Zusammenhang zwischen theoretischen und praktischen
Vermögen im Ich aufzeigt.

Methodisch orientiert sich die genetische Erklärung des Außenweltbewusstseins an dem zu vermittelnden Gegensatz zwischen
dem tätigen Sehnen einerseits und dem Gefühl der Begrenztheit
und des Zwangs andererseits. Allgemein gilt, dass sich das Gefühl
des Zwangs und das Gefühl des Sehnens wechselseitig bedingen
und daher im Ich synthetisch vereinigt sind: Zum einen kommt es
nur dadurch zum Gefühl des Sehnens, dass das Ich sich beschränkt
fühlt. Wäre es nicht beschränkt, so Fichte, dann hätte es eine unmittelbare Kausalität und würde unmittelbar seine unendliche Tätigkeit manifestieren. Zum anderen kann das Ich sich nur deshalb
beschränkt fühlen, weil es im Sehnen zugleich über die Beschränktheit hinausstrebt. Nur wenn im Ich der Drang liegt, seine unendliche Tätigkeit zu manifestieren, kann es nämlich eine diesem Drang
entgegengesetzte Beschränktheit fühlen (vgl. GWL GA I, 2, 432 /
SW I, 304f.). Der spontane Akt der Reflexion, der zum *Selbst*gefühl
führt, wird vom Ich vorgenommen, um der Beschränktheit zu ent-
kommen, denn sie zielt auf die Rekonstitution des Ich als dasjenige,
das sich bloß selbst bestimmt.

Wie wir gesehen haben, liegt hier allerdings nur eine ideale
Selbstbestimmung vor. Das Selbstgefühl enthält keine reale Aufhebung der Beschränktheit; das Ich ist bloß ein Sehendes, also dasjenige, das nur aus der Begrenzung hinausstreben kann. Die Bedingungen der Möglichkeit eines Außenweltbewusstseins erklärt
Fichte grundlegend aus dem Verhältnis von Selbstgefühl und Sehnen: Durch die spontane Reflexion auf sich als das Fühlende im
Sehnen setzt sich das Ich als ein bestimmtes oder ein begrenztes

und konstituiert sich damit als ein Wesen, dem etwas Äußeres entgegengesetzt sein kann. Dass es zu dieser Entgegensetzung eines
Äußeren kommt, erklärt sich wiederum aus dem Sehnen selbst, da
das Sehnen dadurch ausgezeichnet ist, dass es über die Begrenzung
des Ich hinausweist. Im Sehnen ist das Streben nach Ausweitung
der Tätigkeit des Ich enthalten. Im Sehnen ist das Ich jederzeit über
seinen reflexiven Selbstbezug hinaus und zumindest idealiter auf
ein Äußeres bezogen.[91] Dieses Äußere, so kann gezeigt werden, ist
wiederum zu differenzieren. Denn einerseits verweist das Ich im
Sehnen auf das praktische Ideal, also auf die unbestimmte Idee unendlicher Selbstbestimmung, auch wenn diese vom bloß sehenden
Ich nicht deutlich reflektiert wird. Durch die Orientierung an diesem Ideal ist das sehnende Ich über seine unmittelbare Begrenzung
hinaus. Andererseits ergibt sich aus diesem Selbstüberstieg die
Möglichkeit des Bezugs auf ein Äußeres, welches die Tätigkeit des
Ich faktisch beschränkt. Diese faktische Beschränkung wird im Gefühl vernommen. Aus diesem Gedanken wird Fichte, wie im Folgenden näher zu zeigen ist, das Bewusstsein einer anschaubaren
Außenwelt ableiten, welche durch die produktive Einbildungskraft
gesetzt wird.

2.4 Trieb und ideale Tätigkeit

Allgemein gilt also, dass das Bewusstsein einer anschaubaren Außenwelt nur dann möglich ist, wenn das Ich a) im Gefühl eine Beschränkung seines Strebens vernimmt, b) sich selbst durch spontane Reflexion mit dem Fühlenden im Gefühl bewusst identifizieren kann und c) durch sein Streben bzw. Sehnen über seine

---

[91] „Das Ich kann *für sich selbst gültig* (denn davon allein ist hier die Rede,
und für einen möglichen Zuschauer haben wir schon oben diese Folgerung
gemacht) sich nicht *nach aussen* richten, ohne sich selbst erst begrenzt zu
haben; denn bis dahin giebt es weder ein Innen, noch ein Aussen für dasselbe. Diese Begrenzung seiner selbst geschah durch das deducirte *Selbstgefühl*. Dann kann es sich ebensowenig nach aussen richten, wenn nicht die
Aussenwelt sich ihm *in ihm selbst* auf irgend eine Art offenbart. Dies aber
geschieht erst durch das Sehnen" (GWL GA I, 433 / SW I, 304).

Begrenztheit im Selbstgefühl hinausweist und sich für ein Äußeres jenseits der Begrenzung öffnet. Fichte argumentiert, dass nicht nur dem Sehen in Form des praktischen Ideals, sondern auch dem Gefühl der Beschränkung ein Objekt korrespondieren können müsse. Dieses Objekt muss als dasjenige gesetzt werden, was der ersehnten Manifestation unendlicher Tätigkeit entgegengesetzt ist. Mit dem Objekt soll hier noch kein Einzelding, sondern eine anschaubare, begrenzende Außenwelt überhaupt bezeichnet werden. Ausgehend vom Gefühl des Sehnens einerseits und vom Gefühl der Beschränkung andererseits werden zwei einander widerstreitende Objekte gesetzt, nämlich das praktische Ideal unendlicher Tätigkeit sowie das beschränkende Objekt, welches der Verwirklichung dieses Ideals entgegensteht. In der genetischen Erklärung des Bewusstseins der Außenwelt soll sich erhellen, wie es im Ich überhaupt zu einer Setzung eines äußeren Objekts „bloß nach Anleitung des […] Gefühls [der Beschränkung]" kommen kann (GWL GA I, 2, 433 / SW I, 306).

Fichte begnügt sich nicht mit der bloßen Feststellung, dass das Ich in der Anschauung ein widerstreitendes Objekt setzen muss, wenn es sich im Gefühl als beschränkt erfährt. Vielmehr liefert er eine genetische Ableitung dieser Vorstellung, aus der hervorgeht, welche Tätigkeiten des Ich an dem Zustandekommen dieser Vorstellung beteiligt sind.

Der zentrale Gedanke ist dabei, dass die Setzung des äußeren Objekts durch die theoretischen bzw. idealen Vermögen des Ich selbst aus einem (praktischen) Trieb erklärt werden kann. Fichte führt die ideale bzw. theoretische Vorstellung eines äußeren Objekts auf einen Trieb zurück, welcher dem praktischen Ich zuzuordnen ist. Wie im Folgenden zu zeigen ist, erfolgt die Bestimmung der idealen Tätigkeit durch den Trieb auf eine zweifache Weise. Fichte argumentiert erstens, dass sich bereits die Möglichkeit einer theoretischen Objektvorstellung aus einem Trieb des Ich erklären lässt, noch ehe die faktische Beschränkung des Ich durch ein Nicht-Ich erfolgt ist. Diesbezüglich spricht er auch von einem „Trieb nach dem Objekte" (GWL GA I, 2, 421 / SW I, 291). Dieser Trieb bringt die ideale, vorstellende Tätigkeit zwar nicht hervor, er soll aber auf die vorstellende Tätigkeit wirken.

Auch hierhin zeigt sich Fichtes Bestreben, im praktischen Teil der Wissenschaftslehre aufzuweisen, „dass alle theoretischen Gesetze auf praktische[n]" (GWL GA I, 2, 424 / SW I, 294) gründen. Dieser Zusammenhang von Trieb und idealer Tätigkeit lässt sich erneut nur vor dem Hintergrund der Modifikation des Begriffs des absoluten Ich in § 5 verstehen. Auf diesem Gedanken aufbauend erklärt Fichte zweitens, wie im Falle einer faktischen Beschränkung der Trieb des Ich die ideale Tätigkeit dazu bestimmt, ein äußeres Objekt in der Anschauung zu setzen. Damit erklärt Fichte nicht nur die Möglichkeit der idealen Setzung eines äußeren Objekts aus dem Ich, sondern auch die wirkliche Setzung aus dem praktischen Trieb. Diese wirkliche Setzung eines Anschauungsobjekts gemäß der praktischen Triebbestimmung soll im folgenden Abschnitt näher betrachtet werden (vgl. Abschnitt 2.5).

In den Ausführungen zum Objekttrieb zeigt sich sogar ein noch schärferer Gegensatz zum Begriff des absoluten Ich, das im ersten Grundsatz als reine Tathandlung eingeführt wurde. In der Grundlegung der praktischen Wissenschaftslehre erklärt Fichte, wie wir mehrfach gesehen haben, dass das absolute Ich ursprünglich als selbstreflexiv zu fassen sei. An späteren Stellen spricht er auch von einer Tendenz bzw. von einem Trieb zur Selbstreflexion, was eine praktische Fundierung dieses Vermögens zur Selbstreflexion bedeutet (vgl. GWL GA I, 2, 419, 428 / SW I, 289, 300). Dieser Trieb zur Selbstreflexion, der im absoluten Ich walten muss, wird nun zu dem benannten Trieb nach dem äußeren Objekt fortbestimmt. Hierbei handelt es sich jedoch nicht um eine synthetische Fortbestimmung, die mittels des synthetisch-antithetischen Verfahrens gewonnen wird. Eine synthetische Fortbestimmung erfolgt jeweils, um einen offensichtlichen Gegensatz im Bewusstsein zu lösen. Der Objekttrieb wird nicht als synthetische Fortbestimmung, sondern als Implikat, damit als eine analytische Bestimmung des Reflexionstriebs, aufgewiesen. Fichte argumentiert, dass das Eintreten der vom absoluten Ich intendierten Selbstreflexion eine faktische Begrenzung voraussetzt. Eine solche Begrenzung lässt sich nur aus einem begrenzenden Objekt erklären. So heißt es:

[...] [D]ie Befriedigung des Reflexionstriebes ist demnach *bedingt*, und hängt ab vom Objekte. Er kann nicht befriedigt werden ohne Objekt, – mithin lässt er sich auch beschreiben als ein Trieb *nach dem Objekte*. (GWL GA I, 2, 421 / SW I, 291)

Daraus folgt aber, dass das Ich, welches nach Selbstreflexion strebt, zugleich nach einem begrenzenden Objekt streben muss, welches als Bedingung der Möglichkeit der Begrenzung des Ich anzunehmen ist. Denn da das Streben nach Selbstreflexion seit der Modifikation des Ich-Begriffs in § 5 nicht im begrenzten, sondern im absoluten Ich verortet ist, scheint Fichte nunmehr auch den Objektrieb im absoluten Ich verorten zu müssen, auch wenn er diese Konsequenz nicht explizit benennt.

Die Verschärfung des Gegensatzes zum ursprünglichen Begriff des absoluten Ich als reine Tathandlung ergibt sich daraus, dass das absolute Ich nicht mehr nur als ursprünglich selbstreflexiv und praktisch-triebhaft, sondern sogar als intrinsisch bezogen auf ein mögliches, äußeres Objekt konzipiert werden müsste. Die Konzeption eines absoluten Ich, das nach einem äußeren Objekt strebt, enthält einen eklatanten Widerspruch, da dem absoluten Ich zwei verschiedene Triebe zugeschrieben werden, die einander entgegengesetzt sind. Zunächst wurde das Streben bzw. der Trieb so eingeführt, dass er auf die Herstellung reiner Selbstbezüglichkeit ausgeht, mithin auf die Aufhebung jedes Objekts. Nun soll dem absoluten Ich nicht bloß der Trieb zur Selbstreflexion, in der es sich als ein unendlich Tätiges setzt, zugeschrieben werden, sondern zugleich ein Trieb nach den Bedingungen einer wirklichen Selbstreflexion und damit ein Trieb nach endlicher Bestimmtheit. Das absolute Ich muss demnach zugleich auf unendliche Selbstbestimmung und auf Endlichkeit ausgehen. Dem absoluten Ich werden damit zwei widerstreitenden Triebe zugesprochen, nämlich ein Trieb nach unendlicher Selbstbeziehung einerseits und nach der Setzung eines äußeren Objekts andererseits. Diese beiden Triebe lassen sich auch nicht, wie Fichte behauptet, aufeinander reduzieren. Der Trieb nach unendlicher Selbstbestimmung und der Trieb nach Endlichkeit sind vielmehr einander entgegengesetzt und lassen sich nicht als der ‚Eine' im Ich waltende Trieb darstellen. Der Ausgang von zwei widerstreitenden Trieben im Grundprinzip selbst steht Fichtes

Anspruch entgegen, ausgehend von diesem Prinzip und seiner Triebhaftigkeit „Einheit, und Zusammenhang" des endlichen Bewusstseins aufzuzeigen (GWL GA I, 2, 424 / SW I, 294).

Die hier aufgezeigten Probleme wurzeln, wie gezeigt wurde, in der problematischen Annahme einer ursprünglichen Reflexivität des absoluten Ich. Der postulierte Objekttrieb ist ein Implikat des Reflexionstriebs. Ein alternatives Modell, nachdem die Begrenztheit des Ich nicht aus einer ursprünglichen Selbstreflexion des absoluten Ich, sondern aus einer nichthintergehbaren Wechselbestimmung zwischen absolutem Ich und Anstoß erklärt wird, könnte auch hier die schwerwiegendsten Probleme vermeiden. Sowohl das Vermögen zur Selbstreflexion als auch die Setzung eines äußeren Objekts müssten dann nicht aus dem absoluten Ich erklärt werden, sondern aus einem begrenzten Ich, dessen ursprünglich reine Tätigkeit sich gegen die Begrenzung behauptet. Der reflexive Akt, durch den das Ich sich *als* ein unendlich Tätiges setzt, wird erst durch eine Begrenzung im Anstoß erklärbar. Erst infolge des Anstoßes, welcher die Endlichkeit des Ich faktisch begründet, kommt es zu einem Streben des Ich. Das Streben geht dann ursprünglich bloß auf die Wiederherstellung ungetrübter Unendlichkeit und nicht zugleich auf die Setzung eines äußeren Objekts. Die Setzung eines äußeren Objekts wäre dann nicht mehr unmittelbar aus diesem Streben zu klären, sondern aus der Notwendigkeit, dass das Ich in eine bewusste Beziehung zum Grund seiner Begrenzung zu treten hat, welches nur in der theoretischen Vorstellung bzw. der Anschauung möglich ist.

2.5 Gefühl und Anschauung

Die Setzung einer vom Ich verschiedenen, objektiven Realität verdankt sich einer Leistung der produktiven Einbildungskraft, wobei der Ausgangspunkt für diese Setzung das Gefühl der Beschränkung ist. Diese Setzung soll außerdem als eine Wirkung des Triebes auf die ideal produzierende Einbildungskraft verstanden werden. Abschließend soll hier untersucht werden, wie Fichte das Verhältnis von Gefühl und Anschauung, damit das Verhältnis

von praktischen und theoretischen Ich-Vermögen genetisch entwickelt. Wie bereits deutlich wurde, lassen sich im praktischen
Teil zwei Bestimmungsverhältnisse zwischen theoretischen und
praktischen Vermögen des Ich erkennen: Erstens argumentiert
Fichte grundlegend für einen Primat der praktischen Vermögen,
was sich insbesondere in der These zeigt, dass sowohl der Handlung der Selbstreflexion als auch der idealen Tätigkeit der Vorstellung ein Reflexions- bzw. ein Objekttrieb zugrunde liegt. Der wesentliche Ertrag der praktischen Wissenschaftslehre soll entsprechend in dem Aufweis bestehen, dass das Ich nur dadurch theoretisch erkennend sein kann, dass es praktisch-strebend ist. Theoretische bzw. ideale Erkenntnis ist nur dadurch möglich, dass das
Ich ursprünglich triebhaft ist. Diese Triebhaftigkeit macht es
möglich, dass es sich praktisch gegen einen äußeren Widerstand
behauptet und nach der Aufhebung dieses Widerstandes strebt.
Durch diesen Aufweis soll zugleich die Wirklichkeit des praktischen Vermögens freier Selbstbestimmung bewiesen werden. Wie
gezeigt werden konnte, lässt sich die These der umfassenden
Triebhaftigkeit, die Fichte nunmehr dem absoluten Ich zuschreibt, nur vor der Grundlage der Modifikation des Begriffs des
absoluten Ich verstehen, die Fichte in § 5 vornimmt. Zweitens argumentiert Fichte aber ebenso, dass sich das praktische Vermögen des Strebens und die theoretischen Vermögen nicht restlos
auseinander ableiten lassen. Trotz der behaupteten Subordination
der praktischen unter die theoretischen Vermögen erscheinen
beide Vermögen als zwei nicht aufeinander reduzierbare Grund-
momente des endlichen Bewusstseins. Mit Blick auf den konkreten Bewusstseinsvollzug konzipiert Fichte auch ein Verhältnis einer Wechselbestimmung, in dem das deutliche Primat des praktischen Vermögens aufgehoben scheint. Eine solche Wechselbestimmung zeigt sich bereits im Gefühl des Sehnens, das sich als
Bewusstseinsform nur aus einer Wechselbestimmung einer rudimentären, idealen Reflexion sowie einem begrenzten, jedoch über
die Begrenzung hinausweisenden Streben erklären lässt. Ebenso
zeigte sich, dass das Telos praktischer Tätigkeit als Ideal durch die
Einbildungskraft entworfen werden muss. Eine schlechthin praktische Tätigkeit ohne jeden Bezug auf einen idealen Entwurf ist in

Fichtes System gar nicht denkbar, ebenso wenig wie der Gedanke eines bloß erkennenden Ich, das in keinerlei praktischen Beziehung zum erkannten Objekt steht. Eine praktische Tätigkeit ohne idealen Bezug auf das Ideal wäre eine blind wirkende Kraft, die kaum das Prinzip einer freien, vernunftgeleiteten Selbstbestimmung sein könnte. Im folgenden Abschnitt soll dargelegt werden, wie Fichte diese Spannung zwischen den beiden Modellen einer hierarchischen Bestimmung sowie einer nichthierarchischen Wechselbestimmung von theoretischen und praktischen Vermögen zugunsten einer erneuten Behauptung des Primat des Praktischen auflöst: Denn die Wechselbestimmung von praktischen und theoretischen Vermögen wird selbst aus einem praktischen Trieb, nämlich aus dem Trieb der Wechselbestimmung erklärt, der die Einheit des endlichen Bewusstseins begründen soll. Aus diesem Trieb sollen dann zwar nicht die Erkenntnisvermögen selbst, sondern vielmehr die Korrespondenz und Beziehung beider Momente erklärt werden.

Dieses auf einem Trieb begründete Verhältnis der Wechselbestimmung wird allgemein mit Blick auf das Verhältnis von Gefühl und Anschauung thematisiert. Mit dem Begriff der Anschauung meint Fichte die sinnlich induzierte Vorstellung eines Objekts, das einem Gefühl der Begrenzung korrespondiert. Das Vermögen der Anschauung soll demnach in einem Verhältnis der Wechselbestimmung mit dem Vermögen des Gefühls stehen, ohne dass beide auseinander abgeleitet werden können. Fichte entwickelt mit der Deduktion der Vorstellung zum Abschluss des theoretischen Teils der Wissenschaftslehre eine noch skizzenhafte, aber dennoch komplexe Theorie der theoretischen Vorstellungsvermögen. Dort wird dasjenige, was im praktischen Teil allgemein unter dem Begriff einer Objektanschauung rubriziert wird, als ein komplexer Prozess entwickelt, in dem nicht nur die Anschauung, sondern alle anderen theoretischen Vermögen beteiligt sein müssen. Wenn Fichte also von einer Wechselbestimmung zwischen Gefühl und Anschauung spricht, bezeichnet er eigentlich eine Wechselbestimmung vom Gefühl einerseits und theoretischer Einbildungskraft und ihren Spezifikationen in Anschauung, Verstand, Urteilskraft und theoretischer Vernunft andererseits. Die folgende Rekonstruktion der Wechsel-

bestimmung von Gefühl und (Objekt-)Anschauung soll als eine
Wechselbestimmung von theoretischer Einbildungskraft und praktischem Gefühl gedeutet werden, was es notwendig macht, dass
diese Rekonstruktion mit Kerngedanken aus der Deduktion der
Vorstellung angereichert wird.

2.5.1 Die Deduktion der Vorstellung und der Komplex
der theoretischen Vorstellungsvermögen

Zunächst sei dafür an Fichtes Begriff der produktiven Einbildungskraft und ihre Funktion für das Außenweltbewusstsein erinnert.
Der Einbildungskraft kann eine theoretische und eine praktische
Funktion zugesprochen, auch wenn Fichte die Einbildungskraft zunächst im Kontext der theoretischen Wissenschaftslehre, also mit
Blick auf ihre theoretische Funktion ableitet. Die praktische Funktion der Einbildungskraft, die Fichte nicht ausarbeitet, besteht darin, für das strebende Ich die Vorstellung seines Telos, nämlich der
unendlichen Selbstbestimmung ohne begrenzenden Widerstand zu
entwerfen. Hierbei handelt es sich um die Setzung des Ideals einer
unbeschränkten Unendlichkeit des Ich. Als praktische Einbildungskraft entwickelt sie die Vorstellung dessen, was durch das Ich herbeigeführt werden soll. Die theoretische Einbildungskraft hat dagegen die Aufgabe, eine ideale Vorstellung davon zu entwerfen, was
für das Ich faktisch gegeben ist. Hierbei handelt es sich um das Faktum der Begrenztheit des Ich, die im Gefühl vernehmbar ist. Die
Theorie der produktiven Einbildungskraft sowie die daran ange-
schlossene Deduktion der Vorstellung werden im praktischen Teil
der Wissenschaftslehre erst eigentlich fundiert, indem dort gezeigt
wird, dass es überhaupt nur dann zu einer theoretischen Produktion
von Vorstellungen kommt, wenn eine praktische Tätigkeit des Ich
eingeschränkt ist. Eine theoretische Vorstellung muss auf ein Gefühl bezogen sein, zumal das Gefühl bzw. der eingeschränkte Trieb
die zugrundeliegende Materie für das idealiter Vorgestellte bietet.
Der praktische Trieb des Ich soll ferner auf die ideale, vorstellende
Tätigkeit wirken, sodass diese ein äußeres Vorstellungsobjekt produziert.

Im theoretischen Teil der Wissenschaftslehre konzipiert Fichte die Einbildungskraft als das synthetische Vermögen, welches das sich setzende Ich mit dem entgegengesetzten Nicht-Ich in einem Akt des Schwebens vermittelt. Dieses Schweben erweist sich genauer als eine Vermittlung des Gegensatzes zwischen zwei Totalitäten, nämlich zwischen der Totalität des sich selbst setzenden Ich (T_1) einerseits und einer Totalität aus dem sich selbst setzenden Ich und einem ausgeschlossenen Nicht-Ich (T_2) andererseits. Die Beziehung von theoretischer Einbildungskraft und Gefühl lässt sich auch so begreifen, dass die Einbildungskraft jene Wechselbestimmung von unbegrenzter und begrenzter Tätigkeit, die das Ich fühlend vernehmen kann, als einen Vorstellungsgehalt für ein reflektierendes Bewusstsein setzt. Das Schweben der Einbildungskraft zwischen Unendlichkeit und Endlichkeit bildet für ein theoretisches Bewusstsein die Einheit von beschränkter und unbeschränkter Tätigkeit im Gefühl ab. Dabei gilt jedoch ebenso, dass auch das fühlbare Streben eine Beziehung auf die Einbildungskraft voraussetzt, da das Streben eine Tätigkeit ist, die auf das Ideal unendlicher Tätigkeit bezogen ist, das seinerseits nur durch die Einbildungskraft entworfen werden kann. Es bleibt jedoch dabei, dass Fichte die ideale, objektkonstitutive Leistung der Einbildungskraft und das praktische Vermögen des Strebens, das im Gefühl registriert wird, für zwei irreduzibel unterschiedene Momente des Bewusstseins hält. Wie noch zu zeigen ist, erklärt Fichte die *Einheit* der differenten Momente im Bewusstsein wiederum aus dem praktischen Trieb der Wechselbestimmung, wodurch der Gedanke eines Primats der praktischen Vermögen bewiesen werden soll.

Ein reflexives Bewusstsein des Schwebens zwischen Endlichkeit und Unendlichkeit, so zeigt die Deduktion der Vorstellung, ist nur durch eine synthetische Fortbestimmung der Einbildungskraft, d.h. durch das Hinzutreten von *weiteren* Erkenntnisvermögen möglich. Daraus soll die Möglichkeit einer bewussten Selbst- sowie einer bewussten Objektbeziehung einsichtig werden. In der fortschreitenden Deduktion der Vorstellung soll geklärt werden, wie das zunächst bloß zwischen den Gegensätzen von Unendlichkeit und Endlichkeit schwebende Ich ein deutliches Bewusstsein seiner selbst sowie einer äußeren Objektwelt ausbilden kann.[92] Die in der Deduktion der Vorstellung abgeleiteten Vermögen erweisen sich zum einen als synthetische Fortbestimmungen der Einbildungskraft. Zum anderen führt Fichte mit der theoretischen Vernunft am Ende der ‚Deduktion der Vorstellung' (§ 4) ein Vermögen ein, das einen integralen Aspekt der Funktion der Einbildungskraft übernimmt, sodass die Deduktion der Einbildungskraft erst mit der Deduktion der Vernunft vollständig abgeschlossen ist. Die theoretische Vernunft übernimmt die Setzung von Ich und Nicht-Ich, die in der Einbildungskraft vermittelt werden. Dieser Akt ist in der Thesis der Einbildungskraft, in der die Grenze zwischen Ich und Nicht-Ich gesetzt wird, implizit enthalten. Die Setzung von Ich und Nicht-Ich kann jedoch in Verbindung mit der vermittelnden Tätigkeit der Einbildungskraft gedacht werden, ebenso ist die Vermittlung der Einbildungskraft nicht ohne die Setzung der zu vermittelnde Glieder möglich. Einbildungskraft und Vernunft sind damit sich gegenseitig bedingende Momente einer Akteinheit. Die Deduktion der Vorstellung liefert also ausgehend von der allgemeinen Deduktion der Einbildungskraft in der Synthesis E nachträgliche, präzisierende Bestimmungen. Die Erkenntnisvermögen lassen sich dabei in einer pragmatischen Geschichte des Selbstbewusstseins ausgehend von der Einbildungskraft entwickeln, müssen aber zum Vermittlungsakt der Einbildungskraft hinzutreten, wenn das in der Einbildungskraft vermittelte in ein deutliches Bewusstsein treten soll.[93] Das Ich kann nicht ausschließlich im Schweben verharren,

---

92   Der synthetische Charakter der ‚Deduktion der Vorstellung' wird vor allem von Metz betont, vgl. Metz 1991, 338f.
93   Von der hier vorgeschlagenen Interpretation, dass die zum Abschluss der Synthesis E entwickelte Funktion der Einbildungskraft und die in der ‚Deduktion der Vorstellung' entwickelte Funktion der theoretischen Vernunft in einem Verhältnis der wechselseitigen Bedingung stehen, weicht Metz dahin gehend ab, dass er allgemein ein nachträgliches Fundierungsverhältnis zwischen Ichhandlungen der ‚Deduktion der Vorstellung' und den Ichhandlungen, die in den Synthesen A-E abgeleitet werden, erkennt. Er muss also auch ein einseitiges Fundierungsverhältnis zwischen theoretischer Vernunft und Einbildungskraft annehmen. Denn allgemein gilt: „Die jeweils neu einzuführenden Tätigkeiten [in der ‚Deduktion der

da es ein deutliches Bewusstsein von sich oder von einem äußeren Gegenstand nur durch Bestimmung bzw. Fixierung der im Schweben enthaltenen Momente geben kann.

Der genetische Zusammenhang der theoretischen Erkenntnisvermögen, die im Folgenden wiederum in ihrer Beziehung auf das praktische Vermögen des Strebens und des Gefühls hin untersucht werden sollen, lässt sich in knapper Form folgendermaßen darstellen: Wie erwähnt, orientiert sich die Deduktion der Vorstellung allgemein an der Frage, wie das Schweben der Einbildungskraft im konkreten Bewusstsein reflektiert werden kann.

Die pragmatische Geschichte des menschlichen Geistes beginnt mit der Darlegung der Tätigkeitsweisen des Ich in der Anschauung. Das Vermögen der Anschauung wird durch einen unmittelbaren Rückgriff auf das Schweben der Einbildungskraft zwischen Ich und Nicht-Ich bzw. zwischen Endlichkeit und Unendlichkeit erklärt. Ein rudimentäres, noch nicht deutlich reflektiertes Bewusstsein des Schwebens ist das Anschauungsbewusstsein selbst. Das Schweben gibt dem theoretisch erkennenden Bewusstsein erst eine anschaubare Realität. Alle weiteren Erkenntnisleistungen müssen diese Anschauungsrealität als Bezugspunkt voraussetzen. Wie bereits mehrfach erwähnt, erfolgt die Setzung dieser Anschauungsrealität nur im Zusammenhang mit einem Gefühl der Beschränkung, was Fichte in der Deduktion der Vorstellung noch nicht thematisiert. Die Produktion eines Anschauungsgehalts durch Einbildungskraft setzt also Gefühl bzw. Empfindung voraus. Was im Gefühl der Beschränkung vernommen wird, soll in der Anschauung zu einem deutlichen Bewusstsein erhoben werden. Dabei geht Fichte davon aus, dass die Realität, die dem Ich in der Anschauung gegeben wird, grundlegend durch zeitliche und räumliche Ausdehnung charakterisiert ist.

Vorstellung'; N.B.] werden nicht und können auch nicht aus den bereits untersuchten deduziert, sondern müssen als denselben zu Grunde liegend postuliert werden. Aus der Synthesis der postulierten mit den schon betrachteten Tätigkeiten wird dann die für sich seiende Vorstellung deduziert. [...] Die zu postulierenden Tätigkeiten dürften gar nicht deduziert werden können, weil sie höhere Tätigkeiten sind; die Deduktion der Vorstellung verläuft nicht von oben nach unten, sondern von unten nach oben", Metz 1991, 339.

Offensichtlich greift Fichte hier auf Kant zurück, der die Zeit als Form der inneren und den Raum als Form der äußeren Anschauung konzipiert. Die zentrale These besagt, dass das Schweben der Einbildungskraft den Ursprung der räumlichen Ausdehnung und der zeitlichen Sukzession ausmacht: Im Bewusstsein werden Ausdehnung und Sukzession nämlich dadurch erzeugt, dass das Ich versucht, seine unendliche Tätigkeit mit seiner endlichen Bestimmtheit zu vereinigen.[94] Da sich Unendlichkeit und Endlichkeit jedoch schlechthin nicht vereinigen lassen, können sie nur als Entgegengesetzte im Bewusstsein vorkommen. Der Vorgang des Beziehens und des Abstoßens der Entgegengesetzten scheint für Fichte die Mannigfaltigkeit des Raumes und der Zeit zu konstituieren (vgl. GWL GA I, 2, 376 / SW I, 226). Durch die Erzeugung dieser Mannigfaltigkeit soll dann zugleich eine Realität gegeben sein, auf welche sich das Ich in der Anschauung bezieht.

Die Vermögen der Vernunft, des Verstandes und der Urteilskraft werden dann als Bedingungen der Möglichkeit dafür abgeleitet, dass dieser Akt des Anschauens bewusst reflektiert werden kann. Erst im praktischen Teil zeigt sich, dass die reinen Anschauungsformen des Raumes und der Zeit auf ein konkretes Gefühl der Beschränkung bezogen werden müssen, wenn es zu einer Vorstellung

---

[94] Zur in der *Grundlage* kaum ausgeführten Deduktion des Raumes als Setzung der produktiven Einbildungskraft vgl. Schäfer 2006a, 206. Zur Deduktion der Zeit als Produkt der Einbildungskraft führt Schäfer weiterführend aus: „Für Fichte ist von zentraler Bedeutung, dass die Einbildungskraft in ihrem Oszillieren die Zeit hervorbringt [...] Die einander Widersprechenden sind im gleichen Augenblick in der Einbildungskraft anwesend, stoßen sich aber ab und daraus entsteht eine Dehnung eines Augenblicks/Jetzt zu einem Moment; da dies mit jedem Augenblick/Jetzt geschieht, wird Moment an Moment gereiht bzw. aneinander gefügt und es entsteht die kontinuierliche, verfließende Zeit. Die Zeit wird damit primär als permanente Sukzession begriffen [...] Die Entstehungsgeschichte der Zeit besteht somit darin, dass eine Gleichzeitigkeit von Unverträglichem gedehnt wird. Die endliche und die unendliche Tätigkeit des Ich bilden die unverträglichen Zustände (im Ich), die von und in der Einbildungskraft synthetisiert werden. Die Zeit gibt es daher nur immanent im Ich, unabhängig von Ich/Einbildungskraft gibt es keine Zeit; dies begründet die ‚Idealität der Zeit'", Schäfer 2006a, 157f.

eines wirklich Gegebenen kommen soll. Das deutliche Bewusstsein eines Objekts kommt jedoch weder in der reinen Anschauung noch in der einfachen Beziehung der Anschauungsformen auf eine konkrete Empfindung zustande. Wie noch zu zeigen ist, wird das Bewusstsein eines Objekts erst im Denken, also im diskursiven Begriff möglich. Das Erfassen eines Anschauungsgehalts im Begriff setzt eine bewusste Reflexion durch die Bestimmung bzw. Fixierung desselben voraus, welche weder in der bloßen Empfindung noch in der bloßen zeitlichen und räumlichen Ausdehnung des Vorstellungsgehalts erfolgt. Die Bestimmung eines anschaubaren Vorstellungsgehalts durch Reflexion führt außerdem auf die fundamentale Unterscheidung zwischen einem vorstellenden bzw. anschauenden Subjekt einerseits und einem angeschauten Objekt bzw. Vorstellungsgehalt andererseits. Diese Unterscheidung kann aus dem bloßen Schweben der Einbildungskraft nicht erklärt werden, da durch die Tätigkeit der Einbildungskraft die Grenze zwischen Subjekt und Objekt zwischen Setzung und Aufhebung oszilliert. Die bloße Anschauung als rudimentäres Bewusstsein des Strebens gibt weder ein deutliches Bewusstsein eines Objekts noch geht sie mit einem deutlichen Selbstbewusstsein einher, auch wenn sie auf eine konkrete Empfindung bezogen ist. Für Fichte gilt, dass ein erkennendes Subjekt erst im Gegensatz zu einem erkannten Objekt seiner selbst gewahr werden kann.

Das gesuchte Vermögen, das die Bestimmung des Vorstellungsgehalts als Objekt der Erkenntnis und damit die Unterscheidung zwischen Subjekt und Objekt erklären soll, ist die theoretische Vernunft. Die theoretische Vernunft ist das Vermögen der spontanen Selbstbestimmung zu einem Erkenntnisakt. Diese Selbstbestimmung macht es möglich, dass sich das Ich im Vollzug einer Vorstellung entweder auf sich selbst als das Vorstellende oder auf einen vorgestellten Gehalt bezieht. Nach dieser Darstellung ist die theoretische Vernunft sogar der Einbildungskraft vorausgesetzt, da die in der theoretischen Vernunft hergestellte Selbstbeziehung, welche mit dem Ausschluss des Nicht-Ich einhergeht, der Vermittlung durch Einbildungskraft vorausliegt. Die Einbildungskraft erscheint hier als Vermittlerin zwischen zwei Momenten, die sie allerdings selbst nicht produziert. Wie bereits erwähnt, ist allerdings die

Produktion dieser beiden Momente überhaupt nicht denkbar, wenn sie nicht zugleich in einer vermittelten Beziehung gesetzt werden. Produktion durch theoretische Vernunft und Vermittlung in der Einbildungskraft setzen sich also gegenseitig voraus. Für die Möglichkeit eines deutlichen Selbst- sowie Objektbewusstseins sind zusätzlich zur theoretischen Vernunft noch zwei weitere Vermögen anzunehmen, nämlich Verstand und Urteilskraft. Der Verstand wird konzipiert als eine Vermittlung zwischen der schwebenden Einbildungskraft in der bloßen Anschauung einerseits und der spontan reflektierenden und abstrahierenden Vernunft andererseits: Der Verstand erscheint im Rahmen dieser Überlegungen als das Produkt, das aus dem spontanen Akt der Vernunft hervorgeht, indem sie das Schweben der Einbildungskraft fixiert – „Der Verstand lässt sich als die durch Vernunft fixirte Einbildungskraft, oder als die durch Einbildungskraft mit Objecten versehne Vernunft beschreiben" (GWL GA I, 2, 374 / SW I, 233). Der Verstand wird in diesem Sinne gedeutet als „der bloße Behälter des durch die Einbildungskraft hervorgebrachten" (GWL GA I, 2, 374 / SW I, 233). Der Verstand hat dieser Darstellung zufolge keine eigene Tätigkeitsweise.[95] Der Begriff des Verstandes bezeichnet bloß das Ergebnis der geforderten Begrenzung und Bestimmung des Schwebens der Einbildungskraft. Fichte bezeichnet ihn demnach auch als „ein ruhendes, unthätiges Vermögen des Gemüths (GWL GA I, 2, 374 / SW I, 233).[96] Die Fixierung des schwebenden Gehalts der

---

[95] Dadurch ergibt sich eine deutlich von Kant unterschiedene Bestimmung des Verstandes, der den Verstand als „das Vermögen, a priori zu verbinden" (KrV B 135) und als Aktzentrum der Spontaneität (KrV B 75) charakterisiert. Bzgl. des Unterschieds zwischen Fichts und Kants Verstandesbegriff vgl. Hanewald 2001, 172 und Schäfer 2006a, 171.

[96] Wird der Verstand jedoch als ein bloßes Produkt gedeutet, als das Ergebnis der Fixierungsleistung der Vernunft, ist es unverständlich, inwiefern der Verstand zugleich ein „Mittelvermögen" zwischen Einbildungskraft und Vernunft sein soll (vgl. GWL GA I, 2, 374 / SW I, 233). Stellt der Verstand nämlich eine Weiterbestimmung der Einbildungskraft durch die Vernunft dar, scheint er nicht zwischen beiden zu vermitteln, da eine wie auch immer geartete Vermittlung bereits stattgefunden haben muss, wenn eine Bestimmung der Einbildungskraft durch die Vernunft erfolgt. Ebenso wenig ist klar, inwiefern Fichte behaupten kann, dass das „geforderte

Anschauung im Verstand ist eine Voraussetzung dafür, dass sich das Ich bewusst auf das Angeschaute beziehen kann. Die Anschauungsrealität, welche durch das Schweben der Einbildungskraft produziert wird, wird erst durch ihre Fixierung im Verstand als eine solche reflektierbar. Der Gedanke einer unabhängigen Realität des Anschauungsobjekts hat seinen Ursprung im Verstand: Denn das Angeschaute erscheint erst als eine Verstandesrealität, als ein Gegebenes, wenngleich zu der Verstandesrealität noch weitere Bestimmungen hinzutreten müssen, um es als ein deutlich erkanntes Objekt zu bestimmen.

Das im Verstand fixierte Anschauungsmaterial ist also noch kein eigentliches *Objekt* und auch das reflektierende Ich erscheint noch nicht als ein erkennendes Subjekt im Gegensatz zu diesem Objekt. Das Vermögen, durch welche der fixierte Anschauungsgehalt überhaupt zu einem Objekt wird, ist für Fichte die Urteilskraft. Fichte konzipiert die Urteilskraft als das Vermögen, über die im Verstand fixierte Anschauungsrealität zu reflektieren, wodurch eine erneute Bestimmung dieser Realität erfolgt. Dieser erneute Akt der Bestimmung führt auf einen *Begriff* dieser Realität – die Urteilskraft macht es möglich, dass ein Etwas gedacht und nicht bloß angeschaut wird. Erst durch die Vereinigung von Verstand und Urteilskraft entsteht ein deutliches Objektbewusstsein (vgl. GWL GA I, 2, 381 / SW I, 242).[97] Die oben beschriebene Setzung der unabhängigen Realität

---

Festhalten [des Schwebens der Einbildungskraft]" durch den Verstand geleistet werden soll, wenn er im gleichen Absatz darlegt, dass das „Fixiren oder Festsetzen" eine Leistung der Vernunft ist (GWL GA I, 2, 373 / SW I, 233), letzteres kritisiert auch Schäfer 2006a, 171.

[97]   Zum Verhältnis von Verstand und Urteilskraft führt Schäfer aus: „Die Urteilskraft ist ein den Verstand zu größerer Bestimmtheit führendes Vermögen. Einerseits ist die reflektierend-abstrahierende Urteilskraft auf die ihr vorgegebenen Objekte des Verstandes angewiesen; andererseits ist es eine Leistung der Urteilskraft, den bestimmenden Akt auszuführen, welches der Objekte in den Fokus der Aufmerksamkeit treten soll. Der Verstand bestimmt insofern die Urteilskraft, als es seine Objekte sind, die ihr zur abstraktiv-reflexiven Fassung vorgelegt werden müssen; ohne den Verstand wäre die Urteilskraft leer. Aber umgekehrt muss auch gesehen werden, dass die eigentliche Fixierungstätigkeit, die sich bereits bei der Einführung des Verstandes andeutete, auf die Urteilskraft zurückzuführen ist.

des Objekts, welche sich durch die Übertragung der Konstitutionsbedingungen des Ich auf das Objekt verdankt, ist demnach der Urteilskraft zuzuordnen: In der erneuten Fixierung des Verstandesrealität erscheint dasselbe als eine gegebene, eigenständige Entität, die
beim erkennenden Ich eine Affektion bzw. eine Begrenzung er-
wirkt. Die schon vielfach benannte Setzung des Nicht-Ich als Ursache für eine Begrenzung des Ich lässt sich vermögenstheoretisch
der Urteilskraft zuschreiben. Zudem kann sich das Ich seiner selbst
erst im Gegensatz zum begriffenen Objekt als erkennendes Subjekt
gewahr werden. Fichte konzipiert die Urteilskraft als ein Vermögen
der freien Reflexion und Abstraktion über die im Verstand fixierte
Realität. Die Urteilskraft ist nicht unmittelbar durch das Objekt gebunden. Sie ist das Vermögen, mit dem das Ich sich zu einer Ob-
jektreflexion bestimmt. Diese Fähigkeit zur freien Reflexion, welche es ermöglicht, den Fokus des Bewusstseins zwischen verschiedenen Objekten zu bestimmen, zeigt ihre Abkunft aus der theoretischen Vernunft. Die theoretische Vernunft ist das Vermögen der
spontanen Selbstbestimmung in der Erkenntnis überhaupt. Der
wichtige Unterschied zwischen frei reflektierender Urteilskraft und
theoretischer Vernunft liegt darin, dass die theoretische Vernunft
allerdings selbst noch von allem Objekt abstrahieren kann. Dies begründet die herausgehobene Stellung der theoretischen Vernunft.
Die Urteilskraft ist an die Objektivität selbst gebunden. Die theoretische Vernunft ist dagegen in der Lage, durch absolute Abstraktion vom Objekt eine Selbstbeziehung des Ich herzustellen, was der
an das Objekt gebundenen Urteilskraft versagt ist. Die Herstellung
dieser Selbstbeziehung ist die notwendige Bedingung dafür, dass
sich das Ich überhaupt als das erkennende Subjekt im Objektbezug
denken kann.[98]

Die Urteilskraft ist ein bestimmendes Vermögen, das jene Feststellung des
Schwebens ermöglicht, durch das der Verstand seine stillstehenden Gegenstände hat", Schäfer 2006a, 180.
[98] Zum Abschluss dieser Ausführungen zu Fichtes Deduktion der theoretischen Erkenntnisvermögen sei auf die Unterschiede zu Kants Erkenntnislehre hingewiesen, die Metz präzise ausführt: „Zwar wird bei Kant und
Fichte eine ursprünglich-produktive Tätigkeit, die nicht zum empirischen
Bewußtsein gelangt, von der bloß nachträglichen, uns unmittelbar

2.5.2 Die Bestimmung der theoretischen Vermögen durch den praktischen Trieb

Der komplexe Prozess der Vorstellung eines äußeren Objekts soll, wie gezeigt wurde, in mehrfacher Hinsicht in Abhängigkeit vom praktischen Vermögen des Strebens gedacht werden. Erstens ist eine theoretische Vorstellung nur dann möglich, wenn sich das faktisch begrenzte Ich gegen die Begrenzung praktisch behauptet. Zweitens begründet Fichte die Möglichkeit der Reflexion auf einen Trieb, der zugleich einen Trieb nach einem begrenzenden Objekt enthält, das die Bedingung der wirklichen Selbstreflexion sein soll. Andererseits behauptet Fichte aber ebenso, dass die ideale Setzung eines Objekts nicht aus dem Gefühl und dem beschränkten Streben entwickelt werden kann, sondern auf das Vermögen der theoretischen Einbildungskraft und der davon abgeleiteten Erkenntnisvermögen angewiesen ist. Der praktische Trieb soll auf die ideale Tätigkeit wirken, kann ihre Funktion jedoch nicht übernehmen. Die theoretische Tätigkeit der Vorstellung lässt sich also nicht restlos aus dem Streben ableiten. In diesem Sinne wahren die theoretischen Vermögen eine Unabhängigkeit vom praktischen Vermögen. Trotz ihrer Unabhängigkeit müssen beide Vermögen im Bewusstsein

bewußten, unterschieden. Während bei Kant aber ursprüngliche und nachträgliche, apriorische und aposteriorische Synthesis sich gegenseitig bedingen und eine synthetische Einheit bilden – ohne Grund- und Rahmenbestimmtheit keine empirische Füllung, aber ebenso ohne empirische Füllung keine Grund- und Rahmenbestimmtheit –, stehen beide in Fichtes Philosophie nicht im Verhältnis der Gegenseitigkeit, sondern der Fundierung. Aus den ursprünglichen Handlungen des menschlichen Geistes wurde die Endsynthesis abgeleitet; aufgrund des dem ersten Grundsatz entspringenden Postulats bzw. Regulativs [...] reflektiert der menschliche Geist ursprünglich auf das so hervorgebrachte Faktum; aus dieser Reflexion entspringt das somit abgeleitete Bewußtsein. Durch ursprüngliche Vernunfthandlungen wird es demnach prinzipiiert. Ganz anders verhält es sich bei Kant. Der menschliche Geist reflektiert nicht auf ein von ihm hervorgebrachtes Faktum, weil er keine inhaltsproduktive Synthesis vollzieht. Das reine formproduktive Konstituieren bzw. implizite Wissen ermöglicht und regelt zwar das explizite empirische Wissen, läßt es aber nicht aus sich hervorgehen", Metz 1991, 334.

jedoch aufeinander bezogen werden können. Diese Beziehung konzipiert Fichte als eine Wechselbestimmung. Der Primat der praktischen Vermögen zeigt sich dabei jedoch darin, dass diese Wechselbestimmung selbst aus einem Trieb erklärt wird. Fichte spricht hier
von einem Trieb der Wechselbestimmung.

Trotz der behaupteten Unabhängigkeit der idealen Tätigkeit behauptet Fichte also eine sehr weitgehende Bestimmung derselben
durch den praktischen Trieb. Dies zeigt sich vor allem darin, dass
er die ideale Produktion einer Objektvorstellung aus dem praktischen Sehnen erklärt, über die Beschränktheit des Ich hinauszugehen. Die genetische Erklärung der wirklichen Objektvorstellung
enthält die Überlegung, dass der Trieb bzw. das Sehnen primär auf
die ideale Bestimmung eines äußeren Objekts wirkt, da ihm ein realer kausaler Einfluss, etwa in Form einer Aufhebung des Objekts,
versagt bleibt.[99]

Diese genetische Erklärung lässt sich folgendermaßen rekonstruieren: Im Selbstgefühl konstituiert das Ich durch spontane Reflexion eine ideale Selbstbezüglichkeit, durch welches das Ich sich
aus der unreflektierten Beschränktheit des Gefühls befreit. In der
idealen Selbstbestimmung kann die reale Beschränkung des Gefühls jedoch nicht aufgehoben werden. Im Selbstgefühl vernimmt
das Ich zugleich ein Sehnen, einen Trieb über die Beschränktheit
hinaus. Dieses Sehnen zielt auf ein zunächst nicht deutlich reflektiertes Telos der unendlichen Tätigkeit des Ich. Im bloßen Selbstgefühl vernimmt das Ich bloß, dass es über die Beschränktheit hinaus strebt, ohne das Ziel dieses Strebens deutlich zu reflektieren.
Das fühlende Ich, das eine rudimentäre ideale Selbstbestimmung
enthält, hat sich damit als die Instanz gesetzt, die auf das Sehnen
nach Unendlichkeit bezogen ist. Das bedeutet, dass sich das Sehnen

---

[99] Fichte argumentiert, „dass der Bestimmungstrieb nicht auf reale Modifikation, sondern lediglich auf ideales Bestimmen, Bestimmen für das
Ich, Nachbilden, ausgehe. Dasjenige, was Objekt desselben seyn kann,
muss realiter vollkommen durch sich selbst bestimmt seyn, und da bleibt
für eine reale Thätigkeit des Ich nichts übrig, vielmehr stände eine solche
mit der Bestimmung des Triebes in offenbarem Widerspruche. Wenn das
Ich realiter modificirt, so ist nicht gegeben, was gegeben seyn sollte" (GWL
GA I, 2, 438 / SW I, 312). Vgl. hierzu auch Claesges 1974, 128–130.

zunächst an das reflektierende, sich ideal bestimmende Ich richtet. In diesem Umstand gründet der entscheidende Gedanke, dass Streben und Sehnen das reflektierende Ich dazu bestimmen, ein äußeres Objekt der Vorstellung zu setzen. Die vom Trieb angeregte Bestimmung des äußeren Objekts ist ideal, nicht real. Der oben geschilderte, komplexe Prozess der theoretischen Vorstellung soll also zuallererst durch das Sehnen angetrieben werden. Wie bereits erwähnt, geht das Sehnen nicht primär auf ein endliches, äußeres Objekt, sondern auf das Ideal der reinen Selbstbestimmung. Ist das Ich jedoch faktisch beschränkt, wie es im Gefühl vernommen werden kann, dann kann sich das Streben nach unendlicher Bestimmung weder realisieren noch kann das Ich die Wirklichkeit dieser unendlichen Selbstbestimmung erkennen. Unter der Voraussetzung einer faktischen Beschränkung im Gefühl, bestimmt der Trieb die ideale Tätigkeit einerseits dazu, ein Objekt ausschließlich nach Maßgabe des Ich zu setzen, zumal der Trieb darauf ausgeht, das unendliche Ich im Äußeren zu realisieren. Dieser Trieb ist jedoch faktisch beschränkt, was sich nach Fichte auf dessen Wirkung auf die ideale Tätigkeit auswirkt. Da der Trieb ursprünglich auf eine unendliche, selbstgesetzte Realität geht, wird die ideale Tätigkeit dazu bestimmt, ein Objekt zu setzen, das eine solche selbstgesetzte Realität darstellt. Eine unabhängig existierende, selbstbestimmte Ganzheit ist dabei zunächst die Außenwelt selbst, die das Objekt der idealen Vorstellungen überhaupt ist. Damit zeigt sich, dass sich die Vorstellung einer begrenzenden Außenwelt, die als unabhängig vom Ich existierend gedacht wird, nur aus der Voraussetzung des Triebes erklären lässt.[100] Als das Fühlende im Gefühl ist es eine Identität

---

[100] Pointiert hält Hogrebe hierzu fest, dass anders als Hegel es etwa den Romantikern unterstellt bei Fichte „die Sehnsucht gerade *nicht als das Organ der Weltflucht, sondern als Organ der Weltzuwendung* [fungiert]", Hogrebe 1995, 56. Des Weiteren führt Hogrebe treffend aus: „Fichtes Theorie des Sehnens will [...] erklärlich machen, wie es möglich ist, daß wir uns überhaupt auf Gegenstände beziehen können, daß wir nicht in einem gleichsam autistischen Selbstgefühl befangen sind, sondern daß wir uns selbst nur fühlen können, wenn wir zugleich das fühlen was in uns nicht wir selbst sind. An dieses Andere in mir gewinne ich Anschluß, indem es mein Gegenstand wird. Das im Sehnen intendierte Objekt ist mein Objekt. Was immer ein

von Bestimmenden und Bestimmung. In seiner Reflexion auf sich ist das Ich nämlich einerseits bestimmend tätig, andererseits aber als Objekt der Reflexion ein Bestimmtes. Daraus folgt für Fichte der allgemeine Grundsatz, dass jedes mögliche Objekt, auf das sich das reflektierende Bewusstsein beziehen soll, eine Identität von Bestimmenden und Bestimmtem darstellen muss. Dies, so Fichte, stellt den „Maasstab des Reflectirens" dar (GWL GA I, 2, 436 / SW I, 310), welchen das Ich aus seiner eigenen wesensmäßigen Verfasstheit nimmt, nämlich selbst die Identität von Bestimmenden und Bestimmung zu sein. Wird das reflektierende Ich jedoch zur Bestimmung eines Äußeren und damit aus seiner Beschränktheit hinausgetrieben, dann kann das Ich sich nur dann auf dieses Äußere beziehen, wenn es ebenfalls eine Identität von Bestimmen und Bestimmung darstellt. Es folgt, dass ein mögliches Objekt, das dem Gefühl der Beschränkung korrespondieren soll, „realiter vollkommen durch sich selbst bestimmt seyn" muss (GWL GA I, 2, 438 / SW I, 312). Dieses vollkommen durch sich selbst bestimmte Objekt stellt dabei eine „vollkommne Totalität und Ganzheit" dar (GWL GA I, 2, 437 / SW I, 311). Im konkreten Bewusstsein erscheint das Objekt nicht als produktive Setzung des Ich, sondern bloß als Reproduktion eines unabhängig Gegebenen. Diese vorstellende Reproduktion nennt Fichte auch eine Nachbildung, die sich später als Anschauung des Gegebenen erweisen wird. Diese Konzeption der Objektivität des Objekts erscheint auf den ersten Blick paradox. Denn Fichte behauptet, dass sich das Ich nur dadurch auf ein unabhängig existierendes Objekt beziehen kann, dass es seine eigenen Konstitutionsbedingungen auf das Objekt überträgt. Dieser Gedanke kann so gerechtfertigt werden, dass die Vorstellung der unabhängigen Existenz selbst eine grundlegende ideale bzw. gedankliche Bestimmung ist, die nur aus dem denkenden Ich herkommen

Ich also sein mag, es beweist sich darin, daß es zu dem, was es nicht ist, in ein thematisierendes, intendierendes, meinendes Verhältnis treten kann: wo etwas oder intendieren oder meinen kann, ist es Ich. Das einfache Geheimnis von Fichtes Theorie ist also dies: er denkt unter dem Teil des Sehnens eine Voraussetzung unserer Intentionalität, oder, modern ausgedrückt: eine Bedingung unserer Fähigkeit sprachlich Bezug nehmen, d.h. referieren zu können", Hogrebe 1995, 59.

und nicht äußerlich induziert sein kann. Die Setzung eines äußeren Objekts setzt dabei zwar eine faktisch nicht ableitbare Beschränkung des Ich voraus. In dieser Hinsicht ist die Bezugnahme auf ein Objekt nicht aus dem Ich erklärbar. Die ideale bzw. theoretische Erfassung desselben kann jedoch nur in einer objektiven Vorstellung erfolgen, dessen Grundbestimmungen sich genetisch aus dem Ich entwickeln lassen müssen. Zu diesen Grundbestimmungen zählt das unabhängige Dasein des Gegenstandes. Mit der These der Übertragung der Selbstbestimmtheit vom Ich auf das Objekt hat Fichte die Genese dieser Bestimmung aus dem Ich aufgezeigt.[101]

Für Fichte gilt, dass das Ich sich in jeder Reflexion nur auf etwas beziehen kann, was ihm selbst gegeben ist, nicht aber auf etwas, was völlig außerhalb seiner selbst liegt. Für die genetische Erklärung des Bewusstseins einer Außenwelt gilt daher allgemein, dass diese nur aus einem subjektiven Zustand abzuleiten ist. Er begründet die Möglichkeit des Objektbewusstseins aus dessen Gegensatz zum Selbstbewusstsein, welches im Gefühl des Sehnens enthalten ist. Diese rudimentäre Form des Selbstbewusstseins entsteht durch die spontane Setzung des Ich als das Fühlende im Gefühl oder als das Getriebene im Trieb. Das Ich wird im passiven Treiben zugleich aktiv, indem es sich selbst mit dem Getriebenen identifiziert. In dieser Selbstbezüglichkeit ist es das Bestimmende und Bestimmte zugleich. Als eine solche Identität von Bestimmendem und Bestimmtem kann es auch als ein Unendliches begriffen werden. Entscheidend ist dabei, dass die Selbstbezüglichkeit des Fühlenden das Gefühlte nicht aufhebt. Der Trieb als das Gefühlte bleibt dem Ich weiterhin gegeben, er wird durch die spontane Selbstreflexion aus dem Ich nicht vollständig ausgeschlossen. Der Trieb, dem es versagt ist, außerhalb seiner Sphäre zu wirken, ist damit dem Ich gegeben als eine „innere, eingeschlossene, sich selbst bestimmende Kraft" bzw. als ein „intensiver Stoff" (GWL GA I, 2, 438 / SW I, 312). Reflektiert das Ich auf den Trieb, muss es sich denselben entgegensetzen. Der Trieb erscheint damit als dasjenige, das reine selbstbezügliche Tätigkeit des Ich äußerlich begrenzt. Er ist damit die Grenze für

---

[101] Ähnlich argumentiert Fichte in der *Wissenschaftslehre nova methodo*, vgl. 6.4.2.

jene Tätigkeit, durch die sich das Ich überhaupt erst als ein bewusstes Ich konstituiert. Somit wird der Trieb, der im Gefühl vom Ich
nicht als Produkt seiner eigenen Tätigkeit aufgefasst wird, „nach
außen" und damit als ein gegebenes Objektives gesetzt (GWL GA
I, 2, 438 / SW I, 312). Die Setzung der Objektivität erfolgt demnach
durch die Verobjektivierung der ursprünglich subjektiven Tätigkeit
des Triebs, welcher jedoch aufgefasst wird als der reinen, bewussten
Selbstbezüglichkeit entgegengesetzt. Dabei ist es so, dass diese
Verobjektivierung des Subjektiven selbst wiederum durch den im
Ich vorherrschenden Trieb nach Außen begründet ist. Die Bestimmtheit der idealen Tätigkeit durch die Beschränktheit des
Triebs zeigt sich dagegen darin, dass die ideale Tätigkeit das Objekt
als ein solches setzt, welches das praktische Streben daran hindert,
sich zu manifestieren. Damit ist das gesetzte Objekt dem Ich hinsichtlich seiner unabhängigen Existenz gleich, in einer anderen Hinsicht ist es dem Ich aber entgegengesetzt. Das gesetzte Objekt ist
damit dasjenige, das als Grund eines im Gefühl vernehmbaren Ge-
genstrebens des Nicht-Ich gesetzt wird. Die theoretische Vorstellung eines Objekts hat dadurch ihren Bezugspunkt im Gefühl der
Beschränkung überhaupt, welches sich nicht aufheben lässt. Die
ideale Produktion ist nicht absolut und frei, sondern auf dieses Gefühl als zugrundeliegenden Stoff bezogen. Der Stoff selbst, also die
Wirklichkeit der Beschränkung, entzieht sich der freien Setzung der
idealen Tätigkeit. Das bedeutet, dass die ideale Tätigkeit nicht die
Wirklichkeit des Stoffes erschaffen, sondern bloß eine ideale Modifikation desselben vornehmen kann. Die ideale Tätigkeit produziert
Objektvorstellungen, die sich auf den zugrundeliegenden Stoff beziehen, nicht aber den Stoff selbst.[102] In diesem Gedanken liegt

---

[102] Zum Verhältnis von idealer Tätigkeit bzw. Anschauung und Gefühl
siehe auch Lohmann 2004, 79: „Der Vorzug des Gefühls besteht darin, den
unmittelbaren Bezug zu den zu bestimmenden Objekten herzustellen.
Seine Grenze zeigt sich jedoch darin, daß es die Beschaffenheit der Objekte, auf die es stößt, nicht nachbilden kann. In der Repräsentation des
Gefühlsgehalts besteht die Aufgabe der Anschauung. Die Bestimmung der
Sachhaltigkeit eines Objekts setzt sich sowohl aus Aspekten des praktischen Wissens (Gefühl) als auch aus Aspekten des theoretischen Wissens
(Anschauung) zusammen, wobei aber der Prozeß des für die Bestimmung

begründet, dass Fichte trotz seiner These von der idealen Produktion der Objektvorstellung, keinen solipsistischen Produktionsidealismus vertritt: Denn das Gefühl der Beschränkung, auf das die ideale Tätigkeit bezogen bleibt, wird nicht ideal produziert, sondern ist dem Ich faktisch gegeben.[103] Die ideale Tätigkeit wird dabei vom Sehnen auch nicht zu einer praktischen Umbildung oder Aufhebung dieses Gefühls getrieben. Vielmehr bleibt die ideale Tätigkeit in Beziehung auf das Gefühl darauf beschränkt, ein dem Gefühl korrespondierendes Objekt zu setzen, wodurch das Gefühl anschaulich nachgebildet, nicht aber umgebildet wird. Dabei ist die Vorstellung einer das Ich begrenzenden Außenwelt als Entwurf der produzierenden Einbildungskraft zu verstehen, welche dem Gefühl der Beschränkung überhaupt korrespondiert. So wie das allgemeine Gefühl, das als eine Beschränkung durch eine Mannigfaltigkeit von besonderen Empfindungen spezifiziert werden kann, lässt sich der Entwurf der Vorstellung einer begrenzenden Außenwelt durch Vorstellungen von besonderen, einzelnen Objekten spezifizieren. Wie wir gesehen haben, ist die Vorstellung eines Objekts noch nicht mit der bloßen Anschauung gegeben, sondern bedarf darüber hinaus des Verstandes, der Urteilskraft und der Vernunft, durch welche Vermögen das anschaulich gegebene fixiert und bewusst reflektiert werden kann. Das einzelne Anschauungsobjekt ist durch die

der Realität eines Objekts notwendigen Wechsels zwischen Gefühl und Anschauung selbst durch ein praktisches Prinzip grundgelegt ist."
[103] Zu Recht weist Schäfer darauf hin, dass aufgrund der nicht ableitbaren, faktischen Beschränkung des Ich im Gefühl die Annahme eines Dinges an sich für Fichte weiterhin notwendig ist. „Die Art des Seins, das hinter dem Gefühl als dessen Ursache stehend angenommen wird, ist als die Existenz des ‚Dings an sich' zu bestimmen. Das Ding an sich wird von Fichte also nicht aus der kritischen Philosophie eliminiert, sondern – ganz im Sinne Kants – als ein Grenzbegriff bestimmt, der durch eine rein gedankliche Konstruktion die Grenzen unseres Wissens vorzeichnet. Erst durch die unvermeidliche Annahme eines Dings an sich wird notwendig und unbezweifelbar, dass wir endliche Wesen sind. Ohne Ding an sich fände eine letztlich atheistische Selbsterhöhung des Ich statt; wie sie in Fichtes Deutung dem ‚konsequenten Stoizismus' zu eigen ist", Schäfer 2006a, 209. Eine ähnliche Deutung der Funktion des Dinges an sich in der *Grundlage* vertritt Hanewald 2001, 194ff.

Urteilskraft des anschauenden Ich gesetzt und begrenzt, soll aber
als etwas erscheinen, das unabhängig vom Ich existiert, da es
schließlich als Grund des nicht aus dem Ich ableitbaren Gefühls der
Beschränkung gesetzt wird.[104] Diesbezüglich erklärt Fichte, dass ein
besonderes Anschauungsobjekt nur dann gesetzt werden kann,
wenn ihm zugleich eine Mannigfaltigkeit von anderen Objekten
entgegengesetzt ist. Die eigenständige und unabhängige Existenz
beweist das einzelne Objekt also im Gegensatz zu einer Mannigfaltigkeit anderer Objekte. Dabei sind jedoch sämtliche Objekte, auch
wenn sie sich gegenseitig ausschließen, dadurch ausgezeichnet, dass
sie als selbstständig existierende und damit als aus sich heraus bestehende, sich selbst erhaltene Entitäten gesetzt werden. Eine Pluralität von Objekten ist also nur dann denkbar, wenn diese sich einerseits gegenseitig begrenzen, in dieser Begrenzung jedoch Eigenständigkeit wahren.

2.5.3 Wechselbestimmung von theoretischen und praktischen Vermögen im Einheitstrieb

Die vorangegangenen Ausführungen haben gezeigt, dass Fichte das
theoretische Bewusstsein der Außenwelt aus einer Wirkung des
Strebens bzw. des Sehnens auf die ideale, vorstellende Tätigkeit des
Ich erklärt. Aufgrund dieses Bestimmungsverhältnisses beansprucht Fichte, das Primat der praktischen Ich-Vermögen gegenüber den theoretischen aufgewiesen zu haben. Der zentrale Gedanke in diesem Aufweis besagt, dass das Ich nur dann theoretisch
vorstellend sein kann, wenn es praktisch strebend tätig ist. Ebenso
zeigte sich jedoch in mehreren Hinsichten, dass eine bloße praktische Tätigkeit ohne Reflexion und Idealität gar nicht denkbar ist, was wiederum das Verhältnis der gleichwertigen Wechsel-

---

[104] „Aber – die Begrenzung in C wird bloß *gefühlt*, und nicht *angeschaut*. Die
frei gesetzte soll bloß *angeschaut*, und nicht *gefühlt* werden. Beides aber, Anschauung und Gefühl haben keinen Zusammenhang. Die Anschauung
sieht, aber sie ist *leer*; das Gefühl *bezieht sich auf Realität*, aber es ist *blind*. –
Doch soll X der Wahrheit nach, und so wie es begrenzt ist, begrenzt werden" (GWL GA I, 2, 443 / SW I, 317f.).

bestimmung zwischen beiden Vermögen nahelegt. Das praktische Streben muss reflektiert werden können, wenn es das Streben eines Ich sein soll. Fichte konzipiert das Streben erstens nicht als eine bloße praktisch wirkende Kraft, die nur die Selbstbehauptung des Ich gegen den Anstoß erklären kann. In das Streben ist vielmehr selbst eine ideale Komponente eingelagert, da es auf das Telos der Realisierung unendlicher Tätigkeit bezogen ist, welches als Ideal durch die Einbildungskraft entworfen wird. Offensichtlich kann zweitens ein praktisches Vermögen dem Ich nur dann zugeschrieben werden, wenn es in der Lage ist, sich ideal bzw. reflexiv auf dasselbe zu beziehen. Die praktisch fundierte Geschichte des Selbstbewusstseins entfaltet sich entlang von spontanen Reflexionen, durch welche das Ich ein immer deutlicheres und artikulierteres Bewusstsein seiner Beschränktheit im Gefühl, einer beschränkenden Außenwelt sowie seiner selbst als fühlendes und strebendes Subjekt erhält. Ein deutliches Bewusstsein als strebendes Subjekt setzt dabei ein Objektbewusstsein voraus, welches das theoretische Ich nur vermittelst von Einbildungskraft, Anschauung, Verstand und Vernunft herstellen kann. Fichte betont dabei deutlich, dass aus dem Gefühl, das er dem praktischen Ich zuordnet, die ideale Setzung von Objektvorstellungen nicht erklärt werden kann.

Auch wenn aus diesen Überlegungen hervorzugehen scheint, dass zwischen theoretischen und praktischen Vermögen des Ich eine gleichwertige Wechselbestimmung anzunehmen ist, schließt Fichte seine Überlegungen mit einer erneuten Behauptung des Primats der praktischen Vermögen ab. Denn die Wechselbestimmung von theoretisch-vorstellenden und praktischen Vermögen gründet in einem *Trieb* nach Wechselbestimmung, den Fichte auch als einen Trieb nach Einheit oder Harmonie des Ich beschreibt. Der Trieb nach Wechselbestimmung ist der Trieb nach Einheit und Übereinstimmung zwischen dem, was das bloß fühlbare Streben bzw. Sehnen fordert und dem, was die ideale Tätigkeit des Ich tatsächlich leistet. Der Trieb nach Wechselbestimmung geht darauf aus, dass das Sehnen nach einem Objekt in einem theoretischen Objektbewusstsein befriedigt wird. Diese Überlegung zeigt, dass Fichte die Verknüpfung zwischen dem fühlbaren Sehnen und der vor-stellenden Tätigkeit nicht als ein einfaches Faktum hinnimmt. Sein

Argument besagt vielmehr, dass aufgrund der Ungleichartigkeit beider Vermögen das Ich zunächst nur danach streben kann, dass sich
beide für ein gelingendes Objektbewusstsein tatsächlich aufeinander beziehen lassen. Der Trieb nach Einheit in Wechselbestimmung wird als synthetischer Beziehungsgrund von idealer und
praktischer Tätigkeit konzipiert. Das, wonach das Ich strebt, soll
auch ideal gesetzt und angeschaut werden. In diesem Fall würde das
ideal Gesetzte als vollständig bestimmt durch den Trieb erscheinen
und der Trieb würde sich als dasjenige erweisen, das auf genau diese
ideale Setzung ausgeht. Fichte konzipiert die Wechselbestimmung
von praktischem Trieb und idealer Setzung als eine vollständige
Harmonie des Ich mit sich selbst. Die Harmonie bezeichnet eine
vollendete Selbstbestimmung, die genau dann eintritt, wenn sich die
beiden Momente der theoretischen und der praktischen Tätigkeit
als wechselseitig durcheinander bestimmt zeigen.

Die Interpretation der abschließenden, aber äußerst knappen
Ausführungen zum Abschluss der *Grundlage* steht vor gleich mehreren Schwierigkeiten: Erstens stellt sich die Frage, wie die faktisch
erkennbare Beziehung zwischen Anschauung und Gefühl im endlichen Bewusstsein durch eine bloß geforderte bzw. gesollte harmonische Einheit erklärt werden kann. Wie kann dasjenige, was ist,
durch dasjenige erklärt werden, was da sein soll? Aus den vorangegangenen Untersuchungen ergibt sich bereits, dass ausgehend von
einem Gefühl der Beschränktheit die ideale Setzung eines beschränkenden Objekts erfolgen muss. Das bedeutet, dass eine Übereinstimmung zwischen der durch den Trieb geforderten unendlichen
Realität des Ich und dem Produkt der idealen Tätigkeit unter den
Bedingungen der endlichen Existenz unmöglich ist. Das ideal produzierte, angeschaute Objekt widerstreitet der bloß geforderten,
unendlichen Realität des Ich, da es Ausdruck einer Begrenztheit ist,
die das endliche Ich selbst nicht verantwortet. Dann stellt sich zweitens die Frage, ob Fichte vielleicht eine partielle Befriedigung des
Triebes nach Wechselbestimmung für möglich hält und wenn ja,
unter welchen Bedingungen diese Befriedigung erfolgen könnte.
Wenn der Trieb wirklich befriedigt werden kann, erweist er sich als
ein wirksames synthetisches Prinzip. Der zunächst noch unbefrie-
digte Trieb erweist sich dann als synthetischer Einheitsgrund von

praktischer und theoretischer Tätigkeit, wenn im endlichen Bewusstsein eine Übereinstimmung beider Momente vernehmbar ist.
Der Trieb nach Wechselbestimmung von theoretischer und praktischer Tätigkeit muss demnach der Möglichkeit nach vorausgesetzt
werden, wenn eine solche Wechselbestimmung im endlichen Bewusstsein wirklich vorkommt. Fichte geht davon aus, dass sich eine
partielle Befriedigung des Einheitstriebes tatsächlich einstellt
(vgl. GWL GA I, 2, 448 / SW I, 324f.). Die Befriedigung des Triebes macht sich in einem Gefühl des Beifalls bemerkbar. Angesichts
der Bedeutung, die Fichte dem Prinzip der praktischen Selbstbestimmung beimisst, wäre es naheliegend, dass er die geforderte Harmonie im Bewusstsein einer freien, dem Prinzip der unbedingten
Selbstbestimmung unterstehenden Handlung erkennt. Eine partielle Übereinstimmung zwischen dem, was praktisch gefordert ist
und dem, was ideal angeschaut werden kann, könnte sich dann zeigen, wenn das Ich sich selbst als einen autonomen und selbstbestimmten Akteur inmitten von einschränkenden Handlungskontexten erkennt. Die Übereinstimmung wäre dann gegeben, wenn das
Ich *sich selbst* vorstellt als ein handelndes Wesen, das den Trieb zur
absoluten Selbstbestimmung realisiert. Eine solche Deutung
könnte sich darauf stützen, dass Fichte von einer geforderten Übereinstimmung von Trieb und Handlung spricht, die, wenn sie eintritt, von einem Gefühl der „Zufriedenheit" begleitet ist (GWL GA
I, 2, 450 / SW I, 327). Der Begriff der Zufriedenheit scheint dabei
Kants Konzept eines nicht sinnlich induzierten Gefallens an der
moralischen Qualität eigener Handlung entlehnt. Ebenso spricht
Fichte davon, dass der Trieb nach Selbstbestimmung, insofern er
als ein Gesetz für das Ich gedeutet wird, als „kategorische[r] Imperativ" bezeichnet werden kann (GWL GA I, 2, 450 / SW I, 327).[105]
Doch auch wenn Fichte mit der Bezugnahme auf einen „kategorischen Imperativ" auf den Bereich einer genuin moralischen
Selbstbestimmung zu verweisen scheint, soll hier eine andere Deutung des Einheitstriebs und den Bedingungen seiner Befriedigung

---

[105] Eine solche, durchaus naheliegende Deutung, nachdem es Fichte zum
Abschluss des praktischen Teils tatsächlich um den Aufweis eines Triebes
nach einer praktisch herzustellenden Harmonie des Ich gehe, vertritt Schäfer, vgl. insbesondere Schäfer 2006a, insb. 231 ff.

entwickelt werden: Erstens betont Fichte mehrfach, dass er in diesem Zusammenhang unter einer Handlung keine real-modifizierende Handlung in der Sinnenwelt versteht, sondern eine Handlung des idealen bzw. vorstellenden Vermögens. Es geht hier also weiterhin bloß um die Beziehung zwischen dem beschränkten Streben im Gefühl und der idealen Tätigkeit der Vorstellung, nicht aber um eine moralisch-praktische Selbstbestimmung.[106] Tatsächlich erweist es sich als ein großes Defizit der *Grundlage*, dass die Frage nach der Möglichkeit einer realen Modifikation der vorgestellten Sinnenwelt und damit nach einer realen Modifikation der dieser Vorstellung zugrundeliegenden Gefühle überhaupt nicht thematisiert wird. Der Gedanke, dass eine empirische Handlung in diesem Sinne überhaupt möglich ist, scheint sogar Fichtes These zu widersprechen, dass das Ich auf das Gefühl der Beschränktheit überhaupt nicht einwirken kann. Nach den bisherigen Untersuchungen scheint es eher so, dass das Ich reflektierend auf seine Beschränktheit bezogen ist, wobei sich eine Freiheit zur Bestimmung nur in der idealen bzw. theoretischen Produktion von Anschauungsobjekten manifestieren kann, nicht aber in der praktischen Bestimmung eines vorliegenden Gefühls.[107]

---

[106] Zur Klarstellung schließt die *Grundlage* mit dem folgenden Satz: „Das Handeln, von welchem hier die Rede ist, ist, wie immer, ein bloss ideales, durch Vorstellung. Auch unsere sinnliche Wirksamkeit in der Sinnenwelt, die wir *glauben*, kommt uns nicht anders zu, als mittelbar durch die Vorstellung" (GWL GA I, 2, 451 / SW I, 328).

[107] Auch Lohmann sieht, dass Fichte zum Abschluss der praktischen Wissenschaftslehre bloß die Vollendung des theoretischen Ich als Subjekt des Wissens thematisiert, ohne jedoch zu problematisieren, dass ausgehend von Fichtes Ausführungen der Übergang in eine Theorie des genuinen praktischen Bewusstseins unklar bleibt: „Das Gefühl der Vollendung ist das Objekt des Sehnens. Der Zustand der Entzweiung, der für das Ich im Gefühl der Leere ist und der am Anfang der Deduktion des Sehnens stand, ist im Gefühl der Vollendung überwunden. Das Ich ist in diesem Gefühl rein durch sich selbst bestimmt und von nichts anderem mehr abhängig. Der Prozeß der Fürsichwerdung des Subjekts ist im Gefühl der Vollendung an sein Ziel gekommen, weil sich das Ich nicht mehr bloß im Bestimmen der Dinge realisiert, sondern sich als das Bestimmende, d.h. als Prinzip des Wissens erfährt. Im Sehnen äußert sich der Trieb nach Veränderung, denn

Statt der Herstellung einer Harmonie des Ich im Bewusstsein
freier Selbstbestimmung in einem praktischen, spricht Fichte hier
vielmehr von einer Harmonie des Ich in einem bloß theoretisch-
erkennenden Sinn: Wie wir gesehen haben, geht das Sehnen, dem
die reale Modifikation eines realen Objekts versperrt ist, auf die
ideale bzw. reflektierende Tätigkeit des Sehnens aus. Im Sehnen
ist das Ich über seine Beschränkung hinaus und in Ermangelung
einer realen Handlungsmöglichkeit wird bloß die ideale Tätigkeit
dazu getrieben, ein äußeres Objekt zu bestimmen. Hierbei handelt
es sich nur um eine Bestimmung nach den theoretischen Gesetzen der Vorstellung. Das Objekt wird nicht verändert, sondern
nach Maßgabe des jeweiligen Gefühls in der Anschauung nachgebildet. Aufgrund der Ungleichartigkeit von idealer und praktischer
Tätigkeit, kann der Trieb eine solche Übereinstimmung zunächst
bloß fordern. Die von einem Gefühl des Beifalls begleitete Harmonie stellt sich dann zumindest temporär ein, wenn der theoretische Objekttrieb befriedigt ist und tatsächlich ein Objekt der
theoretischen Vorstellung produziert wird, wie es das Sehnen von
der idealen Tätigkeit verlangt. Die Bedingungen, unter denen die
Befriedigung des Objekttriebs einsetzt, hängen jedoch nicht ausschließlich vom Ich ab. Die theoretische Objektproduktion beruht nämlich auf einem Wechsel der zugrundeliegenden Gefühle,

er ist auf einen Wechsel des Zustandes des Ich aus. Dies ist der Grund,
warum das Gefühl der Vollendung nur einen Moment dauert [...]. In diesem Augenblick erfährt das Ich zwar ein völliges Beisichsein und begreift
die Realität der Dinge der Sinnenwelt als Spiegel seiner Freiheit, aber das
reicht Fichte noch nicht aus. Daß er die Rede vom kategorischem Imperativ mit dem Gefühl der Vollendung in Zusammenhang bringt, besagt, daß
die Vollendung der Selbstobjektiverung nicht nur darin liegen kann, sich
selbst als Prinzip des Wissens zu begreifen, sondern Vollendung bedeutet
vielmehr diesen höchsten Zustand der Selbstobjektivierung als einen Zustand der sittlichen Vollkommenheit zu erfahren. Gerade die hier nur in
Andeutungen vorkommende moralische Implikation des Gefühls der Vollendung macht Fichte in seiner Bestimmung des Gewissens im Sittenlehre
zu einem eigenen Thema und in der nova methodo zeigt er, wie sich das
Subjekt im moralischen Gefühl des Sollens und Nichtdürfens zugleich dem
theoretischen und dem praktischen Wissen nach als autonomes Wesen erfährt", Lohmann 2004, 92f.

da ein Vorstellungsobjekt nur unter der Bedingung einer Pluralität von Objekten gesetzt werden kann, die ihrerseits auf eine Pluralität von Gefühlen zu beziehen ist. Ein bestimmtes Objekt kann nur einem bestimmten Gefühl zugeordnet werden und umgekehrt. In Beziehung auf die ideale Tätigkeit strebt das sehnende Ich nach den Bedingungen, unter denen ein theoretisches Objekt gesetzt werden kann und das bedeutet, nach einem Wechsel der Gefühle überhaupt (GWL GA I, 2, 445 / SW I, 321). In diesem Zusammenhang ist das Ersehnte nicht die Realisierung der Unendlichkeit des Ich, sondern bloß ein dem gegenwärtigen Gefühl der Beschränktheit „[E]ntgegengesetze[s]", das „lediglich durch das Prädicat, daß es seyn soll *etwas anderes* für das Gefühl" bestimmt ist (GWL GA I, 2, 445 / SW I, 321). Ob der Trieb nach idealer Bestimmung eines äußeren Objekts tatsächlich befriedigt werden kann, entzieht sich der Einflussnahme des Ich, da die wechselnde Beschränkung des Ich im Gefühl nur durch ein Äußeres erfolgen kann, das durch das Ich nicht bestimmt ist. Die geforderte Veränderung des Gefühls kann daher nur aus der faktisch wahrnehmbaren Bestimmung und Begrenzung anschaubarer Objekte geschlossen werden, die darauf verweisen, dass der geforderte Wechsel der Gefühle stattgefunden haben muss. Eine ideale Setzung des Objekts nach Maßgabe des Triebes erfolgt dann, wenn ein neues Gefühl das vorhergehende Gefühl der Beschränktheit ablöst. Genau in diesem Umstand erkennt Fichte die Bedingungen für eine harmonische Einheit des Ich, in der Trieb und (ideale) Handlung als wechselseitig durcheinander bestimmt erscheinen. Denn die ideale, an sich selbst freie Tätigkeit erscheint im Vollzug der Vorstellung so, als sei sie durch den Trieb bestimmt. Sie leistet die geforderte Bestimmung des Objekts, welche der Trieb nicht übernehmen kann. Umgekehrt kann im Falle einer gelungenen idealen Objektbestimmung der Trieb als bestimmt durch die ideale Tätigkeit gedacht werden: Denn der Trieb zeigt sich dann so, als sei er auf eben jene Handlung ausgegangen. Der Trieb wiederum erscheint als durch die ideale Handlung bestimmt, dass letztere ihm als Telos eingeschrieben ist.

Zum Abschluss der *Grundlage* erklärt Fichte aus einem (praktischen) Trieb nach Einheit die Möglichkeit einer synthetischen

Beziehung von Gefühl und Vorstellung. Es geht dabei also grundlegend um die Einheit des Bewusstseins in der Objektvorstellung.
Zwar setzt eine wirkliche Verknüpfung von Gefühl und Vorstellung einen Wechsel von Gefühlen voraus, welchen das Ich nicht
herbeiführen kann. Ob und auf welche Art das Ich im Gefühl beschränkt ist, kann es nicht bestimmen. Um im kontingenten Fall
eines Wechsels der Gefühle tatsächlich eine Verknüpfung von Gefühl und Anschauung zu erreichen, muss jedoch überhaupt zuvor
ein Trieb nach einer solchen Verknüpfung vorhanden sein. In diesem Sinne deduziert Fichte die Beziehung von Gefühl und Vorstellung aus einem Trieb nach Einheit bzw. Harmonie, die sich in einer
gegenseitigen Bestimmung von Trieb und idealer Tätigkeit zeigt.[108]
Der Trieb nach Einheit im Ich ist eine Bedingung der Möglichkeit
des theoretischen Objektbewusstseins, er allein erklärt jedoch nicht
dessen Verwirklichung. Zum Abschluss hält Fichte fest, dass die
Übereinstimmung von Gefühl und Vorstellung mit einem Gefühl
des Beifalls bzw. der „Zufriedenheit" begleitet ist. Damit meint
Fichte in diesem Zusammenhang nicht die Zufriedenheit an der
moralischen Qualität der eigenen Willensbestimmung, sondern ein
Gefühl der Zufriedenheit bei einem gelingenden Erkenntnisvoll-
zug, der dadurch erfolgt, dass ein Gefühl der Beschränktheit auf ein
Objekt bezogen wird.[109] Diese Zufriedenheit erinnert also im

---

[108] Auch wenn Schäfer den abschließenden § 11 vom Telos einer Harmonie des praktisch handelnden Ich her versteht, deutet er das Gefühl der
Befriedigung treffend als eine „ästhetische Harmonie" bzw. als eine „harmonische Einheit" vom Trieb und Handeln, „das sich daran zeigt, dass
sich das Ich als das im Wechsel der Gefühle spontane Erlebniszentrum
weiß", Schäfer 2006a, 229. Das ideale Handeln wird hier mit Recht gedeutet als die spontane Tätigkeit des Erlebens bzw. des Vorstellens, nicht aber
als die Tätigkeit der praktischen Modifikation der Gefühle.

[109] Eine Deutung der hier beschriebenen Zufriedenheit als ein sittliches
Gefühl findet sich bei Schmidt: „Das existierende Ich macht hier die Erfahrung des kategorischen Imperativs. Fichte betont dabei, daß der kategorische Imperativ nicht zuerst als inhaltsleere Forderung an das existierende Ich ergeht, sondern sich immer erst an bestimmten Handlungen manifestiert. Diese Erfahrung des kategorischen Imperativs an bestimmten
Handlungen ist offenbar eine Erfahrung unbedingter Evidenz, wie die

Ansatz an Kants Konzeption des Gefühls der Lust in der ästheti-
schen Kontemplation, da nach Kant die ästhetische Kontemplation
eine Anzeige dafür ist, „daß der Mensch in die Welt passe"[110]. Die
ästhetische Kontemplation beruht auf einem zweckfreien, aber har-
monischen Spiel von Anschauung und Verstand. Auch Fichte entwickelt hier eine Theorie der „kognitiven Paßform"[111] des Ich inmitten einer beschränkenden Sinnenwelt, allerdings bezieht er sich
nicht auf die Beziehung von Verstand und Anschauung, sondern
auf die Beziehung von Empfindung und idealen Erkenntnisvermögen. Fichte setzt hier also tiefer an. Das Gefühl der Zufriedenheit,
das sich in der Erfüllung des Objekttriebs einstellt, vergeht jedoch
sogleich, da das Sehnen nach Aufhebung einer vorangegangenen
Beschränkung wieder zurückkehrt. Das Sehnen muss zurückkeh-
ren, solange das Ich überhaupt ein Bewusstsein von sich hat: Denn
nur in der Einheit von Beschränkung und Sehnen kann das Ich auf
sich reflektieren, wenn das Sehnen aufgehoben wird, wäre es bloß
beschränkt und damit kein lebendiges Ich mehr. Das Setzen einer
momentanen Befriedigung geht dabei einher mit dem Missfallen an
der vorhergehenden Objektvorstellung, die als „schaal" oder „ab-
geschmackt" empfunden wird (GWL GA I, 2, 448 / SW I, 325).

2.6 Fazit

In den vorangegangenen Untersuchungen wurde gezeigt, wie
Fichte in der *Grundlage* das Verhältnis von theoretischen und praktischen Vermögen im Ich konzipiert und wie er aus dieser grundlegenden Verhältnisbestimmung die Möglichkeit der Einheit des erkennenden Bewusstseins und damit die Möglichkeit der theoretischen Objekterkenntnis erklärt. Fichte erkennt zwar die notwendige Unterscheidung zwischen einer idealen, vorstellenden sowie

Formulierungen ‚Ausfüllung', ‚völlige Vollendung' nahelegen", Schmidt
2004, 60.
[110] Vgl. das vollständige Zitat: „Die schönen Dinge zeigen an, daß der
Mensch in die Welt passe und selbst eine Anschauung der Dinge mit den
Gesetzen seiner Anschauung stimme", Kant, AA XVI, 127, Refl. 1820a.
[111] Dieser Begriff stammt von Enskat 2015d, 15.

einer praktisch strebenden bzw. treibenden Tätigkeit, behauptet aber einen Primat der praktischen Tätigkeit. Dieser Primat begründet sich dadurch, dass die Funktion der idealen Tätigkeit auf mehrfache Weise durch die praktische Tätigkeit bestimmt ist. Dabei konnte insbesondere gezeigt werden, dass Fichtes Theorie von einem Primat der praktischen Vermögen im Bewusstsein aufs Engste mit einer Modifikation des Begriffs des absoluten Ich in § 5 verknüpft ist, das er in § 1 noch als eine reine undifferenzierte Tathandlung konzipiert, später dann aber als eine ursprünglich mit sich selbst in Wechselbestimmung stehende, reflexive Instanz begreift. Die Behauptung eines Primats der praktischen gegenüber den theoretisch-erkennenden Ich-Vermögen begründet Fichte durch den Gedanken, dass das nunmehr als reflexiv verstandene absolute Ich zugleich als ein praktisch-triebhaftes Wesen zu verstehen ist, das danach *strebt*, seine unendliche Tätigkeit zu realisieren und sich diese unendliche Tätigkeit in einem Akt der Erkenntnis zuzuschreiben. Das absolute Ich ist praktisch, insofern es überhaupt auf die Realisierung eines idealen Zwecks ausgeht. Fichte arbeitet mit einem einen sehr weiten Begriff von praktischer Tätigkeit, um das Primat der praktischen Tätigkeit im Ich zu rechtfertigen. Wie wir gesehen haben, verwendet er den Begriff des Praktischen auch in einer engeren Bedeutung, nämlich dann, wenn er von einer Ich-Tätigkeit spricht, die sich widerständig gegen einen äußeren Anstoß bzw. eine äußere Begrenzung richtet. Das absolute Ich selbst ist nur in dem weiten Sinn praktisch, da es ursprünglich nicht durch einen Anstoß affiziert ist, auf den es sich widerstrebend beziehen könnte.

Gemäß der Zielsetzung dieser Arbeit sollte das Verhältnis von theoretischen und praktischen Ich-Vermögen nicht bloß auf der allgemeinsten Prinzipienebene untersucht werden, vielmehr sollte es auch darum gehen, Fichtes Theorie einer praktisch begründeten Geschichte des Selbstbewusstseins zu rekonstruieren. Es sollte mithin untersucht werden, wie Fichte ausgehend von der abgewandelten These der Triebhaftigkeit des absoluten Ich die Möglichkeit eines endlichen empirischen Bewusstseins ableitet, in der ein vorstellendes Ich sich in deutlicher Reflexion von vorgestellten Objekten unterscheidet. Die Ausbildung des empirischen Selbst- und Objektbewusstseins ist demnach in mehrfacher Hinsicht durch den praktischen Trieb bedingt: Fichte erkennt einen grundlegenden Trieb nach vollendeter Einheit, die in einer Wechselbestimmung mit sich hergestellt werden soll. In dieser Wechselbestimmung sind das reflektierende Subjekt-Ich und das reflektierte Objekt-Ich vollständig durcheinander bestimmt. Aus diesem Trieb soll die im Ich waltende, reflexive Selbstbezüglichkeit erklärt werden. Unter der Voraussetzung des Anstoßes, der nicht aus dem absoluten Ich ableitbar ist, zeigt sich dieser Trieb als ein Widerstand und als ein Streben nach Aufhebung der Begrenzung. Dieses Streben geht dabei auf eine Aufhebung des Äußeren, d.h. auf eine Aufhebung durch Angleichung an das Ich. Die zentrale Überlegung des praktischen Teils der *Grundlage* besagt, dass die geforderte Aufhebung in einer bloß idealen Bestimmung eines äußeren Objekts resultiert. Die ideale Bestimmung des äußeren Objekts ist eine theoretische Vorstellung desselben. Die Objektvorstellung wird dabei gedeutet als eine Wirkung des praktischen Triebes auf die Vermögen der theoretischen Einbildungskraft und die abgeleiteten Erkenntnisvermögen, welche die Funktion der idealen Objektkonstitution übernehmen. Es konnte gezeigt werden, dass das in der theoretischen Einbildungskraft vermittelnde Schweben zwischen endlicher und unendlicher Tätigkeit des Ich eine anschauliche Nachbildung des im Gefühl vernehmbaren begrenzenden Strebens nach unendlicher Realität ist.

Fichte behauptet zwar durchgehend einen Primat der praktischen gegenüber den theoretischen Vermögen, doch er beansprucht dabei nicht, die Funktion einer idealen, selbst- oder objektbezogenen Tätigkeit aus einem Trieb abzuleiten. Die ideale Tätigkeit ist damit kein Trieb. Die vorstellende und die praktisch-strebende Tätigkeit bleiben unterschieden. In zwei wesentlichen Hinsichten zeigt sich eine wechselseitige Voraussetzung beider Tätigkeitstypen, welcher die Idee eines Primats der praktischen Tätigkeit zuwiderlaufen scheint: Denn erstens kann der Begriff eines praktischen Strebens nur dann sinnvoll entwickelt werden, wenn das Streben nicht bloß als eine blind wirkende Kraft, sondern als eine zweckorientierte Tätigkeit verstanden wird. Das Streben muss demnach auf einen ideal entworfenen Zweck bezogen sein, was bedeutet, dass ihm der Bezug auf eine ideale Tätigkeit wesentlich ist.

Umgekehrt bilden Trieb und Streben des Ich den ursprünglichen Referenzpunkt der idealen Tätigkeit. Ohne Trieb und Streben wäre die ideale Tätigkeit gegenstandslos und somit nicht möglich. Damit zeigt sich aber auch zweitens, dass das Streben reflektiert werden muss, um zum Bewusstsein zu gelangen. Im endlichen Bewusstsein ist das Streben ursprünglich im Gefühl präsent, welches aus der rudimentären Reflexion auf das beschränkte Streben hervorgeht. Im Gefühl setzen sich also Reflexion und Streben gegenseitig voraus.

Auf der Ebene des endlichen, konkreten Selbstbewusstseins behauptet sich der Primat des praktischen Triebes dadurch, dass die Einheit der irreduzibel verschiedenen Momente der idealen, vorstellenden Tätigkeit und des bloß fühlbaren Strebens wiederum aus einem Trieb begründet wird. Die Begründung der Einheit des Bewusstseins aus einem Trieb besagt dabei zunächst, dass sie nur als die *Forderung* des Ich verstanden werden kann, dass Trieb und ideale Tätigkeit in einer vollendeten Wechselbestimmung harmonisch zusammenstimmen. Ob eine Bestimmung der idealen Tätigkeit durch das Streben gelingt, lässt sich demnach *a priori* nicht geben, sondern nur nachträglich feststellen. Das Ich wird sich einer solch geglückten Beziehung bloß durch das Faktum vom mannigfaltigen Objektvorstellungen gewahr, die wiederum auf eine Mannigfaltigkeit von Gefühlen der Beschränkung bezogen sein müssen.

Anhand der vorliegenden Untersuchungen lässt sich methodisch und inhaltlich begründen, warum eine Neukonzeption der Wissenschaftslehre in Gestalt der *Wissenschaftslehre nova methodo* notwendig wurde, auch wenn Fichte sich selbst nicht umfassend zu den Gründen für diese Neukonzeption geäußert hat. In der *Grundlage* beansprucht Fichte, ausgehend von den Grundsätzen nicht nur die Einheit des endlichen Bewusstseins in seinen theoretischen und praktischen Vollzügen, sondern auch das Primat der praktischen Vermögen zu beweisen, was zugleich einen Beweis der wirklichen Freiheit des Ich, d.h. seines Vermögens zur moralischen Selbstbestimmung leisten soll. Der Wirklichkeitsbeweis der praktischen Freiheit kann dabei nur dann Gültigkeit beanspruchen, wenn sich der Gedanke einer praktischen Selbstbestimmung in eine kohärente Theorie der Einheit endlichen Bewusstseins integrieren lässt. Wie wir gesehen haben, gelingt Fichte in der *Grundlage* eine solche kohärente

Theorie nicht, da er den Begriff des absoluten Ich, den er in § 1 als höchstes Prinzip seines Systems erklärt, an späterer Stelle modifiziert, um die Möglichkeit einer idealen Selbstbeziehung sowie davon ausgehend des Primats der praktischen Vermögen zu erklären. Der Gedanke eines Triebs nach Wechselbestimmung, der die Einheit von idealer Tätigkeit und fühlbarem Streben erklären sollte, beruht auf dem Gedanken eines ursprünglich mit sich in Wechselbeziehung stehendem, absoluten Ich. Dies widerspricht jedoch eindeutig dem Begriff des absoluten Ich, das in § 1 als reine, irreflexive Tathandlung konzipiert wird. Zwar konnten in der Rekonstruktion auch Ansätze einer Theorie gewonnen werden, nach der das Prinzip der Selbstreflexion nicht aus einem triebhaften, absoluten Ich abgeleitet werden muss, sondern aus einer für das *endliche* Bewusstsein unhintergehbaren Wechselbestimmung von reiner, selbstsetzender Tätigkeit des absoluten Ich und einer nicht ableitbaren Begrenzung des Ich durch einen äußeren Anstoß. Wie wir im folgenden Teil der Arbeit sehen werden, unterscheidet Fichte in der *Wissenschaftslehre nova methodo* deutlicher zwischen dem absoluten Ich der Tathandlung einerseits und dem endlichen Ich andererseits. Das endliche Ich ist demnach durch eine Wechselbestimmung von idealer und realer Tätigkeit konstituiert und Fichte vermeidet es, das absolute Ich als reale bzw. praktische Tätigkeit zu beschreiben. Die Begriffe des Strebens und des Triebs werden nicht dem absoluten Ich selbst, sondern nur dem endlichen Ich zugeschrieben, da ein absolutes und damit selbstgenügsames Prinzip nach keiner Realität streben kann, da es alle Realität bereits in sich trägt.

Doch auch wenn die *Grundlage* bereits Ansätze zu einer kohärenten Einheitstheorie des Bewusstseins enthält, werden methodische Schwierigkeiten erkennbar, welche die Vollendung einer solchen Theorie erheblich beeinträchtigen. Durch die getrennte Behandlung der theoretischen und der praktischen Vermögen in zwei verschiedenen Systemteilen ergibt sich ihr genetischer Zusammenhang erst in einer nachträglichen Rekonstruktion in einer deutlicheren Gestalt. Auch hier leistet die *Wissenschaftslehre nova methodo* Abhilfe, da Fichte dort die Konstitution des endlichen Bewusstseins aus theoretischen und praktischen Vermögen durchgehend in einem einheitlichen Argumentationsgang entwickelt. Durch die vorhergehende Trennung eines theoretischen und eines praktischen Teils muss sich Fichte zum Abschluss der *Grundlage* ferner damit begnügen, die Einheit des *erkennenden* Bewusstseins aufzuweisen, in dem die theoretischen Vermögen der Vorstellung auf das gefühlte, beschränkte Streben bezogen werden. Dabei bleibt jedoch ein zentraler Aspekt unausgearbeitet, den die Wissenschaftslehre nach eigenem Anspruch klären müsste: Es bleibt unbeantwortet, wie das Ich sich als ein nach moralischen Gesetzen handelndes Wesen inmitten einer beschränkenden Außenwelt verstehen kann. Die in der *Grundlage* entwickelte Einheitskonzeption, die dem Primat der praktischen Vermögen verpflichtet ist, gelangt damit paradoxerweise nicht zu einer Erklärung des moralischen Selbstbewusstseins, sondern verbleibt bei der Erklärung eines erkennenden Subjekts, das in der theoretischen Anschauung eine Mannigfaltigkeit von Gefühlen der Beschränkung nachbildet. Fichte muss sich damit begnügen, die Möglichkeit einer theoretischen Vorstellung als die Wirkung eines Triebes nach unendlicher Tätigkeit zu begründen, der auch der moralischen Selbstbestimmung zugrunde liegt. Dies scheint ihm ein ausreichender Beweis für die objektive Realität der praktischen Vernunft zu sein – Das der praktischen Vernunft zugrundeliegende Prinzip wird als Prinzip auch der theoretischen Erkenntnis aufgewiesen, wodurch eine theoretische Widerlegung der praktischen Freiheit auszuschließen sei. Eine moralische Selbstbestimmung zeigt sich darin, dass das praktische Subjekt schlechthin handelt, also die Maximen seiner Handlungen nach schlechthin gültigen Vernunftgesetzen bzw. einem kategorischen Imperativ ausbildet. Die Ableitungsbeziehung zwischen der Forderung des Triebes nach schlechthinniger Selbstbestimmung und einer formalen, gesetzförmigen und allgemeingültigen Maximenbestimmung arbeitet Fichte allerdings nicht aus. Fichte gelingt es ferner nicht zu erklären, wie ein Bewusstsein von einer Modifikation der fühlbaren Beschränkung durch empirische Handlungen möglich ist, die moralischen Gesetzen unterstehen, da seine Erklärung bei der bloß erkennenden Beziehung zum beschränkenden Objekt verbleibt. Die beiden genannten Probleme werden erst in der *Wissenschaftslehre nova methodo* eingehend thematisiert. Mit dem Begriff des reinen Willens gewinnt Fichte ein Prinzip, aus dem er nicht nur das Vermögen zu einer spontanen Erkenntnis beschränkender Objekte, sondern auch das Vermögen zur moralischen Selbstbestimmung gewinnt. Im Rahmen der sogenannten fünffachen Synthesis zeigt Fichte konkret auf, wie sich theoretisches Objektbewusstsein und praktisches Freiheitsbewusstsein für ein endliches Ich gegenseitig bedingen. Die Möglichkeit eines praktischen Moralbewusstseins setzt das Bewusstsein als freier und potenziell moralischer Akteur in der Sinnenwelt voraus. Das endliche Bewusstsein eines freien Akteurs beruht auf der Selbstanschauung als artikulierter Leib, die Fichte in der *Grundlage* noch nicht thematisieren kann. Erst durch die Setzung des Ich als anschaubarer Leib kann das Ich ein Bewusstsein davon entwickeln, dass es mit beschränkenden Objekten in einer sinnlichen Beziehung steht, in der nicht nur die Objekte affizierend auf das Ich einwirken, sondern in der das Ich dieselben auch praktisch modifizieren kann

Teil II: *Die Einheit des Bewusstseins in der* Wissenschaftslehre Nova Methodo

Nach der Analyse der Verhältnisbestimmung von theoretischen und praktischen Ich-Vermögen in der *Grundlage der gesamten Wissenschaftslehre* (1794) im ersten Teil dieser Arbeit soll nun nach eben jener Verhältnisbestimmung gefragt werden, die Fichte in seinem zweiten Systementwurf, der *Wissenschaftslehre nova methodo*, entwickelt. Als Grundlage der Analyse werden hier vor allem die im Jahr 1980 aufgefundene Vorlesungsnachschrift von Karl Christian Friedrich Krause herangezogen, die im Wintersemester 1798/99 angefertigt wurde, aber ebenso die nach ihrem Auffindungsort benannte Hallesche Nachschrift der *Wissenschaftslehre nova methodo*.[112] Zum Verständnis dieses Systementwurfs sind weitere Schriften

---

[112] Fichte hat die *Wissenschaftslehre nova methodo* zwischen 1796 und 1799 in drei Vorlesungszyklen jeweils in den Wintersemestern 1796/97, 1797/98 und 1798/99 vorgetragen. Das der Vorlesung zugrundeliegende Manuskript Fichtes gilt als verschollen. Es liegen jedoch drei Mitschriften dieser Vorlesung vor: die nach ihrem Auffindungsort benannte „Hallesche Nachschrift" eines unbekannten Verfassers, die unvollständig überlieferte Mitschrift Friedrich August Eschens sowie die Mitschrift Karl Christian Friedrich Krauses. Die drei Mitschriften zeigen große Überschneidungen in Inhalt und Aufbau, was erlaubt, sich in der Auseinandersetzung mit Fichtes zweitem Systementwurf jeweils wechselnd auf alle drei Schriften zu beziehen. Die Herausgeber der *Gesamtausgabe* erklären sich die Übereinstimmung in Inhalt und Aufbau daraus, dass Fichtes Vortrag ein identisches Manuskript zugrunde lag. Aufgrund von „Unterschieden in der Detailausführung" gehen sie jedoch davon aus, dass die drei überlieferten Mitschriften in unterschiedlichen Semestern entstanden sind (vgl. GA IV, 3, 316). Als sicher gilt dabei bloß die Datierung der Krause-Nachschrift, die gemäß Titel und Schlussanmerkungen im Wintersemester 1798/99 angefertigt wurde. Da Fichte Jena im Juli 1799 verließ, wurden die „Hallesche Nachschrift" sowie die Mitschrift Friedrich August Eschens vermutlich entsprechend früher, nämlich in den Wintersemestern 1796/97 oder 1797/98 angefertigt.

heranzuziehen, die im Zeitraum nach 1795 entstanden sind und methodisch und inhaltlich große Nähen zur Systemanlage der *Wissenschaftslehre nova methodo* aufweisen. Insbesondere die Schrift *Das System der Sittenlehre nach den Principien der Wissenschaftslehre* von 1798 bietet einige hilfreiche Orientierungen, zumal hier zentrale Theoreme der *Wissenschaftslehre nova methodo* in klarer Diktion vorgetragen werden, ohne dabei jedoch denselben Grad an Komplexität und Differenzierung der Ausführungen in der *Wissenschaftslehre nova methodo* zu erreichen. Geht man der Frage nach, wie Fichte versucht, die Einheit von theoretischen und praktischen Vermögen im Ich im Ausgang von der *Grundlage der gesamten Wissenschaftslehre* zu denken, kommt man also nicht umhin, sich vor allem auf die dichten und subtilen Analysen der *Wissenschaftslehre nova methodo* zu fokussieren.

Die methodischen und inhaltlichen Verschiebungen, die sich durch einen Vergleich der Systementwürfe der *Grundlage* und der *Wissenschaftslehre nova methodo* ergeben, sollen im Verlauf der folgenden Betrachtungen herausgearbeitet werden. Gleichbleibend, so die hier leitende Interpretationshypothese, ist der Versuch, systematisch die Vermittlung einer spontanen und absoluten Tätigkeit der Selbstsetzung mit davon abgeleiteten, endlich-bestimmten Tätigkeiten im erkennenden sowie im praktischen Welt- und Selbstbezug des Ich zu entwickeln und darzustellen. Die Auseinandersetzung wird deutlich machen, dass ein veränderter methodischer Zugriff mit gewichtigen inhaltlichen Modifikationen zentraler Theoreme einhergeht, diese inhaltlichen Modifikationen sogar notwendig macht. Bezüglich methodischer und inhaltlicher Verschiebungen lassen sich vorab zwei Aspekte festhalten, zu denen Fichte in der Phase der Entwicklung seines zweiten Systementwurfs eher randständig Stellung bezogen hat: Im Unterschied zur *Grundlage* enthüllt Fichte das Prinzip seines Systems, nämlich das absolute, sich differenzlos setzende Ich, nicht vermittelst einer willkürlich ansetzenden, abstrahierenden Reflexion über die Gesetze der formalen Logik. Ausgangspunkt der Systementwicklung ist nun nicht mehr die Aufstellung eines höchsten Grundsatzes, der wiederum vermittelst der Reflexion über die höchsten formalen Denkgesetze gewonnen wird. Eine Reflexion über die formalen Denkgesetze der Logik erfolgt, wie im ersten Kapitel dieser Arbeit gezeigt wurde, im Medium des diskursiven Denkens und weist dadurch einen diesem Erkenntnisvermögen eigenen, begrenzten Evidenzgrad auf. Ähnlich wie Fichte dies bereits in den experimentellen *Eignen Meditationen über ElementarPhilosophie* (1793) erprobt, jedoch in der *Grundlage* offensichtlich zunächst verwirft, soll das höchste Prinzip des sich selbst setzenden Ich nun unmittelbar in einer intellektuellen Anschauung nachgewiesen werden, was im Unterschied zur abstrahierenden, diskursiven Reflexion den maximalen Evidenzgrad für das endliche Subjekt sicherstellen soll. Entscheidend für ein Verständnis der Methodik der *Wissenschaftslehre nova methodo* ist hier also vor allem Fichtes Versuch, die Mitphilosophierenden durch Anleitung zur intellektuellen Anschauung einer reinen und spontanen Tätigkeit zu bringen. Der Inhalt dieser intellektuellen Anschauung stellt zugleich das Korrelat und damit das Verifikationsprinzip zu den diskursiv entfalteten Sätzen des Systems der Wissenschaftslehre dar.[113]

Eine zweite methodische Verschiebung, die zugleich gewichtige inhaltliche Konsequenzen hat, ist die Aufhebung der Unterscheidung eines theoretischen und praktischen Teils der Wissenschaftslehre – auch findet sich kein eigens aufgewiesener Grundsatzteil, welcher der Thematisierung theoretischer und praktischer Ich-Tätigkeiten vorausliegen soll. Diese Bemerkung gilt mit der Einschränkung, dass zumindest die §§ 1 und 2 ohne eine explizite Behandlung theoretischer und praktischer Ich-Tätigkeit auskommen, was eine analoge Funktion dieser beiden Paragraphen zu den ersten drei Paragraphen der *Grundlage* anzeigt. Dort ist ein Grundsatzteil explizit der Unterscheidung eines theoretischen und eines praktischen Teils vorangestellt. In der *Wissenschaftslehre nova methodo* wird durchgehend die wechselseitige Bedingtheit der theoretischen und praktischen Tätigkeit des Ich in ihren verschiedenen Manifestationen betrachtet, sodass die aus dieser Wechselbestimmung folgenden Bestimmungen des Erkenntnisvermögens und des Willens

---

[113] So hält Fichte in § 1 der *Wissenschaftslehre nova methodo* fest: „CONFER. Den § 1 der gedrukten WißenschaftsLehre, wo daßelbe auf eine andere Weise gesagt ist, es wird nehmlich dort von dem Begriffe zur Anschauung übergegangen, hier ists aber umgekehrt." (Wlnm-K GA IV, 3, 349 / 33).

jeweils gemeinsam in einem einheitlichen, genetischen Deduktionsgang entwickelt werden sollen.[114] Wie im ersten Abschnitt gezeigt
werden konnte, versucht Fichte in der *Grundlage* zwar einen Zusammenhang von theoretischen und praktischen Tätigkeiten allgemein
herzuleiten. Eine konkrete genetische Entwicklung dieses Zusammenhangs konnte wohl aufgrund der vorgenommenen Trennung
zwischen einem theoretischen und einem praktischen Teil nicht zu-
friedenstellend geleistet werden – wie gezeigt werden konnte, bleibt
etwa der Zusammenhang zwischen dem Gefühl, das eine praktische Beschränktheit ausdrückt, und dem theoretischen Vermögen
der Einbildungskraft bloß im Ansatz ausgeführt.

Im Rahmen der Darstellung der wechselseitigen Bedingtheit von
theoretischen und praktischen Vermögen ergeben sich also wichtige methodische Verschiebungen. Auf inhaltlicher Seite kommt es
zur Einführung gänzlich neuer Theoreme, die keine Entsprechung
in der *Grundlage* finden. Zentral für ein Verständnis der *Wissenschaftslehre nova methodo* ist hier allen voran die neue These, dass sowohl
der reale Vollzug einer sich selbst setzenden Tätigkeit als auch die
Reflexion auf diese Tätigkeit nur unter der Voraussetzung eines
Vermögens der Zwecksetzung zu erklären ist. Dieses Vermögen
der Zwecksetzung, das begründungslogisch dem realen Bewusstseinsvollzug vorausliegt, vereint dabei theoretische und praktische
Momente. Eine getrennte Betrachtung theoretischer und praktischer Aspekte des Bewusstseins ist daher in der *Wissenschaftslehre
nova methodo* nicht bloß aus methodischen oder didaktischen, sondern aus gewichtigen inhaltlichen Gründen auszuschließen. Die
sich realiter vollziehende und in der intellektuellen Anschauung evidente Tätigkeit der Selbstsetzung soll dabei aus einem idealen Entwurf dieser Tätigkeit in einem Zweckbegriff erklärt werden. Wie im

---

[114] Vgl. hier das „NotaBene" zu Beginn der Halleschen Kollegnachschrift
der *Wissenschaftslehre nova methodo*: „[In der Wissenschaftslehre *nova methodo*]
findet aber die bisher gewöhnliche Abtheilung der Philosophie in theoretische und praktische nicht statt. Sondern [Fichte] trägt Philosophie *überhaupt*
vor – theoretische und praktische vereinigt, fängt nach einem weit natürli-
chern Gange vom praktischen an, oder zieht da wo es zur Deutlichkeit was
beiträgt, das praktische ins theoretische herüber um aus jenem dieses zu
erklären" (Wlnm-H GA IV, 2, 17) [Abkürzungen aufgelöst, N.B.].

Folgenden gezeigt werden soll, ergeben sich die zentralen Vermö-
gensbestimmungen des Ich (z.b. Streben, Gefühl, Anschauung in
Raum und Zeit, moralische Selbstbestimmung) wiederum aus Fichtes vertiefender Reflexion über die Bedingungen der Möglichkeit
dieses Zweckentwurfs, durch welchen sich das rein tätige Ich zur
idealen Darstellung bringt und sich zugleich in einen realen Vollzug
setzt. Die Reflexion auf die Bedingung der Möglichkeit der Selbst-
Zwecksetzung wird damit zum zentralen Movens der Systementwicklung. Da dieses Vermögen in der *Grundlage* nicht thematisiert
wird, erfahren einige aus der *Grundlage* bekannte Vermögen neue
Funktionsbestimmungen, welche durch den veränderten Theoriekontext notwendig werden. Zu nennen sei vor allem das Vermögen
der Einbildungskraft, dessen Funktion, endliche Bestimmtheit und
unendliche Bestimmbarkeit im Ich synthetisch zusammenzuhalten,
nunmehr als Bedingung der Möglichkeit eines Zweckbegriffs deduziert wird.

3 Das absolute und das endliche Ich in der
Wissenschaftslehre nova methodo

Wie bereits erwähnt, erfüllen die ersten beiden Paragraphen der
Wissenschaftslehre nova methodo für diesen Systementwurf eine dem
Grundsatzteil der *Grundlage* analoge Funktion. In den ersten beiden
Paragraphen wird ähnlich wie in der *Grundlage* zum einen der Be-
griff des reinen Ich als Prinzip des Systems (§ 1), zum anderen die
Notwendigkeit einer Entgegensetzung des Nicht-Ich im endlichen
Bewusstsein aufgewiesen (§ 2). Erneut gilt, dass sich der Gehalt der
Argumentation nur durch eine genaue Betrachtung und Rekonstruktion der Argumentationsschritte ergibt, die sich dabei im besten Fall an der Textchronologie selbst orientiert. Diese schrittweise
Rekonstruktion ist auch hier der beste Garant dafür, den genetischen Charakter der Argumentation Fichtes zu erfassen und zu prüfen, inwiefern er diesem strengen Anspruch an eine solche Herleitung jeweils gerecht wird.
    Dabei soll es in einem ersten Schritt um die Entdeckung des rei-
nen Ich als Prinzip seines neuen Systementwurfs gehen. Es wird

insbesondere auf den spezifischen Zugriff auf dieses Prinzip einzugehen sein, den Fichte im Vergleich zur *Grundlage* erheblich modifiziert. In diesem Abschnitt sollen die folgenden, teils aufeinander aufbauenden Interpretationshypothesen entwickelt werden:
Erstens lässt sich feststellen, dass Fichte im Unterschied zur
Grundlage bereits im ersten Paragraphen den Begriff eines endlichen, reflexiven Selbstbewusstseins aufstellt, als dessen Prinzip
dann ein reines, absolutes (und damit nicht reflektiertes Ich) ermittelt wird. Der erste Paragraph der *Grundlage* ist dagegen bloß
mit dem absoluten Ich der Tathandlung befasst, dessen Bezug zu
einem endlichen Ich noch nicht thematisiert wird. Diese Thematisierung des endlichen Ich gleich zu Beginn des Systems hängt
dabei mit einem veränderten methodischen Zugriff zusammen.
Zweitens, so soll gezeigt werden, wählt Fichte einen doppelten
Zugang zur Aufstellung seines Begriffs des endlichen und des absoluten Ich. Fichte versucht zum einen, das Prinzip des reinen,
sich selbst setzenden Ich aus der *Evidenz* einer intellektuellen Anschauung zu gewinnen, was bedeutet, dass ein Verständnis seiner
vorgetragenen Theorie auf dem aktiven Mitvollzug dieser intellektuellen Anschauung seitens der Mitphilosophierenden beruht.
Das Reflektiertwerden des reinen Ich ist also von Beginn an sowohl methodisch als auch inhaltlich zentral. Zum anderen belässt
es Fichte dann nicht bloß bei einer Beschreibung des Vollzugs der
intellektuellen Anschauung, vielmehr soll der aus der Evidenz ge-
wonnene Begriff des Ich durch bewusstseinstheoretische Argumente plausibilisiert werden. Methodisch kann damit der intellektuellen Anschauung gegenüber der begrifflichen Plausibilisierung
ein Primat zugesprochen werden, zumal die Evidenz dieser Anschauung dem Begriff des Ich erst einen verifizierten Gehalt verleiht. Mit Blick auf die Verfasstheit des endlichen Ich als solchen
ist dieses Primat jedoch nicht eindeutig gegeben. Drittens entwickelt Fichte im ersten Paragraphen den Begriff eines endlichen,
da reflektierten Selbstbewusstseins, in dem das Moment der intuitiv erfassten Selbstevidenz und einer Selbsterkenntnis durch das
Denken dieser Evidenz notwendig miteinander verbunden sind.
Das Sichdenken im Begriff hat damit nicht nur die Bedeutung für
eine nachträgliche philosophische Explikation des unmittelbaren

Tätigkeitsbewusstseins, vielmehr ist es ein notwendiger Bestandteil der bewussten Reflexion auf die selbstsetzende Tätigkeit des
Ich.

Eine wesentliche Verschiebung gegenüber der *Grundlage* besteht
darin, dass Fichte in diesen einleitenden Teil seines neuen Systems
bewusstseinstheoretische Überlegungen deutlicher mitaufnimmt.
Wie im ersten Teil dieser Arbeit gezeigt werden konnte, thematisiert
Fichte in der *Grundlage* vermögenstheoretische Fragen erst nach
dem Abschluss des theoretischen Teils, also erst, nachdem die Einbildungskraft als Grundvermögen des theoretisch tätigen Ich aufgezeigt wurde. Der Vermögenstheorie, die dort in Gestalt einer
„pragmatischen Geschichte des menschlichen Geistes" vorgetragen wird, geht in der *Grundlage* die Ermittlung der Bedingung der
Möglichkeit eines theoretischen Bezugs des Ich auf gegebene Objekte überhaupt voran. Fichte befindet sich bis zur Klärung dieser
Frage noch im hypothetischen Bereich der „Denkmöglichkeiten"
(GWL GA I, 2, 364 / SW I, 221) und erst mit der Deduktion der
Einbildungskraft nimmt er die Fakta der verschiedenen Vermögen
des menschlichen Geistes auf. In den §§ 1 und 2 der *Wissenschaftslehre nova methodo* wird hingegen der Selbstbezug des Ich in Anschauung und Begriff *als Faktum* von Beginn an thematisiert.

3.1 Phänomenologisch-praktische Hinführung (§ 1)

Die Frage nach der Verhältnisbestimmung von theoretischer und
praktischer Tätigkeit im Ich, so wie sie Fichte in der *Wissenschaftslehre
nova methodo* vorträgt, lässt sich erst beantworten, wenn zunächst das
Prinzip dieses philosophischen Systems – das reine, absolut sich
selbst setzende Ich – sowie die aus ihm begründete Struktur endlicher Subjektivität in ihren allgemeinen Zügen begriffen wird. Dieses reine, absolut sich selbst setzende Ich soll der Unterscheidung
sowie der Beziehung theoretischer und praktischer Ich-Tätigkeiten
zugrunde liegen. Der Ausgang von einem reinen Ich stellt dabei
eine ungebrochene inhaltliche Kontinuität zur *Grundlage* dar. Im
Unterschied zur *Grundlage* nimmt Fichte jedoch keine nachträgliche
Modifikation des Begriffs des absoluten Ich vor, da er das

Vermögen der Reflexion sowie die Unterscheidung von theoretischen und praktischen Tätigkeiten allein einem endlichen Ich zuschreibt. Auch methodisch wählt Fichte außerdem neue Wege: Fichte versucht nunmehr, das Prinzip des reinen Ich einerseits aus der Evidenz und Gewissheit der intellektuellen Anschauung zu rechtfertigen, andererseits durch eine begleitende bewusstseinstheoretische Argumentation zu plausibilisieren. Im Folgenden wird besonders darauf zu achten sein, wie Fichte das Verhältnis von intuitiv anschaulicher Gewissheit und diskursiv argumentativer Rechtfertigung philosophischer Theoreme konzipiert.

3.1.1 Postulat und Grundsatz

Die einleitenden Bemerkungen im ersten Paragraphen verweisen auf die intensive, häufig kritische Rezeption seiner Zeitgenossen, die sich an die Veröffentlichung der *Grundlage* im Jahr 1794 anschloss. Die Kritik der unmittelbaren Rezipienten der *Grundlage*, zu denen unter anderem Hölderlin, Niethammer und Schmid zählten, richtete sich vor allem auf das absolute Ich als Prinzip der Philosophie. Das absolute Ich, welches im ersten Grundsatz aufgestellt wurde, soll zwar die sämtlichen immanenten Handlungen des Ich begründen, sei dabei aber selbst transzendent und im Bewusstsein nicht aufweisbar. Als Prinzip einer transzendental kritischen Philosophie sei es also ungeeignet. Fichtes zweiter Systementwurf kann nun zurecht als Antwort auf diese Kritik verstanden werden, zumal er offenkundig bemüht ist, die Immanenz der absoluten Tätigkeit im endlichen Selbstbewusstsein zu erweisen.[115] So heißt es: „Es ist neuerdings sehr geeifert worden, gegen das Aufstellen eines ersten Grundsatzes in der Philosophie, von einigen[,] weil sie etwas dabei denken, von anderen aber weil sie bloß die Mode mitmachen" (Wlnm-K GA IV,3, 343 / 27). Eine genaue Betrachtung der äußerst knapp gehaltenen, aber folgenreichen Ausführungen des ersten Paragraphen der *Wissenschaftslehre nova methodo* wird nun

---

[115] Zur Fichtes Neukonzeption der Wissenschaftslehre im Kontext der kritischen Rezeption vgl. Klotz 2002, 9ff. Insbesondere zu Hölderlins Kritik an Fichtes Grundsatzlehre vgl. Waibel 2000, 27ff.

ergeben, dass Fichte trotz des in diesem Zitat enthaltenen, impliziten Bekenntnisses zur Grundsatzlehre, die er etwa in der *Grundlage* vorträgt, erhebliche methodische, aber auch inhaltliche Veränderungen vornimmt, während er gleichzeitig vor Zuhörern oder Lesern den Anschein der ungebrochenen inhaltlichen Kontinuität beansprucht. Wie im Folgenden gezeigt werden soll, ergeben sich Veränderungen vor allem mit Blick auf die Funktion des ersten Grundsatzes, welcher nach dem ersten Paragraphen der *Grundlage* die Tathandlung des Ich ausdrückt.

Eine entscheidende Veränderung, die sich gegenüber dem ersten Paragraphen der *Grundlage* feststellen lässt, besteht vor allem darin, dass Fichte den ersten Grundsatz nun als ein „Postulat" begreift, womit er explizit einen Begriff seines Zeitgenossen Jacob Sigismund Beck aufnimmt, ohne jedoch dessen Kritik an der Grundsatz-Philosophie im Allgemeinen zu übernehmen (Wlnm-K GA IV,3, 343f. / 27f.). Ein Postulat ist hier als die Anweisung zur Einnahme eines idealen Standpunkts zu verstehen, aus dem sich die Begriffe und Theoreme einer bestimmten Wissenschaft zuallererst nachvollziehen lassen. Es ist damit für den zweiten Systementwurf Fichtes charakteristisch, dass er die Perspektive des endlichen, konkreten und seiner selbst reflexiv-gewissen Ich explizit mit einbezieht. Für Beck wie für Fichte zeigt sich die Notwendigkeit des Ausgangs von einem Postulat paradigmatisch in der Geometrie, welche nur aus der Perspektive eines Subjekts betrieben werden kann, das sich einen dreidimensionalen Raum als solchen vorstellt. Das Ausgangspostulat der Geometrie besteht also in der Anweisung, eben jene Vorstellung des dreidimensionalen Raumes zu vollziehen. Fichte übernimmt von Beck die Auffassung, dass auch die kritische Philosophie von einem Postulat im Sinne einer ursprünglichen Handlungsanweisung auszugehen habe, wobei er anders als Beck dieses Postulat zugleich mit einem Grundsatz identifiziert. Bei Beck lautet die Anweisung, sich in den Standpunkt eines „ursprünglichen Vorstellens" zu versetzen, was bedeutet, dass gesondert Acht zu geben sei auf jenen Akt im Bewusstsein, durch den ein Gegenstand überhaupt zum Bewusstsein kommt.[116]

---

[116] Beck, *Erläuternder Auszug aus den critischen Schriften des Herrn Prof. Kant auf Anrathen desselben von M. Jacob Sigismund Beck,* Riga 1796, S. 124. Zur

Wie noch zu sehen ist, ist für Fichte in Folge des Postulats gerade der
spontane Vollzugscharakter dieser Handlung in den Blick zunehmen,
was eine Verschiebung gegenüber Becks Ansatz anzeigt. Denn dieser
spontane Vollzugscharakter soll den von Beck besonders hervorge-
hobenen ursprünglichen Tatsachen des Bewusstseins zugrunde liegen.[117]

Die Charakterisierung des ersten Grundsatzes als Postulat enthält *in nuce* jene methodischen und inhaltlichen Modifizierungen,
von denen bereits mehrfach die Rede war. Denn im Begriff des
Postulats werden nunmehr *zwei* Aspekte miteinander verwoben,
wobei einer dieser Aspekte gänzlich neu zu der nunmehr veränderten Grundsatzlehre hinzutritt.[118] Als Postulat soll der erste Grundsatz der Wissenschaftslehre erstens deskriptiv den Gedanken eines
sich selbst setzenden Ich als höchsten Grund des Selbst- sowie des
theoretischen und praktischen Weltbezugs ausdrücken, wie es zumindest in der Grundsatzlehre der *Grundlage* bereits der Fall ist.
Fichte bekräftigt in diesem Kontext die Ansicht, dass ein philosophisches System von einem solchen ersten Grundsatz auszugehen
habe, der zwar entdeckt, selbst aber nicht mehr aus darüber hinaus
liegenden Voraussetzungen abgeleitet bzw. bewiesen werden kann
(WLnm-K GA IV,3, 344 / 28). Es gilt weiterhin, dass die Wahrheit
des aufzustellenden Systems durch Gewissheit dieses ersten
Grundsatzes bedingt ist. Zusätzlich zu dieser bereits bekannten
Funktion enthält der Grundsatz als Postulat den Charakter einer
Handlungsaufforderung. „Thathandlung" beschreibt nicht mehr
bloß die reine Tätigkeit des Ich, sondern zudem eine Aufforderung,
diese Tathandlung im Sinne eines reinen Selbstbezugs selbst her-
vorzubringen und dabei diesem „Handeln" zuzusehen (WLnm-K
GA IV,3, 345 / 29). Der erste Grundsatz *als* Postulat ist nunmehr

Aufnahme von Becks Postulatverständnis in Fichtes zweitem Systementwurf vgl. Klotz 2002, 24ff.

[117] Beck, Erläuternder Auszug aus den critischen Schriften des Herrn
Prof. Kant auf Anrathen desselben von M. Jacob Sigismund Beck, Riga
1796, S. 128.

[118] Zu Unterschieden im ersten Paragraphen der *Wissenschaftslehre nova methodo* gegenüber dem ersten Paragraphen der *Grundlage*, vgl. auch Schwabe
2007, 355–360.

deskriptiv und präskriptiv zugleich, wie Ulrich Schwabe richtigerweise betont.[119] Der erste Grundsatz bringt nicht mehr bloß die setzende Tätigkeit des Ich auf den Begriff, vielmehr wird die Mitphilosophierende zugleich aufgefordert, sich dieser Tätigkeit intuitiv zu vergewissern. Erst durch diesen Akt der intuitiven Vergewisserung erhält das philosophierende Ich ein verifizierbares Korrelat zu den Begriffen, welche die Wissenschaftslehre systematisch entwickelt.[120] Es ist zu betonen, dass diese Unterscheidung zwischen einem präskriptiven und einem deskriptiven Aspekt des Grundsatzes eine nachträgliche Interpretation darstellt, die von Fichte nicht explizit festgehalten wird. Entsprechend finden sich im ersten Paragraphen auch keine weiteren Ausführungen zu Frage, wie es möglich ist, dass einem und demselben Grundsatz sowohl eine deskriptive als auch eine präskriptive Funktion zukommen kann. Dass ihm diese beiden Funktionen nicht in derselben Hinsicht zukommen können, ohne einen Widerspruch zu erzeugen, ist offensichtlich,

---

[119] Schwabe 2007, 355. Auch Hanewald betont einen Unterschied zwischen dem deskriptiven Charakter des ersten Grundsatzes der *Grundlage* und dem Postulat zu Beginn der *Wissenschaftslehre nova methodo*, Hanewald 2001, 216.

[120] Schwabe argumentiert in seinem Kommentar zum ersten Paragraphen der *Wissenschaftslehre nova methodo*, dass es letztlich eine rein didaktische Frage sei, einen deskriptiven Anfang (wie in der *Grundlage*) oder einen präskriptiven Anfang (wie in der *Wissenschaftslehre nova methodo*) zu wählen, wobei die Wahl des Anfangs keine Auswirkungen auf den Inhalt des Systems haben müsse, Schwabe 2007, 349. Es ist zwar richtig, dass inhaltliche Modifikationen nicht zwingend mit dem jeweils kontingenten Einstieg in das System einhergehen müssen. Es ist jedoch auffällig, dass Fichte gerade ausgehend von der postulierten intuitiven Selbstvergewisserung der Tathandlung zugleich neue Theoreme in das System der Wissenschaftslehre einführt. Wie im Folgenden gezeigt werden soll, ist die Lehre vom Zweckentwurf, die in der *Grundlage* nicht vorkommt, als Antwort auf die Frage zu begreifen, wie das Ich sich seiner unbedingt setzenden Tätigkeit intuitiv vergewissern kann. Die Wahl des Einstiegs hat damit zumindest im Falle dieses Systementwurfs gewichtige inhaltliche Konsequenzen, indem sie Antworten auf grundlegende Fragen provoziert, die sich im Theoriekontext der Grundlage nicht stellen, zumal dort die intuitiv-reflexive Vergewisserung der Tathandlung im Grundsatzteil nicht thematisiert wird.

zumal Beschreibung und Aufforderung zwei verschiedene, nicht aufeinander reduzierbare Satztypen sind. Eine solche Identifikation scheint Fichte jedoch irrigerweise nahezulegen.[121] Stattdessen soll hier die These vertreten werden, dass zwischen dem methodischen Einstieg vermittelst eines Postulats im Sinne einer Forderung zum Vollzug einer inneren, intuitiven Tätigkeit einerseits und dem Resultat dieser Tätigkeit andererseits zu unterscheiden ist. Das Resultat dieser Tätigkeit, lässt sich dann, wie wir sehen werden, deskriptiv auf den Begriff bringen bzw. in einem philosophischen Grundsatz ausdrücken. Dies entspricht, wie gezeigt werden soll, auch der in diesem Paragrafen eingeführten Unterscheidung zwischen (Selbst-)Anschauung und Begriff, welche jedoch beide ergänzend gegeben sein müssen, um Selbstbewusstsein überhaupt zustande zu bringen.[122]

3.1.2 „Man denke sich den Begriff Ich, und denke dabei an sich selbst.“

Ein weiterer Grund, zwischen dem Postulat im Sinne einer Handlungsaufforderung und einem Grundsatz als Einsicht in das Resultat der vollzogenen Handlung zu unterscheiden, wird mit Blick auf den Inhalt der Aufforderung selbst erkennbar. Das Postulat, mit dem Fichte die Mitphilosophierenden zur Einsicht in das reine Ich bewegen möchte, ist nämlich selbst kein einfacher Aufforderungssatz. Das Postulat müsste jedoch ein einfacher Satz sein, wenn er dem obersten Grundsatz der Wissenschaftslehre entsprechen sollte, der gemäß der *Grundlage* in einem einfachen, thetischen Urteil ausgedrückt wird.

Die Hauptthese des § 1 besagt, dass ein deutliches Bewusstsein eine Reflexion auf sich voraussetzt und diese Reflexion wiederum

---

[121] „Uibrigens ist es richtig[,] daß man in der Philosophie von einem Postulate ausgehen müße; auch die WißenschaftsLehre thut dieß, und drückt es durch Thathandlung aus. Dieß Wort *wurde* nicht verstanden; es heißt aber, und soll nichts anderes heißen, als man soll innerlich handeln, und diesem Handeln zusehen." (Wlnm-K GA IV, 3, 344 / 28).

[122] Vgl. hierzu Abschnitt 3.4.

in einem Begriff des Ich mündet. Das anschauliche Bewusstsein der Tätigkeit drückt also noch kein deutliches reflektiertes Bewusstsein aus. Die benannte Anschauung bringt dabei keine deutliche Reflexion hervor, dennoch ist es sinnvoll, sie als eine Form des Selbstbezugs zu betrachten. Mit Ulrich Schwabe kann also davon gesprochen werden, dass die intellektuelle Anschauung keine epistemische Beziehung der Selbstreflexion darstellt, gleichwohl aber als strukturell reflexiv verstanden werden kann.[123] Entsprechend wäre es ebenso verfehlt, wie noch gezeigt werden soll, dieser Anschauung eine inhaltliche Leere oder gar Bewusstlosigkeit zuzuschreiben. Die Anschauung der Tätigkeit ist vielmehr zu verstehen als das unmittelbare Beisichsein des Ich bei allen objektgerichteten, intentionalen Akten. Im *Versuch einer neuen Darstellung der Wissenschaftslehre* spricht Fichte diesbezüglich auch vom „Subjectiven" als Element in allem Bewusstseinsvollzug, welcher zugleich Vorstellungen von Objekten notwendig enthalten muss (GA I,4, 274). Die behauptete Unmittelbarkeit der Präsenz dieser Tätigkeit gilt es zu betonen, da die Formulierung des „In sich zurück Gehens" auch als eine schrittweise, vermittelte Tätigkeit gedeutet werden könnte. Ebenfalls ist zu betonen, dass, anders als Fichtes Ausgang vom Postulat des Selbstdenkens vermuten lassen könnte, jenes unmittelbare Tätigkeitsbewusstsein auch unabhängig davon gegeben sein muss, ob das Subjekt sich selbst oder äußere Gegenstände denkend zum Objekt macht. Insofern die Anschauung bloß das unmittelbare Bewusstsein des Vollzugs kognitiver Tätigkeit überhaupt ist, spricht Christian Klotz auch von einem „nichtintentionalen Bewusstseinssinn" der Anschauung, wobei Nichtintentionalität nicht mit Inhaltsleere gleichzusetzen ist.[124] Der Inhalt dieses unmittelbaren Bewusstseins ist vielmehr die kognitive Tätigkeit selbst, ohne dass in der Kognition im Begriff diese Tätigkeit erschöpfend erfasst werden kann.

Die Evidenz dieser Tätigkeit soll zugleich als Grund der Möglichkeit wahrer Sätze fungieren, die ausgehend von derselben im philosophischen System entwickelt werden.[125] Gleichzeitig gilt

---

[123] Vgl. Schwabe 2007, 398, Anm. 212.

[124] Klotz 2002, 62.

[125] „[...] über die anderen Bestimmungen[,] laßen sich Gründe angeben, von dieser aber nicht, [/] das unmittelbare Bewustsein ist selbst der erste

jedoch, dass ein reflektiertes Selbstbewusstsein erst dadurch möglich ist, dass das Ich diese intuitiv-produktive Tätigkeit auf einen Begriff bringt, das Phänomen des endlich-reflektierten Selbstbewusstseins setzt also notwendig beide Aspekte voraus.[126]

Grund, der alles andere begründen soll, biß zu ihm muß man gehen, wenn unser Wißen einen Grund haben soll" (Wlnm-K GA IV, 3, 347 / 31).

[126] In der *Zweiten Einleitung* schreibt Fichte, dass die Realität der intellektuellen Anschauung erst im Bewusstsein des Sittengesetzes verbürgt ist, „in welchem das Ich als etwas über alle ursprüngliche Modification durch dasselbe, Erhabenes vorgestellt wird, in welchem ihm ein absolutes, nur in ihm und schlechthin in nichts anderem begründetes Handeln angemuthet, und es sonach als ein absolut Thätiges charakterisirt wird." Ferner heißt es: „In dem Bewusstseyn dieses Gesetzes, welches doch wohl ohne Zweifel nicht ein aus etwas anderm gezogenes, sondern ein unmittelbares Bewusstseyn ist, ist die Anschauung der Selbstthätigkeit und Freiheit begründet; ich werde mir durch mich selbst als etwas, das auf eine gewisse Weise thätig seyn soll, gegeben [...]" (GA I, 4, 219 / SW I, 466). Es wäre zunächst naheliegend, unter dem Bewusstsein des Sittengesetzes hier das Bewusstsein des praktischen Subjekts zu verstehen, das dazu aufgefordert ist, seine Maximen gemäß dem kategorischen Imperativ, wie Kant ihn formuliert, zu bestimmen. Das würde bedeuten, dass erst ausgehend von einem Moralbewusstsein, wie Kant es beschreibt, die Realität der intellektuellen Anschauung verbürgt wird. An späterer Stelle wird jedoch deutlich, dass Fichte unter den Begriffen Sittengesetz oder kategorischem Imperativ etwas anderes versteht als Kant, nämlich das Bewusstsein freier Tätigkeit in Gestalt des Bewusstseins einer Aufforderung zur Selbstbestimmung *überhaupt*, vgl. ferner Kapitel 5. Das Bewusstsein *dieser* Aufforderung liegt in ihrer Allgemeinheit nach Fichte noch dem Bewusstsein des kategorischen Imperativs nach kantischer Formulierung zugrunde und ist als solche im endlichen Bewusstsein präsent. Dass Fichte auch in der *Zweiten Einleitung* mit dem Bewusstsein des Sittengesetzes das Bewusstsein der freien Selbstbestimmung überhaupt meint, wird dadurch nahegelegt, dass Rechts- und Tugendbegriffe aus der Idee des „Handeln[s] überhaupt" bzw. der „Freiheit", nicht aber aus dem spezifischeren Bewusstsein des kategorischen Imperativs der Form ‚Handle so, dass …' abgeleitet werden sollen (GA I, 4, 221 / SW I, 468). Somit kann also daran festgehalten werden, dass die Realität der intellektuellen Anschauung als Evidenzbewusstsein reiner Tätigkeit unabhängig von einem Moralbewusstsein in einem engen *kantischen* Sinne verbürgt ist. Entscheidend ist nur, und dies ist eine Ergänzung zu den Ausführungen des § 1 der *Wissenschaftslehre nova methodo*, dass die

Als Resultat der Erfüllung der Forderung, erstens sich selbst zu denken und zweitens darauf Acht zu geben, wie das Selbstdenken zustande kommt, kann also vorläufig zweierlei festgehalten werden: Das Ich muss sich *denken* als die Identität von denkendem Subjekt und gedachtem Objekt und das Denken dieser Identität beruht auf einer evidenten, unmittelbar anschaubaren Tätigkeit der Selbstsetzung. Fichte wählt zur Beschreibung des Ich entsprechend den paradox anmutenden Begriff des Subjekt-Objekt (vgl. Wlnm-K GA IV,3, 346 / 31). Nach Abstraktion von den beiden möglichen Formen des Selbstbewusstseins in Begriff und Anschauung fasst Fichte das Ich folgendermaßen auf: „das Ich ist, was es sich selbst setzt, und weiter nichts [...]" (Wlnm-K GA IV,3, 345 / 29). Das Ich wird also ebenso wie in der *Grundlage* als ein reines, sich selbst setzendes Tätiges gewonnen. Auch wenn Fichte damit eine dem ersten Grundsatz der *Grundlage* analoge Formulierung wählt, ist zu betonen, dass er an keiner Stelle im ersten Paragraphen der *Wissenschaftslehre nova methodo* diese zentrale Einsicht als den ersten Grundsatz seines Systems ausweist.

3.1.3 Individualität oder Transindividualität der selbstsetzenden Tätigkeit?

Die Rekonstruktion sollte bisher zeigen, wie Fichte im Unterschied zur Grundsatzlehre der *Grundlage* ein mitphilosophierendes Ich zur unmittelbaren Evidenz einer selbstsetzenden Tätigkeit in sich führt, die zugleich auf den Begriff einer Identität des Denkenden und Gedachten gebracht werden kann. Dieser Begriff des Ich soll nach Fichtes Anspruch das Prinzip eines philosophischen Systems sein, das sich im Medium des Begriffs darstellen und sich mit Anspruch auf strenge Notwendigkeit vermitteln lässt. Eine Minimalanforderung für objektiv gültige Erkenntnis besteht darin, dass sie intersubjektiv vermittelbar ist. Das gefundene Prinzip ist damit wie auch in der *Grundlage* als ein reines und absolutes Ich zu denken, das als ein

Anschauung der reinen Tätigkeit mit dem Bewusstsein einer Aufforderung zur Selbstbestimmung einhergeht.

transindividuelles jeder vernünftigen Tätigkeit überhaupt, sei sie
theoretischer oder praktischer Natur, zugrunde liegen soll. Wie in
der Forschung häufig bemerkt wird, besteht nun eine offenkundige
Spannung zwischen der Aufforderung zur Selbstanschauung einerseits, die an ein empirisches Subjekt andressiert ist, und dem daraus
erhofften Auffinden eines universalen, transindividuellen Prinzips
des reinen Ich andererseits.[127] Wie können die Leserin oder der Zu-
hörer der Wissenschaftslehre in ihrer endlichen, raum-zeitlich individuierten Verfasstheit durch Selbstanschauung ein transindividuelles, universales Prinzip finden? Nach Ulrich Schwabe ist das uni-
versale, transindividuelle Prinzip der Tathandlung im empirischen
Ich nachzuweisen, jedoch sei hierfür ein weiterer methodischer
Schritt nötig, den Fichte eigens nicht in Gestalt einer dritten Aufforderung hervorhebt. Nach Schwabe müsse zur Aufforderung,
sich zu denken und zu merken, wie dieses Denken geschehe, noch
eine maximale Abstraktionsleistung hinzukommen: Das Ich habe
nicht bloß von allem zu abstrahieren, was seine Individualität konstituiert (z.B. von seiner raumzeitlichen Verfasstheit), sondern von
seiner Individualität selbst, um die aufgefundene Tätigkeit als eine
allgemeine, transindividuelle Tätigkeit zu finden.[128] Schwabe weist
selbst auf die Schwierigkeit hin, dass der Akt der Abstraktion von
allem, was das individuelle Ich auszeichnet, die Bekanntschaft mit
dem reinen, transindividuellen Ich bereits voraussetzt. Das Ich
müsste sich bereits als Individuum im Unterschied zu seinem absoluten Grund kennen, um überhaupt zu wissen, wovon es zu abstrahieren habe, um seinen absoluten Grund zu finden. Gleichzeitig
deutet er an, dass die Bekanntschaft mit dem transindividuellen

---

[127] „Durch die Erfüllung des Fichteschen Anfangspostulates entsteht also
zunächst gerade nicht der intendierte Begriff des reinen Ich, sondern bloß
der des individuellen Ich. Die Hinleitung Fichtes führt mithin prima facie
nicht zum reinen, sondern bloß zum individuellen Ich. Die begriffsanalyti-
sche Arbeit der WL fängt aber [...] mit dem reinen Ich an. Zwischen dem
Resultat der privaten Handlungen, zu denen Fichte auffordert, und dem
begriffsanalytischen Anfang der WL n.m. klafft also - wie es scheint - eine
Lücke. Wenn nun Fichtes postulatorischer Anfang seinen Zweck nicht ver-
fehlen soll, muß diese Lücke geschlossen werden", Schwabe 2007, 371.
[128] Schwabe 2007, 372f.

Grund im Bewusstsein durch diese Abstraktionsleistung tatsächlich hergestellt werden kann.[129] Entgegen dieser Auffassung soll hier die These vertreten werden, dass Fichte auf der Stufe des Einstiegs in sein System und unter Voraussetzung der bisher gelieferten Erläuterungen die Universalität dieses Prinzips erst vorläufig behauptet, sie jedoch noch nicht vollständig plausibilisieren kann. Die Plausibilisierung der Universalität dieses Prinzips erfolgt erst dadurch, dass Fichte das unmittelbare Objekt im Selbstbewusstsein als einen reinen, zur Handlung auffordernden Willen charakterisiert (vgl. § 13, Wlnm-K, GA IV,3, 433ff. / 135ff.). Es ist hierbei die Unbedingtheit der *Forderung*, sich selbst zu setzen, welche das Ich reflexiv begreift, die zugleich die Universalität und transindividuelle Gültigkeit des Prinzips verbürgt. In dem Wissen um die Unbedingtheit der Forderung, sich als individuiertes Ich zugleich frei und autonom bestimmen zu müssen, wird diesem zugleich gewahr, dass diese Forderung *als* eine Unbedingte nicht aus der endlichen und damit bedingten Verfasstheit der individuellen Existenz abgeleitet werden kann.[130]

---

[129] Schwabe 2007, 373, Anm. 122.

[130] Dass Fichte im ersten Paragraphen der *Wissenschaftslehre nova methodo* die Tathandlung nunmehr selbst als eine Aufforderung begreift, ist vor allem vor dem Hintergrund dieser Theorie des reinen Willens (§ 13) zu sehen, welche ihrerseits maßgeblich im § 5 der *Grundlage* vorbereitet wurde. Auch wenn die Tathandlung des reinen Ich für das endliche Ich als Aufforderung zum Vollzug einer Handlung erscheint, ist es dennoch sinnvoll, die Tätigkeit des reinen Ich selbst von der Erscheinung desselben für ein endlich reflektierendes Ich zu unterscheiden. Diese Tätigkeit selbst, die im reinen Setzen besteht, lässt sich in Form eines Grundsatzes ausdrücken, der aus der Perspektive des endlich reflektierenden Ich den Charakter einer Aufforderung erhält.

3.2 Die argumentative Rechtfertigung: Der Regress
in traditionellen Selbstbewusstseinstheorien

In einem ersten Schritt sollte durch Aufforderung ein erstes und
allgemeines Bewusstsein der Tathandlung im Sinne einer in sich zurückgehenden Tätigkeit hergestellt werden. Diese in sich zurückgehende Tätigkeit, so möge sich die Mitphilosophierende innerlich
vergewissern, ist dabei unmittelbar anschaubar und liegt der Bildung eines Begriffs des Ich, welcher eine Identität von denkendem
Subjekt und gedachtem Objekt bezeichnet, voraus. Wie bereits erwähnt, finden sich im ersten Paragraphen der *Wissenschaftslehre nova
methodo* Ansätze zu einer argumentativen bzw. diskursiven Rechtfertigung der intuitiv gewissen Tathandlung. Auf dem Wege dieser
diskursiven Rechtfertigung soll sich ergänzend zu der intuitiven
Vergewisserung ein philosophisches, begriffliches Bewusstsein dieses obersten Prinzips herausbilden. Es gilt dabei zu erinnern, dass
ein begriffliches Bewusstsein überhaupt auf der unmittelbaren intuitiven Evidenz der intellektuellen Anschauung beruht, dabei jedoch selbst ein notwendiges, komplementäres Moment im Akt der
Selbsterkenntnis darstellt. Denn auch die unmittelbar evidente
Selbstanschauung, folgt man Fichtes Vermögenslehre, muss auf einen Begriff gebracht werden, um als solche erst *erkannt* zu werden.

Fichtes argumentative Rechtfertigung der Tathandlung als Prin-
zip des Selbstbewusstseins ist auch hier äußerst knapp gehalten (vgl.
Wlnm-K GA IV,3, 345f. / 29–31). Gleichwohl enthält dieser kurze
Abschnitt ein Argument, das mit Blick auf Fichtes Philosophie im
Ganzen zumindest seit der zweiten Hälfte des 20. Jahrhunderts vermutlich die stärkste und weitreichendste Rezeption erfahren hat.
Fichte entwickelt hier auf knappen Raum ein Argument gegen jede
Gestalt der Bewusstseinstheorie, welche Selbstbewusstsein als das
Ergebnis einer Reflexion eines vorauszusetzenden Subjekts auf sich
als ein reflektiertes Objekt deutet. Fichtes als Alternative vorgetragene These, dass Selbstbewusstsein nicht aus der Trennung eines
reflektierenden Subjekts und eines reflektierten Objekts, sondern
aus einer dieser Trennung zugrundeliegenden Identität beider Momente in einem Subjekt-Objekt zu denken ist, wurde im Jahr 1966
von Dieter Henrich in seinem berühmten Aufsatz als „Fichtes

ursprüngliche Einsicht" herausgearbeitet. Diese habe nach Henrich mit allen vorangegangenen Konzeptionen des Selbstbewusstseins seit Descartes gebrochen.[131]

131 Henrich 1966. Henrichs wesentliche Argumente seien hier aufgrund ihrer weitreichenden Rezeption innerhalb und außerhalb der Fichte-Forschung kurz zusammengefasst: In wesentlichen philosophischen Bemühungen um eine Theorie des Selbstbewusstseins wird letzteres konzipiert nach dem Reflexionsmodell. Zu den Verfechtern dieser Theorie zählt Henrich Descartes, Leibniz, Locke, Rousseau und Kant – zur Frage, inwiefern Kant dieser von Henrich kritisierten Strömung zugerechnet werden kann, siehe unten Abschnitt 3.5. Demnach ist ein „Subjekt des Denkens" vorausgesetzt, welches „in einer stetigen Beziehung zu sich selbst steht". Diese Beziehung kommt dadurch zustande, dass das Subjekt „die Tätigkeit des Vorstellens, die ursprünglich auf Gegenstände bezogen ist, in sich selbst zurückwendet und so den einzigen Fall einer Identität von Tätigkeit und Getätigtem bewerkstelligt." Henrich 1966, 192. In der Reflexionstheorie erkennt Henrich jedoch einen „Zirkel", den er als „petitio principii" versteht. Die Reflexionstheorie soll das Zustandekommen von Selbstbewusstsein erklären, setzt aber stillschweigend ein Wissen des Ich um sich voraus: „Ich soll der sein, der sich reflektierend auf sich besinnt. Also muß der, welcher die Reflexion in Gang bringt, selbst schon beides sein, Wissendes und Gewußtes. [...] Weiß es aber bereits von sich, so ist es ja schon im Zustande des Wissens Ich=Ich", Henrich 1966, 194f. Es sei nun Fichtes Verdienst, diesen Zirkel erstmals erkannt zu haben, woraufhin er als Grund der Möglichkeit des reflexiven Selbstbewusstseins, das also als Ausdruck der Selbstbeziehung nicht bestritten wird, ein „ursprüngliche[s] Sebstsein" des Ich aufdeckt. Ein Bewusstsein dieses Zirkels sieht Henrich dokumentiert in Wlnm-H IV, 2, 30, dort heißt es: „Des Bewußtseins von unserem Bewußtsein werden wir [...] nur dadurch bewußt, daß wir dasselbe abermals zum Objekt machen, und dadurch Bewußtsein von dem Bewußtsein unseres Bewußtseins erhalten, und so ins Unendliche fort." Wie Klaus Düsing bemerkt, unterscheidet Henrich (ebenso wenig wie Fichte) nicht deutlich zwischen einem Zirkel- und einem Iterationseinwand, vgl. K. Düsing 1997, 116. Ein Zirkeleinwand, der sich ausgehend von Henrichs Analyse der Reflexionstheorie des Selbstbewusstseins entwickeln ließe, könnte sich dabei auf den Begriff des Selbstbewusstseins beziehen. Demnach könnte gezeigt werden, dass sich ein Begriff des Selbstbewusstseins als eine reflexive Subjekt-Objekt-Beziehung nicht entwickeln ließe, ohne bereits im Subjekt eine solche Selbstbeziehung implizit vorausgesetzt zu haben; zum begrifflichen Zirkeleinwand vgl. K. Düsing 1997, 99f. Der Iterationseinwand, den

Fichtes Kritik an einer solchen Konzeption von Selbstbewusst-sein, zu denen er auch die kantische Konzeption zählt, zielt dabei auf deren logische Inkonsistenz, zumal er in jenen Konzeptionen einen begründungslogischen Regress entdeckt.[132] Der Aufweis der

Henrich selbst durch die Angabe des obigen Zitats erwähnt, besagt dage-gen, dass ein reflektierendes Subjekt sich bloß in einer unendlichen Itera-tion zum Reflexionsobjekt machen kann, wobei es in jedem Reflexionsakt als das reflektierende Selbst unthematisch bleiben müsste. Als Lösung für den ausgemachten „Zirkel", der sich gemäß dem Zitat eher als Iteration darstellen lässt, hält Henrich jedenfalls mit Fichte fest:„Aus diesem Selbst-sein kommt [das Selbstbewusstsein] erst dazu, daß ein Ich sich aus dem Weltzusammenhang löst und sich ausdrücklich als das ergreift, was es zu-vor bereits gewesen sein muss: Wissen von sich als wissender Subjektivität. Von dem ursprünglichen Wesen des Ich her muß die Möglichkeit der Re-flexion verstanden werden." Henrich 1966, 196. Henrich stellt im Weiteren die Entwicklung der verschiedenen Versionen der Wissenschaftslehre als ein Ringen um eine Antwort auf das Problem dar, wie das reflexive Selbst-bewusstsein aus dem vorausgesetzten Grund des unmittelbaren Selbstseins verständlich gemacht werden kann, wobei er der Auffassung ist, dass Fichte hierfür keine abschließende Lösung gefunden habe. Ein erster Schritt auf dieser Suche habe in der bereits benannten Aufdeckung der aller Reflexion vorausliegenden unmittelbaren Selbstsetzung bestanden (*Grund-lage*), ein zweiter Schritt in der Entdeckung, dass das Ich sich nicht bloß setzen müsse, sondern sich setzen müsse *als* sich setzen (vor allem *Wissen-schaftslehre nova methodo*); ein dritter Schritt in der Einsicht, dass diesem pro-duktiven Akt der Setzung ein unmittelbares Bewusstsein (metaphorisch: ein Auge) zukommen müsse, und viertens, dass Selbstbewusstsein letztlich als Erscheinung Gottes zu konzipieren sei (Wissenschaftslehren ab 1804). In seinen etwas schematischen, aber dennoch sehr erhellenden Ausführun-gen geht Henrich leider nicht darauf ein, dass Fichte zwar die Reflexions-theorie des Selbstbewusstseins für ihre Zirkularität kritisiert, ansonsten in der genetischen Entwicklung des Selbst- und Weltbewusstseins der Auf-weis zirkulärer Wechselbestimmungen im Ich affirmiert und produktiv ge-nutzt wird. Dies zu zeigen, ist allerdings ein Kernanliegen der folgenden Ausführungen. Zur Rezeption der Philosophie Fichtes vermittelt die von Dieter Henrich angestoßenen Diskussion über Selbstbewusstsein und Zir-kularität vgl. exemplarisch Tugendhat 2005, Pothast 1971 und Nozick 2003.

[132] Regress- bzw. Iterationseinwände mit Blick auf die Möglichkeit einer Selbsterfassung geistiger Tätigkeit finden sich schon seit der Antike, wie

logischen Inkonsistenz einer Gegenposition kann zwar die Wahrheit der von ihm entwickelten Position nicht erweisen, diese jedoch zumindest plausibilisieren.[133]

Zunächst ist also zu fragen, wie Fichte jene Konzeption des Selbstbewusstseins darstellt, die logisch inkonsistent sein soll. Auch wenn Fichte keine genaue Rekonstruktion irgendeines historischen Vorbilds liefert, scheint Fichte die folgende Konzeption im Blick zu haben: Selbstbewusstsein ist allgemein zu charakterisieren als die Reflexion eines selbstbewussten Subjekts auf sich, wobei sich das

Klaus Düsing zurecht betont, vgl. K. Düsing 1997, 98–120. Ein solcher Iterationseinwand wird z.B. bereits von Plotin formuliert, der bei ihm jedoch hypothetisch bleibt und nicht als schlagend gegen die Möglichkeit geistiger Selbsterfassung angesehen wird, vgl. Plotin, *Enneaden* II, 9, 1, 33–57, bes. 56f. Plotin gibt zu bedenken, dass mit Blick auf den Einen göttlichen Nous eine Trennung denkbar sei zwischen dem Nous, der denkend tätig ist und dem Nous der in dieser Denktätigkeit zum Objekt gemacht wird, wobei sich dann diese Objektivation ins Unendliche vervielfältigen ließe. Denn im Nous als Objekt der denkenden Tätigkeit wird wiederum nur gedacht, dass der Nous gedacht wird usf. Bei Plotin bleibt dieser Einwand hypothetisch, da nach seiner Konzeption der Nous ein einiges, unmittelbares Beisichsein ist, in dem Denken und Gedachtes nicht nachträglich aufeinander bezogen werden müssen. Hier sieht Düsing zu Recht eine deutliche Parallele zur Konzeption der intellektuellen Anschauung Fichtes, vgl. K. Düsing 1997, 102. Ein wesentlicher Unterschied zwischen Plotin und Fichte besteht freilich darin, dass Fichte den unmittelbaren Selbstbezug nicht primär mit Blick auf ein göttliches, sondern auf endliches Selbstbewusstsein konzipiert. Ferner musste sich bereits Descartes, insbesondere in Hobbes' dritten Einwänden, mit dem Einwand auseinandersetzen, dass eine Selbstbeziehung im Denken etwas Unmögliches sei, da sie nicht begründet werden kann, sondern vielmehr in einen unendlichen Regress münde, vgl. Descartes: *Meditationen über die Grundlagen der Philosophie. Mit den sämtlichen Einwänden und Erwiderungen.* Hamburg 1954, 157. Descartes Lösung für ein mögliches Iterationsproblem besagt, dass der reflektierten Selbstbeziehung stets eine unmittelbare, intuitive Selbstgewissheit vorausliegt, welche einen Regress in der Selbstbeziehung verhindert, vgl. Descartes: *Meditationen über die Grundlagen der Philosophie. Mit den sämtlichen Einwänden und Erwiderungen.* Hamburg 1954, 127f. Zur intuitiven Erfassung des Cogito bei Descartes vgl. Schäfer 2006b, 98–116.

[133] Schwabe 2007, 379f.

Bewusstsein habende Subjekt in dieser Reflexion zum Objekt wird. Subjekt und Objekt des Selbstbewusstseins verweisen zwar aufeinander und gehen im Falle des Selbstbewusstseins eine Einheit ein, müssen jedoch als unabhängig bestehende Instanzen gedacht werden. Dieser Gedanke lässt sich wiederum zweifach ausdrücken: a) Das reflektierende Subjekt ist als eine Instanz vorausgesetzt, die als solche besteht, unabhängig davon, ob sie den Akt der Reflexion auf sich vollzieht. Dies wird von Fichte zwar nicht explizit ausgeführt, dennoch folgt aus dieser Auffassung, dass das Ich als eine zugrundeliegende Substanz gedacht wird, der jede mögliche Tätigkeit (sei es eine Tätigkeit des Selbst- oder des Objektbezugs) als Akzidenz zukommt, die mithin auch unabhängig von dieser Tätigkeit gedacht werden kann. b) Ebenso wie das Ich als reflektierendes Subjekt vor dem Akt der Reflexion vorausgesetzt werden muss, kann gesagt werden, dass das Ich als reflektiertes Objekt schon gegeben sein muss, ehe auf es reflektiert wird. Subjekt-Ich und Objekt-Ich verweisen zwar aufeinander, gehen aber als getrennte Momente des Selbstbewusstseins nicht ineinander auf. Ihr unabhängiges Bestehen und ihre Nichtidentität wird also nach der klassischen Selbstbewusstseinstheorie behauptet.

Wie wir gesehen haben, entwickelt Fichte dagegen eine Theorie des Selbstbewusstseins, welche als Bedingung seiner Möglichkeit eine Identität von Subjekt und Objekt der Reflexion voraussetzt. Die klassische Theorie des Selbstbewusstseins, welche Fichtes Theorie zu überwinden sucht, soll daher einer logischen Inkonsistenz überführt werden, um seine eigene Theorie zu plausibilisieren. In der Forschung finden sich verschiedene Vorschläge zur Rekonstruktion seiner Widerlegung der klassischen Selbstbewusstseinstheorie, die zumeist versuchen, Voraussetzungen dieser Widerlegung kenntlich zu machen, die Fichte in seinen knappen Ausführungen unbenannt lässt.[134] Insofern sich der Wortlaut der Halleschen Nachschrift von der Krause-Nachschrift unterscheidet und daher Fichtes wörtlicher Vortrag nicht zweifelsfrei rekonstruierbar

---

[134] Vgl. u.a. Stolzenberg 1986, 213–217, Hanewald 2001, 231–237, Klotz 2002, 86–102.

ist, muss die Forschung mit der Möglichkeit verschiedener Rekonstruktionsansätze rechnen.

Legt man die Krause-Nachschrift zugrunde, können nun folgende Voraussetzung kenntlich gemacht werden:

(1) Es ist möglich, dass sich ein denkendes Subjekt (S_1) auf ein gedachtes Objekt (O_1) im Bewusstsein bezieht.[135]

Es erscheint als sinnvoll, diese Voraussetzung (1) seiner Widerlegung als ein nicht zu leugnendes Faktum vorauszusetzen.[136] Die traditionelle Konzeption des Selbstbewusstseins scheitert nun daran, dass sie dieses Faktum nicht erklären kann, da sie in der Erklärung dieses Faktums in einen Regress mündet.

---

[135] „Ich bin mir irgendeines Objects B bewust [...]" (Wlnm-K GA IV, 3, 346 / 30). In dieser Formulierung scheint stärker die Funktion dieser Aussage als Voraussetzung in einem (als solchen nicht explizit kenntlich gemachten) apagogischen Beweis durch. Der Beweis in der Halleschen Nachschrift beginnt dagegen mit dem Satz: „Man hat bisher so gefolgert: Entgegen gesezter Dinge oder äußerer Objekte können wir uns nicht bewußt seyn ohne uns selbst bewußt zu seyn, d.h. uns selbst Objekt zu seyn." (Wlnm-H GA IV, 2, 30).

[136] Damit unterscheidet sich diese Rekonstruktion von Schwabe 2007, 380–84. Schwabe formuliert die nicht kenntlich gemachten Voraussetzung folgendermaßen. (1) „Jedes Objekt bedarf eines ihm zugehörigen, aber von ihm verschiedenen Subjekts. (2) Das Bewußtsein eines Objekts setzt das Bewußtsein des zugehörigen Subjekts voraus.", Schwabe 2007, 381. Dabei wird (2) als das im apagogischen Beweis nicht zu leugnende Faktum des apagogischen Beweises herausgehoben. Fichte versuche demnach, dass (1) und (2) nicht zusammen bestehen können. (1) gilt dabei wiederum als Grundannahme der klassischen Selbstbewusstseinskonzeption, die Fichtes Lehre von der Identität von Subjekt und Objekt im reinen Ich widerspricht. Solange sie nicht zusammen bestehen können, ist (1) aufgrund der faktischen Geltung von (2) zu verwerfen. Gilt (1) jedoch nicht, ist die Möglichkeit eröffnet, ein Subjekt zu denken, das nicht von seinem Objekt getrennt ist, was die Konzeption des Ich als Subjekt-Objekt zumindest als möglich erscheinen lässt. Die von Schwabe vorgelegte Rekonstruktion und die hier vorgeschlagene erscheinen dabei beide als möglich.

Der Regress ergibt sich unter zwei weiteren Voraussetzungen, von denen Fichte die zweite der klassischen Konzeption des Selbstbewusstseins entnimmt:

(2) Das Bewusstsein eines Objekts überhaupt setzt ein Selbstbewusstsein voraus.

(3) Selbstbewusstsein besteht darin, dass sich ein Subjekt (S_1) auf sich wiederum als ein Objekt (O_2) bezieht, wobei Subjekt und Objekt strikt als voneinander unterschieden zu behandeln sind.

Unter Voraussetzung von (3) wird nun der Regress in der Begründung des Objekt-Bewusstseins leicht einsehbar: Denn das Haben von Selbstbewusstsein setzt voraus, dass dieses wiederum zum Objekt (O_3) eines diesem zugrundeliegenden Selbstbewusstseins Subjekt (S_2) wird, welches wiederum Objekt eines weiteren Subjekts S_3 werden müsste *ad infinitum*. Die klassische Konzeption des Selbstbewusstseins, welche nach (3) ein unabhängiges Bestehen von reflektierendem Subjekt und reflektiertem Objekt voraussetzt, kann also das Zustandekommen eines Objektbewusstseins nicht erklären, ohne dabei in einen Regress zu münden. Solange wir an dem Bezug auf gegebene Objekte festhalten wollen, ist die klassische Selbstbewusstseinskonzeption also zu verwerfen.

Was ist nun für die Konzeption des reinen Ich gewonnen, die Fichte im ersten Paragraphen der *Wissenschaftslehre nova methodo* einführt? Der Ertrag seiner Widerlegung besteht darin, dass sich für eine logisch konsistente Bewusstseinstheorie nun die deutliche Aufgabe stellt, „ein Object des Bewustseins [zu finden], welches zugleich Subject wäre", da nur eine solche Instanz den Regress eines immer wieder von neuem vorauszusetzenden Subjekts für das Selbstbewusstsein beenden könnte (Wlnm-K GA IV,3, 346 / 31). Eine solche Instanz wurde nun bereits angesprochen und in der intellektuellen Anschauung nachgewiesen. Folgt man nämlich der Aufforderung, sich selbst zu denken und darauf zu merken, wie dies geschehe, kommt das gesuchte unmittelbare Bewusstsein, in dem das „Bewustsein des Handelnden und des Handelns [...] eins" sind, zustande (Wlnm-K GA IV,3, 346 / 31). Das Regressargument ist

also kein direkter Beweis von Fichtes eigener Selbstbewusstseinskonzeption, sondern legt bloß *ex negativo* einen Schluss auf dieselbe
nahe.[137]

3.3 Unmittelbare und intellektuelle Anschauung

Im Abschnitt, der auf den Aufweis der logischen Inkonsistenz der
klassischen Selbstbewusstseinskonzeption folgt, führt Fichte nun
erstmals den wichtigen Begriff der intellektuellen Anschauung ein
(Wlnm-K GA IV,3, 347 / 31). Die intellektuelle Anschauung bezeichnet die intuitive Gewissheit des Ich als eine Subjekt-Objekt-
Identität, welche als Prinzip der Philosophie durch den oben ge-
führten Beweis der Inkonsistenz der Gegenposition zumindest
plausibilisiert werden sollte.

Die Ausführungen zu diesem besonderen Vermögen sind hier
erneut äußerst interpretationsbedürftig, was vor allem ihrem sachlichen Gehalt und nicht bloß der Tatsache geschuldet ist, dass der
Systementwurf der *Wissenschaftslehre nova methodo* nur in Form von
Vorlesungsmitschriften überliefert ist. Unabhängig von der Interpretation einzelner Formulierungen, bei denen im letzten nicht sicher entscheidbar ist, ob Fichte sie in dieser Form selbst vorgetragen hat, stellen sich gewichtige systematische Probleme, die mit
dem Konzept der intellektuellen Anschauung verbunden sind.
Diese sollen im Folgenden in den Vordergrund gerückt werden.

Es soll hier die These vertreten werden, dass Fichte wie auch in
der *Grundlage* eine allgemeine, allem endlichen Bewusstsein zugrunde liegende, sich selbst setzende Tätigkeit des Ich postuliert,
die hier im Unterschied zu *Grundlage* als „unmittelbare Anschauung" bezeichnet wird.[138] Zentral für den zweiten Systementwurf ist
eine Identifikation der setzenden Tätigkeit mit einer Anschauung,
welche in der *Grundlage* nicht geleistet wurde. Zudem entwickelt
Fichte den Begriff einer intellektuellen Anschauung im Sinne einer

---

[137] Vgl. Hanewald 2001, 233.

[138] „Das Ich setzt sich schlechthin, daß es sich im unmittelbaren Bewustsein als Subjectobject setze, ist unmittelbar, es kann keine Vernunft darüber
hinausgehen [...]." (Wlnm-K GA IV, 3, 347 / 31).

weiteren „unmittelbare[n] Anschauung der Anschauung" (Wlnm-K GA IV,3, 347 / 31). Diese Gestalt der intellektuellen Anschauung lässt sich durch das Achtgeben auf die eigene Bewusstseinstätigkeit registrieren. Zu einer solchen intellektuellen Anschauung sollte die Mitphilosophierende bewegt werden, indem sie dazu aufgefordert wurde, sich selbst im Begriff zu denken und darauf zu *merken*, wie dies geschehe. Wie bereits gezeigt wurde, ist die intellektuelle Anschauung nicht reflexiv in einem epistemisch relevanten Sinne, weil das Ich durch die Anschauung allein sich noch nicht als Identität des Denkenden und Gedachten weiß. Zu einer solchen epistemischen Selbstreflexion kommt es erst im Begriff des Ich. Gleichwohl stellt für Fichte das unmittelbare Bewusstsein des Selbstbezugs eine notwendige Bedingung für die epistemische Reflexion dar. Zusammengefasst muss also zwischen drei Momenten unterschieden werden: Erstens nennt Fichte eine unmittelbare Anschauung, die bloß die in sich zurückgehende Tätigkeit des sich Setzens bezeichnet, die hier zugleich als eine anschauliche Tätigkeit charakterisiert wird. Diese unmittelbare Anschauung erscheint dabei als eine Reformulierung der Tathandlung aus dem ersten Paragraphen der *Grundlage*. Zweitens entdeckt Fichte ein unmittelbares Bewusstsein dieser sich selbst setzenden Tätigkeit in einer intellektuellen Anschauung und drittens ein Sich-Denken als Identität von Subjekt und Objekt, von Setzendem und Gesetztem im Begriff des Ich.[139]

---

[139] Im Unterschied zu Schwabe wird hier an der Unterscheidung zwischen der intuitiv-anschaulichen Gewissheit und dem Sichdenken als Ich festgehalten. Schwabe dagegen bezeichnet die Anschauung selbst als ein „Sichdenken", Schwabe 2007, 398. Die Unterscheidung zwischen Anschauung und Begriff des Ich wird jedoch deutlich betont: „Das Zusammenfallen beider [nämlich von setzendem Subjekt und gesetztem Objekt], und wie dadurch Anschauung in einen Begriff verwandelt wird, läßt sich *nicht anschauen, sondern nur denken*. Nur die Anschauung läßt sich anschauen[,] nicht denken; das Denken läßt sich nur denken[,] nicht anschauen. Jede Äuserung des Gemüths läßt sich nur durch sich selbst auffaßen[.] Dieß bestätigt die oben aufgestellte Theorie des Bewusstseins." (Wlnm-K GA IV, 3, 348f / 33). Diese Unterscheidung zwischen dem Begriff des Denkens und der unmittelbaren Selbstbeziehung in der Anschauung erkennt auch Klotz 2002, 61.

3.3.1 Der Begriff der intellektuellen Anschauung in den Schriften vor der *Grundlage*

Ausgehend vom Postulat sollte das faktische Zustandekommen eines Begriffs des Ich, welcher die Identität von setzendem Subjekt und gesetztem Objekt zum Inhalt hat, sowie die intellektuelle Anschauung einer in sich zurückgehenden Tätigkeit aufgewiesen werden. Das intuitive Bewusstsein einer in sich zurückgehenden Tätigkeit lässt sich wiederum bloß durch jene Tätigkeit erklären, durch welche es „sich schlechthin [setzt]", von der es aber zugleich heißt, dass sie „nicht gelernt, nicht erfahren werden kann", da sie dasjenige ist, „was erst alles lernen und Erfahren möglich macht" (Wlnm-K GA IV,3, 346 / 31). Aufgrund der herausgehobenen Bedeutung, welche der intellektuellen Anschauung sowohl in methodischer als auch in inhaltlich-systematischer Sicht für Fichtes zweiten Systementwurf zukommt, soll hier zunächst in knapper Form auf den Ursprung dieses Begriffs in Fichtes Philosophie als auch auf seine verschiedenen Funktionen eingegangen werden, die sich aus der Analyse von Fichtes Schriften ergeben.[140]

Der Begriff der intellektuellen Anschauung findet sich vor allem im experimentellen Manuskript der *Eignen Meditationen über Elementarphilosophie* (1793) sowie in der 1794 veröffentlichten *Recension des Aeneseidemus*. In der *Grundlage* (1794), Fichtes erstem veröffentlichten Hauptwerk, wird dieser Begriff gänzlich ausgespart. Das Auslassen dieses Begriffs in der *Grundlage* und seine Wiedereinführung in der *Wissenschaftslehre nova methodo* markieren einen offensichtlichen Unterschied zwischen beiden Systementwürfen.

Die *Eignen Meditationen* enthalten keine abgeschlossene Doktrin, sondern eine Vielzahl sich teilweise korrigierender Entwürfe und Ansätze, weshalb dort die Bedeutung und die Funktion der intellektuellen Anschauung nicht eindeutig festgelegt ist. Aus dem Manuskript wird erkennbar, dass Fichte im Anschluss an Reinhold und in Anlehnung an Kants Verständnis einer intuitiven Erkenntnis in der Geometrie die intellektuelle Anschauung vor allem als

---

[140] Die bisher ausführlichsten Studien zum Begriff der intellektuellen Anschauung in Fichtes Philosophie stellen Stolzenberg 1986 und Tilliette 2015.

philosophische Untersuchungsmethode begreift, ehe er dazu übergeht, die intellektuelle Anschauung zugleich als Strukturbestimmung des Ich, welches als Prinzip seiner Philosophie fungiert, aufzufassen.[141] Das Ich und seine Vermögen sind damit nicht bloß
durch intellektuelle Anschauung erschließbar, vielmehr ist das Ich
als Prinzip selbst ein anschauendes. Sobald die intellektuelle Anschauung jedoch als Strukturbestimmung des *reinen* Ich-Prinzips
postuliert wird, ringt Fichte mit der Frage, inwiefern diese Anschauung des Ich im empirischen Bewusstsein nachweisbar ist, ohne dass
er diesbezüglich zu einer befriedigenden und abschließenden Antwort gelangt.[142] In der *Aenesidemus-Rezension* hält Fichte dagegen
knapp, aber deutlich, fest, dass das Ich bzw. das „Gemüth [als]
letzte[r] Grund gewisser Denkformen" eine „transcendentale Idee"
sei, welche in der intellektuellen Anschauung erfasst bzw. realisier-
bar ist (GA I, 2 / SW I, 16). Diese Realisierung der Idee in der

---

[141] Eine detaillierte Rekonstruktion dieser Entwicklung findet sich bei
Stolzenberg 1986, 13–60. Auf den ersten Seiten des Manuskripts beschreibt
Fichte die methodische Funktion der intellektuellen Anschauung folgendermaßen: „Es gehört demnach für die ElementarPhilosophie zweierlei:
richtiges Beobachten; richtiges Verstehen dieser Beobachtung. – ad. 1. Was
soll beobachtet werden. – Beobachten ist empirisch. – Giebt es nicht auch
reine intellectuelle Anschauungen. Die Formen des Vorstellungsvermögens, von dem eben die Rede ist, werden *rein intellektuell* angeschaut. [...]
Die Spontaneität bringt die Anschauung ihrem *Vorhandenseyn*, aber nicht
ihrer *Beschaffenheit* nach hervor. Die Spontaneität kann sie also – wenn dies
nur wahr ist, *nicht* alteriren" (GA II, 3, 24). In der Schrift dokumentieren
selbst gestellte Rückfragen an Überlegungen den experimentellen Charakter. In dem Zitat zeigt sich zugleich, dass die Anschauung als Methode zu
unterscheiden ist von ihrem Untersuchungsgegenstand, wobei diese Unterscheidung im weiteren Verlauf zunehmend aufgehoben wird.
[142] So heißt es: „Das sich selbst darstellende Ich wird intellectuell angeschaut, d.h. das Angeschaute ist zugleich die Anschauung. Es ist kein Leiden da: eine Handlung wird angeschaut, u. diese Handlung ist die Anschauung. [...] Frage: ist eine solche Anschauung möglich, d.i. kommt sie zum
Bewusstseyn? Oder wird sie bloß *gedacht*, also *geschlossen*. Z.B. das: *ich bin* –
gelangt es zum Bewusstseyn? Ja; aber nicht zum empirischen; sondern zum
reinen. U. es ist selbst das reine Bewusstseyn. Sobald man es auf irgend
eine Art beweisen will, so nöthigt man es zum empirischen herab" (GA II,
3, 144), vgl. hierzu Schäfer 2006a, 244, Anm. 36.

intellektuellen Anschauung erfolgt demnach genauer in dem Bewusstsein „*Ich bin*, und zwar: *ich bin schlechthin, weil ich bin.*" (GA IV, 2 / SW I, 16). Die Behauptung der Realisierbarkeit einer transzendentalen Idee wird von Fichte später jedoch nicht mehr aufgegriffen, vermutlich, weil im Kontext einer transzendental-kritischen Philosophie Ideen eigentlich so zu verstehen sind, dass sie sich für ein endlich reflektierendes Subjekt gerade nicht vollständig und unmittelbar realisieren lassen.[143]

Über die Gründe der Auslassung dieses Begriffs in der *Grundlage* hat Fichte sich nirgends explizit geäußert, ebenso wenig wie zu der Frage, ob der Sache nach dem absoluten oder dem endlichen Ich der *Grundlage* eine intellektuelle Anschauung zugesprochen werden kann. In der Forschung finden sich sowohl äußerliche als auch systematische Argumente, warum Fichte vom Begriff der intellektuellen Anschauung in der *Grundlage* keinen Gebrauch macht. Dabei überwiegt die Auffassung, dass angesichts der später entwickelten Bedeutung des Begriffs einer unmittelbaren oder intellektuellen Anschauung, auch dem Ich der *Grundlage* das Vermögen der intellektuellen Anschauung zuzuschreiben ist. Ein äußerliches Argument besagt dabei, dass Fichte in seinem ersten veröffentlichten Systementwurf auf die Verwendung des Begriffs der intellektuellen Anschauung bloß aus dem Grund verzichtete, dass er durch Kant als diskreditiert galt.[144] Ob dies tatsächlich die Beweggründe für Fichtes Verzicht auf diesen Begriff waren, ist nicht belegbar. Höher zu gewichten ist daher das systematische Argument, das sich auf den fundamental verschiedenen methodischen Ansatz der *Grundlage* bezieht, für den ein Rekurs auf die intellektuelle Anschauung obsolet ist: Wie im ersten Teil dieser Arbeit gezeigt wurde, arbeitet Fichte durchgehend mit dem *diskursiven* Verfahren der abstrahierenden Reflexion und der antithetisch-synthetischen Methode.[145] Die intellektuelle Anschauung als Kernmoment einer philosophischen Introspektion ist also methodisch nicht relevant und braucht daher in *Grundlage* nicht eigens eingeführt zu werden. Der Sache nach kann sowohl dem absoluten als auch dem endlichen Ich der

---

[143] Vgl. Schäfer 2006a, 33.
[144] Vgl. Stolzenberg 1986, 165.
[145] Vgl. Schäfer 2006a, 33f.

Grundlage jedoch das Vermögen einer unmittelbaren bzw. intellektuellen Anschauung zugesprochen werden. Schließlich hat auch in der *Grundlage* der Akt des Setzens nicht bloß die Bedeutung einer produktiven Herstellung, sondern impliziert zugleich einen kognitiven Zugriff auf das Setzende bzw. Gesetzte. Insofern dieser Zugriff unmittelbar, also weder vermittelt durch das diskursive Denken oder Sinnesdaten geschieht, lässt er sich als Anschauung begreifen.[146]

3.3.2 Anschauung und Reflexivität

Die reine sich setzende Tätigkeit bzw. das „Zurückgehen in sich selbst", welche in der *Grundlage* als Tathandlung begriffen wird, wird z.B. in der *Zweiten Einleitung in die Wissenschaftslehre* als eine „blosse Anschauung" bezeichnet, welches dem Begriff der unmittelbaren Anschauung in der *Wissenschaftslehre nova methodo* entspricht (GA I,4, 214 / SW I, 459). Fichte liefert keine deutliche Begründung, warum der Akt der Selbstsetzung nun mit dem vermögenstheoretischen Begriff der Anschauung erfasst werden muss. Das zugrundeliegende Argument kann auch hier so formuliert werden, dass die reine in sich zurückgehende Tätigkeit bereits bewusstseins- oder vermögenstheoretisch zu beschreiben ist, da durch diese Tätigkeit das Ich erst in die „Möglichkeit des Selbstbewusstseyns, und mit ihm alles übrigen Bewusstseyns versetzt wird" (GA I,4, 214 / SW I, 459). Diese Tätigkeit kann also nicht gänzlich außerhalb des

---

[146] Diese Auffassung findet sich u.a. auch bei Tilliette 1981 und Schwab 2020, 53, Anm. 14. Hanewald behauptet hingegen, dass „der erneute Rekurs auf die intellektuelle Anschauung in der *Wissenschaftslehre nova methodo* eine echte inhaltliche Veränderung gegenüber der *Grundlage* dar[stellt]", da in der *Grundlage* das „unendliche Ich" primär eine Aufgabe für das Denken sei, welche ohne Rekurs auf eine intellektuelle Anschauung beschreibbar sei, Hanewald 2001, 8, 55ff. Insofern aber selbst in dem Begriff oder in der Idee eines absoluten Ich ein unmittelbares Beisichsein des Ich benannt ist, was ohne Bedeutungsverschiebung als Anschauung bezeichnet werden kann, scheint Hanewalds Interpretation mit der hier vorgeschlagenen Interpretation dennoch durchaus vermittelbar.

Bewusstseins liegen, sie muss den Charakter des Bewusstseins an sich haben. Dass es sich dabei nun um eine Anschauung handeln muss, kann Fichte nur durch ein Ausschlussverfahren darlegen: Da eine begriffliche Bezugnahme auf einen kognitiven Gehalt jeweils der Vermittlung bedarf und ein Gefühl immer eine Begrenztheit des Ich anzeigt, nicht aber eine freie Tätigkeit, bleibt aus Fichtes Trias der drei grundlegenden idealen Vermögen nur die Anschauung als Ausdruck für einen unmittelbares Innesein übrig. Da es sich jedoch nicht um den weiter vermittelten Bezug eines äußerlich Gegeben, sondern um das Innesein des Selbst handelt, ist die Anschauung als intellektuell und nicht als sinnlich zu bezeichnen.[147]

Die hier vorgetragene Interpretationshypothese besagt also, dass Fichte in der *Wissenschaftslehre nova methodo* ein reines, sich differenzlos setzendes Ich postuliert, welches anders als das absolute Ich der *Grundlage* zugleich als ein anschauendes Ich ausgewiesen wird. Während das absolute Ich bzw. die reine Tathandlung der *Grundlage* als Bedingung der Möglichkeit von Identitäts-Gedanken diskursiv gerechtfertigt werden sollte, versucht Fichte im Kontext seines zweiten Systementwurfs jenes Prinzips als eine intuitive Gewissheit zu erweisen. Wie in Abschnitt 3.1 zu zeigen war, behauptet Fichte ein unmittelbares Innesein einer selbstsetzenden und selbstgesetzten Tätigkeit, welches alle bewussten Akte als ein subjektives, nichtintentionales Bewusstsein begleitet. Diese intellektuelle Anschauung ist dabei jedoch nicht hinreichend, um das Phänomen des Selbstbewusstseins zu erklären. Für das Zustandekommen eines deutlichen Selbstbewusstseins bedarf es vielmehr einer epistemischen Reflexion auf die sich setzende Tätigkeit im Begriff des Ich. Diese epistemische Reflexion im Begriff ist dabei zu unterscheiden von dem unmittelbaren Selbstbezug in der intellektuellen Anschauung.

Wie im ersten Teil dieser Arbeit gezeigt werden sollte, hat Fichte erhebliche Schwierigkeiten, das Phänomen der Selbstreflexion aus dem Akt der reinen Selbstsetzung, welcher nicht epistemisch reflektiert ist, zu erklären. Dieses Problem bleibt im Kontext des zweiten Systementwurfs dadurch bestehen, dass Fichte in der *Wissenschaftslehre nova methodo* wie schon in § 5 der *Grundlage* der reinen, in sich

---

147 Vgl. Hanewald 2001, 221.

zurückgehenden Tätigkeit, die nunmehr als unmittelbare oder bloße Anschauung charakterisiert wird, überhaupt ein Bewusstsein abspricht (Wlnm-K GA IV,3, 353 / 38). Das Problem des Übergangs eines absoluten, unmittelbar sich setzenden Ich zum endlichen, epistemisch reflektierten Ich lässt sich hier sowohl prinzipientheoretisch als auch vermögenstheoretisch ausdrücken: Wie bereits im ersten Teil dieser Arbeit geschehen, lässt sich fragen, wie ein absolutes, bloß sich setzendes Prinzip dazukommt, auf sich *als* ein solches zu reflektieren. Prinzipientheoretisch lässt sich dieses Problem auch als das Problem der Ableitung von Negation und Differenz aus der reinen Identität und Position des Ich beschreiben.

Die vermögenstheoretische Wendung dieses Problems lautet folgendermaßen: Wie lässt ein scheinbar Unbewusstes sich zugleich als Grund des Bewussteins begreifen? Wie kann ein scheinbar Unbewusstes gleichwohl mit dem vermögen- bzw. bewusstseinstheoretischen Begriff der Anschauung belegt werden? Vorab gilt es hier festzuhalten, dass es sich bei der unmittelbaren Anschauung ähnlich wie beim absoluten Ich der *Grundlage* um eine philosophische Abstraktion handelt. Ein deutliches Bewusstsein kommt erst dadurch zustande, dass das endliche Ich wiederum auf sich in einem Begriff reflektiert, was wiederum voraussetzt, dass es sich in Abgrenzung zu allem Nicht-Ich denkt.[148]

3.3.2.1 Der weiterhin ungeklärte Ausgang aus der reinen Identität

Wie bereits angedeutet wurde, kommt ein epistemisches Bewusstsein erst durch eine Reflexion zustande, in der das Ich als ein Bestimmtes in Abgrenzung zu einem Nicht-Ich erscheint. Der Zusammenhang zwischen einer reflexiven Selbstvergewisserung und dem Entgegensetzen eines Nicht-Ich soll in einem folgenden Abschnitt näher untersucht werden. In diesem Kontext ist es bloß relevant, dass im Gegensatz zu § 5 der *Grundlage* der Ursprung dieser Reflexion als solcher gänzlich unthematisch bleibt. Fichte liefert also keine weiteren Gründe, wie es überhaupt zur Setzung von

---

[148] Vgl. Abschnitt 3.4.

Differenz für ein Ich kommen kann, das ursprünglich unmittelbar bloß sich anschaut. Während in der *Grundlage* eine unhintergehbare Wechselbestimmung zwischen äußerem Anstoß und innerer Zurückwendung als mögliche Lösung für dieses Problem erschien, fällt in der *Wissenschaftslehre nova methodo* diese Option offensichtlich gänzlich weg, da Fichte auf die Bedingungen der Möglichkeit der Endlichkeit nicht eingeht. Ungeklärt bleibt daher die Frage, wie aus der reinen Identität des Ich jene Differenz entstehen kann, die im reflexiven Selbstverhältnis des Ich enthalten ist. Diesem offenen Problem könnte hier dadurch begegnet werden, dass die Identität des Ich ebenso faktisch gegeben ist, wie die Differenz im reflektierenden Selbstbezug und im Verhältnis zu äußeren Bewusstseinsgehalten. Mit dieser Feststellung wäre eine von Fichte einzugestehende Grenze der philosophischen Ableitung markiert. Ohne dass Fichte dies in seinem zweiten Systementwurf deutlich reflektiert, könnte das Zusammenbestehen von Identität und Position einerseits sowie von Differenz und Negation andererseits als ein den Grundsätzen der *Grundlage* analoges Faktum beurteilt werden. Dies entspricht auch dem Umstand, dass Fichte als Bedingung der Möglichkeit des Sichdenkens im Begriff ein sogenanntes Gesetz der Bestimmung postuliert, welches er nicht weiter ableitet.[149] Die von Fichte angestrengten genetischen Ableitungen können dann zwar den Zusammenhang der verschiedenen Funktionen, etwa der Position und der Negation, aufzeigen und hieraus Folgebestimmungen entwickeln, ihr Gegebensein im Geiste jedoch selbst nicht mehr ableiten.

3.3.2.2 Die unmittelbare Anschauung ohne Anschauung?

Die Frage nach den Bedingungen der Möglichkeit eines endlichen Selbstbewusstseins bleibt also teilweise unbeantwortet, insofern das Verhältnis von reiner Identität des absoluten Ich und der Negation und Differenz, die bestimmend sind für den endlichen Bewusstseinsvollzug, nicht geklärt wird. Dass Fichte keine weitere

---

149 Vgl. Abschnitt 3.4.

Ableitung von Negation und Differenz anstrebt, ist jedoch als ein
Vorteil gegenüber der *Grundlage* zu werten, da Fichte somit den
Grenzen der philosophischen Einsicht Rechnung trägt. Das intuitiv
gewisse Faktum des Vollzugs einer selbstsetzenden Tätigkeit muss
hier zunächst verbürgen, dass es ein unmittelbar anschauliches Innesein reiner Tätigkeit gibt. Des Weiteren ist nun zu klären, wie es
möglich ist, dass im Modus der Reflexion überhaupt ein an sich
Unbewusstes zum Bewusstsein erhoben werden kann. Diesen Status der aller Vorstellung vorausliegenden und niemals zu Bewusstsein kommenden unmittelbaren Selbstsetzung hält Fichte in der
Wissenschaftslehre nova methodo fest:

> Vom Ich geht alles aus. Das Ich ist kein Bestandtheil der Vorstellung son-
> dern vom Ich geht alle Vorstellung aus. Alles mögliche Bewusstsein sezt
> das unmittelb[are] Bewustsein voraus und ist auser dem nicht zu begreifen.
> (Wlnm-K IV,3, 346 / 31)

Eine kohärente Verhältnisbestimmung der genannten Funktionen
der unmittelbaren Anschauung, der intellektuellen Anschauung sowie der begrifflichen Selbsterfassung kann offensichtlich nur durch
erhebliche Präzisierungen sowie stellenweise durch Modifikationen
des überlieferten Wortlauts geleistet werden. Dass die selbstsetzende Tätigkeit des Ich in *keiner* Weise im vorstellenden Bewusstsein vorkommt, ist nach Fichtes eigenen Voraussetzungen auszuschließen.[150] Gemeint ist hier offenbar, dass die reine, differenzlose
und damit unmittelbare Anschauung eines als absolut gedachten
Ich im endlichen Bewusstsein niemals unterschiedslos vorkommt –
und zwar aus dem einfachen Grund, dass das endliche Ich mit Differenz und Negation behaftet ist. Diese Tätigkeit erscheint nicht in
ihrer Reinheit, sondern vermittelt im endlichen Bewusstsein,

---

[150] Ähnlich argumentiert Klotz 2002, 117f. Auf den Unterschied zwischen
der unmittelbaren, epistemisch nicht reflektierten Anschauung des bloßen
Setzens und der Präsenz dieser Anschauung als intellektuelle Anschauung
im endlichen Bewusstseinsvollzug geht Klotz jedoch nicht ein, weshalb er
beide Momente stellenweise zu verwechseln scheint und beide unter dem
Begriff des unmittelbaren Selbstbewusstseins fasst, vgl. z.B. Klotz 2002,
60.

insofern sich dieses als ein Tätiges weiß. Die intellektuelle Anschauung ist damit zu begreifen als Gestalt der unmittelbaren Anschauung unter den Bedingungen der Endlichkeit, über welche das endliche Ich nicht verfügt und welche Fichte scheinbar nicht weiter zu begründen vermag. Anders als Fichtes Formulierung der intellektuellen Anschauung als einer unmittelbaren Anschauung der unmittelbaren Anschauung nahelegen mag, liegt hier keine epistemische Reflexion vor. Die intellektuelle Anschauung bezieht sich nicht auf ein anderes. Die intellektuelle Anschauung *ist* die unmittelbare Anschauung des Selbst, jedoch betrachtet im Zusammenhang mit anderen endlichen Tätigkeiten. Die unmittelbare Anschauung als solche ist vielmehr eine philosophische Abstraktion, durch welche der reine Akt der Selbstsetzung – ähnlich wie im Begriff der Tathandlung der *Grundlage* – zum philosophischen Bewusstsein erhoben werden soll.[151] Nur insofern sie in ihrer Reinheit und Abstraktheit gedacht wird, kann sie als etwas bezeichnet werden, das als solches nicht zum Bewusstsein kommt.

Bezüglich der so beschriebenen intellektuellen Anschauung muss ferner präziser zwischen verschiedenen Funktionen unterschieden werden, wenngleich es sich bei diesen Funktionen um Formen ein und desselben Phänomens handeln muss: So fungiert die intellektuelle Anschauung in entfernter Analogie zu Kants ‚Ich denke' als ein mögliches Selbstbewusstsein, das latent alle Bewusstseinsvollzüge begleiten können muss und willkürlich aktualisiert werden kann.[152] Zweitens kann die intellektuelle Anschauung als

---

[151] „Der angegebene Act ist bloss ein Theil, und ein nur durch den Philosophen abzusondernder, nicht aber etwa ursprünglich abgesonderter Theil der ganzen Handlung der Intelligenz, wodurch sie ihr Bewusstseyn zustande bringt" (GA I, 4, 214 / SW I, 459).

[152] So heißt es in der *Zweiten Einleitung*: „Ich kann keinen Schritt thun, weder Hand noch Fuss bewegen, ohne die intellectuelle Anschauung meines SelbstBewusstseyns in diesen Handlungen; nur durch diese Anschauung weiss ich, dass i c h es thue, nur durch diese unterscheide ich mein Handeln und in demselben mich, von dem vorgefundenen Objecte des Handelns. Jeder, der sich eine Thätigkeit zuschreibt, beruft sich auf diese Anschauung" (GA I, 4 217 /SW I, 463) Dies bedeutet hier keinesfalls, dass die genannten alltäglichen Verrichtungen ausschließlich durch ein explizites und

Methode und drittens als gesonderter Gegenstand der Transzendentalphilosophie betrachtet werden. Als Untersuchungsmethode ist sie jedoch nicht qualitativ zu unterscheiden von jener intuitiven Selbstgewissheit, welche jeden noch so simplen Akt des konkreten Bewusstseins begleiten können muss.[153] Das transzendental philosophierende Ich verfügt daher nicht über ein eigenes oder besonders geartetes Vermögen der Anschauung, sondern vielmehr über die Fähigkeit, auf diese Anschauung besonders Acht zu geben und diese wiederum begrifflich zu explizieren. Es eignet der Philosophin bzw. dem Philosophen, das Vermögen der intellektuellen Anschauung durch erhöhte Aufmerksamkeit auf einen Begriff zu bringen und im Verhältnis zu anderen Vermögensleistungen diskursiv darzustellen, wobei der Gegenstand der Analyse das konkrete, alltägliche Bewusstsein bleibt.[154] Dabei ist zu betonen, dass sich ein philosophierendes oder alltägliches Ich zwar gesondert auf die sich selbst setzende Tätigkeit beziehen kann, eine vollständige Isolation dieser Tätigkeit jedoch nicht möglich ist. Dies würde nämlich

permanent vollzogenes Ich-Bewusstsein möglich sind, gleichwohl ist der Akt der Selbstzuschreibung dieser Handlungen nur unter der Voraussetzung der genannten Handlung möglich.

[153] Zum Begriff der intellektuellen Anschauung in der *Wissenschaftslehre nova methodo* und seinen verschiedenen Dimensionen vgl. auch Hanewald 2001, 215ff.

[154] Auch wenn Hanewald zurecht die Unterscheidung zwischen intellektueller Anschauung als Faktum des endlichen Bewusstseins und der intellektuellen Anschauung als philosophischer Methode hervorhebt, ist ihm nicht gänzlich zuzustimmen, wenn er schreibt: „Für die Theorie des reinen Ich als Prinzip der Philosophie [...] bleibt jedoch vor allem festzuhalten, daß die intellektuelle Anschauung, der im Gegensatz zum darin vergegenwärtigten Sich-Setzen Bewußtsein eignet, und damit natürlich auch die Subjekt-Objekt-Identität als Gegenstand derselben auf der Grundlage des Gebrauchs der Freiheit allein dem Philosophen zugänglich sind." Hanewald 2001, 224. Zwar ist es richtig, dass es eine genuine Aufgabe der Philosophie ist, die Subjekt-Objekt-Identität im Bewusstsein ‚abzusondern' und zu untersuchen (vgl. Anm. 151), gleichwohl legt Fichtes phänomenologisch-praktischer Systemeinstieg eher nahe, dass hierfür gerade kein besonderes, nur wenigen und auserwählten Menschen zukommendes Vermögen nötig ist.

bedeuten, dass sich ein philosophierendes Ich *qua* Philosophie aus seinem konkreten Bewusstsein ‚herausbegeben' könnte. Auch im Modus der philosophischen Reflexion bleiben dem endlichen Ich durchgehend etwa empirische Objekte gegeben. Es kann dabei lediglich graduell seine Aufmerksamkeit von jenen ablenken, diese jedoch nicht vollständig eliminieren.

3.4 Das Ich in Begriff und Anschauung

Wie im Verlauf dieses Kapitels deutlich werden sollte, weist Fichte zwei Zugangsweisen zum Selbst auf, die in einem notwendig komplementären Verhältnis zueinander stehen. Hierbei handelt es sich um die Anschauung und den Begriff des Ich, welche beide vorliegen müssen, wenn das endliche Ich ein volles Bewusstsein seiner selbst ausbilden soll. Im Hintergrund dieser These bzgl. des komplementären Verhältnisses von Anschauung und Begriff steht Kants Lehre, dass im Erkenntnisakt stets ein Begriff auf eine Anschauung zu beziehen ist.[155] Im Unterschied zu Fichte spricht Kant hier jedoch von der sinnlichen Anschauung eines gegebenen Mannigfaltigen, nicht von einer reinen, intellektuellen Anschauung des Ich.

Fichtes Ausführungen zum Verhältnis von Anschauung und Begriff des Ich haben im einleitenden Paragraphen einen hinführenden Charakter. Sie enthalten zwar *in nuce* die im weiteren Verlauf ausführlich entwickelte Lehre, dass das Ich sich im Begriff einer unbedingten Aufforderung zur Selbstbestimmung bzw. im Begriff eines reinen Willens erkennt (insb. §§ 13–16). Diese Lehre ist hier *in nuce* erhalten, insofern Fichte zumindest herausstellt, dass das Ich sich zusätzlich zum intuitiven Bewusstsein eigener Tätigkeit erst durch die Ausbildung eines Begriffs dieser Tätigkeit *denkt*. Von dieser imperativen Funktion des Ich-Begriffs ist hier allerdings noch nicht die Rede. Ebenfalls findet sich keine ausführliche argumentative Herleitung dieser Unterscheidung zwischen Anschauung und Begriff.

---

[155] Vgl. KrV B 75.

Den eher hinführenden, unabgeschlossenen Charakter haben die Ausführungen im ersten Paragraphen jedoch nicht nur aufgrund inhaltlicher Unterbestimmtheit, sondern aufgrund einer mangelhaften methodologischen Reflexion. Ohne dass Fichte dies selbst kennzeichnet, sind zwei verschiedene Ansätze zu erkennen, um seine These von den komplementären Zugangsweisen zum Selbst in Begriff und Anschauung zu plausibilisieren. Fichte versucht erneut, seine These einerseits auf diskursivem Wege, genauer durch eine bestimmungslogische Argumentation, und andererseits durch einen phänomenologischen Aufweis zu untermauern. Wie gezeigt werden soll, verbindet Fichte wiederum beide Zugangsweisen, ohne die Möglichkeit des Übergangs von der phänomenologischen zur bestimmungslogischen Argumentation selbst zu erörtern.

Der bestimmungslogische Zugang besteht erstens darin, dass Fichte das sog. Reflexionsgesetz der Entgegensetzung formuliert, welches vor allem für den folgenden zweiten Paragraphen der *Wissenschaftslehre nova methodo* zentral ist. Dieses wird als Voraussetzung seinen Überlegungen vorangestellt. Wie in § 2 gezeigt wird, besagt dieses Gesetz, dass ein Bewusstsein von einem bestimmten Gehalt nur dadurch möglich ist, dass zugleich der Gegensatz dieses reflektierten Gehalts mitreflektiert wird. Wendet man dieses Gesetz auf den vorliegenden Fall des intuitiven Tätigkeitsbewusstsein an, kann folgendes festgehalten werden: Das intuitive Bewusstsein eines bloßen Setzens im Ich setzt zugleich das Bewusstsein eines diesem Setzen Entgegengesetzten voraus. Dieses dem bloßen Tätigkeitsbewusstsein Entgegengesetzte bezeichnet Fichte nun als das „Gesetzte", welches nicht das Bewusstsein der bloßen Tätigkeit selbst, sondern als Gegensatz zur aktiven Tätigkeit selbst das Bewusstsein einer „Ruhe" sein soll.[156] Mit der Ruhe ist in diesem Zusammenhang nicht die vollständige Aufhebung von Tätigkeit, sondern das Ruhen der Tätigkeit selbst bezeichnet. Allgemein lautet das Argument, das Fichte aus dem allgemeinen Reflexionsgesetz ableitet, dass ein intuitives Tätigkeitsbewusstsein in der Anschauung nur dann möglich ist,

---

[156] „Um mich selbst als mich setzend wahrnehmen zu können, müßte ich mich schon als gesetzt voraussetzen [...]" (Wlnm-K GA IV, 3, 348 / 32).

wenn im Bewusstsein zugleich komplementär eine noch näher zu spezifizierende Negation desselben vorkommt.

Dieser bestimmungslogische Zugang soll zweitens phänomenologisch ergänzt werden: Nach Fichte lässt sich intuitiv nachvollziehbar zeigen, dass das Achtgeben auf die sich setzende Tätigkeit, wie sie die Mitphilosophierenden vollziehen sollten, tatsächlich aus einem Zustand der „Ruhe" entsteht, welche zwar nicht die Aufhebung der Tätigkeit überhaupt, aber zumindest das Ausbleiben einer bewussten Reflexion bedeutet. Dabei wäre hinzuzufügen, dass die aktiv vollzogene Tätigkeit zweifach negativ bestimmt ist, nämlich sowohl durch ihren ruhenden Anfang, aus dem sie hervorgeht, als auch durch ihr ruhendes Ende, in das sie mündet.[157] Die hier phänomenologisch aufzuweisende „Ruhe" ist dabei von bestimmungslogischer Relevanz, zumal sie die Möglichkeit einer bewussten Reflexion enthalten soll, die in ihr zwar noch nicht realisiert ist, aber aus ihr hervorgehen soll.

Diese phänomenologisch aufzuweisende Ruhe soll der Reflexion auf die Tätigkeit nicht bloß zeitlich vorausliegen, sondern ihr auch entgegengesetzt sein. Dieser Gegensatz hat hier die spezifische Funktion der *Bestimmung* der aktiv vollzogenen, anschaulichen Tätigkeit. Entscheidend ist hier Fichtes Überlegung, dass die Ruhe, die als bestimmendes Moment und als Bedingung der Möglichkeit der anschaulichen Tätigkeit, nur im Medium des Begriffs zugänglich ist. Diese Überlegung beruht wiederum auf der Voraussetzung, dass die Anschauung das genuine Medium einer Tätigkeit ist, während sich das Nichttätige bloß in einem Begriff denken lässt.[158] Mit Blick auf den Inhalt des Begriffs muss nun betont werden, dass hier nicht jeder mögliche, kontingente Zustand des Ich gedacht wird, welcher dem Akt der bewussten Selbstreflexion zeitlich vorausliegt oder auf diesen folgt. In Ermangelung ausführlicherer

[157] Diese Erläuterung findet sich im Text nicht, vgl. hierzu Schwabe 2007, 405 und Stolzenberg 1986, 200.

[158] „In dieser in sich zurückgehenden Thätigkeit, als ruhend angeschaut, fällt Subject und Object zusammen, und dadurch entsteht das positive fixirte. Dieses Zusammenfallen beider, und wie dadurch die Anschauung in einen Begriff verwandelt wird, läßt sich *nicht anschauen, sondern nur denken.*" (Wlnm-K GA IV, 3, 348f. / 33).

Erläuterungen wäre es durchaus möglich, Fichte diese äußerst un-
plausible Auffassung zuzuschreiben.

Mit dem Begriff des Ich wird nicht irgendein kontingenter, zeitlich vorausliegender Zustand, sondern die bestimmende bzw. begründende Instanz für den Akt einer vollzogenen intellektuellen
Selbstanschauung gedacht. Bestimmungslogisch liegt diese Instanz
als Bedingung der Möglichkeit dem Vollzug der bewussten Reflexion voraus. In dem jeweiligen kontingenten, zeitlich vorausliegenden Zustand ist diese Instanz dabei als eine Möglichkeit enthalten.
Es ist nun genau zu beachten, in welchem Sinne diese begründende
Instanz dem faktischen Vollzug entgegengesetzt ist und warum sie
auf einen Begriff gebracht werden muss, um zu einem deutlichen
Bewusstsein zu gelangen. Letztere Überlegung besagt, dass die Anschauung bzw. die Evidenz als solche defizitär ist und nicht zu einem deutlichen Bewusstsein hinreicht. Der Gegensatz zwischen
faktischem Vollzug und begründender Instanz kann hier nicht absolut sein. Der faktische Vollzug der intellektuellen Anschauung im
endlich reflektierenden Ich beruht schließlich auf einer unmittelbaren Anschauung, wobei die erstgenannte nichts anderes ist als die
unmittelbare Anschauung unter den Bedingungen der endlichen
Begrenztheit des Ich. Es handelt sich dabei also nicht um entgegengesetzte, sondern sogar um identische Momente. Beide Momente
können daher nur in einer spezifischen Hinsicht entgegengesetzt
sein. Die Unterscheidung zwischen der begründenden Instanz der
unmittelbaren Anschauung und dem faktischen Vollzug einer intuitiven Selbstvergewisserung liegt nun darin, dass die begründende
Instanz in *allen* Akten des Bewusstseins präsent sein muss, während
der Akt der intuitiven Selbstvergewisserung selbst ein spezifischer
ist, der nicht alles Bewusstsein begleiten muss. In einer Hinsicht ist
die unmittelbare Anschauung also durchgehend aktiv, in einer anderen Hinsicht „ruht" sie, nämlich dann, wenn sie nicht bewusst
reflektiert wird. Dasjenige, was hier als ruhend vorausgesetzt ist, erinnert stellenweise an das Subjekt in der von Fichte kritisierten,
klassischen Selbstbewusstseinstheorie. So heißt es sogar: „Um mich
selbst als setzend wahrnehmen zu können, müßte ich mich schon
als gesetzt voraussetzen [...]" (Wlnm-K GA IV,3, 348 / 32). Hierbei
handelt es sich jedoch nicht um ein vorausgesetztes Subjekt, wie es

die klassische Selbstbewusstseinstheorie konzipieren würde, sondern das, „was eigentlich Thätiges ist", nämlich um das absolute Ich der Tathandlung, in dem Subjekt und Objekt identisch sind (Wlnm-K GA IV,3, 348 / 33). Solange irgendein Bewusstsein vorliegt, muss die Tathandlung als untergründig wirksam gedacht werden, entsprechend ist sie in nichtreflektierter Form dort enthalten, wo das Ich sich schlicht seinem Bewusstseinsstrom hingibt, ohne auf sich als ein Bewusstes zu reflektieren. Sie liegt also in diesem Sinne als „ruhend" vor, dass sie nicht deutlich zum Bewusstsein erhoben wird, liegt aber als aktive Tätigkeit gleichwohl jedem Bewusstseinsakt zugrunde.

Das Medium, in welchem das absolute Ich, das Subjekt-Objekt, als Grund des aktiven Bewusstseinsvollzugs erscheint, ist nach Fichte der Begriff. Im Begriff wird nachträglich zu einem deutlichen Bewusstsein erhoben, was in allem Bewusstsein anwesend, jedoch nicht notwendig deutlich reflektiert wird. Der Begriff des Ich geht aus der Tätigkeit der reinen Selbstsetzung hervor, stellt jedoch einen anderen Modus dieser Tätigkeit dar. Fichte spricht hier auch von dem Begriff als einem „positiv fixirte[n]", der sich vom aktiven Vollzug der Tätigkeit unterscheidet. Dem Gegensatz zwischen dem „ruhenden" unmittelbaren Bewusstsein und der kontingenten, aktiv vollzogenen intellektuellen Anschauung korrespondiert also vermögenstheoretisch die Unterscheidung zwischen Begriff und Anschauung. Fichte will damit zeigen, dass ein deutliches Selbstbewusstsein nur dann möglich ist, wenn das Ich genau in diesem Sinne denkt bzw. auf den Begriff bringt, was es intuitiv vernimmt. In diesem Sinne sind Anschauung und Begriff im endlichen Selbstbewusstsein notwendige, komplementäre Momente. Die Selbstevidenz der intellektuellen Anschauung wäre blind, wenn sie nicht auf eine Selbsterkenntnis im Begriff bezogen wäre.

Fichtes These zur komplementären Beziehung von Anschauung und Begriff, insofern sie aus dem Reflexionsgesetz der Entgegensetzung entwickelt ist, erweist sich dabei jedoch bestimmungslogisch als lückenhaft begründet, wobei Fichte in diesem Kontext diese Lücke scheinbar phänomenologisch schließen möchte. Phänomenologisch mag es nachvollziehbar sein, dass dem Begriff bzw.

Gedanken ‚Ich' ein Tätigkeitsbewusstsein vorausliegt, während zugleich diese Tätigkeit nur im Gedanken bzw. im Begriff des Ich zum Bewusstsein gelangt. Damit ist jedoch eine Wechselbestimmung zwischen intellektueller Anschauung und Begriff des Ich ausgesagt, welche bestimmungslogisch anders als in § 4 der *Grundlage* nicht hergeleitet wurde. Schließlich besagt das äußerlich eingeführte Reflexionsgesetz bloß, dass ein Gehalt A nur durch seinen Gegensatz B zu Bewusstsein gelangen kann – die These von der Komplementarität von Anschauung und Begriff des Ich geht aber über dieses bloße Limitationsverhältnis hinaus. Wie wir sehen werden, wird dieser Übergang von der Bestimmung zur Wechselbestimmung auch in § 2 nicht geklärt.

3.5 Kants ‚Ich denke' und Fichtes Konzeption des Ich

Nachdem nun schon einige Bezüge der Selbstbewusstseinstheorie, wie Fichte sie in der *Wissenschaftslehre nova methodo* entwickelt, und der Transzendentalphilosophie Kants angedeutet wurden, sollen an dieser Stelle einige Überschneidungen, aber auch gewichtige Unterschiede zwischen beiden Ansätzen benannt werden. Unterschiede ergeben sich ferner mit Blick auf den tatsächlichen Gehalt der Theorien Kants und ihrer jeweiligen teils eigenwilligen Deutung durch Fichte. Aufgrund der Komplexität von Kants Theorie des Selbstbewusstseins, die eine eigene Abhandlung erfordern würde, kann das an dieser Stelle nur thesenartig und zum Zweck einer allgemeinen Orientierung geleistet werden.[159]

Es ist wahrscheinlich, dass nach Fichtes Auffassung Kants Theorie des Selbstbewusstseins zumindest in ihrer schriftlich überlieferten Gestalt ebenso wie andere klassische Selbstbewusstseinstheorien ein Zirkel- oder Regressproblem enthält.[160] Kant hat selbst

---

[159] Vgl. hierzu u.a. Henrich 1976, Baum 1986, C. Bickmann 1996, 60–190, Enskat 2015b, 103–151.

[160] Schließlich nimmt Fichte Kant von dieser Kritik der „bisherigen Philosophien" (Wlnm-K GA IV, 3, 346 / 30) nicht aus. Wie erwähnt, erkennt

berechtigten Anlass zu einer solchen Kritik gegeben, wobei Fichte die entsprechenden Textstellen bekannt gewesen sein dürften. So heißt es in einer berühmten Stelle im Paralogismus-Kapitel:

Durch dieses Ich, oder Er oder Es (das Ding), welches denkt, wird nun nichts weiter, als ein transzendentales Subjekt der Gedanken vorgestellt = x, welches nur durch die Gedanken, die seine Prädikate sind, erkannt wird, und wovon wir abgesondert, niemals den mindesten Begriff haben können; um welches wir uns daher in einem beständigen Zirkel herumdrehen, indem wir uns seiner Vorstellung jederzeit schon bedienen müssen, um irgendetwas von ihm zu urteilen [...].[161]

Mindestens zwei gewichtige Gründe, die in der neueren Kant-Forschung hervorgehoben werden, sprechen allerdings dagegen, dass Kant selbst einen Zirkel mit Blick auf seine eigene Selbstbewusstseinstheorie gesehen hat, der ihre Möglichkeit letztlich untergraben würde. Erstens verweist Kant an mehreren Textstellen in der *Kritik der reinen Vernunft* auf die Möglichkeit einer Selbstbeziehung des Ich im Denken, deren Möglichkeit durch den benannten Zirkel also nicht aufgehoben sein kann.[162] Angesichts dessen deutet einiges darauf hin, dass Kant hier nicht einen problematischen Zirkel in jeder denkenden Selbstbeziehung thematisiert, sondern vielmehr die im Paralogismus-Kapitel kritisierte Auffassung der rationalen Psychologie, dass das denkende Ich als Seele bzw. als Substanz mittels kategorialer Bestimmungen erkannt werden könne.[163] Nicht die Unmöglichkeit des Selbst-Denkens soll bewiesen werden, sondern die Unmöglichkeit, das „Subjekt aller Kategorien" durch die Anwendung der Kategorien analog zu einem Objekt der Anschauung als existierend zu erkennen.[164] Zweitens würde eine Selbstanwendung des Zirkeleinwands auf Kants Bewusstseinstheorie letztlich die

Henrich in Kants Selbstbewusstseinstheorie, die er als Reflexionstheorie deutet, dieses Problem, vgl. Fußnote 131.
[161] KrV B 404.
[162] So heißt es z.B. in KrV B 429: „[...] im Bewußtsein meiner Selbst beim bloßen Denken bin ich das Wesen selbst, von dem mir aber freilich dadurch noch nichts zum denken gegeben ist."
[163] Vgl. K. Düsing 2002, 119.
[164] KrV B 422.

Möglichkeit des moralischen Selbstbewusstseins zunichtemachen, welches Kant in seinen Schriften zur praktischen Philosophie konzipiert. Dies kann nicht intendiert gewesen sein und wäre ihm zudem nicht verborgen geblieben. Wäre es der Fall, dass das denkende Selbstbewusstsein sich „in einem beständigen Zirkel" bloß „um sich herumdrehen würde", wäre es schlechthin sinnlos anzunehmen, dass ein solches Selbstbewusstsein gemäß dem kategorischen Imperativ zugleich zu einem „Handle so, dass [...]" in einer Welt außerhalb seines Bewusstseins aufgefordert wäre.[165]

Ein augenscheinlicher Unterschied zwischen den Ansätzen Fichtes und Kants besteht ferner in Fichtes Affirmation des Vermögens der intellektuellen Anschauung, welche Kant für endliche Subjekte als gänzlich unmöglich betrachtet. Fichte ist gleichwohl stets darum bemüht, zu betonen, dass Kant in seiner Kritik der intellektuellen Anschauung ein anderes Vermögen vor Augen hat als das von Fichte herausgestellte intuitiv-unmittelbare Tätigkeitsbewusstsein und dass Kants Einwände ihn daher nicht treffen können. In der Tat konzipiert Kant die intellektuelle Anschauung als das produktive Vermögen eines intuitiven Verstandes, der jene Objekte, die er anschaut, zugleich produktiv setzt.[166] Von einem solchen göttlich-schöpferischen Vermögen ist in der *Wissenschaftslehre nova methodo* tatsächlich nicht die Rede. Intellektuelle Anschauung ist hier weder produktiv noch vorstellend auf *Objekte* bezogen, sondern beschreibt eine allgemeine, unbedingte und spontane Tätigkeit des Selbstbezugs, durch welche alle besonderen Tätigkeiten des Bewusstseins wie Denken, Fühlen oder praktisches Handeln erst zu Bewusstsein kommen. In diesem Sinne ist die intellektuelle Anschauung bewusster Tätigkeit für Fichte die Bedingung einer theoretischen Bestimmung eines Anschauungsmannigfaltigen als Objekt des Bewusstseins, zumal diese theoretische Bestimmung selbst

---

[165] Vgl. Enskat 2015c, 280–84.
[166] In der *Kritik der Urteilskraft* thematisiert Kant den schöpferischen intuitiven Verstand als Ursache von innerlich zweckbestimmten Organismen in der Natur, die zwar als solche nicht bestimmt erkannt werden kann, jedoch in der Reflexion über die innere, teleologische Kausalität der Organismen leitend ist, vgl. Kant, *Kritik der Urteilskraft,* B 351. Zu Kants Organismusbegriff und zur Idee des intuitiven Verstandes vgl. Abschnitt 6.6.1.

eine besondere Tätigkeit ist, derer das Ich sich bewusst sein muss. Entsprechend rechtfertigt Fichte, der stets um weitgehende Übereinstimmung mit Kant bemüht war, seine Einführung des Begriffs der intellektuellen Anschauung mit dem Hinweis darauf, dass Kant dieses Vermögen in all seinen Untersuchungen still vorausgesetzt haben müsse.[167] Fichte kommt zudem an dem zentralen Punkt mit Kant überein, dass das Ich, insofern es seiner denkenden oder einer sonstigen Tätigkeit bewusst ist, sich nicht gemäß besonderer kategorialer Bestimmungen, etwa als eine zugrundeliegende, immaterielle Substanz erkennen kann.[168] Dies gilt nicht bloß für die Anschauung der Tätigkeit, sondern auch für den Begriff des Ich, welcher im endlichen Bewusstsein mit der intuitiven Erfassung der Selbsttätigkeit einhergehen können muss. Dieser bezieht sich schließlich nicht auf ein kategorial bestimmbares Objekt, sondern bloß auf die allgemeine, ansonsten nicht näher spezifizierte spontane Tätigkeit der Selbstsetzung. In diesem Sinne kann hier mit Kant von einem „Ding von unbestimmter Bedeutung" oder von einem „Subjekt aller Prädikate" gesprochen werden.[169]

Zugleich zeigt sich in diesem Zusammenhang ein gewichtiger, nicht zu vernachlässigender Unterschied in den Ich-Konzeptionen Fichtes und Kants. Denn während Fichte mit dem Ich das Selbsttätige überhaupt bezeichnet, das sich zu mannigfaltigen theoretischen oder praktischen Akten weiter bestimmen kann, konzipiert

---

[167] „Kant hatte sie [die intellektuelle Anschauung; N.B.], nur reflectirte er nicht drauf." (Wlnm-K GA IV, 3, 347 / 32).

[168] Noch in den 1770er Jahren ist Kant allerdings der Auffassung, dass das Ich durch intellektuelle Anschauung von sich als einfache Substanz, aber auch von seiner spontanen und selbstbestimmten Tätigkeit weiß, welche die Freiheit des menschlichen Willens ermöglicht, siehe u.a. Kant, AA XVII, 572 (Refl. 4493), wo Kant festhält: „Ich ist die Anschauung einer Substanz." Ferner: „Der Verstand selber (ein Wesen, das Verstand hat) ist einfach. Es ist substanz. Es ist transcendental frey.", Kant, AA XVII, 707 (Refl. 4758). Zur intellektuellen Anschauung beim vorkritischen Kant vgl. K. Düsing 2013c, 42–47. Die intellektuelle Selbstanschauung als einfache Substanz wird auch von Fichte verworfen.

[169] Kant, AA IV, 542f. Der Begriff des Ich wird bei Fichte später fortbestimmt zum Begriff des reinen Willens, der das Bestimmbare für alle besonderen Ich-Handlungen darstellt, vgl. Abschnitt 5.2.

Kant spezifischer ein logisches Ich, dessen spontane und selbsttätige Handlung nur mit Blick auf Urteilsakte thematisiert wird. Das
‚Ich denke‘, das alle meine Vorstellungen begleiten können muss,
bezieht sich nicht auf ein Tätiges überhaupt, sondern auf das logische Subjekt, das jene Vorstellungen spontan nach Maßgabe der
Kategorien regelhaft zu Urteilen verknüpft. [170] Ein entscheidender
Unterschied zu Fichtes Ansatz besteht hier darin, dass sich das ‚Ich
denke‘ als Prinzip der transzendentalen Deduktion auf diese spontane und regelhafte Verknüpfungsleistung beschränkt. Das zu ver-
knüpfende Material eines Mannigfaltigen ist ihm gegeben, ist aber
in keiner Weise aus einer produktiven Setzung desselben abzuleiten.[171]

---

[170] „In allen Urteilen bin ich nur immer das bestimmende Subjekt desjenigen Verhältnisses, welches das Urteil ausmacht.“, KrV B 407. Dazu hält
Enskat treffend fest: „Die Spontaneität bzw. Selbsttätigkeit des Urteilsakts
ist gar nichts anderes als der formale Handlungscharakter, der durch seine
Absolutheit bzw. Unbedingtheit garantiert, daß der Urteilscharakter auf
nichts anderes zurückgeführt werden kann als auf die Spontaneität, mit der
das urteilende Subjekt urteilt. Wie Kant zu verstehen gibt, reicht die urteils-
prägende Funktion dieser Spontaneität aber nicht hin, den Charakter
eines Urteils-*überhaupt* zu prägen. Sie reicht vielmehr bis in die logische Bin-
nenstruktur des Urteils […].“, Enskat 2015c, 287.
[171] Vgl. hier vor allem KrV B 129. In der A-Auflage der *Kritik der reinen
Vernunft* entwickelt Kant zwei synthetische Vermögen, nämlich die Einbildungskraft, die ursprünglich das Anschauungsmannigfaltige synthetisiert,
und den Verstand, der dem durch die Einbildungskraft Apprehendierten
und Reproduzierten die synthetische Einheit verleiht, vgl. insb. Kant, *Kritik
der reinen Vernunft*, A 98–103. In der B-Auflage fällt diese Dualität der Syn-
thesisvermögen jedoch weg. Dort bemüht sich Kant zu zeigen, dass die
zuvor behandelten Synthesisleistungen der Einbildungskraft allein durch
den denkenden Verstand geleitet sind; zur spontanen und diskursiven Synthesis des denkenden Verstandes in der B-Auflage vgl. K. Düsing 2013c,
56–62.

3.6 Die Einheit von idealer und realer Tätigkeit im endlichen Ich

In Fichtes zweitem Systementwurf, der *Wissenschaftslehre nova methodo*, geht es vor allem darum, die in der *Grundlage* zum Teil wider-
sprüchlich entwickelte Einheit von theoretischen und praktischen
Ich-Vermögen konsequent aus einer gemeinsamen Wurzel zu entwickeln. Dies soll vor allem dadurch geleistet werden, dass eine methodische Trennung zwischen einem theoretischen und einem
praktischen Teil in der Darstellung aufgehoben wird. Die Bedingungen der Möglichkeit des Selbstbewusstseins sowie die Grundbestimmungen einer außerweltlichen Realität werden dabei durchgehend aus der Wechselbestimmung von theoretischer bzw. idealer
und praktischer sowie realer Tätigkeit im Ich entwickelt. Auch hier
gilt, dass durch die veränderte Untersuchungs- bzw. Darstellungs-
methode mit Blick auf die *Grundlage* neuartige Theoreme eingeführt
werden. Aus dem strengen Zusammendenken von idealer und realer Tätigkeit wird z.B. erstmalig das Theorem einer fünffachen Synthesis (§ 17) im endlichen Bewusstsein entwickelt, aus der sowohl
das Bewusstsein als vernünftig-moralisches Einzelwesen als auch
das Bewusstsein einer organischen Natur abgeleitet werden. Dieses
Theorem findet in der *Grundlage* keine Entsprechung. Der Ursprung sowie die Einheit von theoretischer und praktischer Ich-Tätigkeit wird entsprechend seiner Funktion für das System an früher
Stelle behandelt (§ 3).

Die Überlegungen bezüglich der Einheit von theoretischer und
praktischer Tätigkeit im Ich schließen sich hier an die in § 1 entwickelten Grundbegriffe von unmittelbarer Anschauung, intellektueller Anschauung und den Begriff des Ich an. Dies erfolgt zum Teil
unvermittelt, indem Fichte bereits entwickelte Bestimmungen nunmehr mit den Begriffen der idealen bzw. der realen Tätigkeit belegt.
Mit der idealen Tätigkeit wird die jeweils subjektive Seite des Bewusstseins einer Tätigkeit bezeichnet, die sowohl die intellektuelle
Anschauung als auch das begriffliche Bewusstsein umfasst. Das Ich
ist ideale Tätigkeit, insofern es sich seiner selbst bewusst wird. Die
reale Tätigkeit bezeichnet dagegen den faktischen Vollzug einer
sich selbst setzenden Tätigkeit, insofern auf diese zugleich reflektiert wird. Als solche wird die reale Tätigkeit zum Ausgangspunkt

der genuin praktischen Vermögen des Triebes oder des Strebens. Wie im Folgenden gezeigt werden soll, sind im Begriff der realen Tätigkeit *in nuce* zwei für den weiteren Verlauf entscheidende Aspekte vereint: So bezeichnet die reale Tätigkeit nicht nur den aktiven Vollzug von Ich-Tätigkeit überhaupt, sondern sie bezeichnet zudem den Grund dafür, dass es für ein endlich reflektierendes Bewusstsein überhaupt zu der Vorstellung einer Realität kommt. Denn mit dem Begriff der realen Tätigkeit wird der Übergang aus der reinen Bestimmungslosigkeit des absoluten Ich bezeichnet, wodurch für ein endliches, anschauendes Ich erst eine anzuschauende Realität entsteht.

3.6.1 Das Gesetz der Reflexion und das Gesetz der Bestimmung

Fichtes Lehre von der idealen und der realen Tätigkeit des Ich schließt sich zwar insofern unmittelbar an seine Lehre von der intellektuellen Anschauung und der sich selbst setzenden Tätigkeit an. Für die konkretere Explikation ihrer Funktionen sowie für die Darstellung ihres Zusammenhangs im endlichen Bewusstsein muss er sich jedoch weiterer Theoreme bedienen. Hierzu zählt das sogenannte Reflexionsgesetz der Entgegensetzung sowie sein allgemeines Modell der Bestimmung, die bereits angesprochen wurden. Ähnlich wie bei dem Verhältnis von Anschauung und Begriff erkennt er mit Blick auf das Verhältnis von idealer und realer Tätigkeit keine einfache limitative Bestimmung, sondern eine wechselseitige Voraussetzung. Das Prinzip der Bestimmung liegt zwar dem spezifischen Fall der Wechselbestimmung zugrunde, jedoch findet sich anders als in der *Grundlage* keine Ableitung der Wechselbestimmung aus der Bestimmung.

Das Reflexionsgesetz der Entgegensetzung ist in der Vorlesungsnachschrift nicht eindeutig definiert, kann aber folgendermaßen formuliert werden: Ein Vorstellungsgehalt kann nur dann zu Bewusstsein kommen bzw. reflektiert werden, wenn zugleich ein diesem Gehalt Entgegengesetztes reflektiert wird. Dabei muss allgemein von einem Vorstellungsgehalt gesprochen werden, da hiermit sowohl Begriffe, Anschauungen und Gefühle umfasst werden.

Denn es gilt nicht nur für Begriffe, dass diese bloß durch ihr jeweils Entgegengesetztes zu fassen sind, sondern auch für Anschauungsgehalte oder Gefühle. Das Gesetz erstreckt sich auf das endliche Selbstbewusstsein im Ganzen. Entsprechend behauptet Fichte auch, dass das genannte Reflexionsgesetz des Entgegensetzens aus der Anschauung nachgewiesen werden kann (vgl. Wlnm-K GA IV,3, 352f. / 38). Wie noch gezeigt werden soll, verweist Fichte auf dieses Reflexionsgesetz auch bei der Ableitung des Nicht-Ich aus dem endlichen Selbstbewusstsein. Das Ich kommt demnach nur dadurch zu Bewusstsein bzw. kann nur dadurch als Vorstellungsgehalt reflektiert werden, wenn zugleich die Vorstellung eines Nicht-Ich mitgesetzt ist.

Auf die Begründung dieses Reflexionsgesetzes selbst wird nicht in gewünschter Deutlichkeit eingegangen, sodass auch nicht klar wird, welchen Status dieses Gesetz im Kontext der Grundlegung des zweiten Jenaer Systementwurfs innehat. So erscheint es einerseits so, dass Fichte dieses Gesetz von außen ohne weitere Begründung in seine Argumentation einführt und seine Geltung schlichtweg als Faktum behauptet. Für die Wissenschaftslehre wäre es jedoch problematisch, ein Gesetz zu behaupten, ohne es auf grundlegendere Akte des Ich zurückzuführen. Ansätze einer solchen Begründung lassen sich tatsächlich finden, wenngleich damit nicht alle systematischen und interpretatorischen Schwierigkeiten ausgeräumt werden können. Das Reflexionsgesetz der Entgegensetzung im Bewusstsein ist demnach ein spezifischer Fall der noch allgemeineren Tätigkeit der Bestimmung, die Fichte bereits in § 3 der *Grundlage* eingehend thematisiert hat.

Die allgemeine Struktur von Bestimmung soll in der *Wissenschaftslehre nova methodo* aus der Anschauung einsichtig gemacht wird, womit deutlich wird, dass auch weiterhin der aktive, intuitive Mitvollzug neben der Schlüssigkeit der begrifflichen Beweisführung die Einsicht in das Vorgetragene wesentlich mitbedingt. Wie lässt sich Bestimmung nun allgemein denken und was folgt aus dieser allgemeinen Charakterisierung für den spezifischen Fall der Entgegensetzung im endlichen Selbstbewusstsein? Bestimmung allgemein wird hier charakterisiert als ein „*Übergehen* von der Unbestimmtheit zur Bestimmtheit" (Wlnm-K GA IV,3,

351 / 35).[172] Der Akt der Bestimmung besteht also aus drei Elementen, nämlich einer vorauszusetzenden Unbestimmtheit bzw.
Bestimmbarkeit, einer Tätigkeit sowie aus dem Resultat dieser Tätigkeit in der Bestimmtheit.[173] Dieses Modell der Bestimmung ist
insofern allgemeiner als der Akt der Vorstellung, die unter dem
Reflexionsgesetz steht, da alle Handlungen des Bewusstseins diesem Modell unterstehen. Diese Handlungen können in den meis-
ten Fällen zwar zumeist wiederum vorgestellt werden, gehen jedoch nicht restlos in dem Begriff der Vorstellung auf (wie z.B.
Willensentschlüsse). Es gilt dabei zu betonen, dass zwar das Reflexionsgesetz und damit die Unterscheidung von Begriff und Anschauung aus diesem Bestimmungsmodell abgeleitet werden
kann, Fichte aber die Voraussetzung der Bestimmung selbst hier
nicht restlos klärt. Offenkundig werden Unbestimmtheit und Bestimmtheit voneinander unterschieden und auch aufeinander bezogen, weshalb der Bestimmung – wie auch in der *Grundlage* eindeutig festgehalten – nicht nur der Akte des Entgegensetzens

---

[172] Wie Breazeale überzeugend darlegt, greift Fichte damit den von Salomon Maimon aufgestellten Satz der Bestimmbarkeit auf, welcher bei Maimon als erstes Prinzip aller objektbezogenen Erkenntnis fungiert. Der Satz
der Bestimmbarkeit wird bei Maimon folgendermaßen formuliert. Der Satz
besagt, „[...] daß nämlich ein in einer Einheit des Bewußtseyns zu verbin-
dendes Mannigfaltiges aus zwei Bestandtheilen bestehen muß, wovon der
eine als das für sich bestimmte, und zugleich durch den andern bestimmbar, der andere hingegen nicht für sich, sondern bloß als Bestimmung von
jenem, ein Gegenstand des Bewußtseyns ist und die daraus folgenden
Grundsätze (die Bestimmung des durch eine andere Bestimmung Bestimmten ist zugleich Bestimmung des Bestimmbaren, und die Bestimmung der Bestimmung ist zugleich Bestimmung der Bestimmbaren) liegen
allen Operationen des Denkens zum Grunde", Maimon: *Versuch einer neuen
Logik oder Theorie des Denkens*, in: *Neudrucke seltener philosophischer Werke*, Hg.
von der Kantgesellschaft. Bd. III. Berlin 1912, 77. Breazeale betont zurecht, dass Fichte in der Anwendung dieses Prinzips jedoch über Maimon
hinausgeht, da sowohl das Reflexionsgesetz des Entgegensetzens sowie allgemein das Bestimmungsmodell nicht bloß für ein Denken gilt, sondern
für alle möglichen Bewusstseinsakte des Ich, zu denen auch Anschauungen
und Gefühle zählen, vgl. Breazeale 2003, 127.
[173] Schwabe 2007, 416f.

bzw. die Negation, sondern auch der Akt der Beziehung zugrunde liegen müssen. Wie wir gesehen haben, beabsichtigt Fichte eine Wechselbestimmung zwischen der intellektuellen Anschauung und dem Begriff aufzuzeigen, aber auch zwischen idealer und realer Tätigkeit. Das Reflexionsgesetz des Entgegensetzens sowie das Bestimmungsmodell, so wie es hier aus dem Text rekonstruiert wurde, geben aber den Begriff der Wechselbestimmung nicht unmittelbar her. Bisher wurde nur eine einfache Bestimmung im Sinne eines negativen Einanderausschließens zweier Momente gedacht. Eine Wechselbestimmung, die besagt, dass insofern A zugleich B gesetzt werden muss und umgekehrt, scheint unter der Voraussetzung des Reflexionsgesetzes der Entgegensetzung nicht zu folgen.[174]

3.6.2 Ideale und Reale Tätigkeit

Mit dem Begriff der idealen Tätigkeit bezeichnet Fichte allgemein den fundamentalen Akt der subjektiven, vorstellenden Bezugnahme auf ein Objekt überhaupt. Ideale Tätigkeit ist damit sowohl im Selbst- als auch im Objektbewusstsein enthalten, insofern nämlich das Selbst ebenso wie z.B. ein empirisch Gegebenes zum Objekt des Bewusstseins werden kann. Die reale Tätigkeit bezeichnet dagegen den Akt der Selbstsetzung, insofern er wiederum von einem ideal-subjektiven Bewusstsein begleitet wird. Die reale Tätigkeit ist damit als das primäre Objekt des Bewusstseins zu bezeichnen, da nur dann, wenn das Ich sich zugleich auf *sich*

---

[174] Wie im ersten Teil dieser Arbeit deutlich wurde, ist Fichte in der *Grundlage* besonders darauf bedacht, die Wechselbestimmung als eine eigenständige Kategorie gegenüber der einfachen Bestimmung herauszustellen, die nicht analytisch aus der ersteren abgeleitet werden kann, vgl. GA I, 2, / SW I, 131. Breazeale betont zwar zu Recht die zentrale Bedeutung des Prinzips der Wechselbestimmung in der *Wissenschaftslehre nova methodo*, welches Fichte nunmehr in Maimon'scher Diktion reformuliert, geht dabei aber nicht auf die argumentativen Lücken ein, die sich im zweiten Systementwurf ohne eine klare Ableitung der Wechselbestimmung als Kategorie ergeben, vgl. Breazeale 2003, 124ff.

beziehen kann, Vorstellungen von Objekten für dasselbe möglich
sind.

Fichte expliziert den Begriff der realen Tätigkeit mithilfe des
bereits angesprochenen Modells der Bestimmung: Reale Tätigkeit
wird hier als der Akt gefasst, durch welchen das reine, bestim-
mungslose Ich *übergeht* in den Zustand eines Bestimmten, das
dann durch eine ideale Tätigkeit in Abgrenzung von jenem Unbestimmten oder auch anderen Tätigkeiten im Bewusstsein reflektiert werden kann (Wlnm-K GA IV,3, 360 /47). Mit dem Begriff
der realen Tätigkeit wird also jener Akt bezeichnet, durch welchen
sich das absolute, sich unmittelbar anschauende Ich in den Zustand
eines bestimmten und damit endlichen Ich setzt. Die reale Tätigkeit
der Selbstbestimmung ist damit deutlich von der unbestimmten Tätigkeit der reinen Setzung zu unterscheiden.[175] Es kann jedoch
schwerlich davon gesprochen werden, dass hier eine Ableitung oder
Deduktion der sich *bestimmenden,* realen Tätigkeit aus dem absoluten
Ich vorliegt. Zwar kann argumentiert werden, dass einer sich bestimmenden Tätigkeit eine Tätigkeit überhaupt vorausliegen muss,
die hier wie auch in der Grundsatzlehre der *Grundlage* die unmittelbar sich selbst setzende Tätigkeit des absoluten Ich ist. Fichte hebt
dabei jedoch eindeutig hervor, dass der Akt der Bestimmung selbst
nicht ableitbar ist, sondern aus absoluter Spontaneität erfolgt: „Das
Ich geht über[,] weil es übergeht, es best[immt] sich, weil es sich
bestimmt, dieß Uibergehen geschieht durch einen sich selbst begründenden Act der absoluten Freiheit [...]" (Wlnm-K GA IV,3,
360/ 47). Die Bestimmung der unbestimmten Selbstsetzung ist damit der Ausgangspunkt für endliches Selbstbewusstsein, entzieht
sich aber einer weiteren philosophischen Ableitung. Dadurch, dass
das absolute, bloß bestimmbare Ich in diesem Akt aus sich herausgeht, ist dieser Akt eine Bedingung für das Bewusstsein von Realität

---

[175] Diese Unterscheidung nimmt Fichte selbst nicht in aller Deutlichkeit
vor. Die Bezeichnung der Bestimmung als ein „erschaffen aus nichts"
könnte nahelegen, dass Fichte hier den Ursprung der selbstsetzenden Tätigkeit überhaupt im Auge hat (Wlnm-K GA IV, 3, 360 / 47). Der Bestimmung ist jedoch Tätigkeit überhaupt vorausgesetzt, es ist nicht eine Bestimmung des Nichts, sondern eine Bestimmung dieser Tätigkeit, was in
der genannten Formulierung jedoch eher unterschlagen wird.

überhaupt. Denn durch das Herausgehen aus sich stellt das Ich sich zugleich *vor* und *für* sich als eine zu reflektierende Realität hin. Diese Realität bildet das Material für alle anderen, objektbezogenen Vorstellungen.

Der Begriff der idealen Tätigkeit bezeichnet den subjektiven Akt der bewussten Bezugnahme auf diese nunmehr gesetzte Realität. Ohne dass Fichte dies explizit hervorhebt, umfasst die ideale Tätigkeit hier zugleich zwei Aspekte, nämlich die intuitiv-anschauliche sowie die begriffliche Bezugnahme auf die reale Tätigkeit (Wlnm-K GA IV,3, 360f. /NKr. 47). Idealiter ist das Ich sich dabei einer realen Tätigkeit bewusst, wobei es diese zugleich auf den Begriff einer sich selbst setzenden Tätigkeit bringen muss, um sich darin zu erkennen.[176] Die Beziehung der intuitiv-gewissen Tätigkeit auf einen Begriff des Ich wird auch hier gemäß dem Reflexionsgesetz der Entgegensetzung begründet.

Entscheidend für den weiteren Verlauf der Gedankenentwicklung ist nun, dass Fichte ein synthetisches Verhältnis der Wechselbestimmung von idealer und realer Tätigkeit im endlichen Bewusstsein erkennt. Die ideale, vorstellende Tätigkeit kann problemlos als eine theoretische Tätigkeit begriffen werden. Ebenso kann die reale, hervorbringende Tätigkeit als eine praktische Tätigkeit verstanden werden. Der in der *Grundlage* noch eher randständig behandelte Gedanke einer gegenseitigen Voraussetzung von theoretischen und praktischen Vermögen des Ich wird in der *Wissenschaftslehre nova methodo* zum Ausgangspunkt weiterer Ableitungen. Die in der *Grundlage* behauptete einseitige Abhängigkeit der theoretisch-idealen

---

[176] Die doppelte Funktion der idealen Tätigkeit als intuitive *und* als begriffliche Erfassung wird in der folgenden Formulierung deutlich: Dabei heißt es einerseits, dass die „ideale Thätigkeit [...] eine Thätigkeit in Ruhe" ist, als welche zuvor das begriffliche Bewusstsein bezeichnet wurde. Zugleich hebt Fichte aber auch den aktiven, idealen Vollzugsaspekt hervor, wenn er davon spricht, dass es sich um „ein in die Ruhe *sezen*" handelt (Wlnm-K GA IV, 3, 360 / 48). Damit unterscheidet sich die hier vorgeschlagene Interpretation von Schwabe 2007, 434ff., wo ideale Tätigkeit mit dem begrifflichen Bewusstsein allein identifiziert wird. Diese Interpretation ist zurückzuweisen, da auch die intellektuelle Anschauung zur subjektiven, nichtobjektiven Seite des Bewusstseienden gehört.

Tätigkeit des Ich von der praktischen wird daher aufgehoben, indem ein symmetrisches Verhältnis zweier gleich ursprünglicher, aber dennoch zu unterscheidender Tätigkeiten hervorgehoben wird.[177] Im endlichen Bewusstsein kann damit nicht mehr von einer Subordination der theoretischen unter die praktischen Tätigkeiten oder von einem Primat der praktischen Tätigkeit gesprochen werden. Beim Vergleich zwischen den jeweiligen Verhältnisbestimmungen von theoretischen und praktischen Tätigkeiten in der *Grundlage* und in der *Wissenschaftslehre nova methodo* ist jedoch zu beachten, dass Fichte den Begriff der realen bzw. praktischen Tätigkeit im zweiten Systementwurf einer subtilen Bedeutungsverschiebung unterzieht. Wie wir gesehen haben, kann in der *Grundlage* zwischen einer praktischen Tätigkeit in einem engen und in einem weiten Sinn unterschieden werden. In einem engeren Sinn bezeichnet eine praktische Tätigkeit eine Tätigkeit der widerständigen Selbstbehauptung gegen einen äußeren Anstoß, die zugleich auf das Ziel der Aufhebung des Anstoßes orientiert ist. In einem weiteren Sinn

---

[177] Zöller betont ebenfalls, dass ideale und reale Tätigkeit im Ich gleich ursprünglich sind und in einer irreduziblen Duplizität allem Selbstbewusstsein zugrunde liegen, siehe z.B. Zöller 1998, 78: „There are thus two activities present in the I, one, termed ‚real' which performs the actual doing (Machen), the other, termed ‚ideal' which follows the first by reflecting on it (Nachbilden). Fichte distinguishes the two by attributing to the I two different sides, which he also at times presents as two I's, viz., the practical faculty or the practical I and the intelligence or the theoretical I. The duality of real and ideal activity runs through the whole structure of the I and constitutes the irreducible ideal-real double nature of the I, its „duplicity" (Duplizität) or ‚subject-objectivity' (Subjekt-Objektivität). Yet although the two constituents of the I are irreducible to each other, they also require one another for bringing about the I. In Fichte's words, ‚The I cannot be ideal without being practical, and vice versa.'" Die hier vorgeschlagene Interpretation unterscheidet sich jedoch von derjenigen Zöllers dahin gehend, dass Zöller unter dem reinen Ich („pure I") bereits das endliche, sich selbst bestimmende Ich versteht, welches als solches z.B. einem raumzeitlich individuierten Bewusstsein vorausliegt, vgl. Zöller 1998, 76. Hier soll das reine Ich jedoch als die unbestimmte, selbstsetzende Tätigkeit verstanden werden, während erst das sich bestimmende Ich, in dem eine ideale und eine reale Tätigkeit zu unterscheiden sind, ein endliches ist.

bezeichnet die praktische Tätigkeit jede zweckorientierte Tätigkeit des Ich überhaupt, die gemäß der *Grundlage* auch unabhängig von einem äußeren Anstoß gedacht werden kann. Schließlich schreibt Fichte dem absoluten, unbeschränkten Ich einen praktischen Trieb nach Reflexion auf die selbst gesetzte Unendlichkeit zu. In der *Wissenschaftslehre nova methodo* ist von einer realen bzw. praktischen Tätigkeit ebenfalls in einem sehr weiten Sinn die Rede, auch wenn die reale Tätigkeit bloß dem endlichen, nicht aber dem absoluten Ich zugeschrieben wird. Die reale Tätigkeit bezeichnet den Vollzug von spontaner Ich-Tätigkeit überhaupt, jedoch nur insofern sie von einem endlichen Ich idealiter reflektiert wird. Damit ist auch hier noch nicht primär von einer widerständigen oder gar objektmodifizierenden Tätigkeit die Rede, sondern von einem wirklichen, reflektierbaren Vollzug selbstbestimmter Tätigkeit. Dieser reale Vollzug liegt ebenso wie in der *Grundlage* einem Gefühl des beschränkten Strebens oder Triebs nach Setzung einer uneingeschränkten Realität zugrunde, das mit einem korrespondierenden Anschauungsbewusstsein in Wechselbestimmung steht.

Wie bereits in der *Grundlage* wählt Fichte zur Darstellung eines Verhältnisses einer Wechselbestimmung die Methode, dass eine einseitige Abhängigkeit des Moments A von Moment B aufgewiesen wird, um im Anschluss daran die Abhängigkeit des Moments B vom Moment A zu beweisen. Die Darlegungen zur Wechselbestimmung von idealer und realer Tätigkeit haben in § 3 zunächst vorläufigen Charakter, sie finden ihren Abschluss erst in § 4 (siehe Abschnitt 4.1). Fichte behauptet zwar einerseits die Abhängigkeit der realen Tätigkeit von der idealen Tätigkeit, zumal eine reale Bestimmung für Fichte nur denkbar ist für ein Bewusstsein, das sich auf die Bestimmung bezieht (vgl. Wlnm-K GA IV,3, 361 / 48). Ein Bestimmtes ist niemals schlechthin bestimmt, sondern immer nur für ein reflektierendes Bewusstsein. Damit, so kann der Gedanke auch formuliert werden, haftet jeder realen Bestimmung auch ein ideales Moment an, insofern die Bestimmungen auch durch ideale Setzungen zustande kommen. Gleichwohl wird die ideale Tätigkeit zunächst als ein Vermögen konzipiert, das die real vollzogene Tätigkeit abbildet und insofern als einseitig abhängig von der realen Tätigkeit erscheint. Es besteht auch die Abhängigkeit einer subjektiv-

idealen Tätigkeit von dem realen Vollzug der Bestimmung, durch
welche das reine, bloß bestimmbare Ich aus sich herausgeht. Die
vollständige Entwicklung der Wechselbestimmung von idealer und
realer Tätigkeit wird jedoch ergeben, dass die reale Tätigkeit selbst
einen idealen Entwurf ihres eigenen Vollzugs im Begriff und damit
die Vorstellung ihrer selbst beinhalten muss.

3.7 Einführung des Nicht-Ich (§ 2)

In § 1 wurde erstens das Prinzip des unmittelbaren Bewusstseins
des Ich als Subjekt-Objekt als Bedingung der Möglichkeit von Bewusstsein überhaupt eingeführt, zweitens die Möglichkeit einer
Reflexion auf dieses Prinzip und drittens die zentrale vermögenstheoretische Unterscheidung zwischen zwei Repräsentationsfor-
men des unmittelbaren Bewusstseins, nämlich Anschauung und
Begriff. Der erste Paragraph diente also vor allem dem Ziel, das
unmittelbare Bewusstsein als erstes und unbedingtes Prinzip der
Wissenschaftslehre aufzustellen, wobei zugleich vermögensstheo-
retische Überlegungen mitgegeben wurden, um den epistemischen Zugriff auf dieses Prinzip mitzubedenken. Dabei wurde gezeigt, dass Fichte die Möglichkeit einer idealen Reflexion auf das
höchste Prinzip in Anschauung und Begriff konzipiert, die als Re-
ferenzobjekt den realen Vollzug der Selbstbestimmung hat. Wie
noch näher auszuführen ist, konzipiert Fichte anders als in der
Grundlage das Verhältnis von idealer und realer bzw. theoretischer
und praktischer Tätigkeit konsequent als eine Wechselbestimmung, die allerdings bloß für das endliche, reflexive Selbstbewusstsein konstitutiv ist, nicht aber für das absolute Ich der reinen
Tathandlung.

Analog zur Struktur der *Grundlage* findet sich nun im zweiten Paragraphen der *Wissenschaftslehre nova methodo* die Einführung des Begriffs des Nicht-Ich. Nachdem zuvor die Grundlagen eines reflexiven Selbstbezugs untersucht wurden, soll es nun darum gehen, wie
Fichte in seinem zweiten Systementwurf die Grundlagen eines
möglichen Objektbezugs darstellt. Mit Blick auf die Einführung des
absoluten Ich bzw. des unmittelbaren Bewusstseins als Prinzip der

Wissenschaftslehre wurden bereits gewichtige Unterschiede zwischen der *Grundlage* und der *Wissenschaftslehre nova methodo* festgehalten. Diese Unterschiede ergaben sich vor allem dadurch, dass Fichte vermittels der introspektiven Methode bzw. durch intellektuelle Anschauung die Evidenz der Tathandlung im endlichen Bewusstsein aufweisen will. Der Ansatz bei einem endlichen, selbstreflexiven Selbstbewusstsein, das seiner Tätigkeit anschaulich gewiss ist, spielt auch bei der Einführung des Nicht-Ich eine entscheidende Rolle. Im deutlichen Unterschied zum Vorgehen in der *Grundlage* soll das Nicht-Ich als ein notwendig mitgesetzter Aspekt der Selbstreflexion erwiesen werden. Damit vertritt Fichte in seinem zweiten Systementwurf den Anspruch, den Begriff des Nicht-Ich, welcher als notwendiger Aspekt des endlichen Selbstbewusstseins erwiesen werden soll, aus der Struktur des endlichen, reflexiven Selbstbewusstseins abzuleiten. Es geht also nicht darum, ihn als ein faktisches, unbedingt Gesetztes zu behaupten.

Der Versuch, den Begriff des Nicht-Ich aus der Struktur des endlichen Selbstbewusstseins abzuleiten, ist ein äußerst bemerkenswerter Schritt, wenn man die anders geartete Grundsatzlehre der *Grundlage* vor Augen hat. Hier ist das Nicht-Ich das Resultat der formal unbedingten Handlung des Entgegensetzens, welche sowohl der logischen Operation der Negation als auch dem Satz des zu vermeidenden Widerspruchs zugrunde liegt. Ein Vorteil des Ansatzes der *Grundlage*, der trotz der Schwächen gegenüber der immanenten Methode des zweiten Systementwurfs hervorzuheben ist, besteht darin, dass Fichte in der *Grundlage* sowohl die Untersuchungsmethode deutlich reflektiert als auch die Begründungsrelationen im Gefüge der Grundsatzlehre klar darstellt. Fichtes Lehre von den drei Grundsätzen hält eindeutig fest, dass die Handlungen des Setzens, des Entgegensetzens und des Beziehens nicht restlos aus bestimmten Voraussetzungen ableitbar sind, was ihnen gerade den Status transzendentaler Prinzipien verleiht. In Fichtes zweitem Systementwurf, so wie er in den Vorlesungsnachschriften der *Wissenschaftslehre nova methodo* dokumentiert ist, werden diese oder ähnliche Begründungsrelationen nicht in der wünschenswerten Klarheit aufgewiesen, was die Interpretation deutlich erschwert. Diese Schwierigkeiten hängen dabei nicht nur mit dem Überlieferungsstand des zweiten Systementwurfs, sondern auch mit der methodischen Neuausrichtung in Fichtes Denken zusammen. An der Einführung des Begriffs des Nicht-Ich zeigt sich, dass die Eingangsparagraphen des zweiten Systementwurfs nicht die Funktion erfüllen, die Voraussetzungen eines transzendentalkritischen Idealismus als *Grundsätze* erschöpfend aufzustellen und zu systematisieren. Fichte gelingt es im Rahmen eines introspektiv-diskursiven Doppelansatzes nicht durchgehend, die zentralen Argumente hinsichtlich ihrer Funktion zu gewichten oder ein zumindest deutlich erkennbares Begründungsgefüge zentraler Sätze darzustellen.

Die Ableitung des Nicht-Ich aus der Struktur des endlichen Selbstbewusstseins gilt es im Folgenden näher zu beleuchten. Zunächst muss dabei auf zwei Voraussetzungen dieser Ableitung hingewiesen werden, welche Fichte nicht deutlich an den Anfang stellt, sondern nachschieben muss: Die Ableitung des Nicht-Ich setzt nicht bei der zuvor als Prinzip herausgearbeiteten unmittelbaren Anschauung des Ich an, vielmehr geht Fichte in seiner Argumentation von einem reflektierenden Selbstbewusstsein aus. Wie wir gesehen haben, ist diese Reflexion dadurch ausgezeichnet, dass die absolute, sich selbst anschauende bzw. setzende Tätigkeit wiederum anschaulich registriert und auf einen Begriff gebracht wird. Entscheidend ist also, dass das Nicht-Ich nicht aus dem absoluten Ich der Tathandlung abgeleitet wird, sondern bereits ein endlich-reflektierendes Ich voraussetzt. Insofern die Ableitung des Nicht-Ich auf dem Gedanken eines endlich reflektierenden Ich beruht, stellt sich nun erneut die Frage, ob diese endliche Selbstreflexion aus einem zugrundeliegenden Prinzip begründet werden kann. Diese Frage lässt Fichte auch in diesem Kontext unbeantwortet, wobei er zugleich andeutet, dass, solange diese Frage unbeantwortet bleibt, die Ableitung des Nicht-Ich einen hypothetischen Charakter hat (Wlnm-K GA IV,3, 353 / 38).[178] Aus einer beiläufigen Bemerkung lässt sich jedoch erkennen, dass Fichte ähnlich wie in der *Grundlage* im Akt des Entgegensetzens eine notwendige Bedingung sowohl für das reflexive Selbstbewusstsein als auch für das Bewusstsein eines Nicht-Ich sieht, ohne dass er diesen Akt als ein

---

[178] Schwabe 2007, 423.

transzendentales Gesetz eigens heraushebt. So hält er fest, dass bereits der Unterscheidung zwischen Anschauung und Begriff in der Reflexion auf sich die Entgegensetzung überhaupt vorausliegt (Wlnm-K GA IV,3, 352/ 37), wobei dann die Möglichkeit dieser Entgegensetzung unter Voraussetzung der reinen Identität des Ich nicht weiter thematisiert wird. Das Entgegensetzen überhaupt bezeichnet damit scheinbar weiterhin eine unbedingte, nicht ableitbare und bloß aufzufindende Tätigkeit, die sämtlichen bestimmten Handlungen des menschlichen Geistes vorausliegt.

Bei der Ableitung des Nicht-Ich gilt es also darauf zu achten, dass die Möglichkeit des Entgegensetzens überhaupt vorausgesetzt bleibt. Anders als in der *Grundlage* wird jedoch nicht unmittelbar von dem Akt des Entgegensetzens auf ein Entgegengesetztes, welches dann als Nicht-Ich bezeichnet wird, geschlossen. Im zweiten Systementwurf wird die Vorstellung eines Nicht-Ich konkreter in ihrem Zusammenhang mit der endlichen Selbstreflexion thematisiert und daher nicht unmittelbar an ein zuvor behauptetes, absolut identisches Ich herangetragen. Entsprechend zeichnet die Ableitung des Nicht-Ich die Genese der Vorstellung desselben im endlichen Selbstbewusstsein nach und wird anschließend sogar durch eine bewusstseins- bzw. vermögenstheoretische Einordnung dieser Vorstellung komplettiert.

In dieser Ableitung spielt nun das bereits im vorangegangenen Paragraphen erwähnte „Reflexionsgesez des Entgegensetzens" eine entscheidende Rolle (Wlnm-K GA IV,3, 352/ NKr 38). Der Umstand, dass ein Vorstellungsgehalt nur in Abgrenzung bzw. Entgegensetzung von anderen Vorstellungsgehalten zu Bewusstsein kommen kann, hat demnach in der Struktur der Bestimmung selbst seinen Grund: Denn etwas Bestimmtes überhaupt ist nur dadurch möglich, dass ihm ein Unbestimmtes als dessen Gegensatz mitgegeben ist und sämtliche Handlungen des Geistes können nur als Bestimmte zum Bewusstsein kommen. Die Anwendung des Bestimmungsgesetzes auf den spezifischen Fall der Vorstellung ergibt dabei aber zunächst nur, dass das Entgegengesetzte einer besonderen Vorstellung A das überhaupt Unbestimmte ist, ohne dass dies letztere näher zu charakterisieren wäre als ein bestimmtes B. Dies reicht Fichte jedoch zur Ableitung des Nicht-Ich zunächst aus. Das

Nicht-Ich wird nämlich behauptet als das Bestimmbare bzw. Unbestimmte, das zugleich im Bewusstsein kopräsent sein muss, insofern das Ich auf sich im Begriff reflektiert. In welcher Form das
Nicht-Ich gegeben wird, soll weiter unten gezeigt werden.[179]
Eine nähere Charakterisierung des Nicht-Ich, die über die Kennzeichnung als das Bestimmbare oder das Unbestimmte hinausgeht,
ergibt sich durch die Einsicht, dass das Ich auf sich primär als ein
Tätiges, nämlich als ein sich identisch Setzendes, reflektiert. Insofern auf den Tätigkeitscharakter im Begriff des Ich geachtet wird,
sind nun auch Rückschlüsse auf Charakteristika des vorausgesetzten Bestimmbaren möglich. So kann von diesem Bestimmbaren zumindest gesagt werden, dass es keine Tätigkeit sein kann, da
schließlich die Tätigkeit aus diesem hervorgehen soll. Das Bestimmbare kann daher als das Nichttätige bzw. als ein „Ruhendes,
sich nicht sezzendes" charakterisiert werden (Wlnm-K GA IV,3,
352 / 37).

3.7.1 Begriff und Anschauung bezogen auf Ich und Nicht-Ich

Nachdem allgemein nachgezeichnet wurde, dass Fichte das Bewusstsein eines Nicht-Ich als notwendiges Moment der Selbstreflexion versteht, gilt es nun, dieses Bewusstsein vermögenstheoretisch
zu präzisieren. Wie bereits mit Blick auf den § 1 deutlich wurde,

---

[179] Bereits in den *Eignen Meditationen über Elementarphilosophie* hatte Fichte
damit experimentiert, das Nicht-Ich im Unterschied zur *Grundlage* eigens
abzuleiten. Der Unterschied zwischen dem Ansatz der *Eignen Meditationen*
und seinem zweiten Systementwurf der *Wissenschaftslehre nova methodo* ist darin zu sehen, dass in den *Eignen Meditationen* dem System *ein* Grundsatz vorangestellt werden sollte, aus dem Ich und Nicht-Ich folgen. Dieser nahm
dabei wiederum die Gestalt als „Doppelsatz" an, der zwei verschiedene
Setzungen enthält, nämlich diejenige des Ich und diejenige eines Nicht-Ich:
„Wir werden uns eines Ich, u. eines davon unterschiednen – dieses entgegengesezten Nicht-Ich bewußt. – u. das wäre ein nicht zu läugnender
Grundsaz", *Eigene Meditationen,* GA I, 2, 30. Zur frühen Entwicklung einer
Grundsatzlehre, vor allem in Auseinandersetzung mit Reinholds Elementarphilosophie vgl. vor allem die detaillierte Analyse von Schwab 2020,
insb. 64–67.

leistet Fichte gleich zu Beginn der *Wissenschaftslehre nova methodo* eine
vermögenstheoretische Einordnung der beschriebenen Akte des
Selbstsetzens des Ich und des Entgegensetzens des Nicht-Ich.
Dadurch haben wir es hier anders als noch in den Abschnitten A-
E der *Grundlage* nicht bloß mit hypothetischen Gedanken zu tun,
sondern nach Fichtes Anspruch mit Fakta, deren Realität sich im
Bewusstsein aufweisen lässt.

Die Selbstreflexion wurde zunächst so beschrieben, dass eine ursprünglich sich selbst setzende Tätigkeit des Ich intellektuell angeschaut und im Begriff gedacht wird. Wie im ersten Paragraphen ausgeführt, bezieht sich der Begriff auf das unmittelbar-anschauliche
Setzen seiner selbst. Im Begriff ist diese Tätigkeit fixiert bzw. ‚ruhend'. Insofern das Ich sich im Begriff als unmittelbare Setzung seiner selbst denkt, erfasst es sich als etwas Bestimmtes, wobei das Bewusstsein dieser Bestimmtheit nur unter der Voraussetzung einer
kopräsenten Unbestimmtheit möglich ist. Diese kopräsente Unbestimmtheit ist das Nicht-Ich. Sie ist dasjenige, das nicht im Setzen
seiner selbst aufgeht. Wie ist die Gegebenheit des Nicht-Ich nun vermögenstheoretisch einzuordnen?

Wie deutlich wurde, ist das Ich sich selbst auf eine zweifache Weise
gegeben: anschaulich und begrifflich. Gemäß § 1 gilt, dass sich beide
Weisen der Gegebenheit, Anschauung und Begriff, im endlichen
Selbstbewusstsein gegenseitig voraussetzen. Das Ich ist nur dann seiner Anschauung bewusst, wenn es sich im Begriff denkt, zugleich
kann das Ich sich nur im Begriff denken, wenn es sich selbst in der
Anschauung setzt. Der Begriff steht dabei in einem Verhältnis der
Wechselbestimmung mit der aktiv vollzogenen intellektuellen Anschauung. Durch den Begriff erfasst sich das Ich als ein „sich selbst
sezendes, also als anschauendes" (Wlnm-K GA IV,3, 355/ 40). Es
handelt sich um den Begriff der Anschauung, die ihrem „Wesen" nach
Tätigkeit ist, in dieser Gestalt jedoch ruhiggestellt bzw. fixiert ist.

Wie Fichte nun in § 2 darlegt, ist die bisher entwickelte Struktur
des endlichen Selbstbewusstseins noch nicht vollständig beschrieben. Unter Voraussetzung des Reflexionsgesetzes erweist sich nämlich der Begriff des Ich, so wie er bisher aufgestellt wurde, als un-
terbestimmt. Zunächst wurde der fixierte Begriff bestimmt durch
eine entgegengesetzte, aktual vollzogene Tätigkeit der Anschauung.

Damit, so zeigt sich nun, wird aber nur das formal Entgegengesetzte gedacht, nicht aber ein inhaltlich Entgegengesetztes. Anschauung und Begriff beziehen sich beide auf die selbstsetzende
Tätigkeit, stellen dabei aber zwei verschieden Formen des Zugriffs
auf dieselbe dar. Zusätzlich zur formalen Entgegensetzung muss
nach Fichte der Begriff des Ich noch durch eine inhaltliche Entgegensetzung bestimmt werden.[180] Insofern sich das Ich im Begriff
als ein Tätiges denkt, muss es diesem wiederum ein Nichttätiges
entgegensetzen. Insofern es sich hier um einen Gegensatz zum *Begriff* handelt, ist dieses Nichttätige in dem dem Begriff entgegengesetzten Vermögen, nämlich wiederum in der Anschauung gegeben:
Es handelt sich hierbei um die Anschauung eines Nichttätigen, eines Nichtselbstbestimmten, eines unbestimmten Nicht-Ich. Fichte
hat damit den wichtigen Unterschied zwischen zwei Anschauungs-
typen, die in der Wissenschaftslehre vorkommen, angegeben: nämlich eine innere, intellektuelle Anschauung einerseits, welche sich
auf die Selbsttätigkeit des Ich bezieht als auch eine äußere Anschauung, durch welche das Aufgehobensein von dieser Tätigkeit selbst
vergegenwärtigt wird. Wie wir im weiteren Verlauf noch sehen werden, gründet in dieser ‚äußeren‘ Anschauung der aufgehobenen Tätigkeit die Anschauung äußerer, empirischer Gegenstände, wenngleich das Zustandekommen des empirischen Objektbewusstseins
auf einer Vielzahl weiterer Bedingungen beruht, die hier noch nicht
mitgenannt werden.

3.7.2 Absolutes Ich, endliches Ich und Nicht-Ich

Mit dem Gedanken des bloß tätigen Ich ist also zugleich die Anschauung eines Nicht-Ich gegeben. Dies, so konnte gezeigt werden, folgt aus dem allgemeinen Modell der Bestimmung und
dem daraus abgeleiteten Reflexionsgesetz der Entgegensetzung,

---

[180] Schwabe 2007, 430. Der Begriff ist zwar in Beziehung auf Anschauung
ein Ruhendes, stellt aber eine Tätigkeit vor und ist daher „Thätigkeit dem
Wesen nach". (Wlnm-K GA IV, 3, 355 / 41). Er ist der Form nach ruhend,
der begriffliche Gehalt, der in dieser Form gefasst wird, ist jedoch die Tätigkeit der Anschauung.

welche selbst wiederum faktisch im Mitvollzug der Introspektion aufgefunden werden können. Im deutlichen Unterschied zur *Grundlage*, wo Fichte von der faktisch-empirischen Gegebenheit eines Nicht-Ich oder auch von einem nicht ableitbaren äußeren Anstoß auf das Ich spricht, gilt nun, dass „[d]er Begriff des NichIchr kein Erfahrungsbegriff [sei]", da er sich vielmehr als notwendige Ingredienz eines endlichen Selbstbewusstseins ableiten lasse (Wlnm-K GA IV,3, 352/ 37). Diese Feststellung und insbesondere das Fallenlassen der Anstoßlehre machen deutlich, dass Fichte in seinem zweiten Systementwurf bestrebt ist, zur Erklärung des Selbstbewusstseins ausschließlich bewusstseinsimmanent vorzugehen. Damit soll ein Dogmatismus vermieden werden, der nach Fichte allgemein dadurch ausgezeichnet ist, dass er ontologisch unabhängige Entitäten zur Erklärung des Selbstbewusstseins heranzieht.

So hält Fichte fest, dass in der Wissenschaftslehre die Vorstellung eines Nicht-Ich nicht von außen an das Ich herangetragen wird, sondern selbst nur eine „besondre Weise [sei] das Ich anzusehen" (Wlnm-K GA IV,3, 356 / 43). Dieser Gedanke, der im Grunde eine Identität von Ich und Nicht-Ich behauptet, ist erläuterungsbedürftig, zumal er sich nicht ohne weiteres mit weiteren Charakterisierungen von Ich und Nicht-Ich verträgt. Fichte behauptet ebenso, das angeschaute Nicht-Ich sei eine „REELLE NEGATION von Thätigkeit" und dadurch – im Gegensatz zur Tätigkeit – ein „eigentliche[s] Sein" (Wlnm-K GA IV,3, 355 / 41). Das Ich selbst wurde bislang durch nichts anderes als durch Tätigkeit charakterisiert, sodass der Gedanke einer vollkommen aufgehobenen Tätigkeit nur schwer in eine Identitätsbeziehung mit dem Ich gesetzt werden kann. Dass sich der Gedanke eines Nicht-Ich gegen eine Identifikation mit dem Ich sperrt, war in der *Grundlage* wesentliches Movens für die Systementwicklung, zumal dort aus dem Widerspruch zwischen Ich und Nicht-Ich die Kategorien sowie die Vermögen des endlichen Ich durch sukzessive Vermittlung entwickelt werden sollten. Diese Schwierigkeit versucht Fichte durch Verweis auf das Bestimmungsmodell sowie durch den Begriff des Vermögens zu lösen. Unter dem Begriff des Vermögens fasst Fichte die Bestimmbarkeit überhaupt, welche allgemein sowohl dem bestimmten *Begriff* des Ich als auch der Anschauung des Nicht-Ich zugrunde liegt (Wlnm-K GA IV,3, 357 / 43). Wie wir gesehen haben, ist die Anschauung des Nicht-Ich negativ durch den Begriff des tätigen Ich bestimmt. Fasst man nun die Bestimmbarkeit als Vermögen auf, bedeutet das, dass das Ich als ein bewusst Reflektiertes, aber auch das Nicht-Ich aus diesem Vermögen zu erklären sind. Das bedeutet, dass sie in dieser Hinsicht identisch sind.

Nun könnte eingewendet werden, dass die Bestimmbarkeit, insofern sie dem bestimmten Begriff des Ich sowie der Anschauung des Nicht-Ich vorausliegt, selbst weder Ich noch Nicht-Ich ist, womit aber zugleich gesagt ist, dass eine vollständig immanente Ableitung aus dem Ich scheitert. Es wäre schließlich ein notwendiger Grund des Bewusstseins jenseits des Ich gewonnen, nämlich der Begriff einer reinen Potenzialität, die wiederum von der reinen Tätigkeit des Ich zu unterscheiden ist. Mit der reinen Bestimmbarkeit scheint Fichte einen Begriff in die Wissenschaftslehre einzuführen, der dem Ich vorausliegt, aber selbst nicht das Ich bezeichnet, zumal die für das Ich charakteristische Tätigkeit noch nicht vollzogen ist. Ohne dass Fichte sich mit diesem Einwand auseinandergesetzt, lässt sich dennoch in seinem Sinne darauf antworten, wobei eine Antwort Präzisierungen notwendig macht, die im Text selbst nicht enthalten sind.

Es muss dabei auf den Unterschied zwischen dem Begriff des absoluten Ich der unmittelbaren Anschauung einerseits und dem Begriff eines endlich-reflektierenden Ich andererseits hingewiesen werden. Entsprechend ist auch zwischen zwei Tätigkeitstypen zu unterscheiden, die Fichte jedoch nicht eigens hervorhebt. Das absolute Ich der Tathandlung ist aus der Perspektive des endlichen Ich niemals in seiner Reinheit zu erfassen. Dennoch kann dasselbe annäherungsweise so gedacht werden, dass es eine reine und völlig unbestimmte Tätigkeit enthält.[181] Es handelt sich hierbei um eine

---

[181] Da Brachtendorf diese Unterscheidung zwischen einem absoluten Ich einerseits, das an sich völlig unbestimmt ist, und einer Bestimmung dieses Ich *als* unbestimmt in der endlichen Reflexion andererseits nicht trifft, erkennt er auch einen unmittelbaren Widerspruch in Fichtes Konzeption, vgl. Brachtendorf 1995, 208. Auch Schwabe trifft diese Unterscheidung

nicht erschöpfende Annäherung, da selbst das Prädikat der Unbestimmtheit eine Bestimmung ist, welche dem reinen Bestimmungs-
losen als solchem nicht kommen soll. Auch wenn diese reine Tätigkeit noch nicht bestimmt bzw. spezifiziert ist, bleibt es eine Tätigkeit. In dieser Gestalt, nämlich als unbestimmte *Tätigkeit*, liegt sie
nun als das Bestimmbare bzw. als reines Vermögen der Reflexion
auf ein Ich oder ein Nicht-Ich zugrunde. Von der völlig unbestimmten Tätigkeit ist die bestimmte Tätigkeit der Reflexion zu unterscheiden, die ein intuitiv-unmittelbares Bewusstsein von Tätigkeit überhaupt auf einen Begriff bringt, welcher die Identität von
Denkendem und Gedachtem ausdrückt. Nur aus der Perspektive
eines reflektierenden Ich, das eine spezifische Tätigkeit vornimmt,
erscheint die Unbestimmtheit der reinen Tätigkeit zugleich als eine
Aufhebung der Tätigkeit. Der Unterschied zwischen dem reinen,
absoluten Ich und dem reflektierenden Ich besteht also nicht darin,
dass bloß dem letzteren eine Tätigkeit zukommt, sondern dass das
erste unbestimmt und das zweite bestimmt tätig ist. Nur für ein bestimmt Tätiges, erscheint das unbestimmt Tätige als ruhend. Wird
also die reine Tätigkeit im Begriff eines Subjekt-Objekts gedacht,
wird diesem Begriff gemäß dem Reflexionsgesetz die Vorstellung
eines Nichttätigen entgegengesetzt, wobei diese Vorstellung nichts
anderes ist als die Anschauung reiner Unbestimmtheit. Dabei gilt es
zu betonen, dass auch diese Anschauung kein unmittelbares und
erschöpfendes Gewahrsein der unbestimmten Tätigkeit ist, sondern die spezifische Erscheinung der unbestimmten Tätigkeit, *insofern* sie der bewussten Reflexion im Begriff entgegengesetzt ist. Es
handelt sich hierbei um die spezifische Erscheinung des bloß Bestimmbaren in Gestalt der äußeren Anschauung, die zudem von der
inneren intellektuellen Anschauung unterschieden werden muss.
Die innere intellektuelle Anschauung ist nämlich die Erscheinung
der unmittelbaren Anschauung als *Tätigkeit*, insofern sie der fixierten Tätigkeit im Begriff entgegengesetzt ist.

   Um also anders als in der *Grundlage* einen immanenten Beweis des
Nicht-Ich zu führen, muss Fichte behaupten, dass das Bewusstsein

---

nicht, kommt dann aber selbst zu der paradoxen Folgerung, dass das reflexive Ich bereits als das Unbestimmte zu betrachten sei, vgl. Schwabe 2007,
414f., vgl. auch ebd., Anm. 11.

des Nicht-Ich nichts anderes ist als eine bestimmte Erscheinungsform des absoluten Ich selbst. Eine immanente Beweisführung bedeutet hier, dass Fichte den Rahmen der Ich-Tätigkeit überhaupt
nicht verlässt. Die Einheit von einem reflektierten Bewusstsein des
Ich sowie dem Bewusstsein eines Nicht-Ich gründet darin, dass
beide Momente Erscheinungsformen des absoluten Ich sind. Bisher hat Fichte also Erscheinungsweisen des absoluten Ich genannt,
denen wiederum drei Vermögen korrespondieren: nämlich erstens
als ein intuitives Bewusstsein der inneren Anschauung, dann zweitens im Begriff, welcher diese Anschauung fixiert, und drittens in
der äußeren Anschauung eines (vermeintlichen) Nicht-Ich, welches
eine unreflektierte, bloß bestimmbare und damit ruhende Tätigkeit
vorstellt. Wie bereits mehrfach hervorgehoben worden ist, kann jedoch trotz der dem Anspruch nach immanenten Ableitung des
Nicht-Ich nicht davon gesprochen werden, dass wiederum die Voraussetzungen dieser Ableitung restlos geklärt sind. Schließlich
bleibt die Frage, wie es für das Ich der unbestimmten Tätigkeit
überhaupt zu einer Entgegensetzung und damit zu einer Bestimmung kommen kann, unbeantwortet.

4 Zweckentwurf und Gefühl (§§ 4–6)

Die bisherigen Rekonstruktionen sollten die grundlegende Struktur
von Selbst- und Weltbewusstsein erhellen, die Fichte zum Eingang
in seinen zweiten Systementwurf entwickelt. Als höchsten Grund
des Systems erkennt Fichte wie auch in der *Grundlage* ein absolutes
Ich, das nunmehr als unmittelbare Anschauung charakterisiert wird.
Ein endliches Selbstbewusstsein kommt dadurch zustande, dass
sich dieses absolute, unbestimmte Ich wiederum auf sich als auf etwas Bestimmtes reflektiert. Mit diesem Akt der bewussten Selbstbestimmung muss zugleich das Bewusstsein eines untätigen, sich
nicht Bestimmenden einhergehen, das Fichte als das Bewusstsein
des Nicht-Ich fasst. Dieses Bewusstsein des Nicht-Ich dient als Ab-
leitungsgrundlage für alle weiteren Bestimmungen der empirisch er-
fahrenen Außenwelt. Das endliche Selbstbewusstsein entwickelt
Fichte als eine Wechselbestimmung von einer subjektiv-idealen,

theoretischen und einer praktisch-realen Tätigkeit der Selbstsetzung, die Objekt der subjektiv-idealen Tätigkeit ist. Für den zweiten Systementwurf ist die These von der Gleichursprünglichkeit sowie des symmetrischen Verhältnisses in der Wechselbestimmung von idealer und realer, von theoretischer und praktischer Vermögen im endlichen Ich entscheidend. Die Behauptung eines Wechselverhältnisses von theoretischer und praktischer Ich-Tätigkeit und die Beschränkung dieses Verhältnisses auf das endliche Ich, so die leitende Interpretationshypothese, wird hier als ein gewichtiger Fortschritt gegenüber der *Grundlage* aufgefasst. Die Darstellung des absoluten Ich als eine ursprünglich triebhafte und reflexive Instanz (§ 5 der *Grundlage*), die mit sich selbst in einem Verhältnis der Wechselwirkung steht, konnte im ersten Teil dieser Arbeit als eine nachträgliche und inkohärente Modifikation des ersten Prinzips der Wissenschaftslehre aufgewiesen werden. Im Folgenden soll es zunächst um die vollständige Entwicklung der Wechselbestimmung von theoretischer und praktischer Tätigkeit im endlichen Ich gehen, die bislang noch nicht erarbeitet wurde. Im Zentrum dieser Entwicklung steht der Gedanke, dass eine Wechselbestimmung von idealer und realer Tätigkeit nur dann gedacht werden kann, wenn die reale Tätigkeit in einer bestimmten Hinsicht selbst als ideal zu verstehen ist, während auch die ideale Tätigkeit in einer gewissen Hinsicht real bzw. praktisch ist. Den idealen Aspekt der realen Tätigkeit erkennt Fichte in dem Entwurf eines Zweckbegriffs. In diesem Zusammenhang liefert Fichte zugleich eine Deduktion des Zweckbegriffs, welcher für weiteren Verlauf der Systementwicklung von eminenter Bedeutung ist. Schließlich werden weitere zentrale Vermögen des endlichen Bewusstseins als Bedingungen der Möglichkeit dieses Zweckentwurfs abgeleitet.

4.1 Wechselbestimmung von idealer und realer Tätigkeit und die Deduktion des Zweckbegriffs

Die bisher entwickelte Wechselbestimmung von idealer und realer Tätigkeit kann aus gleich zwei Gründen als unvollständig gelten: Erstens scheint das bislang bekannte Verhältnis von idealer und

realer Tätigkeit noch kein Verhältnis der Wechselbestimmung darzustellen, zumal bisher bloß die passive Bezogenheit der idealen Tätigkeit auf die reale Tätigkeit im Sinne eines vorstellenden Nachbildens erarbeitet wurde. Es fehlt bislang eine explizite Darlegung, inwiefern auch die reale Tätigkeit durch ideale Tätigkeit bestimmt ist.
Dies geschah nur andeutungsweise, indem festgehalten wurde, dass
die reale Tätigkeit nur für ein subjektiv-ideales Bewusstsein gegeben
sein kann. Die bisher entwickelte Verhältnisbestimmung bleibt also
hinter den immanent entwickelten Maßstäben zurück. Diese Unvollständigkeit offenbart zugleich eine Erklärungslücke: Schließlich
lässt sich aus dem Verhältnis von idealer und realer Tätigkeit, das
ein passives Bezogensein der idealen auf die reale Tätigkeit ausdrückt, nicht erkennen, wie es zugleich möglich ist, dass die ideale
Tätigkeit *sich selbst* in der realen Tätigkeit erkennt. Selbstbewusstsein
ist schließlich nicht das Bewusstsein eines Übergangs von Unbestimmtheit zu Bestimmtheit überhaupt, sondern das Bewusstsein,
dass dieser Übergang durch das ideal reflektierende Ich selbst zustande gebracht wird. Die Darstellung der Wechselbestimmung
von idealer und realer Tätigkeit soll damit eine Antwort auf diese
bislang noch offene Frage enthalten.

Fichtes Antwort auf diese Frage lässt sich folgendermaßen zusammenfassen: Die synthetische Einheit von idealer und realer Tätigkeit
in ihrer Wechselbestimmung ist so zu verstehen, dass die ideale Tätigkeit einerseits selbst praktisch setzend ist, wobei die real-praktische
Tätigkeit andererseits zugleich ideal tätig sein soll. Die Wechselbestimmung wird damit nicht mehr als eine bloß wechselseitige Voraussetzung expliziert, welche besagt, dass ideale Tätigkeit einen realen
Bezugspunkt braucht, während dieser reale Bezugspunkt nur wirklich
ist, wenn er *für* ein ideales Bewusstsein ist. Fichte zeigt darüber hinaus, dass auch die ideale Tätigkeit nicht ohne ein praktisches Moment
denkbar ist, während auch die praktische Tätigkeit nicht ohne ein ideales Moment auskommen kann, wenn sie die Tätigkeit eines Ich sein
soll. Die Wechselbestimmung von idealer und realer Tätigkeit ist also
nicht bloß eine begriffliche wechselseitige Voraussetzung, sondern
ein wechselseitiges Sichdurchwirken.

Die ideale Tätigkeit, die zunächst als passiv bezogen auf die reale
Tätigkeit, mithin als ‚bloß‘ nachbildend, eingeführt wurde, ist nach

Fichte selbst als setzend zu begreifen. Dies ist nach der hier vertretenen Interpretation ihr praktisches Moment. Denn die ideale Tätigkeit kann sich nur dann auf die reale Tätigkeit *als auf sich selbst* beziehen, wenn sie der realen Tätigkeit zugleich ein ideales Moment zuschreibt. Die ideale Tätigkeit erkennt sich selbst in der realen Tätigkeit, wenn der realen Tätigkeit zugleich ein ideales Bilden zukommt, wobei es dieses Bilden zugleich (praktisch) in die reale Tätigkeit hineinsetzt:

[Die ideale Thätigkeit des Ich] ist bildend, es muß das praktische sonach auch setzen als bildend. Es sieht gleichsam ein Bilden in das praktische hinein, und dieß Bild ists wodurch das praktische dem idealen zu sich selbst wird [...] Das Zuschreiben der Anschauung ist der Punct, der es vereinigt. (Wlnm-K GA IV,3, 365 / 53)[182]

Um die Tätigkeit eines Ich zu sein, muss die reale Tätigkeit ein ideales Moment aufweisen. Insofern die ideale Tätigkeit sich praktisch als die reale Tätigkeit setzt, ist die reale Tätigkeit wiederum ideal. Idealität und Realität setzen sich hier gegenseitig voraus. Es liegt hier das Verhältnis einer symmetrischen Wechselbestimmung vor. Hierbei ist für Fichte entscheidend, dass die reale, praktische Selbstbestimmung als absolute Freiheit, als unbedingtes Setzen seiner selbst aus dem Unbestimmten heraus zu begreifen ist. Soll reale Tätigkeit zugleich ideal sein, dann kann dies nicht im Sinne eines bloßen Nachbildens verstanden werden. Die real praktische Tätigkeit

---

[182] Henrich kritisiert an dem zweiten Entwurf der *Wissenschaftslehre*, dass dort das Ich bloß gefasst wird als das Setzende, das sich setzt als setzend, wobei gemäß dieser Formel nicht einsichtig gemacht werden kann, wie das setzende sich zugleich idealiter als (real) setzendes erfasst, vgl. Henrich 1966, 205f. Henrich bezieht sich hier auf den *Versuch einer neuen Darstellung der Wissenschaftslehre*, insb. GA I, 4, 276f. / SW I, 528. Erst die Rede von einem der Tätigkeit eingesetzten Auge, welche sich in der Wissenschaftslehre von 1801/02 findet, bringe die ideale Selbsterfassung der tätigen Produktion zum Ausdruck, vgl. z.B. GA II, 6, 157, 167f. Die hier dargelegten Überlegungen zur Wechselbestimmung von idealem Zweckentwurf und realer Setzung zeigen hingegen, dass Fichte dieses Problem bereits eingehend in der *Wissenschaftslehre nova methodo* bearbeitet und entsprechend in den parallel entstanden Schriften im Blick hatte.

kann nur insofern als ideal verstanden werden, dass ihre Selbstbestimmung *gemäß* einer idealen Setzung, das bedeutet mit „Bewustsein" oder „Intelligenz", geschieht (Wlnm-K GA IV,3, 365 / 53).

Wie verhält sich die hier vorgetragene Theorie der Wechselbestimmung von idealer und realer Tätigkeit zur Lehre vom einfachen
und unmittelbaren Innesein der Selbstsetzung durch intellektuelle
Anschauung? Es könnte hier die Frage aufkommen, mit welchem
Recht Fichte vermittelnde Akte wie den Zweckentwurf für ein Verhältnis herausarbeitet, das zuvor als ein unmittelbarer Selbstbezug
gedeutet wurde. Schließlich wurde zuvor gesagt, dass das Ich sich
in unmittelbarer Anschauung seiner selbst bewusst ist. Auf diesen
möglichen Einwand ist zu antworten, dass Fichte das Selbstverhältnis nicht ausschließlich als ein Unmittelbares behauptet, sondern
gerade betont, dass eine bewusste Selbstreflexion erst vermittelst
des Begriffs des Ich entsteht. Eine Explikation der Wechselbestimmung von idealer und realer Tätigkeit im Lichte der Grundbestimmungen des Ich aus § 1 leistet Fichte leider nicht. Diese Explikation
kann folgendermaßen aussehen: Die ideale Selbstreflexion im Begriff des Ich bedeutet nichts anderes, als dass die intuitiv erfasste
und damit reale Selbstbestimmung so bestimmt ist, als sei sie aus
diesem Begriff selbst als dessen Zweck hervorgegangen. Der Begriff des Ich, in dem das Ich sich idealiter erkennt, wird in diesem
Sinne als der leitende Zweckbegriff für jene Tätigkeit gedeutet, welche das Ich unmittelbar intuitiv erfasst. Umgekehrt lässt sich dann
der praktisch-reale Vollzug so denken, dass ihm dieser Zweckbegriff nicht bloß nachträglich zugeschrieben wird, sondern dass der
Zweckbegriff demselben immanent zukommt. Damit handelt es
sich im Grunde um ein und denselben Akt der bewussten Selbstbestimmung. Dessen Momente der idealen und der realen Tätigkeit
können in der philosophischen Analyse getrennt werden, auch
wenn sie im konkreten Bewusstsein durchgehend vereinigt sind.

Mit der Darlegung der Wechselbestimmung von idealer und realer Tätigkeit wird die bisher allgemein entwickelte Theorie des
Selbstbewusstseins erkennbar angereichert. Neue Bestimmungen
sind hinzugetreten. Die Gewinnung neuer Bestimmungen des endlichen Bewusstseinsvollzugs findet in der *Grundlage* am klar formu-
lierten Leitfaden der synthetisch-antithetischen Methode statt: Eine

neue Art bewusster Tätigkeit muss dann gesetzt werden, wenn ihr eine vermittelnde Funktion zwischen zwei widerstreitenden Tätigkeiten zukommt, welche als bereits deduziert gelten. In der *Wissenschaftslehre nova methodo* ist der Weg zur Gewinnung neuer Bestimmungen nicht in dieser Deutlichkeit vorgezeichnet. Wie wir gesehen haben, findet Fichte den Einstieg in das System vermittelst der intellektuellen Anschauung, die dann selbst als Strukturmoment des Bewusstseins behauptet und dabei im Begriff expliziert wird. Das Sicherfassen in Anschauung und Begriff wird dabei unter dem Begriff der idealen Tätigkeit rubriziert, der aktive Vollzug der Selbstbeziehung unter dem Begriff der realen Tätigkeit. Die Wechselbestimmung beider Tätigkeiten wurde wiederum aus der Introspektion selbst gerechtfertigt, nicht aber diskursiv als Kategorie abgeleitet. Auffällig ist, dass der Zweckbegriff selbst nicht mehr aus der intellektuellen Anschauung als Untersuchungsmethode aufgewiesen werden konnte. Er ergibt sich vielmehr als Folge der zuvor entdeckten Wechselbestimmung von idealer und realer Tätigkeit und drückt dabei eine notwendige Bedingung aus, unter der der Selbstbezug des Ich möglich ist. Schließlich, so konnte gezeigt werden, reicht es nicht hin, die reale Tätigkeit als ein bloßes Übergehen von Bestimmbarkeit zur Bestimmtheit zu charakterisieren, vielmehr muss diese Tätigkeit den idealen Entwurf eines Zwecks involvieren. Die folgenden Ableitungen orientieren sich ebenfalls an dieser Methode: Weitere Bestimmungen des Ich sind als Bedingungen dafür abzuleiten, dass das Ich auf sich reflektieren kann. Im Besonderen sollen diese Bestimmungen als Bedingungen des Zweckentwurfs, der damit die Rolle einer Fundamentalbedingung des endlichen Selbstbewusstseins einnimmt, abgeleitet werden.

4.2 Zweckentwurf und das Bewusstsein realer Tätigkeit (§ 5)

Der Entwurf eines Zweckbegriffs wurde im vorangegangenen Abschnitt als Ermöglichungsbedingung einer wirklich vollzogenen, freien Handlung der Selbstbestimmung konzipiert. Das Ich, das sich realiter selbst bestimmt, muss selbst über Intelligenz bzw. Bewusstsein dieser Bestimmung verfügen. Die Selbstbestimmung geschieht nur dann aus Freiheit, wenn sie idealiter oder begrifflich vorentworfen wird, um dann realiter vollzogen zu werden. Insofern weist praktische Selbstbestimmung stets einen idealen bzw. einen Bewusstseinsaspekt auf.

In den folgenden Abschnitten geht es um weitere Bedingungen der Möglichkeit des Bewusstseins bestimmter Tätigkeit. Wie wir bereits gesehen haben, geht endliche Selbstreflexion stets mit der Anschauung des bloß Bestimmbaren, das als Nicht-Ich gesetzt wird, einher. Dies folgt aus dem Reflexionsgesetz der Entgegensetzung, das für die Ableitungen leitend ist. Auf diesen allgemein benannten Bedingungen bauen die folgenden Überlegungen auf. Es geht insbesondere um die Frage, wie das Bewusstsein der realen Tätigkeit zugleich als das Bewusstsein einer bestimmten Tätigkeit zu denken ist. Dabei befasst sich Fichte insbesondere mit der Frage, wie im Bewusstsein die Bestimmtheit der realen Tätigkeit zugleich als eine Einschränkung erfahren wird. Wie bereits in der *Grundlage* fasst er das Bewusstsein der Einschränkung realer Tätigkeit als Gefühl, die eingeschränkte reale Tätigkeit selbst als Trieb. Das Gefühl des eingeschränkten Triebes bildet sodann – wie in der *Grundlage* – die Bedingung der Möglichkeit der Setzung einer anschaubaren Außenwelt, die vom Bewusstsein als einschränkender Grund für den Trieb des Ich gesetzt wird. Da Fichtes Theorie des Gefühls im Zusammenhang mit der Setzung einer anschaubaren Außenwelt bereits eingehend im ersten Teil dieser Arbeit beleuchtet wurde und hier viele Parallelen zur *Wissenschaftslehre nova methodo* bestehen, kann die Darlegung dieser Theorie hier knapper ausfallen. Gleichwohl soll im Folgenden nachvollzogen werden, wie Fichte seine Lehre vom Gefühl einbettet in seine Lehre vom Zweckentwurf als Bedingung der Möglichkeit des Bewusstseins realer Tätigkeit, welche in der *Grundlage* nicht vorkommt.

4.2.1 Die absolute Selbstaffektion, die nicht zum Bewusstsein
kommt

Ehe die Bedingungen des Bewusstseins einer bestimmten realen
Tätigkeit betrachtet werden, ist eine wichtige Präzisierung zu beachten, welche Fichte mit Blick auf den Begriff der realen Tätigkeit
vornimmt: So unterscheidet Fichte zwischen einer realen Tätigkeit,
die nicht zu Bewusstsein kommt und einer realen Tätigkeit, die bewusst reflektiert werden kann. Wo im vorangegangenen Abschnitt
von einer phänomenologisch aufweisbaren realen Tätigkeit die
Rede war, muss es sich offenkundig um jene Gestalt der realen Tätigkeit handeln, die Teil des reflektierten Bewusstseinsvollzugs ist.
Die bewusst reflektierte reale Tätigkeit wird im Folgenden auch als
Handlung bezeichnet (Wlnm-K GA IV,3, 369 / 58). Der Begriff
der Handlung bleibt hier gleichwohl noch allgemein und abstrakt.
Von besonderen, sich in Raum und Zeit vollziehenden Handlungen
ist hier noch nicht die Rede. Gleichwohl geht es um die Bedingungen der Möglichkeit freier, empirischer Handlungen, insofern auch
eine empirische Handlung nur dann frei ist, wenn sie von dem Bewusstsein realer Tätigkeit, d.h. von dem Bewusstsein realer Selbstbestimmung, begleitet ist. Ehe Fichte also Handlungen unter raum-
zeitlichen Bestimmungen thematisiert, widmet er sich zunächst der
Frage, wie Selbstbestimmung überhaupt bewusst reflektiert werden
kann. Von der bestimmten realen Tätigkeit zu unterscheiden ist jedoch der ursprüngliche, mit absoluter Spontaneität vollzogene Akt
des absoluten Ich, durch welchen es dazu übergeht, sich als ein Bestimmtes zu setzen. Fichte spricht hier von der Freiheit als „absolute[r] Selbstaffection", die als solche „kein Mannigfaltiges" und damit nicht anschaubar ist (Wlnm-K GA IV,3, 369 / 58). So heißt es:
„Die reale Thätigkeit bestimmt sich zum Handeln, und diese ist
nicht anschaubar, sie ist nicht etwas, nicht theilbar, sie ist absolut
einfach" (Wlnm-K GA IV,3, 369 / 58). Das bedeutet, dass der ursprüngliche Akt des Sichbestimmens zur Tätigkeit überhaupt, mit
dem alles Bewusstsein anhebt, sich diesem Bewusstsein zugleich
entziehen muss. Das Ich ist nach Fichtes Ausführungen also ursprünglich absolut frei, kann diese *absolute* Freiheit aber nicht zu Bewusstsein erheben. Denn hier liegt ein bloß einfacher Akt vor, dem

noch keinerlei Mannigfaltigkeit entgegenzusetzen ist, durch die er bestimmt werden könnte. Entsprechend kann Freiheit für Fichte nicht unmittelbar, sondern bloß mittelbar, d.h. als eine bestimmte, nicht als eine absolute Tätigkeit im Bewusstsein vorkommen.

Das bedeutet, dass es zwar ein Bewusstsein von Tätigkeit geben muss, der absolute Grund dieser Tätigkeit jedoch nicht angeschaut wird, sondern bloß eine bestimmte Tätigkeit. Das Ich weiß damit gleichsam nicht um die absolute Freiheit des Bestimmens *zur* Tätigkeit, sondern um das Produkt dieser ursprünglichen Freiheit in einer bestimmten Gestalt. Fichte klärt in diesem Zusammenhang noch nicht, wie die Bestimmung dieser Tätigkeit genau zu denken ist. Er begnügt sich zunächst damit, davon zu sprechen, dass die bestimmte Tätigkeit bloß als eine beschränkte bzw. als eine solche Tätigkeit reflektiert werden kann, der etwas widersteht. Es handelt sich um einen Widerstand, der verhindert, dass sich die Tätigkeit in ihrer Absolutheit manifestiert. Damit ist aber zugleich ein paradox anmutender Zustand im Ich angesprochen: Einerseits muss das Ich in der Anschauung auf eine reale Tätigkeit bezogen sein, gleichzeitig kann diese Tätigkeit nur ins Bewusstsein treten, wenn sie zugleich in gewisser Hinsicht aufgehoben, da beschränkt, ist:

Dieß [= das Bewusstsein der Tätigkeit] ist nicht möglich, wenn im Handeln der praktischen Thätigkeit die Freiheit nicht gebunden ist. Aber aufgehoben darf sie nicht werden, Thätigkeit muß sie sein und bleiben, sie müßte gebunden und auch nicht gebunden sein, beides müßte statthaben. (Wlnm-K GA IV,3, 369 / 58)

4.2.2 Selbstbestimmung und Wahlfreiheit

Wie ist die reale Tätigkeit, die ursprünglich spontane, absolute Selbstaffektion ist, als eingeschränkt aufzufassen? Fichte konzipiert die bestimmte, im Bewusstsein reflektierte, reale Tätigkeit allgemein als Produkt einer Wahlfreiheit. Reale Selbstbestimmung erscheint dadurch als eine Handlung unter mehreren möglichen, wobei sie dann in Abgrenzung zu anderen möglichen Handlungen und vor allem in Abgrenzung zum zugrunde liegenden Bestimmbaren reflektiert werden kann. Konzipiert als Wahlfreiheit ist reale

Selbstbestimmung sowohl frei als auch beschränkt, womit sie die oben aufgestellten Kriterien für eine mögliche Reflektierbarkeit im Bewusstsein erfüllt:

Die Freiheit besteht darinn, [daß] unter *allem* gewählt werden kann, die Gebundenheit darinn, daß unter dieser Summe gewählt werden muß; wir erhalten hier den Begriff der bestimmten Summe für die Wahl der Freiheit; ein Theil der Summe heißt eine bestimmte Thätigkeit oder eine Handlung. (Wlnm-K GA IV,3, 368 / 57)

Es ist bemerkenswert, dass Fichte hier beiläufig ein wichtiges Theorem der *Grundlage* einführt, nämlich die Teilbarkeit bzw. Quantifizierbarkeit des absolut Bestimmbaren. Schließlich setzt die Wahl der bestimmten realen Tätigkeit voraus, dass das Bestimmbare überhaupt teilbar ist und dabei zugleich als eine Summe von einer Mannigfaltigkeit möglicher Handlungen aufgefasst werden kann. So zeigt sich hier erneut, dass zentrale Bestimmungen des Bewusstseins, in diesem Fall die Kategorie der Quantität, als Bedingungen der Möglichkeit des reflexiven Selbstbezugs erwiesen werden sollen.

4.3 Trieb und Gefühl (§§ 5, 6)

Das ideale Bewusstsein einer real-praktischen Selbstbestimmung ist nach dem bisher Gesagten nur dann möglich, wenn das Ich idealiter einen Zweckbegriff von der realen Selbstbestimmung entwirft, die dann im wirklichen Handeln vollzogen wird. Zu Beginn des § 6 hält Fichte fest, dass nun alle Elemente des endlichen Bewusstseins aufgezeigt wurden: nämlich erstens das „subjective" der idealen Selbstsetzung, dann zweitens die reale praktische Tätigkeit und drittens der notwendig mitgesetzte Gegensatz, nämlich das Nicht-Ich (Wlnm-K GA IV,3, 373. / 63). Die Analyse der Bedingungen der Möglichkeit des endlichen Selbstbewusstseins ist jedoch noch nicht abgeschlossen – so hat Fichte noch zu klären, auf welchen Bedingungen wiederum das Bewusstsein des Zweckbegriffs von real-praktischer Selbstbestimmung gründet. Wie bereits im vorangegangenen Abschnitt erwähnt, unterscheidet Fichte hiermit zwei wesentliche Aspekte der Selbstbestimmung: Einen idealen Aspekt der Möglichkeit oder des Vermögens zur Selbstbestimmung, in dem der Entwurf des Zweckbegriffs angesiedelt ist, einerseits sowie einen Aspekt der wirklichen Selbstbestimmung andererseits, den Fichte gegenüber der bloßen Tätigkeit des Zweckentwurfs als „Handeln" begreift (Wlnm-K GA IV,3, 375f. / 66).

Als Bedingung der Möglichkeit des Zweckentwurfs begreift Fichte das Streben oder den Trieb im Sinne eines Vermögens zur Tätigkeit, die noch nicht voll realisiert ist. Trieb oder Streben im Sinne einer ‚zurückgehaltenen' Tätigkeit müssen angenommen werden als eine ursprüngliche Realität, auf welche das ideale, zweckentwerfende Ich bezogen ist. Diesen Gedanken entwickelt Fichte in mehreren Schritten. Dabei ist vor allem hervorzuheben, dass zwischen einer Deduktion des Triebes einerseits sowie zwischen einer Deduktion des Gefühls andererseits zu unterscheiden ist – denn erst mit der Deduktion des Gefühls als spezifischen Bewusstseinszugriff auf den Trieb ist die Deduktion des Triebes als Bedingung der Möglichkeit des Zweckentwurfs abgeschlossen. Die Realität, die dem Zweckentwurf zugrunde liegt, ist damit nicht der Trieb als solcher, sondern der Trieb, insofern er im Gefühl zum Bewusstsein erhoben wird.[183]

---

[183] Im Folgenden soll die Deduktion des Gefühls weitgehend gemäß der von Fichte entwickelten Argumentationsfolge rekonstruiert werden. Vorab sei jedoch festgehalten, dass die Deduktion des Triebs und des Gefühls eine bloß vorläufige Geltung hat und an späterer Stelle (ab § 13) erst fundiert, in einigen Hinsichten sogar korrigiert wird. Schließlich entdeckt Fichte in § 13 einen fehlerhaften Zirkel zur Erklärung des endlichen Selbstbewusstseins, wenn der Entwurf des Zwecks der Selbstbestimmung aus einem Gefühl der Beschränktheit abgeleitet wird, ohne dabei zu sehen, dass das Gefühl der Beschränktheit bereits ein Tätigkeitsbewusstsein und damit einen Zweckentwurf voraussetzt, vgl. Abschnitt 5.1. Dieser Zirkel wird in § 13 durch das Bewusstsein des reinen Willens fundiert, in dem freie Tätigkeit und Beschränktheit in einem notwendigen Wechselverhältnis stehen, aus dem dann die notwendige Wechselbestimmung zwischen dem Zweckentwurf und dem Gefühl der Beschränkung im konkreten Bewusstsein abgleitet wird.

4.3.1 Die Deduktion des Triebes

Bereits im vorangegangenen Abschnitt wurde herausgearbeitet, dass Fichte der idealen Tätigkeit des Zweckentwurfs eine Realität voraussetzt, die er zunächst noch allgemein als das bloß Bestimmbare bezeichnet. Das Bestimmbare bzw. Unbestimmte muss mitgedacht werden als Bedingung für jede Form von Bestimmung, also auch für die Bestimmung eines Zweckbegriffs. Eine nähere Betrachtung dieses Bestimmbaren wird Fichte zum Postulat des Vermögens des Triebs führen. Das Ich ist im Entwurf des Zweckbegriffs ideal tätig und dabei stets auf etwas Bindendes bezogen. Der Entwurf eines Begriffs überhaupt setzt also ein Mannigfaltiges voraus, aus welchem dieser Begriff zusammengesetzt ist. Zwar ist die zweckentwerfende Tätigkeit frei, da der Grund des Zweckentwurfs bloß in ihr selbst liegt – mit Blick auf das real gegebene Bestimmbare, auf welches sie in diesem Entwurf bezogen ist, ist sie jedoch notwendigerweise gebunden und damit nicht frei – „Ist nichts gegeben[,] so kann nicht gewählt werden; so allein kann die Entwerfung des Begriffs vom Zwecke gedacht werden" (Wlnm-K GA IV,3, 374 / 64).

Ehe Fichte den Begriff des Triebes einführt, nennt er die wesentlichen kategorialen Bestimmungen des Bestimmbaren, die ihm zukommen müssen, insofern es als das materialiter Zugrundeliegende des Zweckentwurfs fungiert. Auch hier wird erkennbar, dass Fichte kategoriale Bestimmungen im Zusammenhang mit der Bedingungsanalyse des Zweckentwurfs ableitet, welcher seinerseits eine Bedingung für bewusste Selbstreflexion ist.[184] Bei den kategorialen Bestimmungen handelt es sich um die Realität sowie die Quantität des Bestimmbaren, wobei letztere schon benannt wurde.[185] Mit dem Begriff der Realität bezeichnet Fichte hier das

---

[184] Eine deutlichere Auseinandersetzung mit der Funktion von Kategorien findet sich in § 17, vgl. Abschnitt 6.3.3.

[185] Nach Schwabe kann durch die Quantifizierbarkeit des Bestimmbaren der Übergang vom Bestimmbaren als Vermögen zur realen Tätigkeit erklärt werden. Ohne Quantifizierbarkeit des Bestimmbaren könne bloß ein „qualitative[r] Sprung" vom Vermögen zum Tätigkeitsvollzug behauptet werden, der nicht weiter begründbar ist. Die reale Tätigkeit sei unter der

notwendige Gegebensein des Bestimmbaren für eine ideale Tätigkeit, die aus demselben einen Zweckbegriff für sich bestimmt. Die Realität des Bestimmbaren wird hier auch als unteilbar bezeichnet (vgl. Wlnm-K GA IV,3, 374 / 64), was bedeuten soll, dass sie als solche nicht aufgehoben, vergrößert oder verringert werden kann, solange idealiter ein Zweck entworfen wird. Anders als in der Vorlesungsmitschrift festgehalten, muss hier deutlicher zwischen der Realität des Bestimmbaren überhaupt und einfachen, ebenfalls unteilbaren Bestimmtheiten unterschieden werden, die Fichte hier im Vorgriff auf seine Lehre von dem Gefühl bzw. der Empfindung nennt. Die Realität des Bestimmbaren überhaupt ist der abstrakte philosophische Begriff eines Zugrundeliegenden, das jedoch in seiner Reinheit nicht im Bewusstsein vorkommt. Das Gefühl in einem allgemeinen Sinne ist dann von spezifischen Gefühlen oder Empfindungen zu unterscheiden, die Fichte als nicht teilbare, einfache Einheiten konzipiert. Hierzu zählen zum Beispiel einfache Farbeindrücke, die im konkreten Bewusstsein als verschiedene vorkommen und nicht aufeinander reduzierbar sind. Letztlich lässt sich dann die im konkreten Bewusstsein vorliegende Materie, auf dessen Grundlage das Ich sich zu Handlungen bestimmt, auf solche einfachen Empfindungen reduzieren.

Inwiefern ist diese ursprünglich bindende Realität als ein Trieb bzw. als ein Streben zu verstehen? Allgemein gilt, dass das Ich idealiter auf unmittelbare Weise nur auf sich bezogen ist. Die ursprüngliche Realität muss also dem Ich angehören. Das Bindende muss entsprechend gedacht werden als eine Tätigkeit, da das Ich nur durch Tätigkeit charakterisiert werden kann. Da es sich jedoch

---

Voraussetzung der Quantifizierbarkeit des Bestimmbaren als eine „quantitative Modifikation" des Bestimmbaren zu begreifen, Schwabe 2007, 467, Anm. 13. Dieser Deutung ist weitgehend zuzustimmen, dennoch sei darauf verwiesen, dass die Teilbarsetzung des bloß Bestimmbaren in der *Grundlage* als eine nicht ableitbare, unbedingte Handlung eingeführt wird. Da Fichte sich in der *Wissenschaftslehre nova methodo* nicht weiter über die Bedingungen der Möglichkeit der Teilbarsetzung äußert, gilt vermutlich weiterhin, dass der Übergang von Bestimmbarkeit überhaupt zur quantifizierbaren Bestimmbarkeit nur durch eine unbedingte Setzung des Ich, also selbst nur durch einen ‚Sprung' zu erklären ist.

noch nicht um eine real vollzogene Tätigkeit handelt, die schließlich den Entwurf eines Zweckbegriffs voraussetzt, muss es sich um das bloße Vermögen zur Tätigkeit handeln. Dieses Vermögen, das dem Zweckentwurf vorausgesetzt ist, begreift Fichte auch als eine „ursprüngliche Bestimmtheit zum Handeln" (Wlnm-K GA IV,3, 375 / 66), damit als eine Bestimmtheit, die jedoch in dem Sinne unbestimmt ist, dass in ihr das Handeln noch nicht realisiert ist. Es handelt sich hierbei also erneut um eine Erscheinung des unbestimmten Ich, welches jedoch auch hier nicht in seiner reinen Bestimmungslosigkeit reflektiert wird, sondern als dasjenige, dass sich zur realen Selbstbestimmung bestimmen kann, diese Bestimmung jedoch nicht vollzogen hat. Es wird auch hier nicht als das Untätige überhaupt reflektiert, sondern als reine Tätigkeit, die sich nicht zur realen Tätigkeit bestimmt hat. Dieses Vermögen zur Selbstbestimmung muss zugleich gedacht werden als realiter gegeben bzw. als realiter anschaubar, da es jene ursprüngliche Realität ist, die jedem Bewusstseinsakt vorauszusetzen ist. Tätigkeit, welche noch nicht vollzogen ist, wird von Fichte nun als ein Trieb begriffen bzw. als ein „sich selbst producirendes Streben[,] daß im innern deßen[,] dem es zugehört, gegr[ün]det ist [...]" (Wlnm-K GA IV,3, 376 / 65). Es ist zugleich zu begreifen als eine „Thätigkeit[,] die kein Handeln ist [...]" (Wlnm-K GA IV,3, 376 / 66).

Die ursprüngliche Realität, auf welche das Ich im Zweckentwurf bezogen ist, ist also die als Vermögen fixierte Bestimmtheit zur Selbstbestimmung, die noch nicht realisiert ist. Insofern diese Tätigkeit als ein bloßes Vermögen gesetzt ist, ist mit ihr also ein Aspekt der Beschränktheit mitgesetzt. Dies unterscheidet den Begriff des absoluten Ich in Gestalt des Triebs vom Begriff des absoluten Ich, so wie er in § 1 als unmittelbare Anschauung eingeführt wurde. Denn ist das Ich bloß vermögend zum Handeln, ist es nicht handelnd, weshalb es so reflektiert wird, dass es zugleich an dieser Handlung gehindert wird. Diese Einschränkung kann das endlich-reflektierende Ich nicht aus sich heraus begründen – das Ich begründet zwar den Trieb, insofern der Trieb das Vermögen zur Selbsttätigkeit des Ich ist, gleichwohl lässt sich aus dem Trieb nicht ableiten, dass er nicht realisiert ist. Hier zeigt sich, dass Fichte anders als in der *Grundlage* das absolute Ich selbst nicht als triebhaft

und damit als praktisch bestimmt. Vielmehr erscheint die reine Tathandlung nur dann als ein beschränkter Trieb, wenn sie durch ein
endliches Ich reflektiert wird. Erst für ein reflektierendes Ich kann
es überhaupt einen Trieb geben, das reflektierende Ich ist jedoch
endlich und nicht absolut.

4.3.2 Die Reflexion auf den Trieb im Gefühl

Nachdem das Vermögen des Triebs als solches charakterisiert
wurde, muss nun in einem zweiten Schritt auf das Bewusstsein dieses Triebs eingegangen werden: Es muss schließlich ein Bewusstsein des Triebs im Sinne einer beschränkten, aufgehaltenen Tätigkeit geben, damit dieser als das real Zugrundeliegende des Zweckentwurfs fungieren kann. Das Bewusstsein des Triebs im Sinne einer aufgehaltenen Tätigkeit, das damit zugleich das Bewusstsein einer Beschränktheit des Ich ist, begreift Fichte als das Gefühl
(Wlnm-K GA IV,3, 376 / 67). Entscheidend ist, dass der Trieb nur
als Gegenstand eines Gefühls das Zugrundeliegende des Zweckentwurfs sein kann. Entsprechend gilt es zwischen zwei Funktionen
der idealen Tätigkeit zu unterscheiden, wobei Fichte diese Unterscheidung nicht in aller Deutlichkeit hervorhebt: Hierbei handelt es
sich erstens um die ideale Tätigkeit des Zweckentwurfs und zweitens um die ideale Tätigkeit als subjektives Bewusstsein der beschränkten Tätigkeit im Gefühl.[186]

Im Gefühl, insofern es auf den Trieb bezogen ist, wird dem Ich
eine ursprüngliche Realität gewahr, auf deren Grundlage sich alle
selbstbestimmten Handlungen vollziehen. Von diesem Realitäts-
bewusstsein gehen damit alle bestimmten Bewusstseinsakte aus.
Begründungslogisch verortet Fichte das Gefühl noch vor der Anschauung, wobei das Verhältnis von Anschauung im Gefühl im
nächsten Abschnitt näher zu beleuchten ist. Diese Verortung bedarf daher einer Präzisierung, die Fichte zunächst nicht liefert.
Schließlich nennt er zuvor mit der unmittelbaren Anschauung
des absoluten Ich sowie der intellektuellen Anschauung des

---

[186] Vgl. Schwabe 2007, 468f.

reflektierenden Ich (§ 1) zwei Formen des unmittelbaren Selbstbezugs, die nicht durch ein anderes Vermögen begründet werden können. In diesem Sinne können sie auch kein Gefühl der Beschränkung voraussetzen. Wie ist also das Begründungsverhältnis von Gefühl und Selbstanschauung zu denken? Dieses Verhältnis ist so zu verstehen, dass intellektuelle Anschauung, insofern sie in der endlichen Reflexion mit begrifflichem Bewusstsein begleitet ist, zugleich mit einem Gefühl der Beschränkung einhergehen muss und dass endliche Reflexion überhaupt ohne dieses Gefühl nicht möglich ist. Denn die Wahl des Begriffs, in dem das Ich sich erkennt, setzt eine zugrundeliegende, gefühlte Realität voraus (vgl. Wlnm-K GA IV,3, 367 / 56f.).[187] Die intellektuelle Anschauung selbst kann aber aus dem Gefühl nicht genetisch abgeleitet

---

[187] In § 13 hält Fichte dagegen fest, dass die Wahl des Zwecks der Selbstbestimmung gar nicht im endlichen Bewusstsein vorkommt, vgl. Wlnm-K GA IV, 3, 445f. / 149. Das endliche Bewusstsein kann vielmehr bloß auf das Resultat dieser Wahl reflektieren, welches für dasselbe eine notwendige Bestimmtheit ist, die als ein Gegebenes und damit gerade nicht als ein Objekt der freien Wahl des endlichen Ich erscheint, vgl. Abschnitt 5.5. Damit zeigt sich erst an späterer Stelle, dass aus dem Gefühl der Beschränktheit, welches zu einem mannigfaltigen Gefühl von Beschränkungen mit einem korrespondierenden Außenweltbewusstsein weiter bestimmt wird, die Wahl des reinen Zwecks der Selbstbestimmung als solcher nicht *abzuleiten* ist. Fichtes spätere Ausführungen (ab § 13) sind in diesem Sinne durchaus als eine Korrektur der Theorie vom Gefühl als Bedingung der Möglichkeit des Zweckentwurfs zu sehen. Die Ergebnisse der Untersuchungen zum Verhältnis von Gefühl und Zweckentwurf in den §§ 4–6 sind trotzdem nicht vollkommen fruchtlos. Die hier vorgetragenen Ausführungen sind gültig, wenn deutlich zwischen der Perspektive des konkreten Selbstbewusstseins einerseits und dem ursprünglichen, nicht reflektierbaren Akt der Setzung des Zwecks der Selbstbestimmung andererseits unterschieden wird. Denn die bewusste Reflexion auf den Zweck der Selbstbestimmung im endlichen, konkreten Bewusstsein geht tatsächlich mit einem Bewusstsein mannigfaltiger, empirischer Beschränkungen und verschiedenen möglichen Handlungen einher. Diese Reflexion setzt das Gefühl voraus. Lediglich, so zeigt Fichte dann an späterer Stelle (§ 13), lässt sich die Wahl und die Setzung des Zwecks der Selbstbestimmung selbst, insofern sie unabhängig von ihrem Reflektiertwerden im endlichen Bewusstsein gedacht wird, nicht aus dem Gefühl der Beschränktheit erklären.

werden. Das Begründungsverhältnis von Gefühl und äußerer Anschauung ist dagegen eindeutiger: Schließlich konzipiert Fichte die
Außenwelt als das Beschränkende für das Ich, wobei die Beschränkung als solche zunächst gefühlt werden muss, ehe sie angeschaut
wird.

Das Gefühl bezeichnet dabei jenen Punkt im Bewusstsein, in
dem ideale und reale Tätigkeit zwar aufs Engste verbunden sein
sollen, jedoch schon als zwei verschiedene Momente hervortreten.
Fichte spricht in diesem Kontext auch von einer Reflexion auf den
Trieb, wobei mit dieser Reflexion eine ideale Bezugnahme gemeint
ist, die nicht mit der epistemischen Selbstreflexion zu verwechseln
ist. Letztere setzt ein begriffliches Bewusstsein voraus. Die ideale
Tätigkeit ist hier zwar auf etwas bezogen, doch ist dieses etwas noch
nicht als ein unabhängiges, objektives Sein begriffen. Im Gefühl ist
das Ich noch gänzlich bei sich, so spricht Fichte auch davon, dass
das ideale, tätige Ich sein eigener Gegenstand ist (Wlnm-K GA
IV,3, 377 / 68).[188] Auch wenn das Gefühl also eine ursprüngliche
Realität zum Bewusstsein erhebt, ist es kein Objektbewusstsein.
Demnach kann das Gefühl auch als ein bloßer Zustand des Ich verstanden werden, in dem es – noch gänzlich unbegriffen – dem Trieb
in seiner Beschränkung gewahr wird. Der Selbstbezug im Gefühl
ist dabei von dem unmittelbaren Beisichsein der intellektuellen Anschauung zu unterscheiden. Denn im Gefühl bezieht sich das Ich
auf seinen Trieb als ein Beschränktes, insofern dieser noch nicht
realisiert ist. Dieses Beschränktsein ist in der unmittelbaren Anschauung nicht gegenwärtig, sondern die reine Tätigkeit.

---

[188] Schwabe weist darauf hin, dass Fichte zwischen dem Fühlen als idealer
Tätigkeit, in dem das Ich von Bestimmbarkeit zur Bestimmtheit übergeht
und dem besonderen Gefühl als Resultat dieser Tätigkeit unterscheidet,
vgl. Wlnm-K GA IV, 3, 379 / 70. Zuvor unterscheidet Fichte nicht deutlich zwischen der Tätigkeit des Fühlens und dem Gefühl als Resultat dieser
Tätigkeit, vgl. Schwabe 2007, 470. Insofern das Gefühl kein Resultat einer
deutlichen Reflexion ist, sondern eher einen Zustand des Ich beschreibt, in
dem das Ich vollkommen unbegriffen seiner selbst inne ist, scheint der Unterschied zwischen Fühlen und Gefühl jedoch nicht erheblich zu sein.

4.3.3 Gefühl und Handlungsbewusstsein

Damit ist das Gefühl als eine spezifische Bewusstseinsform des Triebes und zugleich als Bedingung realer, selbstbestimmter Tätigkeit abgeleitet. Nicht der Trieb als solcher, sondern das rudimentäre Bewusstsein des Triebs im Gefühl stellt die oben gesuchte „Sphäre" bzw. Realität dar, aus welcher das Ich zu wählen hat. Mit dem Gefühl des Triebs hat Fichte eine Bewusstseinsform entwickelt, die noch kein Objektbewusstsein ist. Denn aus der im Gefühl gegebenen Realität können erst mögliche Objekte für das Bewusstsein gewählt werden. Das Gefühl, wenngleich es im Bewusstsein präsent sein muss, ist für sich genommen kein Objekt, sondern ein begrifflich nicht reflektiertes Bewusstsein der eingeschränkten Tätigkeit.

Damit ist das Gefühl als eine Bewusstseinsform ausgesprochen, aus der Fichte zugleich das konkrete, faktische Bewusstsein der Außenwelt entwickelt. Im Gefühl ist der Trieb als eine aufgehobene oder begrenzte Tätigkeit anwesend, d.h. im Gefühl ist zugleich eine Bezugnahme auf ein Leiden des Ich enthalten. Dadurch wird das Gefühl zugleich zum rudimentären Bewusstsein nicht bloß des Vermögens zum Handeln, sondern auch einer beschränkten Tätigkeit. Dadurch qualifiziert sich das Gefühl als Ausgangspunkt für die Ableitung des Bewusstseins einer beschränkenden Außenwelt. So heißt es: „Die Darstellung des Gefühls in der Sinnenwelt ist das fühlbare, und wird gesetzt als Materie" (Wlnm-K GA IV,3, 378 /69), wobei Fichte den Akt der Darstellung der Beschränktheit als Sinnenwelt hier vermögenstheoretisch noch nicht näher erläutert.[189]

Diese Beschränktheit als solche gilt es näher zu spezifizieren: Wie bereits festgehalten, soll im Gefühl eine mannigfaltige, quantifizierbare Realität enthalten sein, da der Zweckentwurf als eine Wahl aus verschiedenen Möglichkeiten zu verstehen ist. Daher kann die Beschränktheit des Triebes nicht als bloße Beschränktheit bzw. als Bestimmtheit überhaupt gedacht werden, sondern es muss vielmehr eine Mannigfaltigkeit an Beschränkungen des Triebes vorliegen, aus denen dann wiederum eine Mannigfaltigkeit des Gefühls beschränkter

---

[189] Vgl. hierzu 6.5.2.

Tätigkeit folgt: „Es müßte also mannigfaltige Gefühle geben, oder der Trieb müßte auf mannigfaltige Art afficirbar sein [...]." (Wlnm-K GA IV,3, 378 / 69). Fichte betont, dass die mannigfaltigen Gefühle als solche nicht *a priori* aus dem Ich abgeleitet werden können, und zwar aus dem Grund, dass die Beschränkung, die sich in ihnen ausdrückt, nicht aus der Tätigkeit des Ich zu gewinnen ist.

Mit diesem Argument von der nicht ableitbaren Mannigfaltigkeit der Gefühle markiert Fichte die Grenze zwischen apriorischem und empirischem Wissen. Fichte behauptet, dass es eine Mannigfaltigkeit von Gefühlen geben muss. Allerdings kann nicht *a priori* abgeleitet werden, wie diese Mannigfaltigkeit inhaltlich bestimmt ist. Wie auch in der *Grundlage* vertritt Fichte keinen absoluten Produktionsidealismus oder Solipsismus, da er ein Gefühl der Beschränkung, die nicht aus dem Ich ableitbar ist, als Bedingung der Möglichkeit des Selbstbewusstseins behauptet. In der *Wissenschaftslehre nova methodo* argumentiert Fichte für die Notwendigkeit einer Pluralität wechselnder Gefühle; die Notwendigkeit wechselnder Gefühle für das Zustandekommen eines endlichen Selbstbewusstseins hat Fichte in der *Grundlage* dagegen nicht aufgezeigt. Trotz der Unableitbarkeit der inhaltlichen Bestimmung der Gefühle liefert Fichte zwei wichtige formale Bestimmungen derselben: Wie bereits angedeutet, geht er erstens davon aus, dass es eine endliche Menge von einfachen Empfindungen geben muss, die als unteilbare und nicht aufeinander reduzierbare Realitäten im Bewusstsein vorkommen. Auch wenn diese Empfindungen ihrer Qualität nach philosophisch nicht abgeleitet werden können, scheint für Fichte dennoch *a priori* festzustehen, dass es eine solch endliche Menge von Gefühlen geben muss. Zweitens nennt Fichte eine Bedingung, unter der dann die Beziehung dieser einfachen Empfindungen in einem zusammenhängenden Bewusstsein gedacht werden kann. Hierbei handelt es sich um das „System der Sensibilität", ein Einheitskomplex, in dem Gefühle sukzessiv auftreten und einander ablösen können. Dieser Einheitskomplex wird später fortbestimmt zum Leib als Träger einer endlichen Menge möglicher Empfindungen.[190] Das Argument

---

[190] Zur Deduktion des Leibes siehe Abschnitt 6.3.1.3.

besagt, dass eine bloße Mannigfaltigkeit an Gefühlen, welche in kontingenter Abfolge im Ich gegeben ist, nicht möglich wäre, wenn nicht zugleich ein Einheitspunkt dieser Gefühle angenommen werden würde. Ansonsten läge ein bloßer Wechsel im Ich vor, welcher die Einheit des fühlenden Ich aufzuheben drohte. Denn im *bloßen* Wechsel der Gefühle wäre das Ich als einige, fühlende Instanz aufgehoben. Fichte behauptet als Lösung für dieses Problem, dass ein besonderes Gefühl nur dann gegeben sein kann, wenn zugleich ein System bzw. eine Totalität besonderer, bloß möglicher Gefühle vorausgesetzt ist, welche sich einzeln instantiieren können. Denn die Einheit des Ich im Wechsel der Gefühle kann nur dann gewahrt werden und die Wahrnehmung eines Wechsels von verschiedenen Gefühlen ist überhaupt erst dann möglich, wenn es im Ich etwas Bleibendes gibt, vor dessen Hintergrund der Wechsel geschieht. Da es sich hier um einen Wechsel von Gefühlen handelt, muss dieses Bleibende eine vorauszusetzende Ordnung von Gefühlen sein, im Sinne eines Rahmens, in dem sich der Wechsel vollzieht. Das System der Sensibilität erfüllt damit erneut die Funktion eines Bestimmbaren, welches vorauszusetzen ist, wenn ein Bestimmtes, in diesem Fall ein bestimmtes Gefühl, im Ich vorkommt. Es handelt sich dabei jedoch nicht um ein völlig unbestimmtes Bestimmbares, sondern um ein Vermögen zur Realisierung bestimmter Gefühle, wobei aus diesem System nicht zugleich abgeleitet werden kann, welche konkreten Gefühle wann instantiiert werden. Damit ist das System der Sensibilität ein noch unbestimmter Hintergrund für den Wechsel der Gefühle, nicht aber ein Gefühl selbst. Es ist ein Hintergrund, der angenommen werden muss, sobald eine Mannigfaltigkeit von Gefühlen in das Bewusstsein tritt.

Wenn Gefühle nur als mannigfaltige und im kontingenten Wechsel im Bewusstsein vorkommen können, ist gleichzeitig die reale Tätigkeit, welche sich gegen die Einschränkung behauptet, als eine mannigfaltige zu konzipieren (Wlnm-K GA IV,3, 369f. / 59f). Besondere, gefühlte Einschränkungen stehen damit in einer Wechselbestimmung zu besonderen Akten der Selbstbestimmung. Hier wird der Übergang zwischen dem bloßen Akt der Selbstbestimmung einerseits und dessen Manifestation in besonderen, empirischen

Handlungen andererseits benannt.[191] Dabei ist der Akt der Selbstbestimmung als etwas Allgemeines zu verstehen, das sich struktur-
gleich in Wiederholung vollzieht. Unter der Voraussetzung besonderer, wechselnder Gefühle spezifiziert sich die Selbstbestimmung
dabei jedoch zugleich zu besonderen, empirischen Handlungen,
wobei das bloße Selbstbestimmen des Ich als Grund der besonderen Handlungen anzusehen ist. Hier liegt eine Vertiefung des Ansatzes der *Grundlage* vor, in der es Fichte abschließend nicht gelingt,
die Möglichkeit einer empirischen Handlung gegen den beschränkenden Widerstand im Gefühl zu thematisieren.[192] Die oben genannte Spezifikation wird dadurch nötig, dass das tätige Ich seine
Freiheit nur gegen und damit in Beziehung auf mannigfaltige Gefühle der Beschränkung behaupten kann. Die empirische Handlung
setzt dabei zwar einen ursprünglichen Akt der Selbstbestimmung
begründungslogisch voraus, gleichwohl erklärt sich das konkrete
Bewusstsein der Selbstbestimmung nur aus dem Bewusstsein besonderer empirischer Handlungen.[193] Für das konkrete Bewusstsein
gilt mithin, dass es sich seiner selbst als tätiges Wesen nur im

---

[191] „Die Freiheit ist absolute Selbstaffection und weiter nichts, sie ist ‹aber›
kein Mannigfaltiges, also auch nicht anschaubar. Hier soll aber ein Product
derselben anschaubar sein, sie soll also mittelbar anschaubar sein; dieß ist
nur unter der Bedingung möglich[,] daß mehrere Selbstaffectionen gesetzt
werde, die als Mehrere nur unterscheidbar wären, durch das Mannigfaltige
des Widerstandes, der ihnen entgegengesetzt würde, aber ein Widerstand
ist nichts ohne Thätigkeit, und in wiefern er überwunden wird[,] kommt er
ins ich [...]" (Wlnm-K GA IV, 3, 369 / NKr. 59).

[192] Vgl. Abschnitt 2.6.

[193] Fichte unterscheidet in den §§ 4–6 nicht durchgehend klar zwischen
den Bedingungen der Möglichkeit des Entwurfs des Zwecks der Selbstbestimmung und den Bedingungen der Möglichkeit der Reflexion auf denselben im endlichen Bewusstsein. Erst durch diese Konfusion lässt sich der
Gedanke entwickeln, dass der Entwurf des Zwecks der Selbstbestimmung
überhaupt auf dem Gefühl der Beschränkung und damit auf dem Bewusstsein einer beschränkenden Außenwelt beruht. Wie bereits mehrfach erwähnt, wird er sich dagegen ab § 13 darum bemühen, dass Gefühl der Beschränkung und das Außenweltbewusstsein aus dem Bewusstsein des
Zwecks der Selbstbestimmung bzw. dem reinen Willen abzuleiten, vgl.
Kapitel 6.

Zusammenhang mit empirisch gegebenen Beschränkungen bewusst wird, die es in besonderen, auf die jeweilige Beschränkung
angepassten Akten zu überwinden gilt. Zentral ist hier der Gedanke, dass ein dynamisches und nicht ein statisches Verhältnis
zwischen dem jeweils besonderen Akt der Selbstbestimmung und
der Sphäre des einschränkenden Mannigfaltigen angenommen werden muss. Das zunächst allgemein sich selbst bestimmende Ich
muss sich nämlich angesichts wechselnder, besonderer Gefühle zu
jeweils verschiedenen, besonderen Handlungen bestimmen, welche
die gefühlten Einschränkungen aufheben sollen. Wird zum Beispiel
ein einschränkendes Gefühl als schmerzhaft empfunden, ist wiederum ein besonderer Akt vonnöten, mit dem dieser Schmerz zu beheben ist. Diese Dynamik ist hier also temporal zu verstehen, auch
wenn Fichte an dieser Stelle die Sukzession der Zeit im Bewusstsein
noch nicht abgeleitet hat.[194]

Dem bloßen Akt der Selbstbestimmung und der besonderen
empirischen Handlung korrespondieren ferner zwei verschiedene
Zweckbegriffe, die Fichte in der Darstellung leider nicht durchgehend deutlich auseinanderhält. Zum einen gibt es den prioritären
Zweck der Selbstbestimmung überhaupt, dessen ideale Erfassung
jeden realen Tätigkeitsvollzug begleiten muss. Zum anderen gibt es
Zweckbegriffe, bezogen auf eine Mannigfaltigkeit empirischer
Handlungen. Wie noch näher zu erläutern ist, erscheint die empirische Außenwelt dabei einerseits als Einschränkung der Tätigkeit
des Ich, andererseits aber auch als das Material für den Entwurf
besonderer Zweckbegriffe, welche gewählt werden müssen, um
diese Einschränkung zu überwinden. Die Wahl des Zwecks reiner
Selbstbestimmung kann dabei nicht die empirische Außenwelt als
zugrundeliegendes Material voraussetzen, da er dann selbst ein empirischer und kein höchster Zweck wäre. Gleichwohl gilt für das
endliche Selbstbewusstsein, dass eine Reflexion auf diesen höchsten Zweck nur dann erfolgt, wenn das Ich in eine beschränkende
Außenwelt und in besondere Handlungskontexte eingelassen ist.[195]

---

[194] Vgl. zur Ableitung des Zeitbewusstseins Abschnitt 6.2.5.
[195] Diese Unterscheidung ergibt sich deutlich allerdings erst in § 13 der
Wissenschaftslehre nova methodo, vgl. Kapitel 5.

4.4 Gefühl und Außenweltbewusstsein (§§ 7, 8)

Es wurde bereits mehrfach erwähnt, dass das Bewusstsein einer anschaubaren Außenwelt nur dadurch möglich ist, dass das Ich seine Tätigkeit beschränkt fühlt. Eine genaue Analyse der Bedingungen des Außenweltbewusstseins wird in Abschnitt 6.3 erfolgen. An dieser Stelle sollen daher in knapper Form Fichtes Überlegungen zur Frage dargelegt werden, wie das Verhältnis zwischen dem Gefühl der Beschränktheit und der Anschauung der Außenwelt allgemein zu denken ist.

Die zentrale Überlegung ist hier, dass die äußere Anschauung als eine weitere Bedingung der Möglichkeit des Zweckentwurfs zu begreifen ist.[196] Das Gefühl bietet zwar das zugrundeliegende Material des Zweckentwurfs, ist zur Erklärung desselben jedoch nicht hinreichend. Denn das Gefühl als solches ist noch nicht das Objekt einer reflektierenden Tätigkeit, sondern ein rudimentäres Bewusstsein des Zustands der beschränkten Tätigkeit. Damit das Gefühl überhaupt zum Material eines Zweckentwurfs wird, muss es möglich sein, dass das Ich auf dasselbe reflektiert. Um als Material des Zweckentwurfs zu fungieren, muss es zunächst zum Objekt des Zweckentwurfs werden. Das Ich kann erst dann auf ein Material für den Zweckentwurf zurückgreifen, wenn es aus der Einheit des Gefühls herausgegangen ist (Wlnm-K GA IV,3, 385f. / 78). Das bedeutet, dass das ideal tätige Ich sich zugleich aus dem Zustand des Gefühls ‚befreien‘ können muss.

Aus diesem Akt der Reflexion auf die Realität des Gefühls erklärt sich allgemein der Gegensatz zwischen der idealen Tätigkeit in Anschauung und Begriff einerseits sowie dem Gefühl und dem angeschauten Objekt andererseits. Für die Erklärung der Möglichkeit des Herausgehens aus dem Gefühl durch Reflexion bzw. der

---

[196] Wie die Präzisierungen in § 13 zeigen, steht nicht der Entwurf des Zwecks der Selbstbestimmung, sondern der Entwurf empirischer Handlungszwecke in einer Wechselbestimmung mit dem empirischen Außenweltbewusstsein. Nicht der ursprüngliche Entwurf des Zwecks der Selbstbestimmung setzt ein Außenweltbewusstsein voraus, sondern bloß die bewusste Reflexion auf diese Selbstbestimmung im konkreten Bewusstsein, vgl. hier Abschnitt 5.5.

Etablierung des genannten Gegensatzes lassen sich nach Fichte keine weiteren Gründe anführen. Er ist der Auffassung, dass dieser Akt des Losreißens auf einer „absolute[n] Tätigkeit" des Ich beruht, was aber zugleich bedeutet, dass er mit absoluter Spontaneität erfolgt und letztlich aus keiner vorauszusetzenden Tätigkeit erklärt werden kann (Wlnm-K GA IV,3, 386 / 79). Es ist also ein Akt absoluter Freiheit, mit der die Reflexion geschieht, wie bereits aus den Ausführungen zu den vorangegangenen Paragraphen deutlich wurde.[197]

Das, was die freie, ideale Tätigkeit sich infolge des Gefühls der Beschränktheit als Objekt entgegensetzt, ist dabei noch kein einzelnes oder gar begriffenes Objekt – es muss vielmehr begriffen werden als eine Sphäre, welche die ideale Tätigkeit als ein unmittelbar

---

[197] Diese Auffassung, dass es sich bei der idealen Tätigkeit um eine absolute Tätigkeit handelt, steht jedoch mit zwei weiteren Erläuterungen Fichtes in einem Spannungsverhältnis. Denn erstens wird nicht klar, warum Fichte sich dennoch genötigt sieht, diesen absoluten Akt der Reflexion durch ein vorauszusetzendes Prinzip zu erklären, nämlich durch einen „Triebe zur REFLEXION, auch Trieb nach einem Objecte, oder Sachtrieb [genannt]" (Wlnm-K GA IV, 3, 386 / 79). Inwiefern kann es sich bei der idealen Tätigkeit um eine absolute Tätigkeit handeln, die voraussetzungslos ist, wenn ihr gleichwohl ein weiterer Trieb vorauszusetzen ist? Das Theorem eines Reflexions- und eines Objektriebs hat Fichte bereits in der *Grundlage* formuliert. In der *Grundlage* liegt das weitere Problem vor, dass Fichte diesen Reflexions- und Objekttrieb dem absoluten Ich selbst zuschreiben muss, was sich als eine wesentliche Inkonsistenz dieses Systementwurfs erweist, vgl. insb. Abschnitt 2.4. In der *Wissenschaftslehre nova methodo* scheint die Zuschreibung der Triebhaftigkeit zwar auf das endliche Ich beschränkt, doch auch hier ist sie nicht kohärent mit der These von der Spontaneität der idealen Tätigkeit zu verbinden. Zweitens hält Fichte fest, dass sich die ideale Tätigkeit notwendigerweise äußern muss, wenn das Ich im Gefühl selbst seine Beschränktheit erfährt – so heißt es, dass die absolute Tätigkeit sich äußern muss, „sobald die Bedingung ihrer Möglichkeit eintritt, und dieß ist der Fall[,] wo die reale Thätigkeit gehemmt ist" (Wlnm-K GA IV, 3, 386 / 79). In dieser Formulierung erscheint es eher so, dass die Äußerung der idealen Tätigkeit bedingt und notwendig hervorgerufen wird durch die Hemmung der realen Tätigkeit, die im Gefühl auftritt. Wenn diese Bedingung jedoch vorauszusetzen ist, inwiefern kann es sich dann noch um eine absolute, freie Tätigkeit handeln?

Entgegengesetztes wahrnimmt. Fichte spricht davon, dass „in der Anschauung [...] mir etwas unmittelbar [vorschwebt]" (vgl. Wlnm-K GA IV,3, 390 / 83). Die Anschauung ist also gerade dadurch gekennzeichnet, dass, obwohl sie aktiv ein Objekt entgegensetzt, sie dieses Objekt als eine unmittelbare, nicht selbst produzierte Gegebenheit auffasst. Er führt diesbezüglich aus, dass sich das Ich zunächst in jener Objektsphäre verliert. Dabei reflektiert es weder deutlich auf seine eigene setzende Leistung noch auf die besonderen Bestimmungen dieser Sphäre: „Dem Anschauen wird es so, nun kommt das Anschauen nicht zum Bewustsein, mithin ist das Object auf dem gem[einen] Gesichtspuncte unmittelbar da" (vgl. Wlnm-K GA IV,3, 390 / 83). Fichte spricht auch von einem „unbegreiflichen Etwas ohne Beziehung auf uns" – damit kann in diesem Kontext nicht gemeint sein, dass es keinerlei Beziehung der Objektsphäre auf das Ich gibt, da sie schließlich angeschaut wird, sondern bloß, dass im Modus der bloßen Anschauung die Beziehung als solche nicht reflektiert wird. Bei der (vermeintlich) unmittelbaren Beziehung der Anschauung auf das Objekt wird also weder bewusst reflektiert, dass das Objekt ein äußerlich Affizierendes ist, noch dass das Objekt der Anschauung erst in der Anschauung gesetzt wird (vgl. Wlnm-K GA IV,3, 390 / 83).

Das Gefühl als dieser Zustand der Beschränktheit wird zum Objekt einer sich losreißenden idealen Tätigkeit. In Fichtes Darstellung wird für die ideale Tätigkeit das Gefühl zum Objekt in der Anschauung, mithin zu einem „Object [...] auser mir" (Wlnm-K GA IV,3, 388 / 81). Dabei ist jedoch präzisierend hinzuzufügen, dass das Gefühl selbst nicht Objekt der Anschauung wird, sondern dass vielmehr aufgrund der Beschränktheit des Ich durch ideale Tätigkeit ein beschränkendes Objekt gesetzt wird. Das Gefühl der Beschränkung und die Anschauung eines beschränkenden Objekts sind damit nicht ein und dasselbe, sondern stehen in einem Bedingungsverhältnis. Fichte erklärt damit das Gegebensein eines Objekts der Anschauung, welches als einer äußeren Welt zugehörig betrachtet wird, durch ein Setzen, das die ideale Tätigkeit als Reaktion auf die Beschränkung im Gefühl vornimmt. Denn indem das Gefühl in den Gegensatz zur freien Tätigkeit des Ich gesetzt wird, muss sich die ideale Tätigkeit das Objekt als Grund dieser Beschränkung entgegensetzen, welcher ihm selbst nicht angehört. Letztlich ist damit das Ich in der Anschauung des Objekts bloß auf sich selbst bezogen – mit diesem Gedanken möchte Fichte zugleich unterstreichen, dass in der Wissenschaftslehre keinerlei Bezugnahme auf ein schlechthin Äußeres gegenüber dem Ich angenommen werden muss, sondern dass sich vielmehr sämtliche Bewusstseinsvollzüge immanent aus dem Ich erklären lassen. Wie bereits gezeigt wurde, gilt dies bloß für den konkret gegebenen Inhalt des Bewusstseins, nicht aber für sämtliche Bedingungen für Selbstbewusstsein. Denn die Wahl eines Zweckbegriffs, welcher Bedingung der Möglichkeit des Selbstbewusstseins sein soll, setzt einen Wechsel und eine Mannigfaltigkeit von Gefühlen voraus, welche nicht aus dem bloßen Selbstverhältnis abgeleitet werden kann, sondern schlichtweg vorausgesetzt werden muss.

5 Das Problem der Zirkularität des Selbstbewusstseins und der Begriff des reinen Willens (§ 13)

Die folgenden Ausführungen stellen eine vertiefte Auseinandersetzung mit der bereits erarbeiteten Wechselbestimmung von idealer und realer Tätigkeit im Ich dar. Aus dieser Wechselbestimmung entwickelt Fichte zunächst das Vermögen des Gefühls als ideales Bewusstsein einer eingeschränkten realen Tätigkeit. Im Gefühl als Bewusstseinszustand setzen sich eine rudimentäre ideale Reflexion und eine eingeschränkte reale Tätigkeit gegenseitig voraus. Erst ausgehend vom Gefühl als Bewusstsein einer auf mannigfaltige Weise eingeschränkten Tätigkeit, so die bisherige Darstellung, kann das ideal tätige Ich den Zweck der Selbstbestimmung setzen sowie davon abgeleitete, empirische Handlungszwecke entwickeln. Das Gefühl gibt erst das Bewusstsein von verschiedenen Handlungsmöglichkeiten, derer sich das frei wählende Ich selbstbestimmt bedienen muss, um sich als ein Selbstbestimmtes zu begreifen. Ideale Tätigkeit hat hier erkennbar eine zweifache Funktion, nämlich erstens die Funktion des erkennenden Bezugs auf eine gegebene Realität und zweitens die Funktion des Entwurfs eines zu realisierenden Zwecks. Dadurch, dass das Gefühl erst die Realität für den

Zweckentwurf gibt, der seinerseits Bedingung der endlichen Selbstreflexion ist, sollte das Gefühl als Bedingung der Möglichkeit endlichen Selbstbewusstseins abgeleitet werden.

5.1 Der Zirkel im bisherigen Ansatz zur Erklärung des Selbstbewusstseins

Erst an später Stelle (§ 13) thematisiert Fichte explizit das Problem einer nicht statthaften zirkulären Erklärung des Selbstbewusstseins, die er bis dahin entwickelt hat. Im Folgenden muss daher auch geklärt werden, in welchem Verhältnis der Gedanke einer notwendigen Wechselbestimmung zweier Vermögen zu einer bloß zirkulären Erklärung derselben steht. Hier soll die These vertreten werden, dass Fichte zwischen einer notwendig zirkulären Erklärung im Aufweis einer Wechselbestimmung zweier Momente einerseits und einer fehlerhaften zirkulären Erklärung andererseits unterscheidet. Eine fehlerhafte zirkuläre Erklärung ist dann gegeben, wenn ein Moment des Bewusstseins aus einem anderen erklärt wird, ohne dabei explizit zu machen, dass auch das zur Erklärung vorausgesetzte, zweite Moment nur mit dem ersten Moment zusammen bestehen kann. Es ist erneut zu betonen, dass in der Wissenschaftslehre Zirkel nicht durchgehend vermieden werden sollen. Das Prinzip notwendiger Zirkularität wird vielmehr produktiv für die Bewusstseinstheorie genutzt.[198] Mit Blick auf das Verhältnis von

---

[198] Die hier vorgeschlagene Interpretation weicht in diesem Punkt von Zöller ab, der davon ausgeht, dass Fichte den Zirkel mit der Aufstellung des Begriffs des reinen Willens umgehen will. Die These der Zirkelvermeidung übersieht, dass im reinen Willen Freiheit und Beschränktheit einander notwendig, aber wechselseitig und damit zirkulär voraussetzen, vgl. Zöller 1998, 80. Auch Hanewald ist der Auffassung, dass aus dem Zirkel im Sinne einer Wechselbestimmung von Zweckentwurf und Beschränkung „herauszukommen" ist, Hanewald 2001, 264. Fichtes Affirmation des notwendigen Zirkels wird dagegen von Schwabe deutlich herausgearbeitet, vgl. Schwabe 2007, 515ff. Dass die notwendige Zirkularität im Ursprung des Selbstbewusstseins nicht mit der Entdeckung des reinen Willens in § 13 beseitigt sein kann, zeigt sich allein dadurch, dass Fichte an späterer Stelle

idealer und realer Tätigkeit konnte eine solche notwendige Zirkularität bereits festgestellt werden.[199]

In einem philosophischen System, in dem die Aufdeckung notwendiger Wechselvoraussetzung eine zentrale Rolle einnimmt, kann je nach kontextspezifischer Schwerpunktsetzung der Eindruck entstehen, dass auf eine nicht statthafte Weise zirkulär argumentiert wird. In § 13 erhebt Fichte den Vorwurf eines nicht statthaften Zirkels gegen seine eigene Argumentation. Die Funktion dieser Selbstkritik besteht darin, dass eine bis dahin nicht eingehend thematisierte Wechselbestimmung erstens als notwendig aufgezeigt und zweitens auf eine tiefere, begründende Wechselbestimmung zurückgeführt werden soll. Hierbei handelt es sich um die notwendige Wechselbestimmung von freier Tätigkeit und Beschränktheit, die sich in der Reflexion auf den „reinen Willen" zeigt. Die Lösung des nicht statthaften Zirkels wird dabei außerdem eine deutliche Hinsichtenunterscheidung zwischen dem Entwurf des Zwecks der Selbstbestimmung einerseits und dem Entwurf empirischer Handlungszwecke andererseits notwendig machen. Im Lichte dieser Unterscheidung ergeben sich jedoch auch Korrekturen der bisherigen Analyse der Bedingungen der Möglichkeit des Zwecks der Selbstbestimmung. So kann das Gefühl der Beschränktheit und das Bewusstsein der Außenwelt nicht länger als Grund der Möglichkeit des Zwecks der Selbstbestimmung zählen. Mit der Aufdeckung des Zirkels und der Fundierung desselben im Begriff des reinen Willens ist zugleich ein Wendepunkt in der Gedankenentwicklung der *Wissenschaftslehre nova methodo* erreicht. In den §§ 1–13 geht es darum, ausgehend von einer intuitiven Vergewisserung realer Tätigkeit durch das philosophierende Ich, die Bedingungen zu finden, unter denen dieses Selbstbewusstsein als möglich gedacht werden kann. Die Resultate dieser Untersuchung, so zeigt Fichte in § 13, enthalten dabei jedoch stellenweise nicht aufgewiesene, zirkuläre Erklärungen. Die Aufstellung des reinen Willens als letzter Grund des

---

(§ 17) gar einen „tieferen" Zirkel erkennt als denjenigen, den er in § 13 behandelt, vgl. Wlnm-K GA IV, 3, 479f. / 191, siehe dazu näher Abschnitt 6.2.

[199] Zum Begriff des notwendigen Zirkels in Fichtes Theorie des Selbstbewusstseins vgl. auch Schäfer 2006a, 222, insb. Anm. 172.

Selbstbewusstseins soll dieses Problem beheben. Nachdem der reine Wille in einem regressiven Verfahren als letzter Grund des Selbstbewusstseins ermittelt wurde, sollen dann wiederum in einem progressiven Verfahren die wesentlichen Aspekte des Selbst- und Weltbewusstseins abgeleitet werden (§§ 14–19). Hierzu zählen unter anderem das Bewusstsein des Ich als Individuum sowie das Bewusstsein einer organisch bestimmten Natur. Die komplexen Ableitungen, die Fichte in einer „fünffachen Synthesis" entwickelt, sind Gegenstand des folgenden Abschnitts.

Um diesen Gedankengang zu begreifen, muss zunächst erklärt werden, worin Fichte einen unstatthaften Zirkel in seiner bisherigen Argumentation erkennt: So erinnert er daran, dass das Bewusstsein der realen Tätigkeit auf der Bedingung des Entwurfs eines Zweckbegriffs dieser Tätigkeit beruht. Der Entwurf des Zweckbegriffs, so haben die Untersuchungen bisher ergeben, setzt dabei jedoch allgemein ein Gefühl der Beschränktheit voraus, welches für den Zweckentwurf die zugrunde liegende Realität darstellt. Dieses Gefühl der Beschränktheit muss dabei ein mannigfaltiges sein. Zugleich müssen den Gefühlen der Beschränktheit korrespondierende, beschränkende Objekte in der äußeren Anschauung gesetzt werden. Das bedeutet, dass der Zweckentwurf die fühlende und anschauende Kenntnis von äußeren Objekten voraussetzt. Fichtes Selbstkritik richtet sich auf diese einseitige Erklärung des Zweckentwurfs aus dem Gefühl der Beschränktheit und der Erkenntnis äußerer Objekte. Eine nicht statthafte, zirkuläre Erklärung des Selbstbewusstseins liegt dann vor, wenn die Möglichkeit des Zweckentwurfs einseitig aus dem Gefühl der Beschränktheit und aus der Anschauung äußerer Objekte erklärt wird.[200] Dass

---

[200] In der *Grundlage des Naturrechts* löst Fichte den Zirkel zwischen Freiheit und Beschränkung mit dem Theorem der Aufforderung durch ein äußeres, individuelles Vernunftsubjekt, vgl. GA I, 3, 340. Die Aufforderung ist einerseits als beschränkend konzipiert, dadurch, dass sie von außen an das Ich herangetragen wird, enthält aber auch einen Aspekt der Freiheit, insofern dem aufgeforderten Ich eine freie Selbstbestimmung angetragen und nicht bloß physischer Zwang verübt wird, vgl. Schäfer 2014, 43–51. Durch die Einführung des Prinzips des reinen Willens scheint Fichte also die in der *Grundlage des Naturrechts* entwickelte Theorie der Intersubjektivität in

stattdessen eine wechselseitige Voraussetzung zwischen Tätigkeits-
und Beschränktheitsbewusstsein angenommen werden muss, hebt
Fichte als erste Antwort auf seine Selbstkritik hervor. Um den Zirkel abzuwenden, muss außerdem zwischen dem Zweck der Selbstbestimmung und empirischen Handlungszwecken unterschieden
werden, was Fichte jedoch nicht in der gewünschten Deutlichkeit
tut. Das bedeutet aber auch, dass das Gefühl der Beschränktheit
und die Kenntnis von äußeren Objekten nicht die Bedingungen der
Möglichkeit des Entwurfs des Zwecks der Selbstbestimmung sein
können. Fichte muss sich hier also nachträglich korrigieren. Es
muss vielmehr das Bewusstsein eines Zwecks gefunden werden,
dessen Genese nicht auf der Wechselbestimmung mit einem Außenweltbewusstsein beruht.

Wie ist die Wechselbestimmung zwischen Zweckentwurf und
Gefühl der Beschränkung zu denken? Zunächst kann daran erinnert werden, dass im Gefühl bereits freie, ideale Tätigkeit und reale
Beschränktheit in Wechselbestimmung vereinigt sind. Das Gefühl
beschreibt ein rudimentäres, nicht deutlich reflektierendes Bewusstsein beschränkter, realer Tätigkeit. Fichte weist jedoch darauf
hin, dass das Bewusstsein eines angeschauten Objekts wiederum
das Bewusstsein des Ich als anschauendes und damit als zweckentwerfendes voraussetzt. Die bekannte Wechselbestimmung von idealer und realer Tätigkeit im Gefühl übersetzt sich in eine Wechselbestimmung von idealem Zweckentwurf und äußerer Objektanschauung im Fall des empirischen Bewusstseins. Das Ich muss sich
also bereits seiner selbst und damit seiner realen Tätigkeit bewusst
sein, um sich auf äußere Objekte zu beziehen. Diese Einsicht ist

der *Wissenschaftslehre nova methodo* auf ein tieferes Fundament zu stellen, vgl.
Stolzenberg 1995, 88. Wie wir sehen werden, kehrt sich dadurch aber auch
die Begründungsfolge um: Denn das Bewusstsein des reinen Willens wird
dann zum Ableitungsgrund äußerer, vernünftiger Einzelwesen, während
diese in der *Grundlage des Naturrechts* selbst der Ableitungsgrund für das Bewusstsein einer Aufforderung freier Selbstbestimmung waren. Insofern
weicht die hier vertretene Interpretation von Klotz ab, der behauptet, „daß
es [...] in Wirklichkeit nicht die These vom reinen Willen, sondern die Konzeption der Interpersonalität als ‚Aufforderung' ist, mit der die Zirkularität
der Darstellung überwunden wird [...].“, Klotz 2002, 159.

bereits im Wesentlichen vorbereitet in § 8, wo Fichte ausführlich darlegt, dass ein äußeres Objekt nur dann mit Bewusstsein ange- schaut werden kann, wenn das Ich sich dabei zugleich seiner selbst als anschauend bewusst ist, wobei das Bewusstsein dieser Anschau- ung wiederum im Begriff des Ich erfolgen muss.[201] Über diese Wechselbestimmung von Ich- und Objektanschauung hinausge- hend, bezieht Fichte in § 13 die Funktion des Zweckbegriffs und des Tätigkeitsbewusstseins mit ein und bestimmt die Wechselbe- stimmung von Ich- und Objektanschauung entsprechend fort:

Bewustsein des Handelns ist nur unter Bedingung der Freiheit möglich, dieß unter Bedingung eines Zwekbegriffs, dieser nur unter der Bedingung des Erkenntnißes vom Objecte, diese[s] aber nur unter Bedingung des Handelns. (Wlnm-K GA IV,3, 435 / 138)

Entscheidend ist nun, dass jener Zweckentwurf, der mit dem Be- wusstsein der empirischen Außenwelt in Wechselbestimmung steht, gleichsam selbst nur der Entwurf eines empirischen Hand- lungszwecks sein kann. Für das konkrete Bewusstsein gilt, dass es sich nur dann als handelnd weiß, wenn es durch eine empirisch ge- gebene Außenwelt begrenzt ist und umgekehrt, dass es nur dann von einer Begrenzung weiß, wenn es zugleich handelt.

5.2 Freiheit und Beschränktheit im reinen Willen

Fichtes Antwort auf den selbst gestellten Zirkeleinwand beschränkt sich jedoch nicht nur auf den Aufweis einer notwendigen Wechsel- bestimmung von empirischem Zweckentwurf und Gefühl der Be- schränktheit, um die einseitige und damit zirkuläre Ableitung des

---

[201] „Ich kann kein Ding auser mir bemerken, ohne mich selbst zu bemer- ken als bemerkend. Aber daß ich mich bemerke[,] hängt davon ab, daß ich ein Ding auser mir bermerke, weil ich dadurch beschränkt werde. Kein Ich ohne NichtIch und umgekehrt – Die Anschauung beider steht sonach in Wechselwirkung, eine ist nicht möglich ohne die andere [...]" (Wlnm-K GA IV, 3, 398 / 93). Zum Bewusstsein der Anschauung im Begriff vgl. Wlnm- K GA IV, 3, 402f. / 99.

Zweckentwurfs aus dem Gefühl der Beschränktheit und der empirischen Erkenntnis äußerer Objekte zu korrigieren. Vielmehr geht es darum, diese Wechselbestimmung ihrerseits tiefer zu begründen. Diese tiefere Begründung liefert Einsichten in die Anfangsgründe des endlichen Selbstbewusstseins. Sie ist zugleich die abschließende Gestalt der in den §§ 1–3 im Ansatz entwickelten Theorie der endlichen Reflexion auf die reine, selbstsetzende Tätigkeit des Ich. Das Bewusstsein einer reinen, selbstsetzenden Tätigkeit, welche dem endlichen Selbst- und Weltbezug zugrunde liegt, wird hier fortbestimmt zum Bewusstsein des reinen Willens. Das Bewusstsein des reinen Willens enthält nach Fichtes Verständnis die *ursprüngliche* Wechselbestimmung von freier Tätigkeit und Beschränkung, sodass die oben benannte Wechselbestimmung aus freiem Zweckentwurf und dem Gefühl der Beschränkung auf das Bewusstsein des reinen Willens zurückgeführt werden soll (vgl. Wlnm-K GA IV,3, 435f. / 138f).

Die Ableitung des reinen Willens setzt zunächst allgemein mit Bedingungen an, unter denen freie Tätigkeit und Beschränktheit als synthetisch vereinigt gedacht werden können, ohne einen direkten Widerspruch zu erzeugen. Der Ansatz ist dabei also zunächst hypothetisch.[202] Erst im Anschluss daran widmet Fichte sich der vermögenstheoretischen Frage, wie diese ursprüngliche Synthesis von Freiheit und Beschränktheit im endlichen Bewusstsein reflektiert werden kann. Dieser Aufweis der Erscheinung des reinen Willens im endlichen Bewusstsein soll dann zugleich dessen Realität verbürgen.[203]

---

[202] „Dieß reine Wollen soll hier noch nichts anderes bedeuten, als einen Erklärungsgrund des Bewustseins, als eine Hypothese, noch nicht als ein Object des Bewustseins; tiefer unten wird gezeigt werden, wie es in das Bewustsein hineinkommen [...]." (Wlnm-K GA IV, 3, 440 / 144).

[203] Vgl. hierzu Abschnitt 6.1. Insofern die progressive Ableitung des Selbst- und Weltbewusstseins aus dem reinen Willen erfolgt, soll dem Begriff des reinen Willens eine Realität gesichert werden, die über das bloß Hypothetische hinausgeht. Dies kann gegen Edith Düsing eingewendet werden, der im reinen Willen durchgehend etwas „einer Hypothese Ähnliches" sieht, E. Düsing 2005, 154f.

Die Überlegungen setzen zunächst beim Begriff der Freiheit selbst an. Zunächst ist daran zu erinnern, dass Freiheit aus der Perspektive eines endlich reflektierenden Bewusstseins als absolutes und spontanes Übergehen von einer vorauszusetzenden Bestimmbarkeit zur Bestimmtheit zu konzipieren ist. In dem Versuch, von allen endlichen Bestimmungen so weit wie möglich zu abstrahieren, kann Freiheit ebenso als die Absolutheit und Spontaneität des Übergehens selbst verstanden werden. Im synthetischen Verhältnis von Freiheit und Beschränktheit darf die Absolutheit und Spontaneität dieses Akts nicht aufgehoben werden, ohne Freiheit zunichtezumachen. Die einzige Möglichkeit, Freiheit und Beschränktheit zusammenzudenken, erkennt Fichte darin, dass nicht der Ursprung des Akts, sondern bloß das Resultat desselben auf eine gewisse Art bestimmt und damit beschränkt sein soll (Vgl. Wlnm-K GA IV,3, 437f./ Nkr. 140). In welchem Sinne kann das Resultat einer ursprünglich absolut freien Handlung zugleich als bestimmt gedacht werden, wobei gleichzeitig der Charakter der Freiheit auch im Resultat zu wahren ist? Das Resultat des absolut freien Akts, das als Bestimmtes gleichwohl freiheitskompatibel sein muss, ist für Fichte das bestimmte Bewusstsein der Freiheit selbst. Es geht also um Freiheit, insofern sie reflektiert wird.[204] Das bestimmte Bewusstsein der Freiheit stellt eine wirkliche Freiheit vor, die aus der möglichen, damit bestimmbaren Freiheit hervorgegangen ist. Es zeigt sich dabei, dass die Begriffe der Bestimmbarkeit und der Bestimmtheit hier je nach Perspektive verschieden zugeordnet werden können. Als das höchste Bestimmbare gilt dabei zwar durchgehend die freie, noch nicht konkret realisierte Tätigkeit als solche. Gleichzeitig ist die freie Selbstbestimmung für das reflektierende Bewusstsein aber nicht nur das Bestimmte, das aus der Bestimmbarkeit hervorgeht. Sie ist in anderer Hinsicht zugleich Bestimmbares: Schließlich kann das Ich auf eine mannigfaltige Weise Gebrauch von seiner Freiheit machen.[205] Die Selbstbestimmung, die bestimmt reflektiert

---

[204] Fichte spricht hier auch von einer „Bestimmtheit [...], die nur zur Freiheit paßt" (Wlnm-K GA IV, 3, 437 / 140).

[205] „Das was gegenwärtig das Bestimmte genannt wird[,] kann in anderer Rücksicht ja auch das bestimmbare sein" (Wlnm-K GA IV, 3, 438 / 141).

wird, ist gleichwohl bestimmbar für die Realisierung in verschiedenen Handlungen.

5.3 Der reine Wille in Anschauung und Begriff

Die Reflexion auf das Vermögen Selbstbestimmung, in der Freiheit und Beschränktheit synthetisch vereinigt sind, soll der Grund der Möglichkeit des Selbstbewusstseins sein. In einem begründlungslogischen Sinn stellt sie den „Anfang alles Bewustseins" dar (Wlnm-K GA IV,3, 438 / 141). In § 13 thematisiert Fichte anschließend, wie dieser Anfang des Selbstbewusstseins im endlichen Bewusstsein erscheinen kann. Fichte begreift jenes Vermögen, in dem Freiheit und Beschränktheit synthetisch vereinigt sind, als das Bewusstsein des reinen Willens. Die Ausführungen in § 13 knüpfen dabei an § 12 an, wo Fichte herausarbeitet, dass die Einheit des mannigfaltigen Wechsels der Gefühle im Bewusstsein nur dadurch möglich ist, dass die wechselnden Gefühle auf einen einigen Willen bezogen werden, der die Gefühle zugleich kausal bestimmt. In § 12 wird der Wille als Gegenbegriff zum Vermögen der Deliberation eingeführt. Deliberation ist dadurch ausgezeichnet, dass das Ich noch nicht auf eine bestimmte, auszuführende Handlung festgelegt ist, während im Willen das Ich sich selbst auf etwas Bestimmtes beschränkt (vgl. Wlnm-K GA IV,3, 423f. / 123f).[206] In der Deliberation reflektiert das Ich also auf verschiedene, mögliche Handlungszwecke, die es ergreifen könnte. Die Lehre vom reinen Willen, die Fichte in § 13 entwickelt, kann dabei auch als transzendentale Begründung des empirischen Willens verstanden werden, der in § 12 thematisiert wird.[207] Die Theorie des Bewusstseins des reinen Willens und die daraus abgeleiteten Bestimmungen des Selbst- und Weltbewusstseins werden umfassend in den §§ 17–19 entwickelt. Die Ausführungen in § 13 haben dabei hinführenden, wie erwähnt sogar zunächst hypothetischen Charakter. Die Frage nach dem Zusammenhang dieses höchsten Erklärungsgrundes des endlichen Bewusstseins mit dem konkreten

---

[206] Vgl. Zöller 1998, 79.
[207] Vgl.Schwabe 2007, 523.

Bewusstseinsvollzug wird hier noch nicht vollständig zu klären sein. Vielmehr geht es zunächst darum, allgemein und ansatzweise vermögenstheoretisch zu rekonstruieren, wie ein solcher Bezug denkbar sein könnte.

Fichte erläutert skizzenhaft, wie der reine Wille als Vermögen der Selbstbestimmung in den bereits bekannten Bewusstseinsmodi der Anschauung und des Begriffs sowie im Gefühl erscheint. Insofern der reine Wille Gegenstand des subjektiv-idealen Bewusstseins in Anschauung und Begriff ist, kann er als Gestalt der realen Tätigkeit begriffen werden. Das Bewusstsein des reinen Willens bezeichnet damit das ursprüngliche Bewusstsein realer Tätigkeit. Fichte knüpft also zunächst an die bereits entwickelten Kernelemente seiner Selbstbewusstseinstheorie an. Demnach gilt erstens, dass ein reflektiertes, deutliches Bewusstsein des reinen Willens erst im Denken gegeben ist. Soll der reine Wille im Bewusstsein erscheinen, muss das Ich sich im Begriff des reinen Willens selbst erkennen können. Das reflektierende Ich muss sich mithin aus dem Vermögen zur absoluten Selbstbestimmung begreifen, die jedoch zugleich beschränkt sein soll. Wie wir gesehen haben, ist im Fall einer höchsten Synthese von Freiheit und Beschränktheit dabei an eine Selbstbestimmung zu denken, die sich in einer gewissen Sphäre der Bestimmbarkeit zu realisieren hat.

Zweitens gilt, dass dem Begriff des reinen Willens eine Anschauung korrespondieren muss, die in diesem Fall nur die innere, intellektuelle Anschauung sein kann.[208] Fichte hält in diesem Zusammenhang weiter daran fest, dass jene intellektuelle Anschauung als unmittelbares Bewusstsein des reinen Willens niemals unbeschränkt im Bewusstsein vorkommen kann. Nach Fichtes Lehre muss intellektuelle Anschauung zwar im Bewusstsein ent-

---

[208] Schwabe sieht nicht, dass es Fichte tatsächlich um eine intellektuelle Anschauung des Wollens geht. Fichte spricht von „jenem Wollen, insofern es intellectuel angeschaut wird [...]" (Wlnm-K GA IV, 3, 439 / 142). Stattdessen ist Schwabe der Auffassung, dass Fichte in diesem Kontext intellektuelle Anschauung nur aufgrund ihrer „Verwandtschaft" mit dem reinen Willen thematisiert, sodass aus der Beschaffenheit der intellektuellen Anschauung die Beschaffenheit des reinen Willen antizipiert werden kann, vgl. Schwabe 2007, 525.

halten sein, eine deutliche Reflexion auf dieselbe ist jedoch nur im Begriff möglich.[209] Fichtes skizzenhafte Konzeption der intellektuellen Anschauung des reinen Wollens, die als solche nicht zum Bewusstsein kommt, aber dennoch angenommen werden muss, enthält in ihrer überlieferten Fassung einige klärungsbedürftige Probleme. Zuvor, etwa in § 1, wurde intellektuelle Anschauung als reines Tätigkeitsbewusstsein konzipiert, das als solches bloß äußerlich negativ bestimmt sein kann, nämlich in Abgrenzung zu anderen Vermögensleistungen des endlichen Bewusstseins. Intellektuelle Anschauung wird negativ von der fixierenden Erfassung im Begriff sowie von der äußeren Anschauung des Nicht-Ich unterschieden. Inhaltlich kann der intellektuellen Anschauung der reinen Tätigkeit jedoch kein bestimmtes Objekt zugesprochen werden, da sie das reine und unmittelbare Bewusstsein des Tätigkeitsvollzugs ist. Im Fall der intellektuellen Anschauung des reinen Wollens soll sie jedoch auf eine „Bestimmtheit" bezogen sein (Wlnm-K GA IV,3, 439 / 142). Diese Konzeption lässt sich nicht mit der zu Beginn entwickelten Lehre in Einklang bringen, nach der ein intellektuell Angeschautes nicht durch sich selbst, sondern erst im Begriff als eine Bestimmtheit im Bewusstsein erscheint. Ohne deutlichere Erklärung hält Fichte in § 13 fest, dass es sich bei der intellektuell angeschauten Bestimmtheit um den Willen selbst handeln muss, der als eine „kategorische Forderung" zur Selbstbestimmung bzw. als ein absolutes Sollen erscheint (vgl. Wlnm-K GA IV,3, 439 / 142). Kohärenter wäre es hingegen, die Erfassung der Aufforderung nicht in der Anschauung, sondern im Denken zu verorten. So ließe sich die Theorie des Bewusstseins des reinen Willens nahtlos an die Ausführungen aus § 1 anschließen: Demnach kommt im Bewusstsein ein intuitives Erfassen der bloßen Selbsttätigkeit vor, die zugleich auf den Begriff einer reinen Selbsttätigkeit gebracht werden kann. Im konkreten Bewusstseinsvollzug, der nicht bloß Tätigkeitsbewusstsein, sondern ein Bewusstsein mannigfaltiger Beschränkungen enthält, kann der Begriff der Selbstbestimmung zugleich als Aufforderung

---

[209] „Zuförderst kommt die intellectuelle Anschauung nicht unmittelbar vor, sondern sie wird in jedem Denkacte nur gedacht, sie ist das höchste im endlichen Wesen" (Wlnm-K GA IV, 3, 439 / 142).

zur permanenten Selbstbestimmung gegen die mannigfaltigen Beschränkungen verstanden werden. Das Bewusstsein des reinen Willens wäre demnach die begriffliche Erfassung der realen, selbstsetzenden Tätigkeit.

Wie wäre dabei der denkende Bezug auf das reine Wollen näher zu charakterisieren? Nach Fichte drückt das Wollen nicht selbst eine Handlung, sondern eine Forderung nach dem Vollzug einer Handlung aus. Im denkenden Bewusstsein des Wollens, das zugleich ein Denken der intellektuellen Anschauung des Wollens ist, bezieht das Ich sich also auf eine bestimmte Forderung zum Vollzug einer Tat. Im Gedanken dieser bestimmten Forderung bezieht sich das Ich auf den reinen Willen. Ohne dass sich diese Ausweisung in wünschenswerter Deutlichkeit im Text findet, ist davon auszugehen, dass Fichte diese kategorische Forderung bzw. den Begriff des reinen Willens als den Zweckbegriff bezeichnet, welcher in § 4 als Bedingung der Möglichkeit des Selbstbewusstseins aufgestellt wurde.[210] Es gilt weiterhin, dass sich eine Selbstbestimmung nur aus dem Entwurf eines Zweckbegriffs erklären lässt und außerdem nur dann zu Bewusstsein kommen kann, wenn sie mit Bewusstsein dieses Zwecks vollzogen ist. Im Zweckbegriff wird damit das gesuchte synthetische Prinzip vorgestellt, in dem Freiheit und Beschränktheit synthetisch vereinigt sind. Denn im reinen Willen ist der Gedanke einer freien Selbstbestimmung enthalten, die gegenüber allen anderen möglichen Tätigkeiten prioritär sein soll.[211] Die synthetische Vereinigung von Beschränktheit

---

[210] Daher formuliert es Klotz zu stark, wenn er sagt, dass dem reinen Willen „keine inhaltlich bestimmte Zwecksetzung" zugeordnet werden kann, Klotz 2002, 151. Zwar ist es richtig, dass der reine Wille keine bestimmten empirischen Zwecke verfolgt. Dadurch ist er aber inhaltlich nicht vollkommen unbestimmt. Schließlich enthält der reine Wille den höchsten, wenngleich auch allgemeinsten Zweck der Selbstbestimmung.

[211] So formuliert Klotz treffend: „Im Bewußtsein eines solchen Willens soll also die für den Bezug auf Gegenstände wesentliche Erfahrung, ‚beschränkt' zu sein, untrennbar sein vom Freiheitsbewußtsein. Die eigene Freiheit soll selbst den Charakter einer objektiven Instanz annehmen, die eine den eigenen Entscheidungen vorgängige Beschränktheit bedeutet.", Klotz 2002, 149.

und Freiheit im reinen Willen lässt sich auch folgendermaßen ausdrücken: Einerseits ist in dem Gedanken des reinen Willens eine
Bestimmtheit manifest, die dem reflektierenden Ich als ein Gegebenes erscheint, das nicht bloß von seinem Denken abhängt. Das
reine Wollen erscheint dem endlichen Ich als ein Aufgegebenes,
als etwas, das seine ideale Tätigkeit auffindet, nicht aber willkürlich produziert. Im Gedanken bzw. im Begriff des reinen Willens
erscheint jener Wille als ein Vorausgesetztes. Die Bestimmtheit
des Willens wird „nicht als frei sondern als nothwendig" gedacht
(Wlnm-K GA IV,3, 444 / 148). Es ist also hervorzuheben, dass
dem endlichen Ich der Entwurf dieses Zwecks nicht zu Bewusstsein kommt. Insofern das Ich auf den Zweck nur in seiner Bestimmtheit, das heißt als Resultat reflektiert, erscheint er aus einem prädeliberativen Willensakt hervorgegangen. Hier wird die
bereits angesprochene, notwendige Hinsichtenunterscheidung
zwischen dem Entwurf des Zwecks der Selbstbestimmung überhaupt und empirischen Handlungszwecken besonders deutlich.
Der deliberative Prozess der Wahl empirischer Handlungszwecke
kann nämlich bewusst nachvollzogen werden, die ursprüngliche
Wahl des Zwecks reiner Selbstbestimmung jedoch nicht. Hier
kommt dem endlichen Ich bloß das Resultat zu Bewusstsein. Die
in diesem Zweckbegriff erkannte Notwendigkeit ist dabei für das
endliche Ich durchgehend als eine normative Notwendigkeit zu
verstehen. Im Gedanken des reinen Willens ist die Forderung zu
einer Selbstbestimmung enthalten, d.h. im Begriff des reinen Willens ist die Forderung mitgedacht, jene Selbstbestimmung aus
Freiheit, d.h. absolut und spontan, zu ergreifen (vgl. Wlnm-K GA
IV,3, 444f. / Nkr. 149). Im Bewusstsein dieses höchsten Zwecks
ist damit der Zweck selbst noch nicht realisiert – vielmehr verweist das begriffliche, ideale Bewusstsein auf eine realiter zu vollziehende Handlung, die spontan geschehen muss. Dadurch liefert
die Theorie des reinen Willens auch die transzendentale Begründung des empirischen Zweckentwerfens und des empirischen
Wollens. Das Ich denkt sich im Begriff des reinen Willens als Bestimmungsgrund einer Mannigfaltigkeit von Gefühlen und Anschauungen. Die Einheit dieser Mannigfaltigkeit kann dabei nur
dadurch zu Bewusstsein kommen, dass das Ich sich selbst als

dasjenige versteht, das zum Handeln und zur Selbstbestimmung inmitten dieser Mannigfaltigkeit aufgefordert ist.[212]

Das Bewusstsein des reinen Willens im Begriff der Selbstbestimmung versteht Fichte zudem als Ursprung des Bewusstseins eines

---

[212] Die Parallelen zu Kants Lehre vom reinen Willen sind hier offenkundig, wenngleich auch wichtige Unterschiede zwischen beiden Willenstheorien beachtet werden müssen. Zum reinen Willen schreibt Kant in der *Kritik der praktischen Vernunft*: „Außer dem Verhältnisse aber, darin der Verstand zu Gegenständen (im theoretischen Erkenntnisse) steht, hat er auch eines zum Begehrungsvermögen, das darum der Wille heißt, und der reine Wille, sofern der reine Verstand (der in solchem Falle Vernunft heißt) durch die bloße Vorstellung eines Gesetzes praktisch ist. Die objective Realität eines reinen Willens oder, welches einerlei ist, einer reinen praktischen Vernunft ist im moralischen Gesetze a priori gleichsam durch ein Factum gegeben; denn so kann man eine Willensbestimmung nennen, die unvermeidlich ist, ob sie gleich nicht auf empirischen Principien beruht. Im Begriffe eines Willens aber ist der Begriff der Causalität schon enthalten, mithin in dem eines reinen Willens der Begriff einer Causalität mit Freiheit, d.i. die nicht nach Naturgesetzen bestimmbar, folglich keiner empirischen Anschauung als Beweises seiner Realität fähig ist, dennoch aber in dem reinen praktischen Gesetze a priori seine objective Realität, doch (wie leicht einzusehen) nicht zum Behufe des theoretischen, sondern blos praktischen Gebrauchs der Vernunft vollkommen rechtfertigt.", Kant, *Kritik der praktischen Vernunft*, AA V, 55. Die Konzeption des reinen Willens bei Fichte und Kant überschneidet sich dahingehend, dass ein reiner Wille in beiden Fällen nicht durch empirische Affektion bestimmt ist, sondern durch ein selbst gegebenes Gesetz, vgl. Radrizzani 1993, 149, Anm. 109. Die Kenntnis des Gesetzes des reinen Willens setzt damit keine Objekterkenntnis voraus. Das im reinen Willen enthaltene Gesetz wirkt bei Fichte wie bei Kant gegenüber der empirischen Willkür als einschränkend. Fichte erkennt im reinen Willen allerdings das Gesetz der Selbstbestimmung überhaupt. Dieses ist jedoch allgemeiner zu fassen als das Moralgesetz, welches der reine Wille nach Kant enthält, vgl. Anm. 126. Fichte sieht anders als Kant den reinen Willen jedoch als das Prinzip des Selbstbewusstseins überhaupt, aus dem Bewusstsein des reinen Willens soll die Möglichkeit des Selbstbezugs sowie das (theoretische) Bewusstsein der Außenwelt sowie die Möglichkeit moralischen Handelns erklärt werden, vgl. Abschnitt 6.1. Kant untersucht das Vermögen des reinen Willens nur mit Blick auf die Bedingungen moralischer Selbstbestimmung. Zum Verhältnis von Fichtes und Kants Begriff des reinen Willens vgl. ferner Klotz 2002, 151f.

reflektierenden Ich als Individuum.[213] In der Reflexion auf den Begriff des reinen Willens ist dieser dem Ich als etwas Bestimmtes gegenwärtig. In der Reflexion auf den bestimmten Begriff ist der reine Wille nicht länger nur ein Allgemeines; er erscheint als Wille eines bestimmten, reflektierenden Ich, das in diesem Sinne von Fichte als Individuum bezeichnet wird.[214] Wenn das Ich auf sich reflektiert als unter der Bestimmung eines reinen Willens stehend, schreibt sich das Ich selbst diesen reinen Willen zu. Durch diesen Zuschreibungsakt wird der reine Wille der Wille eines bestimmten Ich und damit zu einem besonderen Willen, der im Gegensatz gedacht werden kann zum reinen, bloß bestimmbaren Willen. In diesem bestimmten Bewusstsein ist jedoch das Bewusstsein des allgemeinen, reinen Willens nicht gänzlich getilgt. Denn die Reflexion, die eine Bestimmung des reinen Willens bedingt, bleibt mit dem allgemeinen, reinen Willen verknüpft. Der allgemeine, reine Wille bleibt in dieser Reflexion als notwendige Voraussetzung präsent, wenngleich der Akt der Wahl des bestimmten Zweckbegriffs dem endlich reflektierenden Bewusstsein verborgen bleiben muss. An diesem Punkt zeigt sich besonders deutlich, wie die Freiheit des Wollens mit der Beschränkung in der Erkenntnis des bestimmten Willens auf eine gleich zweifache Weise synthetisch verknüpft ist, wobei sich diese synthetische Verknüpfung als Wechselbestimmung der verknüpften Momente darstellt.

Das Ich kann sich damit nur dann als ein bestimmt wollendes Individuum begreifen, wenn es zugleich ein allgemeines Wollen voraussetzt, das seine Individualität transzendiert. Das voraus-gesetzte Bestimmbare, das reine Wollen, begreift Fichte auch als ein vorausgesetztes Objektives, wobei die Gültigkeit der

---

213 Zur Ableitung des Individualitätsbewusstseins aus dem reinen Willen vgl. Abschnitt 6.4.1.

214 „Das Ich ist Vernunft und bestimmte Vernunft. Das bestimmbare dazu ist alle Vernunft (Wesen meiner Gattung)[,] das bestimmte bin ich (und da ich mir eine Sphäre des Vernünftigen entgegensetze) Ich als IN-DIVDUUM" (Wlnm-K GA IV, 3, 444 / 148). Dieser Begriff des reflektierenden Individuums ist jedoch noch nicht der Begriff des raum-zeitlich bestimmten Individuums, da hier die empirischen Bestimmungen desselben noch nicht in Betracht kommen, vgl. hierzu Abschnitt 6.3.1.3.

Aufforderung zur Selbstbestimmung sich gerade aus jener Objektivität speist, die über das individuelle Bewusstsein hinausgeht (vgl. Wlnm-K GA IV,3, 467f. / 176f.).[215] Somit ist erstens die Freiheit des Wollens in ihrem allgemeinen Sinne als Bedingung der Möglichkeit der Erkenntnis im bestimmten Zweckbegriff vorausgesetzt. Das allgemeine und bestimmbare Wollen ist dabei in einem ganz anderen Sinne objektiv als die im empirischen Bewusstsein erscheinenden Gegenstände, die vorausgesetzt werden müssen für den Entwurf eines empirischen Handlungszwecks. Schließlich ist der bestimmbare reine Wille gedacht als das Fundament für die Möglichkeit des bestimmten Selbstbewusstseins, welches sich erst als Individuum auf empirische Objekte der Außenwelt beziehen kann. Das Bestimmbare, das dem Entwurf des Zwecks der Selbstbestimmung vorausliegt, so zeigt sich hier erneut, ist damit nicht das Bestimmbare, das ausgehend vom Gefühl der Beschränkung gesetzt wird.

Zudem setzt zweitens die Reflexion im bestimmten Begriff nicht nur ein reines, allgemeines und dabei noch mögliches Wollen, sondern ein bestimmtes, wirklich vollzogenes Wollen voraus: Denn das Ich kann sich nur dann im bestimmten Begriff erkennen, wenn das allgemeine Ich bereits *wirklich* zur Selbstbestimmung übergegangen ist. [216]

Das allgemein mögliche, aber auch das wirkliche Wollen können jedoch selbst wiederum in Abhängigkeit von einer idealen Reflexion gedacht werden. Schließlich kommt das allgemeine Wollen als Bestimmbares erst durch einen idealen Akt der Reflexion zum

---

[215] Aus diesem Gedanken wird Fichte die Lehre von der Objektivität moralischer Normen sowie die Notwendigkeit der Annahme anderer, individueller Vernunftwesen entwickeln, die ebenso wie das reflektierende Ich unter dem Gesetz des allgemeinen Willens steht, vgl. Abschnitt 6.5.1.

[216] So heißt es in der Zusammenfassung des § 16: „Diese Aufgabe sich selbst zu beschränken ist von einer Andern Seite angesehen Aufforderung zu einer freien Thaetigkeit [...] Aber es ist keine Bestimmung durch uns selbst, wenn sie nicht durch ein würkliches Wollen begleitet ist, es schliesst sonach das [/] Bewustsein eines würklichen WOllens an Jene Wahrnehmung einer Aufforderung zur Freiheit sich uanbtrennlich an" (Wlnm-K GA IV, 3, 469 / 178).

Bewusstsein. Zweitens lässt sich der wirkliche Vollzug der Selbstbestimmung nur so denken, dass er gemäß dem Zweckbegriff von
dieser Bestimmung vollzogen wird. Der reale, wirkliche Vollzug
muss damit notwendigerweise mit dem idealen Zweckentwurf einhergehen, wenngleich im Fall der Selbstbestimmung der Entwurf
selbst nicht zum endlichen Bewusstsein gelangt (vgl. Wlnm-K GA
IV,3, 476 / 175). Dennoch ist hier für Fichte jener Moment im Bewusstsein aufgewiesen, indem ein Wollen, sei es das reine oder das
bestimmte Wollen, synthetisch mit einer Erkenntnis im Begriff verbunden ist.

5.4 Das Bewusstsein des reinen Willens im Gefühl

Nachdem der Bezug auf den reinen Willen in intellektueller Anschauung und Begriff nachvollzogen wurde, muss abschließend
noch das Verhältnis von reinem Willen und Gefühl dargelegt werden, zumal das Gefühl auch ein kognitives Vermögen ist, auf das
alle Bewusstseinsinhalte in irgendeiner Form bezogen werden
muss. In der Beziehung von reinem Willen und Gefühl sieht Fichte
zugleich verbürgt, dass der reine Wille nicht ein bloß möglicher Begriff ist, sondern im Bewusstsein des Ich notwendig vorkommt. Er
argumentiert, dass der reine Wille im Gefühl aufweisbar ist, mithin,
dass er im Bewusstsein wirkt und nicht bloß willkürlich erdacht
ist.[217]
    Allgemein erscheint das Gefühl als Beschränkung des Triebs
bzw. der realen Tätigkeit. Wenn sich der reine Wille also im Bewusstsein äußern soll, dann muss er sich als eine Beschränkung des
Triebs äußern (vgl. Wlnm-K GA IV,3, 439f. / 143). Der reine Wille
als absolute Forderung zur Handlung muss also zugleich verstanden werden als eine Beschränkung des bloß undifferenzierten Strebens zur Handlung überhaupt. Entsprechend gilt, dass sich der
reine Wille in einem „Gefühl des Nichtdürfens" äußert (Wlnm-

---

[217] Da der reine Wille sich im Gefühl des Nichtdürfens äußerst, ist es auch
nicht so, dass er in keiner Weise im Bewusstsein vorkommt, wie Zöller
behauptet, vgl. Zöller 1998, 81.

K GA IV,3, 439 / 143).[218] Dem negativen Gefühl des Nichtdürfens korrespondiert dabei das begriffliche Bewusstsein einer positiven, absoluten Forderung zur Selbstbestimmung. Den Trieb, insofern er nicht bestimmt ist durch die absolute Forderung des reinen Willens, nennt Fichte auch die „Begierde". Die bloße Begierde bezeichnet einen Trieb zur Handlung, welche nicht durch bewusste Selbstbestimmung eingeschränkt ist. Diese Begierde, die als solche dem reinen Willen widerstreitet, ist gleichwohl ein integraler Bestandteil des endlichen Selbstbewusstseins: Denn ein Bewusstsein des reinen Willens im Gefühl des Sollens bzw. des Nichtdürfens ist überhaupt nur dann möglich, wenn es eine Begierde gibt, die es einzuschränken gilt (Wlnm-K GA IV,3, 441 / 144f.).

Das Gefühl der Beschränkung durch die absolute Forderung ist damit der Ort, an dem die kategorische Forderung des absoluten Wollens mit dem Bewusstsein bzw. dem Denken dieses Wollens

---

[218] Auch hier orientiert sich Fichte offensichtlich an Kant, nämlich an dessen Lehre vom moralischen Gefühl der Achtung. Dieses bestimmt Kant folgendermaßen: „Das Bewußtsein einer freien Unterwerfung des Willens unter das Gesetz doch als mit einem unvermeidlichen Zwange, der allen Neigungen, aber nur durch eigene Vernunft angethan wird, verbunden, ist nun die Achtung fürs Gesetz. Das Gesetz, was diese Achtung fordert und auch einflößt, ist, wie man sieht, kein anderes als das moralische (denn kein anderes schließt alle Neigungen von der Unmittelbarkeit ihres Einflusses auf den Willen aus). Die Handlung, die nach diesem Gesetz mit Ausschließung aller Bestimmungsgründe aus Neigung objectiv praktisch ist, heißt Pflicht, welche um dieser Ausschließung willen in ihrem Begriffe praktische Nöthigung, d.i. Bestimmung zu Handlungen, so ungerne, wie sie auch geschehen mögen, enthält.", KpV, AA V, 80. Es müssen dabei aber die Unterschiede zwischen dem Gefühl der Achtung bei Kant und dem Gefühl des Nichtdürfens bei Fichte beachtet werden: Nach Kant gilt das Gefühl der Achtung dem moralischen Gesetz und ist entsprechend bloß mit Blick auf Deliberation über die Maximen des handelnden Subjekts, also in Handlungssituationen relevant. Für Fichte hingegen, der im reinen Willen das Prinzip des Selbstbewusstseins überhaupt sieht, ist das Gefühl, zur Selbstbestimmung genötigt zu sein, mit jedem Akt des Ich verbunden, sei er ein Akt der theoretischen Kognition oder der praktischen Handlung.

vermittelt wird (vgl. Wlnm-K GA IV,3, 440 / 144).[219] Im Gefühl
des Nichtdürfens und des Sollens hat der reine Wille Realität für
das Bewusstsein, wodurch zugleich auszuschließen ist, dass es sich
um eine reine Einbildung des Denkens handelt.[220] Im Gefühl des
Nichtdürfens drückt sich zudem die synthetische Einheit von Freiheit und Beschränkung aus, da in ihm einerseits die Beschränkung
des bloßen Strebens, andererseits aber die absolute Selbstbestimmung zu einer bestimmten Handlung enthalten ist.

5.5 Resultat und Folgerung

Im reinen Willen wird der Zweck der Selbstbestimmung vorgestellt.
Dieser Zweck des reinen Willens muss dabei so gedacht werden,
dass er nicht aus einer Wahl möglicher, empirischer Handlungszwecke hervorgegangen ist. Der Zweck der reinen Selbstbestimmung,
die der reine Wille fordert, kann kein empirischer Handlungszweck
sein, weil empirische Handlungszwecke jederzeit bedingt, niemals
aber unbedingt gelten. Die Setzung des höchsten Zwecks der
Selbstbestimmung setzt also die Erkenntnis äußerer, beschränkender Objekte nicht voraus. Das Gefühl der Beschränktheit, welches
der Anschauung äußerer Objekte zugrunde liegt, kann daher nicht
als Ableitungsgrund für diesen Zweckentwurf dienen. In diesem
Sinne muss Fichte seine vorher entwickelte Position korrigieren, da
schließlich das Gefühl zuvor als ein solcher Ableitungsgrund

---

[219] Im Unterschied zu den Untersuchungen in § 5 der *Wissenschaftslehre nova
methodo* soll hier das Bewusstsein des reinen Willens im Zweckbegriff nicht
aus einem Gefühl abgeleitet werden, vielmehr wird hier gezeigt, dass sich
aus der Bestimmung des reinen Willens umgekehrt ein Gefühl ableiten
lässt.
[220] Im Gefühl des Nichtdürfens ist sich das Ich einer Aufforderung bewusst, die nicht aus seiner Individualität, sondern aus einem reinen, transindividuellen Ursprung abzuleiten ist. Wie Radrizzani richtig bemerkt,
weist die Lehre vom reinen Willen damit auf die Lehre der Intersubjektivität voraus, die Fichte in § 18 entwickelt, Radrizzani 1993, 151.

eingeführt wurde.[221] Trotz dieser Korrektur muss Fichtes Lehre des Gefühls nicht als hinfällig betrachtet werden. Die Resultate der Deduktion des Gefühls könnten vielmehr durch eine einfache Hinsichtenunterscheidung ihre Gültigkeit bewahren. So gilt es zu unterscheiden zwischen der Genese des Zwecks der Selbstbestimmung einerseits und den Bedingungen, unter denen dieser Zweck im endlichen Bewusstsein reflektiert werden kann, andererseits. Wie im folgenden Abschnitt näher zu untersuchen sein wird, konzipiert Fichte die Genese des Zwecks der Selbstbestimmung als eine Leistung der produktiven Einbildungskraft, die als solche jedoch nicht im endlichen Bewusstsein vorkommt und damit auch keine empirische Objekterkenntnis voraussetzen kann.[222] Der Zweck der Selbstbestimmung erscheint dem endlich-reflektierenden Ich als etwas Aufgegebenes, das gemäß seiner inhaltlichen Bestimmung nicht willkürlich gewählt ist. Der Zweck der Selbstbestimmung wird als objektiv gültig reflektiert.[223] Doch auch wenn der Zweck der Selbstbestimmung für das endliche Selbstbewusstsein als eine notwendige, nicht willkürlich wählbare Bestimmung erscheint, kann dennoch die bewusste Reflexion auf diese Bestimmung als eine Wahl verstanden werden, die das Bewusstsein anderer möglicher, dabei kontingenter Handlungen voraussetzt. Die Realität für diese kontingenten Handlungen ist erst durch das Gefühl einer mannigfaltigen Beschränkung gegeben, denen die Anschauung einer äußeren Objektwelt korrespondiert. Das konkrete Subjekt kann sich demnach den höchsten Zweck der Selbstbestimmung nur dann bewusst zu eigen machen, wenn es bereits in empirische Handlungskontexte eingelassen ist, wenngleich die reine Selbstbestimmung als solche kein empirischer Handlungszweck ist. In diesem Sinne stellen die empirischen Handlungszwecke und die Kenntnis der empirischen Außenwelt, welche mit der Wahl

---

[221] Wie wir gesehen haben, wird in § 5 die Ableitung des Gefühls als zugrundeliegende Realität des Zweckentwurfs gerade dadurch geleistet, dass das Gefühl als Bedingung dieses Zweckentwurfs herausgearbeitet wird, vgl. Abschnitt 4.3.

[222] Vgl. hier insb. Abschnitt 6.2.1.

[223] „Das Sollen oder das bestimmte reine Wollen, ist nach obigen selbst etwas objectives[. /]" (Wlnm-K GA IV, 3, 443 / 147).

empirischer Handlungszwecke in einer Wechselbeziehung steht, die *ratio cognoscendi* des höchsten Zwecks der Selbstbestimmung dar. Der reine Wille, dessen Zweck nur in dieser Selbstbestimmung steht, muss dann jedoch als *ratio essendi* sowohl des empirischen Bewusstseins als auch der empirischen Handlungen gelten. Im reinen Willen ist die höchste denkbare Synthesis zwischen Freiheit und Beschränkung enthalten, aus welcher dann die notwendige Wechselbestimmung zwischen empirischem Zweckentwurf und empirischer Objekterkenntnis abzuleiten ist. Dieser Unterscheidung zwischen Erkenntnis- und Ableitungsgrund bezüglich empirischen Handlungszwecken und dem höchsten Zweck der Selbstbestimmung entspricht auch dem Aufbau der *Wissenschaftslehre nova methodo*. Wie wir gesehen haben, geht Fichte aus von der Reflexion eines philosophierenden Ich auf die gegebenen Inhalte seines Bewusstseins, um davon ausgehend in einem regressiven Verfahren die Bedingungen der Möglichkeiten dieser Selbstreflexion zu untersuchen. Nachdem durch dieses Verfahren der reine Wille als letzter Grund des Selbstbewusstseins aufgewiesen wurde, dreht Fichte im Folgenden entsprechend die Ableitungsfolge um. Von nun an (§§ 13–19) sollen nämlich die Inhalte des Selbst- und des Weltbewusstseins, zu denen u.a. das Selbstbewusstsein als individuelles Subjekt unter moralischen Gesetzen sowie eine organisch verfasste Natur stehen, aus dem Begriff des reinen Willens abgeleitet werden. Eine wesentliche Aufgabe besteht dabei darin, die Vermittlung des Prinzips des reinen Willens, das zunächst als eine Hypothese zur Lösung des genannten Zirkels eingeführt wurde, genetisch zu entwickeln.

Das Prinzip des reinen Willens, in dem sich die kategorische Forderung zur Selbstbestimmung ausdrückt, fungiert für Fichte als das Prinzip des Selbstbewusstseins überhaupt, nicht bloß als Prinzip praktischer bzw. moralischer Selbstbestimmung für mögliche Handlungen. Das Prinzip praktischer Selbstbestimmung ist damit auch das Prinzip theoretischer Erkenntnis.[224] Schließlich drückt

---

[224] „Das reine Wollen ist der kategor[ische]. Imperativ; es wird aber hier nicht so gebraucht, sondern nur zur Erklärung des Bewustseins überhaupt. Kant braucht den kategorischen Imperativ nur zur Erklärung des Bewustseins der Pflicht." (Wlnm-K GA IV, 3, 440 / 143). Freilich ist die

sich im reinen Willen eine Wechselbestimmung von Freiheit und Beschränktheit aus, die der Wechselbestimmung aus empirischem Zweckentwerfen und Außenweltbewusstsein zugrunde liegt. Aus dieser Wechselbestimmung ist wiederum die empirische Objekterkenntnis abzuleiten. Die genetische Entwicklung der Selbst- und Welterkenntnis aus diesem Prinzip soll im folgenden Abschnitt detailliert untersucht werden. Vorab sind jedoch einige Bemerkungen zur Tragweite dieser These und zur Einordnung von Fichtes eigener Gestalt der Transzendentalphilosophie sinnvoll.

Zunächst ist daran zu erinnern, dass hier ein weit gefasster Begriff von Selbstbestimmung vorliegt – praktische Selbstbestimmung in empirischen Handlungskontexten ist dabei nur ein besonderer Fall einer allgemeinen Selbstbestimmung. Der Begriff Selbstbestimmung bezieht sich auf sämtliche Akte, die das Ich aktiv und mit Bewusstsein vollzieht, wozu auch sämtliche kognitive Tätigkeiten zählen, die in der theoretischen Erkenntnis relevant sind, etwa das äußere Anschauen, Urteilen, Schließen oder Abwägen. Was bedeutet es nun, dass sowohl das theoretische Erkennen als auch der praktische Umgang mit empirischen Objekten auf das Bewusstsein reiner Selbstbestimmung zu beziehen sind, die zugleich eine

Aufforderung zur Selbstbestimmung nicht der kategorische Imperativ, den Kant aufdeckt, zumal dieser konkreter formuliert ist als die bloße Aufforderung zur Selbstbestimmung. Der Zusammenhang zwischen dem Gesetz der Selbstbestimmung und dem kategorischen Imperativ in kantischer Prägung skizziert Fichte in prägnanter Form im zweiten Teil des Systems der Sittenlehre. Hier hält er fest, dass die im Selbstbewusstsein aufgewiesene Tendenz zur Selbstbestimmung erst dazu „treibt", einen kategorischen Imperativ zu bilden (SL GA I, 5, 155 / SW IV, 155). Dies kann so interpretiert werden, dass sich das endliche Bewusstsein erst ausgehend von der Aufforderung zu unbedingten, autonomen Handlungen dazu entschließt, seine konkreten Handlungen nach einer sinnlich unbedingten und selbstgesetzten Regel zu bestimmen. Sinnlich unbedingt kann eine Handlung für das endliche, dem Empirischen verhaftete Ich nur dann sein, wenn ihre Maxime sich zugleich zu einem Prinzip einer allgemeinen Gesetzgebung qualifizieren kann. Fichte leitet aus dem bestimmten Bewusstsein einer Aufgabe zur freien Selbstbestimmung das moralische Gesetz, das für alle vernünftigen Wesen verbindlich ist, also zuallererst ab; vgl. hierzu die Ausführungen des Verf., N Bickmann 2021.

Aufforderung für das reflektierende Ich darstellt? Inwiefern setzt
das theoretische Erkennen eine mögliche Reflexion auf ein begrün-
dendes „Ich soll" voraus? Im Prinzip des reinen Willens ist der Gedanke ausgedrückt, dass das reflektierende Ich unaufhebbar und
unvertretbar darauf restringiert ist, in seinem Bewusstsein selbst tätig zu sein. Das bedeutet für die theoretische Erkenntnis, dass alles,
was im Bewusstsein vorkommt, zugleich *für* das Ich sein muss, was
aber auch bedeutet, dass das Ich sich diese Inhalte zu eigen machen
muss. Solange das Ich bei Bewusstsein ist, muss es der Forderung
des aktiven Zu-Eigenmachens dieser Inhalte entweder schon nach-
gekommen sein oder aber eine deutliche, bewusste Reflexion auf
dieselben vornehmen, um sie etwa im Begriff zu erkennen. Für eine
genauere Erkenntnis derselben ist also abermals eine Selbstbestimmung notwendig. Kants ‚Ich denke' wäre damit ein besonderer Fall
des Prinzips der zu vollziehenden Selbstbestimmung, ohne welche
das Bewusstsein nicht möglich wäre. Das bedeutet jedoch nicht –
und hier besteht eine Analogie zu Kants ‚Ich denke', – dass das
Bewusstsein des Zwecks der Selbstbestimmung notwendig in jedem bewussten Akt reflektiert werden muss. Schließlich kann ein
konkretes Subjekt handeln und denken, ohne dass es sich auf sich
als ein Selbstbestimmtes oder gar auf sich als ein Sollendes bezieht.
Es ist jedoch so, dass dies jederzeit *möglich* sein muss. Wenn das Ich
sich ein Objekt theoretisch oder eine Handlung praktisch zu eigen
macht, muss es ein Bewusstsein dieses jeweils selbstbestimmten
Akts geben können. Nur im Bewusstsein der Selbstbestimmung
kann das Ich diesen Akt auf sich beziehen. Entscheidend ist nun,
dass die Selbstbestimmung nicht bloß als intuitiv erfassbares Faktum, sondern auch als Norm bzw. als Aufforderung zu verstehen
ist. Denn schließlich ist es die Bedingung aller weiteren, zukünftigen
Tätigkeiten des Ich, dass es Selbstbestimmung vollzieht.

Fichte argumentiert, dass eine Reflexion auf den reinen Willen und
damit auf den Begriff und die Aufforderung reiner Selbstbestimmung
die Bedingung der Möglichkeit endlichen Selbstbewusstseins darstellt. Die fünffache Synthesis, die den systematischen Kern der *Wissenschaftslehre nova methodo* ausmacht und Gegenstand des folgenden
Abschnitts ist, leitet die Bedingungen ab, unter denen dieser Begriff
reiner Selbstbestimmung in einem endlichen Bewusstsein reflektiert

werden kann. Hierzu zählen unter anderem die Vorstellung einer
einschränkenden Objektwelt, die Vorstellung des Ich als Leib sowie
die Vorstellung einer allgemeinen gesetzgebenden Vernunft sowie
einer Pluralität von endlichen Vernunftwesen, mit denen das reflektierende Subjekt interagiert. Mit dem Prinzip des reinen Willens
scheint Fichte ähnlich wie in der *Grundlage* für einen uneingeschränkten Primat der praktischen Ich-Vermögen zu argumentieren und zu behaupten, dass sämtliche theoretische Funktionen einer praktischen Funktion untergeordnet sind. Die These vom Primat des Praktischen ist hier jedoch differenzierter zu betrachten.
Es ist einerseits zutreffend, dass Fichte auch in der *Wissenschaftslehre
nova methodo* darum bestrebt ist, die Möglichkeit freier, moralischer
Selbstbestimmung dadurch zu erweisen, dass das Prinzip, das der
moralischen Selbstbestimmung zugrunde liegt, auch als Bedingung
der Möglichkeit einer theoretischen Objekterkenntnis aufgewiesen
wird. Damit soll gezeigt werden, dass es unmöglich ist, mit den Mitteln der theoretischen Vernunft die Wirklichkeit der praktischen
Vernunft zu widerlegen. Es werden jedoch deutliche Unterschiede
zwischen beiden Systementwürfen erkennbar: Denn erstens behauptet Fichte in der *Wissenschaftslehre nova methodo* nicht, dass das
absolute Ich der Tathandlung selbst als triebhaft und praktisch bestimmt zu denken ist, worin in der *Grundlage* die These vom durchgehenden Primat der praktischen Vermögen des Ich gründet.
Triebhaftigkeit wird in der *Wissenschaftslehre nova methodo* nicht dem
absoluten Ich an sich zugeschrieben. Nur für ein endliches, reflexives Ich erscheint die ursprünglich einfache und irreflexive Setzung
der eigenen Tätigkeit als ein Trieb, da diese Tätigkeit nur unter den
Bedingungen der Endlichkeit begrenzt ist und nach Aufhebung dieser Begrenzung streben kann. Die Differenz zwischen einer idealen
und einer realen Tätigkeit tritt daher erst im endlichen, nicht aber
im absoluten Ich auf. Der Begriff des reinen Willens enthält eine
Aufforderung zur Selbstbestimmung, welche sowohl in den Akten
der theoretischen Erkenntnis als auch in der praktischen Willensbestimmung zu vollziehen ist. Die geforderte Selbstbestimmung ist
damit weder theoretisch noch praktisch in einem engeren Sinne
und beweist damit ihre Abkunft aus dem absoluten Ich, das als
reine Tätigkeit ebenfalls weder theoretisch noch praktisch ist.

Um das Zustandekommen des endlichen Bewusstseins zu erklären, muss in der *Wissenschaftslehre nova methodo* zweitens durchgehend
die Wechselbestimmung von beiden Tätigkeitstypen beachtet werden, in der ein eindeutiger Primat der realen bzw. praktischen Tätigkeit dann nicht mehr behauptet werden kann. Eine solche Wechselbestimmung erkennt Fichte auch in der *Grundlage*, jedoch versucht er dort durchgehend, den Primat der praktischen Tätigkeit
herauszustellen. Die konsequent gedachte Wechselbestimmung
von idealer und realer Tätigkeit besagt dagegen, dass sowohl die
ideale Tätigkeit ein reales bzw. praktisches Moment als auch umgekehrt die praktische Tätigkeit ein ideales Moment aufweist. Die ideale Tätigkeit identifiziert sich mit der realen Tätigkeit, die ihrerseits
auf einen idealen Zweckentwurf bezogen ist. Das ideale Ich muss
einen spontanen, reflexiven Akt auf den realen Vollzug seiner Tätigkeit leisten, wobei ein deutliches Bewusstsein dieser realen Tätigkeit nur dann möglich ist, wenn sie auf einen Begriff gebracht wird.
Dieser Begriff sagt aus, dass das Ich ursprünglich selbsttätig bzw.
selbstbestimmend ist, worin zugleich die Aufforderung enthalten
ist, diese Selbstbestimmung durchgehend zu vollziehen. Das endliche Bewusstsein ist damit als eine Strukturganzheit zu begreifen, in
der das Vermögen zu einer idealen, spontanen Reflexion sowie das
Vermögen zu einer realen Tätigkeit in einer unauflösbaren Wechselbestimmung stehen. Das absolute Ich, das als Einheitsgrund beiden Vermögen vorausliegt, ist bloße Tätigkeit, die weder theore-
tisch-ideal noch praktisch-real und in sich auch nicht differenziert
ist. Die Realisierung der geforderten Selbstbestimmung ist dabei
bloß Annäherung an die Absolutheit des Ich, hebt jedoch die Endlichkeit nicht auf.

6 Die fünffache Synthesis (§§ 17–19)

Fichte entdeckt den begründungslogischen Anfangspunkt des endlichen Selbstbewusstseins im Bewusstsein eines reinen Willens, welches präziser als Bewusstsein einer Aufforderung zur Selbstbestimmung zu verstehen ist. Der reine Wille bezeichnet dabei ein Prinzip,
in dem sich Beschränktheit und Selbstbestimmung wechselseitig

voraussetzen (§ 13). Dieses Verhältnis der wechselseitigen Voraussetzung begreift Fichte als ein *synthetisches* Verhältnis, welches notwendig anzunehmen ist, um eine zirkuläre Erklärung des Selbstbewusstseins zu vermeiden. Eine Erklärung, die auf die notwendige Wechselbestimmung und Synthetizität zweier Momente hinweist, wird also streng von einer im schlechten Sinne zirkulären Erklärung unterschieden. Eine zirkuläre Erklärung des Selbstbewusstseins kann so beschrieben werden, dass das Selbstbewusstsein zunächst einseitig aus freier Tätigkeit bzw. einseitig aus der Beschränktheit des Ich erklärt wird, dabei aber implizit eine wechselseitige Voraussetzung beider Momente enthält, ohne diese jedoch als notwendig auszuweisen. Mit dem Begriff des reinen Willens ist zugleich das Prinzip des endlichen Selbstbewusstseins gewonnen, das nicht aus empirischen Zweck- bzw. Willensbestimmungen ableitbar ist, wenngleich die Reflexion auf diesen Begriff als höchste Bestimmung des endlichen Ich nur unter der Voraussetzung einer empirischen Beschränkung desselben möglich ist. Der reine Wille ist als Erscheinungsform des absoluten Ich für das endlich reflektierende Ich zu verstehen. Der reine Wille ist das absolute Ich, insofern es durch ein endliches Selbstbewusstsein reflektiert wird. Das absolute Ich liegt damit dem Begriff des reinen Willens als Prinzip des endlichen Selbstbewusstseins noch einmal zugrunde und ist von demselben zu unterscheiden.

Die hier vorliegende Untersuchung ist von der Überzeugung getragen, dass ein erschlossenes Prinzip seine Tragfähigkeit erst dadurch beweist, dass sich das Prinzipiierte kohärent aus ihm ableiten lässt. Nachdem also der reine Willen als Prinzip des endlichen Selbstbewusstseins regressiv erschlossen wurde, muss nun untersucht werden, wie die zentralen Inhalte des endlichen Selbstbewusstseins aus diesem Prinzip abzuleiten sind. Der regressive Gang der Analyse muss also durch eine progressive Ableitung ergänzt und komplementiert werden. Wie wir im ersten Teil dieser Arbeit gesehen haben, reichen Fichtes Untersuchungen in der *Grundlage* bloß zur Ableitung der Einheit des erkennenden Bewusstseins, das auf eine Mannigfaltigkeit von Anschauungsobjekten bezogen ist. In der *Grundlage* versucht Fichte, die Realität der praktischen Vernunft dadurch zu erweisen, dass ein Trieb, der der moralischen Willensbestimmung zugrunde liegen soll, als Bedingung der Möglichkeit auch der theoretischen Erkenntnis aufgewiesen wird. Dieser Gedanke wird in der *Wissenschaftslehre nova methodo* fortgeführt. Paradoxerweise gelingt es Fichte in der Beschränkung auf die Begründung des theoretischen Objektbewusstseins nicht, zu erklären, dass das Ich sich zugleich als ein handelnder Akteur in einer natürlichen Außenwelt bewegen muss. Entsprechend erklärt er nicht, wie die empirischen Handlungen des Ich zugleich den Forderungen der praktischen Vernunft unterstehen können. Die fünffache Synthesis, die Fichte in der *Wissenschaftslehre nova methodo* entwickelt, stellt dagegen den Versuch dar, aus dem Prinzip des reinen Willens zentrale, phänomenal aufweisbare Bestandteile des endlichen Bewusstseins in ihrer wechselseitigen Voraussetzung abzuleiten: Hierzu zählen unter anderem das Bewusstsein einer beschränkenden Außenwelt in raumzeitlicher Ausdehnung, das Leibbewusstsein, welches eine Bedingung für Handlungsbewusstsein darstellt sowie die unbedingte Geltung moralischer Normen, die ein individuelles Ich mit einer Pluralität von endlichen, ebenfalls leiblichen Vernunftsubjekten verbindet. In der fünffachen Synthesis übersetzt sich die allgemeine Wechselbestimmung von idealer und realer Tätigkeit im endlichen Bewusstsein in eine Wechselbestimmung von theoretischer Objekterkenntnis und praktischer Vernunfttätigkeit.

Das Ich gewinnt dadurch ein Bewusstsein seiner selbst, dass es auf sich als ein Wesen reflektiert, dem freie Selbstbestimmung aufgegeben ist. Das Bewusstsein eines reinen Willens lässt sich, wie wir gesehen haben, zugleich als Bewusstsein eines aufgegebenen Zwecks der reinen Selbstbestimmung begreifen. In § 16 fügt Fichte diesbezüglich präzisierend hinzu, dass die Aufforderung zur freien Selbstbestimmung nicht so zu verstehen ist, dass sie einem bloß passiven Ich oktroyiert wird. Vielmehr muss das Ich sich den Zweck der Selbstbestimmung bereits zu eigen gemacht haben, ehe es auf diese Aufforderung reflektieren kann. M.a.W.: Die Reflexion auf die Aufforderung zur freien Selbstbestimmung ist nur dann möglich, wenn das Ich sich bereits dazu bestimmt hat, ein spontan tätiges, in diesem Fall: ein frei reflektierendes Ich zu sein. Das Bewusstsein der Aufforderung bzw. das Bewusstsein des reinen

Willens muss also seinerseits synthetisch mit einem wirklichen Wollen bzw. einem faktisch vollzogenen Entschluss zur freien Tätigkeit verknüpft sein, wenn es Objekt der idealen Tätigkeit sein soll.

Dieser wichtige Zusatz, dass ein wirkliches Wollen bzw. eine reale Tätigkeit immer schon vollzogen sein muss, wenn das Ich idealiter auf sich reflektiert, muss bei den folgenden Untersuchungen zur fünffachen Synthesis im § 17 in Erinnerung behalten werden. Denn der Begriff, der in diesem Paragraphen im Wesentlichen entfaltet wird, ist der Begriff des synthetischen *Denkens*. Es handelt sich mithin um den Begriff einer *idealen* Tätigkeit des Ich. Inwiefern diese ideale Tätigkeit dabei synthetisch sein muss, soll sich noch zeigen.

Wie im Folgenden schrittweise nachvollzogen werden soll, lassen sich mit Blick auf den Begriff des synthetischen Denkens zwei wesentliche Aspekte unterscheiden: Erstens entwickelt Fichte in den einleitenden Abschnitten des § 17 den Begriff eines *ursprünglichen* synthetischen Denkens. Bei dem ursprünglichen synthetischen Denken handelt es sich um das ideale Bewusstsein des zuvor entwickelten reinen Willens. Das ursprüngliche synthetische Denken bezeichnet hier die ideale Reflexion auf den reinen Willen bzw. auf die darin enthaltene Forderung zur realen Selbstbestimmung. Es handelt sich damit um einen idealen und zugleich synthetischen Akt, der als Fundament allen Selbstbewusstseins gewonnen werden soll. Dieses ursprüngliche synthetische Denken soll in einem ersten Abschnitt rekonstruiert werden.

Mit dem Begriff des ursprünglichen synthetischen Denkens bezeichnet Fichte also das allgemeine Bewusstsein des reinen Willens und damit den begründungslogischen Anfangspunkt des endlichen Selbstbewusstseins. Der Begriff des synthetischen Denkens erschöpft sich jedoch nicht in dieser abstrakten Allgemeinheit. Vielmehr dient der Begriff des ursprünglich synthetischen Denkens als Prinzip für die Ableitung weiterer spezifischer synthetischer Akte, aus denen die phänomenologisch nachweisbaren Momente des konkreten Selbstbewusstseins hervorgehen. In den §§ 17–19 wird ausgehend von dem ursprünglich synthetischen Denken durch ein genetisches Verfahren einerseits das Bewusstsein des Ich als zur moralischen Handlung aufgefordertes Individuum, das mit anderen ebenfalls zur Moralität fähigen Individuen koexistieren muss sowie andererseits das Bewusstsein einer natürlich verfassten Außenwelt abgeleitet. Fichte will also zeigen, dass der ursprüngliche synthetische Akt der idealen Reflexion auf das reine Wollen notwendig einhergeht bzw. unzertrennlich verbunden ist mit dem Bewusstsein eines freien Individuums in einer idealen sittlichen Gemeinschaft, das also in einer Welt handelt, die wiederum über eine eigene, unabhängige Gesetzlichkeit verfügt. In § 17 nimmt Fichte dabei vor allem die fundamentalsten Akte des abgeleiteten synthetischen Denkens in den Blick, die dem Bewusstsein freier Individualität und dem Bewusstsein einer natürlichen Außenwelt zugrunde liegen. Hierzu zählen vor allem die ideale Synthesis, die im Entwurf des Zwecks der Selbstbestimmung enthalten ist, sowie eine reale Synthesis, durch welche ein Bewusstsein äußerer Objekte zustande kommt.[225] Wie im Folgenden jedoch auch gezeigt werden soll, gelingt die beanspruchte genetische Deduktion nicht immer lückenlos, zumal der Übergang vom ursprünglichen synthetischen Denken zum realen Objektdenken nicht unmittelbar einsichtig ist.

Wie Fichte in den einleitenden Abschnitten des § 17 bemerkt, beruht die genetische Ableitung des Individualitäts- sowie des Weltbewusstseins aus dem ursprünglich synthetischen Denken auf einer Umkehrung des bisherigen Beweisgangs. Wie zu Anfang gezeigt wurde, setzt die *Wissenschaftslehre nova methodo* beim empirischen, konkreten Selbstbewusstsein an, um dann schrittweise durch eine regressiv-transzendentale Analyse das Bewusstsein des reinen Willens als oberste Bedingung der Möglichkeit des konkreten Selbstbewusstseins zu ermitteln. Nun soll es darum gehen, in umgekehrter Richtung ausgehend von dem synthetischen Bewusstsein des reinen Wollens wiederum das individuelle Selbst- und das Weltbewusstsein genetisch abzuleiten und in einem systematischen Zusammenhang aufzustellen (vgl. WLnm-K GA IV,3, 470 / 178f.). Dabei, so soll gezeigt werden, handelt es sich nicht um eine bloße Wiederholung des vorangegangenen Beweisgangs. Vielmehr versucht Fichte, durch die Begründung und die systematische Entwicklung des synthetischen

---

[225] Zum Verhältnis von ursprünglich synthetischem Denken und den daraus abgeleiteten spezifischen synthetischen Akten siehe treffend Schwabe 2007, 589f.

Denkens die Möglichkeit der im Vorfeld entwickelten Bewusstseinsinhalte (wie etwa das Gefühl, den Raum, die Zeit, den Leib)
abschließend zu fundieren.

6.1 Das ursprüngliche synthetische Denken

Im Folgenden soll also zunächst der Begriff eines ursprünglichen
synthetischen Denkens erläutert werden, mit dem Fichte das *ideale*
Bewusstsein des reinen Wollens bezeichnet. Das synthetische Denken kann dabei als die ursprüngliche Form des Selbstbewusstseins
begriffen werden. Das bedeutet, dass das Selbstbewusstsein in seiner allgemeinsten Bedeutung nichts anderes ist als Bewusstsein des
Ich als ein Wollendes.

Wie lässt sich also das Denken bzw. die Reflexion auf das reine
Wollen zugleich als ein Akt synthetischen Denkens fassen? Das
synthetische Denken bezeichnet ein ursprüngliches Bewusstsein
des Ich, in dem zwei Aspekte notwendig verbunden sind. Diese
beiden Aspekte sind zwar notwendig aufeinander bezogen, bewahren aber ihre Differenz. Sie sind nicht analytisch auseinander abzuleiten. Wie bereits mehrfach herausgestellt wurde, bedeutet Selbstbewusstsein für Fichte, dass sich das Ich idealiter auf sich selbst als
ein reales Objekt bezieht. Denkt das Ich sich selbst als Objekt, dann
denkt es dieses Objekt als etwas, das bloß sich selbst bestimmt. Dieser Sachverhalt sollte beim Einstieg in das System durch den bewussten Vollzug des Selbstdenkens phänomenologisch aufgewiesen werden (§ 1).[226] Das Ich kann sich nur dann als ein Selbstbestimmendes zum Objekt werden, wenn es sich zugleich als idealen
Ursprung dieses Objekts denkt. Es kann sich also nur dadurch zum
Objekt werden, dass es sich so denkt, dass der ideale Entwurf eines
Zweckbegriffs die Realisierung des Objekts erst ermöglicht.[227]

---

[226] Vgl. hierzu den Abschnitt 3.1.

[227] „Von diesem vereinigten Denken geht das andere Denken aus, wir
wollen es das synthetische Denken nennen in diesem Denken denkt sich
das Ich als sich selbst bestimmend, welches auch nicht getrennt werden
kann; es ist – ich für sich selbst. – Es ist hier ein Denken des Objects, und
des Zwecks, beides ist verschieden liegt aber nothwendig zusammen in

M.a.W.: Das Ich muss sich, insofern es auf sich als ein Objekt reflektiert, zugleich als ein ideal Tätiges bzw. Freies denken, wenn es *sich* denken soll. Mit dem Objektbewusstsein muss also zugleich das Bewusstsein eines freien Zweckentwurfs vereinigt sein. Zur Beschreibung dieser notwendig im Selbstbewusstsein enthaltenen Verbindung führt Fichte nun den Begriff eines ursprünglich synthetischen Denkens ein: Durch das synthetische Denken werden das Denken des Ich als Zweck seiner selbst sowie das Denken des Ich als ein dem Zweck gemäßes realisiertes Objekt vereinigt. Sie werden vereinigt in „Einem Bewustsein, dieses leztere heist das synthetische Denken" (WLnm-K GA IV,3, 474 / 184). Zur Beschreibung dieser beiden Momente des synthetischen Denkens wählt Fichte auch die Begriffe des idealen und des realen Denkens. Das ideale Denken bezeichnet dabei das Bewusstsein des freien, ungebundenen Zweckentwurfs und das reale Denken das Bewusstsein des Objekts bzw. des Resultats dieses Zweckentwurfs. Mit Blick auf das Begriffspaar des idealen und realen Denkens ist es wichtig, zu beachten, dass es sich hierbei um Momente der idealen Tätigkeit allein handelt. Ideales und reales Denken sind also in keinem Fall mit idealer oder realer Tätigkeit zu verwechseln.[228]

---

einem Bewustsein, dieses leztere heist das synthetische Denken." (183 / GA IV, 185).

[228] Vgl. hierzu Schwabe 2007, 584. Zur Unterscheidung zwischen idealem und realem Denken einerseits sowie idealer bzw. realer Tätigkeit andererseits, siehe auch Zöller 1998, 91: „In a perplexing terminological move Fichte casts the opposition between the two basic forms of thinking as the opposition of real and ideal thinking. The latter distinction is a distinction within thinking and must not be confused with Fichte's distinction between real and ideal activity. The term ‚ideal', as used in the locution ‚ideal thinking', refers to the thinking of some ideal, yet to be realized object. The image involved in ‚ideal thinking' is not the copy of some prior reality, as in the ideal activity of positing some real activity, but the design of something that is yet to be realized. The primary sense of ‚ideal' has shifted from that of an ‚after-image' *(Nachbild)* to that of a ‚fore-image' *(Vorbild)*. The term ‚real' undergoes an analogous change in the move from ‚real *activity*' to ‚real *thinking*'. The ‚real' in ‚real *activity*' refers to some actual activity that is then posited by the ideal activity. By contrast, ‚real *thinking*' refers to the activity of having one's thought determined by how the object is in

Dieses synthetische Bewusstsein ist dabei zugleich als das Bewusstsein des zuvor entwickelten reinen Willens zu begreifen. Denn ein Wille ist überhaupt nur eine Synthesis von Idealität und Realität. Ein Wille ist nach Fichte das Bewusstsein eines idealen Zwecks und eines zu vollziehenden realen Objekts. Im Wollen werden zwar ein idealer Zweckgriff und ein dem Zweck korrespondierendes Objekt unterschieden, gleichwohl aber notwendig aufeinander bezogen. Die ursprüngliche Synthesis ist eine ideale Reflexion auf den reinen Willen, in dem seinerseits ein Zweckbegriff und ein korrespondierendes Objekt synthetisch vereinigt werden. Mit dem Begriff des synthetischen Denkens nimmt Fichte also die Reflexion des Ich auf sich als ein Wollendes in den Blick. Es geht ihm mit dem Begriff des synthetischen Denkens um das Bewusstsein des Wollens, welches nur in einem Denken hergestellt wird, dabei gleichwohl den realen Vollzug des Wollens bzw. den realen Vollzug einer Selbstbestimmung für die Anschauung voraussetzt.[229]

Der Begriff des ursprünglichen synthetischen Denkens lässt sich auch folgendermaßen erklären: Der Begriff des Ich drückt die absolute Identität von Bewusstsein und einer selbstsetzenden Tätigkeit aus. Das Ich ist reine Anschauung der Tathandlung. Jene Tathandlung ist jedoch kein reflektiertes Selbstbewusstsein: Vielmehr muss diese Identität des handelnden Ich wiederum Objekt eines idealen, reflektierenden Bewusstseins werden, weil sie ansonsten unbewusst bliebe. Diese absolute Identität, so Fichte, erscheint dem *reflektierenden* Ich nun als Identität von idealer und realer Tätigkeit.

actuality. In a complete reversal of terms, the *ideal* activity ('copying') is being reconceptualized as *real* thinking (thinking of the real), whereas the *real* activity ('self-determination') is being reconceptualized as *ideal* thinking (thinking of the ideal). Put another way, the feature of production – as opposed to mere reproduction – is no longer associated with the real (in 'real activity') but with the ideal (in 'ideal thinking').The true, 'real' activity of the I is its ideal activity of formulating and pursuing ends, that is, the thinking involved in willing."

[229] Fichte beschreibt das synthetische Denken als Bewusstsein einer reinen Tätigkeit des Ich auch als „intellectuelle Anschauung", welches einen Typus idealer Tätigkeit bezeichnet, die sich nicht auf ein sinnlich Gegebenes, sondern auf eine reine, intelligible Tätigkeit unmittelbar bezieht (Wlnm-K GA IV, 3, 474 / 184), vgl. auch Schwabe 2007, 583.

Das Ich weiß sich in der Reflexion selbst als dasjenige, dessen Tätigkeit darin besteht, dass es ideal oder anschauend auf sich bezogen ist. Dieser anschauliche Selbstbezug wird ihm in der endlichen Reflexion jedoch zugleich etwas real Gegebenes, mithin eine reale Tätigkeit. Dieses Bewusstsein enthält damit zwei Aspekte: Denn einerseits erscheint das Ich sich als ein Ideales bzw. als Anschauendes, andererseits jedoch auch als ein Reales bzw. als ein Seiendes, worunter Fichte in Abgrenzung zum bloßen Denken das Objekt bzw. die Materie des Denkens bezeichnet. Das Ich muss sich damit in der Reflexion als etwas bzw. als ein Seiendes erscheinen, welches jedoch nicht an sich bzw. äußerlich gegeben ist, sondern durch das ideale Setzen bzw. Denken bestimmt sein soll. Im Selbstbewusstsein sind also ideale und reale Tätigkeit notwendig vereinigt (182 / GA IV, 2, 182). Das Ich erscheint sich damit also als ein Wille, nämlich als eine Tätigkeit, die durch das Denken bzw. bloß idealiter bestimmt ist, gleichzeitig jedoch auch als ein real gegebenes Sein. Das synthetische Denken kann auch so beschrieben werden, dass es die Reflexion bzw. das Bewusstsein der notwendigen synthetischen Verbindung von idealer Tätigkeit des Ich und realer Selbstbestimmung darstellt.

Der Begriff eines ursprünglich synthetischen Denkens berührt dabei ferner das bereits benannte Problem des Ursprungs der Reflexion der reinen selbstsetzenden Tätigkeit. Wie vor allem mit Blick auf den § 5 der *Grundlage* herausgearbeitet wurde, enthält Fichtes Theorie des Selbstbewusstseins die Schwierigkeit, dass die Möglichkeit der endlichen Reflexion auf das Sichsetzen der Tathandlung nicht eigens aus der Tathandlung als Prinzip selbst begründet werden kann. Das ursprüngliche synthetische Denken ist nun selbst Ausdruck dieser ersten Reflexion auf das reine Ich der Tathandlung, welches eben durch diese Reflexion als reiner Wille, als Synthesis von idealer und realer Tätigkeit erscheint. Aus dieser ersten, ursprünglichen Reflexion auf das reine Ich soll sukzessiv die Herausbildung des Bewusstseins eines endlichen, individuellen Ich erklärt werden.[230] Gleichwohl – und dies betont Fichte explizit – gerät er mit Blick auf diesen Ursprung des endlichen

---

[230] Vgl. Schwabe 2007, 578.

Selbstbewusstseins erneut an die Grenze der begrifflichen Deduktion. Dies wird bei einer weiteren Präzisierung des Begriffs ursprünglich synthetischen Denkens deutlich: Diese beinhaltet, dass das ursprünglich synthetische Denken nicht als *bloß* synthetisierend begriffen werden kann, da schließlich jeder Synthese von zwei Momenten eine analytische Trennung vorausgehen muss. Insofern das synthetische Denken zugleich den Anfang und den Ursprung des endlichen Selbstbewusstseins markieren soll, muss die vorauszusetzende Trennung als Teil dieses Ursprungs gedacht werden. Es kann sich hierbei nicht um einen davon unterschiedenen Akt handeln. Die ursprüngliche Synthese von einer freien, setzenden Tätigkeit und eines realen, gesetzten Objekts muss also *zugleich* als eine Trennung dieser Momente begriffen werden. Dasjenige, was in dieser ursprünglichen Trennung in eine binäre Relationsstruktur überführt wird, ist das einfache, reine, bloß sich setzende Ich der Tathandlung. Fichtes Begriff eines endlichen, synthetisierenden Bewusstseins enthält also zugleich den Gedanken einer ursprünglichen Trennung des ursprünglich Einfachen. Ulrich Schwabe bezeichnet das synthetische Denken entsprechend auch als „synthetisierend-analysierendes Denken".[231] Dabei, so argumentiert Fichte, entzieht sich diese ursprüngliche Entzweiung jedes kognitiven Zugriffs. Sie wird selbst nicht bewusst reflektiert, sondern muss bloß als „HYPOTHETISCH nothwendig" vorausgesetzt werden (WLnm-K GA IV,3, 475 / 185). Denn letztlich beruht der ursprüngliche Akt der idealen Reflexion auf das reine Ich auf „Freiheit", die sich philosophisch nicht weiter begründen lässt (ebd.).[232]

Nachdem nun zu Beginn der Begriff eines ursprünglich synthetischen Denkens aufgestellt wurde, geht es in den folgenden Abschnitten des § 17 darum, jene Akte synthetischen Denkens zu untersuchen, die in den genannten Hauptgliedern des ursprünglich synthetischen Denkens enthalten sind. Der ursprünglich einfache Akt des synthetischen Denkens wird also durch philosophische Analyse weiter differenziert. Bei den genannten Hauptgliedern handelt es sich einerseits um das Denken des Zweckbegriffs und

---

[231] Vgl. Schwabe 2007, 585.
[232] Zum Problem des Ausgangs vom absoluten Ich in der *Grundlage* bzw. der *Wissenschaftslehre nova methodo* vgl. die Abschnitte 1.3 bzw 3.3.2.1.

andererseits um das notwendig damit verbundene Denken des Objekts, welches dem Zweckbegriff gemäß sein soll. Dabei zeigt Fichte auf, dass das ideale Denken des Zweckbegriffs selbst als synthetischer Akt aufgefasst werden kann, ebenso wie das Denken eines Objekts, das gemäß einem Zweckbegriff herbeigeführt werden soll. In diesem Sinne unterscheidet Fichte auch eine „ideale" von einer „realen" Reihe des synthetischen Denkens (WLnm-K GA IV,3, 477 / 188), die er gesondert untersucht.

Im Verlauf des § 17 finden sich einige Versuche, das synthetische Denken in seinem Verhältnis zu den spezifischen idealen und realen synthetischen Akten formal darzustellen. Dabei betont Fichte, dass die im idealen Denken enthaltene Synthesis aus fünf Gliedern zu bestehen hat, ohne dass er diese Fünffachheit für eine Synthesis überhaupt noch für die spezifische Synthesis des idealen Denkens eigens herleitet.[233] Das Verständnis erschwerend kommt hinzu, dass Fichte noch zu Beginn des § 17 eine formale Darstellung eines fünffach gegliederten synthetisch-analytischen Denkens liefert, diese aber von späteren Darstellungen der fünffachen Synthesis abweicht; sie kann daher nicht mit der spezifischen fünffachen Synthesis, die er zum Abschluss der *Wissenschaftslehre nova methodo* entwickeln will, identifiziert werden.

Dieser ersten Darstellung gemäß beruht das Bewusstsein auf einem „erste[n] ursprüngliche[n] Bewusstsein", welches er als „A" bezeichnet. Dieses A bezeichnet Fichte hier ferner als „Synthesis", wobei im Grunde zwischen zwei Aspekten dieses ursprünglichen Bewusstseins unterschieden werden müsste: Denn als einfaches, ursprüngliches Bewusstsein als Tathandlung ist das Ich nicht synthetisch. Gleichwohl kann gesagt werden, dass die Tathandlung bzw. das absolute Ich zum Grund einer Synthesis bzw. zur Synthesis selbst wird, wenn Mannigfaltige gesetzt werden, die es zu synthetisieren gilt. Im endlichen Bewusstsein - Fichte spricht hier auch von der „DUPLICITAET des Geistes" - wird dieses ursprüngliche Bewusstsein wiederum zum Reflexionsgegenstand (WLnm-K GA IV,3, 475 / 184). Das bedeutet, dass von dem ursprünglichen A wiederum ein Bewusstsein bzw. eine

---

[233] Vgl.Schwabe 2007, 590f.

ideale Tätigkeit B unterschieden werden muss, die sich A zum Gegenstand macht. Das Ich als Gegenstand des Bewusstseins ist nicht unmittelbar mit der Tathandlung A identisch, sondern ist vielmehr die Erscheinung derselben für eine endlich-ideale Tätigkeit B. Der Gegenstand des endlichen Bewusstseins wird hier als C bezeichnet. Dasjenige, dessen ich mir in B bewusst bin, ist selbst kein einfaches, statisches Sein, sondern es ist selbst wiederum eine Wechselbestimmung aus zwei Aspekten: Denn das Ich erscheint sich als ein Wollendes und diese Erscheinung des Wollens beinhaltet ein Bewusstsein des Zweckbegriffs (D) sowie der realen Tätigkeit als Objekt des Zweckbegriffs (E). Insofern das ideal tätige Ich sich selbst im Wollen anschaut, muss ihm das Wollen auch als ideale Tätigkeit, d.h. als zweckentwerfend erscheinen (vgl. 185 / GA IV, 2, 186). Dabei erscheint die endliche Reflexion des Bewusstseins sowohl als Trennungs- als auch als Vereinigungsgrund für Zweckbegriff und Objekt. Damit leistet die endliche Reflexion B eine Synthesis von Zweckbegriff und Objekt, welche jedoch darauf beruht, dass das absolute Ich überhaupt eine Synthesis zwischen dem endlichen Denken B und dem Wollen als Gegenstand desselben C vollzieht.

Eine graphische Darstellung der Synthesis und ihrer fünf Glieder könnte entsprechend folgendermaßen aussehen:

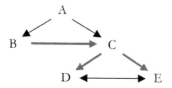

Abb. 1

Spätere Formulierungen legen jedoch nahe, dass Fichte die spezifische Fünffachheit der idealen Synthesis nicht in diesem Schema repräsentiert sieht. Diesen gemäß entwickelt Fichte die Fünffachheit ausgehend vom Begriff des synthetischen Denkens selbst (1), das sich auf zwei verschiedene Objekte (2) und (3) bezieht. Bei diesen Objekten handelt es sich um den ideal entworfenen Zweck

(2) sowie um ein real gegebenes, durch den Zweck zu bewirkendes Objekt (3). Hierbei handelt es sich zunächst um drei Glieder, welche Fichte im § 17 ausschließlich behandelt. Beide Glieder (2) und (3) sollen dabei in einem Verhältnis wechselseitiger Voraussetzung stehen. Erst in § 18 wird die fünffache Synthesis vollendet, indem zwei weitere Glieder angeschlossen werden. Hierbei handelt es sich um den Begriff einer allgemeinen, überindividuellen, gesetzgebenden Vernunft (4), die als Bedingung der Möglichkeit des individuellen Vernunftzwecks gedacht wird sowie um den Begriff einer außerhalb des Ich bestehenden Natur (5), in der sowohl das Ich als leiblich verfasstes, endliches Vernunftwesen als auch die durch dasselbe zu bestimmenden Objekte erscheinen. Auch zwischen den Gliedern (4) und (5) ist eine Wechselbestimmung anzunehmen.

Eine graphische Darstellung dieser fünffachen Synthesis des idealen Denkens sieht entsprechend folgendermaßen aus:

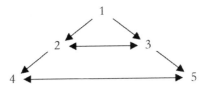

Abb. 2

Wie bereits erwähnt, handelt es sich beim Denken des Zwecks und des Objekts selbst wiederum um synthetische Akte, welche Fichte auch als ideale bzw. als reale Reihe bezeichnet. Im Folgenden soll dabei zuerst die ideale Reihe des Zweckentwurfs und die damit verbundene Synthesis dargestellt werden, aus welcher Fichte wiederum das Vermögen der produzierenden Einbildungskraft und die Kategorie der Substanz entwickelt. Anschließend soll die Synthesis der realen Reihe untersucht werden, welche Fichte auf die Deduktion der Kausalität führt. Die Ableitung der Relationskategorien, die Fichte in der *Grundlage* zu Beginn des theoretischen Teils leistet, erfolgt also in der *Wissenschaftslehre nova methodo* im Kontext der Analyse der Bedingungen des Bewusstseins eines

reinen Willens. Die Synthesis beider Reihen stellt dabei also eine
Synthesis von Substanzialität und Kausalität in der Kategorie der
Wechselwirkung dar. Das gesuchte synthetische Denken, so soll
sich am Ende des § 17 zeigen, ist also eine Wechselwirkung zwischen idealer und realer Reihe, zwischen Substantialität und Kausalität des Ich.[234]

---

[234] Diese vorangegangen und die folgenden Überlegungen zeigen also
deutlich, dass Fichte das Kernstück seiner *Wissenschaftslehre nova methodo* bereits als eine fünffache Synthesis entwickelt, weswegen Acostas Behauptung verwundert, dass der Begriff der Fünffachheit „senso stricto" erst in
den Wissenschaftslehren nach 1800 explizit gemacht werde, Acosta 2020,
221. In den Wissenschaftslehren ab 1804 konzipiert Fichte eine fünffache
Synthesis jeweils im Kontext seiner Theorie des schematisierenden Sich-
Ins-Bild-Setzen des Absoluten, wobei die die folgenden Darstellungen der
fünffachen Synthesis von jenen der *Wissenschaftslehre nova methodo* abwei-
chen, aber auch untereinander divergieren. So konzipiert Fichte im zweiten
Teil des zweiten Vortrags der Wissenschaftslehre von 1804 das Erscheinen
des Absoluten im endlichen Bewusstsein anhand von fünf Standpunkten,
die das reflektierende Ich im konkreten Vollzug seines endlichen Daseins
zum Absoluten einnehmen kann (GA II, 8, 410–421). Wie auch in den
Anweisungen zum seligen Leben reflektiert Fichte diese Zugangsweisen zum
Absoluten also als ethische oder letztlich religiöse Standpunkte, zu denen
das Ich sich frei bestimmen kann, nicht bloß als eine notwendige, das als
eine bloß unbewusst wirkende, nach dem Schema der Fünffachheit organ-
sierte Struktur, welche konkrete, alltägliche Bewusstseinsleben gesetzgebend bestimmt, wie sie im Folgenden gemäß der §§ 17–19 der *Wissenschaftslehre nova methodo* zu untersuchen sind. Bei den fünf Standpunkten handelt
es sich gemäß den *Anweisungen zum seligen Leben* 1) um den Standpunkt der
Sinnlichkeit (GA I, 9, 106), 2) den Standpunkt der der Legalität, 3) den
Standpunkt einer höheren Moralität (GA I, 9, 110), 4) den Standpunkt der
Religion (GA I, 9, 158ff) und 5) den Standpunkt der Wissenschaftslehre,
in der die jeweilige Selbstständigkeit der vorangegangen Standpunkte aufgehoben ist und die jeweiligen Standpunkte in ihrem Zusammenhang und
ihrer genetischen Entwicklung dargestellt werden, siehe zur fünffachen
Struktur der Weltansichten instruktiv Lewin 2020. In der Wissenschaftslehre von 1805 wird diese fünffache Synthesis der Weltansichten fundiert
durch die fünffache Struktur einer „Stufenleiter des Sollens" (GA II, 9,
311), in der sich die Beziehung zwischen dem Absoluten und dem freien,
individuellen Ich manifestiert, vgl. hierzu Acosta 2020, insb. 228ff. Zur
fünffachen Synthesis in der Wissenschaftslehre von 1812 vgl. D'Alfonso

6.2 Die ideale Reihe des Zweckentwurfs

Nachdem Fichtes Begriff des ursprünglich synthetischen Denkens nachvollzogen wurde, richten sich die folgenden Untersuchungen auf jene spezifischen Akte des synthetischen Denkens, die zusätzlich vorauszusetzen sind, um ausgehend vom ursprünglichen synthetischen Denken das Bewusstsein freier Individualität sowie das Bewusstsein einer natürlichen Außenwelt zu erklären. Diese spezifischen synthetischen Akte ergeben sich dabei durch eine vertiefte Analyse der Bedingungen der Möglichkeit des einfachen, ursprünglichen synthetischen Denkens, das allgemein die ideale Reflexion auf den reinen Willen darstellt. Dabei, so zeigt Fichtes Analyse, enthält das synthetische Denken des reinen Willens eine Reihe synthetischer Akte, die mit dem idealen Entwurf des Zweckbegriffs einhergehen sowie eine Reihe synthetischer Akte, die mit dem realen Denken des Objekts verbunden ist.

Ein zentraler Gedanke, welcher die gesamte Schrift durchzieht, besagt, dass das Ich sich nur dadurch seiner realen Selbstbestimmung bewusst werden kann, dass es dieselbe denkt als aus einem Zweckentwurf hervorgegangen. Das Wollen ist selbst zu verstehen als eine synthetische Vereinigung aus Zweckentwurf und realer Selbstbestimmung (vgl. § 4). Das bedeutet allgemein, dass nicht nur das Bewusstsein eines Zweckbegriffs, sondern zugleich das Bewusstsein des freien *Entwurfs* des Zweckbegriffs eine Bedingung der Möglichkeit des Wollens darstellt. Denn wenn das Ich sich so erscheint, dass es eine Selbstbestimmung gemäß einem Zweckbegriff vollzieht, dann ist der Entwurf des Zwecks die Bedingung dieses Bewusstseins. Im Entwurf des Zweckbegriffs ist das Ich nach Fichte noch nicht in den realen Bewusstseinsvollzug bzw. in die reale Selbstbestimmung übergegangen, der ideale Zweckentwurf wird vielmehr als vorausliegend gedacht. Der Zweckbegriff und der Entwurf des Zweckbegriffs konstituieren zusammen ein Moment des Selbstbewusstseins, das vom realen Wollen zu unterscheiden,

2005, 126–128 und allgemein zur Schematisierung des Absoluten vgl. Schäfer 2020a, 239ff.

jedoch unzertrennlich mit ihm verbunden ist, wenn das Wollen im Bewusstsein erscheinen soll. Die folgenden Ausführungen befassen sich mit jenen synthetischen Akten, die dem Zweckentwurf zugrunde liegen. Fichte fasst diese spezifischen synthetischen Akte auch unter dem Begriff der „Reihe des idealen" (WLnm-K GA IV,3, 478 / 188f.). Die Analyse jener Akte der idealen Reihe ist dabei von entscheidender Bedeutung für Fichtes Verständnis endlicher Subjektivität, so wie er es in der *Wissenschaftslehre nova methodo* entfaltet. Im Kontext dieser Bedingungsanalyse führt Fichte nämlich wesentliche Bestimmungen des endlichen Ich ein, die bereits aus früheren Schriften wie der *Grundlage* bekannt sind. Um die Bedingung der Möglichkeit des Zwecks zu erklären, wird dabei erstens das Vermögen der produktiven Einbildungskraft eingeführt, zweitens das für das endliche Ich konstitutive Substanzverhältnis erklärt und drittens erhellt, inwiefern das Ich als Substanz bloß in zeitlicher Vermittlung erscheinen kann.

Mit dem Begriff der idealen Reihe bezeichnet Fichte die synthetischen Akte, die mit dem Entwurf des Zweckbegriffs verbunden sind. Der Entwurf des Zweckbegriffs wird von der idealen Tätigkeit bzw. durch das Denken selbst vorgenommen. Denkt das Ich sich als zweckentwerfend, denkt es sich also als denkend (vgl. WLnm-K GA IV,3, 477 / 188f.) In der idealen Reihe des Zweckentwurfs ist nun folgende synthetische Leistung erkennbar: Einerseits vollzieht das Ich hier eine reine Tätigkeit des Bestimmens bzw. des Wählens von zu realisierenden Bestimmungen. Andererseits resultiert dieses Bestimmen in einer zunächst rein idealen Bestimmung, nämlich in einem idealen Zweckbegriff. Die ideale Tätigkeit ist hier insofern synthetisch, als dass in ihr ideales, freies Bestimmen und die ideale Bestimmung des Begriffs als Resultat des Selbstbestimmens vereinigt werden (vgl. WLnm-K GA IV,3, 486f. / 200).

Aus Fichtes Untersuchungen zur idealen Reihe ist vor allem der folgende Gedanke zentral: Die ideale Tätigkeit des Zweckentwurfs kann zwar in der philosophischen Analyse vom Bewusstsein des Wollens getrennt werden. Im wirklichen bzw. empirischen Bewusstsein kommt sie jedoch nicht isoliert vor. Wie bereits mehrfach dargelegt, erscheint das Wollen bzw. die reale Tätigkeit der Selbstbestimmung nur dann als eine Tätigkeit des Ich, wenn sie so betrachtet wird, als sei sie aus einer idealen bzw. begrifflichen Bestimmung des Ich hervorgegangen. Die ideale Tätigkeit des Zweckentwerfens selbst ist dabei aber nicht Teil des deutlichen Bewusstseins des Wollens, sondern wird zum Bewusstsein des Wollens hinzugedacht. Diesen Umstand drückt Fichte in der paradox anmutenden Formulierung aus, dass der ideale Zweckentwurf ein Denken bezeichnet, „das nicht gedacht wird, sondern bloß *gedacht* daß es gedacht wird" (Hervorhebung N.B.; WLnm-K GA IV,3, 478 / 189). In der bewussten Reflexion ist also bloß das Resultat eines gedachten Zweckbegriffs und eines realen Vollzugs der Selbstbestimmung enthalten. Der ideale Entwurf des Zweckbegriffs wird hingegen nicht reflektiert.[235]

Der ideale Entwurf eines Zweckbegriffs, der als solcher nicht reflektiert wird, ist also der notwendige Gedanke eines Bedingenden für jenen Zweckbegriff, der mit dem Bewusstsein realer Selbstbestimmung notwendig verbunden ist. Mit der idealen Reflexion auf das Wollen, die im synthetischen Denken geschieht, ist also der Gedanke einer freien Tätigkeit verknüpft, die bloß hypothetisch vorauszusetzen ist. Fichte erkennt selbst, dass die Erklärung des Wollens aus der hypothetischen Voraussetzung eines idealen Zweckentwurfs zirkulär anmutet: Denn die ideale Setzung eines Zwecks beruht wiederum auf der Möglichkeit, dass das Ich sich zumindest das Wollen als Vermögen zur Wahl aus einem gegebenen Mannigfaltigen zuschreibt.[236] Fichte erkennt in diesem Zirkel sogar einen noch „tieferen" als denjenigen, der in § 13 benannt wird, welcher zwischen dem Bewusstsein freier Selbstbestimmung und der Erkenntnis beschränkender Objekte besteht (WLnm-K GA IV,3, 479f./ 191). Leider bleibt Fichte jedoch bei der bloßen Benennung einer zirkulären Voraussetzung von Wollen und Zweckentwurf stehen, ohne die Frage zu klären, ob diese zirkuläre Voraussetzung einen Fehler in seinem Erklärungsansatz aufdeckt. Dieses Problem lässt sich jedoch durch den Hinweis darauf beheben, dass hier

---

[235] So heißt es auch: „[D]er Zweck wird nicht entworfen sondern gesezt daß er entworfen sei, also dieser erste Moment wird beim Knüpfen des Vernunftsystems vorausgesetzt." (189 / GA IV, 2, 193).

[236] Hierbei ist bloß von der „Form der Causalität" die Rede, noch nicht von einer „bestimmte[n]" (191 / GA IV, 2, 195).

erneut nicht eine fehlerhafte zirkuläre Erklärung vorliegt, sondern
eine notwendige, synthetische Wechselvoraussetzung von Zweckentwurf und dem Vermögen zu realer Selbstbestimmung im Wollen. Fichtes Hinweis, dass es sich um einen „tieferen" Zirkel als
denjenigen handelt, der in § 13 aufgedeckt wurde, ist dabei auch
nicht so zu verstehen, dass es sich um einen neuartigen Zirkel handelt, der die Geltung der vorgetragenen Überlegungen bedroht,
sondern bloß um eine noch präzisere Formulierung der bereits in
§ 3 und dann in § 13 entwickelten Wechselbestimmung von idealer
und realer Tätigkeit im Ich. Der Zirkel ist „tiefer" genau in dem
Sinne, dass er sich präziser auf den bestimmungslogischen Anfangspunkt des endlichen Selbstbewusstseins bezieht. Die Wechselbestimmung von idealer und realer Tätigkeit zeigt sich hier so,
dass das Ich der idealen Tätigkeit des Zweckentwurfs nicht nachkommen kann, ohne sich bereits das Vermögen zur Wahl aus einer
vorausgesetzten Mannigfaltigkeit an Bestimmungsmöglichkeiten
zuzuschreiben, während das Wollen als reale Bestimmung *des Ich*
überhaupt nur dadurch denkbar ist, dass ihm eine ideale Bestimmung vorausgesetzt wird.

6.2.1 Die Lehre von der produktiven Einbildungskraft

In der idealen Reihe stellt Fichte also die Tätigkeit des Zweckentwerfens vor, die zwar als solche nicht isoliert im alltäglichen Bewusstsein präsent ist, jedoch untrennbar mit dem Bewusstsein des
Wollens verknüpft sein muss, wenn dasselbe konkret gegeben ist.
Im Kontext vertiefender Ausführungen zu den Bedingungen der
Möglichkeit des Zweckentwurfs führt Fichte ein Vermögen ein, das
bereits in der *Grundlage* eine zentrale Funktion spielt: Hierbei handelt es sich um das Vermögen der produktiven Einbildungskraft,
welche, ähnlich wie in der *Grundlage*, die Funktion zugeschrieben
bekommt, das bloß tätige, sich bestimmende Ich an das Bestimmbare anzuknüpfen.[237] Es ist damit auch gemäß den Ausführungen

---

[237] Die folgenden Ausführungen orientieren sich nicht an der Textchronologie. Denn im unmittelbaren Anschluss an die zuvor untersuchten

des § 17 der *Wissenschaftslehre nova methodo* ein fundierendes Vermögen des endlichen Ich. Insofern seine Funktion mit Blick auf den Zweckentwurf expliziert wird, zeigt sich jedoch, dass anders als in der *Grundlage* die Lehre der produktiven Einbildungskraft mit der Lehre von der Einheit theoretischer und praktischer Vermögen verknüpft wird. In der *Grundlage* wird die Einbildungskraft vor allem als theoretisches Vermögen herausgearbeitet, ihre Bedeutung für den praktischen Teil der Wissenschaftslehre bleibt dagegen unterbelichtet.[238]

Welche Funktion spielt die Einbildungskraft in der idealen Reihe des Zweckentwurfs und inwiefern ist sie produktiv? Wie wir gesehen haben, findet sich in der idealen Reihe zunächst die Synthese zwischen der ideal bestimmenden Tätigkeit und dem Zweckbegriff. Der Zweckbegriff wird dabei gedacht als Produkt der bestimmenden Tätigkeit. Im Zweckbegriff, so Fichte, wird das „Anhalten und Bestehen des Denkens" bzw. der idealen entwerfenden Tätigkeit gedacht (WLnm-K GA IV,3, 487 / 200). Diese Formulierung des angehaltenen Denkens beruht auf der in § 1 entwickelten These, dass Begriffe aktiv vollzogene Anschauung im Modus der ‚Ruhe', nämlich in fixierten Bestimmungen, vorstellig machen.[239] Ideal entwerfende Tätigkeit und Zweckbegriff sind also als Bewusstseinsleistungen voneinander zu unterscheiden, in der idealen Reihe jedoch synthetisch vereinigt.

Ausführungen zur idealen Reihe widmet sich Fichte zunächst der realen Reihe des Objektdenkens (Wlnm-K GA IV, 3, 480–485 / 192–198), um dann wiederum das Objektdenken durch die Lehre der Einbildungskraft zu fundieren. Da die Lehre von der produktiven Einbildungskraft erstens jedoch grundlegend die Möglichkeit des Zweckentwurfs erklären soll, damit also der Sache nach in die ideale Reihe gehört und zweitens aus dem Zweckentwurf und der zweckbestimmten Tätigkeit wiederum die Möglichkeit des Objektdenkens erklärt werden soll, soll sie in diesem Zusammenhang vor der realen Reihe des Objektdenkens abgehandelt werden.

[238] Auch in der *Grundlage* beschreibt Fichte die Einbildungskraft als Ursprung des praktischen Ideals für das endliche Streben, anders als in der *Wissenschaftslehre nova methodo* ist dort der Entwurf des Ideals bzw. des Zwecks jedoch nicht die Hauptfunktion der Einbildungskraft, vgl. Abschnitt 1.2.

[239] Vgl.hierzu Abschnitt 3.4.

Wie wir gesehen haben, kann das Ich nur dann auf einen Zweckbegriff als eine Bestimmung reflektieren, wenn es ihn begreift als
aus einer bestimmenden Tätigkeit hervorgebracht. Es muss daher,
so Fichte, ein Bewusstsein der bestimmenden Tätigkeit bzw. der
Tätigkeit zur Hervorbringung des Zweckbegriffs geben, wenn es
ein Bewusstsein des Zweckbegriffs geben soll (vgl. WLnm-K GA
IV,3, 487 / 201). Dabei ist anzumerken, dass Fichte hier von der
Möglichkeit eines Bewusstseins bzw. einer Setzung der Tätigkeit
spricht, die wiederum von einer deutlichen Reflexion, derer sich das
endliche Ich in Gänze bewusst ist, zu unterscheiden ist. Wie wir
gesehen haben, ist der Zweckentwurf selbst nicht Gegenstand des
empirischen Bewusstseins, sondern nur das Wollen, für das ein
Zweckentwurf als Bedingung der Möglichkeit hinzugedacht wird.
Das Bewusstsein der bestimmenden Tätigkeit ist damit ein bloß hy-
pothetisches Bewusstsein, das gleichwohl angenommen werden
muss, wenn es ein Bewusstsein reiner Gedankenbestimmungen,
wie es etwa Zweckbegriffe sind, geben soll.

Die Lehre von der produktiven Einbildungskraft soll erklären, wie
das Bewusstsein einer bloß bestimmenden Tätigkeit möglich ist,
welche im Zweckbegriff mündet. Ein entscheidender Gedanke ist
hier, dass das Bewusstsein einer bestimmenden Tätigkeit zugleich
das Bewusstsein eines bloß Bestimmbaren voraussetzt. Soll das Ich
darauf reflektieren, wie es sich selbst einen bestimmten Zweck
setzt, muss es zugleich ein Bewusstsein mannigfaltiger Handlungsmöglichkeiten geben, die sich als das Bestimmbare von der bestimmten Zwecksetzung abheben. Die Einbildungskraft wird von
Fichte als jenes Vermögen beschrieben, welches das Bewusstsein
des bloß Bestimmbaren ermöglicht und damit jene Bedingung
setzt, die dem Bewusstsein des Bestimmens vorausliegt.[240]

---

[240] Da Fichte die Lehre der produktiven Einbildungskraft nicht unmittelbar an die Lehre des Zweckentwurfs anschließt, sondern im Kontext des
realen Objektdenkens thematisiert, leitet er von einem empirischen Phänomen der Objektwelt in die Auseinandersetzung mit der Einbildungskraft
über: Hierbei handelt es sich um das Phänomen der Wahrnehmbarkeit von
Bewegung in Raum und Zeit (vgl. Wlnm-K GA IV, 3, 487f., 495–497 /
201f., 210–212), welche durch die produktive Anschauung der

Dabei kann zwischen einer produktiven, einer (von Fichte nicht benannten) reflexiven und einer synthetischen Funktion der Einbildungskraft unterschieden werden – drei Aspekte ihrer Leistung, die zwar in der philosophischen Analyse voneinander zu trennen sind, jedoch *in actu* gemeinsam vollzogen werden. Mit Blick auf die Produktivität der Einbildungskraft ist der folgende Gedanke entscheidend: Das Bestimmbare überhaupt kann dem Ich nicht als ein gänzlich Äußerliches gegeben sein, sondern muss vom Ich selbst gesetzt werden, da es ansonsten gar nicht für dasselbe wäre. Das Bestimmbare, die mannigfaltigen Handlungsmöglichkeiten des Ich, aus denen es sich einen Zweck wählt, muss also vom Ich in einem absoluten Akt spontan geschaffen werden. Ansonsten würde es sich um ein unbewusstes Produkt des Ich handeln, auf das es sich nicht beziehen könnte. Das Ich ist damit *qua* Einbildungskraft produzierend. Da es sich bei dieser Produktion um einen Akt der idealen Tätigkeit handelt, muss mit der Produktion zugleich ein Auffassen des Produzierten einhergehen. Die Produktion muss also so konzipiert werden, dass mit ihr eine Reflexion einhergeht, nämlich in dem Sinne, dass das Produzierte dem Ich zugleich zu Bewusstsein kommen muss. Das Ich setzt das Bestimmbare und ist sich zugleich des Bestimmbaren bewusst. Gleichzeitig liegt in diesem Akt der Produktion des Bestimmbaren eine Synthesis desselben, da das Bestimmbare im Falle des Zweckentwurfs als eine *Mannigfaltigkeit* von Handlungsmöglichkeiten für das Ich betrachtet wird. Als produktive Einbildungskraft setzt das Ich also das Bestimmbare, macht es zum Objekt des Bewusstseins und setzt es dabei zugleich zusammen (vgl. WLnm-K GA IV,3, 488f. / 202f.).

Einbildungskraft erklärt werden soll. Zur Fundierung der Bewegung von Raum und Zeit durch die Einbildungskraft, siehe: „Genauso, wie *Raumbewegung* und *Zeitverlauf nur* durch das Instrument der Bestimmbarkeit aufgefaßt werden können, kann nun auch *Tätigkeit als solche* nur mit dessen Hilfe konsistent gedacht werden. Die Einbildungskraft stellt mit der Bestimmbarkeit also nicht nur das entscheidende theoretische Instrument zur Auffassung von *Raum-* und Zeit-Prozessen bereit, sondern auch zur Auffassung von Prozessualität und *Tätigkeit überhaupt* zur Verfügung.", Schwabe 2007, 622.

Das Ich ist sich damit eines Bestimmbaren bewusst und damit
zugleich – auch wenn dies nicht ins empirische Bewusstsein gelangt – der Handlung der *Einbildung*, durch welche das Bestimmbare zustande kommt. Fichte hält nun das Vermögen der produktiven Einbildungskraft für deduziert, insofern er zeigt, dass
das Tätigkeitsbewusstsein des Ich nur dadurch möglich ist, dass
es als ein Bestimmen gedacht wird, das aus einem Bestimmbaren
hervorkommt (202 / GA IV, 2, 214). Die Setzung des Bestimmbaren ist damit Bedingung der Möglichkeit des Bewusstseins des
Bestimmens – und dieses wiederum die Bedingung dafür, dass
der Zweckbegriff als *Bestimmung* gewusst werden kann. Das Setzen der Einbildungskraft ist damit die Leistung einer von Fichte
allgemein als ideal apostrophierten Tätigkeit, nicht jedoch eine
Leistung des Denkens in einem engeren Sinne: denn das diskursive Denken wird von Fichte als das Vermögen begriffen, Bestimmtheiten aufzufassen, zu denen bereits deutlich aufgefasste
Begriffe und damit auch Zweckbegriffe gehören (vgl. WLnm-
K GA IV,3, 488f. / 202f.). Das diskursive Denken setzt somit
die Agilität der Einbildungskraft voraus. Ohne dass Fichte dies
in diesem Zusammenhang explizit dokumentiert, ist zu vermuten, dass die Produktion und Synthese des Bestimmbaren dagegen der Anschauung zukommt. Dabei erkennt Fichte eine notwendige Wechselbestimmung zwischen der produktiven und
synthetischen Auffassung des Bestimmbaren einerseits und dem
Auffassen eines Bestimmten im Denken für das Bewusstsein andererseits. Hierbei handelt es sich zugleich um die vermögenstheoretisch begründete und vertiefte Formulierung des bereits
bekannten Prinzips einer Wechselbestimmung von Anschauung
und Begriff (vgl. §§ 1–3). Es gehört zu den zentralen Einsichten
der *Wissenschaftslehre nova methodo*, dass das deutliche Bewusstsein
einer Anschauung nur im Begriff möglich ist, wobei sich ein Begriff notwendig auf ein Angeschautes beziehen muss. Das bedeutet mit Blick auf das Verhältnis von Einbildungskraft und Denken, dass es notwendigerweise eine absolute und produktive Anschauung eines Bestimmbaren geben muss, wenn etwas Bestimmtes mit Bewusstsein im Begriff gedacht werden soll. Gleichzeitig ist
ein deutliches Bewusstsein, mithin eine Erkenntnis des Gegebenen

nur möglich, wenn es durch das diskursive Denken im Begriff erfasst wird.[241]

Diese Wechselbestimmung formuliert Fichte in diesem Zusammenhang auch vermögenstheoretisch aus: Die Wechselbestimmung von produktiver Anschauung und begrifflichem Denken ist dabei auch als eine Wechselbestimmung des Vermögens der Einbildungskraft und des Vermögens der Urteilskraft zu begreifen.[242] Denn die Leistung der Einbildungskraft, welche im Produzieren und Synthetisieren des bestimmbaren Mannigfaltigen besteht, liefert nur den Stoff für eine Erkenntnis, während eine Erkenntnis im Sinne einer deutlichen Reflexion nur durch Bestimmung dieses Mannigfaltigen möglich ist. Eine Bestimmung des synthetisch gegebenen Mannigfaltigen setzt wiederum erstens voraus, dass dieses Mannigfaltige überhaupt als etwas in Einzelbestimmungen Teilbares gesetzt wird und dann zweitens tatsächlich eine einzelne Bestimmung gesondert zu Bewusstsein gehoben wird. Die grundlegende Analyse des Gegebenen bzw. das Teilbarsetzen schreibt Fichte einem Komplementärvermögen, nämlich der Urteilskraft, zu (vgl. WLnm-K GA IV,3, 489f. / 202f.). Ein solches zusätzliches Vermögen ist nach Fichte anzunehmen, da die Teilung des Bestimmbaren ins potenziell Unendliche nicht im Begriff des Bestimmbaren selbst liegt bzw. keine genuine Eigenschaft desselben ist. Die Setzung der Teilbarkeit bzw. die Teilung muss etwas sein, das ‚von außen' an dasselbe herangetragen wird. Fichte spricht hier auch von einer Wechselwirkung zwischen der Einbildungskraft, welche als „Vermögen absoluter Ganze[r]" die Totalität des Bestimmbaren überhaupt setzt und der Urteilskraft, welche das Vermögen der Setzung eines Einfachen bzw. einfacher Teile ist (WLnm-K GA IV,3, 489 / 203).

---

[241] „Man kann jetzt sagen[:] das sich sezen des ich besteht in der Vereinigung eines Denkens und 1 Anschauens" (Wlnm-K GA IV, 3, 494 / 209).

[242] Fichte streift hiermit die bereits in der *Grundlage* intendierte genetische Entwicklung der Vermögen des endlichen Bewusstseins, die er in der „Deduktion der Vorstellung" zum Abschluss des theoretischen Teils der Wissenschaftslehre als eine Fortführung und zugleich Fundierung der kantischen Vermögenslehre entwickelt, vgl. hierzu Abschnitt 2.5.1.

Fichte führt ferner aus, dass die produzierende Leistung der Einbildungskraft dem Bewusstsein einer „Objectivität der Welt" zugrunde liegt (WLnm-K GA IV,3, 489 / 203). In der Passage, in der Fichte das Vermögen der Einbildungskraft einführt, ist zwar noch nicht von einer natürlichen Außenwelt und der sie regelnden Gesetzmäßigkeiten die Rede. Allgemeiner und grundlegender liefert die Lehre der produktiven Einbildungskraft jedoch eine Erklärung dafür, wie es überhaupt möglich ist, dass das Ich sich auf etwas bezieht, das ihm als ein Vorausliegendes bzw. als ein Gefundenes erscheint. Dieser Umstand liegt dem Bewusstsein einer natürlichen Außenwelt zugrunde. Für Fichte ist die Außenwelt in ihrer allgemeinsten Bezeichnung ein bloß Bestimmbares, ein bloßer Stoff für erkennende oder praktische Tätigkeit des Ich. Das Bewusstsein eines gegebenen Objektiven bzw. desjenigen, das für eine Anschauung als ein Nicht-Ich gesetzt wird, wird dabei als Produkt der Einbildungskraft konzipiert, da die Einbildungskraft das Vermögen ist, welches erst das Bestimmbare für die verschiedenen Bestimmungen des Ich setzt. Dabei ist daran zu erinnern, dass es sich bei dem Vermögen einer produktiven Einbildungskraft um eine hypothetische Voraussetzung handelt, die das philosophierende Ich, nicht aber das Ich im konkreten Bewusstseinsvollzug setzt. Es handelt sich um eine Voraussetzung, um den freien Entwurf des Zwecks zu erklären, nicht aber um ein Faktum des endlichen Bewusstseins, das phänomenologisch unmittelbar zu beschreiben wäre. Das bedeutet, dass nach Fichte dem konkreten Ich faktisch eine natürlich gegebene, von dessen kognitiven Zugriff unabhängige Außenwelt erscheint. Das Setzen dieses Äußeren bleibt dem alltäglichen Bewusstsein jedoch verborgen.

6.2.2 Die Konstitution der Endlichkeit durch Einbildungskraft

Die Ausgangsfrage, von welcher Fichtes Überlegungen in § 17 ihren Anfang nehmen, bezieht sich auf die Bedingung der Möglichkeit des Bewusstseins eines reinen Wollens. Das Bewusstsein des reinen Wollens ist dabei die ursprüngliche Gestalt dessen, was Fichte als Selbstbewusstsein begreift. Eine Bedingung der

Möglichkeit des Bewusstseins des reinen Wollens erkennt Fichte in
einem ursprünglichen synthetischen Denken im Sinne einer idealen
Reflexion, die zugleich eine synthetische Verbindung von idealem
Zweckbegriff und dem korrespondierenden Objekt des Zweckbegriffs enthält. Diese ursprüngliche Synthesis, so konnte bereits gezeigt werden, soll jedoch weitere synthetische Akte implizieren, die
transzendentalphilosophisch analysiert werden können. Das Setzen
einer idealen Tätigkeit der Zweckbestimmung und damit einherge-
hend das Setzen eines überhaupt Bestimmbaren durch die Einbildungskraft erweisen sich dabei als weitere Bedingungen der Möglichkeit, die für ein Bewusstsein des reinen Wollens vorauszusetzen
sind. Dabei zeigt sich außerdem, dass die Einbildungskraft wie bereits in der *Grundlage* nun auch in der *Wissenschaftslehre nova methodo*
als das Vermögen verstanden werden muss, durch dessen Funktion
die Endlichkeit des Ich erklärt werden soll. Mit der Einführung des
Vermögens der Einbildungskraft gibt Fichte nämlich darüber Aufschluss, wie er sich die Konstitution eines endlichen Ich im Unterschied zu einem unendlichen Ich der Tathandlung denkt. Das endliche Ich kann allgemein so charakterisiert werden, dass es auf sich
als ein Bestimmtes reflektiert und sich dabei notwendigerweise von
allen anderen möglichen Vorstellungen, die nicht auf es selbst gehen, unterscheidet. Ein endliches Ich ist von einem unendlichen
und absoluten Ich zu unterscheiden, das im bloßen Setzen seiner
selbst aufgeht, dabei aber keinen reflexiven Selbstbezug aufweist.
Die Einbildungskraft erweist sich nun in dem Sinne als das zentrale Vermögen der endlichen Subjektivität, dass sie zuallererst das
Bestimmbare setzt als die notwendige Sphäre, aus welcher das Ich
als ein Bestimmtes herausgreifen und reflektieren kann.[243] Eine
endliche Reflexion auf das Ich ist also nur dadurch möglich, dass
die Einbildungskraft die Setzung des Bestimmbaren vollzieht.
Das absolute Setzen des Ich der Tathandlung wird zwar als der
„absolute Anfang alles Lebens und Bewustseins" beschrieben, da
es sich hierbei um das Prinzip der Tätigkeit überhaupt handelt
(WLnm-K GA IV,3, 494 / 208). Ein bestimmtes und reflektiertes

---

[243] Entsprechend heißt es: „Der Anfang des [endlichen; N.B.] Bewustseins muß also durch Einbildungskraft geschehen" (Wlnm-K GA IV, 3,
494 / 209).

Selbstbewusstsein kann aus der reinen Tathandlung jedoch nicht erklärt werden. Zu einem bestimmten Bewusstsein der Tätigkeit kommt es zuallererst unter der Voraussetzung der produktiven, synthetischen Akte der Einbildungskraft. Die Einbildungskraft ist damit als Vermögen unbedingt vorauszusetzen, um zu begreifen, wie das Ich aus seiner ursprünglichen selbstsetzenden Tätigkeit hinausgeht, um auf sich zu reflektieren. Erst durch die Setzung einer Bestimmbarkeit ist Bestimmtheit und Endlichkeit des Ich möglich.[244] Gleichwohl bleibt hier die oben bereits benannte Einschränkung bestehen, dass der Grund, warum es überhaupt zu dem Hinausgehen des reinen Ich aus seiner Einfachheit kommt, philosophisch nicht ermittelt werden kann. Er beruht nach Fichte auf einem absoluten Akt der Freiheit des absoluten Ich. Mithilfe der Theorie der produktiven Einbildungskraft kann bloß geklärt werden, welche Vermögensleistung für die Reflexion der Tathandlung anzunehmen sind, was jedoch das Faktum der Reflexion bereits voraussetzt.

6.2.3 Die Einbildungskraft als theoretisch-praktisches Vermögen

Durch die Annahme der Konstitution der Endlichkeit durch produktive Einbildungskraft kommt diesem Vermögen zumindest in einer wesentlichen Hinsicht dieselbe Funktion zu, die Fichte ihr auch in der *Grundlage* zuschreibt. Gleichwohl müssen die Unterschiede ins

---

[244] Zwar ist es richtig, dass Fichte die Einbildungskraft anders als in der *Grundlage* im Zusammenhang mit der Bedingungsanalyse des Zweckentwurfs und damit im Zusammenhang mit dem praktischen Vermögen der Selbstbestimmung thematisiert, wie Hanewald ebenfalls hervorhebt. Damit verliert sie aber der Sache nicht ihre Fundierungsfunktion für das endliche Bewusstsein, wie Hanewald behauptet, auch wenn sie offensichtlich deutlich knapper thematisiert wird als etwa in der *Grundlage*, vgl. Hanewald 2001, 259. Hanewald übersieht, dass die Einbildungskraft auch gemäß der *Wissenschaftslehre nova methodo* als das Vermögen konzipiert werden muss, ein Bestimmbares überhaupt zu setzen, welches sowohl dem Zweck der Selbstbestimmung als auch dem Setzen von empirischen Handlungszwecken zugrunde liegt, was ihr weiterhin ihre Fundierungsfunktion sichert.

Auge gefasst werden, welche sowohl den Theoriekontext ihrer Herleitung, aber auch ihre Funktion im Besonderen betreffen. Ein offensichtlicher Unterschied zwischen beiden Versionen besteht darin, dass Fichte in der *Wissenschaftslehre nova methodo* den Begriff der Selbstbestimmung als einen Zweck und diesen als Bedingung der Möglichkeit endlichen Selbstbewusstseins einführt. Die Einbildungskraft wird dann als dasjenige Vermögen abgeleitet, welches für diesen bestimmten Begriff das dazugehörige Bestimmbare setzt. Diese Funktion kann ihr in der *Grundlage* nicht zugesprochen werden, da Fichte hier noch nicht über das Theorem des Zweckbegriffs verfügt. Hier zeigt sich erneut, dass eine zunächst rein methodisch scheinende Vorentscheidung, nämlich den theoretischen und den praktischen Teil nicht getrennt zu behandeln, mit systematisch gewichtigen Veränderungen einhergeht. So wird die Einbildungskraft selbst zu einem Vermögen, das nicht mehr eindeutig als Funktion des erkennenden Ich aufgewiesen werden kann, wie das noch in der *Grundlage* der Fall ist. Dort wird das Vermögen der Einbildungskraft als letzte Bedingung angegeben, unter der es möglich sein soll, dass das Ich sich wie in der theoretischen Erkenntnis als bestimmt durch ein Nicht-Ich setzt.[245] Wie gezeigt werden konnte, erkennt Fichte zwar das Problem, wie die aus der Einbildungskraft abzuleitende Anschauung mit dem praktischen Vermögen des Gefühls zu vermitteln ist, doch wird dieser Zusammenhang nicht deutlich ausgeführt. Als Vermögen, welches das Bestimmbare für einen bestimmten Zweckentwurf setzt, ist diese Zuordnung zum theoretischen erkennenden Ich jedoch aufgehoben. Die Einbildungskraft hat vielmehr sowohl eine theoretische als auch eine praktische Funktion. Wird die Einbildungskraft sowohl in ihrer theoretischen als auch ihrer praktischen Funktion betrachtet, erleichtert dies die genetische Entwicklung der theoretischen wie praktischen Ich-Vermögen und des Ausweises ihres Zusammenhangs. Dies wird sich in den nächsten beiden Abschnitten zum Beispiel dort zeigen, wo die Setzung des idealen Vermögens der Selbstbestimmung als anschaubare, sinnliche Kraft als Funktion der Einbildungskraft erwiesen wird.

---

[245] Vgl. Abschnitt 1.

6.2.4 Das Ich als Substanz

In Übereinstimmung mit der *Grundlage* lässt sich in der synthetischen Tätigkeit der Einbildungskraft ein Selbstverhältnis erkennen,
das Fichte mit dem Begriff der Substanzialität beschreibt. Insofern
das Ich über Einbildungskraft verfügt, ist es Substanz. Entscheidend ist hierbei der Gedanke, dass wie auch in der *Grundlage* die
Substanzialität eine Bestimmung des endlichen Ich ist, die dem Ich
der Tathandlung bzw. dem absoluten Ich nicht zugeschrieben wird.
Dass es sich bei der Substanzialität des Ich um ein endliches Verhältnis handelt, zeigt sich insbesondere darin, dass Fichte die Sukzession der Zeit aus diesem Verhältnis begründet. Die Sukzession
der Zeit im endlichen Bewusstsein als Produkt der Einbildungskraft
soll im nächsten Abschnitt untersucht werden.

Der Hintergrund der Entwicklung des Substanzbegriffs lässt sich
nun weiterhin mit Blick auf die Frage verstehen, wie es möglich ist,
dass das Ich sich im Entwerfen des Zweckbegriffs seiner selbst als
ein Bestimmendes bewusst wird. Fichtes Antwort lässt sich folgendermaßen rekonstruieren: Das Ich kann sich im Zweckentwurf als
ein Bestimmendes bewusst werden, insofern es sich ursprünglich bereits als das Tätige im produktiv-synthetischen Entwurf der Einbildungskraft bewusst wird: „Mit diesem Bestimmbaren [als Produkt
der Einbildungskraft; N.B.] wird das Ich vereinigt und angesehen als
sein Vermittelndes, das bestimmende ich" (WLnm-K GA IV,3,
490/ 204). Das bedeutet, dass Fichte die produktiv-synthetische Tätigkeit der Einbildungskraft so konzipiert, dass sie mit einem Bewusstsein des Ich verknüpft sein muss, auch wenn diese Tätigkeit
letztlich dem konkreten Ich nicht zu Bewusstsein kommt. Ulrich
Schwabe bezeichnet die Tätigkeit der Einbildungskraft, die nicht zu
einem deutlichen Bewusstsein kommt, jedoch jedem konkreten Tätigkeitsbewusstsein vorausliegt daher auch als „abstrakte Tätigkeit".[246] Es handelt sich also um die hypothetische Voraussetzung einer rudimentären Form des Tätigkeitsbewusstseins. Ebenso wie
schon in der *Grundlage* begreift Fichte das Verhältnis des Ich zu sich
selbst, insofern es als produktive Einbildungskraft tätig ist, durch die

---

[246] Schwabe 2007, 622.

Relationskategorie der Substanz. Wie in der *Grundlage* wählt Fichte hier den Ausdruck der Substanz, weil das Ich sich im Schema des Zugrundeliegenden setzt. Die Substantialität des Ich ist dabei nicht eine ursprüngliche, sondern eine abgeleitete Gestalt des Ich. Das Bewusstsein seiner selbst als das Bestimmende oder Vermittelnde einer Mannigfaltigkeit von Bestimmbaren ist hierbei konkreter als das Bewusstsein eines Vermögens zu begreifen. Das Bewusstsein einer Tätigkeit überhaupt, in diesem Fall das Bewusstsein der produktiven Synthesis der Einbildungskraft, kommt dadurch zustande, dass das Ich sich als ein Tätiges zu der vollzogenen Tätigkeit als Zugrundeliegendes *hinzudenkt*. Die Substanz ist nun dasjenige, das im Vollzug der Tätigkeit als Vermögen hinzugedacht wird. Insofern bezeichnet Fichte die Ich-Substanz auch als Noumenon, das als ein „einfaches absolutes" der Tätigkeit zugrunde gelegt wird (WLnm-K GA IV,3, 490 / 204).

Mit diesen Ausführungen versucht Fichte also die rudimentärsten Formen des Bewusstseins aufzuzeigen, die in der produktiv synthetischen Leistung der Einbildungskraft enthalten sind. Das Setzen eines Bestimmbaren, welches die Einbildungskraft vollzieht, sollte dabei zunächst die Bedingung der Möglichkeit dafür enthalten, dass das Ich sich zugleich begreift als ein Bestimmtes, wie dies im Zweckentwurf der Fall ist. Insofern nun jedoch das Bewusstsein realer Selbstbestimmung aus dem Bewusstsein eines Zweckentwurfs und dieses wiederum aus dem Bewusstsein der produktiv-synthetischen Tätigkeit des Ich erklärt werden soll, zeigt sich erneut ein Zirkel in Fichtes Erklärungsansatz. Denn einerseits sollte die Setzung des Bestimmbaren die Voraussetzung dafür bilden, dass das Ich sich als ein Bestimmendes im Zweckentwurf bzw. sich selbst im Begriff des Zwecks einer zu vollführenden Handlung denken kann. Nun erscheint es jedoch so, dass selbst die Setzung des Bestimmbaren, welche bloß Voraussetzung für Tätigkeitsbewusstsein sein sollte, wiederum ein Tätigkeitsbewusstsein enthalten muss (vgl. WLnm-K GA IV,3, 490 / 204). Dann ist aber das zu erklärende Bewusstsein realer Selbstbestimmung zirkulär durch ein bereits vorauszusetzendes Bewusstsein des Vollzugs seiner Tätigkeit erklärt, nämlich durch die vermittelnde Tätigkeit in der Synthesis der Einbildungskraft. Doch auch hier kann das Problem einer vermeintlich mangelhaften zirkulären Erklärung dadurch aufgelöst werden, dass zwischen der vermittelnden Tätigkeit des Ich in der Setzung des Bestimmbaren und der selbstbestimmenden, bewussten Tätigkeit eine notwendige, synthetische Wechselbestimmung erkannt wird. Bei dieser Wechselbestimmung stehen wir erneut am begründungslogischen Ursprung des Selbstbewusstseins, d.h. bewusste Selbstbestimmung ist hier in einem noch fundamentaleren Sinne zu begreifen als beim konkreten Bewusstsein des Wollens: Denn eine Setzung des Bestimmbaren durch die Einbildungskraft setzt überhaupt voraus, dass das Ich ein Tätiges ist. Tätigkeit des Ich bedeutet jedoch stets Selbstbestimmung, da das Ich *sich* unbedingt zur Tat bestimmt. Tätigkeit des Ich impliziert dabei ferner einen idealen, anschaulichen Bezug auf sich. So ist die Tathandlung und das Vermögen zur unmittelbaren Tatanschauung (§ 1) vorausgesetzt, wenn eine Tätigkeit wie etwa produktive Synthesis der Einbildungskraft postuliert wird. Andererseits gelangt die Tathandlung nur dann zu einem reflektierten Bewusstsein, wenn sie als Bestimmtheit aufgefasst wird, was jedoch die Setzung des Bestimmbaren durch die Einbildungskraft voraussetzt. Die abstrakte Tätigkeit der Vermittlung des mannigfaltig Bestimmbaren setzt also überhaupt faktisch gesetzte Tätigkeit voraus, während die faktisch gesetzte Tätigkeit als solche für ein endliches Ich wiederum bloß „durch die das Unendliche Mannigfaltige auffaßende Einbildungskraft hindurch erblickt wird, welche hier das Vermittelnde ist" (WLnm-K GA IV,3, 490 / 204). Das deutlich reflektierte Bewusstsein realer Selbstbestimmung, in dem das Ich sich gemäß in einem Zweckbegriff erfasst, ist dann wiederum als Konkretion der zugrundeliegenden Wechselbestimmung von produktiver Synthesis der Einbildungskraft und unmittelbarer Anschauung der Tathandlung zu verstehen. Fichte versucht dies dadurch zu verdeutlichen, dass er eine Unterscheidung einführt zwischen der realen Selbstbestimmung, welche von deutlichem Bewusstsein begleitet ist und einer ideal bestimmenden Tätigkeit, die er der Einbildungskraft zu schreibt. Letztere ist kein reales Selbstbestimmen, sondern „QUASI Bestimmen", das erst das Bestimmbare generiert (WLnm-K GA IV,3, 490 / 205).

Den Status dieses Quasi-Bestimmens durch die Einbildungskraft, das mit einem rudimentären Bewusstsein der Tätigkeit als ein vermittelndes Vermögen einhergeht, verdeutlicht Fichte mithilfe einer Analogie: Er verweist auf das Verhältnis zwischen der Deliberation, die etwa im Wünschen oder Zweifeln auftritt, mit dem Wollen: So wird in der bloßen Deliberation über mehrere mögliche Zwecke als Bestimmungen des Wollens reflektiert, ein bestimmtes Wollen ist dabei noch nicht gesetzt. Gleichwohl ist die Deliberation nur möglich, wenn überhaupt das Vermögen des Wollens bereits mitgedacht ist bzw. wenn das Ich sich bereits als ein zur Bestimmung des Wollens Fähiges denkt. Im Schweben der Einbildungskraft soll nun analog noch keine Bestimmung des Ich durch die Setzung eines bestimmten Zweckbegriffs erfolgen, gleichwohl muss die Möglichkeit dieser Bestimmung in einem Gedanken des Ich als mögliche Bestimmung und damit als Vermögen präsent sein (vgl. WLnm-K GA IV,3, 490f. / 204f.).

Wie nun deutlich werden sollte, konzipiert Fichte das Ich als Substanz, insofern es sich als das Vermögen zu einer im Vollzug befindlichen Tätigkeit denkt. In dieser Hinsicht hat die Ich-Substanz den Status eines Noumenon, das in einer Relation zu möglichen Bestimmungen steht, die aus dem Bestimmbaren gewonnen werden können (vgl. auch WLnm-K GA IV,3, 491f. / 206). Überraschenderweise erklärt Fichte jedoch zugleich, dass das Ich als gedachtes Vermögen zur Tätigkeit bzw. als Substanz eine Erscheinung des Ich darstellt. Angesichts der Tatsache, dass Fichte mit den Begriffen Noumeon und Erscheinung eine kantische Terminologie verwendet, ist es erklärungsbedürftig, dass Fichte die Substanz auch als gedachtes Vermögen bzw. Noumenon und als Erscheinung begreift, die als solche nur sinnlich vermittelt sein kann (vgl. WLnm-K GA IV,3,491 /205). Wie kann die Substanz einerseits ein Noumenon andererseits auch ein sinnlich Vermitteltes sein?

Eine mögliche Vereinbarkeit beider Bestimmungen wäre dadurch herzustellen, dass zwischen dem gedanklichen Gehalt des Substanzbegriffs einerseits und den Bedingungen andererseits unterschieden wird, unter denen das endlich reflektierende Ich sich als eine Substanz begreifen kann.[247] Das Ich begreift sich als Noumenon,

---

[247] „Dieser Act ist das Denken einer *Substanz* [...] es gehört dazu theils ein NOUMEN[,] das lediglich gedachte, (das man sich denkt) wo das Denken

indem es sich, wie bereits geschildert, zu selbstbestimmten, idealen oder auch sinnlichen Handlungen als das Zugrundeliegende hinzudenkt. Dabei stellt es sich notwendigerweise als einen nichtsinnlichen, bloß idealen, tätigen Akteur vor. Gleichzeitig kann es sich bei dieser Vorstellung im endlichen Ich nicht um ein *reines,* ideales Aktbewusstsein handeln. Vielmehr muss dieses Aktbewusstsein im alltäglichen Bewusstsein mit sinnlichen Bestimmungen vermittelt sein, zu denen vor allem die zeitliche Sukzession sämtlicher Bewusstseinsinhalte zählt. Das endliche, alltägliche Bewusstsein kann nur ausgehend von seinen kontingenten, sinnlichen Bestimmungen auf sich als ein Noumenon reflektieren. Somit bleibt Reflexion auf das Ich als Noumenon gleichzeitig mit Sinnlichkeit verknüpft, sie ist selbst ein Vorgang in der Zeit, der von einem leiblich verfassten Individuum vorgenommen wird. Insofern also das alltägliche, sinnlich bestimmte Ich auf sich als eine Substanz reflektiert, kann dann davon gesprochen werden, dass es sich zugleich als Substanz *erscheint.* In diesem Sinne kann also die Substanz sowohl noumenal als auch phänomenal begriffen werden.[248]

nicht auf ein Gegebenes geht [...] theils eine Versinnlichung deßelben durch Vereinigung des lediglich Bestimmbaren mit ihm durch die Einbildungskraft." (Wlnm-K GA IV, 3, 492 / 206).

[248] Der ideale bzw. noumenale Aspekt der Ich-Substanz und ihre sinnliche Vermittlung im Bewusstsein sind dabei zwar aufeinander bezogen, müssen jedoch auch als Unterschiedene reflektiert werden können: Dies wird sich besonders im Falle der Zuschreibung des Vermögens zur moralischen Selbstbestimmung zeigen, welche das Ich notwendig in Bezug auf sich selbst, aber auch auf andere, sinnlich erscheinende Vernunftwesen tätigen muss. Würde die noumenale Bestimmung der Substanz vollständig in ihrer sinnlichen Manifestation aufgehen, wäre es unmöglich, seiner selbst als leibhaft bestimmtes Individuum oder anderen Individuen das Vermögen zur freien, moralischen Selbstbestimmung zuzuschreiben, vgl. hierzu Abschnitt 6.5.1.

6.2.5 Die Zeitlichkeit des Zweckentwurfs und die Zeitlichkeit der
    Substanz

Diese einfache Hinsichtenunterscheidung zwischen der gedanklichen Bestimmung einer idealen, noumenalen Substanz und dem
sinnlich vermittelten Vorgang ihres Reflektiertwerdens, durch welchen sie zuallererst im alltäglichen Bewusstsein erscheinen kann,
macht jedoch weitere Untersuchungen notwendig. Wenn es sich bei
dem Gedanken vom Ich als Noumenon nämlich nicht um eine will-
kürliche Einbildung handeln soll, dann muss die noumenale Substanz zugleich so betrachtet werden können, dass sie in ein Verhältnis zur Sinnlichkeit treten kann. Im Folgenden sollen nun die Bedingungen der sinnlichen Erscheinung der Substanz mit Blick auf
ihr Erscheinen in der Zeit ermittelt werden. Dabei, so wird sich zeigen, ist diese Erscheinung in der Zeit auf eine zweifache Weise gegeben: nämlich einerseits als die Reflexion auf sich als zugrundeliegendes, bestimmendes Noumenon im zeitlich vermittelten Zweckentwurf und andererseits als Erscheinung in Gestalt einer sinnlichen Kraft, die zugleich mit einer räumlichen Anschauung einhergeht. Wie wir sehen werden, beruhen beide Fälle auf dem fundamentalen Akt der Einbildungskraft, ein Bestimmbares zu setzen.[249]
    Den äußerst zentralen Aspekt der Zeitlichkeit im Denken des
Ich als Substanz führt Fichte in § 17 nur knapp aus, was vor allem
daran liegen dürfte, dass Fichte den Gedanken der zeitlichen Sukzession in der Willensbestimmung bereits in § 12 thematisiert.
Um Fichtes Zeitbegriff allgemein und vor allem die Erscheinung
des Ich in der Zeit besser zu verstehen, soll daher im Folgenden
zunächst die Argumentation aus § 12 rekonstruiert werden, wo
Fichte die zeitliche Sukzession im Bewusstsein einführt. Fichte

---

[249] Radrizzani unterscheidet zwischen drei Erscheinungen der Substanz,
was hier als weiterführende Präzisierung hinzugenommen werden kann. So
unterscheidet er zwischen „le moi purement auto-déterminant [...] comme
esprit (pensée du simple pouvoir d'auto-détermination), comme âme (pensée du simple pouvoir d'auto-détermination étendu à travers la forme de
l'intuition interne) ou comme corps (pensée du simple pouvoir d'auto-détermination étendu à travers la forme de l'intuition externe)", Radrizzani
1993, 174.

erwähnt bereits in § 12 an einigen Stellen das Vermögen der Einbildungskraft, auch wenn er eine deutlichere Theorie dieses Vermögens erst in § 17 erarbeitet. Die Lehre von der produktiven
Einbildungskraft muss daher als Hintergrund der Ausführungen
des § 12 betrachtet werden, auch wenn Fichte sie an dieser Stelle
nicht explizit ausführt.

Anders als in § 17 thematisiert Fichte die zeitliche Erscheinung des Ich nicht mit Blick auf den ursprünglichen Entwurf eines Zweckbegriffs, der sich auf die Selbstbestimmung des Ich
bezieht, sondern auf ein willentlich hervorzubringendes Objekt
bzw. mit Blick auf die diesem Objekt korrespondierenden Gefühle. Die Argumentation soll nun in den entscheidenden Schritten nachvollzogen werden. Zunächst muss die wichtige Unterscheidung zwischen zwei Momenten des Bewusstseins in den
Blick genommen werden, welche in der Willensbestimmung bzw.
in der Zwecksetzung vereinigt werden: Hierbei handelt es sich
erstens um das Wollen selbst, welches Fichte hier als die „CON-
CENTRATION des ganzen Menschen mit seinem ganzen Vermögen auf einen Punct" (WLnm-K GA IV,3, 425 / 126) bezeichnet.
Wollen kommt demnach durch einen Akt der Selbstbestimmung
zustande, nämlich durch eine Selbstbestimmung zur Durchführung einer bestimmten Tätigkeit. Das Wollen eines bestimmten
Zwecks beruht daher auf einer inneren Nötigung, einer Einwirkung des Ich auf sich selbst. Mit Kant lässt sich diese innere Nötigung auch als Selbstaffektion beschreiben. Von dem Wollen als
Selbstaffektion ist zweitens dasjenige zu unterscheiden, worauf
sich das Wollen bezieht bzw. dasjenige, das mit einem bestimmten Zweck angestrebt ist: Wenn das Ich etwas will, dann will es
zumeist die Änderung bzw. Herbeiführung eines bestimmten
Gefühls: „Das Object des Wollens ist eine bestimmte Reihe des
Handelns und des Empfindens. Ich will etwas heißt: der Zustand
des Gefühls[,] das gegenwärtig vorhanden ist, oder das Obj[ect,]
das gegenwärtig so ist[,] soll anders werden" (WLnm-K GA IV,3,
426 /126).

Wie Fichte bereits in § 6 darlegt, setzen Willensbestimmung
und der Entwurf eines empirischen Handlungszwecks nicht bloß
das Gefühl überhaupt, sondern eine Mannigfaltigkeit von Gefühlen

voraus. Gäbe es nämlich keine Mannigfaltigkeit an Wahl- oder an Bestimmungsmöglichkeiten für den Willen, wäre die Freiheit desselben aufgehoben. Fichte argumentiert zunächst so, dass die Mannigfaltigkeit der Gefühle in einem „Verhältniß der DEPENDENZ" (WLnm-K GA IV,3, 428 / 128) gegeben sein muss. Dies liegt vor allem daran, dass ein Wollen nur dann Kausalität haben kann, wenn dasjenige, was durch ihn bestimmt werden soll, nämlich die Gefühle, ihrerseits in einem Kausalitätsverhältnis zueinanderstehen. Dieses Argument des Kausalverhältnisses der Gefühle führt Fichte darauf zurück, dass die Gefühle im Bewusstsein in zeitlicher Sukzession erscheinen müssen. Die zeitliche Abfolge der Dependenz liegt dabei jedoch nicht in den Gefühlen selbst. Vielmehr gründet die Zeitlichkeit in der idealen Tätigkeit des Ich, durch welche die subjektiven Gefühle zu Objekten der Anschauung werden. Mit anderen Worten: Nach Fichte werden Gefühle dadurch anschaubar, dass sie in eine Zeitreihe gebracht werden, wobei die Gefühle in der Anschauung zugleich als etwas Objektives gesetzt werden, das vom bloßen Subjektiven des Gefühls zu unterscheiden ist. Wie an späterer Stelle deutlich werden soll, handelt es sich auch bei der Anschauung von Gefühlen im Raum um eine äußere, objektive Anschauung der gefühlten Beschränktheit. Mit Blick auf die zeitliche Sukzession der Gefühle ist es jedoch entscheidend, dass hier nicht das jeweils Beschränkende als Materie des Gefühls in eine äußere Anschauung gesetzt wird, sondern vielmehr die Mannigfaltigkeit der Gefühle selbst, also die Form ihres Verhältnisses in einer inneren Anschauung (vgl. WLnm-K GA IV,3, 429 / 130). Fichte spricht genauer davon, dass es sich bei der Mannigfaltigkeit der Gefühle im Verhältnis der Dependenz um etwas „im Bilde zu REALISIRENDES [bzw.] etwas zu schematisierendes" handelt (WLnm-K GA IV,3, 428 / 129). In Anlehnung an Kant wird also die zeitliche Sukzession zum Schema der Mannigfaltigkeit der Gefühle für die innere Anschauung. Das Schema kann hier als regelhafte und notwendige Konstruktion für die Anschauung begriffen werden.[250] Hier wird zudem die später

---

[250] Siehe auch Schäfers treffende Definition des Schemas bei Kant, der in dieser Allgemeinheit auch auf Fichtes Theorie anwendbar ist: „Ein Schema

in § 17 entwickelte Tätigkeit der Einbildungskraft erkennbar, welche produzierend, reflexiv und synthetisierend zugleich ist: Denn

kann man als regelhaftes Verfahren, als einen methodischen Prozess der Bildgebung definieren, der eine anschauliche Einheit vorgibt, in die dann eine Vielzahl von Einzelexemplaren eingeordnet werden können [...].",Schäfer 2019, 449 und KrV A 140 / B 179). Schäfer unterstreicht in seinen Ausführungen zu Recht die transzendentale Funktion der Schemata der reinen Verstandesbegriffe, womit er Kant gegen den Psychologismus-Vorwurf verteidigt. Die Schemata der reinen Verstandesbegriffe haben nämlich die Aufgabe, zwischen den heterogenen Erkenntnisquellen von Anschauung einerseits und Verstand bzw. reinen Begriffen andererseits durch ihre „schematische Homogenität" zu vermitteln, vgl. Schäfer 2019, 448. Die transzendentale Funktion dieser Schemata besteht demnach darin, dass sie apriorisch für Gegenstandserkenntnis notwendig sind, weil ohne diese Vermittlung das sinnlich Mannigfaltige der Anschauung nicht auf einen Erkenntnisbegriff gebracht werden könnte. Entsprechend steht es dem erkennenden Subjekt nicht frei, ob es eine Kategorie wie die Kausalität in eine Zeitordnung bringt, in der die Ursache vor der Wirkung vorangeht. Daher ist in der Lehre vom transzendentalen Schematismus auch der Abschluss der Kategoriendeduktion zumindest der B-Auflage zu sehen, da durch diese Theorie abschließend gezeigt wird, wie Kategorien auf Anschauungen angewendet werden und dass dies mit transzendentaler Notwendigkeit geschieht, vgl. Schäfer 2019, 443f und KrV B 145. Der Gedanke einer transzendentalen Notwendigkeit der Schemata ist auch bei Fichte leitend. Zur Schematismuslehre von Kant vgl. Detel 1978, K. Düsing 2013b und Gasperoni 2016. Klaus Düsing kritisiert an Kants Lehre vom Schematismus, dass er diese ausgehend von der Lehre der drei Erkenntnisquellen (Anschauung, Einbildungskraft und Verstand) konzipiert habe, wobei die Schemata ihren Ursprung in der zwischen Anschauung und Verstand vermittelnden Einbildungskraft haben. In der B-Auflage verliert die Einbildungskraft jedoch ihre Funktion als eigenständige Erkenntnisquelle. Dort wird die transzendentale Synthesis der Einbildungskraft als eine Einwirkung des Verstandes konzipiert, der in einem Akt der Selbstaffektion des Subjekts auf den inneren Sinn geht, vgl. KrV B 153f. Werden die Einbildungskraft und die von ihr gebildeten dem Verstand bzw. der transzendentalen Einheit der Apperzeption unterstellt, dann verlieren sie – so Düsing – jedoch ihre Funktion als vermittelndes Drittes zwischen Anschauung und Begriff, was eigentlich eine Umarbeitung der Schematismuslehre und eine Anpassung an die Theoriebedingungen der B-Auflage nötig gemacht hätte, vgl.K. Düsing 2013b, 35f.

einerseits setzt die Einbildungskraft eine Mannigfaltigkeit von
Anschauungen in einer sukzessiven Reihe, die einer vorausgesetzten Mannigfaltigkeit von Gefühlen korrespondieren, bringt sie dabei andererseits zu Bewusstsein und vereinigt sie zugleich, sodass
eine Mannigfaltigkeit von Zeitmomenten in einem durchgehenden Bewusstsein erscheinen kann. Die Kontinuität der Zeitreihe
in einem durchgehenden Bewusstsein führt Fichte darauf zurück,
dass es letztlich ein und dieselbe selbstbestimmte Tätigkeit des Ich
ist, welche dem Akt der Produktion zeitlich sukzessiver Anschauung zugrunde liegt. Denn eine Mannigfaltigkeit beschränkender
Gefühle, denen eine Mannigfaltigkeit von Anschauungen korrespondieren soll, ist wiederum nur unter der Bedingung möglich,
dass es im Ich eine durchgehende, sich gegen die verschiedenen
Beschränkungen behauptende Tätigkeit der Selbstbestimmung
gibt. Es handelt sich um jene ursprüngliche Selbstbestimmung,
welche dabei „ausgedehnt [wird] zu einer Zeitlinie" (WLnm-
K GA IV,3, 429 / 130). Die dahinterliegende Überlegung, die
Fichte hier nicht ausführt, besagt, dass nur eine mit sich identische
Bestimmung dem Wechsel der Zeit Identität und Einheit verleihen kann.

Für auf das innere Zeitbewusstsein können also zwei Bedingungen festgehalten werden: Zum einen muss überhaupt eine
Mannigfaltigkeit von Gefühlen der Beschränktheit vorliegen, da
erst eine solche Mannigfaltigkeit die Setzung einer zeitlichen Sukzession notwendig macht. Über diese Bedingung kann das endliche Ich nicht verfügen. Wie Fichte mehrfach betont, kann diese
Mannigfaltigkeit nur allgemein als Bedingung empirischer Zwecksetzung und damit als Bedingung der Reflexion auf zwecksetzende Tätigkeit im endlichen Bewusstsein abgeleitet werden, während der konkrete Inhalt dieser Mannigfaltigkeit sich jedoch der
Bestimmung des endlichen Ich entzieht. Neben dieser externen
Bedingung muss jedoch eine interne Bedingung seitens des Ich
vorliegen. Das endliche Ich muss über das ideale Vermögen verfügen, diese Mannigfaltigkeit in einer Reihe produktiv zu setzen
und dabei zugleich als das Bestimmbare für einen möglichen
Zweckentwurf zusammenzufassen. Dies ist eine Leistung der
Einbildungskraft.

Diese Funktion der Einbildungskraft, ein Mannigfaltiges als Bestimmbares in der zeitlichen Sukzession zu setzen, kann hierbei noch einmal eigens unterschieden werden vom Setzen des Bestimmbaren überhaupt, welches dem idealen Zweck der reinen Selbstbestimmung zugrunde liegt. Dieser ursprüngliche Akt ist vorauszusetzen, wenn im Fall mannigfaltiger Gefühle eine innere Anschauung derselben als das Bestimmbare für einen empirischen Zweckentwurf hervorgebracht werden soll.[251]

Aus dem obigen ergibt sich, dass das innere Zeitbewusstsein nichts anderes ist als das Bewusstsein einer durchgehenden Selbstbestimmung gegen eine Mannigfaltigkeit von Einschränkungen, die im Gefühl präsent sind. Inmitten dieser Selbstbestimmung *gegen* eine Mannigfaltigkeit von Beschränkungen, die in zeitlicher Sukzession vorkommen, kann das Ich nun auf eine zweifache Weise auf sich reflektieren. Nämlich erstens als das sich ideal im Zweckentwurf Bestimmende. So weiß das Ich sich als ein Noumenon inmitten seines zeitlichen und damit sinnlichen Bewusstseins. Insofern diese Reflexion die faktische, a posteriori erfahrbare Beschränkung des Ich voraussetzt, kann hier auch von einer Erscheinung des Ich als Zugrundeliegendes im zeitlichen Bewusstsein gesprochen werden. Dabei ist entscheidend, dass dem Denken des Ich als Zugrundeliegendes im Wechsel zugleich eine sinnliche, äußere Anschauung, die jedoch ebenso der zeitlichen Sukzession unterliegt, angenommen werden muss. Schließlich muss nicht nur die Mannigfaltigkeit der Gefühle zeitlich angeschaut werden, sondern auch das Ich selbst, insofern es diese Gefühle in ihrer zeitlichen Anordnung bestimmen soll. M.a.W.: Wenn das Ich sich in der Anschauung auf

---

[251] Ein wesentlicher Unterschied zu Kants Lehre von der Einbildungskraft und auch vom Schematismus (vgl. Anm. 250) besteht eindeutig darin, dass Fichte das Vermögen der Einbildungskraft allgemein sowie ihre schematisierende Funktion im Besonderen als Bedingung des Zweckentwurfs, damit als Bedingung realer bzw. praktischer Tätigkeit konzipiert. Sollen grundlegende, transzendentale Vermögensleistungen nämlich eigentlich deduziert werden, dann muss ihr Ursprung in der ideal-realen Einheit des Ich aufgewiesen werden; eine einseitige Ableitung als bloß theoretisches Vermögen, wie Kant sie entwickelt, ist für Fichte zumindest in der *Wissenschaftslehre nova methodo* ausgeschlossen.

etwas in zeitlicher Sukzession beziehen und dieses zugleich kausal bestimmen können soll, muss es sich selbst durch eine zeitliche Sukzession vermittelt erscheinen (vgl. WLnm-K GA IV,3, 429 / 130). Dies ist die versinnlichende Leistung der Einbildungskraft.[252] Wie später noch ausgeführt wird, denkt Fichte die sinnliche Vermittlung selbstverständlich nicht ausschließlich als zeitlich, sondern ebenso als räumlich und materiell. Die sinnliche Erscheinung des zwecksetzenden Ich ist schließlich der räumlich-materielle Leib, der dem Bewusstsein in zeitlicher Sukzession erscheint. In § 12 liegt der Fokus verstärkt auf der zeitlichen Dimension dieser Erscheinung, die als solche gleichwohl nie unabhängig von einer räumlichen Vorstellung zu Bewusstsein kommt. Diese Überlegungen mit Blick auf die zeitliche Dimension der sinnlichen Erscheinung des Ich in § 12 greift Fichte in § 17 nun wieder auf, wenngleich Fichte in § 17 grundlegender vom Ich als Substanz oder reinem Vermögen spricht, nämlich im Zusammenhang mit dem Setzen des Mannigfaltigen der Anschauung überhaupt.

Die Vorstellung einer sinnlichen bzw. physischen Kraft des Ich, die – wie an späterer Stelle gezeigt werden soll – in leiblicher Gestalt erscheint, konzipiert Fichte zugleich als Vermittlung zwischen Intelligibilität und Sinnlichkeit:

[Die sinnliche Kraft] ist kein bloß sinnlicher, und kein bloß intelligibler Begriff, sondern beides zum Theil[.] Der Stoff, die Willensbestimmung ist intelligibel[,] die Form aber, in welcher meine Willensbestimmung fällt, die Zeit, ist sinnlich. (WLnm-K GA IV,3, 430 / 131)

Damit kommt dem Begriff der Kraft nach Fichte eine eigentümliche Stellung zwischen rein intelligiblen Begriffen (etwa Freiheit

---

[252] Diesen Zusammenhang fasst Radrizzani treffend zusammen: „Le moi, dont l'essence est d'être actif, de vouloir, de s'auto-déterminer (pensée synthétique), ne peut pas se trouver comme tel sans prendre conscience de son activité, sans se représenter (pensée idéale); mais il ne peut pas prendre conscience de son activité sans la sensibiliser à travers l'imagination, sans se „substantifier"; et c'est cette „substantification", cette sensibilisation forcée à travers l'imagination, qui permet d'expliquer le passage de la pensée pure à la force sensible et qui rend possible la seconde sensibilation opérée par la pensée réelle.", Radrizzani 1993, 173.

oder Wille) und Begriffen von sinnlichen Anschauungen zu. Diese
Ordnung, nach welcher Begriffe auf rein intelligible Objekte, auf
sinnliche Anschauungen oder aber auf das zwischen beiden Sphä-
ren Vermittelnde bezogen sein können, führt Fichte gegen die
strenge Unterscheidung von Noumena und Erscheinungen bei
Kant an, welche nach Fichtes Auffassung unter anderem dazu
führt, dass bei Kant Freiheit und Natur in einem unversöhnlichen
Dualismus zu verharren drohen. Hierbei ist natürlich zu ergänzen,
dass Kant durchaus Begriffe wie z.B. den Organismus kennt, die
auf sinnlich Gegebenes bezogen werden können, dabei aber eine
Form intelligibler Kausalität ausdrücken. Der deutliche Unterschied zwischen Fichte und Kant ist jedoch darin zu sehen, dass
Fichte den Begriff einer organisch-leiblich verfassten Kraft des Ich
als etwas Denknotwendiges begreift. Die sinnliche Kraft ist nämlich
denknotwendig, insofern sie als Bedingung des Selbstbewusstseins,
nämlich als Bedingung der Zwecksetzung, angenommen werden
muss. Das Ich muss sich selbst als sinnliche Kraft erscheinen, wenn
es überhaupt Selbstbewusstsein haben soll. Dass das Ich über sinnliche Kraft verfügt, wäre kein bloß reflektierendes Urteil im Sinne
Kants, sondern ein bestimmendes, das eine notwendige Erkenntnis
ausdrückt.[253]

6.3 Die reale Reihe des Objektdenkens und der Begriff
der Kausalität

Gegenstand des § 17 ist ein synthetisches Denken, welches in seiner
allgemeinsten Bedeutung das Bewusstsein der notwendigen Verbindung eines idealen Zweckbegriffs mit einem korrespondierenden Objekt bezeichnet. Es ist das Bewusstsein der Vereinigung eines Bestimmenden, eines idealen Entwurfs und der damit einhergehenden Bestimmung. In den vorangegangenen Abschnitten
wurde, die von Fichte so genannte ideale Reihe des Zweckentwurfs untersucht und es wurde gezeigt, inwiefern das Bewusstsein
des Zweckbegriffs nur unter der Voraussetzung einer produktiven

---

[253] Vgl. hier näher Abschnitt 6.6.3.2.

Synthesis der Einbildungskraft möglich ist, aus der zugleich die
Substanzialität des Ich sowie die unhintergehbare Zeitlichkeit des
endlichen Bewusstseins erklärt werden sollte. Im Folgenden soll es
nun darum gehen, jene synthetischen Akte zu untersuchen, die mit
dem Denken eines durch das Ich bestimmten Objekts einhergehen.
Dabei gilt es zu beachten, dass Fichte die reale Reihe als Denken
eines wirklichen, außerhalb des Ich existierenden Objekts konzipiert. Er behauptet damit, dass im synthetischen Denken an ein ideales Bewusstsein zweckbestimmender Tätigkeit zugleich ein Bewusstsein eines zu realisierenden Objekts in der Außenwelt ange-
knüpft sein muss (195 / GA IV, 2, 200f). Der dem Anspruch nach
streng genetisch geführte Beweisgang enthält jedoch genau an diesem Punkt eine Lücke: Denn unmittelbar wird nicht einsichtig, warum an das ursprüngliche synthetische Denken und damit an das
Bewusstsein des Ich als reinen Willen zugleich das Bewusstsein eines äußeren, kausal zu bestimmenden Objekts geknüpft sein muss.
Im ursprünglichen synthetischen Denken ist zwar das Bewusstsein
eines Zweckbegriffs mit einem zu realisierenden Objekt vermittelt.
Dieses Objekt stellt dabei jedoch kein äußerliches Objekt in der
Welt vor, sondern eine zu realisierende Selbstbestimmung, die als
solche zu Bewusstsein gelangt und im Zweckbegriff vorgestellt
wird. Die Lehre vom Zweckentwurf, welche ausgehend von der
idealen Reihe konzipiert wurde, bezieht sich ausschließlich auf das
Ich als Zweck seiner selbst, nicht aber auf Zwecke, die in äußeren
Objekten ihre Erfüllung finden. Das bedeutet, dass Fichte die reale
Reihe selbst nicht unmittelbar aus dem ursprünglich synthetischen
Denken ableitet. Der Übergang von der idealen zur realen Reihe
lässt sich gleichwohl argumentativ plausibilisieren. Zunächst kann
der Zusammenhang phänomenologisch aufgewiesen werden: Wie
bereits mehrfach festgehalten wurde, ist eine bewusste Reflexion
auf die ideal sich reflektierende Tätigkeit faktisch nur ausgehend
von einem empirischen Handlungs- und Objektbewusstsein möglich. Dieser faktische Zusammenhang kann wiederum transzendental damit begründet werden, dass ein Wille nur als *wirklicher* Wille
zum Bewusstsein kommen kann, was aber voraussetzt, dass er tatsächlich zur Modifikation von Objekten in der Außenwelt im
Stande ist und dies auch aktiv leistet. Denn käme es nie zur

Verwirklichung von Willensbestimmungen in einer äußeren Objektwelt, bliebe der Wille bloßes Wunschdenken.

6.3.1 Das Kausalitätsverhältnis von Ich und Außenwelt

Die reale Reihe bezieht sich also auf das Denken realer, äußerlich gegebener Objekte. Fichte entwickelt hier zunächst zwei Leitfragen, die er in unterschiedlicher Ausführlichkeit beantwortet. Zunächst kann untersucht werden, wie das Denken eines realen Objekts, das durch den Zweckentwurf verwirklicht werden soll, zustande kommt. Fichte spricht hier vom „eigentliche[n] Denkact" (WLnm-K GA IV,3, 483 / 195). Diesbezüglich hält er knapp fest, dass das Denken eines realen Objekts zugleich ein Denken ist, das mit einem Gefühl der Notwendigkeit begleitet ist. Das Denken eines realen Objekts beruht also auf der Voraussetzung eines Gefühls – so bezeichnet Fichte das reale Denken auch als das „Denken eines Gefühls" (WLnm-K GA IV,3, 484 / 196). Das so benannte „Denken eines Gefühls" müsste jedoch präziser bezeichnet werden als das ideale Setzen eines Objekts aufgrund eines Gefühls der Beschränktheit. Schließlich geht aus Fichtes Vermögenspsychologie selbst hervor, dass Gefühle nur gefühlt, nicht aber selbst gedacht werden können.

Entscheidender im Kontext der Untersuchung des synthetischen Denkens ist für Fichte jedoch die Frage, wie das reale Denken eines Objekts an die ideale Reihe geknüpft ist. Wie wir gesehen haben, setzt Fichte an dieser Stelle schlichtweg voraus, *dass* dem Ich äußere Objekte erscheinen. Offen ist jedoch die Frage, *wie* das Verhältnis von ideal tätigem Ich zu einem äußeren Objekt formal zu konzipieren ist. Wie wir gesehen haben, bezeichnet die ideale Reihe einen synthetischen Akt des Denkens, durch den das Ich sich als Zwecke entwerfend denkt. Es geht damit um die Frage, wie ein äußeres Objekt mit dieser idealen Tätigkeit des Zweckentwurfs verknüpft wird. Im Rahmen dieser Untersuchung führt Fichte die Kausalität als Kategorie ein.[254]

---

[254] Vgl. Schwabe 2007, 609.

Die Antwort auf diese Frage nach der Beziehung von zweckent-
werfendem Ich und äußerem Objekt fällt in ihrer Allgemeinheit zunächst scheinbar simpel aus: Die Vorstellung eines realen Objekts,
welches durch die Tätigkeit des Ich hervorgebracht werden soll,
gründet auf dem Bewusstsein der bestimmenden Tätigkeit, aus welcher die Zwecksetzung hervorgeht. Die Vorstellung eines realen
Objekts ist also durch die Zweckbestimmung vermittelt. Das bedeutet, dass das Ich *qua* idealer Tätigkeit einen Zweckbegriff entwirft und durch das „MEDIUM" dieses Zweckbegriffs zugleich ein
Objekt setzt, welches gemäß dem Zweckbegriff zu realisieren ist
(WLnm-K GA IV,3, 483 / 195). Der Form nach denkt Fichte das
Verhältnis von idealer, zweckbestimmender Tätigkeit also gemäß
der Relationskategorie der Kausalität. Fichte verortet gar den Ursprung der Kategorie der Kausalität in diesem Verhältnis des ideal
bestimmenden Ich und des real bestimmten Objekts (vgl. WLnm-
K GA IV,3, 483 / 195). Fichte führt damit Kants These von der
Kausalität aus Freiheit präzisierend fort. Diese allgemeine Feststellung, dass das Verhältnis des Ich, welches sich als ein zwecksetzen-
des Wesen bewusst ist, zu äußeren Objekten primär als Kausalverhältnis zu fassen ist, bedarf jedoch noch weiterer Erläuterung, um
mögliche Fehldeutungen zu vermeiden. Diese Erläuterungen liefert
Fichte im Wesentlichen erst in den §§ 18 und 19. Aus den vorangegangenen Ausführungen sollte der Gedanke, dass nach Fichte das
Verhältnis von Ich und Außenwelt auf einer praktischen und damit
einer kausalen Vermittlung beruht, bereits nachvollziehbar sein. Es
gehört zu den wesentlichen Einsichten der Frühphilosophie Fichtes, dass das Ich die Welt äußerer Objekte ursprünglich als eine
Sphäre setzt, in der sich selbstbestimmte Handlungen des Ich vollziehen können. Das bedeutet aber auch, dass die Setzung der Außenwelt als Horizont real-praktischer Handlungen für das Ich selbst
dem Vollzug besonderer zweckbestimmter Handlungen vorausliegt. Die Außenwelt in ihrer Gesamtheit erscheint dem Ich nicht
als etwas, welches selbst aus der zwecksetzenden Tätigkeit hervorgegangen ist, sondern als etwas schlichtweg Gegebenes, in dem sich
bloß mögliche zweckbestimmte Handlungen vollziehen können.
Dasselbe gilt für einzelne empirische Objekte: Das Gegebensein
der Objekte überhaupt erscheint dem Ich nicht als etwas, das sich

der Zwecksetzung des Ich verdankt. Vielmehr erscheinen einzelne empirische Objekte bloß so, dass sie durch eine zweckbestimmte Handlung modifizierbar sind. Das empirisch gegebene Objekt ist daher nicht als das unmittelbare Produkt einer Willensbestimmung zu verstehen, wie es die oben zitierte Formulierung nahelegen könnte. Das einzelne empirische Objekt ist vielmehr etwas, das zunächst als ein bloß Gegebenes erscheint, welches gleichwohl durch zweckbestimmte Handlungen modifiziert werden kann. Fichtes Ausführungen sind also nicht so zu verstehen, dass das Ich sich einen endlichen Zweck denkt und dadurch instantan ein entsprechendes empirisches Objekt der Vorstellung gesetzt wird. Die praktisch-kausale Fundierung des Verhältnisses des Ich zur Außenwelt muss vielmehr so formuliert werden: Nur dadurch, dass das Ich sich selbst allgemein als Zwecke entwerfend denkt, wird es notwendig, eine Außenwelt zu setzen, in welcher diese Zwecke realisiert werden können. Ein Zweckbegriff stellt etwas vor, das realisiert werden *soll* und setzt damit bereits eine Sphäre voraus, in der er auch realisiert werden *kann.* Das unmittelbare Denken eines Zweckbegriffs ist daher nicht zugleich die unmittelbare Produktion eines empirisch gegebenen Objekts. Insofern handelt es sich nach Ulrich Schwabe bei der Kausalität um eine „formale Voraussetzung" des Objektdenkens, was aber nicht bedeutet, dass jedes gedachte Objekt dem Gehalt nach so erscheint, dass es durchgehend einem Zweckentwurf des handelnden Ich entspricht.[255] Das einzelne empirische Objekt ist dabei nicht das immer schon gemäß dem Zweckentwurf bestimmte, sondern das Bestimmbare, das zumindest in Teilen durch Handlungen des Ich verändert werden kann. Das Verhältnis von den Einzelobjekten und einer natürlichen Welt, welche diese Objekte enthält, wird Fichte in den §§ 18 und 19 näher ausführen.[256]

---

[255] Schwabe 2007, 611.
[256] Vgl. hierzu Abschnitt 6.4.2 und 6.5.2.

6.3.1.1 Die Versinnlichung der zweckbestimmenden Tätigkeit

Damit legt Fichte also allgemein dar, dass erst vermittelst des
Zweckentwurfs und damit durch das Setzen des Ich als ein bestimmendes und wirkendes, die Vorstellung eines zu bewirkenden Objekts und damit die Vorstellung einer Außenwelt an das Ich ange-
knüpft wird. Den genetischen Zusammenhang zwischen der Setzung einer Außenwelt und der Setzung eines darin enthaltenen Objekts, das gemäß den Zweckbestimmungen modifiziert werden soll,
führt Fichte allerdings erst in den §§ 18 und 19 aus. Allgemein ist
bereits festzuhalten, dass das Verhältnis zwischen Ich und äußeren
Objekten ursprünglich kausal zu denken ist. Nur wenn das Ich in
einer ursprünglich praktisch-kausalen Beziehung zu Objekten steht,
kann es sich ferner theoretisch bzw. erkennend auf dieselben beziehen.

Bereits mit Blick auf die ideale Reihe wurde deutlich, dass Fichte
zunächst eine allgemeine Synthesis zweier Elemente aufstellt, in
diesem Fall nämlich von Zweckentwurf und Zweckbegriff, um
dann wiederum nach synthetischen Akten zu suchen, die dieser allgemeinen Synthesis zugrunde liegen. So zeigte er, dass der Zweckentwurf nur durch die produktive Synthesis der Einbildungskraft
möglich ist. Ein ähnliches Vorgehen findet sich nun auch mit Blick
auf die reale Reihe. Denn die Untersuchung der Synthesis von
Zweckentwurf und einem äußeren, zu realisierenden Objekt ergibt
für Fichte, dass diese eine weitere Subsynthese enthalten muss, um
überhaupt möglich zu sein. Zweckentwerfende Tätigkeit und zu bestimmendes Objekt müssen also durch einen weiteren synthetischen Akt vermittelt werden. Denn eine ideale, zweckentwerfende
Tätigkeit lässt sich überhaupt nur mit einem realen äußeren Objekt
vermitteln, wenn sie ebenso selbst als etwas reales, empirisch Gegebenes gesetzt werden kann. Das bedeutet, dass die ideale Tätigkeit der Zweckbestimmung dem Ich zugleich als etwas Sinnliches
oder Physisches gegeben sein muss. Nur durch eine physische, versinnlichte Tätigkeit kann das Ich auf physische Objekte einwirken.
Fichte spricht in diesem Kontext von einer sinnlichen oder physischen Kraft, die gemäß einem Zweckbegriff bestimmt wird und als
solche auf physische Objekte einwirkt (vgl. WLnm-K GA IV,3,

495 / 210). Die Versinnlichung der idealen Tätigkeit der Zweckbestimmung stellt dabei die Vermittlung zwischen idealem Zweckentwurf und physischem Objekt dar.

Wie in den §§ 18 und 19 noch näher ausgeführt wird, konzipiert
Fichte die physische Kraft, welche wiederum die sinnliche Anschauung der idealen Tätigkeit des Zweckentwurfs ist, als den Leib
des Ich. Entsprechend hält er fest, dass der Leib „nichts als [eine]
gewiße Ansicht meiner Causalität als Intelligenz" (WLnm-K GA
IV,3, 485 / 197) ist. Die Erscheinung der physischen Kraft bzw.
des Leibes führt Fichte auch auf ein „sinnliches Denken" zurück
(WLnm-K GA IV,3, 485 / 197), welches präziser als ein *versinnli-
chendes* Denken bezeichnet werden sollte. Fichtes Argument besagt
nämlich, dass die physische Kraft, mit welcher das Ich äußere Objekte bestimmt, als sinnliche Erscheinung einer ursprünglich reinen
idealen Tätigkeit zu begreifen ist, wobei diese Erscheinung nicht
einfach gegeben ist, sondern durch bestimmte, wenngleich unbewusste Akte des Ich konstruiert wird. Wie im vorangegangenen Abschnitt deutlich wurde, gründet die Versinnlichung des reinen Denkens in der produktiven Synthesis der Einbildungskraft, welche ein
Bestimmbares bzw. eine Mannigfaltigkeit von Möglichkeiten setzt,
aus denen das Ich sich wiederum wählt und damit als ein endlich
Bestimmtes konstituiert.

6.3.1.2 Die Deduktion des Raumes und der Materie (§ 10)

Fichtes Ausführungen zum Leib als raum-zeitliche Erscheinung des
ursprünglichen Handelns des Ich werden im § 17 nur knapp ausgeführt. Um zu verstehen, inwiefern Fichte die Anschauung des Raumes und darauf aufbauend die Anschauung des Ich als physische
Kraft bzw. als Leib entwickelt, ist es ratsam, jene Passagen in der
Wissenschaftslehre nova methodo heranzuziehen, in denen er den Raum
sowie den Leib thematisiert. Dies erfolgt in den §§ 10 und 11.

Der Textchronologie entsprechend soll im Folgenden zunächst
Fichtes Deduktion des Raumes und dann im Anschluss Fichtes De-
duktion der leiblichen Erscheinung des Ich rekonstruiert werden.
Ohne dass Fichte in den §§ 10 und 11 bereits die Theorie der

produktiven Synthesis der Einbildungskraft erarbeitet hat, gilt jedoch auch dort allgemein, dass die äußere Raumanschauung als eine
sinnliche Erscheinung der reinen Tätigkeit des Ich aufzufassen ist.
In Anlehnung an Kant schließt Fichte es damit dezidiert aus, den
Raum als etwas äußerlich Gegebenes aufzufassen. Dabei geht
Fichte jedoch über Kant hinaus, indem er den Raum vermittelst
einer transzendentalen Ableitung deduziert. Deutlicher als Kant
stellt Fichte ferner heraus, dass die Anschauung des Raumes als eine
Selbstanschauung zu begreifen ist, mithin als eine sinnliche oder
äußerliche Objektivation der reinen Tätigkeit des Ich selbst. Bei
Kant ist der Raum hingegen eine uns gegeben Größe des äußeren
Sinns. Die Setzung des Raumes beruht damit auf der Leistung der
Einbildungskraft, durch welche das Ich überhaupt aus der reinen
Tätigkeit heraustritt und seine eigenen bestimmten Akte in ein Be-
wusstsein überführt.[257]

Die Deduktion des Raumes ist damit integraler Bestandteil jener
Theorie Fichtes, welche besagt, dass das Ich nur durch eine sinnliche Vermittlung ein deutliches Bewusstsein seiner eigenen Tätigkeit
haben kann. In der Sinnlichkeit ist sich das Ich nämlich seiner Einschränkung bewusst, gegen die es seine eigene Tätigkeit als Kraft
ausüben kann, um sich dann selbstbezüglich auf sich als Tätigkeits-
ausübenden zu beziehen. Die Deduktion des Raumes und daran
anschließend die Deduktion des Leibes erklären also wie das Ich,
das in allgemeiner und abstrakter Form als Bewusstsein des eigenen
Handelns verstanden werden kann, dafür zugleich auf eine Raumanschauung und auf eine leibliche Verfasstheit angewiesen ist.

Die Deduktion des Raumes nimmt ihren Ausgang zunächst bei
der Feststellung, dass sobald das Ich auf sich reflektiert, es seine
Tätigkeit sowohl als Freiheit, aber auch als etwas Gegebenes

---

[257] Bei Kant ist dagegen nur die Ordnung der Raumstrukturen eine Leistung der Einbildungskraft, nicht jedoch der Raum selbst. Formale Anschauungen (figürliche Synthesen) der transzendentalen Einbildungskraft
ordnen dabei erst den Raum als Form der Anschauung, z.B. durch die Vorstellung des Ineinander- oder Gleichzeitigseins, vgl. Kant, *Kritik der reinen
Vernunft*, B 151. Über den Zusammenhang zwischen dem Raum als Form
der Anschauung und formalen Anschauungen, vgl.Schäfer 2019, insb.
440f. Allgemein zu Kants Theorie des Raums vgl. Enskat 1978.

begreifen muss (vgl. WLnm-K GA IV,3, 409 / 107f.). Durch endliche Reflexion wird dem Ich die ursprünglich freie Handlung des
Selbstsetzens objektiv. Das reine Handeln ist für das endliche Bewusstsein die Freiheit selbst, jedoch in ihrer objektiven Form, die
vom subjektiv-idealen Bewusstsein notwendig unterschieden ist.

Wie bereits mehrfach deutlich wurde, konzipiert Fichte das Bewusstsein der Selbstbestimmung als einen Übergang von der bloßen Bestimmbarkeit, von der bloßen Möglichkeit zum wirklichen
Vollzug der Tätigkeit. Um sich der Tätigkeit *in actu* bewusst zu werden, ist also stets ein Bewusstsein des Vermögens der Handlung
vorausgesetzt (vgl. WLnm-K GA IV,3, 411 / 109). Dieses Bewusstsein des Vermögens zur Handlung wurde in § 6 als Bewusstsein des Triebes bzw. des Strebens eingeführt. Es ist nun die Anschauung dieses Vermögens zur Tätigkeit im Sinne einer notwendigen Bedingung des Tätigkeitsbewusstseins, aus dem Fichte die
Anschauung des Raumes entwickelt. Damit entwickelt er die These,
dass die Raumanschauung nichts anderes ist als die *äußere* Anschauung der Möglichkeit des Ich zur selbstbestimmten Tätigkeit. Unter
Einbeziehung der Resultate der Untersuchungen zur fünffachen
Synthesis lässt sich Fichtes These auch so formulieren, dass der
Raum zugleich die Anschauung der Bestimmbarkeit zu möglichen
Akten der Selbstbestimmung darstellt, welche durch die Einbildungskraft gesetzt wird. Die Anschauung des Raumes als Sphäre
der Bestimmbarkeit zu selbstbestimmten, freien Handlungen gründet damit in dem Vermögen der Einbildungskraft, das Fichte allerdings dann im § 17 entwickelt.

Fichtes Lehre von der äußeren Anschauung des Raumes ist damit eine Präzisierung des bereits bekannten Theorems, dass zu jenem Bewusstsein bestimmter Tätigkeit zugleich ein Bewusstsein
der reinen Bestimmbarkeit gehört. Die Frage jedoch, wie es dazu
kommt, dass die Bestimmbarkeit als etwas Äußeres gesetzt und dabei als unendlicher Raum erscheint, führt Fichte, wie er selbst bekundet, an die Grenzen der begrifflichen Ableitung. So hält er bloß
fest, dass wir uns Tätigkeit überhaupt nicht anders anschaulich vorstellen können als durch das Bild einer gezogenen Linie, wobei die
Darstellung einer unendlichen Möglichkeit von Tätigkeiten bloß als
ein „nach allen möglichen Directionen mögliches Linizenziehen"

für die Anschauung zu konzipieren ist (WLnm-K GA IV,3, 412 / 110). Entscheidend ist hierbei, dass Fichte die räumliche Vorstellung des Linienziehens nicht als eine bloß mögliche und kontingente Visualisierung reiner Tätigkeit betrachtet, sondern als *das* „SCHEMA" der reinen Tätigkeit überhaupt (WLnm-K GA IV,3, 412 / 110). In Anlehnung an Kant bezeichnet er mit dem Begriff des Schemas eine regelhafte Konstruktion der Anschauung, wobei es sich bei dem Raum um die notwendige und einzig mögliche Schematisierung des reinen Vermögens zur Handlung handelt. Der Raum ist also das regelhaft durch die Einbildungskraft gesetzte Schema für die Anschauung der bloßen Bestimmbarkeit zur Handlung.

Ein wichtiger Zwischenschritt zur Deduktion des Leibes besteht in dem Aufweis einer wechselseitigen Voraussetzung vom Raum als äußerer Form der Anschauung einerseits und einer Mannigfaltigkeit von einzelnen Objekten andererseits, die in diesem Raum erscheinen. Dies ist hier von Bedeutung, da der Leib selbst ein bestimmtes Objekt im Raum ist. Die wechselseitige Voraussetzung von Raum und Objekt beruht auf der bereits bekannten Wechselbestimmung zwischen dem Bewusstsein der beschränkten Tätigkeit des Ich einerseits sowie dem Bewusstsein von äußeren Objekten andererseits, welche als Grund der Beschränkung gesetzt werden. Das Ich kann sich nämlich nur dadurch seiner eigenen Tätigkeit bewusst werden, dass es sich als beschränkt erfährt, ebenso kann es sich jedoch nur dadurch äußerer beschränkender Objekte bewusst werden, dass es überhaupt von einer selbstbestimmenden Tätigkeit weiß, die beschränkt wird. Aus dieser allgemeinen Wechselbestimmung von Tätigkeits- und Objektbewusstsein folgt in diesem Kontext, dass äußere Objekte mit dem Raum vereinigt werden müssen, da der Raum nichts anderes ist als die schematische Darstellung der Bestimmbarkeit zur Tätigkeit. Als Schema der möglichen Tätigkeit ist der Raum integraler Teil des Tätigkeitsbewusstseins, welches in Wechselbestimmung mit äußeren Objekten steht, die das Ich beschränken (vgl. WLnm-K GA IV,3, 417 / 115).

Aus dem Begriff des räumlich bestimmten äußeren Objekts gewinnt Fichte zugleich den Begriff der Materie. So heißt es: „Materie ist die Synthesis des Raums mit dem Objecte" (WLnm-K GA IV,3,

414 / 112). Die Materie als das räumlich bestimmte Objekt äußerer
Anschauung überhaupt ist dabei zugleich allgemeiner Ausdruck der
unaufhebbaren Gegebenheit der Beschränkung des Ich sowohl für
die theoretisch-ideale als auch für die praktische Tätigkeit des Ich:
„[...] ich kann die Materie [...] nicht wegdenken[,] wegschaffen, nicht
vermehren[,] nicht vermindern; wo wir denken[,] finden wir Raum,
weil wir überall Materie denken" (WLnm-K GA IV,3, 414 /
112f.).[258] Auch wenn die Materie als räumlich bestimmte Objektsphäre die äußere Erscheinung der Beschränktheit des Ich ist,
ist es gleichwohl so, dass durch die Materie die Freiheit sowohl der
theoretischen als auch praktischen Tätigkeit nicht aufgehoben werden darf. Die Freiheit des anschauenden und des handelnden Ich
angesichts der Materie kann nur dadurch gewahrt werden, dass der
Raum erstens unendlich teilbar ist und zweitens ins unendliche ausgedehnt ist (WLnm-K GA IV,3, 415f./ 114). Dies gilt sowohl für
die theoretische Betrachtung der Materie, die nur dann frei ist,
wenn sie die räumliche Struktur in immer kleinere Einheiten analy-
sieren und eine unendliche Menge an Verbindungen zwischen einzelnen Elementen herstellen kann als auch für die praktische Tätigkeit. Die praktische Tätigkeit wahrt nur dann ihre Freiheit, wenn

---

[258] Dass *jedes* gedachte Objekt ein räumlich-materielles sein muss, kann
Fichte hier sicher nicht gemeint haben. Fichte wollte hier wohl sagen, dass
alle äußerlich einschränkenden Objekte räumlich-materiell verfasst sein
müssen. Ansonsten muss es möglich bleiben, reine Gedankenobjekte wie
Zahlen oder logische Regeln vorzustellen, auch wenn zu diesen niemals ein
Äquivalent in der äußeren Anschauung gefunden werden kann. Diese idealen Objekte können tatsächlich schwerlich so vorgestellt werden, dass sie
die praktische Tätigkeit des Ich in irgendeiner Form einschränken. Fichtes
These kann auch so reformuliert werden, dass die Empfindung und Wahrnehmung materieller Objekte den Ausgangspunkt des empirischen Bewusstseins bildet und in demselben durchgehend präsent sein muss. Mit
dem Ende des sinnlichen Objektbewusstseins, endet das alltägliche, empirische Bewusstsein. Ohne ein sinnliches Bewusstsein wäre dann auch keine
Mathematik oder auch keine Philosophie möglich, insofern beide aus dem
alltäglichen Bewusstsein hervorgehen. Die besondere Konzentration auf
ideale Gegenstände wie Zahlen oder logische Regeln gründet dann auf einer abstrahierenden Reflexion von allen sinnlich gegebenen Bewusstseinsinhalten.

die Materie zumindest potenziell auf unendlich mannigfaltige Weise in Handlungen modifizierbar ist. Durch die Materie wird Freiheit also nicht vernichtet, sondern bloß eingeschränkt bzw. bestimmt. Wie Fichte dann in § 17 ausführt, beruht die Setzung einer objektiv vorliegenden, jedoch ins Unendliche teilbaren Sphäre auf dem produktiven Vermögen der Einbildungskraft.

6.3.1.3 Die Deduktion des Leibes (§ 11)

Die Deduktion des Leibes in § 11 schließt sich nun nahtlos an die Deduktion des Raumes und der Materie an. Insofern es sich beim Leib um die räumlich-materielle Erscheinung des Ich handelt, war es zunächst notwendig, die Anschauung des Raumes, der Materie und einzelner äußerer Objekte zu erklären. Die Deduktion des Leibes in § 11 beruht auf dem Gedanken, dass die äußere Anschauung mannigfaltiger materialer Objekte nur dann möglich ist, wenn das Ich sich zunächst selbst als ein räumlich verfasstes, materielles Objekt erscheint. Das Argument lässt sich folgendermaßen skizzieren: Äußere Objekte können augenscheinlich nur dann im Raum erscheinen, wenn sie im Raum eine bestimmte Stelle einnehmen. Jedes angeschaute Objekt okkupiert notwendig eine bestimmte Raumstelle. Dabei gilt nachvollziehbarerweise, dass die Raumstelle äußerer Objekte bloß relativ zur Raumstelle anderer äußerer Objekte bestimmt werden kann. Die Einsicht in die vollständige Relativität der Raumbestimmung führt Fichte auf den Gedanken, dass es zumindest *ein* äußerlich angeschautes Objekt geben muss, das als ein nichtrelativer, mithin als ein absoluter Orientierungspunkt fungiert. Denn nur wenn es einen solchen absoluten und ursprünglich nicht relativen Orientierungspunkt gibt, sind die mannigfaltigen relativen Lokalisierungen in der Anschauung möglich (vgl. WLnm-K GA IV,3, 418f. / 117). Ein solcher absoluter räumlicher Orientierungspunkt, von dem die mannigfaltigen äußeren Raumbestimmungen ausgehen, kann nach Fichte nur das Ich selbst sein.[259] Schließlich gilt allgemein in der

---

[259] Diesen Gedanken plausibilisiert Fichte treffend phänomenologisch, ohne darin jedoch den Beweis seiner These zu sehen: „Die Erfahrung sagt

Wissenschaftslehre, dass sich alles Objektbewusstsein an ein Bewusstsein des Ich anschließt. Über Fichtes Darstellung hinaus wäre hier zu präzisieren, dass der Leib *im* Raum freilich selbst beweglich und durch den Bezug auf Nähe und Ferne anderer Objekte auch relativ bestimmt ist. Ursprünglich und absolut ist daher nicht der Leib selbst, sondern das Bewusstsein des Leibes in seiner Beziehung zu äußeren Objekten. Das Bewusstsein des Leibs ist zwar ursprünglich mit *einem* bestimmten räumlichen Gegenstand verknüpft, der relativ zu anderen Objekten bestimmt ist, ist dabei aber selbst nichts Räumliches.

Ein erster Schritt zur Deduktion des Leibes in § 11 besteht also in dem Aufweis, dass das Ich sich unmittelbar als ein räumlich und materiell bestimmtes Wesen erscheinen muss, wenn es äußere, ebenfalls räumlich-materielle Objekte anschauen und erkennen soll. Dieses Argument gründet zwar in einer erkenntnistheoretischen Überlegung, kann aber gleichwohl als notwendige Ergänzung des Gedankens aus § 17 verstanden werden, welcher besagt, dass das Ich als materieller Leib bzw. als sinnliche Tätigkeit erscheinen muss, wenn es praktisch bzw. kausal auf physische Objekte einwirken soll. Die theoretische und die praktische Ansicht sind hierbei nämlich zusammen zu betrachten. Schließlich setzt eine praktisch-kausale Einwirkung die theoretische Erkenntnis der zu bestimmenden Objekte voraus, ebenso wie die Erkenntnis eines Objekts auf dem Gefühl der Beschränkung des (praktischen) Strebens beruht.

Der zweite Schritt zur Deduktion des Leibes kann als eine genetische Beschreibung verstanden werden, wie im Wechselspiel von verschiedenen Vermögen des Ich die Anschauung des Leibes entsteht. Hierbei geht es vor allem um das Zusammenspiel von Gefühl und Anschauung, was eine Synthesis eines theoretischen und eines praktischen Vermögens bedeutet. Denn die Anschauung eines

hierüber: Man ordnet die Dinge im R[aume] nach der geringe[r]n oder größern Entfernung und Lage von sich selbst, d.h. nach der geringern oder gräßern Kraftäuserung, deren man bed[ü]rfte [,] um sich selbst in den Ort zu versetzen[,] in dem das Object sich befindet (Der Raum läßt sich nur durch die Zeit meßen und umgekehrt.) und dann ob es uns rechts oder links vor oder seitwärts liege [...]" (Wlnm-K GA IV, 3, 419 / 118).

äußeren Objekts überhaupt – und dies bezieht sich auch auf die
Anschauung des Ich als Leib – muss jeweils mit einem Gefühl der
Notwendigkeit bzw. mit einem Gefühl des Zwangs und der Beschränkung begleitet sein (vgl. WLnm-K GA IV,3, 419/ 118).
Fichte spricht also von einer notwendigen Synthesis von Anschauung und Gefühl als Bedingung des Setzens äußerer Objekte, wenngleich er über jenen Punkt der Synthesis zunächst keinen weiteren
Vermittlungsschritt mehr anzugeben vermag. Anschauung und Gefühl sind demnach absolut aufeinander bezogen und es kann kein
weiteres Vermögen angegeben werden, das zwischen beiden liegt
und eine Vermittlung leistet. Diese notwendige Synthesis von Gefühl und Anschauung muss also auch der Erscheinung des Ich als
Leib zugrunde liegen.

Gleichwohl liefert Fichte wichtige Präzisierungen, wie das Gefühl konkret zu fassen ist, dem die Anschauung des Ich als Leib
korrespondiert. Es handelt sich nämlich um das bereits bekannte
Gefühl des beschränkten, gleichwohl ursprünglich unendlichen
Strebens des Ich. Die Überlegung lautet, dass, wenn das Ich sich
in seinem Streben begrenzt *fühlt*, es sich in der Anschauung entsprechend als ein Begrenztes und damit als ein bestimmtes materielles Objekt setzt, das in dieser Gestalt mit einer Mannigfaltigkeit von begrenzenden Objekten in Beziehung steht. Dabei gilt es
weiterhin zu beachten, dass die materielle Objektsphäre zwar als
unbegrenzt in ihrer Ausdehnung, andererseits aber für die theoretischen Vermögen als ins Unendliche analysierbar sowie für die
praktischen Vermögen als unendlich modifizierbar erscheint. Der
Grund hierfür liegt darin, dass der unendlich ausgedehnte und unendlich teilbare Raum für Fichte die Erscheinung des Vermögens
zur Tätigkeit bzw. die Erscheinung des unendlichen Strebens für
die *äußere* Anschauung darstellt (vgl. WLnm-K GA IV,3,
421f. / 121). Dass das Vermögen des unendlichen Strebens wiederum in der äußeren Anschauung des Raumes erscheinen muss,
ist damit zu begründen, dass das Ich aus dem Gefühl der Beschränkung seines potenziell unendlichen Strebens in die äußere
Anschauung übergehen muss, um sich desselben bewusst zu werden. Wie wir zuvor gesehen haben, reicht das Gefühl als dunkles
Bewusstsein einer Einheit von idealer und praktischer Tätigkeit

nicht aus, um ein deutliches Bewusstsein seiner strebenden Tätigkeit zu erlangen.[260]

Das Ich als räumlich bestimmtes und materielles Objekt ist damit nichts anderes als die Erscheinung eines begrenzten Strebens bzw. die Erscheinung einer begrenzten praktischen Tätigkeit in der Anschauung. Es ist damit nicht bloß ein physisches Objekt, das in einem rein mechanischen Bestimmungszusammenhang existiert, sondern ein physisches Objekt, das sich willensmäßig selbst bestimmt. Das Ich als Leib ist dadurch gegenüber anderen äußeren Objekten ausgezeichnet, dass es gesetzt wird als dasjenige, in dem sein eigenes Streben zwar begrenzt ist, jedoch gleichsam Kausalität durch Selbstbestimmung entfaltet:

Der Raum[,] in dem ich sein soll[,] steht unter meiner Herrschaft; die Materie im R[aume].[,] die ich sein soll, und ihre Theile hängt von mir ab; es ist mein Leib, inwiefern er artikulirt ist. (WLnm-K GA IV,3, 420f. / 120)

Der artikulierte Leib ist damit die Erscheinung des begrenzten, gleichwohl wirksamen Strebens des Ich und damit die räumlich-materielle Erscheinung des Willens (WLnm-K GA IV,3, 421 / 121). Wie nun leicht einsehbar ist, wird dieser Gedanke in § 17 wiederum aufgegriffen, da dort der Leib als Erscheinung der zweckbestimmenden Tätigkeit des Ich dargelegt wird, die dem praktischen Vermögen des Willens zugeschrieben werden muss. Der Leib als Artikulation der zweckbestimmenden Tätigkeit ist damit die Vermittlung zwischen reiner, idealer Zwecksetzung und einer realen Außenwelt, in der die verschiedenen Zwecke des Ich zu realisieren sind.[261]

[260] Vgl. hierzu Abschnitt 4.4.
[261] Zur Deduktion des Leibes als Organismus siehe unten 6.3.1.3. Den hier skizzierten Zusammenhang zwischen Raumerfahrung, sinnlicher Kraft und Leib entwickelt klar und ausführlich Kottmann 1998, insb. 15–81.

6.3.2 Wechselwirkung als Synthese von Kausalität und Substanz

Bisher wurde bereits die Genese der Substanzkategorie aus der idealen Reihe sowie der Kausalitätskategorie aus der realen Reihe nachvollzogen. Zum Abschluss des § 17 thematisiert Fichte ihr Verhältnis zur dritten Relationskategorie, nämlich zur Kategorie der Wechselwirkung. Leider sind diese der Sache nach zentralen Überlegungen nur in Form einer kurzen Anmerkung notiert und in dieser Form nicht ohne weiteres verständlich – und wie gezeigt werden soll, auch nicht überzeugend. So fällt erstens auf, dass Fichte die Kategorie der Wechselwirkung im Anschluss an Kant als eine Synthese von Substanzialität und Kausalität konzipiert, gleichzeitig gegen Kant jedoch darauf beharrt, dass die Wechselwirkung als eine übergeordnete Kategorie zu verstehen ist. Das bedeutet aber, dass Substanzialität und Kausalität wiederum aus der Wechselwirkung abzuleiten sind.[262] Wenn es nun aber möglich sein soll, die Kategorie der Wechselwirkung aus der Kausalität und der Substanz als Synthese abzuleiten, wird nicht ersichtlich, warum die Wechselwirkung beiden Kategorien übergeordnet sein soll.

Daneben treten noch andere Schwierigkeiten auf. So unterscheidet Fichte nicht zwischen einer Wechselwirkung und einer Wechselbestimmung, wobei diese Unterscheidung hier sinnvoll erscheint. Anders als in der *Grundlage* spricht Fichte in der *Wissenschaftslehre nova methodo* fast durchgehend von einer Wechselwirkung, nicht aber von Wechselbestimmungen. Die Subordination der Substanzialität und der Kausalität unter die Kategorie der Wechselwirkung begründet er letztlich damit, dass Substanzialität und Kausalität sich ausschließlich durcheinander vermittelt *denken* lassen. Glückt dieses Argument, dann wäre jedoch sinnvoller von einer wechselseitigen Voraussetzung, mithin von einer gedanklichen Wechselbestimmung zu sprechen, die jedoch von einer Wechsel*wirkung* zu unterscheiden ist, die zwischen einem realen Ich und einem Objekt oder zwischen Objekten besteht.[263] Eine sinnliche

---

262 So gibt er Kant Recht mit der Behauptung, dass „die dritte Kategorie [wie in diesem Fall die Wechselbestimmung; N.B.] […] immer die Vereinigung der beiden ersten [sei; N.B.]" (Wlnm-K GA IV, 3, 497 / 212).
263 Auf diese Unterscheidung weist auch Dürr hin, vgl. Dürr 2018, 159.

Wechselwirkung wäre dann abzuleiten aus der ursprünglichen Wechselbestimmung von einem ursprünglichen Ich-internen Substanzverhältnis und dem Kausalitätsverhältnis zwischen dem Ich und einer vorauszusetzenden Außenwelt.

Die Wechselbestimmung von Substanzialität und Kausalität lässt sich vor dem Hintergrund des bisher entwickelten folgendermaßen denken: Zunächst ist zu beachten, dass die Substanzkategorie selbst auf verschiedene Gegebenheiten anwendbar ist. Denn erstens kann das Ich als Substanz erfasst werden, wenn das Bestimmende im Zweckentwurf gedacht wird, dem mögliche Bestimmungen als Akzidenzen zukommen. Hier erscheint die Substanz als Seele oder auch als Leib. Zweitens, wenn das bestimmte Objekt des Zweckentwurfs gedacht wird, erscheint dieses wiederum ebenso als eine akzidentelle Bestimmung einer empirisch gegebenen Außenwelt, welche in dieser Hinsicht selbst als Substanz erscheint. Für beide Auffassungen der Substanz gilt nach Fichte nun, dass sie nur vermittelst der Kausalität gedacht werden können: Denn sobald das bestimmende und vermittelnde Ich als Substanz gedacht werden, erscheinen seine verschiedenen Handlungen als Akzidenzen, welche die Substanz sich selbst verleiht. Es handelt sich dann aber um Handlungen, zu denen die Substanz sich bestimmt, also um etwas, das die Substanz kausal hervorbringt. Eine Substanz wäre demnach immer auch als Ursache zu denken. Diese Beobachtung gilt nach Fichte auch für Einzelobjekte, insofern sie als der Sinnenwelt zugehörig betrachtet werden – diesen Gedanken wird Fichte vor allem in den §§ 18 und 19 entwickeln. Denn die Einzelobjekte, so wird Fichte näher zeigen, müssen zugleich als etwas gedacht werden, das aus den Gesetzmäßigkeiten der unabhängig zu denkenden Weltsubstanz hervorgebracht wird. Ein Objekt der Sinnenwelt ist als Akzidenz der Weltsubstanz also immer auch eine kausale Wirkung.[264]

---

[264] Es ergibt sich ein vierfacher Substanzbegriff: Erstens ist das Ich selbst Substanz (wiederum zweifach als ideale zweckbestimmende Instanz sowie als Leib), zweitens können gedachte oder angeschaute Gegenstände als Substanz bestimmt werden sowie drittens ist die Außenwelt im Ganzen als Substanz zu denken, dem die mannigfaltigen Gegenstände inhärieren, vgl. zur Außenwelt als Substanz Abschnitt 6.4.2.

Auch wenn Fichte der Auffassung ist, dass sich Substanzialität nur vermittelst der Kausalität denken lässt, ist es für ihn jedoch nicht so, dass Substanzialität nur eine Ansicht der Kausalität sei. Vielmehr lässt sich ebenso eine Voraussetzung des Substanzverhältnisses für die Kausalität zeigen: Denn das Verhältnis einer Ursache zur Wirkung ist letztlich das Verhältnis eines Zugrundeliegenden zu etwas, das aus ihm folgt bzw. in ihm gründet. Das Verhältnis der Kausalität setzt stets ein wirkendes „CENTRUM" voraus, aus dem ein Bewirktes als akzidentelle Bestimmung folgt (WLnm-K GA IV,3, 497 / 212). Mithin setzt der Gedanke einer Ursache den Gedanken einer Substanz voraus.

Da nun Substanzialität und Kausalität selbst in einer wechselseitigen Voraussetzung dargestellt werden und nach Fichte nicht unabhängig voneinander denkbar sind, folgert er, dass die Wechselwirkung (oder besser: die Wechselbestimmung) als höchste Kategorie bzw. als „CATEGORIE der CATEGORIEN" zu begreifen ist (WLnm-K GA IV,3, 497 / 212). Kausalität und Substanzialität setzen sich wechselseitig voraus und sind dann der Kategorie der Wechselbestimmung subordiniert.[265]

---

[265] In seinem *System des transzendentalen Idealismus* argumentiert Schelling ebenfalls, dass die Wechselwirkung den Kategorien der Substanz und der Kausalität übergeordnet ist, vgl. Schelling: *System des transzendentalen Idealismus*, GA I, 9, 1, 175f. Deutlicher als Fichte hebt er zudem heraus, dass überhaupt nur die Relationskategorien als Kategorien im engeren Sinne zu fassen sind, da sich ausgehend von denselben die Kategorien der Qualität, Quantität und Modalität ableiten lassen. Im Gefüge der Kategorien ist die Wechselwirkung die wichtigste. In einer weiteren Überschneidung mit Fichte konzipiert Schelling die Kategorien als Funktionen einer produktiven Anschauung, also als die Weisen, durch welche das Ich Bestimmung in das als äußerlich Gesetzte einbildet. Schellings Argumentation kann hier sogar als eine Präzisierung der hier betrachteten, eher kursorischen ‚Anmerkung' Fichtes herangezogen werden. So argumentiert Schelling ebenfalls, dass eine Substanz zugleich als Ursache zu fassen ist, während eine Wirkung als Akzidenz der wirkenden Substanz zu begreifen ist. Die Zentralstellung der Wechselwirkung rührt nun daher, dass weder Substanz und Akzidenz noch Ursache und Wirkung im Bewusstsein *zugleich* gesetzt werden können, wenn jeweils beide Momente sich nicht auch in einer Hinsicht wechselseitig voraussetzen. Denn ohne die wechselseitige

Doch auch nach der hier vorgeschlagenen Differenzierung zwischen einer Wechselbestimmung von reinen Gedankenbestimmungen und einer realen Wechselwirkung von Objekten sind Fichtes knappe Ausführungen zur Kategorie der Wechselwirkung, insofern aus ihnen die Behauptung der Wechselwirkung als „CATEGORIE der CATEGORIEN" abgeleitet werden soll, wenig überzeugend. Zwar erscheint es plausibel, dass sowohl das sinnlich wirkende Ich als auch jeder sinnliche Gegenstand, insofern er kausal wirksam ist, zugleich als Substanz betrachtet werden muss, während sinnliche Substanzen stets in einem Kausalverhältnis zueinanderstehen. Aus dieser Wechselbestimmung im Bereich der Sinnlichkeit kann jedoch schwerlich gefolgert werden, dass alle Vorstellungen von Substanzen oder Subjekten überhaupt Kausalverhältnisse oder wenn-dann-Relationen implizieren. Dies ist offensichtlich bei ideal konstruierten Objekten wie etwa bei Dreiecken nicht der Fall. Diesen können mannigfaltige Eigenschaften wie variierende Seitenlängen als Akzidenz- bzw. Prädikatbestimmungen zugesprochen werden, ohne dass sie irgendein Konditionalverhältnis implizieren. Mit diesem einfachen Beispiel ist gezeigt, dass das Verhältnis der wechselseitigen Implikation von Kausalität und Substantialität jedoch nicht universell gilt, womit die Kategorie der Wechselwirkung ihren Status als „CATEGORIE der CATEGORIEN" einbüßen müsste.

Doch trotz dieser gescheiterten Argumentation kann aus anderen Gründen zumindest an dem herausgehobenen Status der Kategorie der Wechselbestimmung festgehalten werden. So hat sich nämlich gezeigt, dass das Selbstbewusstsein nur unter der Voraussetzung dieser Kategorie konzipiert werden kann. Das Selbstbewusstsein beruht auf einer Wechselbestimmung bzw. auf einer

Voraussetzung von Substanz und Akzidenz bzw. von Ursache und Wirkung, so Schelling, „können zwar allerdings beyde ins Bewußtsein gesetzt werden, aber nur so, daß die eine gesetzt wird, wenn die andere nicht gesetzt wird, und umgekehrt, nicht aber, daß in demselben untheilbaren Moment, in welchem die eine gesetzt wird, auch die andere gesetzt werde, welches nothwendig ist, wenn das Ich *beyde* als im Causalitäts-Verhältniß [oder: im Substanzialitätsverhältnis; N.B.] stehend anerkennen soll" [Hervorhebung N.B.], Schelling: *System des transzendentalen Idealismus*, GA I, 9, 1, 173, zur Kategoriendeduktion bei Fichte und Schelling vgl. Schäfer 2020b.

synthetischen Einheit von idealem und realem Denken. Ideales und reales Denken stehen zueinander

ohne Dependenz in Wechselwürkung [...] nicht zerstückt, als etwas neben einander [und] fremd, sondern beide greifen ineinander ein und sind gleichsam vermittelt[,] aber nur so daß beide PRAEDICATE beiden zukommen [und] daß beide durch einander hindurch gesehen werden. (WLnm-K GA IV,3, 495 / 209)

Die Zentralstellung der Kategorie der Wechselbestimmung bzw. der Wechselwirkung zeigt sich hier deutlich, auch wenn Substanzialität und Kausalität als reine Gedankenbestimmungen nicht mit Blick auf alle möglichen Objekte des Bewusstseins in einem Verhältnis der Wechselbestimmung stehen bzw. sich gegenseitig implizieren müssen.

6.3.3 Der Kategorienbegriff in der *Wissenschaftslehre nova methodo*

Nachdem die Herleitung der Kategorien der Substanzialität, Kausalität und Wechselbestimmung betrachtet wurde, ist es sinnvoll, allgemein zu fragen, was Fichte in der *Wissenschaftslehre nova methodo* unter einer Kategorie versteht. In der *Grundlage* wurden Kategorien allgemein als Handlungs- bzw. Setzungsweisen des Ich eingeführt. Der Ausdruck Kategorie hat dabei eine andere Bedeutung als bei Kant, der die Kategorien als Prädikate zu reinen Urteilen versteht, welche vermittelst transzendentaler Schemata das sinnlich Mannigfaltige der Anschauung für eine mögliche Erkenntnis objektiv bestimmen. In der *Grundlage* werden die Kategorien der Realität und der Negation durch abstrahierende Reflexion entdeckt, die Kategorien der Limitation, der Wechselbestimmung, der Substanz und der Kausalität dagegen durch das antithetisch-synthetische Verfahren als Lösung für aufgefundene Gegensätze im Bewusstsein gewonnen. In der *Wissenschaftslehre nova methodo* ist es zumindest mit Blick auf die Wechselwirkung, die Substanzialität und die Kausalität weiterhin der Fall, dass diese Kategorien ein Verhältnis des endlichen Ich zu sich selbst oder zu einem Nicht-Ich ausdrücken.

Ansonsten unterscheiden sich jedoch begrifflicher Gehalt und Ableitungsmethode der Kategorien in der *Grundlage* und in der *Wissenschaftslehre nova methodo* in einigen Aspekten. In der *Wissenschaftslehre nova methodo* hebt Fichte nämlich den produktiven Charakter der Kategorien hervor. Sie werden verstanden als eine „Weise ein Einfaches zu einem Mannigfaltigen zu machen [bzw.] das Einfache doppelt anzusehen" (WLnm-K GA IV,3, 485 / 198).[266] Dabei geht es jedoch nicht vorrangig um ein Einfaches überhaupt, sondern in diesem Zusammenhang um das Ich als das ursprünglich Einfache und sich selbst Gleiche. Kategorien beschreiben für Fichte die Art und Weise, wie das ursprünglich einfache Ich, sich in eine Relation ausdifferenziert, wobei die Momente der Relation zugleich vom Ich produziert werden und in ihrer Differenz als Einheit zusammengehalten werden.[267] Die Funktion der Kategorie als Prädikat möglicher, objektbezogener Urteile leitet sich erst aus dieser ursprünglichen Genese ab. Dies wurde bereits mit Blick auf das Verhältnis der Substantialität deutlich: Denn insofern das Ich sich in ein Anschauendes und Begreifendes bzw. in ein aktiv eine Anschauung Vollziehendes und in das darin enthaltene Vermögen unterscheidet, konstituiert sich ein Verhältnis der Substanzialität. Das Verhältnis der Substanz beschreibt damit explizit ein Selbstverhältnis, in welches das Ich eintritt, insofern es den produktiv-synthetischen Akt der Einbildungskraft vollzieht. Im Verhältnis der Substanzialität erscheint das Ich als ein bestimmendes Vermögen, das in verschiedenen Handlungsweisen mögliche Akzidenzen hat. Gemäß dem

---

[266] Den produktiven Charakter der Kategorien in der *Wissenschaftslehre nova methodo* betont auch Hanewald, vgl. Hanewald 2001, 266f.

[267] Schwabe sieht einen Unterschied zwischen Fichtes und Kants Kategorienbegriff vor allem darin, dass Fichte Kategorien nicht nur als Verknüpfung, sondern auch als Produktion der zu verknüpfenden Instanzen begreift, während sich bei Kant Kategorien bloß auf gegebene Inhalte beziehen, vgl. Schwabe 2007, 612f., Anm. 56. Dem ist gleichwohl entgegenzuhalten, dass auch Kant durchaus die Anwendung von Kategorien auf reine Gedanken, die ihren Ursprung in der Vernunft haben, kennt: etwa beim Begriff der Freiheit, der Seele oder Gottes, auch wenn sie in dieser Beziehung keine theoretische Erkenntnisfunktion erfüllen.

Verhältnis der Kausalität wird jedoch nicht das Verhältnis zu
sich, sondern zu einem äußeren Objekt gedacht, das gemäß der
Tätigkeit des Ich bestimmt werden soll. Demnach kommt das
äußere Objekt nur als das zu Bewusstsein, was das Ich seinen eigenen Zwecken gemäß zu bestimmen hat. Durch das Verhältnis
der Kausalität erschließt sich das Ich eine Welt äußerer Objekte.
Bestimmende Kausalität beschreibt dabei die ursprüngliche Beziehung des Ich zur Welt, auch wenn, wie später noch zu zeigen
ist, damit nicht ausgeschlossen ist, dass dem Ich eine Welt von
empirischen Objekten als unabhängig gegeben erscheint, die zudem einer anderen als der teleologischen Kausalität des Ich unterliegen. Dabei kann dieses Verhältnis der Kausalität in einem weiten Sinne als ein Selbstverhältnis betrachtet werden: Schließlich
bezieht sich das Ich durch die Kausalität nicht auf das absolut von
ihm Verschiedene, sondern auf etwas, das es durch produktive
Anschauung und im Begriff selbst gesetzt hat, nachdem es aus
seiner ursprünglichen Einfachheit herausgegangen ist. Dadurch,
dass es sich als bestimmend oder wirkend setzt, setzt es sich zugleich ein zu bewirkendes Objekt entgegen (WLnm-K GA IV,3,
485 / 198), das gleichwohl für das Ich sein muss. Diese produktive Funktion kann nun auch mit Blick auf die Kategorie der
Wechselwirkung formuliert werden: Denn insofern das Ich auf
sich ursprünglich als einen reinen Willen reflektiert, muss in demselben Freiheit und Beschränktheit gesetzt sein, wobei diese synthetische Setzung wiederum nur aus dem Ich und aus nichts anderem stammen kann, wenn sie für das Ich sein soll.

Mit der produktiven Funktion der Kategorien ergibt sich außerdem ein weiterer wichtiger Unterschied zu Kant. Denn während für
Kant die Kategorien auf ein sinnlich Gegebenes bloß angewendet
werden können, drücken die Kategorien bei Fichte die Weisen aus,
nach denen das als sinnlich Erscheinende überhaupt gesetzt wird.
Damit unterläuft Fichte zugleich die strenge Trennung von Verstand, Vernunft und Sinnlichkeit, letztlich auch die Unterscheidung
von apriorischer und aposteriorischer Erkenntnis. Dasjenige, was
dem Ich als ein in der Erfahrung Gegebenes erscheint, ist bereits
produktiv durch das Ich nach Maßgabe der Kategorien gesetzt. In
der Erfahrungserkenntnis erhebt das Ich nach Fichte bloß seine

eigenen ursprünglichen und dabei notwendigen und von ihm nicht veränderlichen Akte zum Bewusstsein.[268]

Die Herleitung der Kategorien der Substanz, der Kausalität und der Wechselwirkung machen deutlich, dass Kategorien für Fichte einen theoretischen und einen praktischen Sinn haben. Im reinen Willen wird die ideal-reale Einheit vermittelst der Kategorie der Wechselwirkung (bzw. der Wechselbestimmung) expliziert. Die Genese der Kategorien der Substanzialität und der Kausalität zeigt, dass in ihrer produktiven Funktion ein theoretisches und ein praktisches bzw. ein ideales und reales Moment notwendig synthetisch vereint wird. Diese theoretisch-praktische Funktion der Kategorien ist gegenüber der *Grundlage* neu. Sie zeigt sich bei der Substanz darin, dass sich das Ich *idealiter* als ein Zugrundeliegendes für mannigfaltige, *real* zu vollziehende zweckbestimmte Tätigkeiten setzt. Diese ursprüngliche Synthese von idealer und praktischer Tätigkeit liegt dabei der Spezifizierung der Ich-Tätigkeiten in solche zugrunde, die gemeinhin als theoretisch bezeichnet und solche, die gemeinhin als praktisch bezeichnet werden. Die Trennung zwischen theoretischen und praktischen Tätigkeiten ergibt sich unter dieser Voraussetzung erst als eine Abstraktion von der ursprünglichen synthetischen, ideal-realen Einheit des Bewusstseins, aus welcher die Kategorien hervorgehen. Dies lässt sich an folgendem Beispiel deutlich machen: So kann das Ich sich einerseits dazu bestimmen, ein gegebenes Objekt theoretisch etwa auf seine materialen Eigenschaften zu untersuchen. Das setzt voraus, dass das Ich sich als zugrundeliegende Substanz (bzw. als Subjekt) der theoretischen Tätigkeit der Untersuchung denkt, zu welcher das Ich sich

---

[268] Zur Aufhebung des strengen Dualismus von Verstandes- bzw. Vernunfttätigkeit und Sinnlichkeit bei Fichte vgl. auch Dürr 2018, 240f. Im *Grundriß des Eigenthümlichen der Wissenschaftslehre* unterscheidet Fichte entsprechend zwischen einer „ursprünglichen Erklärung", welche sich auf die unbewussten und notwendigen Setzungsweisen der Vernunft bezieht, welche allem Selbst- und Objektwissen zugrunde liegen und einer „wissenschaftlichen Erklärung", welche sich auf die Rekonstruktion dieser ursprünglichen Setzungsweisen in Transzendentalphilosophie bzw. Wissenschaftslehre beziehen, vgl.GA I, 3, 143 / SW I, 332 sowie dazu Lauth 1984, 12ff.

gleichwohl zunächst praktisch bestimmt haben muss. Im Substanzbegriff wird also das Akteursbewusstsein überhaupt vermittelt, das alle theoretischen sowie praktischen Tätigkeiten begleiten muss. Ebenso kann das Ich sich dazu bestimmen, das gegebene Objekt etwa hinsichtlich seiner Form oder seiner materialen Komposition praktisch zu verändern, was zugleich das Bewusstsein einer möglichen kausalen Bestimmung und damit die Kategorie der Kausalität impliziert. Wie wir gesehen haben, hat die Kategorie der Kausalität hier zugleich eine theoretische Funktion, da das Bewusstsein des gegebenen Objekts transzendental aus dem Bewusstsein einer kausal zu bestimmenden Außenwelt abzuleiten ist.

Durch diese theoretisch-praktische Funktion der Kategorien ändert sich gegenüber der *Grundlage* zugleich ihre Herleitungsmethode, insofern sie nicht mehr als Handlungen zur Lösung von Gegensätzen im Ich postuliert werden müssen, sondern als Bedingungen der Möglichkeit des Zweckentwurfs, der seinerseits Bedingung der Möglichkeit des endlichen Selbstbewusstseins ist. Fichte formuliert in der Einleitung in die *Wissenschaftslehre nova methodo* die Kritik an Kant, dass dieser nicht gezeigt habe, dass die „Gesetze des nothwendigen Geistes" tatsächlich vollständig sein, ferner, dass er nicht die Reichweite ihrer Gültigkeit gezeigt habe (WLnm-K GA IV,3, 325 / 5). Unter diesen ,Gesetzen' können wohl z.B. die Kategorien, die Grundsätze des Verstandes oder die Ideen der reinen Vernunft gefasst werden. Vor dem Hintergrund der von Kant entwickelten Lehre des transzendentalen Schematismus, welcher die Anwendung der Kategorien auf das sinnlich Mannigfaltige nicht nur erklärt, sondern zugleich auf dasselbe restringiert oder Kants Kritik an der speziellen Metaphysik in Form einer philosophischen Kosmologie, Psychologie und Theologie grenzt Fichtes Vorwurf, Kant habe die Reichweite seiner ,Gesetze' nicht aufgezeigt, fast an Absurdität. Freilich weniger absurd wäre die Kritik eines mangelnden Beweises der Vollständigkeit der Urteils- oder der Kategorientafel, dessen Möglichkeit in der Kant-Forschung bis heute diskutiert wird.[269] Auch wenn Fichte unter den ,Gesetzen' des

---

[269] Zum Problem der Vollständigkeit der Urteilstafel vgl. u.a. Reich 1986; Brandt 1991; Wolff 1995; Bunte 2016 sowie zu einer weiterführenden und

menschlichen Geistes mehr als bloß die kantischen Kategorien
versteht, ist dennoch mit Blick auf die in der *Wissenschaftslehre nova
methodo* entwickelte Kategorienlehre nicht nur der mangelnde Beweis ihrer Vollständigkeit, sondern ihre Unvollständigkeit selbst zu
kritisieren. Schließlich thematisiert Fichte nur die Relationskategorien eingehender. Auf die Genese und die Funktion aller anderen
Kategorien, die von Kant aufgestellt werden, wird nicht weiter eingegangen.

6.3.4 Das synthetische Denken als Wechselwirkung von idealer Tätigkeit und produktiver Einbildungskraft

Fichte schließt seine komplexen Untersuchungen zum synthetischen Denken in § 17 ab, indem er auf die „Form des synthetischen
Denkens A." zurückkommt (WLnm-K GA IV,3, 494 / 209). Es
geht nämlich abschließend darum, darzulegen, wie die zuvor entwickelte ideale und reale Reihe in einem ursprünglichen Akt bzw. in
einem ursprünglichen Verhältnis synthetisiert werden. So ist es zum
Abschluss der Untersuchung geboten, die Einzelbetrachtung der
jeweils abgeleiteten Synthesen der idealen und der realen Reihe zu
verlassen, um das synthetische Verhältnis beider Reihen in den
Blick zu nehmen. Das synthetische Verhältnis von idealer und realer Reihe in ihrer Wechselbestimmung entwickelt Fichte in mehreren Schritten.

Wie wir gesehen haben, beschreibt die ideale Reihe bzw. das
ideale Denken den Entwurf eines Zweckbegriffs, dem wiederum
die produktive Synthesis der Einbildungskraft bzw. die Setzung
einer Mannigfaltigkeit an Bestimmbaren für bestimmte Zweckbegriffe begründungslogisch vorausliegt. Die reale Reihe beinhaltet
dagegen das reale Denken eines Objekts, das gedacht wird als bestimmbar durch eine zwecksetzende Kausalität des Ich. Fichtes
entscheidender Gedanke bzgl. der abschließenden Synthese von
idealem und realem Denken besagt, dass diese Synthese als eine

ausblickhaften Deduktion der Kategorien aus der Einheit des ‚Ich denke'
Düsing 2020.

Wechselbestimmung von idealer, zwecksetzender Tätigkeit und der Produktion realer Bestimmbarkeit durch die Einbildungskraft betrachtet werden muss. Die Produktion realer Bestimmbarkeit erweist sich nämlich als dasjenige, welches notwendig sowohl im idealen als auch im realen Denken enthalten ist. Es liegt daher nahe, das synthetische Verhältnis von idealer und realer Reihe mit Blick auf dieses verbindende Element zu explizieren. Denn die Produktion der Bestimmbarkeit durch die Einbildungskraft liegt nicht nur der idealen zweckentwerfenden Tätigkeit zugrunde (ideale Reihe), sondern ist zugleich Bedingung der Möglichkeit einer sinnlichen, d.h. raum-zeitlichen, materiellen Erscheinung des Ich, als welche das Ich gegeben sein muss, um in ein Kausalverhältnis zu realen Objekten treten zu können (reale Reihe). Wie wir gesehen haben, kann das Ich nur in leiblicher Gestalt in ein kausales Verhältnis zu äußeren Objekten treten, welches jedoch die Setzung eines objektiv Anschaubaren durch die Einbildungskraft voraussetzt. Die abschließende Synthesis von idealem und realem Denken wird also entwickelt als eine Synthese von idealer Bestimmung und realer Bestimmbarkeit bzw. von idealer zweckentwerfender Tätigkeit und dem sinnlich-objektiv Gegebenen, das durch die Einbildungskraft produziert wird. Fichte entwickelt diese Wechselbestimmung in einem Dreischritt: Zunächst wird die (reale) Versinnlichung des idealen Denkens erläutert, dann die ideale Bestimmung des real Gegebenen. Abschließend zeigt Fichte drittens in knapper Form auf, dass auch die in der idealen und der realen Reihe entwickelten Kategorien der Substanz und der Kausalität in einem Verhältnis der synthetischen Wechselbestimmung stehen.

Die vermittelte Ansicht der idealen Tätigkeit durch die reale Bestimmbarkeit bzw. die sinnliche Erscheinung der idealen Tätigkeit wurde nun bereits mehrfach erläutert. Dieser erste Aspekt der Wechselbestimmung bringt also wenig neue Erkenntnisse zu Tage. Die Versinnlichung des Ich bzw. das Denken des Ich unter der Bedingung eines realiter Gegebenen erfolgt in verschiedenen Stufen, die Fichte in diesem Kontext jedoch nicht klar voneinander abgrenzt. Wie aus dem Vorangegangenen deutlich werden sollte, besteht ein erster Schritt darin, dass das Ich sich überhaupt als ein Vermögen zur Selbstbestimmung begreift, was die produktive

Setzung des Bestimmbaren durch die Einbildungskraft voraussetzt. Das Vermögen zur Selbstbestimmung kann nun ferner auf eine zweifache Art erscheinen: Erstens – und dies hat Fichte mit Blick auf die Zeitlichkeit des Zweckentwurfs gezeigt – kann das Ich sich selbst als zugrundeliegende Substanz im zeitlichen Wechsel der möglichen Bestimmungen erscheinen. Das Ich als Substanz bezeichnet Fichte hier auch als „Seele" (WLnm-K GA IV,3, 496 / 212). Andererseits handelt es sich auch bei der Erscheinung des Ich als Leib bzw. als physische Kraft um eine Versinnlichung des Vermögens zur reinen, selbstbestimmten Tätigkeit. Die Anschauung des Leibes geht hervor aus der Vermittlung mit einem gegebenen Realen, nämlich mit der unendlichen Bestimmbarkeit zur Tätigkeit, die der Anschauung als Raum erscheint. Wie im vorangegangenen Abschnitt gezeigt werden sollte, ist das Ich in seiner leiblichen Gestalt nichts anderes als die Anschauung eines begrenzten Strebens bzw. eines endlichen Willens. Dies setzt jedoch zugleich die Setzung einer unendlichen Sphäre möglicher Willensbestimmung bzw. die Setzung eines unendlichen Strebens in der Anschauung voraus, welche zuvor als Raumanschauung deduziert wurde.

Das zweite Moment der Wechselbestimmung ist nun die Bestimmung des real gegebenen Bestimmbaren durch die ideale Tätigkeit. Es wurde bereits festgehalten, dass das real gegebene Bestimmbare seinerseits durch das ideale Denken bestimmt werden muss, um zum deutlichen Bewusstsein zu gelangen. Fichte bezeichnet das ideale Bestimmen eines räumlich und zeitlich verfassten Realen als ein „discursive[s] Denken" (WLnm-K GA IV,3, 495 / 212). Aus der Lehre vom beständigen Schweben der Einbildungskraft zwischen Bestimmbaren und Bestimmten folgt, dass niemals statisch festgelegt ist, welcher Bewusstseinsgehalt als Bestimmbares oder als Bestimmtes erscheint. Eine Mannigfaltigkeit an Bewusstseinsgehalten kann je nach Ansicht sowohl als Bestimmbares als auch als ein Bestimmtes erscheinen. Fichte führt hier einen Gedanken ein, der dann in § 18 relevant wird: Ein Bestimmbares, das durch eine ideale Tätigkeit bestimmt wird, erscheint dem Ich als Substanz. So wird die Kategorie der Substanz auf verschiedene anschauliche Gegebenheiten anwendbar. Diese Anwendung kann auch als eine Projektion des ich-internen Substanzverhältnisses auf äußerlich anschaubare Gegenstände verstanden werden. In diesem Zusammenhang ist es z. B. der Leib, der ursprünglich ein zugrundeliegendes Bestimmbares für die endliche Zwecksetzung des Ich ist und dabei als unmittelbares Objekt der äußeren Anschauung erscheint. Durch ideale Bestimmung wird er jedoch als ein geschlossenes „Ganzes" konzipiert, das zugleich ein der Willensbestimmung unterliegendes und organisch strukturiertes „System" ausmacht (WLnm-K GA IV,3, 496 / 278). So ist der Leib einerseits ein real Gegebenes der Anschauung, andererseits für das diskursive Denken eine strukturierte Ganzheit bzw. eine Substanz. Doch nicht nur das Ich in seiner leiblichen Erscheinung, auch die Außenwelt, die dem Ich in der äußeren Anschauung gegeben ist, kann als Substanz begriffen werden, wenn sie nämlich als eine unabhängig vom Ich existierende, strukturierte Ganzheit gedacht wird (vgl. WLnm-K GA IV,3, 496 / 278).

Das konkrete Bewusstsein beruht dabei auf einer Wechselwirkung von idealer Bestimmung und realer Bestimmbarkeit, von Denken des Bestimmten und Anschauung des bloß Bestimmbaren, zugleich als eine Wechselwirkung zwischen dem Bewusstsein seiner selbst als etwas Bestimmendes sowie einer Welt, die als das bloß Bestimmbare der Bestimmung des Ich vorauszusetzen ist. Wie Fichte in den folgenden Abschnitten präziser darlegen wird, wird die Welt als das Bestimmbare für die Handlungen des Ich notwendig auch als ein in sich bestimmtes, vollendetes Ganzes gedacht. Die Welt erscheint damit als in sich geschlossen und nach Gesetzen bestimmt, die nicht vom Ich abhängen. Die genannte Grundsynthesis oder Wechselwirkung lässt sich in dieser Hinsicht so darstellen, dass das Ich sich nur dadurch selbst denken kann, dass es sich ein gegebenes Bestimmbares (eine Welt) voraussetzt, in der es in Gestalt des Leibes sinnlich erscheint, während die Welt als solche nur gedacht wird, wenn das Ich überhaupt als etwas setzt, dass zweckgerichtete Handlungen zu vollziehen hat. Die Welt ist immer für ein Ich, während gleichzeitig das Ich nur für sich sein kann, wenn es eine Welt gibt.

6.4 Vernunft und Welt: Die Wechselbestimmung von idealem und realem Denken (§ 18)

Im § 17 wurde dargelegt, inwiefern das Bewusstsein auf einer Synthesis von einem idealen und realen Denken beruht – diese Synthesis, die Fichte auch als „Grundsynthesis" oder als „Hauptsynthesis" bezeichnet, kann auch als die Verknüpfung von Bestimmen (ideal) und Bestimmung (real), von Denken und Sein im Bewusstsein begriffen werden. Dabei ist entscheidend, dass die beiden Momente nach Fichte in einer notwendigen Wechselbestimmung stehen. Insofern das Bewusstsein auf einer Synthesis durch Wechselbestimmung beruht, bezeichnet Fichte die Wechselbestimmung als die fundamentale Kategorie. Dieser Kategorie sind wiederum die Substanzialität des Ich in seinem Verhältnis zu seinen mannigfaltigen Bestimmungen sowie die Kausalität des Ich auf ein gegebenes Objekt untergeordnet. Substanzialität und Kausalität sollen sich ferner nur unter der Voraussetzung der Kategorie der Wechselwirkung denken lassen, was jedoch nicht durchgehend überzeugend dargelegt wird.

Durch den Beweisgang in § 17 hat Fichte mit Blick auf sein Erklärungsziel, nämlich die Bedingungen der Möglichkeit des Selbstbewusstseins in seiner phänomenalen Reichhaltigkeit zu entwickeln, Erhebliches geleistet. Die beiden abschließenden §§ 18 und 19 dienen nun dazu, die genetische Erklärung des Selbstbewusstseins aus diesen Bedingungen zu vervollständigen. Wie bereits erwähnt wurde, geht Fichte davon aus, dass das Selbstbewusstsein aus einer Synthesis von fünf Gliedern zu erklären ist. Bislang, also mit Abschluss des § 17, wurden jedoch nur drei Glieder genauer aufgestellt und untersucht: nämlich erstens das reine, sich bestimmende Ich (A), das ideale Bewusstsein dieser Bestimmung (ideales Denken) sowie das Denken eines realen Objekts (reales Denken). Dabei wurde gezeigt, dass ein ideales Denken nur in Wechselbestimmung mit einem realen Denken und umgekehrt möglich ist.

Zu Beginn des § 18 fasst Fichte zusammen, was er unter idealem und realem Denken versteht:

Ideales Denken ist wenn das Bestimmen oder = Denken durch die Einbildungskraft hindurch erblickt und dadurch zu bloßen Beweg[ung], zum bloßen Thun ohne *daß* ein Product deßelben erscheine [...]. (WLnm-K GA IV,3, 500 / 216)

Im idealen Denken des Zweckentwurfs wird also die bloße Tätigkeit, der bloße Übergang von Bestimmbarkeit zur Bestimmtheit vorgestellt, ohne dass auf das Produkt bzw. Resultat der Bestimmung reflektiert wird. Das reale Denken kommt dagegen zustande,

wenn das nun [durch die Einbildungskraft; N.B.] versinnlichte Denken abermals bestimmt wird durch das reine Denken. Im ersten erscheint das Denken als ganz frei, im zweiten erblickt es sich als gebunden, daher entsteht das Gefühl und inbesondre das Gefühl des Denkzwangs. (WLnm-K GA IV,3, 500 / 216)

Anhand dieses Zitats lassen sich nun einige wesentliche Ergebnisse aus dem vorangegangenen § 17, aber auch die Aufgabe einsichtig machen, die sich für Fichte im Folgenden stellt. Ideales und reales Denken werden hier einerseits als zwei distinkte Tätigkeiten verstanden, die dem Ich zukommen. Das ideale Denken richtet sich auf den Entwurf eines Zwecks, das reale Denken auf ein gegebenes Objekt. Hier zeigt sich erneut die wechselseitige Bestimmung beider Momente. Das endliche Ich kann den idealen Zweckentwurf nur dadurch zum Bewusstsein erheben, dass es sowohl von der Sphäre realer Bestimmbarkeit, die ihm vorausliegt, als auch von dem bestimmten Produkt oder Objekt der Zweckbestimmung abstrahiert. Somit geht das Bewusstsein des idealen Denkens bzw. des idealen Bestimmens stets mit einem impliziten Bewusstsein realer Bestimmbarkeit oder gar realer Objekte einher, wobei die reale Bestimmbarkeit Produkt der Einbildungskraft ist. Das ideale Denken ist dabei in Abgrenzung zur realen Bestimmbarkeit bestimmt und muss in diesem Sinne stets durch sie „hindurch erblickt" werden (WLnm-K GA IV,3, 500 / 216). Wie zum Abschluss des § 17 gezeigt wurde, muss jedoch auch das reale *Denken* einer gewissen idealen Bestimmung unterliegen. Denn ein reales Objekt ist nicht ein bloß Bestimmbares, welches die Einbildungskraft setzt, sondern ein Einzelding, welches als solches der idealen Bestimmung im Begriff unterliegt.

Wie im Folgenden gezeigt werden soll, widmet sich Fichte in den §§ 18 und 19 im Wesentlichen zwei Untersuchungszielen: Zum einen wird es darum gehen, das bereits im Ansatz erarbeitete Verhältnis einer synthetischen Wechselbestimmung von idealem und realem Denken genauer zu charakterisieren.[270] Dabei geht es jedoch weniger um die Form der Wechselbestimmung als vielmehr um den Inhalt, der durch diese Wechselbestimmung generiert wird. In § 18, aber auch im anschließenden § 19, widmet sich Fichte erstens der Frage, wie einerseits das ideale Bestimmen erscheint, insofern es zugleich durch ein reales Denken bestimmt wird und zweitens, wie das reale Objekt erscheint, insofern es durch die ideale Tätigkeit bestimmt wird.

Diese Aufgabe steht dabei eindeutig im Zentrum des § 18. Die Entwicklung der inhaltlichen Bestimmungen aus dem synthetischen Verhältnis von idealem und realem Denken bringt darüber hinaus jedoch auch den bedeutenden Ertrag, die Reihe der Glieder innerhalb der fünffachen Synthesis zu vervollständigen. Wie bereits erwähnt, wurden erst drei von den postulierten fünf Gliedern der fünffachen Synthesis genannt. Die Reihe der fünf Glieder wird nun dadurch vervollständigt, dass zu den beiden inhaltlichen Bestimmtheiten des idealen und des realen Denkens das dazugehörige Bestimmbare aufgefunden und beschrieben wird. Auch wenn die Auseinandersetzung mit diesen Bestimmbarkeiten eher beiläufig erfolgt, handelt es sich hierbei nichtsdestotrotz um ein zweites wesentliches Resultat des § 18, welches seine abschließende Formulierung in § 19 findet. Wie wir sehen werden, handelt es sich bei dem Bestimmbaren des idealen Zweckentwurfs um die Voraussetzung einer allgemeinen gesetzgebenden Vernunft, bei dem Bestimmbaren im realen Objektdenken hingegen um die Voraussetzung einer materiellen Außenwelt.[271] Meine Interpretationshypothese besagt hier, dass für Fichte die intensive Auseinandersetzung mit der Synthesis im idealen und realen Denken notwendig wird, um dann anschließend die davon sich abhebenden Bestimmbarkeiten in den

---

[270] Schwabe spricht hier auch von der „inhaltlichen Synthetizität" von idealem und realem Denken, Schwabe 2007, 650.

[271] Fichte spricht zwar bereits in § 18 von der Außenwelt, jedoch wird sie erst in § 19 als das Bestimmbare zum realen Denken erklärt.

Blick zu bekommen. Es handelt sich um eine wichtige Vorarbeit, um die fünffache Synthesis in ihrer Vollständigkeit darzustellen.[272]

6.4.1 Das ideale Denken bestimmt durch das reale Denken: Individuelle und überindividuelle Vernunft

Wie wir gesehen haben, hat Fichte in § 17 bereits dargelegt, dass das reale Denken nur dann im Bewusstsein möglich ist, wenn das ideale Denken mit demselben vereinigt ist. Denn das reale Denken einer Beschränkung oder auch eines beschränkenden Objekts ist zugleich durch ideale Tätigkeit bestimmt. Anschließend an diese Überlegung untersucht Fichte, wie das ideale Denken wiederum zu fassen ist, insofern es in der Synthesis mit dem realen Denken bestimmt ist. Wie bereits erwähnt, geht es hierbei um eine präzisere Untersuchung der jeweiligen synthetischen Bestimmungen von idealem und realem Denken, die auch dazu dient, die Begriffe der davon jeweils abzuhebenden Bestimmbarkeiten zu entwickeln.

Die Frage nach der Beschränkung bzw. nach der realen Bestimmtheit der idealen Tätigkeit ist dabei jedoch nicht die Frage nach dem synthetischen Verhältnis von idealem Zweckentwurf und einem gegebenen realen Objekt, wie man angesichts des bisherigen Untersuchungsgangs meinen könnte. Schließlich wurde das ideale Denken als zweckentwerfende Tätigkeit vorgestellt und das reale Denken zumeist als das Denken eines empirisch gegebenen Objekts. Fichte setzt bei seiner Darstellung der inhaltlich-synthetischen Bestimmung des idealen Denkens tiefer an und formuliert die Frage nach der Bestimmung des idealen durch das reale Denken zugleich als Frage nach dem Bestimmt- bzw.

---

[272] Entsprechend folge ich hier nicht der Interpretation Schwabes, der in der „Synthetizität des idealen Denkens einerseits und des realen Denkens andererseits eben die noch fehlenden Glieder der idealen Synthesis" sieht, Schwabe 2007, 651 f. Aus systematischer Perspektive bleibt es folgerichtig, die beiden Bestimmbarkeiten als das vierte und fünfte Glied der fünffachen Synthesis zu bezeichnen, auch wenn Fichte diesem Gedanken gegenüber der inhaltlichen Synthetizität von idealem und realem Denken weniger Raum gibt.

Beschränktsein der idealen Tätigkeit überhaupt. Dies lässt sich so verstehen, dass ein reales Denken in einem weitgefassten Sinne nicht bloß auf empirische Objekte der Außenwelt geht, sondern auf Inhalte des Bewusstseins überhaupt, insofern sie als etwas Begrenzendes der freien Tätigkeit des Ich erscheinen. Wie gezeigt werden soll, müssen nicht bloß empirische Objekte als begrenzend verstanden werden, vielmehr können auch notwendig geltende Begriffe oder Urteile diese begrenzende Wirkung entfalten. Empirische Objekte zeigen sich dabei als bloß ein Fall von begrenzender Bestimmtheit.

Die folgenden Überlegungen bezüglich der Bestimmtheit der freien, idealen Tätigkeit greifen hier Gedanken auf, die bereits vorgetragen wurden (vgl. §§ 13, 16). Die Frage, wie eine reine, freie und absolut spontane Tätigkeit des Ich als begrenzt oder bestimmt zu denken ist, ist wiederum gleichbedeutend mit Frage nach der Möglichkeit einer Synthese von Freiheit und Begrenztheit. In diesem Zusammenhang wiederholt Fichte den Gedanken, dass die Begrenztheit der freien, idealen Tätigkeit des Ich nur im Begriff, genauer im Begriff einer *Aufforderung* zur freien Tätigkeit möglich ist. Nur dadurch, dass das Ich auf den Begriff einer Aufforderung oder Aufgabe zur unbedingten und spontanen Handlung reflektiert, können nach Fichte Freiheit und Beschränktheit als synthetisch vereinigt gedacht werden.

Die transzendentale Untersuchung der Synthese von Freiheit und Begrenztheit bringt dabei drei wesentliche Ergebnisse hervor: Erstens zeigt Fichte, dass diese Synthese als Aufforderung zur freien Tätigkeit zu denken ist und zweitens, wie aus dem Bewusstsein dieser Aufforderung zugleich genetisch das Bewusstsein des Ich als Individuum abgeleitet werden kann. Drittens entwickelt Fichte ausgehend von der Untersuchung der bestimmten idealen Tätigkeit den Begriff der dazugehörigen Bestimmbarkeit. Die Ausführungen zu dieser Bestimmbarkeit erfolgen in § 18 zunächst in knapper Form und werden erst in § 19 vollendet.

Der Gedanke einer Bestimmung bzw. Begrenzung der Freiheit, so zeigt die transzendentale Analyse, muss zwei Aspekte miteinander verknüpfen. Die Bestimmung als solche muss nach Fichte erstens „etwas an sich, ein gegebenes" sein, was hier impliziert, dass

sie dem Bewusstsein als ein notwendiger und nicht willkürlich auf-
zuhebender Inhalt vorliegt (WLnm-K GA IV,3, 503 / 219). Mit
Blick auf die zitierte Formulierung ist zudem hervorzuheben, dass
Fichte das „an sich" hier gerade nicht als etwas konzipiert, das sich
dem kognitiven Zugriff des Bewusstseins verschließt, sondern als
etwas, das ihm mit Notwendigkeit gegeben ist. Der zweite Aspekt
beinhaltet, dass die Freiheit in dieser Bestimmung nicht aufgehoben
werden darf. Fichte entwickelt daraus die These, dass eine Bestimmung oder die Begrenzung der Freiheit, welche die Freiheit nicht
zunichtemacht, bloß in der *Selbst*bestimmung bzw. *Selbst*begrenzung der Freiheit gefunden werden kann. Nur eine Bestimmung,
die sich die freie Tätigkeit selbst zufügt, ist mit dem Gedanken einer
absolut freien Tätigkeit kompatibel. Eine Selbstbestimmung der
freien, idealen Tätigkeit, mithin eine Selbstbestimmung des reinen
Denkens kann dabei wiederum nur in einem Gedanken oder in einem Begriff liegen. Dieser Begriff erweist sich hierbei als das notwendige Produkt einer freien und spontanen Tätigkeit.[273] Inwiefern
ist diese Bestimmung bzw. dieser Begriff, der aus der freien, idealen
Tätigkeit resultiert, zugleich als Aufgabe bzw. Aufforderung zu verstehen? Diese Frage gilt es zu beantworten, da schließlich nicht jeder Begriff, den das Denken generiert, zugleich der Begriff einer
Handlungsaufforderung ist. Dass die Selbstbestimmung durch
Freiheit zu dem Begriff einer Handlungsaufforderung führt, erklärt
Fichte mithilfe eines Gegensatzes zu den Begriffen des realen Denkens. Diese beziehen sich auf gegebene Objekte, die dem Bewusstsein als etwas Vorliegendes erscheinen, das der freien Tätigkeit des
Ich widersteht. Der Begriff, der das notwendige Produkt einer reinen Selbstbestimmung ist, bezieht sich dagegen auf diese Selbstbestimmung, mithin nicht auf ein Sein, sondern auf ein reines Handeln. Der Begriff ist eine Bewusstseinsform der Freiheit, welche die
freie Tätigkeit dabei nicht aufhebt, sondern vergegenwärtigt. Er
vergegenwärtigt die Freiheit als eine Wesensbestimmung des Ich,
die als solche nur erhalten bleibt, wenn das Ich sie durchgehend
selbst vollzieht. Diese Vergegenwärtigung der Freiheit als etwas
permanent zu Vollziehendes versteht Fichte als „Aufforderung"

---

[273] Vgl. Schwabe 2007, 661.

oder als ein „Sollen" (WLnm-K GA IV,3, 503 / 219). Dabei vergegenwärtigt der Begriff einer *Aufforderung* zur Freiheit das Wesen der
freien Selbstbestimmung in eminenter Weise: Denn dadurch, dass
das Ich zur Freiheit aufgefordert ist, bleibt ihm weiterhin der Freiheitsspielraum erhalten, diese Freiheit zu realisieren oder nicht zu
realisieren. Der Begriff der Aufforderung ist gerade dadurch freiheitskompatibel, dass er das Ich nicht zu bestimmten Handlungen
gleichsam mechanisch zwingt.[274]

Der Begriff der Aufforderung zur absoluten Selbstbestimmung
bzw. der Begriff des Sollens wird von Fichte damit als die einzig
mögliche Bestimmung einer freien, idealen Tätigkeit gefasst. Den
Akt der Bestimmung der idealen Tätigkeit betrachtet Fichte nun
zugleich als Genese des Ich als Individuum. Das Ich wird demnach
zu einem Individuum. Als Individuum ist es dadurch ausgezeichnet,
dass es sich vom reinen, bloß sich selbst setzenden Ich unterscheidet, und zwar weil es sich *begreift* als ein *bestimmtes* Wesen, das zur
Selbstbestimmung aufgefordert ist (vgl. WLnm-K GA IV,3, 503 /
220). Diese Aufforderung zur Selbstbestimmung erscheint dem Ich
als ein Gesetz, das notwendig für es gilt und zu dessen Befolgung
das Ich sich wiederum selbst bestimmen muss.

Nachdem Fichte die Bestimmtheit des idealen Denkens als Bewusstsein einer absoluten Handlungsaufforderung und zugleich
der Individualität des Ich gedeutet hat, nimmt er in knapper Form
die zu dieser Bestimmtheit zugehörige Bestimmbarkeit in den
Blick. Allgemein gilt, dass jede Bestimmtheit so aufzufassen ist,
dass sie aus einer Sphäre der Bestimmbarkeit hervorgeht. Wie ist
die zugrundeliegende Bestimmbarkeit aufzufassen, die dem Bewusstsein der Handlungsaufforderung zugrunde liegt und aus
dem zugleich die Individualität des Ich genetisch hervorgeht? Einen präziseren Begriff dieser zugrundeliegenden Bestimmbarkeit
wird Fichte, wie wir sehen werden, in § 19 entwickeln. Als wesentlichen Gedanken hält er in § 18 erstens fest, dass die Bestimmbarkeit in Beziehung zur bestimmten idealen Tätigkeit
selbst als etwas Ideales bzw. als „Geistigkeit" begriffen werden
muss. Der spezifische Charakter der Idealität im Gegensatz zur

---

[274] Vgl. Schwabe 2007, 661–663.

Realität kann darin gesehen werden, dass es sich nicht um ein statisches Sein, sondern um eine reine Tätigkeit handeln muss. Diese Charakterisierung der Bestimmbarkeit ist zwingend, da eine Bestimmung der idealen Tätigkeit nur aus der idealen, sich selbst setzenden Tätigkeit selbst hervorgehen kann. Zweitens bezeichnet er diese reine, unbestimmte, aber gleichwohl bestimmbare Sphäre idealer Tätigkeit als etwas, das außerhalb des Ich liegt (vgl. WLnm-K GA IV,3, 503f. / 220). Der spezifische Status dieses „außerhalb" muss dabei genauer betrachtet werden. Schließlich kann die Sphäre reiner Geistigkeit, aus der das ideal bzw. geistig bestimmte Individuum hervorgeht, nicht vollkommen unabhängig von demselben existieren. Die Sphäre reiner Idealität bzw. reiner Geistigkeit, die Fichte hier bereits als „Vernunftreich" bezeichnet, ist vielmehr in einem zweifachen Sinne als unabhängig vom Ich zu verstehen, wobei in beiden Fällen keine absolute Unabhängigkeit und Selbstständigkeit gemeint sein kann. Die Unabhängigkeit der reinen Geistigkeit ist hier zum einen als *Unterschied* zwischen dem reinen, unbestimmt tätigen Ich zum Ich als Individuum zu verstehen, das von sich ein bestimmtes Bewusstsein im Begriff der Aufforderung hat. Zum anderen handelt es sich bei der Unabhängigkeit der allgemeinen, überindividuellen Vernunft nicht um ein ontologisches Faktum, sondern um die Art und Weise, wie das endliche Ich den Ursprung allgemeiner und gültiger Gesetze für sich konzipieren muss, und zwar ausgehend vom faktischen Bewusstsein einer absoluten Handlungsaufforderung. Die Aufforderung erscheint dem individuellen Ich schließlich als etwas notwendig und objektiv Geltendes, das sich seiner Willkür entzieht. Die Aufforderung ist als ein Gesetz zu deuten, deren Geltung nicht das individuelle Ich selbst begründet. Für das individuelle Ich ist es vielmehr umgekehrt so, dass es sein Wesen aus einer allgemeinen, überindividuell geltenden Gesetzmäßigkeit heraus begreifen muss, welches in der Tätigkeit eines als überindividuell zu konzipierenden Geistes oder einer Vernunft gründet.[275] Wie wir sehen werden, wird Fichte in § 19 aus dem

---

[275] Fichtes Theorie, dass das subjektive Bewusstsein der Aufforderung zur freien Selbstbestimmung auf eine überindividuelle Vernunft verweist, wird

Gedanken einer Sphäre reiner Idealität bzw. reiner bestimmbarer
Vernunft, die außerhalb des individuellen Ich besteht, den Gedanken einer Vielzahl individueller Vernunftwesen begründen,
die als Individuen koexistieren.

Es zeigt sich damit erneut, dass diese Aufforderung verstanden
als ein „kategorische[r] Imperativ" nicht bloß ein praktisches
Prinzip ist, sondern zugleich ein theoretisches, das die Bedingung
der Möglichkeit individuellen Selbstbewusstseins darstellt
(WLnm-K GA IV,3, 504 / 220).

in seiner Schrift *Die Bestimmung des Menschen* mit theologischen Prädikaten
fortbestimmt. Dies zeigt sich z.b. in Fichtes persönlicher und religiös
schwärmerischer Ansprache gegenüber der überindividuellen Vernunft:
„Du bist der Vater, der es immer gut mit [der Welt; N.B.] meint, und der
alles zu ihrem Besten wenden wird. In deine gütigen Beschlüsse giebt sie
sich ganz mit Leib und Seele. Thue mit mir, wie du willst, sagt [Deine
Stimme; N.B.], ich weiss, dass es gut seyn wird, so gewiss *Du* es bist, der es
thut" (GA I, 6, 297f. / SW II, 304). Diese Fortbestimmung folgt jedoch
offensichtlich nicht aus der Theorie der fünffachen Synthesis der *Wissenschaftslehre nova methodo*. Nach dem hier Entwickelten wären jenseits des
überindividuellen und auffordernden bzw. verpflichtenden Charakters
keine weiteren positiven Bestimmungen der allgemeinen Vernunft zu gewinnen. Die Bestimmung der überindividuellen Vernunft als gütiger Wille,
der kausal auf die Welt einwirkt und als „Herzenskündiger" (GA I, 6,
296f. / SW II, 304) die Gedanken vernünftiger Individuen kennt, scheint
dagegen philosophisch überhaupt nicht fundiert. Ein weiterer wesentlicher
Unterschied zwischen der *Wissenschaftslehre nova methodo* und *Die Bestimmung
des Menschen* besteht darin, dass Fichte in seiner Theorie der fünffachen
Synthesis die Beziehung einer theoretisch betrachtbaren, empirischen Außenwelt und subjektivem Freiheitsbewusstsein als eine notwendige Wechselbeziehung konzipiert. In dieser Wechselbestimmung hat die empirische
Außenwelt Realität für ein ideal zweckentwerfendes Ich, was dem Gedanken des zwischen den Extremen des solipsistisch Produktionsidealismus
und dem dogmatischen Realismus schwebenden Ideal-Realismus der Wissenschaftslehre entspricht, wie Fichte ihn bereits die *Grundlage* konzipiert.
In *Die Bestimmung des Menschen* wird die Realität der Außenwelt auf ihre Idealität im Wissen reduziert und gerade dadurch als nichtig erklärt (GA I, 6,
251f. / SW II, 246f.), vgl. hierzu auch E. Düsing 1989, 191f. und allgemein
zur *Die Bestimmung des Menschen* Janke 1970, 213ff.

6.4.2 Das reale Denken bestimmt durch das ideale Denken:
Die Substanzialität der Außenwelt

Das wechselseitige Bezogensein von idealem und realem Denken
bedeutet also zunächst, dass das ideale Denken als durch ein reales
Denken bestimmt aufgefasst werden kann. In diesem Fall denkt das
Ich sich als ideal tätiges, bloß sich Bestimmendes, das gleichwohl
einer Bestimmung unterliegt, nämlich der Aufforderung, sich absolut selbst zu bestimmen. Wie erscheint nun im Gegenzug das Reale,
insofern es durch das Ideale bestimmt ist? In diesem Fall kann die
Frage auch so gestellt werden: Wie erscheint das Reale für eine freie
ideale Tätigkeit? Es zeigt sich, dass die Bestimmung des Realen,
welches durch die produktive Einbildungskraft gesetzt wird, durch
die ideale Tätigkeit vor allem drei Bestimmungen hervorbringt, die
im Folgenden genauer untersucht werden sollen. Demnach wird
das Reale der Einbildungskraft durch die ideale Bestimmung erstens zu einem selbstständig existierenden Objekt, zweitens zu einem Noumen und drittens zu einer Substanz, welche im zeitlichen
Wechsel gleichbleibt.

In diesem Zusammenhang ist also zunächst die wichtige Unterscheidung zwischen dem real gesetzten Produkt der Einbildungskraft, einer ins Unendliche teilbaren Mannigfaltigkeit einerseits sowie der Bestimmung desselben durch ideale Tätigkeit andererseits
zu treffen. Das real gesetzte Produkt der Einbildungskraft ist demnach noch nicht als ein *etwas* bestimmt, sondern „bloß ein mir vor-
schwebendes" (WLnm-K GA IV,3, 504 / 221). Das Produkt der
Einbildungskraft ist dem Bewusstsein in einer undeutlichen Form
zwar präsent, im Wesentlichen jedoch vollkommen unbestimmt
und *unerkannt*. Fichtes wichtige Überlegung lautet in diesem Zusammenhang, dass erst durch die ideale Bestimmung des gegebenen
Mannigfaltigen, welche notwendig in einem Begriff resultieren
muss, das letztere zu einem „selbstständige[n] Ding" bzw. zu einem
„ohne mein Zuthun vorhandene[n] Object" wird (WLnm-K GA
IV,3, 504 / 221). Damit erklärt Fichte, dass es sich bei der Selbstständigkeit und Unabhängigkeit der Existenz, welche empirisch gegebenen Objekten gemeinhin attestiert wird, um eine ideale, begriffliche Bestimmung handelt, die ihren Ursprung im denkenden

Ich hat. Dieser Ursprung wird von Fichte zugleich präzise angegeben: Denn die unabhängige und selbstständige Existenz, welche das
denkende Ich einem realiter Gegebenen der Anschauung zuschreibt, ist vor allem und zunächst eine Bestimmung, die dem ideal
tätigen Ich selbst zukommt. Das Ich als das absolut sich selbst Setzende überträgt mithin die Prädikate der Selbstständigkeit, Unabhängigkeit, aber auch der Freiheit und Absolutheit auf das Gegebene der Anschauung. Das zugrundeliegende Argument lautet dabei, dass das Ich nur dann etwas erkennen kann, wenn das Erkannte
nicht gänzlich vom Ich verschieden ist, sondern wesentliche Bestimmungen in sich trägt, die ihm selbst zukommen (vgl. WLnm-
K GA IV,3, 504 / 221). Das Ich kann also nur dasjenige erkennen,
das ihm in einer gewissen Hinsicht gleicht. In der idealen Bestimmung des real Gegebenen führt das nun dazu, dass gerade, weil das
real Gegebene das „Gepräge [des Ich]" erhält, es als ein unabhängig
Existierendes im Objektbegriff gedacht wird (WLnm-K GA IV,3,
504 / 221).[276] Auch wenn der Gedanke durchaus nachvollziehbar
ist, dass das Ich dem Vorschwebenden der Anschauung erst durch
ideale Tätigkeit die begriffliche Bestimmung der selbstständigen
Tätigkeit verleihen kann, finden sich in der konkreten Ausformu-
lierung einige Inkohärenzen: So hält er fest, dass dem Objekt das
Prädikat der „Freiheit" und der „Absolutheit" zugeschrieben wird,
um jedoch mit Blick auf das Ich kontrastierend hervorzuheben,
dass es sich hierbei nicht um die „Freiheit des Handelns", sondern
die „Absolutheit des Seins" handelt. Unklar ist jedoch, wie Fichte
im Rahmen seiner eigenen Theorie eine Freiheit denken soll, die
nicht ausschließlich einem Handeln, sondern einem Sein zukommt
(vgl. WLnm-K GA IV,3, 504 / 221).

Die ideale Bestimmung des vorschwebenden Mannigfaltigen im
Begriff bezeichnet Fichte auch mit dem kantischen Begriff des
„NOUMEN", welches er durchaus nah an der wörtlichen Bedeutung
als „etwas durch freies Denken producirtes" versteht (WLnm-
K GA IV,3, 505 / 222). Im Objektbegriff wird damit das Noum-
enon im Sinne des Erscheinenden selbst erfasst. Damit gibt Fichte

---

[276] Diesen Gedanken formuliert Fichte bereits in der *Grundlage*, vgl. Abschnitt 2.5.2.

zu verstehen, dass im Objektbegriff das Noumenon gerade als dasjenige erfasst wird, das sich dem endlichen Bewusstsein zeigt und
idealiter bestimmt werden kann, nicht aber als etwas, das sich dessen Erkenntnisvermögen entzieht. Von der idealen Bestimmung
des Erscheinenden im Objektbegriff unterscheidet Fichte wiederum das Gegebene der Anschauung, welches er als die Erscheinung
selbst (Phaenomenon) versteht. Wie Ulrich Schwabe treffend beobachtet, gibt Fichte damit den von Kant nahegelegten Gedanken
auf, dass zumindest im Denken dem Noumenon als einer intelligiblen Ursache eine ontologische Priorität gegenüber der Erscheinung
zugeschrieben werden müsse. Bei Fichte dagegen ist jede Hierar-
chisierung zwischen Noumenon und Phaenomenon aufgehoben.[277]
Dem endlichen, alltäglichen Bewusstsein, so Fichte, ist das ideal bestimmte Noumenon und das real gegebene Phaenomenon stets zusammen gegebenen, es handelt sich also um zwei notwendig miteinander verknüpfte Aspekte ein und desselben Bewusstseinsvollzugs. Erst die philosophische Analyse bringt hervor, dass in diesem
Vollzug real Angeschautes und begrifflich Bestimmtes unterschieden werden können. Die Unterscheidung und wechselseitige Bezogenheit von Anschauung und Begriff wird in diesem Kontext wie
auch an anderen Stellen der „nothwendige[n] Duplicitaet des Geistes" zugeschrieben (WLnm-K GA IV,3, 505 / 223).

Durch ideales Denken wird das real Gegebene also im Objektbegriff als ein unabhängig und selbstständig Existierendes bestimmt, worin sich zugleich seine noumenale Beschaffenheit ausdrückt. Wie bereits erwähnt, entwickelt Fichte im Anschluss an
diese Überlegung zum synthetischen Charakter des realen Denkens
abschließend den Gedanken, dass durch das ideale Denken das real
Gegebene zugleich als Substanz aufgefasst wird. Unter dem Begriff
der Substanz scheint Fichte hier zunächst allgemein das „durch sich
selbst bestehende" des nunmehr idealiter bestimmten, real Gegebenen zu fassen (WLnm-K GA IV,3, 505 / 222). Die Substanzialität
des real Gegebenen drückt allgemein die Zuschreibung einer unabhängigen und für sich bestehenden Existenz aus und ist daher
zunächst als eine begriffliche Präzisierung des bereits oben

---

[277] Vgl. Schwabe 2007, 669.

entwickelten Gedankens zu verstehen. Dieser Gedanke besagt, dass
ideale Bestimmung vornehmlich darin besteht, dass das Ich Bestimmungen, die ihm selbst zukommen, auf das real Gegebene überträgt. Informativer sind dagegen Fichtes Ausführungen zum Unterschied der konkreten Beschaffenheit beider Substanztypen, der in
dem jeweils verschiedenen genetischen Ursprung gründet. Der Verschiedenheit des genetischen Ursprungs folgt entsprechend ein jeweils verschiedener Deduktionsansatz in der philosophischen Untersuchung. So entsteht die Vorstellung des Ich als Substanz durch
die Begrenzung einer ursprünglich unendlichen, sich bloß selbst
setzenden Tätigkeit (vgl. WLnm-K GA IV,3, 506 / 223). Die Vorstellung des Ich als Substanz kommt dadurch zustande, dass diese
unendliche Tätigkeit im Begriff als Vermögen *bestimmt* wird. Die
Ich-Substanz wird dabei jedoch weiterhin als eine reine Tätigkeit
vorgestellt. Diese begriffliche Begrenzung der unendlichen Tätigkeit setzt dabei den Vollzug der „unendlichen Anschauung" voraus
(WLnm-K GA IV,3, 505 / 223). Ausgangspunkt für die Genese des
Begriffs der Ich-Substanz ist also die Unendlichkeit des Ich. Genau
hierin liegt der Unterschied zur Genese des Begriffs des real Gegebenen als Substanz, welches durch diesen Begriff zu einer unendlichen und selbstständig existierenden Welt zuallererst fortbestimmt
werden muss. Der Ausgangspunkt dieser Bestimmung ist nicht die
Unendlichkeit des Ich, sondern seine faktische Beschränkung. Die
Unendlichkeit bzw. die reine sich setzende Tätigkeit ist dem Ich in
der Anschauung unmittelbar präsent, die Unendlichkeit und Selbstständigkeit der Welt jedoch nicht. Stattdessen geht Fichte davon
aus, dass der Begriff der „Welt" oder des „Universums", welches er
hier scheinbar mit dem Begriff einer unabhängig existierenden Substanz identifiziert, sukzessiv „zusammengesetzt" werden muss
(WLnm-K GA IV,3, 505f. / 223). Unter Bezugnahme auf die Kantische Ideenlehre, die hier zur Präzisierung der Formulierung Fichtes dienen kann, kann dies nun zweierlei bedeuten: nämlich erstens,
dass der Begriff oder die Idee der Welt im Sinne einer Totalität der
Erscheinungen selbst synthetisch und nicht unmittelbar einfach in
intellektueller Anschauung präsent ist. In diesem Sinne muss er angesichts der faktischen Beschränkung des Ich idealiter erst „zusammengesetzt" werden. Zweitens kann dies bedeuten, dass die Idee

einer Totalität der Erscheinungen selbst als Regel dafür dient, wie
die einzelnen Verstandeserkenntnisse des endlichen Ich, synthetisch zusammenzusetzen sind, nämlich mit Blick auf eine mögliche
Vollständigkeit der empirischen Erkenntnis. Ohne dass Fichte dies
explizit in § 18 ausweist, handelt es sich der Sache nach bei der Idee
einer natürlichen Außenwelt um das „höchste lezte Bestimmbare",
welches in Bezug auf das bestimmte reale Denken noch gefunden
werden musste (WLnm-K GA IV,3, 509 / 226). Die Außenwelt ist
damit der Horizont der Bestimmbarkeit, in dem eine Mannigfaltigkeit an bestimmten Objekten vorkommen kann.[278] Im § 19 wird es

---

[278] Für Kant bietet die Vernunft mit ihren Ideen keine bestimmte, theoretische Erkenntnis von Gegenständen, sondern bloß regulative Prinzipien
für den empirischen Verstandesgebrauch, durch welche seine jeweils einzelnen Erfahrungserkenntnisse zu einer größtmöglichen Einheit und Vollständigkeit geleitet werden sollen, vgl. u.a. KrV A 647 / B 675. Einheit und
Vollständigkeit sind hier Gedanken eines Unbedingten, das selbst nicht in
der einzelnen Erfahrung aufzufinden ist. Die hier angesprochene Vernunftidee der Welt wird von Kant abgeleitet aus dem hypothetischen Vernunft-
schluss auf das Unbedingte der Glieder in einer Reihe von Vorstellungen,
vgl. KrV 323 / B 379. Zur Ableitung der Vernunftideen aus den kategorischen, hypothetischen und disjunktiven Vernunftschlüssen vgl. C Bickmann 1996, 219–226 und allgemein das Standardwerk zu Kants Ideenlehre
Heimsoeth 1969. Das Unbedingte stellt im Fall der hypothetischen Synthesis eine absolute Vollständigkeit der Glieder vor, die vom denkenden
Subjekt – genauso wie Fichte es hier konzipiert – im Denken zusammengesetzt werden soll. Bei Kant wird die hypothetische Synthesis, die auf den
Totalitätsbegriff der Welt führt, weiter ausdifferenziert, wobei diese Differenzierung von Fichte nicht beachtet wird. Somit spricht Kant nicht von
bloß einer Vernunftidee der Welt, sondern er entwickelt vielmehr vier kos-
mologische Ideen, nämlich a) die Idee der absoluten Vollständigkeit der
Zusammensetzung des gegebenen Ganzen aller Erscheinungen, b) die Idee
der absoluten Vollständigkeit der Teilung eines gegebenen Ganzen in der
Erscheinung, c) die Idee der absoluten Vollständigkeit der Entstehung einer Erscheinung und d) die Idee der absoluten Vollständigkeit der Abhängigkeit des Daseins des Veränderlichen in der Erscheinung, vgl. KrV A
415 / B 443. Es wäre eine lohnenswerte Aufgabe für weitere Forschungen,
Fichtes nur im Ansatz entwickelte Ideentheorie mithilfe von Kants differenziert entwickelter Ideentheorie produktiv weiterzuentwickeln. Dies
kann in diesem Rahmen jedoch nicht geleistet werden.

darum gehen, wiederum die Wechselbestimmung zwischen der „Vernunftwelt" als das Bestimmbare für das bestimmte ideale Denken einerseits und der empirischen Außenwelt als das Bestimmbare für das bestimmte reale Denken andererseits aufzuzeigen (WLnm-K GA IV,3, 509 / 226).

Aus der Tatsache, dass die ideale Bestimmung des real Gegebenen als Substanz nicht aus der Unendlichkeit, sondern aus der Endlichkeit des Ich hervorgeht, folgt ferner eine wichtige inhaltliche Bestimmung: Denn anders als im Begriff der Ich-Substanz, in dem das Ich als ein rein Tätiges vorgestellt ist, wird im Begriff der Welt als Substanz die erstere nicht als reine, sich selbst setzende Tätigkeit, sondern als ein „Sein deßen Wesen bloß in Ruhe besteht" vorgestellt (WLnm-K GA IV,3, 506 / 223).

Wie bereits erwähnt, argumentiert Fichte schließlich, dass insofern das Ich als Substanz eine Beziehung des Ich auf den zeitlichen Wechsel seiner möglichen Bestimmung darstellt, auch die Welt als Substanz in einem zeitlichen Verhältnis gedacht werden muss.[279] Ebenso wie das Ich das Bleibende im zeitlichen Wandel der akzidentellen Bestimmungen darstellt, muss es nun auch im real Gegebenen ein Bleibendes im zeitlichen Wandel geben. Hierbei handelt es sich erneut um eine Bestimmung, die das Ich nun auf das Nicht-Ich überträgt (WLnm-K GA IV,3, 506f. / 224). Ohne dass Fichte dies an dieser Stelle präzisiert, scheint die ideale Bestimmung des Bleibenden im zeitlichen Wandel sowohl für die Außenwelt im Ganzen als auch für einzelne Objekte zu gelten, die zumindest über eine gewisse Zeitdauer, verschiedene wechselnde Bestimmungen in

---

[279] Die Zeitlichkeit des Nicht-Ich als Substanz beruht auf einer Übertragung der Zeitlichkeit aus der Ich-Substanz. Damit untersteht sie der Sache nach den Überlegungen zur Substanzialität des Nicht-Ich, welche auf einer Bestimmung des real Gegebenen durch die ideale Tätigkeit beruht. Fichte führt diesen Gedanken dagegen im Rahmen des Versuchs ein, die Wechselbestimmung von idealem und realem Denken darzulegen. Diese Wechselbestimmung entfaltet Fichte jedoch zuerst in § 19, in § 18 bleibt es bei der Bestimmung des realen durch das ideale Denken. Ebenso wird in § 18, anders als er behauptet, die Reihe der Glieder der fünffachen Synthesis nicht abgeschlossen, da Fichte das Bestimmbare zum realen Objektdenken noch nicht thematisiert.

sich aufnehmen können. Sowohl für die Welt im Ganzen als auch für einzelne Objekte, insofern sie als Substanzen gedacht werden, gilt dabei, dass an ihnen „unsre eigene Selbstständigkeit objectivisiert" wird (WLnm-K GA IV,3, 507 / 224). Dasjenige, das an ihnen beharrlich bleibt, sind also nicht kontingente materielle Eigenschaften, sondern letztlich die gedankliche Bestimmung als das Beharrliche, welches das Ich an das real Gegebene heranträgt.[280]

6.5 Intersubjektivität und belebte Natur (§ 19)

Das argumentative Hauptziel des § 19 zum Abschluss der Vorlesung zur *Wissenschaftslehre nova methodo* besteht darin, die in § 17 aufgestellte fünffache Synthesis abzuschließen. Fichte spricht in diesem Kontext auch davon, dass der „Zirkel", den diese Synthesis darstellen soll, zu schließen ist (WLnm-K GA IV,3, 509 / 227). Die fünffache Synthesis ist dabei genau in dem Sinne als zirkulär zu begreifen, dass sich ihre Glieder jeweils wechselseitig bestimmen. Vor dem Abschluss der Untersuchung zur fünffachen Synthesis, sei noch einmal an die verschiedenen Glieder der Synthesis erinnert, die jeweils im Verhältnis der Wechselbestimmung stehen sollen:

Bei den ersten beiden Gliedern des synthetischen Denkens (1), die untersucht wurden, handelt es sich um das ideale Denken einerseits (2) und das reale Denken (3) andererseits. Die beiden genannten Glieder stehen, insofern sie als etwas Bestimmtes zu fassen sind, in einer Wechselbestimmung mit den zu diesen Bestimmungen jeweils vorauszusetzenden Bestimmbarkeiten (4 & 5). Das bestimmte ideale Denken (2), in dem das Ich sich im Zweckbegriff als unter einer kategorischen Aufforderung stehend erfasst, setzt dabei eine allgemeine, überindividuelle Vernunft voraus, die als Ursprung der Aufforderung zu verstehen ist (4). Wie Fichte nun im abschließenden § 19 zu zeigen beansprucht, setzt das bestimmte reale Denken, insofern es auf ein bestimmtes sinnliches Objekt bezogen ist, die Idee einer in sich organisierten Natur voraus, aus der es hervorgeht. Die Natur ist damit die zum bestimmten empirischen Objekt

---

[280] Vgl. Schwabe 2007, 671.

gehörige Sphäre der Bestimmbarkeit (5). Die Wechselbestimmung
zwischen den Gliedern 2 und 3 wurde in § 18 vollständig dargestellt. Auch ist nun die Wechselbestimmung zwischen den Gliedern
2 und 4, nämlich zwischen Individuum und allgemeiner Vernunft
sowie den Gliedern 3 und 5, nämlich zwischen real bestimmtem
Objekt und Natur verständlich. Die fünffache Synthesis findet nun
ihren Abschluss der Entwicklung einer Wechselbestimmung zwischen der allgemeinen Vernunft (4) einerseits und der Natur andererseits (5). Fichte will zeigen, wie dem konkreten Bewusstsein die
Vernunft notwendig in körperlicher, natürlicher Verfasstheit erscheinen muss, während gleichzeitig die Natur als vernünftig organisiert zu beurteilen ist.

Zur Erinnerung sei hier noch einmal Abb. 2 aus Abschnitt 6.1
aufgeführt:

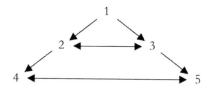

6.5.1 Die Versinnlichung der Vernunft in vernünftigen Wesen außer mir

Im Folgenden soll also zunächst rekonstruiert werden, wie Fichte
die Bestimmung der idealen Sphäre reiner Vernunft bzw. reiner
Geistigkeit durch die Sphäre einer als real und sinnlich gedachten
Natur entwickelt. Es geht also darum zu zeigen, wie eine als überindividuell konzipierte Geistigkeit zugleich notwendig sinnlich erscheinen muss. Wie erwähnt handelt es sich bei der Entwicklung
dieses Bestimmungsverhältnisses um einen ersten Schritt zur abschließenden Darstellung der fünffachen Synthesis. Die fünffache
Synthesis ist erst dann abgeschlossen, wenn eine Wechselbestimmung all ihrer Glieder dargelegt ist. So verlangt es der systematische Gang der Untersuchung, zuletzt die Wechselbestimmung

der zum idealen und realen Denken jeweils entwickelten Bestimmbarkeiten darzulegen. Neben der systemimmanenten Notwendigkeit formuliert Fichte eine zusätzliche Motivation, die er
in einer phänomenologisch greifbaren Fragestellung fasst. Wie
wir sehen werden, wird die sinnlich-reale Bestimmung der reinen
Vernunft notwendig auf den Gedanken führen, dass das Ich in
der empirisch verfassten Außenwelt auf körperlich verfasste,
freie und vernunftbegabte Individuen stößt, die seinen Freiheits-
gebrauch einschränken. Die phänomenologisch greifbare Fragestellung, die Fichte der Untersuchung nun voranstellt und an welcher er sich im weiteren Verlauf orientieren wird, lautet entsprechend: Wie kommt es, dass das Ich auf bestimmte Erscheinungen *notwendig* den „Gedanken der Vernunft" überträgt? (WLnm-
K GA IV,3, 510 / 228)[281] Die Beantwortung der Frage nach der
Bestimmung der reinen Vernunftwelt durch die Natur wird ihm
also zugleich zur Deduktion der Notwendigkeit, bestimmte empirische Objekte zugleich als vernunftbegabte Wesen zu beurteilen. Dies ist nichts anderes als eine genetische Ableitung der Realität anderer Vernunftwesen als Bedingung des endlichen Selbstbewusstseins. Wie gezeigt werden soll, handelt es sich hierbei
nicht um eine realistisch-dogmatische Erklärung des Selbstbewusstseins durch Entitäten, die außerhalb des Selbstbewusstseins
bestehen, sondern um den Ausweis, dass das endliche Selbstbewusstsein sich so verstehen und beurteilen muss, dass es als ver-
nunftbegabtes Wesen mit anderen Vernunftwesen in Gemeinschaft existiert.[282]

[281] Diese Frage hat Fichte zuvor in seiner Vorlesung *De officiis eruditorium*
(1794) sowie in seiner *Grundlage des Naturrechts* (1796) behandelt. Neu gegenüber den beiden genannten Schriften ist nun, dass die Fragestellung der
Wirklichkeit vernünftiger Individuen in der Außenwelt nicht in einem primär praktischen Fragekontext behandelt wird, sondern hier erstmals in die
bereits in der *Grundlage* konzipierte „Geschichte des Selbstbewußtseins" im
Sinne einer systematischen, deduktiven Entwicklung aller Vermögen und
Handlungsweisen des Ich integriert wird, vgl. hierzu E. Düsing 1989, 177f.
[282] Eine ähnliche Interpretation findet sich auch bei Radrizzani 1993,
178ff. und 186ff.

Bei der Darstellung des Gedankens der sinnlichen Erscheinung der Vernunftwelt richtet Fichte seine Aufmerksamkeit nicht unmittelbar auf die Vernunftwelt oder die natürliche Außenwelt selbst. Vielmehr setzt er mit einer Rekapitulation der Genese der Individualität des Ich aus der Reflexion auf eine notwendige Aufforderung an. Es ist die ideale Bestimmtheit des individuellen Ich, die zuvor bereits auf den Begriff einer Vernunftwelt führte. Ebenso führte der Begriff eines idealen, zweckbestimmenden Ich auf den Gedanken der Realität sinnlicher Objekte, welche dieser Zweckbestimmung gemäß modifiziert werden können. Entsprechend nimmt Fichte sich vor, nunmehr die sinnliche Realität der allgemeinen Vernunftwelt ebenfalls ausgehend vom Gedanken des individuellen Ich zu entwickeln.[283] In einer vorbereitenden Hinführung auf die Deduktion der sinnlichen Erscheinung der Vernunftwelt erinnert Fichte erstens an die ideale Bestimmung des Ich im Begriff der Aufforderung, um zweitens erneut den Zusammenhang dieser idealen Bestimmung mit der sinnlichen Erscheinung des Ich als Leib aufzuzeigen. Das Ich findet sich in der Reflexion als ein Wesen, das zur freien Selbstbestimmung aufgefordert ist – das Ich denkt sich in diesem Begriff „ACTIVE SUBJECTIVE IDEALITER", als ein freies, selbstbestimmendes Wesen. Zugleich erscheint ihm dies „OBJECTIVE", das bedeutet als eine notwendige, nicht willkürlich erdachte Bestimmung (WLnm-K GA IV,3, 509 / 227). Wie wir gesehen haben, denkt das Ich diese objektiv notwendige Bestimmung als eine Aufforderung, die von einer überindividuellen Vernunft an dasselbe ergeht. Fichte weist nun darauf hin, dass mit dem Bewusstsein der Aufforderung bzw. des Zweckbegriffs einer selbstbestimmten Handlung im konkreten Bewusstsein die Erscheinung des Ich als sinnlich bzw. als leiblich verfasstes Individuum einhergeht. Dabei rekapituliert er erneut in knapper Form eine genetische Ableitung der leiblichen Erscheinung des Ich. In der Aufforderung, so Fichte, denkt bzw. findet das Ich sich als ein „Handelnsollendes", wobei der bloße Gedanke einer *möglichen* Handlung bereits mit der sinnlichen Vorstellung des Handelns

---

[283] Vgl. Schwabe 2007, 676.

überhaupt verknüpft ist. Fichte fasst hier den Begriff der Handlung also im Unterschied zur reinen idealen Tätigkeit, nämlich gerade als die „durch die Einbildungskraft versinnlichte", real bestimmte Erscheinung derselben (WLnm-K GA IV,3, 511 / 230). Ein ideales Bewusstsein einer freien, zweckbestimmten Tätigkeit, so hat Fichte bereits in § 17 gezeigt, geht im endlichen Bewusstsein notwendig mit der sinnlichen Vorstellung einer Handlung einher. Dabei ist die zweckmäßige Handlung eine *sinnliche* Bestimmung des Ich – eine sinnliche Bestimmung des Ich, so argumentiert Fichte, setzt zugleich den Gedanken einer sinnlichen Bestimmbarkeit des Ich voraus. Die sinnliche Bestimmbarkeit des Ich wird in diesem Kontext als die sinnliche Erscheinung des zur Handlung aufgeforderten Individuums deduziert: Das Ich, das zur sinnlichen Handlung bestimmt ist, muss nämlich dazu korrespondierend als dasjenige, das zu der Handlung bestimmbar ist, in sinnlicher und das bedeutet hier in leiblicher Form erscheinen (WLnm-K GA IV,3, 511f. / 230). Fichte bezeichnet die (leiblich verfasste) Individualität als das „versinnlichte Sollen", wobei es präziser wäre, das leibliche Individuum als die Versinnlichung des Aufgefordertwerdens bzw. als die Versinnlichung der oder des *Sollenden* zu fassen (WLnm-K GA IV,3, 511 / 230).

Nachdem Fichte erneut die Notwendigkeit einer sinnlichen Erscheinung des individuellen Ich dargelegt hat, geht er dazu über, die sinnliche Erscheinung der reinen, überindividuellen Vernunft zu untersuchen. Hier sind vor allem drei Argumentationsschritte zu unterscheiden: Erstens hält er allgemein fest, dass nicht bloß das sollende bzw. aufgeforderte Ich sinnlich erscheinen muss, sondern vielmehr auch die auffordernde Vernunft. Zweitens wird er im Anschluss daran, die äußere auffordernde Vernunft als eine physische Kraft und präziser als leibliche Erscheinung deduzieren. Abschließend ist dann drittens zu klären, wie das Verhältnis der Idee einer reinen, überindividuellen Vernunft zu den verschiedenen, leiblich-vernünftigen Einzelwesen zu denken ist.[284]

---

[284] Dieser Dreischritt folgt nicht der Textchronologie, da Fichte eine Anmerkung zur Mannigfaltigkeit individueller Vernunftwesen in ihrem

Fichte ruft zunächst in Erinnerung, dass das individuierte Ich die Aufforderung zur Selbstbestimmung einer äußeren Vernunft bzw. einem äußeren freien Handeln zuschreibt. Die Aufforderung ist dabei ein bestimmter gedanklicher Gehalt, den das Ich auf ein Bestimmendes zurückführt, welches von ihm selbst unterschieden ist. Es ist nun wichtig, diese Äußerlichkeit der Vernunft noch nicht mit ihrer Erscheinung in einer materiell verfassten Welt empirischer Objekte zu verwechseln. Insofern die Aufforderung als idealer bzw. noematischer Gehalt gefasst wird, wird sie zunächst auf ein „NOU-MEN" zurückgeführt, dem als solchen keine materielle Gestalt zugeschrieben werden kann (WLnm-K GA IV,3, 512 / 232), sondern zunächst eine bloß ideale, überindividuelle Existenz.[285]

Wie lässt sich die Notwendigkeit einer sinnlichen Erscheinung der auffordernden Vernunft begründen? Für diese Begründung kann Fichte auf die Resultate der Deduktion der leiblichen Verfasstheit des zur Selbstbestimmung aufgeforderten Individuums zurückgreifen. Diese hat nämlich bereits ergeben, dass das Ich dieser Aufforderung nur in einem sinnlich vorgestellten Handeln nachkommen kann. Aus diesem Grund schreibt es sich ferner den Leib als das sinnliche Vermögen zur Ausführung von Handlungen zu. Fichte argumentiert, dass nicht bloß die geforderte, selbstbestimmte Handlung sinnlich erscheinen muss, sondern ebenso die auffordernde Vernunft. Sobald nämlich die Forderung als eine „sinnliche Aufgabe mich selbst zu beschränken" vorgestellt wird, so die Überlegung, muss zugleich das Fordernde in sinnlicher Gestalt erscheinen (WLnm-K GA IV,3, 514 / 233). Das hier nicht explizit gemachte, zugrundeliegende Argument beruht offenbar auf

Verhältnis zur allgemeinen, überindividuellen Vernunft den Ausführungen zur leiblichen Erscheinung dieser Vernunftwesen vorausschickt, vgl. Wlnm-K GA IV, 3, 513 /232.

[285] Die Unterscheidung zwischen individuellem und überindividuellem Ich führt Fichte auf die Weise ihres Gegebenseins zurück: So ist sich das individuelle Ich unmittelbar seiner Freiheit und seines Handelns bewusst. Auf die Freiheit der überindividuellen Vernunft als das Bestimmende zur Aufforderung muss das Ich allerdings erst schließen, nachdem es auf die Aufforderung reflektiert hat, vgl. Wlnm-K GA IV, 3, 513 /232 und dazu Schwabe 2007, 682f.

drei Prämissen: Erstens gilt, dass aufgrund der allgemeinen Wechselbestimmung von Idealität und Realität, von Begriff und Anschauung (vgl. § 1), jede begriffliche Vorstellung zugleich zumindest potenziell auf eine sinnliche Vorstellung beziehbar sein muss, da sie sonst unbestimmt bliebe. Unter dieser Voraussetzung wurde z.b. bereits der Leib als sinnlich-reale Anschauung der idealen, zweckentwerfenden Tätigkeit deduziert.[286] Zweitens gilt, dass für das endliche Bewusstsein die Beziehung des idealen auf das sinnlich-reale selbst nur im Begriff gedacht, nicht aber wiederum in einer sinnlichen Erscheinung zugänglich ist. Das Ich kann sich keine sinnliche Vorstellung davon machen, wie ein bloßes Noumenon auf einen sinnlichen Leib einwirkt. Drittens gilt, dass der sinnlich wahrnehmbaren Natur zugleich eine kausale Geschlossenheit zugeschrieben werden muss. Dies folgt daraus, dass das Ich die Natur als Totalität der Erscheinungen bzw. als einige Substanz bestimmt (vgl. § 18). In dieser einheitlichen Naturbetrachtung muss jede sinnliche Erscheinung auf eine weitere sinnliche Erscheinung zurückgeführt werden können. Das Ich, das zu einer sinnlichen Handlung aufgefordert ist, welche zugleich dem Imperativ reiner Selbstbestimmung gemäß sein soll, findet dabei also ein sinnliches Handlungsvermögen als beschränkt vor. Unter Voraussetzung der drei genannten Prämissen muss nun die Beschränkung des sinnlichen Handlungsvermögens wiederum auf eine sinnliche Erscheinung zurückgeführt werden können. Die im Begriff gedachte Aufforderung muss entsprechend einem sinnlich erscheinenden Wesen als dessen Urheber zugeschrieben werden können (vgl. WLnm-K GA IV,3, 514 / 233).

Fichte hat damit also erstens dargelegt, dass dem Gedanken einer idealen, auffordernden Vernunft notwendig die sinnliche Vorstellung einer sinnlichen Kraft unterlegt werden muss, welche das Ich in seiner leiblichen Verfasstheit einschränkt. Ein zweiter Argumentationsschritt besteht darin zu zeigen, dass die auffordernde sinnliche Kraft ebenfalls als ein Leib erscheinen muss: Dies begründet Fichte zum einen damit, dass die sinnliche Kraft wie jede sinnliche Erscheinung als „QUANTUM" im materiellen Raum, also als

---

[286] Vgl. hierzu Abschnitt 6.3.1.3.

„materieller beschränkter Körper" bestimmt werden muss. Die Leiblichkeit eines Individuums erschöpft sich jedoch nicht in seiner bloß materiellen Verfasstheit. Vielmehr handelt es sich bei dem Leib um eine besondere Art „materiell beschränkter Körper", nämlich um eine solche, deren „physische Kraft" einer idealen bzw. freien Bestimmung unterliegt (WLnm-K GA IV,3, 514 /233). Dass der materielle Körper des aufgeforderten Individuums dieser idealen Bestimmung unterliegen muss, wurde bereits bewiesen. Fichte argumentiert diesbezüglich, dass auch die auffordernde Vernunft als ein Leib in diesem Sinne zu verstehen ist. Schließlich soll das sinnliche Wesen außer mir meine sinnlichen Handlungen nicht schlechthin durch eine physische Einwirkung einschränken. Es soll auf mich physisch einwirken, diese Einwirkung soll dabei aber zugleich als Aufforderung zu einer freien Handlung dienen. Dieses sinnliche Wesen muss daher selbst der idealen Aufforderung unterstehen, das bedeutet, seine individuelle körperliche Kraft muss selbst auch der freien Bestimmung untergeordnet sein, welche sie wiederum an ein anderes Individuum heranträgt. Das empirische Beispiel, das für Fichte als Paradigma einer solchen vernunftgemäßen, wenngleich sinnlich wahrnehmbaren Einwirkung fungiert, ist die Rede.[287] Denn in der Rede wird nicht das „physische", sondern das „moralische Vermögen" eingeschränkt (WLnm-K GA IV,3, 511 / 229). In einer – so müsste ergänzt werden: gelingenden – Gesprächssituation findet sich eine Vielzahl von Akten der gegenseitigen Aufforderung zur moralischen Selbstbestimmung, mögen diese noch so banal erscheinen. So enthält bereits das Erheben des Wortes durch einen Gesprächsteilnehmer die implizite Aufforderung an alle anderen Gesprächsteilnehmer, sich für die Dauer ihrer Rede des eigenen Wortes zu enthalten und zuzuhören. In dem Befolgen dieser impliziten Aufforderung zeigt sich nach Fichte das Vermögen zu einer moralischen Selbstbestimmung – zumindest dann, so müsste auch hier ergänzt werden, wenn das Gewährenlassen der Rede nicht bloß aus Furcht vor der Sprechenden, sondern aus einer

---

[287] Fichte interpretiert die Rede gleich an zwei Stellen als Beispiel für eine solche Aufforderung, vgl. 229 / GA IV, 2, 249 und 231 / GA IV, 2, 252.

freien Bestimmung der Anerkennung des Gegenübers als Vernunftwesen geschieht.

In einem dritten Schritt muss abschließend auf das folgende Problem eingegangen werden: Wie ist es möglich, dass die als überindividuell gedachte Vernunft, von welcher eine Aufforderung zur freien Selbstbestimmung an das Ich ergeht, in Gestalt einer *Mannigfaltigkeit* leiblich verfasster Individuen erscheinen muss? Es könnte schließlich eingewendet werden, dass ein Einzelwesen niemals eine allgemeine, überindividuelle Vernunft repräsentieren kann. Fichtes Antwort auf dieses Problem, die jedoch erneut nicht in wünschenswerter Weise klar ausgeführt wird, besteht gerade in dem Argument, dass es notwendig ist, dass eine ideal gedachte, allgemeine Vernunft durch eine Mannigfaltigkeit von vernünftigen Einzelwesen in der sinnlichen Anschauung repräsentiert wird. Fichte spricht in diesem Zusammenhang von einem allgemeinen Vernunftzweck, der sich in einer ineinandergreifenden „Kette" vernünftiger Handlungen manifestiert (WLnm-K GA IV,3, 513 / 232). Dieses Argument folgt aus der allgemeinen, hier nicht explizit genannten Voraussetzung, dass alles, was sinnlich wahrnehmbar ist, zugleich in eine unendliche Mannigfaltigkeit seiner Bestandteile analysierbar sein muss. Die Sphäre des Anschaubaren wird durch die Einbildungskraft als eine teilbare Mannigfaltigkeit gesetzt. Wie wir gesehen haben, beruht die Mannigfaltigkeit der Anschauung wiederum auf der Mannigfaltigkeit der Gefühle, welche notwendig gegeben sein muss, damit das zweckentwerfende Ich eine Wahlfreiheit aus einer Vielzahl möglicher Gefühlsbestimmungen ausüben kann.[288] Dies hat Folgen für die mögliche Darstellbarkeit eines allgemein gedachten, bloß idealen Vernunftzwecks: Bezogen auf eine anschaubare Mannigfaltigkeit lässt dieser sich bloß als ein Ganzes darstellen, das aus einer unendlichen Mannigfaltigkeit von Teilen zusammengesetzt ist. Der Akt der Aufforderung in sinnlicher Darstellung wird entsprechend konzipiert als Interaktion zwischen dem aufgeforderten Ich und einer potenziell unendlichen Menge an vernünftigen Einzelwesen, die zusammen zu einer ineinandergreifenden Kette vernünftiger Handlungen bestimmt sind. Dabei betont

---

[288] Vgl. hierzu Abschnitt 6.2.

Fichte, dass dem vorgestellten einzelnen Vernunftwesen ebenfalls eine doppelte Ansicht zukommen muss: Denn einerseits erscheint es für die Anschauung als ein Körperliches, andererseits muss mit dieser Anschauung notwendig der *Gedanke* einer vernünftigen Selbstbestimmung verbunden sein, die das Ich sich selbst zuschreibt. Damit erscheint das Vernunftwesen außer mir einerseits in sinnlich, leiblicher Verfasstheit, das andererseits einer vernünftigen Aufforderung untersteht. Mithin erscheint das Vernunftwesen sowohl als angeschauter Leib als auch als ein rein Gedachtes, als Noumenon. Fichtes Anspruch in dieser Deduktion besteht darin, zu zeigen, dass Übertragbarkeit dieses rein Gedachten auf die sinnliche Erscheinung eine notwendige Bedingung endlichen Selbstbewusstseins ist.[289]

Ausgehend von dem Gedanken einer Gemeinschaft vernünftiger Individuen, die gemeinsam unter einer gesetzgebenden Vernunft stehen, lässt sich jedoch nicht bloß das Verhältnis einer gegenseitigen Aufforderung zum freien, letztlich moralischem Handeln konzipieren, sondern zugleich der Gedanke einer gegenseitigen Anerkennung *als* freie Vernunftwesen. Dies wird von Fichte hier nicht weiter ausgeführt, ist aber eine offenkundige Implikation

---

[289] Vor dem Hintergrund dieses subtil entwickelten Zusammenhangs zwischen a) dem reflektierenden Einzelbewusstsein, b) der überindividuellen auffordernden Vernunft, c) der notwendig anzunehmenden Realität anderer leiblich verfasster Vernunftwesen erscheint Honneths Gegenüberstellung zwischen der Möglichkeit einer „monologischen" oder einer intersubjektivitätstheoretischen Begründung der Wissenschaftslehre als zu simpel, vgl. Honneth 2016, insb. 57f. und 72. Denn der vermeintlich ‚monologische' Ausgang von der subjektiven bzw. individuellen Reflexion bringt gerade zutage, dass das reflektierende Ich als Bedingung seiner Reflexion die Möglichkeit anderer individueller Vernunftwesen anerkennen *muss*, wobei diese Anerkennung anderer Individuen zugleich mit der Anerkennung einer gemeinschaftlich geteilten Sphäre überindividueller Rationalität einhergeht. Das Bewusstsein der eigenen Individualität, die Anerkennung des anderen Individuums sowie die gemeinschaftliche Anerkennung universaler und vernünftiger Normen werden hier in einer Wechselbeziehung gedacht, in welcher der vermeintlich unüberbrückbare Gegensatz zwischen Subjekt- und Intersubjektivitätsphilosophie aufgehoben wird, so schon Schäfer 2014, 243–256.

seiner Theorie. Denn es können sich nur diejenigen Wesen zur freien Selbstbestimmung auffordern, die sich bereits als freie Individuen anerkennen. Dieses Anerkennungsverhältnis ist also zwischen den Individuen vorausgesetzt, wenn sie sich gegenseitig zur Selbstbestimmung auffordern. Primär muss sich jedoch ein Individuum selbst als ein zur Selbstbestimmung fähiges Wesen verstehen, ehe es seine Aufforderung an andere adressiert. Wenn ein Individuum sich nicht selbst als ein freies, zur (moralischen) Selbstbestimmung fähiges Wesen anerkennen würden, würde es diese Forderung gar nicht an andere richten können.[290] Ebenso kann ein aufgefordertes Individuum eine Aufforderung überhaupt nur dann als eine solche beurteilen, wenn ihrem Urheber wiederum Vernunft unterstellt wird. Eine sprachlich übermittelte Aufforderung wäre ansonsten nicht als ein Akt sinnhafter Kommunikation zu beurteilen, sondern als ein sinnloses Ausstoßen von Lauten.[291]

[290] Dass intersubjektive Anerkennungsverhältnisse im Bereich der Moral eine Selbstanerkennung des Individuums als zur Moralität fähiges Wesen voraussetzen, sieht auch Enskat, der hierzu (allerdings ohne jeden Bezug auf Fichte) treffend festhält: „Um moralisch relevante Akte handelt es sich bei Akten wechselseitiger Anerkennung daher nur dann, wenn sie in der Form der *Selbst*-Anerkennung, also im authentischen Akt der *reflexiven* Anerkennung eines individuellen Menschen *seiner selbst als* eines moralischen Wesen vollzogen werden. Erst wenn die Struktur eine solchen Akts moralischer Selbstanerkennung durchsichtig ist, sind soziale Akte der wechselseitigen Anerkennung gegen das Mißverständnis gefeit, Akte zu sein, die sich darin erschöpfen, daß Rollenträger in gemeinsamen oder verschiedenen sozialen Milieus einander in der wechselseitigen Anerkennung ihrer sozialen Rollen- und Milieuzugehörigkeiten bestätigen. Diese Form der Reziprozität hält, wie nicht erst Platon klar war, auch eine Räuberbande zusammen.", Enskat 2015a, 35.

[291] Einen notwendigen Zusammenhang zwischen Aufforderung und Anerkennung entwickelt Fichte in der *Grundlage des Naturrechts,* vgl. insb. GA I, 3, 354–358 / SW III, 48–53. Aus dem Verhältnis der gegenseitigen Aufforderung und Anerkennung der Freiheit entwickelt Fichte dort den Begriff des Rechts bzw. die Idee des Rechtsverhältnisses, welches ein „Verhältniss zwischen vernünftigen Wesen [ausdrückt; N.B.], dass jedes seine Freiheit durch den Begriff der Möglichkeit der Freiheit des anderen beschränke, unter der Bedingung, dass das erstere die seinige gleichfalls durch die des anderen beschränke [...]" (GA I, 3, 358 / SW III, 52). Insofern die

Mit Blick auf das andere raum-zeitlich individuierte Vernunftwesen wird der Sinn des zuvor geltend gemachten Realen der Einbildungskraft deutlich, insofern es durch ein ideales Denken bestimmt ist. Das ideal bestimmte Reale der Einbildungskraft erscheint nämlich als a) selbstständiges Objekt, b) als Noumenon und c) als Substanz im zeitlichen Wechsel. Das individuelle Vernunftwesen außer mir erfüllt alle drei Bedeutungen. Ein auffordernd-anerkennendes, freies Individuum, das dem Ich seinen individuellen Freiheitsspielraum eröffnet, ist in seiner leiblichen und freien Verfasstheit zugleich ein selbstständiges Objekt für mich, als ein Freies ein

gegenseitige Aufforderung zur freien Selbstbestimmung, durch welche der jeweilige Gebrauch der Freiheit zugleich begrenzt werden soll, in der *Grundlage des Naturrechts* als Bedingung der Möglichkeit eines individuellen Selbstbewusstseins aufgewiesen wird, betrachtet Fichte den daraus abgeleiteten Begriff des Rechts bzw. des Rechtsverhältnisses ebenso als eine Bedingung des Selbstbewusstseins, die a priori und transzendental zu deduzieren ist. Bzgl. des Zusammenhangs von Aufforderung, Anerkennung und Rechtsbegriff vgl.Schäfer 2014, 243–256. Das Rechtsverhältnis stellt dabei jedoch nicht die einzige Hinsicht dar, in der Intersubjektivität von Fichte thematisiert wird. So lässt sich unterscheiden zwischen a) der rechtlich verfassten Intersubjektivität, in der das Zusammenstimmen des Gebrauchs äußerer Handlungsfreiheit von leiblich verfassten Individuen gedacht wird, b) einer sittlich verfassten Intersubjektivität, in der die Integration der einzelnen Vernunftwesen in das moralische Reich der Zwecke gedacht wird und c) einer religiös verfassten Intersubjektivität in einer „Synthesis der Geisterwelt" im Sinne einer Gemeinschaft der Vernunftsubjekte in der göttlichen Weltordnung, vgl. hierzu auch Schäfer 2014, 243. Im Kontext der fünffachen Synthesis der *Wissenschaftslehre nova methodo* findet sich diese differenzierte Betrachtung der Intersubjektivität nicht. Fichte leitet hier die notwendige Setzung anderer Vernunftwesen aus dem subjektiven Bewusstsein der Aufforderung ab, welche zunächst die Grundlage für das subjektive Moralbewusstsein bildet. Die Interaktion der Vernunftsubjekte in ihrer leiblichen Verfasstheit wird davon ausgehend als „eine einzige durch Freiheit bestimmte Kette" bestimmt, durch welche „der ganze Vernunftzweck durch unendlich viele [be]arbeitet" und durch die „Einwürkung aller" realisiert wird (Wlnm-K GA IV, 3, 513 / 232). Diese Ausführungen legen nahe, dass Fichte hier also nicht primär eine Rechtsgemeinschaft leiblicher Subjekte, sondern eine moralische Gemeinschaft der Subjekte unter dem unbedingt gebietenden Gesetz der Vernunft im Blick hat.

Noumenon und als Gegenüber eine Substanz im zeitlichen Wandel, mit der ich als Leib interagieren kann. Der hier dargelegte Zusammenhang zwischen dem subjektiven Bewusstsein der Aufforderung zur freien Selbstbestimmung und der Manifestation der auffordernden Vernunft in empirisch wahrnehmbaren Einzelwesen bedarf jedoch einer Präzisierung, die Fichte zwar selbst nicht leistet, die aber ausgehend von seinen eigenen Voraussetzungen sinnvoll erscheint. Es ist zwar Fichtes Ziel, die Realität von anderen vernünftigen Individuen transzendental und das bedeutet als Bedingung der Möglichkeit des endlichen, konkreten Selbstbewusstseins zu beweisen. Es geht also um mehr als bloß die Plausibilisierung der Annahme, dass andere Wesen, die mir physisch ähneln, über dasselbe innere Freiheitsvermögen verfügen. Dies gelingt, insofern gezeigt werden kann, dass Selbstbewusstsein zugleich das Bewusstsein einer Aufforderung zur freien Selbstbestimmung ist, die von einer überindividuellen Vernunft ausgeht, und dabei zugleich *als Auffordernde* sinnlich erscheinen können muss. Das bedeutet aber nicht, dass diese überindividuelle Vernunft mit ihrer sinnlichen Erscheinung zu identifizieren ist. Der Sinn der fünffachen Synthesis besteht gerade darin zu zeigen, dass ihre Glieder zwar notwendig aufeinander bezogen werden, jedoch in dieser Beziehung als Momente auch ihre Eigenständigkeit bewahren. Soll aus der fünffachen Synthesis die Genese des konkreten Selbstbewusstseins entwickelt werden, bedeutet das, dass auch für dieses konkrete Selbstbewusstsein jene Glieder zwar in ihrer Beziehung aufeinander, aber auch als jeweils einzelne Bestimmtheiten reflektierbar sein müssen. Das bedeutet, dass für das reflektierende Subjekt das Bewusstsein einer Aufforderung zur freien Handlung auch unabhängig von der Interaktion mit anderen vernünftigen Individuen möglich sein muss. Freie Selbstbestimmung besagt, dass das Individuum sich nicht bloß von anderen zur Freiheit auffordern lässt, sondern sich auch ursprünglich *selbst* zur Freiheit auffordern muss. Man darf den aufgewiesenen Zusammenhang zwischen Aufforderungsbewusstsein und fremder, vernünftiger Individualität nicht so verstehen, dass jeder Fall eines subjektiven Aufforderungsbewusstseins eine Interaktion mit anderen Vernunftwesen notwendig macht. Schwächer als bei Fichte selbst muss dieser Zusammenhang also so gedacht werden, dass ein

Selbstbewusstsein freier Selbstbestimmung nur dann möglich ist, wenn die *Möglichkeit* anderer Vernunftsubjekte zugleich mitgesetzt ist, was aber nicht bedeutet, dass ein solches Selbstbewusstsein nur im Zusammenhang einer konkreten Interaktion entstehen kann.[292]

---

[292] Aus dem hier entwickelten ergibt sich also, dass es Fichte nicht darum geht, aus der empirischen Interaktion von körperlich verfassten Individuen allein die Möglichkeit vernünftiger Selbstbestimmung abzuleiten. Es ist nicht Fichtes Ziel, das Zustandekommen des Freiheitsbewusstseins empirisch aus dem Akt des Ansprechens durch ein anderes, leiblich verfasstes Wesen zu erklären. Siehe hier äußerst treffend Zöller 1998, 120: „[...] [U]pon deeper analysis, it becomes clear that the necessary dependence of a given individual on the solicitation through another individual does not really explain how rational individuality comes about in the first place. If no individual is self-sufficient in the realization of its rationality, then there remains the problem of accounting for the first, unsolicited solicitor. It is at this point that Fichte argues that the ultimate foundation of individuality lies not in some other individual but in something altogether different from finite individuals and perhaps incomprehensible to them: No individual is able to account for himself on the basis of himself alone. Consequently, when one arrives – as one must – at a first individual, one must also assume the existence of an even higher, incomprehensible being." Es muss entsprechend deutlich zwischen zwei Anforderungen unterschieden werden: nämlich erstens zwischen der Aufforderung, derer das Ich sich im Denken seiner selbst im Zweckbegriff bzw. im Bewusstsein des reinen Willens innewird und der Aufforderung zur freien Selbstbestimmung, die von einem anderen Vernunftsubjekt ausgeht. Die erste Aufforderung ist diejenige einer allgemeinen, überindividuell gebietenden Vernunft. Nur dadurch, dass das Ich sich als unter allgemeinen Vernunftgesetzen stehend weiß, ist es wiederum dazu genötigt, andere Naturwesen ebenfalls als vernünftig zu beurteilen. Wenn aber das subjektive Freiheitsbewusstsein Bedingung der Möglichkeit der Beurteilung der Freiheit anderer Vernunftwesen ist, kehrt sich die Begründungsfolge aus der *Grundlage des Naturrechts* um, wo Fichte in der Aufforderung durch ein anderes individuelles Vernunftwesen zugleich den notwendigen Anstoß zu einer Selbstbestimmung des endlichen Ich sieht, der zuallererst endliches Selbstbewusstsein erklären kann vgl. GA I, 3, 342f. / SW III, 33f. Aus diesem Grund ist auch Edith Düsings Interpretation der Aufforderungslehre in der *Wissenschaftslehre nova methodo* zu kritisieren, da sie davon ausgeht, dass nicht etwa durch das Bewusstsein eines auffordernden, reinen Willens, sondern erst durch die „auffordernde Tat eines *alter ego*" im Sinne eines anderen individuierten Vernunftwesens

6.5.2 Die Ansicht der Natur als organisch strukturiertes Ganzes

Die Deduktion der Erscheinung der noumenalen, überindividuellen Vernunft in der Mannigfaltigkeit autonom handelnder Vernunftwesen beschließt zugleich Fichtes Auseinandersetzung mit der Bestimmung der reinen Vernunftwelt durch eine sinnlich erscheinende Natur. Um die fünffache Synthesis final abzuschließen, muss er noch zeigen, was für das endliche Bewusstsein aus der Bestimmung der sinnlich erscheinenden Natur durch die Vernunft folgt. Auch bei der Darlegung dieses Bestimmungsverhältnisses setzt Fichte nicht unmittelbar bei den beiden genannten Bestimmbarkeiten an. Seine Untersuchungsmethode lässt sich folgendermaßen umreißen: Zunächst führt er bruchlos die Auseinandersetzung mit dem Begriff des individuellen Leibs fort, indem er ihn als ein dem vernünftigen Willen unterstehendes Naturprodukt untersucht und darauf stößt, dass man ihn dabei als einen biologischen Organismus fassen muss. Ausgehend von dieser Feststellung versucht Fichte Rückschlüsse darüber zu ziehen, wie die Natur im Ganzen zu denken ist, wenn Teile dieser Natur als biologische Organismen erscheinen müssen. Fichtes Schlussfolgerung, mit welcher die Untersuchung endet, besagt dann, dass die Natur im Ganzen als ein lebendiger Organismus zu beurteilen ist, dem eine Produktionsform zukommt, die analog zur menschlichen Freiheit als eine teleologische Kausalität zu denken ist. Fichte entwickelt damit den Gedanken einer sich gesetzlich selbst organisierenden Natur, welchen er gleichsetzt mit dem Gedanken der Bestimmung der sinnlichen Natur durch allgemeine Vernunfttätigkeit.

Seine Untersuchung beginnt mit der Feststellung, dass der Leib ein Naturgegenstand ist, der zugleich so gedacht wird, dass er einer vernünftigen Willensbestimmung unterliegt. Einen Körper, der durch einen vernünftigen Willen bestimmt ist, bezeichnet Fichte hier auch als einen artikulierten Leib.[293] Wie wir sehen werden,

der Zirkel von theoretischer Objekterkenntnis und praktischem Bewusstsein aufgelöst werden kann, vgl. E. Düsing 1989, 180, 182ff.

[293] Nähere Erläuterungen zum artikulierten Leib deuten hier bereits darauf hin, dass ein artikulierter Leib zugleich als biologischer Organismus aufzufassen ist. Ein artikulierter Leib ist demnach ein solcher, bei dem

erkennt Fichte in der Artikulation des Leibes zugleich die Bedingung dafür, dass er als ein Organismus aufzufassen ist. Doch zunächst hebt er einen bei den bisherigen Untersuchungen stets mitgenannten, jedoch nicht zureichend abgeleiteten Gedanken hervor: Zwar untersteht der Leib einem vernünftigen Willen, doch ist er auch und allem voran *Naturprodukt* – dies, so Fichte, „bedarf einer Erklärung und eines Beweises" (WLnm-K GA IV,3, 515 / 235). Diese Erklärung bzw. dieser Beweis des Leibes als Naturprodukt erfolgt in mehreren Schritten und wird darauf führen, dass der individuelle Leib als Naturprodukt nur durch eine sich selbst organisierende Natur zu erklären ist. Es ist sodann die Deduktion des Leibes als besonderes Naturprodukt, mit der Fichte zugleich den Begriff einer durch reine Vernunft bestimmten, sinnlichen Natur gewinnen will.

Wie ist der Leib zunächst als Naturprodukt näher zu charakterisieren? Fichte führt hier Aspekte an, die sich zum Teil aus bereits gewonnen Einsichten, aber auch aus alltäglicher Erfahrung ergeben. Zum einen ist der Leib des Individuums ein besonderer Teil innerhalb der sinnlichen Welt. Der Leib ist Teil der Natur. Da die Natur räumlich strukturiert ist, nimmt der Leib als bestimmter Teil der Natur einen begrenzten Umkreis der Natur ein. Fichte betont zwar, dass der Leib innerhalb seiner Begrenztheit dem vernünftigen Willen untersteht, es gilt dabei jedoch, dass dieser Wille außerhalb der Grenzen des Leibes keine direkte Kausalität mehr entfalten kann. Durch das Setzen der Grenze entzieht sich der restliche Teil der Natur der unmittelbaren Bestimmung durch den Willen. Das bedeutet: Die materielle Begrenztheit des Leibes steckt nicht bloß denjenigen Bereich ab, in dem der vernünftige Wille Kausalität entfalten kann, vielmehr entzieht sich die materielle Begrenztheit selbst dem vernünftigen Willen. Die Grenze als solche ist nicht durch den Willen, sondern durch ein äußeres, mithin durch die Natur gesetzt (WLnm-K GA IV,3, 516 / 235f.). Der Leib ist schließlich ein Naturprodukt, d.h. als sinnliches Objekt durch die Natur gesetzt. Der Leib wird erklärt durch die Natur, welche einzelne Körper als

„jedem Theile eine eigne und eine mit dem Ganzen gesetze Bewegung zugehöre" (Wlnm-K GA IV, 3, 515 / 235). Dieser Übergang soll jedoch im Folgenden schrittweise nachvollzogen werden.

„reelle Ganze" hervorbringt. Innerhalb des Textabschnitts chan-
giert Fichte hier zwischen zwei möglichen Beschreibungsformen,
die bezüglich der Natur gewählt werden können: Zum einen ist es
möglich, wie in der Rekonstruktion geschehen, die Natur selbst zu
betrachten und dabei davon zu abstrahieren, dass sie bloß in dieser
Gestalt einem reflektierenden Ich erscheint. Dann lässt sich sagen,
dass die Natur selbst „reelle Ganze" produziert (WLnm-K GA
IV,3, 516 / 236). Für die Transzendentalphilosophie wäre es jedoch
angemessener, bezüglich menschlicher Leiber von einem
„nothw[endige][n]. Denken" (ebd.) reeller Ganzheiten zu sprechen.
Dieses Denken ist dadurch ausgezeichnet, dass für das Ich im Bewusstseinsvollzug der Zwang besteht, die den Leib betreffenden
Vorstellungen zu einer Ganzheit zu synthetisieren, was dann nicht
der Freiheit der Reflexion oder gar der Phantasie überlassen ist.[294]
    Ohne dass Fichte diesen Übergang argumentativ begründet, be-
zeichnet er nun den artikulierten Leib, insofern er ein solches reelles
Ganzes der Natur ist, als einen Organismus.[295] Auch wenn Fichte

---

[294] Zum Begriff des reellen Ganzen siehe Fichtes Erläuterung in seinem
System der Sittenlehre (1798): „*Realität* wird bestimmt durch einen Zwang der
Reflexion; da im Gegentheil in der Vorstellung des Idealen sie frei ist. Jene
Freiheit, das Ganze beliebig zu begrenzen, müsste aufgehoben und die
Freiheit genöthigt seyn, gerade soviel, nicht mehr oder weniger dazu zu
rechnen, wenn uns ein reelles Ganzes entstehen sollte. So verhielt es sich,
wie gesagt, mit der Vorstellung *meiner* Natur, als eines geschlossenen Ganzen" (SL GA I, 5 114 / SW IV, 116f.).
[295] Ohne, dass sich dies konkret am Text belegen ließe, jedoch mit einiger
Stringenz deutet Schwabe den Zusammenhang von Artikulation des Leibes
und seiner Seinsweise als biologischer Organismus folgendermaßen: „Na-
turteile, die bloß nach mechanischen Gesetzen bestimmbar sind, bieten der
Vernunft keine Möglichkeit, in sie hineinzuwirken. Damit die Natur für
freies Bestimmen offen ist, muß sie in sich selbst eine Struktur ausbilden,
welche nicht mehr bloß nach den mechanischen Gesetzen angeordnet ist,
sondern offen ist für die Gesetzlichkeit der Vernunft. Die Natur hat nun
gerade dies getan und die Struktur der Organisation ausgebildet. Organisation zeichnet sich dadurch aus, daß die Teile eines Körpers nicht bloß mechanisch aggregiert sind, sondern eine Einheit darstellen, die über die
Summe der Teile hinausgeht. ‚Alle diese Teile nehmlich, aus welchen wir
den Leib zusammensezen, gehören zusammen und machen nur in ihrem

hier den Zusammenhang von Artikulation und Organismus selbst
nicht erklärt, fügt er skizzenhaft hinzu, wie ein Organismus konkret
zu denken ist: Ein Organismus, so Fichte, ist dabei als ein Ganzes
in der Natur zu verstehen, indem jeder Teil durch sich selbst gesetzt
ist, der aber gleichzeitig seine Bestimmung nur im Zusammenhang
mit anderen Teilen bekommt, mit denen er das Ganze ausmacht.
Das bedeutet ferner, dass der einzelne Teil zwar einer eigenen Gesetzmäßigkeit unterliegt, gleichzeitig aber in seinem Bestehen wiederum von anderen Teilen abhängig ist (vgl. Wlnm-K GA IV,3,
516 / 237).[296]

Zusammenhange ein Ganzes aus'", Schwabe 2007, 687. Das angegebene
Zitat (Wlnm-K GA IV, 3, 517 / 237) gibt gerade keinen Aufschluss über
den Zusammenhang von Artikulation und dem biologischen Organismus,
da eine solche Definition nicht bloß für biologische Lebewesen, sondern
z.B. auch für Artefakte gelten könnte.

[296] In diesem Abschnitt werden Ansätze einer eigenständigen Naturphilosophie erkennbar, ohne dass Fichte jemals eine Naturphilosophie in einem
eigenen Werk ausgearbeitet hat. In der Forschung wird der Mangel einer
systematisch entwickelten Naturphilosophie z.T. biographisch begründet,
nämlich mit Fichtes erzwungenem Weggang aus Jena infolge des Atheis-
musstreits, vgl. Zöller 2006, 325f. Der Weggang aus Jena erklärt allerdings
nicht, warum Fichte in den Folgejahren bis zu seinem Tod im Jahr 1814,
in denen Fichte weiterhin äußerst produktiv war, eine solche Philosophie
nicht vorgelegt hat. Das Fehlen einer systematisch ausgearbeiteten Naturphilosophie und der daraus resultierende vermeintlich unergiebige Natur-
begriff wurde bereits von Fichtes Zeitgenossen harsch kritisiert, so schreibt
etwa Schelling in seiner *Darlegung des wahren Verhältnisses der Naturphilosophie
zu der verbesserten Fichte'schen Lehre*: „Daß [...] die Natur eine objektive Welt
sey, daran, meint Fichte, ist noch niemand eingefallen zu zweifeln, und das
steht noch ebenso fest wie sonst, kann daher als allgemein angenommen
vorausgesetzt werden. Dennoch ist es eben das Wesentliche der bewußten
Philosophie [also der Philosophie Fichtes; N.B.] die Natur nicht als eine
objektive Welt zu sehen, ja die objektive Welt *als* eine objektive überhaupt
für ein bloßes Geschöpf der Reflexion zu halten. *Diese* objektive Welt, welche Fichte im Sinne hat, ist also nicht einmal ein todtes; sie ist gar nichts,
leeres Gespenst. Fichte möchte sie gerne vernichten, und doch zugleich
erhalten, der moralischen Nutzanwendung zuliebe. Sie soll nur todt seyn,
damit auf sie gewirkt werden kann; daß sie aber etwa ganz verschwände,
war keineswegs die Absicht", Schelling: *Darlegung des wahren Verhältnisses der*

Naturphilosophie zu der verbesserten Fichteschen Lehre, SW 3, 605. Auch Hegel kritisiert: „Die Natur ist hiemit sowohl in theoretischer als in praktischer Rüksicht ein wesentlich bestimmtes und todtes. In jener Rüksicht ist sie die angeschaute Selbstbeschränkung, d.h. die objektive Seite des Selbstbeschränkens; indem sie als Bedingung des Selbstbewußtseyns deducirt, und, um das Selbstbewußtseyn zu erklären, gesetzt wird, ist sie blos ein zum Behuf der Erklärung durch Reflexion gesetztes, ein ideell bewirktes [...]. Eben so wird in praktischer Rüksicht, in der Synthese des bewußtlosen sich selbst bestimmens, und des selbstbestimmens durch einen Begriff, des Naturtriebs, und des Triebs der Freyheit um der Freyheit willen, die Natur durch die Kausalität der Freyheit zu einem reell bewirkten; das Resultat ist, der Begriff soll Kausalität auf die Natur haben, und die Natur als ein absolutes bestimmtes gesetzt werden", Hegel: *Differenz des Fichte'schen und schelling'schen Systems der Philosopohie*, GW IV, 50f. Doch auch wenn bei Fichte eine eigene Schrift zur Naturphilosophie fehlt, lässt sich dennoch aus seinen verschiedenen Schriften insbesondere der 1790er Jahre eine transzendentale Naturphilosophie rekonstruieren. Diese Einsicht geht vor allem auf Reinhard Lauth zurück, vgl. Lauth 1984. Einschlägig sind hier vor allem Passagen aus dem Manuskript *Practische Philosophie* (1793), vgl.GA II, 3, Fichtes Vorlesung *Zu Platners »Philosophischen Aphorismen«* (1794–1812), vgl. GA II, 4 sowie das *System der Sittenlehre* (1798), vgl. GA I, 5. Lauth betont zu Recht, dass es Fichte im Unterschied zu Schelling vor allem um eine „*allgemeine* Naturphilosophie" geht, in welcher „über die Möglichkeit und die Grundform der Natur reflektiert" wird, Lauth 1984, XIV. Die ‚Möglichkeit' und die ‚Grundform' der Natur werden auch im Rahmen der fünffachen Synthesis abgeleitet, wie gezeigt werden konnte. Diese allgemeine Naturphilosophie ist jedoch von einer „*speziellen* Philosophie der Naturerscheinungen und -gesetze" zu unterscheiden, in die alles fällt, „dessen Gegebensein nicht allein von apriorischen Voraussetzungen, sondern von Erfahrungstatsachen abhängt", weshalb Fichte aus guten Gründen keine Theorie „von der Gravitation, von der Elektrizität, dem Galvanismus oder Magnetismus" o.ä. vorlegt, Lauth 1984, XIV. Ähnlich affirmierend wie Lauth betrachtet Siemek Fichtes Naturphilosophie, der Fichtes Orientierung an den „Grenzen des transzendentalphilosophischen Standpunktes" gerade „[i]m scharfen Gegensatz [...] zu den ungebändigten Spekulationen von Schelling" lobt, Siemek 1989, 394. Eine kritische Beurteilung der Naturphilosophie als einseitig subjektivistisch findet sich dagegen bei Gloy 1994. Zu Fichtes Naturphilosophie im Allgemeinen, ihrer Rezeption und insbesondere zu den Deutungen Reinhard Lauths vgl. den Sammelband Girndt 2015.

6.6 Eine transzendentale Theorie der Natur – Kant und Fichte

Fichtes Ausführung zur Bestimmung der Natur durch reine Vernunfttätigkeit, welche konkret auf die Deduktion des Organismusbegriffs sowie auf die Idee einer belebten Natur führen, sind zum Abschluss der *Wissenschaftslehre nova methodo* äußerst knapp gehalten. Aufgrund ihrer Tragweite soll jedoch der systematische Hintergrund von Fichtes Naturlehre im Folgenden zumindest ansatzweise rekonstruiert werden, welche er in anderen Schriften entwickelt. Dabei soll es im Besonderen um seine Ausführungen zur belebten Natur gehen, die er in der Schrift *Das System der Sittenlehre* (1798) ausarbeitet.

Diese Auseinandersetzung mit Fichtes Naturlehre soll zeigen, wie er den Gedanken entfaltet, dass auf der Grundlage eines ursprünglichen Bewusstseins freier, praktischer Tätigkeit sich zugleich notwendige theoretische Bestimmungen der Natur entwickeln lassen. Eine zentrale These ist hier wie auch in § 19 der *Wissenschaftslehre nova methodo*, dass die Natur als ein sich organisierendes Ganzes begriffen werden muss, aus der wiederum die Erscheinung des Ich als Leib in der äußeren Anschauung zu erklären ist. Die Deduktion des Leibes als notwendige sinnliche bzw. physische Erscheinung der idealen, zweckentwerfenden Tätigkeit wurde bereits in ihren allgemeinen Zügen rekonstruiert und kann daher als bekannt vorausgesetzt werden. Dabei wurde zunächst vor allem dargelegt, inwiefern das ideale, zweckentwerfende Ich in der äußeren Anschauung als eine physische Kraft erscheinen muss. Dass der Leib jedoch zugleich als ein sich organisierendes Ganzes zu begreifen ist, muss davon ausgehend noch genauer gezeigt werden.

Die Anschauung des Ich als Leib sowie die Voraussetzung einer außerhalb des Ich existierenden Natur, die beide als organisch strukturiert gedacht werden, zählen damit zu den Bedingungen eines Bewusstseins freier Selbstbestimmung, welche Fichte vor allem in den Schriften seiner Jenaer Zeit herauszuarbeiten bemüht ist. Fichte versteht seine Philosophie zu dieser Zeit als Vollendung der Transzendentalphilosophie Kants, die er an keiner Stelle widerlegen, sondern bloß systematisch zu vertiefen sucht. Gerade weil Fichte sich im Kontext seiner Auseinandersetzung mit dem

Organismusbegriff weitgehend der kantischen Terminologie bedient, eignet sie sich besonders für einen Vergleich mit Kants Verständnis von der Möglichkeit, bestimmte Erscheinungen oder gar die Natur im Ganzen als Organismen zu beurteilen. An diesem Vergleich sollen im Folgenden exemplarisch Überschneidungen, aber vor allem Unterschiede zwischen Fichtes und Kants Ansatz herausgearbeitet werden. Am Beispiel von Fichtes Naturphilosophie lässt sich vor allem studieren, an welchen Punkten er entscheidend von Kant abweicht, was die Eigenständigkeit der Wissenschaftslehre gegenüber der kantischen Transzendentalphilosophie unterstreicht. Anhand seiner Untersuchungen im *System der Sittenlehre* (1798) soll gezeigt werden, dass für Fichte der Gedanke einer teleologischen Kausalität im Unterschied zu Kant zumindest für bestimmte Erfahrungen konstitutiv ist. Dies gilt mit Blick auf den Leib des konkreten Selbstbewusstseins, das in einem Akt produktiver Setzung durch unbewusste, aber notwendige Gesetze die Erscheinung nach einem teleologischen Prinzip bestimmt. Davon ausgehend wird er zudem sein Diktum rechtfertigen, „dass unsere Freiheit selbst *ein theoretisches Bestimmungsprinzip unsrer Welt [sei]*" (SL GA I,5, 77 / SW IV, 68). Kant hingegen streitet es ab, dass der Gedanke einer teleologischen Kausalität mehr sein kann, als ein Prinzip, dass es der Urteilskraft erlaubt, über bestimmte Naturgegenstände zu reflektieren, ohne dass es jedoch für eine bestimmte Erkenntnis hinreicht.

Die folgenden Ausführungen verfolgen das doppelte Ziel, einerseits Fichtes Naturlehre anhand seiner Deduktion des Organismusbegriffs zu erhellen sowie nach dem Verhältnis zur kantischen Philosophie zu fragen, vor allem, um die Spezifizität des Fichte'schen Systems noch einmal verschärft in den Blick zu nehmen. Dafür soll in einem ersten Teilabschnitt Kants Organismusbegriff, den er in der *Kritik der Urteilskraft* entwickelt, dargelegt werden (6.6.1). In einem zweiten Abschnitt erfolgt darauf aufbauend eine Auseinandersetzung mit Fichtes Konzeption der bestimmenden und der reflektierenden Urteilskraft, zumal letztere ähnlich wie bei Kant für die Setzung eines Gegenstandes als Organismus relevant ist (6.6.2). Darauf aufbauend soll in einem dritten Abschnitt Fichtes Theorie von der Realität des Organismus untersucht werden (6.6.3), woran sich ein zusammenfassender Vergleich beider Positionen anschließt (6.6.4).

6.6.1 Kants Begriff der inneren Zweckmäßigkeit und des Organismus

Zunächst erfolgt eine Darlegung von Kants Organismusbegriff, da Fichte einerseits weite Teile des kantischen Ansatzes übernimmt, jedoch an entscheidenden Stellen umdeutet und modifiziert. In dem vorliegenden Kapitel soll vor allem gezeigt werden, dass der Begriff einer inneren, materialen Zweckmäßigkeit bei Fichte für die Selbsterkenntnis des Ich als Leib eine konstitutive Funktion hat, während Kant ihm eine bloß regulative Funktion zusprechen kann.

Die Ausgangsfrage der *Kritik der teleologischen Urteilskraft* lautet, ob und wie es möglich ist, eine objektive Zweckmäßigkeit in der Natur bestimmt zu erkennen. Eine objektive Zweckmäßigkeit liegt dann vor, wenn ein bestimmter Begriff als Ermöglichungsgrund der Erscheinung eines Gegenstandes vorgestellt wird.[297] Dabei kann ein Gegenstand einerseits als hervorgegangen aus einer zwecksetzenden Tätigkeit des Menschen vorgestellt werden oder andererseits als Produkt einer sich zweckmäßig selbst organisierenden Natur.

Zunächst sei an Kants Unterscheidung zwischen der bestimmenden und der reflektierenden Urteilskraft erinnert: Die Urteilskraft ist bestimmend tätig, wenn sie unter eine gegebene allgemeine Vorstellung eine gegebene besondere Vorstellung subsumiert.[298] Nach Kant erfolgt jede theoretische Erkenntnis in Form eines bestimmenden Urteils. Das bedeutet, dass eine empirische Erkenntnis der Natur auch bloß in Form eines bestimmenden Urteils möglich ist. In einem bestimmenden Urteil wird eine besondere Vorstellung unter eine allgemeinere Vorstellung im Begriff bezogen. Diese besondere Vorstellung kann eine Anschauung oder aber selbst ein Begriff sein. Kant begreift bereits in der *Analytik der Grundsätze* in der *Kritik der reinen Vernunft* die Urteilskraft als das Vermögen, Vorstellungen „unter Regeln zu subsumieren", was aber ebenso voraussetzt, dass sie unterscheidet, „ob etwas unter einer gegebenen Regel [...] stehe, oder nicht"[299]. Von dieser bestimmenden Tätigkeit

---

[297] Vgl.KdU, AA V, 192.
[298] Vgl. KrV B XXV.
[299] KrV A 133 / B 172.

unterscheidet Kant in der *Kritik der Urteilskraft* ihre reflektierende Tätigkeit. Die Urteilskraft geht einer reflektierenden Tätigkeit nach, wenn eine besondere Vorstellung gegeben ist und zu dieser Vorstellung eine allgemeinere Vorstellung zuallererst gefunden werden soll. Dies betrifft sowohl das Aufsuchen von empirischen Begriffen zu einer gegebenen Anschauung als auch das Aufsuchen von höherstufigen Begriffen, unter die bereits gegebene empirische Begriffe zu subordinieren sind. Die reflektierende Urteilskraft ist dabei auf ein Prinzip angewiesen, das ihr spezifisches Verfahren ermöglicht. Bei diesem Prinzip handelt es sich um den Begriff einer formalen Zweckmäßigkeit der Natur für unsere Erkenntnisvermögen bzw. um den Begriff einer formalen Zusammenstimmung der Natur mit unseren reinen wie empirischen Ordnungsbegriffen, die in der Naturerkenntnis Anwendung finden.

Die zentrale Einsicht, welche Kant im Rahmen der *Kritik der teleologischen Urteilskraft* entfaltet, besagt, dass der Begriff des Zwecks eines Gegenstandes nicht dazu verwendet werden kann, die Kausalität desselben in einer theoretischen Erkenntnis objektiv zu bestimmen.[300] Die Idee eines Zwecks als Realgrund des empirischen Gegenstandes ist damit ein bloß regulatives Prinzip für dessen Beurteilung, niemals aber konstitutives Prinzip seiner Bestimmung.[301] Er gehört somit ebenso wie der Begriff der formalen Zweckmäßigkeit bloß der reflektierenden Urteilskraft an. Kant ist der Auffassung, dass Kausalverbindungen in der Natur ausschließlich nach dem Prinzip eines universellen Mechanismus theoretisch erkannt werden können. Die Beurteilung eines Gegenstands gemäß einer teleologischen Kausalität wird nach Kant jedoch da relevant, wo eine rein mechanische Erklärung des Gegenstandes sich faktisch als unzureichend erweist. Dies ist bei der Betrachtung des Lebendigen der Fall. Dabei ist es aus Gründen des Erkenntnisinteresses geboten, das Lebendige in einer Analogie zu einer Kausalität nach Zwecken zu beurteilen, welche wir jederzeit in unserem praktischen Vermögen finden, das uns befähigt, praktische Zwecke zu setzen

---

[300] Vgl.KdU, AA V, 360. Die objektive Bestimmung eines Gegenstandes ist Aufgabe der bestimmenden Urteilskraft.

[301] Vgl.KdU, AA V, 360f.

und zu verwirklichen. In der teleologischen Beurteilung eines Naturwesens als Organismus wird der Zweck des Gegenstandes nicht in einer äußeren, nach Zwecken handelnden Ursache angesetzt, sondern der Naturwesen selbst beigelegt. Dadurch wird in der teleologischen Reflexion die Natur im Ganzen so gedacht, als enthalte sie ein Vermögen zur Setzung und Verwirklichung von Zwecken.

6.6.1.1 Formale und objektiv materiale Zweckmäßigkeit der Natur

Neben der formalen Zweckmäßigkeit der Natur für unsere Erkenntnisvermögen, welches das Prinzip der reflektierenden Urteilskraft darstellt, thematisiert Kant in der *Kritik der teleologischen Urteilskraft* auch die Möglichkeit einer materialen Zweckmäßigkeit in der Natur. Eine materiale Zweckmäßigkeit liegt dann vor, wenn nicht nur der Ordnungszusammenhang der Natur nach den Regeln unserer Erkenntnis, sondern die zweckmäßige Konstitution eines Naturgegenstandes selbst betrachtet wird. Kant bestimmt das Verhältnis des transzendentalen Prinzips der formalen Zweckmäßigkeit der Natur für unsere Erkenntnisvermögen zu dem Begriff einer materialen Zweckmäßigkeit von bestimmten Objekten in der Natur nur sehr vage. So heißt es in der zweiten Fassung der Einleitung in die *Kritik der Urteilskraft*, dass der legitime Gebrauch des Prinzips der formalen Zweckmäßigkeit zumindest dazu vorbereitet habe, den Begriff des Zwecks auch auf die Natur anzuwenden.[302] In der *Ersten Einleitung in die Kritik der Urteilskraft* heißt es dagegen deutlicher, dass es uns „immer möglich und erlaubt" sein muss, Gegenstände auf Veranlassung als objektiv zweckmäßig zu beurteilen, da wir schließlich „einmal der Natur in ihren besondren Gesetzen ein Prinzip der Zweckmäßigkeit unterzulegen Grund haben".[303]

Diese These kann folgendermaßen expliziert werden: Schon das Aufsuchen empirischer Begriffe zu einer gegebenen Anschauung setzt voraus, dass die Natur an sich Formen zeigt, die jederzeit für die Erfassung durch unsere Erkenntnisvermögen angemessen sind.

---

[302] Vgl. KdU, AA V, 193f.
[303] Kant, *Erste Einleitung in die Kritik der Urteilskraft*, AA XX, 218.

Mit dieser Voraussetzung geht notwendigerweise die Idee einer Hervorbringung und Ordnung der Natur durch einen Verstand einher, welcher die Natur in einer Ordnung eingerichtet habe, die in unserem klassifizierenden Denken erfasst werden kann. Insofern die Ordnung der Natur und die Form ihrer Gegenstände zum Behuf einer theoretischen Erkenntnis als zweckmäßig eingerichtet begriffen werden muss, hält Kant es für gerechtfertigt, bestimmte Gegenstände, insofern ihre Betrachtung dies veranlasst, als objektiv zweckmäßig zu beurteilen. Im Rahmen der Dialektik der teleologischen Urteilskraft argumentiert Kant ferner, dass die teleologische Beurteilung eines Gegenstandes erlaubt ist, da sie nicht zwingend in einem Widerspruch zur mechanischen Beurteilung von empirischen Gegenständen stehen muss, welche allein eine theoretische Erkenntnis derselben ermöglicht.[304] Mehr als eine solche Erlaubnis

---

[304] Die Dialektik der teleologischen Urteilskraft enthält eine Antinomie von zwei Maximen für die reflektierende Urteilskraft, die nach dem zuvor entwickelten beide als gültig zu betrachten sind, sich aber offensichtlich widersprechen. 1) „Alle Erzeugung materieller Dinge und ihrer Formen muß, als nach bloß mechanischen Gesetzen möglich, beurteilt werden." und 2) „Einige Produkte der materiellen Natur können nicht, als nach bloß mechanischen Gesetzen möglich beurteilt werden (ihre Beurteilung erfordert ein ganz anderes Gesetz der Kausalität, nämlich das der Endursachen" (beide Zitate in KdU, AA V, 387). Wichtig ist hier, dass eine Antinomie der Urteilskraft bloß Prinzipien der Beurteilung von Gegenständen, nicht aber widerstreitende Konstitutionsbedingungen von Gegenständen selbst beinhaltet, vgl. Watkins 2008, 246ff. Zur Antinomie der teleologischen Urteilskraft vgl. ferner Zanetti 1993. Die Auflösung der Antinomie erfolgt dadurch, dass in der teleologischen Beurteilung bestimmter Naturwesen, zu denen uns die Erfahrung faktisch nötigt, eine Unterordnung der mechanischen Kausalität unter die Kausalität nach Zwecken gedacht wird, wobei der Grund der Zusammenstimmung in einem der Natur vorausliegenden, übersinnlichen Dritten gedacht wird: „Das Princip, welches die Vereinbarkeit beider in der Beurteilung der Natur nach denselben möglich machen soll, muß in dem, was außerhalb beiden (mithin auch außer der möglichen empirischen Naturvorstellung) liegt, von dieser aber doch den Grund enthält, d.i. im Übersinnlichen gesetzt, und eine jede beider Erklärungsarten darauf bezogen werden" (KdU, AA V, 412). Jenes vermittelnde Dritte als übersinnliches Substrat der Vernunft wird dann in den §§ 76–77 als intuitiver Verstand fortbestimmt; zum intuitiven Verstand als übersinnliches

zur objektiv-realen Beurteilung von Gegenständen kann dabei jedoch nicht gewährt werden. Schließlich kann die Idee einer zweckmäßigen Natur niemals zum Prinzip einer bestimmenden Beurteilung und damit zum Prinzip einer theoretischen Naturerkenntnis erhoben werden.

6.6.1.2 Organismus und intuitiver Verstand

Der Beurteilung eines Gegenstandes als Naturzweck geht nach Kant die Einsicht voraus, dass die interne Struktur seiner Kausalität nicht mithilfe einer mechanischen Erklärung eingefangen werden kann.[305] Der Gegenstand in seiner spezifischen Verfasstheit verweist vielmehr auf eine Ursache, welche als Vermögen, das durch Begriffe wirkt, bestimmt ist. Der Naturzweck kann daher nur dadurch als möglich gedacht werden, dass ihm ein zwecksetzender und zugleich zweckvollführender Verstand als Grund seiner Möglichkeit vorausgesetzt wird.[306] In erkenntniskritisch abgeschwächter Form bedeutet das, dass zumindest die Beurteilung eines Gegenstandes als Naturzweck auf der Wahrnehmung einer bestimmten Ordnung und einer bestimmten kausalen Wirkweise beruht, welche schlichtweg durch die für Kant gängigen Methoden und Gesetze der Naturforschung, welche sich auf mechanische Erklärungen des Empirischen stützt, nicht erklärt werden können.

Eine rudimentäre Definition des Naturzwecks gibt Kant folgendermaßen an: „[E]in Ding existirt als Naturzweck, wenn es von sich

---

Substrat in der Natur in Beziehung auf die Antinomie der teleologischen Urteilskraft vgl. Förster 2008, 269ff.

[305] „Die Erfahrung leitet unsere Urteilskraft auf den Begriff einer objectiven und materialen Zweckmäßigkeit, d.i. auf den Begriff eines Zwecks der Natur nur alsdann, wenn ein Verhältnis der Ursache zur Wirkung zu beurteilen ist, welches wir als gesetzlich einzusehen uns nur dadurch vermögend finden, daß wir die Idee der Wirkung der Causalität ihrer Ursache, als die dieser selbst zum Grunde liegende Bedingung der Möglichkeit der ersteren, zugrunde legen" (KdU, AA V, 366f.).

[306] Vgl.KdU, AA V, 369f.

selbst [obgleich in zweifachem Sinne] Ursache und Wirkung ist".[307] In dieser Idee wird die eigentümliche Kausalität des Naturzwecks angesprochen, der in seiner Konstitution nicht als bedingt durch einen anderen Naturgegenstand gedacht wird, sondern als Urheber seiner eigenen kausalen Prozesse.[308] Kant expliziert am Beispiel des Baumes den eigentümlichen Charakter einer inneren teleologischen Kausalität. Hierbei unterscheidet er drei Hinsichten, nach denen die teleologische Kausalität eines Gegenstandes beurteilt werden kann. Erstens ist der Baum als Ursache seiner selbst und damit als innerlich kausal bestimmt zu beurteilen, insofern er sich der *Gattung* nach in den einzelnen Bäumen hervorbringt und sich gerade durch diese Hervorbringung beständig erhält.[309] Die Gattung Baum ist damit als die Ursache der bewirkten einzelnen Bäume zu beurteilen, ebenso wie die Gattung Baum sich als solche durch die Hervorbringung einer großen Zahl an einzelnen Bäumen selbst als Gattung erhält. Zweitens ist der Baum nicht nur als Gattung, sondern auch als *Individuum* sein eigener Urheber. Schließlich vollzieht der Baum an sich selbst sein eigenes Wachstum sowie die Ausbildung seiner Organe. Dieses organische Wachstum muss nach Kant streng von jeder mechanischen Größenzunahme unterschieden werden. Ein innerlich zweckbestimmter Baum wächst damit nicht bloß quantitativ, d.h. der Größe nach, sondern vor allem qualitativ: Denn die Materie, die ein Baum im Wachstum dazugewinnt, wird von ihm zu einer „spezifisch eigenen Qualität" verarbeitet, die in dieser Form nicht als zufällig Hinzugesetztes zu betrachten ist, sondern vielmehr als dessen „eignes Product".[310] In diesem Sinne spricht Kant dem Baum auch ein eigenes „Scheidungs- und Bildungsvermögen" zu, welches ihn von jedem mechanisch bestimmten Gegenstand

---

[307] KdU, AA V, 370.
[308] Eine umfassende Auseinandersetzung mit Kants Theorie des Organismus findet sich bei Löw 1980. Eine Untersuchung der historischen Vorläufer von Kants Theorie des Organismus, Interpretationen zu den einschlägigen Passagen in der *Kritik der Urteilskraft* sowie ein Diskussion zur Aktualität von Kants Theorie mit Blick auf die gegenwärtige Theorie der Biologie bietet der hervorragende Sammelband Goy and Watkins 2014.
[309] Vgl.KdU, AA V, 371.
[310] KdU, AA V, 371.

unterscheidet.[311] Ebenfalls auf der Ebene der individuellen Selbst-
wirkung und Selbsterhaltung des Baumes erkennt Kant, dass sich
im Baum die verschiedenen Teile des Baumes, also z.b. die Äste
und Blätter, gegenseitig hervorbringen und in ihrem Bestehen das
Ganze des Baumes erst erhalten.[312] Einem einzelnen Blatt oder einem einzelnen Zweig spricht Kant sogar ein eigenständiges Bestehen zu und zwar so, als sei er als ein eigenes Lebewesen mit einer
ihm eigenen teleologischen Kausalität zu begreifen. Andererseits
aber verweist er auf den Umstand, dass der Baum, insofern er als
Naturzweck begriffen wird, sein Bestehen als Ganzes dem Bestehen und der Entwicklung seiner Teile verlangt, wie er am Beispiel
einer „wiederholte[n] Entblätterung" verdeutlicht.[313] Denn der wiederholte Verlust seiner Blätter würde letztlich das Sterben des Baumes im Ganzen verursachen.

Nachdem nun die Idee des Naturzwecks exemplarisch in ihrer
Manifestation an einem empirischen Gegenstand erläutert wurde,
lässt sich allgemein die Struktur der internen Kausalität eines Naturzwecks betrachten. Der spezifische Charakter dieser teleologischen Kausalität lässt sich besser begreifen, wenn er von der mechanischen Kausalität unterschieden wird. Ein Gegenstand, der als
Naturzweck beurteilt und so gedacht wird, dass er von sich selbst
in der oben beschriebenen Weise Ursache und Wirkung ist, verdankt sein Dasein einer Kausalität der Endursachen bzw. des *nexus
finalis*. Einer Kausalität aus Endursachen setzt Kant die Kausalität
der unmittelbar bewirkenden Ursache entgegen. Kants Begriff einer
mechanischen Kausalverbindung lässt sich auch mithilfe des *nexus
effectivus* erklären. Nach Kant liefert der Begriff des *nexus effectivus* das
einzig mögliche Prinzip, die Kausalverbindung zweier empirischer
Gegenstände unter den Bedingungen ihres zeitlichen Daseins in der
Erscheinung zu denken. Aus der Natur unseres diskursiven Verstandes folgt, dass ein empirischer Gegenstand bloß als Aggregat
von kausal wirkenden Kräften bestimmt erkannt werden kann, die
sich wiederum in der zeitlichen Sukzession vollziehen. Wie jedoch
deutlich wurde, erkennt Kant im Verhältnis eines sich selbst

---

[311] KdU, AA V, 371.
[312] KdU, AA V, 371f.
[313] KdU, AA V, 372f.

organisierenden Lebewesens eine genau widerläufige Kausalitätsstruktur. Während eine Kausalverbindung nach dem *nexus effectivus* jederzeit auf eine in der Zeit vorausliegende Ursache verweist und damit innerhalb einer vorgestellten Reihe der Ursachen stets „abwärts geht", wird in einer Kausalverbindung nach dem *nexus finalis* ein reziprokes Bedingungsverhältnis von Ursache und Wirkung vorgestellt.[314] Eine mögliche Reihe derartiger Kausalverknüpfung enthält damit kausale Abhängigkeiten bei sich, die in einem zweifachen Richtungssinn sowohl aufwärts als auch abwärts gehen. Denn einerseits entwickelt sich ein bestimmter Organismus in der zeitlichen Sukzession, andererseits muss in der teleologischen Betrachtung diese sukzessive Entwicklung selbst vom Endprodukt her begriffen werden, das aber der Zeit nach das spätere ist. Damit widerstreitet die Idee einer solchen teleologischen Kausalverbindung jedoch den transzendentalen Grundsätzen des reinen Verstandes, insbesondere der zweiten Analogie der Erfahrung. Sie kann daher niemals für eine bestimmende Erkenntnis des jederzeit in der zeitlichen Sukzession Gegebenen herangezogen werden. Daher schreibt Kant dieser Idee eine bloß regulative Funktion für die Reflexion über eine bestimmte Klasse von Naturgegenständen zu. Diese regulative Idee wird dabei für solche Naturgegenstände relevant, deren interne Komplexität nicht mithilfe der gewöhnlichen, mechanischen Bestimmungsweise zu begreifen ist. In diesem Sinne stellt die Idee des Naturzwecks eine „Maxime zu Beurteilung der innern Zweckmäßigkeit organisierter Wesen" dar und sie ist damit

---

[314] KdU, AA V, 371. Ohne Kants Begriff einer mechanischen Kausalität mit der zeitlichen Dimension der Abfolge von Ursache und Wirkung zu erklären, kann nicht verständlich gemacht werden, in welchem Sinne für Kant die mechanische Erklärung eine notwendige und die einzig mögliche Erklärungsart in einer theoretischen Naturerkenntnis ist. Dies zeigt sich unter anderem bei McLaughlin 2014. McLaughlin muss, da er dieses Argument nicht berücksichtigt, zu dem Schluss kommen, dass Kant es nicht gelingt, den Mechanismus als eine der theoretischen Naturerkenntnis notwendig anhängende Erklärungsart zu begründen: „If ‚mechanism' simply refers to reductionistic explanation as practiced in science since the seventeenth century, it seems to be too historically contingent to deserve to be characterized as necessary", ebd. S. 75.

bloß ein Prinzip der Reflexion, nicht aber der theoretischen Bestimmung des Gegenstandes.[315]

Dieses reziproke Bedingungsverhältnis von Ursache und Wirkung innerhalb des lebendigen Organismus zeigt sich insbesondere in den zwei grundlegenden Bestimmungen, die einem solchen Gegenstand zukommen müssen: Wenn über einen Gegenstand als Naturzweck geurteilt wird, wird er so vorgestellt, dass die Teile in ihrer spezifischen Verfasstheit nur in einer Beziehung auf ein Ganzes möglich sind. Das Ganze kann hier als der Zweck aufgefasst werden, der zugleich als Begriff bzw. als Idee des Gegenstandes vorgibt, wie seine Teile beschaffen und angeordnet sein sollen. Kant macht darauf aufmerksam, dass nach diesem spezifischen Verhältnis von Teil und Ganzem auch menschliche Artefakte vorgestellt werden können. Denn auch ein Artefakt wird nach der leitenden Hinsichtnahme auf die Idee seiner Ganzheit hergestellt. Diese Idee des Zwecks liegt hierbei jedoch nicht in dem Gegenstand selbst, sondern in einer vom Gegenstand unterschiedenen „vernünftigen Ursache". Diese vernünftige Ursache wird in den §§ 76 und 77 der *Kritik der Urteilskraft* zur Idee eines intuitiven Verstandes fortbestimmt.[316] Der Idee des intuitiven Verstandes kann als Idee der reflektierenden Urteilskraft damit eine subjektive Allgemeingültigkeit zugesprochen werden, d.h. sie ist von allen Subjekten, die über die teleologische Kausalität von Organismen reflektieren, zugrunde zu legen.[317] Ein Organismus ist für Kant schlechthin nur als Produkt einer intelligiblen Kausalität denkbar. Den Urheber dieser Kausalität konzipiert Kant in Abgrenzung vom diskursiven Verstand als einen Verstand, der sowohl anschauend (intuitiv) als auch produktiv ist. Dies ist hier so zu verstehen, dass ein solcher Verstand produktiv wirkt, indem er intuitiv tätig ist bzw. anschaut. Der intelligible Grund eines Organismus muss im Unterschied zum diskursiven Verstand als ein intuitiver Verstand konzipiert werden, da nur so gewährleistet werden kann, dass die Zusammenstimmung der Teile zu einem Ganzen des Organismus nicht zufällig, sondern notwendig durch die Idee des Ganzen bedingt ist. Die Idee des Ganzen

---

[315] KdU, AA V, 376.
[316] Vgl. KdU, AA V, 406.
[317] Vgl. KdU, AA V, 397f.

kann dabei nach Kants Auffassung nur in *einer* Anschauung vorliegen, da nur in der Anschauung ein Ganzes instantan gegeben sein
kann. Für den diskursiven Verstand, der uns Menschen eignet und
auf eine ihm äußere Anschauung bezogen ist und diese diskursiv
bestimmt, ist eine bestimmte Erkenntnis eines Naturganzen nur als
eine zufällige Zusammenstimmung von Teilen in einem unsystema-
tischen Aggregat konkurrierender Kräfte möglich. Denn die spezifische Zusammenstimmung dieses Ganzen zu einem besonderen
Gegenstand bestimmt sich nicht aus einer zugrunde liegenden Idee,
sondern wird sukzessiv aus allgemeinen Teilvorstellungen zusammengesetzt. In der Erkenntnis des intuitiven Verstandes, die zugleich produktiv ist, setzt sich ein Ganzes nicht aus zufällig zusam-
menstimmenden, allgemeinen Teilvorstellungen zusammen. Dem
notwendigen Zusammenhang der Teile liegt vielmehr eine Idee des
Ganzen zugrunde. Dieses Ganze ist dabei einerseits allgemein, andererseits aber synthetisch und nicht analytisch. Der analytische
Allgemeinbegriff kommt dadurch zustande, dass verschiedene Gegenstände verglichen werden, wobei dann ein identisches Merkmal,
welches sie als eine Teilbestimmung an sich haben, in einem empirischen Begriff festgehalten wird. Dabei muss von den mannigfaltigen Unterschieden der verglichenen Gegenstände abgesehen werden. Der analytische Allgemeinbegriff stellt als solcher bloß einen
möglichen Gegenstand vor. Erst, wenn er auf eine Anschauung bezogen ist, kann er als die Vorstellung eines Wirklichen verstanden
werden. Das Synthetisch-Allgemeine umfasst im Unterschied zum
Analytisch-Allgemeinen in einer Anschauung des Ganzen alles Besondere und Mannigfaltige in sich.[318] Die Idee des Ganzen, die der
intuitive Verstand produktiv setzt, ist dabei gerade nicht auf einen
bloß möglichen Gegenstand bezogen, sondern die Setzung der Idee
ist zugleich die Setzung des Gegenstandes. Für einen solchen

[318] Zum Synthetisch-Allgemeinen im Unterschied zum Analytisch-Allgemeinen, vgl. K. Düsing 1986, 92f. Zum Begriff des intuitiven Verstandes
in der *Kritik der Urteilskraft* vgl. Klingner 2006, ferner Förster 2002, 2018,
253–276, der außerdem in beiden Schriften die Rezeption des Begriffs des
intuitiven Verstandes insbesondere bei Goethe nachzeichnet. Zu Hegels
Rezeption der *Kritik der Urteilskraft* sowie des Begriffs des intuitiven Verstandes im Besonderen vgl. K. Düsing 1986, 92–94 und Baum 1990.

Verstand ist die Unterscheidung von Möglichkeit und Wirklichkeit nichtig.

Ein lebendiges Lebewesen, welches als Naturzweck beurteilt wird, darf nicht in bloßer Analogie zu einem Artefakt konzipiert werden. Auch ein Artefakt wird nach Kant zunächst so vorgestellt, dass durch das Ganze, dessen Idee im Herstellenden vorgebildet ist, die Anordnung der Teile bedingt ist. Für ein Lebewesen, welches ein Zweck der Natur und kein Artefakt ist, reicht es gerade nicht aus, nur die Idee des Ganzen als Bestimmungsgrund der Anordnung und materialen Verfasstheit der Teile zu denken.[319] Denn in einem Organismus sind Teil und Ganzheit *wechselseitig* voneinander Ursache und Wirkung. Die Idee des Ganzen, mithin sein Zweck, wird im Organismus selbst als wirklich gedacht und nicht in einer äußeren verständigen Ursache verortet. In einem Organismus stehen nun einerseits die Teile in einem wechselseitigen, kausalen Abhängigkeitsverhältnis, da sie sich wie die Blätter und Zweige eines Baumes wechselseitig hervorbringen und erhalten. So bewirken zum einen die Teile in ihrer reziproken Abhängigkeit das Ganze selbst. Andererseits wird im Naturzweck die Möglichkeit dieser Verbindung der Teile nur unter Voraussetzung eines zugrunde liegenden Begriffs bzw. eines zugrunde liegenden Zwecks als möglich gedacht, weshalb sich im Naturzweck eine „Verknüpfung der wirkenden Ursache zugleich als Wirkung durch Endursachen" beurteilen lässt.[320]

Einen Organismus bzw. einen Naturzweck, in welchem die wirkenden Ursachen und die Endursachen miteinander verknüpft sind, charakterisiert Kant ferner so, dass es einerseits als das Produkt einer Organisation zu betrachten ist, andererseits aber auch als das selbst Organisierende, da schließlich das Prinzip der Organisation in ihm selbst liegt. Auch diese Bestimmung wird mit Blick auf das Verhältnis von Teil und Ganzheit in einem Organismus begreifbar: Ein jeder Teil des Organismus muss als Werkzeug bzw. als Organ des Ganzen beurteilt werden, da er um der Ganzheit und um aller anderen Teile willen da ist. Es handelt sich dabei jedoch nicht

---

[319] Dies betont auch Goy 2008, 207.
[320] KdU, AA V, 373.

um ein äußerlich zweckbestimmtes Artefakt, sondern um ein Organ, das zugleich andere Teile hervorbringen kann oder zumindest daran beteiligt ist, das Ganze und dessen verschiedene Teile mitzuerhalten. Auch unter diesem Aspekt wird Kants strikte Unterscheidung zwischen Artefakt und Organismus greifbar: Während in einer Maschine, wie etwa einem Uhrwerk, zwar die Teile sich einander wechselseitig bewegen und nach der leitenden Idee eines Erbauers angeordnet und geformt sind, enthalten in einem Lebewesen die Teile eine nicht bloß bewegende, sondern eine *bildende* Kraft, da sie sich gegenseitig hervorbringen können. Nach Kants Auffassung muss der Organismus so gedacht werden, als teile er diese bildende Kraft an eine Materie mit, welche an sich nicht die Fähigkeit besitzt, sich selbst zu organisieren.[321]

Bei der Beurteilung eines Gegenstandes als Naturzweck muss beachtet werden, dass er in diesem Falle zwar ausschließlich nach dem Prinzip einer finalen Kausalität zu beurteilen ist. Denn in einem organisierten Produkt der Natur ist schließlich „alles Zweck und wechselseitig Mittel"[322]. Das mechanische Erklärungsprinzip wird bei der Beurteilung ein und desselben Gegenstandes nicht mit dem teleologischen vermischt, da die Beurteilung ansonsten auf zwei sich widersprechenden Prinzipien beruhen würde. Gleichwohl bleibt es dabei, dass eine solche Beurteilung bloß der Reflexion über die eigentümliche Kausalität des Gegenstandes dient, die jedoch als solche niemals bestimmt an ihm zu erkennen ist. So muss es für Kant jederzeit möglich bleiben, einen Gegenstand rein nach mechanischen Gesetzen zu beschreiben, selbst wenn seine spezifische Verfasstheit eine rein mechanische Bestimmung als unwahrscheinlich erscheinen lässt.

[321] KdU, AA V, 374.
[322] KdU, AA V, 376.

6.6.2 Fichtes Konzeption der bestimmenden und der reflektierenden Urteilskraft

Nachdem Kants Theorie des Zweckbegriffs als formales und materiales Prinzip einer bloß reflektierenden Urteilskraft, welches nicht für die Bestimmung von Gegenständen hinreicht, nachvollzogen wurde, soll nun kontrastierend Fichtes Theorie der teleologischen Kausalität in der Natur betrachtet werden. Dabei wird sich zeigen, dass Fichte sich stark an der kantischen Terminologie orientiert, was seine Bekanntschaft mit den einschlägigen Passagen der *Kritik der Urteilskraft* verdeutlicht.[323] Im Folgenden sollen jedoch vor allem die Unterschiede zwischen beiden Ansätzen herausgearbeitet werden. Die wesentliche Abweichung, so soll gezeigt werden, besteht darin, dass Fichte im Falle der Selbstanschauung des Ich als Leib einer teleologischen Kausalität eine konstitutive Funktion in der Erfahrung zuschreibt. Über den eigenen Leib darf das Ich nicht bloß nach teleologischen Prinzipien bzw. als Organismus reflektieren, wie es nach Kants Auffassung der Fall wäre. Vielmehr *muss* sich das Ich als Leib setzen, was bedeutet, dass das Ich die Erscheinung des Leibes ursprünglich nach teleologischen Prinzipien strukturiert, was aber nicht zum Bewusstsein des reflektierenden Ich kommt. Diese produktive Setzung des Ich als Leib in äußerer Anschauung begründet Fichte aus einer Wechselbestimmung von bestimmender und reflektierender Urteilskraft. In einem ersten Schritt sollen daher die beiden Vermögen der bestimmenden und der reflektierenden Urteilskraft, so wie Fichte sie in seinem *System der Sittenlehre*

---

[323] Fichtes Rezeption der *Kritik der Urteilskraft* lässt sich genau auf das Jahr 1790 datieren. Im September 1790 beginnt er mit einer Kommentierung der ersten 16 Paragraphen der *Kritik der Urteilskraft*, vgl. hierzu das überlieferte, nicht mit einem Titel versehende Manuskript dieses Kommentars GA XI, 1, 325–373. Zu Fichtes Rezeption *Kritik bei Urteilskraft*, die weiterhin noch nicht in einer Monographie untersucht ist, vgl. Zöller 2006, 319–334. Zöller weist zurecht darauf hin, dass der in der *Kritik der Urteilskraft* entwickelte Versuch, die Vermittlung zwischen sinnlicher und übersinnlicher Welt bzw. zwischen Prinzipien der theoretischen Vernunft und der praktischen Vernunft zu denken, ein wesentlicher Impuls für die Entwicklung der *Wissenschaftslehre* war.

erklärt, untersucht werden.[324] Der aus dieser Wechselbestimmung resultierende Begriff des Organismus bleibt zunächst eine bloß ideale Bestimmung, die, ähnlich wie Kant dies vorgibt, in der freien Reflexion über gegebene Objekte angewendet werden *kann*, ohne dass dies in irgendeiner Form notwendig wäre. So muss in einem zweiten Schritt noch gezeigt werden, aus welchem Grund der Begriff des Organismus auf den Leib tatsächlich angewendet werden *muss*. In einem dritten Schritt sollen zusammenfassend die Ansätze Kants und Fichtes gegenübergestellt und Probleme von Fichtes Theorie erörtert werden.[325]

6.6.2.1 Bestimmende Urteilskraft und Naturmechanismus

Die Ausführungen zum Begriff der bestimmenden und der reflektierenden Urteilskraft fallen im *System der Sittenlehre* knapp aus. Fichte thematisiert die bestimmende Urteilskraft in Anlehnung an Kant als ein subsumierendes Vermögen (vgl. SL GA I,5, 109f. / SW IV, 111f.). Ebenso wie Kant erkennt Fichte einen Zusammenhang zwischen dieser subsumierenden Funktion der Urteilskraft und der Bestimmung eines empirischen Gegenstandes nach dem Prinzip des Naturmechanismus. Die Vorstellung einer mechanisch bestimmten Natur ergibt sich demnach ebenfalls aus dem Zusammenspiel einer allgemeinen Gesetzlichkeit des Verstandes einerseits und der Urteilskraft andererseits, welche dieses Gesetz auf ein Gegebenes der Anschauung anwendet. Ein wesentlicher Unterschied zu Kant besteht darin, dass dieses Gegebene der Anschauung zwar für den Verstand gegeben ist, zuvor aber durch

---

[324] Zur Schrift *Das System der Sittenlehre* von 1798 vgl. unter anderem allgemein Asmuth 2012; Asmuth and Metz 2006; Baumanns 1972, 199–213; Merle and Schmidt 2015.

[325] Kottmanns ansonsten umsichtige und erhellende Studie zum Leibbegriff in der *Wissenschaftslehre nova methodo* bezieht die Funktion der bestimmenden und reflektierenden Urteilskraft in der Setzung des eigenen Leibes nicht mit ein, vgl. Kottmann 1998. Im Folgenden soll gezeigt werden, dass sich Fichtes Begriff des Leibes als Organismus nur aus der Voraussetzung dieser beiden Formen der Urteilskraft verstehen lässt.

produktive Einbildungskraft gesetzt werden muss. Der Verstand bezieht sich auf etwas, welches durch eine grundlegendere Leistung des Ich zuvor gesetzt wurde. Auch der Akt der Subsumtion wird von Fichte anders konzipiert. Dieser Akt geht von subjektiven Vorstellungen in der Sukzession der Zeit aus, die aufeinander folgen und bei denen jede Vorstellung durch die vorangegangenen Vorstellungen bestimmt erscheint. Die Funktion der bestimmenden Urteilskraft besteht darin, diese lineare Sukzession der Vorstellungen im Subjekt auf die Vorstellungen von Objekten zu übertragen. Die Objekte werden so nach dem Gesetz einer linearen Abfolge bestimmt (SL GA I,5, 110 / SW IV, 112). Dabei wird aus der bloßen linearen Sukzession der Anschauung eine *begriffliche* Bestimmung von Objekten, nach der sie als „innerhalb einer Reihe von Ursachen und Effecten" liegend gedacht werden (SL GA I,5, 109 / SW IV, 111). Dies involviert also den Verstandesbegriff der Kausalität. Aus dieser begrifflichen Bestimmung folgt für Fichte dann die Ansicht einer nach mechanischen Gesetzen bestimmten Natur. Lauth schlägt vor, zwischen einer unbewussten und einer bewussten Funktion der bestimmenden Urteilskraft zu unterscheiden.[326] Gemäß der unbewussten Funktion

---

[326] Lauth 1984, 98. Ähnlich, aber leicht modifiziert unterscheidet Fichte im *Grundriß des Eigenthümlichen der Wissenschaftslehre* zwischen einer „ursprünglichen Erklärung" der Beschränktheit des Ich durch die Entgegensetzung eines Nicht-Ich, welche nicht zum reflexiven Bewusstsein kommt sowie einer transzendentalphilosophischen Erklärung sämtlicher Akte des Ich andererseits, die als Bedingung der Möglichkeit des Selbstbewusstseins angenommen werden müssen. Die Transzendentalphilosophie in Gestalt der Wissenschaftslehre soll also ermitteln, wie das Ich ursprünglich und (zumindest für das philosophierende Ich) unbewusst etwas leistet, vgl. I, 3, 331 / SW I, 331f. Eine empirische Erklärung, unabhängig davon, ob sie sich auf organische oder mechanische Zusammenhänge in der Welt bezieht, wäre demnach so zu verstehen, dass sie sich auf ein Mannigfaltiges der Anschauung bezieht, das zwar als solches, nicht aber in seiner kontingenten inhaltlichen Bestimmtheit eine Bedingung des Selbstbewusstseins darstellt. Wie wir gesehen haben, muss dem Ich ein Mannigfaltiges in Gefühl und Anschauung gegeben sein, um auf sich selbst bewusst reflektieren zu können, was aber nicht bedeutet, dass *dieses* oder *jenes* besondere Mannigfaltige als Bedingung des Selbstbewusstseins zu erweisen ist. Eine

werden Vorstellungen von Objekten bereits in die Ordnung der Zeit und in einen kausalen Zusammenhang gebracht. Fichte spricht diesbezüglich von einem „blossen Mechanismus der Erkenntnisvermögen", um den Ursprung der Vorstellung des Naturmechanismus in den Vermögen des Ich anzuzeigen (SL GA I,5, 110 / SW I, 112). Es handelt sich hier um eine unbewusst konstituierte Struktur, die jedoch von einem bewusst reflektierenden Ich analysiert und nachvollzogen werden kann. Im Fall einer gelungenen Erkenntnis werden die Objekte also nachträglich nach jenen Regeln bestimmt, nach denen das Ich die Erscheinung ursprünglich strukturiert hat. Im Begriff des Naturmechanismus ist ferner die Idee einer Kraft enthalten, aus der heraus die Wirkung der Objekte aufeinander zu erklären ist.[327] Für unsere gegenwärtige Betrachtung ist entscheidend, dass mechanisch bestimmte Objekte als hervorgebracht aus anderen Objekten gedacht werden, sie also in einem kontradiktorischen Gegensatz zu jenen

---

Ausnahme bildet hier allerdings, wie im Folgenden gezeigt wird, der Leib, der als angeschautes Objekt der Außenwelt dennoch eine notwendige Bedingung für endliches Selbstbewusstsein darstellt.

[327] Die hier vorgestellte Kraft, die kausal zwischen Objekten in der Außenwelt gilt und auch auf das Ich als Leib einwirkt, ist von der Kraft als Anschauung der zweckbestimmenden Tätigkeit zu unterscheiden. Hierzu vgl. Abschnitt 6.3.1.1. Die Vorstellung einer mechanisch wirkenden Kraft zwischen Naturobjekten kann analog zu der Konzeption in der *Grundlage* aus Übertragung der Vorstellung einer kausalen Einwirkung des Nicht-Ich auf das Ich auf die Wirkungsbeziehungen zwischen Objekten durch die Einbildungskraft erklärt werden, vgl. Lauth 1984, 71. Durch die Ableitung des Kraftbegriffs aus dem Verhältnis von Ich und Nicht-Ich geht Fichte über Kant hinaus, der das Vorliegen einer Krafteinwirkung von Objekten transzendentalphilosophisch nicht weiter ableitet. Dadurch stellt Fichte sicher, dass er keine „Minimalanleihe bei der Empirie" tätigen muss und rein ich-immanent verfahren kann, Lauth 1984, 169f. Es ist jedoch wichtig zu betonen, dass es sich hierbei um eine transzendentale Ableitung des Kraftbegriffs handelt. Im konkreten Bewusstsein weiß das Ich nicht unmittelbar um diese Genese. Das konkrete Bewusstsein nimmt die Kraft als etwas Gegebenes hin, wenngleich es seinen Ursprung empirisch nicht erklären kann, vgl.SL GA I, 5, 109f. / SW IV, 111.

Entitäten zu denken sind, die ausschließlich sich selbst bestimmen. [328]

6.6.2.2 Die reflektierende Urteilskraft und die Umkehrung der kategorialen Bestimmungen

Der Begriff der reflektierenden Urteilskraft und die Funktion dieses Vermögens für die Setzung eines Objekts als Organismus wird in mehreren Schritten eingeführt. Dies erfolgt zunächst in Abgrenzung zur bestimmenden Funktion der Urteilskraft. Wie sich zeigen soll, erkennt Fichte jedoch die vollumfängliche Funktion der reflektierenden Urteilskraft nicht in einem Gegensatz, sondern in einer Wechselbestimmung mit der bestimmenden Urteilskraft. Aus dieser Wechselbestimmung geht dann der Organismusbegriff hervor.

Fichte erklärt zunächst allgemein, dass die Funktion der reflektierenden Urteilskraft stets da relevant wird, wo die mechanistische Erklärung von Objekten scheitert. Hier greift er eindeutig die kantische Überlegung auf, nach der es schlichtweg ein Faktum für eine empirische Naturforschung sei, dass eine bestimmte Klasse von Naturobjekten, nämlich Lebewesen, nicht allein nach einer mechanischen Kausalität, die in zeitlicher Sukzession verläuft, erklären lassen. [329] Bei Kant müssen solche Objekte nach dem Prinzip der inneren Zweckmäßigkeit gedacht werden. Den Begriff des Zwecks, der in Kants Argumentation die zentrale Rolle einnimmt, verwendet Fichte in diesem Kontext merkwürdigerweise kaum. Wie wir gesehen haben, ist der Zweckbegriff bei Kant eine Heuristik bzw. ein Reflexionsprinzip, das seinen Ursprung in der *Urteilskraft a priori*

---

[328] Zum Zusammenhang zwischen der zeitlichen Sukzession, der Bewegung und der Kraft bei Fichte vgl. Lauth 1984, 92–95; 100–103.

[329] „Die Erfahrung leitet unsere Urteilskraft auf den Begriff einer objektiven und materialen Zweckmäßigkeit, d.i. auf den Begriff eines Zwecks der Natur nur alsdann, wenn ein Verhältnis der Ursache zur Wirkung zu beurteilen ist, welches wir als gesetzlich einzusehen uns nur dadurch vermögend finden, daß wir die Idee der Wirkung der Kausalität ihrer Ursache, als die dieser selbst zum Grunde liegende Bedingung der Möglichkeit der ersteren, zugrunde legen" (KdU, AA V, 366f.).

hat, nicht aber der empirischen Naturbetrachtung entnommen ist.[330] Es könnte nun so scheinen, dass auch das Ich nach Fichte zur Erkenntnis seines eigenen Leibes auf Prinzipien der reflektierenden Urteilskraft zurückgreifen muss, nachdem eine mechanistische Bestimmung sich als unzureichend erweist bzw. scheitert. Wie noch gezeigt werden soll, geht Fichtes Ansatz jedoch über denjenigen Kants hinaus: Denn für Fichte hat der Begriff des Organismus in Anwendung auf den Leib eine konstitutive Funktion.

Oben wurde gezeigt, dass bei Fichte die Funktion der bestimmenden Urteilskraft auf den Begriff des Naturmechanismus führt, demgemäß jedes Objekt durch die zeitlich vorausliegende, kausale Einwirkung eines anderen Objekts hervorgebracht wird. Die Funktion der reflektierenden Urteilskraft wird dann benötigt, wenn es dem Ich nicht gelingt, einen Gegenstand als rein mechanisches Objekt zu bestimmen, was z.B. in der Reflexion des Ich auf sich selbst, aber auch bei Lebewesen der Fall ist. Eine erste Teilfunktion der reflektierenden Urteilskraft besteht nach Fichte darin, in Reaktion auf das Scheitern der Subsumtion des Objekts unter das Kausalitätsgesetz des Verstandes, diese Funktion der bestimmenden Urteilskraft in ihr Gegenteil zu verkehren.[331] So werden Objekte nicht mehr fremdbestimmt in einem linearen Kausalgefüge gedacht, sondern als sich *selbst* bestimmende Entitäten. Die Kategorie, die hier zur Anwendung kommt, ist nicht mehr diejenige der Kausalität, sondern die der Substanz.[332] Mittels des Substanzbegriffs wird ein

---

[330] Zur teleologischen Beurteilung eines Naturgegenstandes bei Kant vgl. unter anderem Kant, *Erste Einleitung in die Kritik der Urteilskraft*, AA XX, 232–235.

[331] Wie Reinhard Lauth detailreich rekonstruiert, lässt sich aus verschiedenen Schriften seiner sog. Frühphase bis etwa 1800 aus der Umkehrung oder Verwechslung der Momente der Relationskategorien (Substanz/Akzidenz; Ursache/Wirkung) durch die reflektierende Urteilskraft eine „Systematik [von] Reflexionsideen" entwickeln. Diese Reflexionsideen liegen der Beschreibung der lebendigen Natur zugrunde – hierbei handelt es sich um die Bewegung, Zweckhaftigkeit und Organisation, vgl. Lauth 1984, 157 und insb. 100–109.

[332] Wenn Fichte die Selbstbestimmung eines Objekts durch Anwendung des Substanzbegriffs hier als Gegenteil zum Kausalitätsverhältnis bestimmt, scheint er seine eigene Theorie in der *Wissenschaftslehre nova methodo*

Objekt also gedacht als sich selbst setzend – „Jeder Theil der Natur ist durch sich selbst und für sich selbst, was er ist; nach dem einfachen Reflexionsbegriffe" (SL GA I,5, 114 / SW IV, 117). Wie zu zeigen ist, ist dies jedoch bloß ein erster Schritt auf dem Weg zur Vorstellung eines Organismus, denn ein Organismus lässt sich nicht ausschließlich nach diesem „einfachen Reflexionsbegriffe" beurteilen.

6.6.2.3 Die Wechselbestimmung von bestimmender und reflektierender Urteilskraft die Vorstellung des Organismus als ideales Ganzes

Nachdem der Unterschied der bestimmenden und der reflektierenden Urteilskraft zumindest mit Blick auf eine Teilfunktion deutlich gemacht wurde, soll nun nachvollzogen werden, wie sich der Begriff des Organismus als solcher aus einer Wechselbestimmung beider Funktionen gewinnen lässt. Die Anwendung dieses Begriffs schreibt Fichte ebenfalls der reflektierenden Urteilskraft zu. Diese Wechselbestimmung führt zunächst auf den Begriff eines idealen Ganzen, das Fichte jedoch vom Begriff des Organismus als reales Ganzes der Natur unterscheidet. Dieses ideale Ganze ist der bloße Begriff des Organismus, welcher in einer freien Reflexion je nach Anlass auf verschiedene Gegenstände der Erfahrung angewendet werden kann. Wie noch gezeigt werden soll, argumentiert Fichte, dass der Leib als Organismus ein *reales* Ganzes darstellt. Das bedeutet, dass das Ich über seinen Leib nicht bloß als Organismus reflektieren kann, sondern dass es das notwendig tun *muss*.

Im idealen Begriff des Organismus sind jedoch schon alle seine Bestimmungen enthalten, welche dem Leib realiter zukommen

zu widerlegen, die besagt, dass ein Substanzverhältnis jederzeit ein Kausalitätsverhältnis impliziert und umgekehrt, vgl. Abschnitt 6.3.4. Ferner muss angemerkt werden, dass der Begriff der Substanz etwa in der *Grundlage* nicht als eine ‚Umkehrung' des Kausalitätsverhältnisses zu verstehen ist, da dies voraussetzen würde, dass der Substanzbegriff aus der Kausalität abgeleitet werden kann. Fichtes Ausführungen legen die Möglichkeit einer solchen Ableitung hier zumindest nahe.

sollen. Der Begriff des Organismus beruht auf einer Wechselbestimmung der reflektierenden und der bestimmenden Urteilskraft.
Eine freie Reflexion auf ein möglicherweise realiter bestimmtes organisches Objekt impliziert, dass dieses als triebhaft bestimmt gedacht wird. Dabei wird zugleich die Natur im Ganzen so gedacht,
dass ihr ein organischer Produktionstrieb zukommt, um daraus
nämlich den betreffenden Gegenstand, der ein triebhaftes Wesen
sein soll, zu erklären. Schließlich ist der Leib die sinnlich-natürliche
Erscheinung des Ich, die als solche aus einer vorausgesetzten Natur
erklärt werden soll. Insofern der Natur proleptisch ein innerer Trieb
zur Produktion von Einzelorganismen zugeschrieben wird, muss
dieser jedoch vom idealen Freiheitstrieb des Ich unterschieden werden – denn der Trieb des Ich, insofern es ein freies, praktisches
Wesen ist, lässt sich letztlich durch einen Begriff bestimmen. Die
triebhafte Natur ist dagegen „bestimmt sich selbst [zu bestimmen]",
„sie ist bestimmt formaliter überhaupt sich zu bestimmen; sie kann
nie unbestimmt sein" (SL GA I,5, 11 / SW IV, 112). Zwar ist auch
das Ich zur Selbstbestimmung bestimmt, dennoch ist das Ich hinsichtlich der Wahl seiner konkreten Zwecke indeterminiert.

Fichte beschreibt zunächst eine freie Reflexion, durch welche
ein Gegenstand bzw. ein willkürlich „abgesonderte[r] Teil" der
Natur idealiter als ein organisch bestimmtes Ganzes konzipiert
wird (SL GA I,5, 113 / SW IV, 113). Hier werden die bereits vorgestellten Funktionen der reflektierenden und bestimmenden Urteilskraft relevant: Denn insofern der jeweilige Naturgegenstand
von vornherein als triebhaft konzipiert wird, wird ihm eine Selbstbestimmung zugeschrieben, welche ihm nach dem bloßen Mechanismus nicht zukommen kann. Wie wir bereits gesehen haben, ist
das Denken dieser Selbstbestimmung durch eine Umkehr der beiden Momente der Kausalitätskategorie möglich; die Wirkung wird
zugleich als Ursache gedacht und diese *causa finalis* erhält dabei
zugleich die Bestimmung einer sich selbst bestimmenden Substanz (SL GA I,5, 11f. / SW /IV, 113). Doch der Begriff der sich
selbst bestimmenden Substanz erschöpft den Begriff des Organismus nicht. Zum Organismusbegriff gelangen wir nach Fichte
erst dann, wenn zum Begriff einer selbstbestimmenden Substanz
eine externe sowie eine interne Differenz hinzukommt. Denn

erstens wird durch die genannte freie Reflexion ein Gegenstand herausgehoben und von der übrigen Natur ausgeschlossen. Dieser Teil erscheint damit als bestimmter Trieb, versehen mit einem bestimmten „Quantum der Realität", das ihm von einer allgemein zu denkenden Triebtätigkeit zukommt (SL GA I,5, 112 / SW IV, 114). Die übrige Natur ist also mehr als bloße Negation dessen, was das bestimmte Einzelne ist; sie ist vielmehr selbst ein Trieb, von dem der betrachtete Gegenstand einen Teil bildet. In dieser Bestimmung des einzelnen Triebes durch die triebhafte äußere Natur zeigt sich die Funktion der bestimmenden Urteilskraft, durch welche hier das einzelne Objekt zumindest teilweise aus seinem Zusammenbestehen mit anderen Objekten erklärt wird. Dies erfolgt in einem zweifachen Sinne: Denn erstens kann das einzelne Objekt nur gedacht werden in Abgrenzung zu anderen Objekten, d.h. sein Bestehen ist nur mit dem Bestehen anderer Objekte möglich. Zweitens muss das als einzeln betrachtete Naturobjekt als Teil einer allgemeinen triebhaften Natur auch kausal aus derselben erklärt werden.

Zu dieser externen Differenz in Bezug auf die äußere Natur kommt noch eine interne Differenz, nämlich zwischen dem betrachteten Ganzen und seinen Teilen. In einer idealen, freien Reflexion ist es möglich, dieses Ganze wiederum in eine unendliche Mannigfaltigkeit von Teilen zu zergliedern. Da dieser Reflexion vorausgesetzt ist, dass ein allgemeiner Naturtrieb die gesamte Natur durchherrscht, muss dann diesen Teilen selbst eine eigene Triebhaftigkeit zugeschrieben werden. Ein einzelner, triebhaft bestimmter Teil des lebendigen Naturganzen erscheint in komplexen Lebensformen z.B. als einzelnes Organ, dem eine spezifische Funktion mit Blick auf das Ganze selbst, aber auch das Vermögen zur Selbsterhaltung zugeschrieben wird. Der Begriff des einzelnen Organismus enthält ferner die Idee einer Wechselbestimmung zwischen dem Ganzen selbst und mannigfaltigen, triebhaft bestimmten Teilen. Dabei ist es wichtig, dass der Organismus nicht bloß als Aggregat triebhafter Teile begriffen wird. Vielmehr muss sich auch der triebhaft bestimmte Teil aus der Totalität aller anderen Teile verstehen lassen. Fichte versteht den Organismus in Anlehnung an Kant als ein Objekt, das so beschaffen ist, dass jedem Theile desselben Bestimmtheit durch sich selbst zugeschrieben werden muss, jedoch so, dass seine Bestimmtheit durch sich selbst hinwiederum das Resultat sey von der Bestimmtheit aller Theile durch sich selbst. (SL GA I,5, 112 / SW IV, 114)

Dieser Gedanke lässt sich durch ein simples Beispiel verdeutlichen: So kann zwar einem einzelnen Organ im menschlichen Körper ein eigener Selbsterhaltungstrieb zugeschrieben werden, doch ist dieses zugleich nur dann überlebensfähig, wenn eine Vielzahl weiterer Organe vorhanden ist, mit denen es in Wechselbeziehung steht. Gleichzeitig muss dem jeweils betrachteten Organ eine erhaltende Funktion auf jene Organe zugeschrieben werden, durch welche es mitbestimmt ist.

Mit Blick auf die kategoriale Fundierung sowie die vermögenstheoretische Ableitung des Organismusbegriffs ist entscheidend, dass er auf einer Wechselbestimmung der im Substanzbegriff gedachten Selbstbestimmung und einer kausalen Fremdbestimmung beruht – und damit aus einer Wechselbestimmung einer Funktion der bestimmenden und der reflektierenden Urteilskraft zu erklären ist. Substanzielle Selbstbestimmung im Naturobjekt kann dabei nur durch eine Umkehrung der Ursache-Wirkungs-Relation in den Blick genommen werden, welche durch die reflektierende Urteilskraft vollzogen wird, während die Bestimmung durch eine äußere Einwirkung oder die innere Wirkung der Teile ausgehend von der Funktion der bestimmenden Urteilskraft gedacht wird. Im Rahmen der fünffachen Synthesis wird die Kategorie der Wechselbestimmung als Grund der Möglichkeit von Substanzialität und Kausalität gedacht.[333] Ursprünglich besteht eine Wechselbestimmung von Freiheit und Beschränktheit, die im reinen Willen enthalten ist. Ohne dass Fichte dies ausführt, kann die Wechselbestimmung von Selbstbestimmung (Substanzialität) und Beschränktheit (äußerer Kausalität) im Falle des Leibs dann als äußerliche Erscheinung ebenjener ursprünglichen Wechselbestimmung im reinen Willen gedacht werden.

---

[333] Vgl. hierzu Abschnitt 6.3.2.

6.6.3 Die Realität des Organischen in der Natur

Nachdem zumindest die inhaltliche Bestimmung des Organismusbegriffs nachvollzogen wurde, muss nun der Frage nachgegangen
werden, was Fichte darunter versteht, dass der Leib des Ich durchaus ein reales Ganzes in der Natur sein muss und nicht bloß ein
idealer Reflexionsbegriff. Der Begriff eines idealen Ganzen wurde
zunächst ausgehend von dem Akt einer freien Reflexion über einen
gegebenen Gegenstand rekonstruiert. Von dem Begriff dieses idealen Ganzen unterscheidet Fichte den Begriff des realen Ganzen.
Ein reales Ganzes kann im Vorgriff folgendermaßen bestimmt werden: Anders als beim idealen Ganzen ist es nicht bloß die ideale
Reflexion, durch welche die Teile als zusammenwirkend in einem
Organismus erscheinen. Vielmehr müssen die Teile selbst zu einem
organischen Ganzen realiter zusammenwirken. Die Realität kommt
diesem organischen Ganzen dann zu, wenn ein „Zwang" für die
Reflexion besteht (SL GA I,5, 114 / SW I, 116), die Teile nach teleologischen Prinzipien zu betrachten. Dieser Zwang für die Reflexion kann auch als die bereits bekannte Vorstellung verstanden
werden, die mit einem Gefühl der Notwendigkeit begleitet ist, welche das Ich – im Unterschied zur bloß idealen Reflexion vollziehen
muss. Aus diesem Zwang in der Reflexion bzw. aus dem Gefühl der
Notwendigkeit, welche die Reflexion begleitet, wird der *gesetzliche*
Charakter einer bestimmten Vorstellung abgeleitet.

6.6.3.1 Die Deduktion des Leibes als reales Ganzes in der Natur

Wenn der Leib für das reflektierende Ich einen Organismus als reales Ganzes darstellt, bedeutet das, dass das Ich die Vorstellung seiner selbst *als* organisierten Leib notwendig vollziehen muss. Dieser
Vollzug, so die Interpretationshypothese, erscheint wiederum in
zweifacher Gestalt: Es handelt es sich hierbei um den Akt einer
notwendig vollzogenen Vorstrukturierung eines anschaulich Gegebenen nach teleologischen Prinzipien, die vorausgesetzt ist, ehe das
Ich sich im Modus einer bewussten Reflexion auf den Leib beziehen kann. Letzteres ist der Fall, wenn das alltägliche Bewusstsein

als Inhaber eines Leibes denkt oder auch dann, wenn der Leib als Organismus Gegenstand einer wissenschaftlichen Untersuchung wird.

Um diesen Gedanken zu rechtfertigen, lassen sich wiederum zwei Ansätze unterscheiden, die sich gegenseitig ergänzen. So liefert Fichte einerseits anhand eines abstrakten Beispiels die phänomenologische Beschreibung einer Reflexion auf einen Gegenstand, welcher sich als Organismus im Sinne eines realen Ganzen erweist. Durch diese Beschreibung versucht Fichte wohl an die implizite Bekanntschaft des Lesers mit dieser Art der Reflexion zu erinnern und damit zu zeigen, dass sie in der alltäglichen, wie in der wissenschaftlichen Betrachtung häufig Anwendung findet. Dies ist zumindest ein Indiz dafür, dass dem Begriff des Organismus eine unproblematische Realität in unserer Erfahrung zukommt. Letztgültig kann die Realität des Begriffs des organisierten Leibes jedoch nicht durch eine phänomenologische und damit erfahrungsbezogene Beschreibung begründet werden. Die Tatsache, dass der organisierte Leib ein reales Naturganzes darstellt, rechtfertigt sich vielmehr durch seine Funktion als eine notwendige Bedingung für das endliche Bewusstsein freier Selbsttätigkeit. Der Gedanke besagt hier verkürzt, dass insofern das endliche Ich idealiter auf seinen Willen bzw. seinen Trieb zur Selbstbestimmung reflektiert, es diesen Trieb in der äußeren Anschauung zugleich als physische oder sinnliche Kraft darstellen muss – diese sinnliche oder physische Kraft, so Fichtes Argumentation, muss als eine organisierte Kraft erscheinen, wenn sie zugleich ein Instrument der Freiheit sein soll.

Die Beurteilung eines Objekts als reelles Ganzes bzw. als Naturorganismus erläutert Fichte erstens also paradigmatisch anhand eines abstrakt und formal gehaltenen Beispiels, das gleichwohl empirisch ist. Dieses soll hier zunächst nachvollzogen werden. Dieses Beispiel soll gerade den Unterschied zur freien, idealen Reflexion über einen möglichen organischen Gegenstand aufzeigen. Dieser methodische Zugang ist jedoch zu kritisieren, da ausgehend von einem empirischen Beispiel gerade nicht die Notwendigkeit dieser Reflexionsform deduziert werden kann. Ausgehend vom empirischen Beispiel verbleibt Fichte im Bereich der idealen, anlassbezogenen Reflexion nach dem Organismusbegriff. Wie im Folgenden deutlich werden soll, markiert Fichtes strenge Unterscheidung zwischen einer möglichen, bloß idealen Reflexion über einen Gegenstand als Organismus und einer gesetzlich notwendigen Reflexion, die mit dem Gefühl der Notwendigkeit begleitet ist, einen Unterschied zu Kants Lehre organisch-teleologischer Kausalität in der *Kritik der Urteilskraft*. Schließlich gilt für Kant, dass die Beurteilung einer teleologischen Kausalität in der Natur bloß als Heuristik für die reflektierende Urteilskraft fungieren kann, nicht aber als theoretische Bestimmung des Gegenstandes selbst zu verstehen ist. Diese Unterscheidung, insofern sie allgemein gilt, lässt sich daher auch nicht mit Blick auf die Beurteilung des eigenen Leibes aufheben.

Wie bereits erwähnt, ist hier der Unterschied zu einem bloß idealen Ganzen entscheidend, welcher dann vorliegt, wenn es der freien Reflexion überlassen ist, welcher Gegenstand oder welcher Teil eines Gegenstandes herausgegriffen und als triebhaft beschrieben wird. Ein reelles Ganzes soll nach Fichte dann vorliegen, wenn erstens die Reflexion faktisch daran scheitert, einen willkürlich betrachteten Teil als ausschließlich mechanisch sowie als ausschließlich triebhaft selbstbestimmt zu begreifen. Zweitens ist das Ich gezwungen, einen gegebenen Gegenstand als ein reelles Ganzes zu beurteilen, wenn sich in der Betrachtung bestimmte inhaltliche Bestimmungen zeigen, die Fichte jedoch äußerst kryptisch formuliert. Fichte spricht hier abstrakt davon, dass sich in der Betrachtung eines reellen Ganzen zeige, dass der Trieb eines Teils B „auf die in A mangelnde Realität gehe; und dass auf die in B mangelnde Realität der Trieb in A gehe" (SL GA I,5, 115 / SW IV, 118).[334] Dies

---

[334] Fichtes Formulierung, dass in einem Organismus die einzelnen Teile nach ‚Realität streben' oder auf die Realität der anderen Teile ‚gehen' ist, selbstverständlich äußerst ergänzungs- und erklärungsbedürftig. In dieser allgemeinen Charakterisierung fehlt z.B. der Aspekt der spezifischen Bewegung bzw. Bewegtheit der einzelnen Teile, die für körperliche Objekte entscheidend ist. Diesen Aspekt miteinbeziehend entwickelt Reinhard Lauth Fichtes Organismusbegriff folgendermaßen: „Statisch genommen ist die Organisation ein Zustand, in dem von mehreren Zwecksetzungen jede nicht nur ihren Zweck, sondern auch den der anderen Zwecksetzungen realisiert bzw. realisieren soll. Dynamisch genommen erfolgt dies in

muss wohl so verstanden werden, dass sich in der Reflexion auf einen Teil des Gegenstandes zeigt, dass von ihm eine Wirkung ausgeht, die zugleich dem durchgehenden Bestehen eines anderen Teils oder gar mehreren Teilen dient, während wiederum sein Bestehen durch die Einwirkung eines oder mehrerer anderer Teile gesichert wird. Das Ganze des Organismus konstituiert sich dabei durch das Zusammenwirken sich gegenseitig aufrechterhaltender Teile. Dies kann man sich durch die Vorstellung jedes lebendigen Organismus vergegenwärtigen, in dem die Funktion einzelner Organe durchgehend von der Funktion eines oder mehrerer anderer Organe abhängt. Ein solcher Organismus ist demnach dadurch ausgezeichnet, dass „[j]eder Theil strebt, das Bedürfniss aller zu befriedigen", wobei alle anderen Teile danach „streben [...] das Bedürfniss dieses Einzelnen zu befriedigen" (SL GA I,5, 116 / SW IV, 119).

Fichte versucht einerseits zu zeigen, dass die Beurteilung von Naturgegenständen als Organismen phänomenologisch-deskriptiv in der Alltagserfahrung zu erweisen ist. Dieses Argument ist jedoch durch den Gedanken zu ergänzen und eigentlich erst dadurch systematisch zu fundieren, dass die äußere Anschauung des Ich als Leib zugleich zu den Bedingungen des endlichen Selbstbewusstseins überhaupt erklärt wird, das primär ein Bewusstsein des reinen Willens bzw. des Sollens ist. Der oben beschriebene Reflexionszwang kann zwar phänomenologisch nachvollzogen, ausgehend von einem Reflexions*beispiel* jedoch nicht bewiesen werden. Höher ist wohl zu gewichten, dass Fichte bei seinem Beweis des Leibes als reales Ganzes nach eigenem Bekunden einen Grundgedanken aus der kantischen Postulatenlehre aufnimmt und auf Gegenstände erweitert, die klassischerweise der theoretischen Philosophie zugerechnet werden (vgl. 146 / GA IV, 2, 138f).[335] Während Kant

---

bestimmten Bewegungen. A_1 bewegt sich zweckhaft nach A_2; B_1 bewegt sich zweckhaft nach B_2; aber zugleich bewegt sich A_1 zweckhaft zu B_2 und B_1 zweckhaft zu A_2 – und zwar so, daß beide Bewegungen nicht etwa infolge getrennter Zwecksetzung und dann bloß sich addierend erfolgen (wie die ineinandergreifenden Wirkungen der unorganischen Wechselwirkung), sondern stets als Teilbewegungen aus einer Einheit hervorgehen", Lauth 1984, 108.

[335] Vgl. Wlnm-K GA IV, 3, 442f.

ausgehend von dem Begriff des höchsten Guts folgert, dass ein moralisch handelndes Vernunftsubjekt die Existenz Gottes und die
Unsterblichkeit der Seele als Ermöglichungsbedingungen der Realisierung dieses höchsten Guts zumindest im Kontext der moralischen Praxis anerkennen müsse, geht Fichte einen entscheidenden
Schritt weiter. Er geht davon aus, dass sich aus dem Bewusstsein
des reinen Willens bzw. eines absoluten Sollens zugleich wesentliche theoretische Bestimmungen der Außenwelt ableiten lassen, in
denen sich jene Handlungen zu vollziehen haben, welche der reine
Wille fordert. Diese Ableitung der rein theoretischen Bestimmungen beruht darauf, dass nach Fichte das Bewusstsein des Wollens,
die rudimentärste Form des Bewusstseins überhaupt darstellt, die
jeder theoretischen Bezugnahme auf ein Gegebenes in der Anschauung oder im Begriff begründungslogisch vorausliegt. Bei Kant
findet sich kein entsprechender Gedanke, dass das Ich sich primär
als ein (praktisch) Selbstbestimmendes bewusst wird, um sich überhaupt theoretisch erkennend auf Gegenstände beziehen zu können.
Wie von Fichte häufig kritisiert, behandelt Kant die Bedingungen
der Möglichkeit kognitiver Bezugnahme auf Gegenstände vollkommen unabhängig von Fragen der praktischen Selbstbestimmung des
erkennenden Subjekts (vgl. Wlnm-K GA IV,3, 371 / 61). Entsprechend behauptet Kant auch nicht, dass wesentliche theoretische
Bestimmungen der Natur aus einem praktischen Bewusstsein im
allgemeinen Sinne abzuleiten sind. Zu den genannten theoretischen
Bestimmungen, die Fichte aus dem Willen ableitet, zählen, wie wir
bereits gesehen haben, allgemeine kategoriale Bestimmungen wie
etwa die Substanzialität der Objektwelt sowie die Kausalität, die
zwischen dem Ich und der Objektwelt sowie zwischen den Objekten besteht, aber auch die organische Verfasstheit des Leibes in der
äußeren Anschauung. Insofern diese Bestimmungen allgemein als
Ermöglichungsbedingungen des praktischen Selbstbewusstseins
abgeleitet werden, muss ihnen objektive Realität zugesprochen werden, auch wenn natürlich nicht jedem wollenden und denkenden
Ich ihre jeweilige Bestimmung explizit bewusst sein muss. Diese
begriffliche Explikation und ihre Deduktion aus dem Freiheitsbewusstsein leistet nach Fichtes Verständnis zuallererst die Transzendentalphilosophie in Gestalt der Wissenschaftslehre.

Abschließend muss noch geklärt werden, warum das selbstbestimmte Ich in äußerer Anschauung mit den konkreten Bestimmungen des Organismus erscheinen muss, so wie es zuvor phänomenologisch beschrieben wurde. Hierfür lassen sich die bereits gewonnenen Resultate zusammentragen: Der Leib ist erstens die äußere Anschauung des begrenzten Strebens bzw. Triebs nach Selbstbestimmung.[336] Als ein triebhaftes Wesen wird er gesetzt als eine
sich selbst bestimmende Substanz, was zugleich eine Umkehrung
der mechanisch wirkenden Kausalität in zeitlicher Sukzession bedeutet. Denn der Leib ist nicht ausschließlich durch die Einwirkung
äußerer Objekte bestimmt, sondern er bestimmt sich zugleich
selbst. Der Leib ist die sinnliche Erscheinung eines realen Ganzen,
das Zweck seiner selbst ist. Als Anschauung eines *begrenzten* Strebens des Ich muss der Leib als ein begrenztes, bestimmtes Ganzes
angeschaut werden. Das Begrenzende ist hier die äußere Natur, mit
der der Leib in kausaler Verbindung steht. Der Leib wird gesetzt als
produziert durch eine ebenfalls triebhafte Natur, wenngleich die Interaktion mit einzelnen Naturgegenständen, zu denen nicht bloß
Organismen zählen, auch kausalmechanisch erfolgt. Dieses Zusammenbestehen mit der begrenzenden Natur, so kann nach dem oben
Entwickelten gefolgert werden, wird gesetzt durch die bestimmende Urteilskraft. Als ein anschaubares Ganzes ist der Leib nach
den Gesetzen der produzierenden Einbildungskraft ein Mannigfaltiges, das in unendlich viele Teile analysiert werden kann. Diese
Teile unterstehen jedoch dem Leib als Ganzem, als ihr oberster
Zweck, sie müssen also so gesetzt werden, dass ihre spezifische
Wirkung zum Erhalt dieses Ganzen zusammenstimmt. Umgekehrt
kann sich der Leib als anschauliches Ganzes nur durch die Zusammenstimmung der Teile erhalten. Somit ist der Leib als Organismus
mit innerer Zweckmäßigkeit vom Ich ursprünglich gesetzt und
steht zugleich mit einer beschränkenden Natur in mannigfaltigen
kausalen Verbindungen. Der Leib muss dabei als Bedingung des
Bewusstseins des Vermögens zur praktischen Selbstbestimmung
vom Ich ursprünglich nach diesen Bestimmungen in der äußeren
Anschauung gesetzt werden. Die teleologische Struktur der inneren

---

[336] Vgl. hierzu Abschnitt 6.3.1.3.

Zweckmäßigkeit gewinnt hiermit eine konstitutive Funktion der Selbsterfahrung als Leib. Damit ist zugleich gezeigt, dass der willentlich bestimmbare, gegliederte bzw. *artikulierte* Leib zugleich ein Organismus sein muss. Ferner hat sich gezeigt, dass Fichte den Organismus aus der Wechselbestimmung von bestimmender und reflektierender Urteilskraft ableitet. Wird ein Organismus als reales Ganzes der Natur aufgefasst, ist der Begriff des Organismus, der in der idealen Reflexion als Prinzip der Reflexion dienen kann, zugleich bestimmend. Damit schreibt aber Fichte – im eklatanten Unterschied zu Kant – der reflektierenden Urteilskraft eine bestimmende Funktion zu.

6.6.3.2 Der Bildungstrieb der äußeren Natur

Wie bereits mehrfach festgehalten wurde, untersteht der Leib zwar einerseits dem teleologischen Prinzip einer inneren Zweckmäßigkeit, doch zugleich ist er eingebunden in eine Natur, mit der er einerseits kausal interagiert und aus der andererseits seine natürliche Beschaffenheit als Organismus empirisch erklärt werden soll. Denn der Leib als Organismus ist ein Produkt der Natur – dies setzt jedoch voraus, dass die Natur selbst nicht bloß als unter mechanischen Gesetzen stehend gedacht wird, sondern dass ihr selbst ein organischer Produktionstrieb zugeschrieben wird. Diesen organischen Produktionstrieb nennt Fichte sowohl im *System der Sittenlehre* als auch in § 19 der *Wissenschaftslehre nova methodo* den Bildungstrieb. So hält er fest, dass wenn in der Natur „reelle Ganze" in Gestalt von Organismen vorkommen, der Natur selbst das Vermögen zugeschrieben werden muss, diese Organismen zu produzieren – „Die Natur sonach, die ganze Natur, denn der einzelne Körper hängt mit den Naturganzen zusammen, ist also organisirend und organisirt [...]" (Wlnm-K GA IV,3, 517 / 237). Dieses Zitat lässt sich in deutlicher Analogie zur Bemerkung aus dem *System der Sittenlehre* verstehen, nach der der Bildungstrieb im „activen und passiven Sinne des Worts" aufzufassen sei: nämlich als „Trieb zu bilden und sich bilden zu lassen" (SL GA I,5, 117 / SW IV, 121). Fichte bemerkt knapp, dass wenn die Natur einzelne Organismen

produzieren soll, sie selbst als ein „organisiertes Ganze[s]" aufzufassen ist (SL GA I,5, 118 / SW IV, 122). Die hier nicht entwickelte,
aber zugrundeliegende Argumentation ist wohl die folgende: Es ist
nicht möglich, dass in der Natur nur selektiv, in einigen bestimmten
Objekten, nämlich in Leibern oder anderen Wesen, die oben beschriebene teleologische Kausalität wirkt, da ansonsten zwei widerstreitende Formen der Kausalität in der Natur wirkten. Diese Form
der Kausalität muss sich vielmehr auf die gesamte Natur erstrecken.
Ähnlich wie im § 8 des *Systems der Sittenlehre* liefert Fichte auch in
der *Wissenschaftslehre nova methodo* leider keine nähere Erläuterung zu
der Frage, wie das Verhältnis von der mechanischen und teleologischen Kausalität in der Natur, als welche man die Wirkung des Triebes verstehen muss, zu denken ist. Offenkundig kann Fichte mit
der Behauptung, dass der Bildungstrieb sich über die gesamte Natur
erstreckt bzw. dass die Natur im Ganzen sich selbst organisiert,
nicht meinen, dass jedes einzelne Objekt innerhalb der Natur zugleich ein Triebhaftes oder ein Lebendiges ist. Ebenso kann die Tatsache, dass der Natur im Ganzen eine produktive Kraft zugeschrieben werden muss, nicht dazu führen, dass der Naturmechanismus,
welcher aus der Funktion der bestimmenden Urteilskraft hervorgeht, gänzlich aufgehoben sei. Es muss demnach möglich sein, einzelne Objekte, denen nicht Lebendigkeit zugeschrieben wird, ausschließlich gemäß dem Gesetz eines äußerlichen bestimmenden
Naturmechanismus zu denken. Wie wir bereits gesehen haben, ist
es im Falle einer empirischen Betrachtung der Natur außer bei der
Selbstbetrachtung des Leibes abhängig von den jeweiligen Be-
obachtungsbedingungen, ob sich eine Beurteilung nach mechanischen oder nach teleologischen Prinzipien als passend erweist. Ein
Begriff einer sich selbst organisierenden Natur im Ganzen könnte
entsprechend so vervollständigt werden, dass sie zwar durchgehend
von einem Bildungstrieb durchwaltet ist und die Naturordnung im
Ganzen fundiert, dabei aber gerade rein mechanisch bestimmte
Objekte als Substrat voraussetzt.

   Hier soll die These vertreten werden, dass die Bestimmung der
Natur durch den Begriff des Bildungstriebs ausgehend von der not-
wendigen Selbsterfassung des Ich als Leib zu rechtfertigen ist. Die
Anschauung der Natur als organisch produzierend und die Annahme

von Organismen der Natur gründet in der Tatsache, dass das Ich
sich selbst als Leib setzen muss. Es handelt sich mithin um einen
abgeleiteten Gedanken. Der Bildungstrieb bezeichnet ein der Natur
zugeschriebenes „immanentes Gesetz, welches das vernünftige
Wesen in dem Begriffe derselben sich denken muss, um sich selbst
[als Leib; N.B.] erklären zu können" (SL GA I,5, 116f. / SW IV,
120). Wenn nach dem zuvor Gesagten gilt, dass das Ich den Leib
in einem ursprünglichen Akt nach teleologischen Prinzipien setzen
muss, dann muss dies für die gesamte äußere Natur gelten. Wird
die Erscheinung der Natur durch die Vorstellungsgesetze des Ich
konstituiert, dann muss zumindest transzendentalphilosophisch angenommen werden, dass sie ursprünglich nach denselben teleologischen Prinzipien konstituiert ist wie der Leib.

Wichtig ist jedoch, diese letzte Überlegung als eine Annahme der
Transzendentalphilosophie zu betrachten, welche ursprüngliche,
nicht zum vorphilosophisch-alltäglichen Bewusstsein kommende
Akte entwickelt, die als Bedingung des Selbstbewusstseins anzunehmen sind. Es ist dabei deutlich zu differenzieren, zwischen den
Akten der ursprünglichen, unbewussten Setzung, über die bloß philosophische Annahmen getroffen werden können einerseits und
den Erfahrungen und Reflexionen des endlichen, konkreten Bewusstseins andererseits. Denn von einem Zwang zur Reflexion
nach teleologischen Gesetzen kann für das reflektierende Bewusstsein nur dann gesprochen werden, wenn es seinen eigenen Leib betrachtet. Der phänomenologische Aufweis dieses Reflexions-
zwangs bietet zwar keine transzendentale Begründung desselben.
Dennoch sollte er zumindest verständlich machen, dass das Ich seinen Leib schlichtweg nicht als einen mechanischen, rein äußerlich
bestimmten Gegenstand erfassen kann. Fichtes zumindest angedeutete Phänomenologie des Leibes könnte hier so ergänzt werden,
dass das konkrete Bewusstsein unmittelbar darum weiß, dass es auf
seinen Leib bzw. ein bestimmtes Organ reflektiert. Unter der Voraussetzung der Funktionsfähigkeit des jeweiligen Organs *weiß* das
Ich z.B., dass es seine Hand ist, die es bewegt, wodurch sich die
empirische Erfahrung der Hand qualitativ von der Erfahrung eines
äußeren Objekts wie etwa einem Stein unterscheidet, der nicht unmittelbar dem Willen des Ich untersteht. Dieses Wissen um den

eigenen Leib gründet auf dem unmittelbaren und bloß subjektiven Gefühl eines beschränkten Strebens.[337] Aus diesem Grund *muss* es die Hand als empirisches Naturobjekt als sein Organ betrachten. Ein solcher Reflexionszwang ist jedoch bei keinem anderen Objekt, das nicht der Leib des Ich ist, gegeben. Das konkrete, über die Natur reflektierende Bewusstsein muss vielmehr jeweils fallbezogen entscheiden, für welches Objekt sich eine Beurteilung nach rein mechanischen oder nach teleologisch-organischen Prinzipien eignet. Auch für die Natur im Ganzen gilt, dass ihre Beurteilung als organisch bildend nicht mit demselben Zwang nach teleologischen Prinzipien erfolgt wie die Erfassung des eigenen Leibes. Sämtliche Annahmen der Transzendentalphilosophie erheben zwar Anspruch auf notwendige Geltung, sind jedoch Produkte eines diskursiven Denkens, welche das Ich räsonierend und sukzessiv entwickelt. Mit steigendem Komplexitätsgrad können diese Annahmen als sinnvoll und schlüssig erwiesen werden, leuchten dabei aber nicht so unmittelbar ein wie die Selbsterfassung des Leibes als ein Objekt, das so organisiert ist, dass es sich als Instrument für den Zweck einer empirischen Handlung eignet.

6.6.4 Fazit

Die vorangegangenen Ausführungen zur Deduktion der Begriffe des Organismus und des Bildungstriebes bei Fichte sollten dazu dienen, die skizzenhaft vorgetragene Untersuchung in § 19 der *Wissenschaftslehre nova methodo* systematisch zu kontextualisieren und argumentativ zu untermauern. Dabei hat sich gezeigt, dass Fichte die in der *Wissenschaftslehre nova methodo* nur im Ansatz ausgeführte Deduktion des Leibes als lebendigen Organismus sowie einer lebendigen Natur im *System der Sittenlehre* aus den Vermögen der bestimmenden und der reflektierenden Urteilskraft leistet. Zur Explikation der Theorie der Bestimmung der Natur durch übersinnliche Vernunft in § 19 der *Wissenschaftslehre nova methodo* konnte Fichtes Begriff des Bildungstriebes

---

[337] Bzgl. des Zusammenhangs von Gefühl und Leibwissen vgl. Kottmann 1998, 8f., 26–42.

aus dem *System der Sittenlehre* als sinnvolle Ergänzung herangezogen werden. Der Bildungstrieb muss der Natur im Ganzen zugeschrieben werden, wenn die Annahme zutrifft, dass der Leib des Ich als organisiertes Naturprodukt zu beurteilen ist.

Im Vergleich mit Kants Theorie des Organismus in der *Kritik der Urteilskraft* zeigte sich trotz der partiellen Übernahme von Kants Terminologie die Eigenständigkeit von Fichtes Ansatz. Der Begriff des Organismus ist im Falle des eigenen Leibes nicht bloß eine Idee für die reflektierende Urteilskraft, die regulativ in der Betrachtung desselben angewendet werden kann; der Begriff des Organismus ist vielmehr konstitutiv für die Erfahrung desselben. M.a.W.: Nur wenn das Ich sinnlich als organisches Wesen erscheint, ist Selbstbewusstsein möglich. Das Ich muss sich nämlich als ein begrenztes Streben auch äußerlich anschauen können, um auf sich zu reflektieren. Das Faktum des besonderen Wissens um den eigenen Leib, das auf dem unmittelbaren Gefühl desselben gründet, kann zumindest phänomenologisch plausibilisieren, dass der Leib unter ganz anders gearteten Bestimmungsgesetzen steht als äußere Objekte, die zumeist in ihrem mechanischen Zusammenwirken erkannt werden können.

Die Wissenschaftslehre weicht dahingehend deutlich von der kritischen Philosophie Kants ab, dass sie das Gegebene der Anschauung als eine ursprüngliche Setzung des Ich durch produktive Einbildungskraft konzipiert. Für Kant ist Anschauung niemals produktiv, sondern rezeptiv. Dies begründet für Kant die Endlichkeit unserer Erkenntnis: Die empirischen Begriffe des diskursiven Verstandes sind analytische Allgemeinheiten und zunächst Vorstellung eines *möglichen* Gegenstandes, denen gegenüber das Besondere der Anschauung bloß zufällig ist. Zwar kennt auch Fichte eine diskursive Erkenntnisweise des Verstandes, der sich auch nach seiner Vermögenslehre auf ein empirisches Mannigfaltiges bezieht, das nicht analytisch aus seinen Begriffen zu gewinnen ist. Dies beschreibt die Erkenntnisweise des endlichen, reflektierenden Ich, insofern es auf die Außenwelt bezogen ist.[338] Der Verstand bezieht

---

[338] Siehe hierzu z.B. die „Deduktion der Vorstellung" in der *Grundlage,* vgl. Abschnitt 2.5.1.

sich dabei jedoch nicht auf ein unmittelbar *rezeptiv* Gegebenes der Anschauung, sondern auf ein produktiv Gesetztes der Einbildungskraft, ohne jedoch Bewusstsein von dieser Setzung zu haben. Die Lehre von der produktiven Einbildungskraft macht es möglich, den besonderen Fall des anschaulichen Leibes als eine vorbewusst und nach teleologischen Gesetzen strukturierte Entität zu denken. Wenn das endliche Ich in der alltäglichen oder auch der wissenschaftlichen Erfahrung den Leib als organisches Ganzes erklärt, welches als Naturprodukt gleichwohl seinen Willensentschlüssen untersteht, dann folgt es nur dieser „ursprünglichen Erklärung" des unbewusst, produktiv setzenden Ich.[339]

Wie wir gesehen haben, begreift Fichte die intellektuelle Anschauung des Ich als unmittelbares Bewusstsein seiner bloßen *Tätigkeit*, um deutlich zu machen, dass das Ich sich nicht als ein denkendes Ding oder als eine übersinnliche Substanz durch Anschauung erkennen kann. Dies führt er gegen eine mögliche, durch Kant inspirierte Kritik an, welcher eine intellektuelle Selbstanschauung bestreitet. Kant richtet seine Kritik tatsächlich vor allem auf die Anschauung des Ich als denkende Substanz. Wie aus vorangegangenen Untersuchungen zu entnehmen ist, muss die Wissenschaftslehre die Möglichkeit einer ursprünglichen, intellektuellen Ding-Anschauung annehmen, auch wenn diese im alltäglichen Bewusstsein nicht vorkommt. Als eine intellektuelle Ding-Anschauung kann nämlich die zuvor untersuchte, ursprüngliche Setzung des Leibs beschrieben werden. Die Produktion der Vorstellung des artikulierten Leibs lässt sich analog zur Tätigkeit des von Kant bloß als Reflexionsidee eingeführten intuitiven Verstandes denken. Denn auch Fichtes produktives Ich scheint im Falle der Setzung des Leibs „vom Synthetisch-Allgemeinen (der Anschauung eines Ganzen, als eines solchen) zum Besonderen [zu gehen, N.B.]", wodurch „die Möglichkeit der Teile (ihrer Beschaffenheit und Verbindung nach) als vom Ganzen abhängend [vorgestellt wird; N.B.]",[340] wobei die „Vorstellung eines Ganzen den Grund der Möglichkeit der Form desselben und der dazugehörigen Verknüpfung der Teile enthalte."[341]

---

[339] Zum Begriff der ursprünglichen Erklärung siehe Anmerkung 339.
[340] Beide Zitate aus KdU, AA V, 407.
[341] KdU, AA V, 407f.

Insofern würde also auch Fichte eine gegenstandsbezogene, produktive Anschauung behaupten, da die Vorstellung eines organisierten Ganzen von einem synthetisch Allgemeinen ausgehen muss, welches die Möglichkeit seiner Teile, also seiner Organe, bedingt.

Welche Konsequenzen hat es jedoch für die Wissenschaftslehre, wenn der Begriff des produktiven Ich in Analogie zu einem intuitiven Verstand gedeutet wird? Inwiefern werden die Erkenntnisgrenzen der Transzendentalphilosophie, die Kant mit Blick auf die theoretische Erkennbarkeit von teleologischer Kausalität in der Natur setzt, bei Fichte erweitert? Auch wenn sich Fichte zu dieser Frage nicht deutlich äußerst, folgt auch für die Wissenschaftslehre, dass das Prinzip einer produktiven Dinganschauung bloß als ein Grenzbegriff formuliert werden kann, der einen Vorgang beschreibt, den das vorphilosophische Bewusstsein nicht vollziehen kann.[342] Zwischen dem endlichen, in zeitlicher Sukzession *diskursiv* denkendem Ich und dem intuitiv-produktiven Ich, welches die Wissenschaftslehre annimmt, tut sich ein Hiatus auf. Soll nämlich das ursprünglich produktive Ich von der unmittelbaren Anschauung bzw. Vorstellung eines Ganzen ausgehend den Leib und seine verschiedenen Glieder setzen, wird die Verfahrensweise des in zeitlicher Sukzession anschauenden und diskursiv denkenden Ich gerade umgekehrt. Auch das philosophische Ich Fichtes, das auch durch Philosophie seine Endlichkeit nicht ablegen kann, schaut in zeitlicher Sukzession an und denkt diskursiv, d.h. es denkt analytische Allgemeinbegriffe als Vorstellungen möglicher Gegenstände. Das ursprünglich setzende Ich, wenn es einen Leib nach teleologisch-organischen Gesetzen hervorbringt, muss jedoch von der Idee eines Ganzen ausgehen, die nicht bloß einen möglichen Gegenstand vorstellt. Mit ihr ist die Wirklichkeit eines solchen Gegenstandes zugleich mitgesetzt. Die Art und Weise, *wie* eine solche Setzung geschieht, ist in bloß negativer Abhebung zu unserer diskursiven Erkenntnisweise zwar beschreibbar, als solche jedoch nicht nachvollziehbar. Das

---

[342] Dass Fichte diese Implikation nicht gesehen hat, deutet sich in der *Zweiten Einleitung* an, wo er davon spricht, dass die „intellectuelle Anschauung im Kantischen Sinne […] ihr ein Unding ist, das uns unter den Händen verschwindet, wenn man es denken will, und das überhaupt keines Namens werth ist", SW I, 472.

philosophierende Ich kann sich einen Begriff des Synthetisch-Allgemeinen bilden, das dem Organismus zugrunde liegt, ein solches
jedoch nicht in sich selbst hervorbringen. Für das endliche Ich ist
mit der Vorstellung eines Ganzen niemals die Wirklichkeit desselben gegeben. Nach dieser Einsicht muss jedoch der stellenweise
geäußerte Anspruch der Wissenschaftslehre, die notwendigen
Handlungsarten des Ich durch Intuition und abstrahierende Reflexion zu Bewusstsein zu erheben, eingeschränkt werden. Die ursprünglichen, „nothwendige[n] Handlungen"[343] des Ich bleiben
zwar das Objekt der Wissenschaftslehre, sind aber nicht sämtlich,
wie das Beispiel der Setzung des Organismus gezeigt hat, in der philosophischen Darstellung replizierbar. Wenn ein Akt des ursprünglich setzenden Ich zwar denkbar, jedoch nicht in wiederholender
Darstellung nachvollziehbar ist, bleibt die Wissenschaftslehre eben
auf die bloße Annäherung in negativer Abgrenzung zum Verfahren
der endlichen, diskursiven Tätigkeit beschränkt.

Damit bleibt die organische Verfassung des Leibes, so müsste
Fichte eigentlich eingestehen, auch für das philosophierende Ich etwas im Grunde Unerklärliches. Die Hervorbringung der Vorstellung des Leibes sowie anderer Organismen der Natur lässt sich vermögenstheoretisch bzw. genetisch nicht beschreiben, solange der
benannte Hiatus zwischen dem ursprünglich produktiven Ich und
dem endlich, diskursiv denkenden Ich besteht. In dieser Hinsicht
weicht die Wissenschaftslehre nicht von den kritischen Erkenntnisgrenzen ab, die Kant mit Blick auf die Erkennbarkeit einer teleologischen Kausalität in der Natur in der *Kritik der Urteilskraft* formuliert. Um die Wirklichkeit des Leibes zu behaupten, muss Fichte
sich auf die Feststellung beschränken, *dass* das Ich sich einen organisch verfassten Leib zuschreiben muss, wenn es sich als ein praktisch bestimmtes Wesen versteht. Hierbei handelt es sich dann um
eine ausgeweitete Anwendung der Postulatenlehre Kants, indem
das Fürwahrhalten der organischen Bestimmung des Leibes und
der gesamten Natur aus dem Bewusstsein der praktischen Selbstbestimmung begründet wird. Dies gilt dann jedoch mit der Einschränkung, dass sich die Organizität des Leibes sowie der

---

[343] Ueber den Begriff der Wissenschaftslehre, GA I, 2, 142 / SW I, 72.

gesamten Natur bloß denken lässt, *als ob* sie aus einem intuitiven Verstand hervorgegangen sei, ohne dass weitere Einsichten in das Wirken dieses Vermögens möglich wären. Diese Feststellung wird durch den phänomenologischen Aufweis ergänzt, dass das Ich über seinen *eigenen* Leib nur als einen Organismus reflektieren kann, der seinen Willensbestimmungen unterste

Resümee

In der vorliegenden Arbeit wurden zwei frühe Systementwürfe Johann Gottlieb Fichtes, die *Grundlage der gesamten Wissenschaftslehre* (1794) sowie die *Wissenschaftslehre nova methodo* (1796–99) hinsichtlich der Frage untersucht, wie Fichte die Einheit des endlichen Bewusstseins als Komplex theoretischer und praktischer Vermögen konzipiert. Mit dieser Einheitskonzeption verfolgt Fichte das Ziel, sowohl die Möglichkeit einer theoretischen Gegenstandserkenntnis als auch die Möglichkeit einer praktischen, letztlich moralischen Selbstbestimmung inmitten einer empirischen Außenwelt zu erklären. Es konnte gezeigt werden, dass Fichte in seiner Frühphase verschiedene, spannungsreiche Konzeptionen der Einheit des endlichen Bewusstseins entwirft, die vor allem hinsichtlich der Bestimmung des absoluten Ich als dem höchsten Prinzip dieser Einheit divergieren. In der Grundsatzlehre der *Grundlage* (§§ 1–3) konzipiert Fichte das absolute Ich als eine irreflexive, reine Tathandlung, die der Differenz von theoretischen und praktischen Vermögen als Vereinigungs- und Ermöglichungsgrund vorausliegt. In § 5 derselben Schrift modifiziert er den Begriff dieses Prinzips jedoch entscheidend: Denn dort erscheint das absolute Ich nicht mehr als eine differenzfreie Setzung reiner Tätigkeit, sondern als eine reflexive, nach unendlicher Tätigkeit praktisch strebende Instanz. Die Einheit des endlichen Bewusstseins untersteht damit prinzipiell der strebenden und praktischen Natur des absoluten Ich. Mit der Veränderung seiner Konzeption behauptet er eine Subordination jeder theoretischen unter eine ursprünglich praktische Tätigkeit des absoluten Ich, in der sogar die Einheit des theoretischen Gegenstandsbewusstseins aus einer praktischen Forderung des Ich erklärt wird.

Es konnte gezeigt werden, dass Fichte infolge der Modifikation des Begriffs des absoluten Ich seinen antiskeptischen Anspruch auf eine Erklärung der Möglichkeit theoretischer Gegenstandserkenntnis sowie einer praktischen Selbstbestimmung in einer natürlichen Außenwelt nicht einlösen kann. Denn eine systematische Ableitung einer gelingenden theoretischen und praktischen Tätigkeit setzt erstens einheitliche und kohärente Prinzipienbegriffe voraus, auf denen die Ableitung beruht. Nach der nachträglichen Modifikation des Ich-Begriffs in der *Grundlage* ist diese Kohärenz jedoch nicht mehr gegeben. Zweitens gelangt die *Grundlage* infolge einer strikten Trennung zwischen einem theoretischen und praktischen Teil gar nicht erst zu einer integrativen Theorie, die aus der zugrundeliegenden Beziehung von theoretischen und praktischen Vermögen erklären kann, dass sich das Ich in einer theoretisch erkennbaren Außenwelt zugleich als praktisch handelnd erfahren muss. In der „Grundlage einer Wissenschaft des Praktischen", dem zweiten Teil der *Grundlage*, erklärt Fichte paradoxerweise bloß die Einheit des erkennenden Bewusstseins aus einem zugrundeliegenden praktischen Trieb, nicht aber die Möglichkeit eines praktischen Handlungsbewusstseins.

Die *Wissenschaftslehre nova methodo*, so sollte gezeigt werden, erweist sich dagegen als eine konsequente und kohärente Weiterentwicklung bestehender Ansätze aus der *Grundlage*. Dort entwickelt Fichte erstens eine überzeugende Theorie über die ursprüngliche Einheit des endlichen Bewusstseins als eine unhintergehbare Wechselbestimmung einer theoretisch-idealen und einer praktisch-realen Tätigkeit, der ein absolutes und differenzfreies Prinzip der Tathandlung vorausliegen muss. Dieses Prinzip kann weder als theoretisch noch als praktisch beschrieben werden. Das endliche Bewusstsein erweist sich als ein notwendiger egologischer Zirkel eines theoretischen und eines praktischen Grundvermögens, die ein differenzfreies Prinzip als zugrundeliegendes Drittes voraussetzen. Dieses kann nur regressiv in einer transzendentalen Analyse erschlossen, nicht aber vollständig erkannt werden. Das höchste Prinzip der Selbstsetzung erscheint im endlichen Bewusstsein als der reine Wille, von dem die Aufforderung zu einer unbedingten, moralischen Selbstbestimmung an das endliche Ich ergeht. Von diesem Gedanken ausgehend zeigt Fichte in der *Wissenschaftslehre nova methodo* zweitens, dass der reflexive Bezug auf den reinen Willen zugleich das Bewusstsein einer natürlichen, vom Ich unabhängigen Außenwelt voraussetzt, in der es die praktisch geforderten Handlungen in freier Selbstbestimmung ausführt. Der egologische Zirkel von theoretischer und praktischer Tätigkeit im endlichen Bewusstsein übersetzt sich damit in eine zirkuläre, wechselseitige Voraussetzung notwendiger Gehalte *für* dieses Bewusstsein. Der egologische Zirkel ist hier das Prinzip, aus dem bestimmte Bewusstseinsgehalte als notwendige Prinzipate folgen. In den Abschnitten zur fünffachen Synthesis (§§ 17–19) entwickelt Fichte eine notwendige Wechselbestimmung zwischen der Vorstellung der Natur als ein organisches Ganzes, der Selbstanschauung des Ich als natürlicher Leib sowie der notwendigen Interaktion mit anderen, verleiblichten Vernunftwesen, die ebenfalls einem höchsten reinen Willen unterstehen. Der antiskeptische Ertrag dieser Konzeption besteht darin, dass sowohl die Möglichkeit einer empirischen Objekterkenntnis als auch die Möglichkeit einer praktischen Selbstbestimmung in einem wechselseitigen Bedingungsverhältnis aufgewiesen werden. Wie gezeigt werden konnte, entwickelt Fichte im Rahmen der fünffachen Synthesis und auch im *System der Sittenlehre* einen gegenüber Kant eigenständigen Ansatz einer transzendentalen Theorie der Natur, nach der die Selbstanschauung des Ich als Leib sowie die Vorstellung der Natur als organisches Ganzes als unbewusste, produktive Setzungen des Ich erklärt werden. Da Fichtes Theorie nur in Ansätzen ausgearbeitet ist, finden sich keine Erläuterungen zu der Frage, wie sich das Postulat einer produktiven Leibanschauung spannungsfrei in eine transzendental-kritische Theorie der Naturerkenntnis integrieren lässt. Zur abschließenden Klärung des Verhältnisses von Fichtes und Kants Naturphilosophie wären weitere Forschungen notwendig, die in diesem Rahmen nicht geleistet werden können. Vorläufig konnte jedoch festgehalten werden, dass Fichtes Theorie der produktiven Leibanschauung deutliche Parallelen zu Kants Begriff des intuitiven Verstandes aufweist. Dieser wird von Kant als ein theoretisch nicht erkennbarer Grenzbegriff für die reflektierende Urteilskraft eingeführt. Ein ähnlicher Status müsste auch dem Begriff der produktiven Leibanschauung zugeschrieben werden, auch wenn Fichte den epistemologischen Status dieses Begriffs nicht weiter erläutert.

Literaturverzeichnis

Siglen zitierter Werke

GWL   Fichte: *Grundlage der gesamten Wissenschaftslehre* (1794/95)

WLnm-K   Fichte: *Wissenschaftslehre nova methodo*, Kollegnachschrift von K. Chr. Fr. Krause (1798)

WLnm-H   Fichte: *Wissenschaftslehre nova methodo*, Hallesche Nachschrift

SL   Fichte: *System der Sittenlehre* (1798)

KrV   Kant: *Kritik der reinen Vernunft*

KpV   Kant: *Kritik der praktischen Vernunft*

KdU   Kant: *Kritik der Urteilskraft*

Primärquellen

Descartes, René: *Meditationen über die Grundlagen der Philosophie mit den sämtlichen Einwänden und Erwiderungen.* Übersetzt und herausgegeben von Artur Buchenau. Hamburg 1954.

Fichte, Johann Gottlieb: *Fichtes Werke.* Hg. von Immanuel Hermann Fichte. Berlin 1971. (zitiert als SW).

Fichte, Johann Gottlieb: *Gesamtausgabe der Bayerischen Akademie der Wissenschaften.* Hg. von Reinhard Lauth und Hans Jacob. Stuttgart-Bad Cannstatt 1962ff. (zitiert als GA).

Hegel, Georg Wilhelm Friedrich: *Gesammelte Werke.* Hg. von Hartmut Buchner und Otto Pöggeler u. a. Hamburg 1968 ff. (zitiert als GW).

Heidegger, Martin: *Gesamtausgabe.* Ausgabe letzter Hand. Frankfurt am Main 1976ff. (zitiert als GA).

Heidegger, Martin: *Wegmarken.* Frankfurt am Main 2004.

Heidegger, Martin: *Sein und Zeit.* Tübingen 2006.

Hölderlin, Friedrich: *Sämtliche Werke.* Hg. von Friedrich Beissner. Stuttgart 1943ff. (zitiert als StA).

Kant, Immanuel: *Gesammelte Schriften*, Hg. von der Königlich Preußischen (später Deutschen) Akademie der Wissenschaften, Berlin 1900 ff. (zitiert als AA); die Kritik der reinen Vernunft wird als A (= erste Auflage, RiGA 1781) bzw. B (= zweite Auflage, RiGA 1787) zitiert.

Maimon, Salomon: *Versuch einer neuen Logik oder Theorie des Denkens*, in: Neudrucke seltener philosophischer Werke, Hg. von der Kantgesellschaft. Bd. III. Berlin 1912.

Plotin: *Plotins Schriften*. Übersetzt von R. Harder. Neubearbeitung mit griechischem Lesetext und Anmerkungen, fortgeführt von R. Beutler und W. Theiler. Hamburg 1956ff.

Reinhold, Carl Leonard: *Beyträge zur Berichtigung bisheriger Mißverständnisse der Philosophen*. Bd. I-II. Jena 1790.

Schelling, Friedrich Wilhelm Joseph: *Historisch-kritische Ausgabe*, Hg. von Thomas Buchheim, Jochem Hennigfeld, Wilhelm G. Jacobs, Jörg Jantzen u. Siegbert Peetz, Stuttgart-Bad Cannstatt 1976 ff. (zitiert als GA).

Schelling, Friedrich Wilhelm Joseph: Sämtliche Werke, Stuttgart / Augsburg 1858. (zitiert als SW).

Schulze, Gottlob Ernst: *Aenesidemus oder über die Fundamente der von dem Herrn Professor Reinhold in Jena gelieferten Elementar-Philosophie. Nebst einer Vertheidigung des Skepticismus gegen die Anmaassungen der Vernunftkritik*. Ohne Ort 1792.

Sekundärliteratur

Acosta, Emiliano, *Down by Law: On the Structure of Fichte's 1805 Wissenschaftslehre*, in: Marina F. Bykova (Hg.): The Bloomsbury Handbook of Fichte, London / New York 2020, 216–233.

Ameriks, Karl, *Kant and the Fate of Autonomy: Problems in the Appropriation of the Critical Philosophy*, Cambridge 2000.

Asmuth, Christoph, *Die Unfreiheit einer Stahlfeder. Fichtes „Sittenlehre" von 1798*, in: Fichte-Stud. 40 (2012).

Asmuth, Christoph / Metz, Wilhelm (Hg.), *Die Sittenlehre J.G. Fichtes 1798–1812*, Amsterdam / New York 2006.

Baum, Manfred, *Deduktion und Beweis in Kants Transzendentalphilosophie: Untersuchungen zur Kritik der reinen Vernunft*, Königstein 1986.

—, *Kants Prinzip der Zweckmäßigkeit und Hegels Realisierung des Begriffs*, in: Hans Friedrich Fulda / Rolf-Peter Horstmann (Hg.): Hegel und die „Kritik der Urteilskraft", Stuttgart 1990, 158–173.

Baumanns, Peter, *Fichtes ursprüngliches System. Sein Standort zwischen Kant und Hegel*, Stuttgart-Bad Cannstatt 1972.

—, *Fichtes Wissenschaftslehre. Probleme ihres Anfangs. Mit einem Kommentar zu § 1 der „Grundlage der gesamten Wissenschaftslehre"*, Bonn 1974.

Beiser, Frederick C, *Enlightenment, Revolution, and Romanticism. The Genesis of Modern German Political Thought, 1790–1800*, Cambridge, Mass. 1992.

Bickmann, Claudia, *Differenz oder das Denken des Denkens: Topologie der Einheitsorte im Verhältnis von Denken und Sein im Horizont der Transzendentalphilosophie Kants*, Hamburg 1996.

Bickmann, Nicolas, *Freiheit und Moralität bei Fichte*, in: Markus Wirtz u.a. (Hg.): Dimensionen der Freiheit. Transzendentalphilosophische, idealistische und interkultu-relle Zugänge zur Autonomie des Menschen, Nordhausen 2021, 73–90.

—, *Kategoriendeduktion bei Fichte. Zu den ersten drei Grundsätzen der Grundlage der gesamten Wissenschaftslehre*, in: Nicolas Bickmann / Lars Heckenroth / Rainer Schäfer (Hg.): Kategoriendeduktion in der klassischen deutschen Philosophie, Berlin 2020.

Brachtendorf, Johannes, *Fichtes Lehre vom Sein: Eine kritische Darstellung der Wissenschaftslehren von 1794, 1798/99 und 1812*, Paderborn 1995.

Brandt, Reinhard, *Die Urteilstafel: Kritik der reinen Vernunft, A 67–76, B 92–201*, Hamburg 1991.

Breazeale, Daniel, *Der Satz der Bestimmbarkeit: Fichte's Reception and Transformation of Maimon's principle of Synthetic Thinking*, in: Karl Ameriks / Jürgen Stolzenberg (Hg.): Konzepte der Rationalität / Concepts of rationality, Berlin 2003, 116–140.

—, *Thinking through the Wissenschaftslehre. Themes from Fichte's Early Philosophy*, Oxford 2013.

Bunte, Martin, *Erkenntnis und Funktion. Zur Vollständigkeit der Urteilstafel und Einheit des kantischen Systems*, Boston 2016.

Claesges, Ulrich, *Geschichte des Selbstbewusstseins. Der Ursprung des spekulativen Problems in Fichtes Wissenschaftslehre von 1794–95*, Den Haag 1974.

D'Alfonso, Matteo Vincenzo, *Vom Wissen zur Weisheit: Fichtes Wissenschaftslehre 1811*, Amsterdam 2005.

Detel, Wolfgang, *Zur Funktion des Schematismuskapitels in Kants Kritik der reinen Vernunft*, in: Kant-Stud. 69 (1978), 17–45.

Dürr, Suzanne, *Das „Princip der Subjektivität überhaupt": Fichtes Theorie des Selbstbewusstseins (1794–1799)*, Paderborn 2018.

Düsing, Edith, *Sittliche Aufforderung. Fichtes Theorie der Interpersonalität in der Wissenschafslehre nova methodo und in der Bestimmung des Menschen*, in: Albert Mues (Hg.): Transzendentalphilosophie als System. Die Auseinandersetzung zwischen 1794 und 1806, Hamburg 1989, 174–197.

Düsing, Klaus, *Die Teleologie in Kants Weltbegriff*, Bonn 1986.

—, *Fundamente der Ethik: Unzeitgemäße typologische und subjektivitätstheoretische Untersuchungen*, Stuttgart-Bad Cannstatt 2005.

—, *Gibt es eine Kantische Kategorienentwicklung aus der Einheit des ‚Ich denke'?*, in: Nicolas Bickmann / Lars Heckenroth / Rainer Schäfer (Hg.): Kategoriendeduktion in der klassischen deutschen Philosophie, Berlin 2020, 29–42.

—, *Immanuel Kant, Klassiker der Aufklärung: Untersuchungen zur kritischen Philosophie in Erkenntnistheorie, Ethik, Ästhetik und Metaphysik*, Hildesheim 2013.

—, *Schema und Einbildungskraft in Kants Kritik der reinen Vernunft*, in: Klaus Düsing (Hg.): Immanuel Kant, Klassiker der Aufklärung: Untersuchungen zur kritischen Philosophie in Erkenntnistheorie, Ethik, Ästhetik und Metaphysik, Hildesheim 2013, 17–40.

—, *Selbstbewusstseinsmodelle: Moderne Kritiken und systematische Entwürfe zur konkreten Subjektivität*, München 1997.

—, *Spontane, diskursive Synthesis. Kants neue Theorie des Denkens in der kritischen Philosophie*, in: Klaus Düsing (Hg.): Immanuel Kant, Klassiker der Aufklärung: Untersuchungen zur kritischen Philosophie in Erkenntnistheorie, Ethik, Ästhetik und Metaphysik, Hildesheim 2013, 41–67.

—, *Subjektivität und Freiheit: Untersuchungen zum Idealismus von Kant bis Hegel*, Stuttgart-Bad Cannstatt 2002.

Enskat, Rainer, *Einleitung*, in: Rainer Enskat (Hg.): Urteil und Erfahrung: Kants Theorie der Erfahrung, Göttingen 2015, 11–49.

— (Hg.), *Kants Theorie der Erfahrung*, Boston 2015.

—, *Kants Theorie des geometrischen Gegenstandes: Untersuchungen über die Voraussetzungen der Entdeckbarkeit geometrischer Gegenstände bei Kant*, Berlin ; New York 1978.

—, *Spontaneität oder Zirkularität des Selbstbewußtseins? Kant und die kognitiven Voraussetzungen der praktischen Subjektivität*, in: Rainer Enskat (Hg.): Kants Theorie der Erfahrung, Boston 2015, 277–309.

—, *Urteil und Erfahrung: Kants Theorie der Erfahrung*, Göttingen 2015.

Förster, Eckart, *Die 25 Jahre der Philosophie: Eine systematische Rekonstruktion*, Frankfurt am Main 2018.

—, *Die Bedeutung von §§76, 77 der „Kritik der Urteilskraft" für die Entwicklung der nachkantischen Philosophie*, in: Z. Für Philos. Forsch. 56 (2002), 169–190.

—, *Von der Eigentümlichkeit unseres Verstands in Ansehung der Urteilskraft (§§ 74–78)*, in: Otfried Höffe (Hg.): Immanuel Kant, Kritik der Urteilskraft, Berlin 2008, 259–274.

Gasperoni, Lidia, *Versinnlichung: Kants transzendentaler Schematismus und seine Revision in der Nachfolge*, Berlin / Boston 2016.

Girndt, Helmut (Hg.), *„Natur" in der Transzendentalphilosophie: Eine Tagung zum Gedenken an Reinhard Lauth*, Berlin 2015.

Gloy, Karen, *Die Naturauffassung bei Kant, Fichte und Schelling*, in: Fichte-Stud. 6 (1994), 253–275.

Goy, Ina, *Die Teleologie der organischen Natur (§§ 64–68)*, in: Otfried Höffe (Hg.): Immanuel Kant, Kritik der Urteilskraft, Berlin 2008, 223–239.

Goy, Ina / Watkins, Eric (Hg.), *Kant's Theory of Biology*, Boston 2014.

Gueroult, Martial, *L'évolution et la structure de la doctrine de la science chez Fichte*, Bde. 1–2, Paris 1930.

Hammacher, Klaus, *Zur transzendentallogischen Begründung der Dialektik bei Fichte*, in: Kant-Stud. 79 (1988), 467–475.

Hanewald, Christian, *Apperzeption und Einbildungskraft: Die Auseinandersetzung mit der theoretischen Philosophie Kants in Fichtes früher Wissenschaftslehre*, Berlin 2001.

Heimsoeth, Heinz, *Transzendentale Dialektik: Teil 3: Das Ideal der reinen Vernunft; die spekulativen Beweisarten vom Dasein Gottes; dialektischer Schein und Leitideen der Forschung*, Berlin 1969.

Henrich, Dieter, *Between Kant and Hegel: Lectures on German idealism*, Cambridge, Mass. 2008.

—, *Fichtes ursprüngliche Einsicht*, in: Dieter Henrich / Hans Wagner (Hg.): Subjektivität und Metaphysik: Festschrift für Wolfgang Cramer, Frankfurt am Main 1966, 188–232.

—, *Identität und Objektivität: eine Untersuchung über Kants transzendentale Deduktion*, Heidelberg 1976.

Hogrebe, Wolfram, *Sehnsucht und Erkenntnis*, in: Wolfram Hogrebe (Hg.): Fichtes Wissenschaftslehre 1794: philosophische Resonanzen, Frankfurt am Main 1995, 51–67.

Honneth, Axel, *Die transzendentale Notwendigkeit von Intersubjektivität (Zweiter Lehrsatz: § 3)*, in: Jean-Christophe Merle (Hg.): Johann Gottlieb Fichte: Grundlage des Naturrechts, Berlin / Boston 2016, 57–73.

Janke, Wolfgang, *Fichte. Sein und Reflexion. Grundlagen der kritischen Vernunft*, Berlin 1970.

—, *Vom Bilde des Absoluten: Grundzüge der Phänomenologie Fichtes*, Berlin / New York 1993.

Klingner, Stefan, *Kant über den endlichen Verstand, den intuitiven Verstand und Gott (KU §§ 76, 77)*, in: Reinhard Hiltscher / Stefan Klingner / David Süss (Hg.): Die Vollendung der Transzendentalphilosophie in Kants „Kritik der Urteilskraft", Berlin 2006, 163–181.

Klotz, Christian, *Selbstbewusstsein und praktische Identität: eine Untersuchung über Fichtes Wissenschaftslehre nova methodo*, Frankfurt am Main 2002.

Koch, Reinhard Friedrich, *Fichtes Theorie des Selbstbewusstseins: ihre Entwicklung von den „Eignen Meditationen über ElementarPhilosophie" 1793 bis zur „Neuen Bearbeitung der W.L." 1800*, Würzburg 1989.

Kottmann, Reinhard, *Leiblichkeit und Wille in Fichtes „Wissenschaftslehre nova methodo"*, Münster 1998.

Lauth, Reinhard, *Die transzendentale Naturlehre Fichtes nach den Prinzipien der Wissenschaftslehre*, Hamburg 1984.

Lewin, Michael, *Der Stachel der Selbsttätigkeit und das Ausschöpfen der Freiheit. Zur Vollständigkeit der fünf Weltansichten beim späten Fichte*, in: Christian

Klotz / Matteo D'Alfonso (Hg.): Fichtes Bildtheorie im Kontext. Teil II, Amsterdam 2020, 204–219.

Lohmann, Petra, *Der Begriff des Gefühls in der Philosophie Johann Gottlieb Fichtes*, Amsterdam 2004.

Löw, Reinhard, *Philosophie des Lebendigen: der Begriff des Organischen bei Kant, sein Grund und seine Aktualität*, Frankfurt am Main 1980.

McLaughlin, Peter, *Mechanical Explanation in the "Critique of the Teleological Power of Judgment"*, in: Ina Goy / Eric Watkins (Hg.): Kant's Theory of Biology, Boston 2014.

Merle, Jean-Christophe / Schmidt, Andreas (Hg.), *Fichtes System der Sittenlehre: Ein kooperativer Kommentar*, Frankfurt am Main 2015.

Metz, Wilhelm, *Kategoriendeduktion und produktive Einbildungskraft in der theoretischen Philosophie Kants und Fichtes*, Stuttgart-Bad Cannstatt 1991.

Nozick, Robert, *Philosophical Explanations*, Cambridge, Mass. 2003.

Pothast, Ulrich, *Über einige Fragen der Selbstbeziehung*, Frankfurt am Main 1971.

Radrizzani, Ives, *Vers la fondation de l'intersubjectivité chez Fichte: des Principes à la Nova methodo*, Paris 1993.

Reich, Klaus, *Die Vollständigkeit der kantischen Urteilstafel*, Hamburg 1986.

Schäfer, Rainer, *Die Zeit der Einbildungskraft. Die Rolle des Schematismus in Kants Erkenntnistheorie*, in: Kant-Stud. 110 (2019), 437–462.

—, *Ich-Welten: Erkenntnis, Urteil und Identität aus der egologischen Differenz von Leibniz bis Davidson*, Münster 2012.

—, *Johann Gottliebs Fichte „Grundlage der gesamten Wissenschaftslehre" von 1794*, Darmstadt 2006.

—, *Systematic and Doctrinal Differences of Fichte's Early and Late "Wissenschaftslehre": From the I as "Tathandlung" to God as Schema*, in: Marina F. Bykova (Hg.): The Bloomsbury Handbook of Fichte, London / New York 2020, 235–244.

—, *Vorwort*, in: Nicolas Bickmann / Lars Heckenroth / Rainer Schäfer (Hg.): Kategoriendeduktion in der klassischen deutschen Philosophie, Berlin 2020, 5–14.

—, *Was Freiheit zu Recht macht: Manuale des Politischen*, Berlin / Boston 2014.

—, *Zweifel und Sein: der Ursprung des modernen Selbstbewusstseins in Descartes' cogito*, Würzburg 2006.

Schmidt, Andreas, *Der Grund des Wissens: Fichtes „Wissenschaftslehre" in den Versionen 1794–95, 1804 – II und 1812*, Paderborn 2004.

Schüssler, Ingeborg, *Die Auseinandersetzung von Idealismus und Realismus in Fichtes Wissenschaftslehre: Grundlage der Gesamten Wissenschaftslehre 1794/5. Zweite Darstellung der Wissenschaftslehre 1804*, Frankfurt am Main 1972.

Schwab, Philipp, *Difference within Identity? Fichte's Reevaluation of the First Principle of Philosophy in § 5 of the Foundation of the Entire Wissenschaftslehre*, in:

David W. Wood (Hg.): The Enigma of Fichte's First Principles, Leiden 2021, 94–118.

—, *„Gebe der Unbedingtheit des Ich nach…" Fichtes erste Auseinandersetzung mit Reinhold und die Entwicklung des Grundsatz-Gefüges in den Eignen Meditationen über ElementarPhilosophie*, in: Martin Bondeli / Silvan Imhof (Hg.): Reinhold and Fichte in Confrontation: a Tale of mutual Appreciation and Criticism, Boston 2020, 49–92.

—, *Vom Prinzip zum Indefiniblen. Schellings Systembegriff der Weltalter und der Erlanger Vorlesung im Lichte der Auseinandersetzung mit Hegel*, in: Christian Danz / Jürgen Stolzenberg / Violetta L. Waibel (Hg.): Systemkonzeptionen im Horizont des Theismusstreites (1811–1821), Hamburg 2018.

Schwabe, Ulrich, *Individuelles und transindividuelles Ich: die Selbstindividuation reiner Subjektivität und Fichtes Wissenschaftslehre; mit einem durchlaufenden Kommentar zur Wissenschaftslehre nova methodo*, Paderborn 2007.

Siemek, Marek, *Schelling gegen Fichte. Zwei Paradigmen des nachkantischen Denkens*, in: Albert Mues (Hg.): Transzendentaphilosophie als System: die Auseinandersetzung zwischen 1794 und 1806, Hamburg 1989, 388–395.

Stolzenberg, Jürgen, *Fichtes Begriff der intellektuellen Anschauung: die Entwicklung in den Wissenschaftslehren von 1793/94 bis 1801/02*, Stuttgart 1986.

—, *Fichtes Begriff des praktischen Selbstbewußtseins*, in: Wolfram Hogrebe (Hg.): Fichtes Wissenschaftslehre, 1794 philosophische Resonanzen, Frankfurt am Main 1995, 71–95.

Tilliette, Xavier, *Untersuchungen über die intellektuelle Anschauung von Kant bis Hegel*, Stuttgart-Bad Cannstatt 2015.

Tugendhat, Ernst, *Selbstbewußtsein und Selbstbestimmung: sprachanalytische Interpretationen*, Frankfurt am Main 2005.

Waibel, Violetta L., *Hölderlin und Fichte, 1794–1800*, Paderborn 2000.

Watkins, Eric, *Die Antinomie der teleologischen Urteilskraft und Kants Ablehnung alternativer Teleologien (§§ 69–71 und §§ 72–73)*, in: Otfried Höffe (Hg.): Immanuel Kant, Kritik der Urteilskraft, Berlin 2008.

Wolff, Michael, *Die Vollständigkeit der kantischen Urteilstafel. Mit einem Essay über Freges Begriffsschrift*, Frankfurt am Main 1995.

Zanetti, Véronique, *Die Antinomie der teleologischen Urteilskraft*, in: Kant-Stud. 84 (1993), 341–355.

Zöller, Günter, *Die Wirkung der „Kritik der Urteilskraft" auf Fichte und Schelling*, in: Reinhard Hiltscher / Stefan Klingner / David Süss (Hg.): Die Vollendung der Transzendentalphilosophie in Kants „Kritik der Urteilskraft", Berlin 2006, 315–349.

—, *Fichte's Transcendental Philosophy: The Original Duplicity of Intelligence and Will*, Cambridge, U.K. / New York 1998.